FORUM
ARBEITS- UND SOZIALRECHT

Herausgegeben von
Prof. Dr. Richard Giesen, Prof. Dr. Matthias Jacobs,
Prof. Dr. Dr. h.c. Horst Konzen und
Prof. Dr. Meinhard Heinze †

Band 26

Die Kompensation von Ungleichgewichtslagen im Arbeits- und Verbraucherrecht

Christian Vaupel

Centaurus Verlag & Media UG 2006

Christian Vaupel, geb. 1976, studierte Rechtswissenschaften an der Universität Bonn und promovierte 2006 an der Universität Gießen. Seit Juni 2006 ist er als Rechtsanwalt bei einer internationalen Wirtschaftskanzlei in Frankfurt am Main tätig.

Die Deutsche Bibliothek – Cip-Einheitsaufnahme

Vaupel, Christian:
Die Kompensation von Ungleichgewichtslagen im Arbeits- und Verbraucherrecht / Christian Vaupel. - Herbolzheim : Centaurus-Verl., 2006
(Forum Arbeits- und Sozialrecht; Bd. 26)
Zugl.: Gießen, Univ., Diss., 2006
ISBN 978-3-8255-0639-1 ISBN 978-3-86226-869-6 (eBook)
DOI 10.1007/978-3-86226-869-6

ISSN 0936-028X

Umschlaggestaltung: Antje Walter, Hinterzarten
Satz: Vorlage des Autors

Für Lurdes

Vorwort

Die vorliegende Arbeit wurde im Wintersemester 2005/2006 vom Fachbereich Rechtswissenschaft der Justus-Liebig-Universität Gießen als Dissertation angenommen. Rechtsprechung und Literatur konnten für die Veröffentlichung bis einschließlich März 2006 berücksichtigt werden.

Mein Dank gilt meinem am 20. Juli 2003 verstorbenen Doktorvater, Herrn Professor Dr. Meinhard Heinze, der die Anregung zu diesem Thema gab und mir während meiner Tätigkeit an dem von ihm geleiteten Institut für Arbeitsrecht und Recht der Sozialen Sicherheit der Universität Bonn die nötige Freiheit für die Erstellung dieser Arbeit einräumte. Besonders bedanken möchte ich mich auch bei Herrn Professor Dr. Richard Giesen, der sich nach dem plötzlichen Tod von Professor Dr. Heinze ungeachtet seiner hohen beruflichen Belastungen ohne Zögern zur Übernahme der Betreuung bereit erklärt und durch seine uneingeschränkte Unterstützung und Hilfsbereitschaft die Fertigstellung dieser Arbeit erst ermöglicht hat. Herrn Prof. Dr. Wolf-Dietrich Walker danke ich für die zügige Erstellung des Zweitgutachtens.

Meinen ehemaligen Kolleginnen und Kollegen des Instituts für Arbeitsrecht und Recht der Sozialen Sicherheit der Universität Bonn danke ich für ihre ständige Diskussionsbereitschaft und ihre moralische Unterstützung. Sie alle waren mir bei der Erstellung dieser Arbeit eine wertvolle Hilfe. Namentlich zu nennen sind hier insbesondere Prof. Dr. Oliver Ricken, Dr. Marion Schumacher-Mohr, Dr. Nina Kowalski, Dr. Arnim Trautmann, Dr. Sonja Boller und Dr. Matthias Meissner.

Nicht zuletzt sei auch allen in meinem persönlichen Umfeld gedankt, die durch ihre großzügige Unterstützung in vielfältiger Weise zum Gelingen der Arbeit beigetragen haben. Insbesondere meinen Eltern Hannelore und Heinz-Wilhelm Vaupel sowie meinen Großeltern Hildegard und Heinz Vaupel danke ich für ihre uneingeschränkte Förderung meiner Ausbildung. Besonders herzlicher Dank gebührt aber meiner lieben Freundin Lurdes Cipriano Silvestre, die mir während der nicht immer einfachen Zeit der letzten Jahre stets zur Seite stand und durch ihre unermüdliche und liebevolle Unterstützung einen entscheidenden Beitrag zum erfolgreichen Abschluss meiner Ausbildung geleistet hat. Ihr ist diese Arbeit gewidmet.

Frankfurt am Main, im April 2006 *Christian Vaupel*

Inhaltsverzeichnis

Einleitung

1. Teil
Vertragstheoretische und verfassungsrechtliche Grundlagen

1. Kapitel
Dogmatische Grundlagen der Privatrechtsordnung

2. Kapitel
Kompensation gestörter Vertragsparität durch die Rechtsordnung

2. Teil
Die Kompensationsinstrumente des Arbeits- und Verbraucherrechts

3. Kapitel
Die arbeits- und verbraucherschutzrelevanten Generalklauseln

4. Kapitel
Arbeitsrechtliche Kompensationsinstrumente

5. Kapitel
Verbraucherschutzrechtliche Kompensationsinstrumente

6. Kapitel
Instrumente zum Schutz vor Allgemeinen Geschäftsbedingungen (AGB)

3. Teil
Die Zusammenführung von Arbeitsrecht, Verbraucherschutz und AGB-Kontrolle

7. Kapitel
Die Anwendbarkeit verbraucherrechtlicher Instrumente im Arbeitsrecht

8. Kapitel
Die AGB-Kontrolle im Arbeitsrecht

Einleitung

A. Problemaufriss

Arbeitsrecht und Verbraucherrecht haben zwei Dinge gemeinsam: Erstens dienen sie beide der Kompensation von Ungleichgewichtslagen zum Schutz der schwächeren Vertragspartei und zweitens hat sich ihre Entwicklung weitgehend außerhalb des Bürgerlichen Gesetzbuches vollzogen. Aufgrund dieser zweiten Gemeinsamkeit wurden sowohl das Verbraucherrecht als auch das Arbeitsrecht über Jahrzehnte hinweg als zwei eigenständige, deutlich voneinander abgegrenzte „Sondergebiete des Privatrechts" angesehen. Die Verbraucherschutzvorschriften – wie beispielsweise das Haustürwiderrufsgesetz oder das AGB-Gesetz – fanden dementsprechend im Arbeitsrecht grundsätzlich keine Anwendung.

Diese strikte Trennung von Arbeits- und Verbraucherrecht wurde jedoch durch das „Gesetz zur Modernisierung des Schuldrechts"[1] vom 26.11.2001 aufgehoben. Im Zuge der Schuldrechtsmodernisierung wurde praktisch der gesamte, bisher in vielen einzelnen Sondergesetzen geregelte Verbraucherschutz in das BGB integriert. Der vormals aufgrund gesetzlicher Ausklammerung „Sonderprivatrecht" genannte Bereich des Verbraucherschutzes ist damit seit dem 1.1.2002 Bestandteil des BGB. Damit gewinnt die zuerst genannte Gemeinsamkeit von Arbeits- und Verbraucherrecht erheblich an Bedeutung. Die Erkenntnis, dass das Arbeitsrecht mit seinen gestörten Funktionsvoraussetzungen in der Privatrechtsordnung nicht allein dasteht, sondern in den verbraucherschutzrechtlichen Vorschriften des Bürgerlichen Gesetzbuchs eine entsprechende Parallele findet, lässt es geboten erscheinen, die verschiedenen Kompensationsinstrumente des Arbeits- und Verbraucherrechts näher auf ihre gemeinsamen Strukturen hin zu untersuchen und der Frage nachzugehen, ob und in wieweit vor dem Hintergrund einer zum Teil unterschiedlich verlaufenden Entwicklung im Arbeits- und Verbraucherrecht eine Harmonisierung der unterschiedlichen Kompensationsinstrumente möglich ist, die dem Prinzip der Einheit der Rechtsordnung besser Rechnung trägt. Die Schlüsselfrage dabei lautet, ob der Arbeitnehmer beim Abschluss von rein arbeitsrechtlichen Verträgen – d.h. insbesondere bei Rechtsgeschäften im Zusammenhang mit der Begründung, Änderung und Aufhebung des Arbeitsvertrags – „Verbraucher" im Sinne von § 13 BGB sein kann. Nach *Preis* wird sich diese Frage zu einem „Klassiker der Zivilrechtsdogmatik"[2] entwickeln, denn sie betrifft ein Kernproblem der Privatrechtsordnung: die Frage nach der *Legitimation* von Schutzrechten zu Gunsten der schwächeren Vertragspartei.

---

[1] Gesetz zur Modernisierung des Schuldrechts v. 26.11.2001 (BGBl. I S. 3138).

[2] *Preis*, FS 50 Jahre BAG, S. 123, 124.

Aus dogmatischer Sicht ist der Zusammenhang von Arbeits- und Verbraucherrecht vor allem deshalb von besonderem Interesse, weil die beiden Rechtsgebiete den gleichen Zweck verfolgen, nämlich Unterlegenenschutz durch Kompensation von Paritätsdefiziten. Bei der hier angesprochenen Fragestellung nach dem Verhältnis zwischen Verbraucherschutzrecht auf der einen und Arbeitsrecht auf der anderen Seite geht es daher um nicht mehr und nicht weniger, als um die richtige rechtssystematische Verankerung dieser Rechtsgebiete, ihre dogmatische Struktur, ihre Gemeinsamkeiten und ihre Unterschiede. Eine sachgerechte Lösung hängt deshalb nicht zuletzt davon ab, auf welchem Schutzsystem die jeweiligen Kompensationsinstrumente basieren und welchem Schutzsystem das jeweils zu kompensierende Paritätsdefizit zuzuordnen ist. Denn nur auf der Grundlage der jeweils maßgeblichen Schutzzweckerwägungen ist eine sach- und systemgerechte Harmonisierung von Arbeitsrecht, Verbraucherschutz und AGB-Kontrolle möglich.

I. Der Ausgangspunkt

Der *Arbeitnehmer* ist geradezu der Prototyp eines Unterlegenen[3]. Die soziale Schutzbedürftigkeit des Arbeitnehmers hat den Gesetzgeber bereits im 19. Jahrhundert dazu veranlasst, spezifische Schutzgesetze erlassen, um den Arbeitnehmer gegenüber der überlegenen Verhandlungsmacht des Arbeitgebers zu schützen[4]. Das Arbeitsrecht ist daher als eine aus dem bürgerlichen Recht herausgehobene „Sondermaterie" zum Schutze des Arbeitnehmers entstanden und dient auch heute noch in erster Linie dem Ausgleich der unzureichenden Verhandlungsmacht des einzelnen Arbeitnehmers[5].

Zu diesem klassischen Bereich des Unterlegenenschutzes ist seit etwa Mitte der siebziger Jahre mit der Diskussion und Entwicklung eines „Sonderprivatrechts" für *Verbraucher* ein zweiter großer Bereich kompensatorischer Schutzgesetzgebung hinzugekommen. Über die Notwendigkeit von Maßnahmen zur Verbesserung der Stellung des Verbrauchers gegenüber einem professionell tätigen Vertragspartner besteht heute grundsätzlich Einigkeit. Der Schutz des Verbrauchers vor den Gefahren der Übervorteilung durch Vorformulierung oder bestimmte andere Vertragssi-

---

[3] Vgl. nur BAG v. 16.3.1994, SAE 1995, 166 (171): „Das Individualarbeitsrecht ist – wie nicht näher erläutert werden muss – durch eine strukturelle Unterlegenheit des einzelnen Arbeitnehmers gegenüber dem einzelnen Arbeitgeber gekennzeichnet".

[4] Als erstes typisches Arbeitsschutzgesetz im deutschen Rechtsbereich gilt das preußische „Regulativ über die Beschäftigung jugendlicher Arbeiter in Bergwerken und Fabriken" von 1839. Mit ihm wurde die Beschäftigung von Kindern unter neun Jahren (!) gänzlich und von jugendlichen bis sechzehn Jahren über zehn Stunden täglich verboten. Vgl. *Zöllner/Loritz*, Arbeitsrecht, § 3 II 1.

[5] *Brox/Rüthers/Henssler*, Arbeitsrecht, Rn. 18; *Otto*, Arbeitsrecht, Rn. 26 f.

tuationen ist dementsprechend bereits seit vielen Jahren ein Hauptanliegen des nationalen und europäischen Gesetzgebers. Zu nennen ist hier zunächst das AGB-Gesetz von 1976[6], mit dem der Verbraucher vor der einseitigen Interessendurchsetzung des überlegenen AGB-Verwenders geschützt werden sollte. Allerdings bezweckte das AGB-Gesetz nicht ausschließlich den Schutz von Verbrauchern, sondern schützte, wenn auch in abgestufter Form, grundsätzlich jeden Vertragspartner vor den Folgen einer Konfrontation mit fremden AGB. Deshalb gehörte das AGB-Gesetz genau genommen auch nur zum Verbraucherrecht im *weiteren* Sinne[7]. Demgegenüber sollte das im Haustürwiderrufsgesetz (HWiG) vom 16.1.1986[8] und im Verbraucherkreditgesetz (VerbrKrG) vom 17.12.1990[9] vorgesehene Widerrufsrecht als zentrales Instrument des Verbraucherschutzrechts[10] ausschließlich Verbrauchern zugute kommen[11]. Das Widerrufsrecht gehört daher zum Verbraucherschutzrecht im *engeren* Sinne.

II. Der Standort der besonderen Kompensationsinstrumente

Obwohl das Arbeitsvertragsrecht seine Grundlage im BGB hat, befinden sich die meisten arbeitsrechtlichen Regelungen nicht im BGB, sondern anderswo in eigenen Spezialgesetzen. Dementsprechend ist der Zustand des heutigen Arbeitsrechts durch eine fast unüberschaubare Anzahl von Normen mit zerstückelten, unsystematischen Regelungen gekennzeichnet[12]. Auch die verbraucherschutzrechtlichen Kompensationsinstrumente standen zunächst völlig außerhalb des BGB, der Terminus „Verbraucher" kam im BGB ursprünglich überhaupt nicht vor. Im Zuge der Schuldrechtsreform hat der Gesetzgeber das Verbraucherrecht jedoch weitgehend in das BGB integriert. So befinden sich z.B. die Regelungen des früheren AGB-Gesetzes inzwischen in den §§ 305 ff. BGB. Die Vorschriften des Haustürwiderrufgesetzes und des Fernabsatzgesetzes wurden in die §§ 312 ff. BGB übernommen. Das Verbraucherkreditgesetz befindet sich sinngemäß in den §§ 491 ff. BGB und der alles entscheidende Begriff des „Verbrauchers" wird in § 13 BGB legaldefiniert. Damit gehört das Verbraucherrecht nunmehr zum allgemeinen Schuldrecht des BGB und es stellt sich die Frage, ob die im allgemeinen Schuldrecht des BGB

---

[6] Gesetz zur Regelung des Rechts der Allgemeinen Geschäftsbedingungen (AGB-Gesetz) vom 9.12.1976 (BGBl. I S. 3317).

[7] Vgl. *Hart*, Jura 2001, 649 (652); *Tonner*, JZ 1996, 533 (536).

[8] Gesetz über den Widerruf von Haustürgeschäften und ähnlichen Geschäften vom 16.1.1986 (BGBl. I S. 122).

[9] Verbraucherkreditgesetz (VerbrKrG) vom 17.12.1990 (BGBl. I S. 2840).

[10] *Kittner*, Schuldrecht, Rn. 880 ff.

[11] Vgl. § 6 Nr. 1 HWiG und § 1 Abs. 1 VerbrKrG.

[12] ErfK/*Preis*, § 611 BGB Rn. 1.

enthaltenen verbraucherschützenden Regelungen – ebenso wie all die anderen Regelungen des allgemeinen Schuldrechts – auch auf arbeitsrechtliche Verträge Anwendung finden können.

III. Das Verhältnis des Arbeitsrechts zu den Regelungen des allgemeinen Zivilrechts

Für die Beantwortung dieser Frage ist das Verhältnis des Arbeitsrechts zu den Regelungen des allgemeinen Zivilrechts von zentraler Bedeutung. So war es lange Zeit umstritten, ob das Arbeitsverhältnis überhaupt ein normales bürgerlich-rechtliches Rechtsverhältnis ist, das sich – wie jedes andere bürgerlich-rechtliche Rechtsverhältnis auch – nach den allgemeinen Vorschriften des BGB richtet, oder ob es ein neben dem Bürgerlichen Recht stehendes „Sonderrechtsverhältnis" darstellt, das weitgehend aus dem Anwendungsbereich zivilrechtlicher Normen herausfällt. Nach heute ganz herrschender Ansicht ist der Arbeitsvertrag ein Unterfall des in § 611 BGB geregelten Dienstvertrages, durch welchen sich der Schuldner (Arbeitnehmer) zur Leistung unselbständiger, abhängiger Dienste verpflichtet[13]. Auf den Arbeitsvertrag sind daher grundsätzlich auch die Regeln des BGB, insbesondere die Vorschriften des allgemeinen Teils und des allgemeinen Schuldrechts anzuwenden[14].

Dies wurde jedoch nicht immer so klar gesehen. Denn die weitgehende Vernachlässigung des Arbeitsrechts bei der Kodifikation des BGB hat zeitweilig zu der verbreiteten Auffassung geführt, das Arbeitsrecht habe sich zu einem „selbständigen und eigenständigen Rechtsgebiet entwickelt, das neben dem bürgerlichen Recht steht"[15]. Nach Ansicht von *Gamillscheg* ist das Arbeitsrecht gegenüber dem bürgerlichen Recht sogar „ein eigenes Gebiet mit eigenen Normen, eigenen Grundsätzen und eigenen Auslegungsregeln"[16]. Den Grund für die Eigenständigkeit des Arbeitsrechts sieht *Gamillscheg* in den unterschiedlichen Vertragsmodellen, die dem Arbeitsrecht und dem BGB zugrunde lägen. So habe das BGB den Kaufvertrag als Prototyp eines zwischen zwei *gleichgewichtigen* Vertragspartnern ausgehandelten Vertrages zum Muster seiner Verallgemeinerungen erhoben, wohingegen der Arbeitsvertrag durch ein strukturelles *Ungleichgewicht* zwischen Ar-

---

[13] Vgl. nur *Boemke*, Schuldvertrag und Arbeitsverhältnis, S. 203 m.w.N.

[14] *Bauer/Kock*, DB 2002, 42 (43); *Boemke*, Schuldvertrag und Arbeitsverhältnis, S. 203; *Gotthardt*, Arbeitsrecht nach der Schuldrechtsreform, Rn. 6; *Joussen*, NZA 2002, 745 (746); *Löwisch*, NZA 2001, 465; *S.Müller*, Der Arbeitnehmer als Verbraucher iSd. § 13 BGB, S. 62; MünchArbR/*Richardi*, § 1 Rn. 27 ff.; *Preis*, Grundfragen der Vertragsgestaltung, S. 11 f.; *Richardi*, NZA 2002, 1004 (1005).

[15] BVerfG 22.4.1958, BVerfGE 7, 342 (348); vgl. auch BVerfG 15.12.1987, NZA 1988, 355.

[16] *Gamillscheg*, FS Molitor, S. 57, 78.

beitgeber und Arbeitnehmer gekennzeichnet sei[17]. Um in dem Verhältnis zwischen diesen ungleichen Partnern einen gerechten Interessenausgleich gewährleisten zu können, müsse deshalb für das Arbeitsrecht ein anderer Regelungsmechanismus als die an gleichgewichtigen Partnern orientierten Regelungen des BGB Anwendung finden. Die Vorschriften aus dem allgemeinen Schuldrecht des BGB könnten daher nicht ohne weiteres auf den Arbeitsvertrag angewendet werden[18].

Diese These lässt sich jedoch aus heutiger Sicht nicht mehr aufrechterhalten. Denn der Gesetzgeber hat mittlerweile eine Reihe von Vorschriften in den §§ 611 ff. BGB normiert, deren Anwendungsbereich sich gerade nicht auf den Dienst-, sondern allein auf den Arbeitsvertrag bezieht. Zu nennen sind hier beispielsweise die in § 622 BGB speziell für Arbeitsverhältnisse geregelten Kündigungsfristen, während für ein sonstiges Dienstverhältnis, das kein Arbeitsverhältnis im Sinne des § 622 BGB ist, die Kündigungsfristen des § 621 BGB gelten. Des Weiteren sind die maßgeblichen Bestimmungen über die Gleichbehandlung von Männern und Frauen am Arbeitsplatz in den §§ 611a, 611b, 612 Abs. 3 BGB und damit zentral im Dienstvertragsrecht des BGB verankert. Auch die §§ 612a, 613a, 616–619, 629, 630 BGB enthalten speziell auf das Arbeitsverhältnis zugeschnittene Regelungen[19]. Hinzuweisen ist schließlich noch auf die im Rahmen der Schuldrechtsreform vorgenommenen Gesetzesänderungen. So wurde die originär arbeitsrechtliche Betriebsrisikolehre in § 615 S. 3 BGB kodifiziert[20]. § 619a BGB enthält zu Gunsten des Arbeitnehmers eine abweichende Beweislastregel zu der Verschuldensvermutung des § 280 Abs. 1 S. 2 BGB[21]. Auch bei der Neuregelung des allgemeinen Schuldrechts durch das Schuldrechtsmodernisierungsgesetz hat der Gesetzgeber das Arbeitsrecht an mehreren Stellen mitbedacht[22]. Mit dem Leistungsverweigerungsrecht wegen Unzumutbarkeit in § 275 Abs. 3 BGB sollte zum Beispiel eine Sonderregelung vor allem für das Arbeitsrecht geschaffen werden[23]. Angesichts dieser klaren Wertentscheidungen kann daher heute keine Rede mehr davon sein, dass der Arbeitsvertrag im BGB nicht mitgeregelt worden sei[24]. Dagegen spricht auch nicht, dass sich die arbeitsrechtlichen Normen überwiegend in zahlreichen Sondergesetzen außerhalb des BGB befinden. Denn diese arbeitsrechtlichen Son-

---

[17] *Gamillscheg*, AcP 176 (1976), 197 (205 f.).

[18] *Däubler*, NZA 1988, 857 (862 ff.); *Gamillscheg*, AcP 176 (1976), 197 (220); *Otto*, Arbeitsrecht, Rn. 43; *Weiß*, Die Entwicklung des Arbeitsvertragsrechts und das BGB, S. 101.

[19] MünchArbR/*Richardi*, § 6 Rn. 3.

[20] *Berkowsky*, AuA 2002, 11 (12); *Henssler*, RdA 2002, 129 (133).

[21] *Däubler*, NZA 2001,1329 (1331 f.); *Henssler*, RdA 2002, 129 (132).

[22] Vgl. z.B. BT-Drucks. 14/6040, S. 129, 136, 176.

[23] BT-Drucks. 14/6040, S. 130.

[24] Ebenso nunmehr auch *Däubler*, FS 50 Jahre BAG, S. 3, 7.

derbestimmungen basieren auf den allgemeinen zivilrechtlichen Vorschriften und konkretisieren bzw. modifizieren diese mit Rücksicht auf die im Arbeitsrecht geltenden Besonderheiten[25].
Auch der Einwand, dass die auf den einmaligen Leistungsaustausch zwischen gleichgewichtigen Partnern zugeschnittenen Bestimmungen des BGB nicht die Grundlage für das durch Machtungleichheit gekennzeichnete Arbeitsverhältnis sein dürften, vermag bei näherer Betrachtung nicht zu überzeugen[26]. Denn gerade der von *Gamillscheg* noch als „Prototyp eines gleichgewichtigen Vertrages"[27] bezeichnete Kaufvertrag führt durch die heutige Form des Massengeschäfts ebenfalls zu ungleichgewichtigen Vertragsbedingungen, weil die Vertragsbedingungen in der Regel nicht mehr frei ausgehandelt, sondern einseitig vom Verkäufer in vorformulierten Einheitsverträgen festgelegt werden. Auf diese für den Massenverkehr typische Entwicklung und der damit verbundenen Gefahr einer „gestörten Vertragsparität" hat der Gesetzgeber mit einer umfangreichen (Verbraucherschutz-) Gesetzgebung reagiert[28]. Das Problem der gestörten Vertragsparität ist folglich kein spezifisch arbeitsrechtliches, sondern ein allgemein bürgerlich-rechtliches Problem[29]. Eine besondere, vom allgemeinen Zivilrecht abweichende Ungleichgewichtslage, die eine generelle Ausklammerung des Arbeitsvertragsrechts aus dem BGB rechtfertigen könnte, lässt sich somit nicht feststellen. Ungleichgewichtslagen im Arbeitsvertragsrecht sind deshalb grundsätzlich mit den gleichen methodischen Instrumenten zu bewältigen wie im allgemeinen Zivilrecht. Auch wenn aufgrund der Besonderheiten des Arbeitsverhältnisses im Einzelfall eine Abweichung von den allgemeinen Grundsätzen erforderlich sein kann, so ist das Arbeitsrecht gleichwohl kein eigenständiges Rechtsgebiet, sondern Bestandteil der allgemeinen Zivilrechtsordnung. Nicht die Geltung zivilrechtlicher Grundsätze, sondern ihre Nichtgeltung muss im Arbeitsrecht besonders begründet werden, wie *Richardi* überzeugend feststellt[30]. Infolgedessen sind grundsätzlich der allgemeine Teil und

---

[25] Das Kündigungsschutzgesetz enthält z.B. Ausnahmen zu dem in § 620 Abs. 2 BGB vorausgesetzten Grundsatz der Kündigungsfreiheit. Das EntgeltfortzahlungsG und das BundesurlaubsG gehen von dem allgemeinen, bisher in § 323 BGB a.F. (jetzt in § 326 Abs. 1 BGB n.F.) normierten Grundsatz „ohne Arbeit kein Lohn" aus und treffen für besondere Ausnahmefälle hiervon abweichende Regelungen. Vgl. zum Ganzen *Boemke*, Schuldvertrag und Arbeitsverhältnis, S. 209 f.

[26] Zutreffend ist allerdings, dass das Ungleichgewicht zwischen den Parteien des Arbeitsvertrages die geschichtliche Ausgangsbasis für die Entwicklung besonderer, auf die Besonderheiten des Arbeitsverhältnisses abgestimmter Regelungen war, vgl. *Joussen*, NZA 2002, 745 (746); Staudinger/*Richardi*, Vorbem. zu §§ 611ff, Rn. 119.

[27] *Gamillscheg*, AcP 176 (1976), 197 (205).

[28] Vgl. nur §§ 305 ff. BGB (früher §§ 1 ff. AGBG).

[29] *Boemke*, Schuldvertrag und Arbeitverhältnis, S. 216 f.; *Preis*, Grundfragen der Vertragsgestaltung, S. 224.

stellt[30]. Infolgedessen sind grundsätzlich der allgemeine Teil und das allgemeine Schuldrecht des BGB maßgebend für das Arbeitsrecht, eine Anwendung der verbraucherschutzrechtlichen Regelungen des BGB im Arbeitsrecht ist daher grundsätzlich denkbar.

IV. Offene Fragen

Eine gestörte Vertragsparität lässt sich demnach nicht nur im Arbeitsrecht, sondern in weiten Teilen des gesamten Privatrechts feststellen. Die Kompensation von Ungleichgewichtslagen ist deshalb auch im Arbeitsrecht grundsätzlich mittels der im BGB zur Verfügung gestellten Instrumentarien vorzunehmen, soweit diese Instrumente einschlägig sind. Angesichts der unterschiedlichen Schutzbedürfnisse im Privatrecht verbieten sich dabei allerdings schematische Lösungen. Allein der Umstand, dass sich sowohl die Regelungen zum Schutze des Verbrauchers, als auch diejenigen zu Gunsten des Arbeitnehmers dadurch legitimieren, dass zwischen Verbraucher und Unternehmer ebenso wie zwischen Arbeitnehmer und Arbeitgeber besonders häufig Ungleichgewichtslagen anzutreffen sind, rechtfertigt es daher noch nicht, verbraucherrechtliche Schutzinstrumente auch im Arbeitsrecht uneingeschränkt zur Anwendung zu bringen. Gleichwohl stellt sich mit Rücksicht auf die zentrale Prämisse des Arbeitsrechts von der (auf welchen Gründen auch immer beruhenden) grundsätzlichen und damit ausgleichsbedürftigen Unterlegenheit des Arbeitnehmers die Frage, wann eine Schutzbedürftigkeit des Arbeitnehmers vorliegt, die derjenigen des Verbrauchers so ähnlich ist, dass eine Anwendung verbraucherrechtlicher Schutzinstrumente im Arbeitsrecht gerechtfertigt erscheint. Diese Frage ist aber nicht leicht zu beantworten. Zuvor muss nämlich selbständig geprüft und entschieden werden, weshalb sich Arbeitnehmer und Verbraucher in bestimmten Situationen in einer unterlegenen Verhandlungsposition befinden und welche Schlussfolgerungen sich daraus für die Legitimation der arbeits- und verbraucherrechtlichen Schutzinstrumente ziehen lassen. Dazu sind die Verhandlungssituationen, die den arbeits- und verbraucherschutzrechtlichen Kompensationsinstrumenten zugrunde liegen, eingehend zu analysieren und die Umstände herauszufinden, die zu einer Beeinträchtigung bzw. Störung der Vertragsparität führen. Erst nachdem die arbeits- und verbraucherrechtsspezifischen Ungleichgewichtslagen genau erforscht und die für die Ungleichgewichtslage verantwortlichen Umstände herausgearbeitet wurden, ist es möglich, einen Vergleich zwischen den Ungleichgewichtslagen im Arbeits- und Verbraucherrecht herzustellen und daraus Rückschlüsse für die Anwendbarkeit verbraucherrechtlicher Kompensationsinstrumente im Arbeitsrecht zu ziehen.

---

[30] MünchArbR/*Richardi*, § 1 Rn. 27.

B. Gang der Untersuchung

Aus den soeben dargestellten Fragestellungen ergibt sich die Vorgehensweise der Untersuchung, die sich aus insgesamt drei Teilbereichen zusammensetzt:

(1) Um die fraglichen Ungleichgewichtslagen im Arbeits- und Verbraucherrecht sowie die zu ihrer Kompensation bereitgestellten Instrumente zutreffend erfassen zu können, bedarf es zunächst einer Erörterung der allgemeinen vertragstheoretischen und verfassungsrechtlichen Grundlagen der Privatrechtsordnung (1. Teil der Arbeit). Im 1. Kapitel sind daher kurz die dogmatischen Grundlagen des dem BGB zugrunde liegenden Vertragsmodells und dessen Funktionsvoraussetzungen darzustellen. Außerdem ist in der gebotenen Kürze auf die verfassungsrechtliche Verankerung der Privatautonomie und die Bedeutung der Grundrechte für die Ausgestaltung der Zivilrechtsordnung einzugehen. Das 2. Kapitel befasst sich sodann mit der Frage, welche Rolle der Staat in Gestalt von Gesetzgebung und Rechtsprechung für die Funktionsfähigkeit des Privatrechtssystems spielt und unter welchen Voraussetzungen eine staatliche Intervention in das Privatrechtssystem zum Schutze der unterlegenen Vertragspartei notwendig ist.

(2) Der 2. Teil der Arbeit widmet sich den speziellen Kompensationsinstrumenten des Arbeits- und Verbraucherrechts. Gegenstand des 3. Kapitels sind zunächst die sowohl für das Arbeitsrecht als auch für das Verbraucherrecht relevanten Generalklauseln. Danach werden die ausschließlich dem *arbeitsrechtlichen* Schutzkonzept zuzuordnenden Instrumente einer näheren Betrachtung unterzogen (4. Kapitel). Hierbei wird vor allem zu ermitteln sein, worin die besondere Schutzbedürftigkeit des Arbeitnehmers liegt, die zur Schaffung eines besonderen Arbeitnehmerschutzrechts geführt hat. Anschließend wird eine entsprechende Untersuchung für das *verbraucherrechtliche* Schutzkonzept (5. Kapitel) und für das *AGB-rechtliche* Schutzkonzept (6. Kapitel) vorgenommen. Auch hier werden jeweils die zugrunde liegenden Ungleichgewichtslagen analysiert und die zur Kompensation der Ungleichgewichtslagen bereitgestellten Schutzinstrumente auf ihre Legitimation und Vereinbarkeit mit dem im 1. Teil der Arbeit dargestellten Vertragsmodell untersucht.

(3) Im 3. Teil der Arbeit geht es schließlich um die Frage, ob vor dem Hintergrund der im Zuge der Schuldrechtsmodernisierung erfolgten Änderungen eine Harmonisierung der unterschiedlichen Schutzinstrumente des Arbeits-

und Verbraucherrechts in einem wertungseinheitlichen System möglich ist. Dazu wird im 7. Kapitel auf der Grundlage der im 2. Teil der Arbeit gewonnenen Erkenntnisse untersucht, ob verbraucherschützende Regelungen auch im Arbeitsrecht Anwendung finden können bzw. unter Schutzbedürftigkeitsgesichtspunkten Anwendung finden sollten. Hierbei ist insbesondere auf die Frage der Verbrauchereigenschaft des Arbeitnehmers einzugehen, wobei ein besonderes Augenmerk auf den Zweck und die besondere Schutzfunktion der verbraucherschutzrechtlichen Kompensationsinstrumente zu legen sein wird. Das 8. Kapitel befasst sich schließlich mit der AGB-rechtlichen Inhaltskontrolle im Arbeitsrecht. Dabei wird vor allem zu erörtern sein, ob und in wie weit die AGB-Kontrolle im Arbeitsrecht derjenigen im allgemeinen Zivilrecht entspricht und an welchen Stellen weiterhin „arbeitsrechtliche Besonderheiten" bestehen, die eine Abweichung von den allgemeinen AGB-rechtlichen Grundsätzen erfordern.

1. Teil

Vertragstheoretische und verfassungsrechtliche Grundlagen

Die Legitimation arbeits- und verbraucherschutzrechtlicher Kompensationsinstrumente sowie eventuelle Gemeinsamkeiten und Unterschiede lassen sich nur untersuchen, wenn man sich über die allgemeinen Funktionsvoraussetzungen der Privatrechtsordnung im Klaren ist. Vorweg ist es daher notwendig, auf die dogmatischen Grundlagen der Privatrechtsordnung einzugehen und die Aufgabe und Bedeutung von kompensatorischen Schutzinstrumenten für die Funktionsfähigkeit des Zivilrechts zu klären.

1. Kapitel
Dogmatische Grundlagen der Privatrechtsordnung

Die Funktionsvoraussetzungen der Privatrechtsordnung sowie ihre vertragstheoretischen Grundlagen sind in der Vergangenheit Gegenstand zahlreicher rechtstheoretischer Untersuchungen gewesen, ohne dass es jedoch zu einem allseits akzeptierten Konsens gekommen wäre[31]. Die Diskussion um das Problem der rechtsgeschäftlichen Privatautonomie und das „richtige" Vertragsmodell kann und soll hier nicht in allen Einzelheiten nachgezeichnet werden. Ausgangspunkt der im Rahmen dieser Arbeit aufgestellten Überlegungen ist daher das gegenwärtig wohl herr-

---

[31] Siehe nur *F. v.Hippel*, Das Problem der rechtsgeschäftlichen Privatautonomie (1936); *Schmidt-Rimpler*, AcP 147 (1941), 130 ff.; *Bydlinski*, Privatautonomie und objektive Grundlagen des verpflichtenden Rechtsgeschäfts (1967); *M.Wolf*, Rechtsgeschäftliche Entscheidungsfreiheit und vertraglicher Interessensausgleich (1970); *Schmude*, FS Ballerstedt (1975), S. 481 ff.; *Raiser*, Die Aufgabe des Privatrechts (1977); *E. v.Hippel*, Der Schutz des Schwächeren (1982); *Hönn*, Kompensation gestörter Vertragsparität (1982); *v.Stebut*, Der soziale Schutz als Regelungsproblem des Vertragsrechts (1982); *Fastrich*, Richterliche Inhaltskontrolle im Privatrecht (1992); *Preis*, Grundfragen der Vertragsgestaltung im Arbeitsrecht (1993); *Medicus*, Abschied von der Privatautonomie im Schuldrecht? (1994); *Singer*, Selbstbestimmung und Verkehrsschutz im Recht der Willenserklärungen (1995); *Grunsky*, Vertragsfreiheit und Kräftegleichgewicht (1995); *Drexl*, Die wirtschaftliche Selbstbestimmung des Verbrauchers (1998); *Busche*, Privatautonomie und Kontrahierungszwang (1999); *Heinrich*, Formale Freiheit und materiale Gerechtigkeit (2000); *Ruffert*, Vorrang der Verfassung und Eigenständigkeit des Privatrechts (2001).

schende, insbesondere vom *BVerfG* in mittlerweile gefestigter Rechtsprechung[32] vertretene Vertragsrechtsverständnis, dessen wesentliche Thesen im Folgenden kurz dargestellt werden sollen.

A. Die Privatautonomie als Grundlage des bürgerlichen Rechts

Das Bürgerliche Gesetzbuch ist, schon von seinem geschichtlichen Ursprung her gesehen[33], geprägt von den Ideen des klassischen Liberalismus, der in erheblichen Ausmaß die gesellschaftlichen und wirtschaftlichen Entwicklungen des 19. Jahrhunderts beeinflusst hat[34]. Das liberale Gesellschaftsmodell beruht auf den obersten Grundwerten Freiheit und Gleichheit: Jeder Bürger soll die gleichen Freiheitsrechte besitzen und den Gesetzen in gleicher Weise unterworfen sein. Ausdruck dieser liberalen Grundhaltung ist die Anerkennung der Privatautonomie als tragender Grundsatz der Privatrechtsordnung: Der einzelne Bürger soll seine Rechtsverhältnisse in Selbstbestimmung und Selbstverantwortung weitestgehend frei von staatlicher Einflussnahme gestalten können[35]. Dahinter steht die Vorstellung, dass nicht der Staat, sondern die einzelnen Bürger ihre individuellen Lebensbedürfnisse und Mittel selbst am besten kennen und durch den individuellen Vertrag auch selbst am besten befriedigen können[36]. Die Vertragsfreiheit ist daher der wichtigste Bestandteil der Privatautonomie[37]. Der Einzelne soll frei und selbstbestimmt entscheiden können, ob, mit wem und mit welchem Inhalt er einen Vertrag schließt[38]. Der Grundsatz der Vertragsfreiheit hat insofern drei Aspekte: Die Freiheit hinsichtlich des Vertragsabschlusses (sog. Abschlussfreiheit), die Freiheit hinsichtlich des

---

[32] Meilensteine in der Entwicklung dieses Privatrechtverständnisses waren die Handelsvertreterentscheidung des BVerfG vom 7.2.1990, BVerfGE 81, 242 (254 ff.) und die Bürgschaftsentscheidung des BVerfG vom 19.10.1993, BVerfGE 89, 214 (231 ff.). Bestätigt wurde diese Rechtsprechung durch BVerfG v. 5.8.1994, NJW 1994, 2749 (2750); BVerfG v. 27.1.1998, BVerfGE 97, 169 (176 ff.) – Mindestkündigungsschutz in Kleinbetrieben; BVerfG v. 15.7.1998, BVerfGE 98, 365 (395); zuletzt BVerfG v. 6.2.2001, BVerfGE 103, 89 (100) – Sittenwidrigkeit von vorehelichen Unterhaltsverzichtsverträgen.

[33] Das BGB ist zum 1.1.1900 in Kraft getreten.

[34] *Hübner*, BGB AT, Rn. 80; *Köhler*, BGB AT, § 3 Rn. 8; *Schwab*, Einführung in das Zivilrecht, Rn. 59.

[35] BVerfG v. 7.2.1990, BVerfGE 81, 242 (254); *Boemke*, NZA 1993, 532; *Bork*, BGB AT, Rn. 99; *Fastrich*, Richterliche Inhaltskontrolle, S. 36 f.; *Flume*, Rechtsgeschäft, S. 1 f.; *Hübner*, BGB AT, Rn. 600; *Köhler*, BGB AT, § 5 Rn. 1; *Larenz/Wolf*, BGB AT, § 1 Rn. 2; *Medicus*, BGB AT, Rn. 176; Soergel/*Hefermehl*, Vor § 104 Rn. 1; Palandt/*Heinrichs*, Überbl. vor § 104 Rn. 1.

[36] *Bork*, BGB AT, Rn. 99; *Hübner*, BGB AT, Rn. 1035; *Köhler*, BGB AT, § 3 Rn. 8; Soergel/*Wolf*, Vor § 145 Rn. 29.

[37] *Bork*, BGB AT, Rn. 100; *Flume*, Rechtsgeschäft, S. 12; *Medicus*, Schuldrecht I, Rn. 59, 63 ff.

[38] *Fastrich*, Richterliche Inhaltskontrolle, S. 37; *Medicus*, Schuldrecht I, Rn. 64 ff.

Vertragspartners und die Freiheit hinsichtlich des Vertragsinhalts (sog. inhaltliche Gestaltungsfreiheit).
Eine Vereinbarung zwischen zwei selbstbestimmt handelnden Privatpersonen entfaltet aus sich heraus jedoch noch keine rechtlichen Wirkungen. Private Regelungen benötigen vielmehr eine Mitwirkung des Staates, damit sie Rechtsqualität erlangen. Sie bedürfen der rechtlichen Ausgestaltung durch den Gesetzgeber[39]. Der Einzelne kann nur insoweit rechtsgestaltend handeln, als ihm die Rechtsordnung die dafür notwendigen Gestaltungsmittel[40] zur Verfügung stellt, die im Streitfall auch vom Staat durchgesetzt werden[41]. Ein entsprechendes staatliches Regelwerk ist deshalb Grundvoraussetzung für das Funktionieren von Privatautonomie.

I. Privatautonomie und Vertragsgerechtigkeit

Entsprechend ihrer von Freiheit und Gleichheit geprägten Grundhaltung hatten die Verfasser des BGB als Leitbild einen Bürger vor Augen, der vernünftig, selbstverantwortlich und urteilsfähig im Rechtsverkehr mit anderen Gleichgestellten seine Rechts- und Vermögensverhältnisse selbständig ordnen konnte[42]. Demgemäß ging man davon aus, dass sich beim Vertragsschluss grundsätzlich zwei Verhandlungspartner mit annähernd gleicher Verhandlungsstärke und gleichem Informations- und Kenntnisstand gegenüber stehen, die ihre individuellen Interessen in einem Prozess des gegenseitigen Prüfens und Abwägens einander angleichen, bis sie zu einer Einigung kommen[43]. Da Voraussetzung für die vertragliche Einigung die Zustimmung beider Vertragsteile ist und diese Zustimmung zu dem vereinbarten Vertragskompromiss das Einverständnis der Vertragspartner mit den ausgehandelten Vertragsbedingungen beinhaltet, kann aus dem Vertragskompromiss eine gewisse *„Richtigkeitsgewähr“*[44] für einen gerechten Vertragsinhalt abgeleitet werden[45]. Denn die Vertragsparteien würden dem Vertrag schließlich nicht zustimmen, wenn

---

[39] BVerfG v. 19.10.1993, BVerfGE 89, 214 (231).

[40] *Flume* spricht diesbezüglich von einem „numerus clausus“ der Aktstypen und der durch sie gestaltbaren Rechtsverhältnisse, die von der Rechtsordnung anerkannt sind; vgl. *Flume*, Rechtsgeschäft, S.1 f.

[41] BVerfG v. 19.10.1993, BVerfGE 89, 214 (231 f.); *Dieterich*, RdA 1995, 129 (130); *Söllner*, RdA 1989, 144 (146).

[42] *Busche*, Privatautonomie und Kontrahierungszwang, S. 50; *Dieterich*, RdA 1995, 129 (131); *Kittner*, Schuldrecht, Rn. 45; *Köhler*, BGB AT, § 3 Rn. 8.

[43] BVerfG v. 19.10.1993, BVerfGE 89, 214 (233); *Larenz/Wolf*, BGB AT, § 32 Rn. 3.

[44] Grundlegend zur Theorie der Richtigkeitsgewähr *Schmidt-Rimpler*, AcP 147 (1941), 130 (151 ff.); *ders.*, FS Raiser, S. 3 ff.

[45] BVerfG v. 7.2.1990, BVerfGE 81, 242 (254); BVerfG v. 6.2.2001, BVerfGE 103, 89 (100).

der Vertragsinhalt nicht ihren Interessen entspräche[46]. Aufgrund dieses Konsensprinzips ist der Vertragsmechanismus – jedenfalls bei Vorliegen seiner Funktionsvoraussetzungen[47] – dazu geeignet, ohne hoheitliche Gestaltung eine gerechte Regelung herbeizuführen. Die Schöpfer des BGB waren deshalb der Ansicht, dass sich eine gerechte Rechtsordnung durch den sich aus dem Konsensprinzip ergebenen Zwang, konträre Interessen im Kompromiss ausgleichen zu müssen, im freien Spiel der Kräfte von selbst entfalten und durchsetzen würde[48].

Aus der Grundentscheidung, den einzelnen Vertragsparteien die Wahrnehmung und Gestaltung ihrer Interessen zu übertragen, folgt des Weiteren, dass die Rechtsordnung einen privatautonom ausgehandelten Vertragsinhalt grundsätzlich auch dann als „richtig“ anerkennen muss, wenn dieser unter objektiven Gesichtspunkten unvernünftig erscheint[49]. Denn die Privatautonomie umfasst grundsätzlich auch die Freiheit, vermeintlich unvernünftige Verträge zu schließen[50], über die Angemessenheit und Richtigkeit des Vertragsinhalts entscheidet allein die subjektive Bewertung der Beteiligten. Grundsätzlich hat jeder Vertragsteil die Gelegenheit, einen angemessenen Vertrag auszuhandeln oder einen unangemessenen abzulehnen. Nimmt er diese Gelegenheit nicht wahr, obwohl er die Möglichkeit dazu hat, so muss er sich aufgrund der Selbstverantwortung dennoch am Vertrag festhalten lassen[51]. Insofern gilt ganz allgemein der Grundsatz „*volenti non fit iniura*“[52]. Der Vertrag wird von der Rechtsordnung als „richtig“ anerkannt, weil er auf dem freien Willen der Vertragsschließenden beruht, selbst wenn das Vereinbarte objektiv betrachtet unvernünftig oder unrichtig erscheint[53].

II. Die Bedeutung des Verhandlungsgleichgewichts für die Vertragsgerechtigkeit

Wenn nach dem Ergebnis der voranstehenden Überlegungen die Anerkennung des Vertrages auf dem Prinzip der Selbstbestimmung der Vertragsparteien beruht, so kann der Vertrag eine Richtigkeitsgewähr im Sinne eines gerechten Vertragsinhalts aber nur dann entfalten, wenn auch die Bedingungen freier Selbstbestimmung tat-

---

[46] *Coester-Waltjen*, AcP 190 (1990), 1 (15 f.).

[47] Dazu sogleich unter C und D.

[48] Soergel/*Wolf*, Vor § 145 Rn. 19.

[49] BVerfG v. 7.2.1990, BVerfGE 81, 242 (254); *Coester-Waltjen*, AcP 190 (1990), 1 (15); *Fastrich*, Richterliche Inhaltskontrolle, S. 37.

[50] *Fastrich*, Richterliche Inhaltskontrolle, S. 37; *Flume*, Rechtsgeschäft, S. 6.

[51] Soergel/*Wolf*, Vor § 145 Rn. 29.

[52] *Fastrich*, Richterliche Inhaltskontrolle, S. 37.

[53] *Coester-Waltjen*, AcP 190 (1990), 1 (15).

sächlich gegeben sind[54]. Die Vertragsparteien müssen also in der Lage gewesen sein, ihre Interessen wahrzunehmen und in einem gegenseitigen Abwägen der Vor- und Nachteile einen angemessenen Interessenausgleich zustande zu bringen[55]. Im freien Spiel der Kräfte wird der auf diese Weise auszuhandelnde Kompromiss zwischen den sich im Vertrag gegenübertretenden Interessen allerdings maßgeblich durch die Stärke der jeweiligen Position der Vertragsparteien bestimmt[56]. Damit nicht die eine Partei einseitig allein ihre Interessen durchsetzen kann, sondern zu einem Kompromiss und damit zu einem „gerechten" Vertragsinhalt gezwungen wird, muss also zwischen den Parteien eine annähernd gleiche Verhandlungsstärke gegeben sein, so dass jeder Vertragsteil über genügend Verhandlungsgewicht verfügt, um seine Interessen entsprechend zu wahren und einem angemessenen Interessenausgleich zuzuführen, oder, falls ihm dies misslingt, den Vertragsschluss abzulehnen[57]. Ein annähernd gleiches Verhandlungsgewicht im Sinne der Möglichkeit eines gerechten Vertragsschlusses ist daher nach heute ganz herrschender Meinung eine notwendige Voraussetzung für das Funktionieren der Privatautonomie und die mit dem Vertragsschluss verbundene Gewähr eines gerechten Vertragsinhalts[58].

III. Das Problem des gestörten Verhandlungsgleichgewichts

Das Problem der Privatautonomie ist, dass sie vermeintlich „gerechte" Verträge nur in Gleichgewichtslagen – also unter annähernd gleichstarken Partnern – zustande bringen kann[59]. Denn die auf dem Gedanken von Freiheit und Gleichheit beruhende Privatautonomie berücksichtigt nicht, dass in Wirklichkeit nicht alle Menschen gleich sind. Vielmehr stellt der zwischen zwei vollkommen selbstbestimmt und annähernd gleichgestellt handelnden Vertragspartnern ausgehandelte Kompromiss ei-

---

[54] BVerfG v. 7.2.1990, BVerfGE 81, 242 (254 f.).

[55] *Larenz/Wolf*, BGB AT, § 42 Rn. 1.

[56] *Medicus*, BGB AT, Rn. 473.

[57] *Larenz/Wolf*, BGB AT, § 42 Rn. 1.

[58] BVerfG v. 7.2.1990, BVerfGE 81, 242 (254 f.); BVerfG v. 19.10.1993, BVerfGE 89, 214 (233); BVerfG v. 6.2.2001, BVerfGE 103, 89 (100 ff.); BAG v. 16.3.1994, SAE 1995, 167 (170 ff.); *Brox/Rüthers/Henssler*, Arbeitsrecht, Rn. 18; *Bülow/Artz*, Verbraucherprivatrecht, S. 7; *Dieterich*, RdA 1995, 129 (131); *Hönn*, Kompensation gestörter Vertragsparität, S. 9 ff.; *Kemper*, Verbraucherschutzinstrumente, S. 34; *Kempff*, Grundrechte im Arbeitsverhältnis, S. 19; *Larenz/Wolf*, BGB AT, § 42 Rn. 1; *Lieb*, Arbeitsrecht, Rn. 108; MüKo/*Kramer*, vor § 145 Rn. 3; Staudinger/*Looschelders/Olzen*, § 242 Rn. 459; *Preis*, Grundfragen der Vertragsgestaltung im Arbeitsrecht, S. 216 ff.; Soergel/*Wolf*, Vor § 145 Rn. 29. Kritisch zur Theorie der Vertragsparität insbesondere *Zöllner*, AcP 196 (1996), 1 (15 ff.).

[59] Vgl. *Medicus*, Schuldrecht I, Rn. 73.

nen Idealfall dar, der in der Realität kaum gegeben sein wird. Für die Funktionsfähigkeit des auf der Privatautonomie aufbauenden Rechtssystems bedeutet das, dass es zu Störungen kommen muss, wenn die eine Vertragspartei der anderen wesentlich überlegen ist und dadurch das Verhandlungsgleichgewicht zwischen den Parteien nicht mehr gegeben ist[60]. In diesem Fall kann nämlich die stärkere Partei ihre Interessen einseitig durchsetzen, ohne von der schwächeren Partei daran gehindert zu werden. Ein solch einseitiges Vertragsdiktat wird nicht mehr von der freiverantwortlichen Selbstbestimmung beider Vertragsparteien getragen und bietet daher keine Gewähr für einen gerechten Vertragsinhalt[61]. *Flume* bezeichnet das Problem der ungleichen Machtverteilung deshalb auch als das „ewige Dilemma der Privatautonomie“[62].

B. Privatautonomie und Grundgesetz

Wenn man näher untersuchen möchte, wie viel staatliche Intervention gegenüber privatautonomer Vertragsaktivität überhaupt möglich und wie viel im Hinblick auf die Erhaltung ihrer Funktionsfähigkeit eventuell sogar geboten ist, so liegt es nahe, zunächst auf der höchsten Stufe der Normhierarchie, also für das nationale Recht beim Grundgesetz, mit der Untersuchung zu beginnen.

I. Grundgesetzliche Verankerung der Privatautonomie

Die Privatautonomie findet nach ständiger Rechtsprechung des *BVerfG*[63] und nahezu unumstrittener Ansicht in der Literatur[64] ihre normative Grundlage in Art. 2 Abs. 1 GG i.V.m. Art. 1 GG. Daneben – und systematisch gesehen dann als *lex specialis* vorrangig – beschützen auch andere Spezialgrundrechte die Möglichkeit privatautonomen Handelns, wie z.B. Art. 6 Abs. 1, 9 Abs. 1, 12 Abs. 1 und 14 Abs.

---

[60] *Kemper*, Verbraucherschutzinstrumente, S. 34; *Larenz/Wolf*, BGB AT, § 42 Rn. 1.

[61] *Hübner*, BGB AT, Rn. 1036; *Larenz/Wolf*, BGB AT, § 42 Rn. 1.

[62] *Flume*, Rechtsgeschäft, S. 10.

[63] BVerfGE v. 12.11.1958, BVerfGE 8, 274 (328); BVerfG v. 16.5.1961, BVerfGE 12, 341 (347); BVerfGE v. 19.10.1983, BVerfGE 65, 196 (210); BVerfG v. 13.5.1986, BVerfGE 72, 155 (170); BVerfG v. 14.1.1987, BVerfGE 74, 129 (151 f.); BVerfG v. 19.10.1993, BVerfGE 89, 214 (231); BVerfG v. 6.2.2001, BVerfGE 103, 89 (100).

[64] *Boemke*, NZA 1993; 532; *Bork*, BGB AT, Rn. 102; *Busche*, Privatautonomie und Kontrahierungszwang, S. 54; *Canaris*, JZ 1987, 993 (994); *Dieterich*, RdA 1995, 129 (130); *Drexl*, Die wirtschaftliche Selbstbestimmung des Verbrauchers, S. 254 f.; *Hergenröder*, ZfA 2002, 355 (356 f.); *Kittner*, Schuldrecht, Rn. 71; *Larenz/Wolf*, BGB AT, § 4 Rn. 51; *Löwisch*, ZfA 1996, 293 (295); *Lorenz*, Der Schutz vor dem unerwünschten Vertrag, S. 18 ff.; *Medicus*, Schuldrecht I, Rn. 71; *Murswiek* in: Sachs, Grundgesetz, Art. 2 Rn. 54; *Paulus/Zenker*, JuS 2001, 1; Soergel/*Wolf*, Vor § 145 Rn. 42; *Stein*, AR-Blattei SD 830 (2001), Rn. 124; *Thüsing*, FS Wiedemann, S. 559, 563.

1GG[65]. Das bedeutet allerdings nicht, dass die Freiheit des Einzelnen, Rechtsverhältnisse nach seinem Willen zu gestalten, unbegrenzt wäre[66]. Vielmehr ist auch die aus der allgemeinen Handlungsfreiheit des Art. 2 Abs. 1 GG abgeleitete Privatautonomie nur in den Schranken des zweiten Halbsatzes des Art. 2 Abs. 1 GG gewährleistet, sie ist daher vor allem durch die „verfassungsmäßige Ordnung" begrenzt[67]. Einschränkungen der Privatautonomie sind somit möglich, soweit diese den Grundentscheidungen des Grundgesetzes entsprechen.

II. Wirkung der Grundrechtsgarantie

Die Grundrechte sind in erster Linie dazu bestimmt, die Freiheitssphäre des Bürgers vor Eingriffen der öffentlichen Gewalt zu sichern[68]. Sie werden daher gemeinhin als *Schutz-* und *Abwehrrechte* des Bürgers gegen den Staat bezeichnet[69]. Wirkungskraft entfalten sie dabei vor allem dadurch, dass Beschränkungen der grundrechtlich gewährleisteten Rechtspositionen grundsätzlich nur durch ein entsprechendes formelles Gesetz zulässig sind und sich innerhalb der Grenzen des verfassungsrechtlichen *Übermaßverbots* halten müssen[70]. Danach sind Eingriffe in die Grundrechte nur insoweit zulässig, als sie zur Erreichung des mit dem Eingriff verfolgten Zwecks geeignet, erforderlich und angemessen sind.

Die Bedeutung des durch Art. 2 Abs. 1 GG i.V.m. Art. 1 Abs. 1 GG der Privatautonomie zugebilligten Grundrechtsschutzes erschöpft sich allerdings nicht nur darin, der Privatautonomie durch die Abwehr staatlicher Freiheitsbeschränkungen einen ausreichenden Freiraum zu garantieren. Vielmehr ist es ist heute nahezu unbestritten, dass die Grundrechte auch eine *Schutzgebotsfunktion* beinhalten, indem sie dem Gesetzgeber Schutzpflichten zur Sicherung der grundrechtlichen Schutzgüter und Freiheiten auferlegen[71]. Der Staat wird durch diesen Schutzauftrag verpflichtet, sich schützend und fördernd vor das Rechtsgut zu stellen und es insbe-

---

[65] Dazu ausführlich *Höfling*, Vertragsfreiheit, S. 14 ff.

[66] BVerfG v. 19.10.1993, BVerfGE 89, 214 (231): „Die Privatautonomie ist notwendigerweise begrenzt (..)".

[67] Vgl. BVerfG v. 19.10.1983, BVerfGE 65, 196 (210); *Söllner*, RdA 1989, 144 (146 f.).

[68] So die ständige Rechtsprechung des BVerfG seit BVerfG v. 15.1.1958, BVerfGE 7, 198 (204), vgl. auch BVerfG v. 1.3.1979, BVerfGE 50, 290 (337); BVerfG v. 8.7.1982, BVerfGE 61, 82 (100 f.); BVerfG v. 31.10.1984, BVerfGE 68, 193 (205).

[69] Vgl. *Stern*, Staatsrecht III/1, S. 620 ff. m.w.N.

[70] Vgl. *Canaris*, JuS 1989, 161 f.

[71] *Badura* in: FS Herschel, S. 21, 34; *Boemke/Gründel*, ZfA 2001, 245 (252); *Canaris*, JuS 1989, 161 (163); *Dieterich*, RdA 1995, 129 (130); *Hergenröder*, ZfA 2002, 355(369); *Löwisch*, ZfA 1996, 293 (295); *Murswiek* in: Sachs, Grundgesetz, Vor Art. 1 Rn. 35 ff. und Art. 2 Rn. 24 ff.; MünchArbR/*Richardi*, § 10 Rn. 13; *Rieble*, Arbeitsmarkt und Wettbewerb, Rn. 843.

sondere vor rechtswidrigen Eingriffen von Seiten anderer Privatrechtssubjekte zu bewahren[72]. Dieser Schutzauftrag gilt auch im Bereich des Privatrechts, wie das *BVerfG* in zwei grundlegenden Entscheidungen ausführlich dargelegt hat. In der „Handelsvertreter“-Entscheidung[73] aus dem Jahre 1990 hat das *BVerfG* ausgeführt, dass sich aus der grundrechtlichen Gewährleistung der Privatautonomie ein „Schutzauftrag der Verfassung“ ergebe, der auch im Vertragsrecht ein staatliches Eingreifen verlange, soweit bei einer Vertragspartei die Voraussetzungen für ein selbstbestimmtes Handeln nicht mehr gegeben sind[74]. Denn wenn einer der Vertragsteile ein solches Verhandlungsgewicht habe, dass er den Vertragsinhalt faktisch einseitig bestimmen könne, dann bewirke dies für den unterlegenen Teil eine mit der Privatautonomie nicht zu vereinbarende Fremdbestimmung. In einer solchen Situation, in der formal gleiche Freiheit in das Recht des Stärkeren umschlage und das grundrechtlich gewährleistete Selbstbestimmungsrecht für den unterlegenen Teil wert- bzw. wirkungslos werde, müsse daher der Staat ausgleichend eingreifen, um den Grundrechtsschutz der unterlegenen Vertragspartei zu sichern[75]. Diesen Ansatz hat das *BVerfG* in der „Bürgschafts“-Entscheidung[76] vom 19.10.1993 weiter konkretisiert. Es ging um eine vermögenslose Tochter, die sich für einen Geschäftskredit ihres Vaters in Millionenhöhe verbürgte. Der *BGH* verurteilte die Tochter unter Berufung auf den Grundsatz *„pacta sunt servanda“* zur Zahlung aus der Bürgschaft[77]. Dem folgte das *BVerfG* nicht. Das *BVerfG* sah in der erheblichen finanziellen Belastung der Tochter und ihrer geschäftlichen Unerfahrenheit Indizien, die für eine tiefergehende Störung der Vertragsparität sprachen[78]. Aus der grundrechtlichen Gewährleistung der Privatautonomie ergebe sich die staatliche Pflicht, in einer solchen Fallgestaltung auf das gestörte Verhandlungsgleichgewicht zu reagieren und Korrekturen zu ermöglichen. Der *BGH* könne sich deshalb nicht einfach mit der Feststellung „Vertrag ist Vertrag“ begnügen, sondern müsse kompensierend eingreifen, um die Privatautonomie der unterlegenen Vertragspartei zu schützen[79].

Aus der Schutzgebotsfunktion ergibt sich demnach ein verfassungsrechtliches *Untermaßverbot*, das dem Staat bei der Ausgestaltung des Privatrechts eine zweite Grenze setzt. Sie gebietet dem Gesetzgeber, zumindest die für einen grundrechtli-

---

[72] BVerfG v. 25.2.1975, BVerfGE 39, 1 (42).

[73] BVerfG v. 7.2.1990, BVerfGE 81, 242 ff.

[74] BVerfG v. 7.2.1990, BVerfGE 81, 242 (255 f.).

[75] BVerfG v. 7.2.1990, BVerfGE 81, 242 (255).

[76] BVerfG v. 19.10.1993, BVerfGE 89, 214 ff.

[77] BGH v. 16.3.1989, NJW 1989, 1605 (1606).

[78] BVerfG v. 19.10.1993, BVerfGE 89, 214 (234 f.).

[79] BVerfG v. 19.10.1993, BVerfGE 89, 214 (234).

chen Minimalschutz erforderlichen Schutznormen bereitzustellen. Dieses Verständnis von der Schutzfunktion der Grundrechte und den daraus folgenden staatlichen Schutzpflichten ist zwar immer noch umstritten[81], es entspricht jedoch mittlerweile der ständigen Rechtsprechung des *BVerfG*[82] und der ganz herrschenden Ansicht im Schrifttum[83].

---

[81] Vgl. die zum Teil sehr heftige Kritik von *Adomeit*, NJW 1994, 2467 ff.; *Diederichsen*, Jura 1997, 57 (60 ff.); *ders.*, AcP 198 (1998), 171 (214 ff., 248 ff.); *Isensee*, FS Großfeld, S. 485, 501 ff.; *Zöllner*, AcP 196 (1996), 1 ff.

[82] Grundlegend BVerfG v. 7.2.1990, BVerfGE 81, 242 (254 ff.); BVerfG v. 19.10.1993, BVerfGE 89, 214 (231 ff.); BVerfG v. 27.1.1998, BVerfGE 97, 169 (176 ff.); BVerfG v. 15.7.1998, BVerfGE 98, 365 (395); BVerfG v. 6.2.2001, BVerfGE 103, 89 (100).

[83] *Boemke/Gründel*, ZfA 2001, 245 (252); *Canaris*, Grundrechte und Privatrecht, S. 38; *Classen*, AöR 122 (1997), 65, (73 ff.); *Dieterich*, RdA 1995, 129 (130); *Hergenröder*, ZfA 2002, 355 (369); *Höfling*, Vertragsfreiheit, S. 52 f.; *Löwisch*, ZfA 1996, 293 (295); *Murswiek* in: Sachs, Grundgesetz, Vor Art. 1 Rn. 35 ff. und Art. 2 Rn. 24 ff.; *Oeter*, AöR 119 (1994), 529 (536 f., 549 f.); MünchArbR/*Richardi*, § 10 Rn. 13; *Rüfner* in: Handbuch des Staatsrechts V, § 117 Rn. 60; *Ruffert*, Vorrang der Verfassung und Eigenständigkeit des Privatrechts, S. 141 ff.; Staudinger/*Sack*, § 138 Rn. 40; *Stern*, FS Wiedemann, S. 133, 136 ff.

2. Kapitel
Kompensation gestörter Vertragsparität durch die Rechtsordnung

Aus der Verfassung lässt sich nur entnehmen, *dass* der Staat die grundrechtlich gewährleisteten Rechtsgüter und Freiheiten zu schützen hat, nicht jedoch, *wie* das sich aus den Grundrechten abzuleitende Schutzgebot konkret zu verwirklichen ist. Die Verfassung wäre auch überfordert, wenn sie sämtliche für die Verwirklichung des jeweiligen Schutzgebotes erforderliche Instrumentarien bereitstellen müsste. Die grundrechtlichen Schutzaufträge bedürfen deshalb der Vermittlung durch das einfache Recht[83], erst durch die Formulierung konkreter Normtexte wird der grundrechtlichen Schutzpflicht wirkliche rechtliche Gestalt verliehen[84].

A. Der primäre Schutzauftrag an den Gesetzgeber

Der Gesetzgeber ist deshalb erster und wichtigster Adressat des grundrechtsbezogenen Schutzauftrages[85]. Ihm obliegt es, die Rechtsordnung zu gestalten. Hierbei ist er gemäß Art. 20 Abs. 3 GG an die „verfassungsmäßige Ordnung" und gemäß Art. 1 Abs. 3 GG an die Grundrechte gebunden. Demgemäß liegt es zunächst in seiner Verantwortung, die aus den Grundrechten abzuleitenden Schutzpflichten durch eine entsprechende Gesetzgebung zu verwirklichen. Die Umsetzung der grundrechtlichen Schutzgebote in die zivilrechtliche Dogmatik ist allerdings nicht ganz einfach. Denn bei einer verfassungsmäßigen Ausgestaltung der Privatrechtsordnung steht der Gesetzgeber vor dem Problem, dass am Rechtsverkehr viele Menschen mit unterschiedlichen und vielfach gegenläufigen Interessen teilnehmen, alle Beteiligten sich aber gleichermaßen auf die allgemeine Handlungsfreiheit des Art. 2 Abs. 1 GG und damit auf die grundrechtliche Gewährleistung ihrer Privatautonomie berufen können[86]. Für den Gesetzgeber ergibt sich damit das Problem kollidierender Grundrechte: Zwei Grundrechtsträger stehen ihm gleichzeitig, aber mit gegenläufigen Interessen und Grundrechtspositionen gegenüber – der eine abwehrend, der andere fordernd.

---

[83] *Canaris*, Grundrechte und Privatrecht, S. 81; *Isensee* in: Handbuch des Staatsrechts V, § 111 Rn. 87; *Oeter*, AöR 119 (1994), 529 (549).

[84] *Oeter*, AöR 119 (1994), 529 (550).

[85] *Ruffert*, Vorrang der Verfassung und Eigenständigkeit des Privatrechts, S. 201; *Stern*, Das Staatsrecht der Bundesrepublik Deutschland, Band III/1, S. 951.

[86] BVerfG v. 19.10.1993, BVerfGE 89, 214 (232).

Die Auflösung von Grundrechtskollisionen erfolgt heute üblicherweise nach der Formel von der *„praktischen Konkordanz“*[87]. Danach sind die kollidierenden Grundrechte der am Rechtsverkehr Beteiligten in ihrer Wechselwirkung zu sehen und so zu begrenzen, dass sie für alle Beteiligten möglichst weitgehend wirksam werden[88]. Bei der Bewältigung dieser Aufgabe steht der Gesetzgeber vor zwei schwierigen Fragen. Die Erste betrifft das „Ob“ der Schutzpflicht: Wann wiegt eine Ungleichgewichtslage so schwer, dass von einem selbstbestimmten Vertragsschluss nicht mehr gesprochen werden kann und deshalb eine Korrektur durch die Rechtsordnung erfolgen muss? Bei der zweiten Frage geht es um das „Wie“ des Schutzes: Welche Kompensationsmittel sind notwendig, um den kollidierenden Grundrechtspositionen beider Vertragsparteien angemessen Rechnung zu tragen?
Das Verfassungsrecht gibt auf diese Fragen keine konkreten Antworten, insbesondere schreibt die Verfassung keine bestimmten Rechtsinstitute des Zivilrecht für die Verwirklichung des grundrechtlichen Schutzauftrages vor[89]. Aus diesem Grund hat das *BVerfG* immer wieder betont, dass dem Gesetzgeber bei der Konkretisierung der abstrakten verfassungsrechtlichen Vorgaben ein besonders großer *Spielraum* offen steht[90]. Sowohl die Festlegung der Kriterien, anhand derer eine grundrechtsrelevante Störung des Verhandlungsgleichgewichts festzustellen ist, als auch die Auswahl der geeigneten Kompensationsmittel, die für einen angemessenen Ausgleich zwischen den konkurrierenden Grundrechtspositionen der Vertragsparteien geboten sind, liegt demnach im Ermessen des Gesetzgebers[91]. Begrenzt wird der Gestaltungsspielraum nur durch das verfassungsrechtliche *Unter-* und *Übermaßverbot*[92]. Das sich aus der Abwehrfunktion der Grundrechte ergebende Übermaßverbot setzt dem gesetzgeberischen Gestaltungsspielraum eine obere Grenze. Danach dürfen grundrechtlich geschützte Rechtspositionen im Hinblick auf das mit dem Eingriff verfolgte Ziel nicht unverhältnismäßig eingeschränkt werden[93]. Das

---

[87] Begründet von *K. Hesse*, Grundzüge des Verfassungsrechts, Rn. 72, 317. Vgl. auch BVerfG v. 19.10.1993, BVerfGE 89, 214 (232) und *Stern*, Das Staatsrecht der Bundesrepublik Deutschland, Band III/2, S. 625 ff.

[88] BVerfG v. 19.10.1993, BVerfGE 89, 214 (232); BVerfG v. 27.1.1998, BVerfGE 97, 169 (176).

[89] *Classen*, AöR 122 (1997), 65 (82); *Fastrich*, RdA 1997, 65 (72).

[90] BVerfG v. 11.10.1978, BVerfGE 49, 304 (320); BVerfG v. 3.10.1989, BVerfGE 81, 1 (7); BVerfG v. 7.2.1990, BVerfGE 81, 242 (255); BVerfG v. 19.10.1993, BVerfGE 89, 214 (234).

[91] BVerfG v. 7.2.1990, BVerfGE 81, 242 (255).

[92] Vgl. BVerfG v. 28.5.1993, BVerfGE 88, 203 (254); *Canaris*, JZ 1987, 993 (995); *ders.*, Grundrechte und Privatrecht, S. 83 ff.; *Dieterich*, RdA 1995, 129 (134); ErfK/*Dieterich*, Einl. GG, Rn. 38; *Isensee* in: Handbuch des Staatsrechts V, § 111 Rn. 165; *Stein*, AR-Blattei SD 830 (2001) Rn. 38.

[93] Vgl. *Sachs* in: Sachs, Grundgesetz, Art. 20 Rn. 145 ff.

aus der Schutzgebotsfunktion der Grundrechte folgende Untermaßverbot hingegen begrenzt den Gestaltungsspielraum nach unten, die Vorkehrungen des Gesetzgebers müssen für einen angemessenen und wirksamen Mindeststandard an Grundrechtsschutz ausreichend sein[94].

Daraus folgt allerdings keineswegs, dass der Gestaltungsspielraum durch das Übermaßverbot so weit reduziert würde, dass er sich mit den Anforderungen des Untermaßverbotes deckt, so dass ein bestimmtes Handeln geradezu von Verfassungswegen *geboten* wäre[95]. Denn die gesetzgeberische Tätigkeit wird weder durch das Übermaßverbot nach der einen, noch durch das Untermaßverbot nach der anderen Richtung so sehr eingeengt, dass sie sich nur noch als bloßer Verfassungsvollzug darstellen würde[96]. Die Verfassung verlangt in Gestalt des Untermaßverbotes lediglich, dass das einfache Recht *insgesamt* ein Mindestmaß an Schutz bietet. Dagegen schreibt sie dem Gesetzgeber nicht vor, auf welche Weise dieser Schutz zu verwirklichen ist. Zwischen dem unerlässlichen Schutzminimum für das eine Grundrecht und der verfassungswidrigen übermäßigen Einschränkung des anderen Grundrechts steht dem Gesetzgeber daher regelmäßig ein mehr oder weiniger breiter *Gestaltungsspielraum* offen, innerhalb dessen grundsätzlich mehrere verfassungskonforme Ausgestaltungsmöglichkeiten in Betracht kommen[97].

Der Gesetzgeber ist zudem keineswegs daran gehindert, auch einen über das verfassungsrechtlich geforderte Schutzminimum hinausgehenden Schutz bereitzustellen, denn das Übermaßverbot beschränkt ihn nicht auf den grundrechtlichen Minimalschutz, sondern gestattet ihm auch die Verfolgung anderer Zwecke, sofern diese nur „legitim“[98] bzw. „verfassungsrechtlich nicht (zu) beanstanden“[99] sind. Sofern der Gesetzgeber einen solchen „legitimen“ Zweck verfolgt, darf er demnach durchaus ein über dem grundrechtlichen Minimum liegendes Schutzniveau gewähren, ohne dadurch gleich gegen das Übermaßverbot zu verstoßen[100].

---

[94] *Isensee* in: Handbuch des Staatsrechts V, § 111 Rn. 165; *Sachs* in: Sachs, Grundgesetz, Vor Art. 1 Rn. 36.

[95] So aber *Erichsen*, Jura 1997, 85 (88); *Hain*, DVBl. 1993, 982 (983); *Starck*, JZ 1993, 816 (817).

[96] Vgl. *Canaris*, JuS 1989, 161 (164); ErfK/*Dieterich*, Einl. GG Rn. 16; *Isensee* in: Handbuch des Staatsrechts V, § 111 Rn. 164.

[97] *Canaris*, JuS 1989, 161 (163).

[98] BVerfG v. 6.10.1987, BVerfGE 77, 84 (107).

[99] BVerfG v. 8.1.1985, BVerfGE 68, 360 (370).

[100] Der Sittenwidrigkeitsmaßstab des § 138 BGB kennzeichnet nur die *äußere* Grenze der Vertragsfreiheit und entspricht somit dem *Untermaßverbot*. Zahlreiche Vorschriften bieten jedoch einen darüber hinausgehenden Schutz, wie etwa Regelungen aus dem Wohnungsmieter-, Arbeitnehmer- oder Verbraucherschutzrecht. Diese Vorschriften verstoßen deshalb aber noch nicht gegen das *Übermaßverbot*, sondern bewegen sich innerhalb des zwischen Unter- und Übermaßverbot

I. Faktoren für das Verhandlungsgleichgewicht

Bevor der Gesetzgeber die zur Verwirklichung des verfassungsrechtlichen Schutzauftrages erforderlichen Schutznormen bereitstellen kann, muss er zunächst im Rahmen seines Gestaltungsspielraums festlegen, wie sich gestörte Vertragsparität begrifflich erfassen und tatsächlich feststellen lässt. Dazu sind zunächst die Faktoren zu ermitteln, die Einfluss auf die Verteilung des Verhandlungsgewichts haben. Ob zwischen zwei Vertragsparteien ein Gleichgewicht angenommen werden kann, hängt von vielerlei Umständen ab. Bereits aus der Tatsache, dass nicht alle Menschen von Natur aus die gleichen individuellen Fähigkeiten besitzen, ergeben sich ungleiche Verhandlungslagen. Einzelne individuelle Fähigkeiten wie Verhandlungsgeschick, Erfahrung, Intelligenz, Urteilsvermögen oder besondere Marktkenntnisse können sich je nach Situation ganz unterschiedlich auf das Verhandlungsgleichgewicht der Vertragsparteien auswirken[101]. Aber nicht nur individuelle Fähigkeiten, sondern auch gesellschaftliche und wirtschaftliche Faktoren haben Einfluss auf die Verteilung des Verhandlungsgleichgewichts. So können sich beispielsweise durch Unternehmenszusammenschlüsse und Preisabsprachen oder durch die Verwendung vorformulierter Massenverträge Verschiebungen des Verhandlungsgleichgewichts ergeben, die nicht auf einige in ihrer individuellen Situation beeinträchtige Personen beschränkt sind, sondern jeden am Wirtschaftsverkehr teilnehmenden Menschen in einer bestimmten Marktposition benachteiligen können[102].

II. Maßstab für die Feststellung kompensationsbedürftiger Ungleichgewichtslagen

Angesichts der Fülle denkbarer Begleitumstände eines Vertragsschlusses und der im einzelnen kaum überschaubaren Vielzahl von möglichen Unterlegenheitsformen dürfte es geradezu ausgeschlossen sein, dass bei einem Vertragsschluss einmal Personen mit völlig gleicher Verhandlungsstärke zusammentreffen. Hinzu kommt, dass es – einmal abgesehen vom Geschäftsunfähigen – in Bezug auf das Verhandlungsgewicht den schlechthin „Schwächeren“ gar nicht gibt, sondern eine Unterlegenheit immer nur im Hinblick auf eine bestimmte Vertragsbeziehung besteht[103]. Daher ist es unmöglich, eine eindeutige begriffliche Grenze zwischen Verhand-

---

liegenden Gestaltungsspielraums des Gesetzgebers. Vgl. hierzu auch *Canaris*, Grundrechte und Privatrecht, S. 84 ff.

[101] *Medicus*, Abschied von der Privatautonomie im Schuldrecht?, S. 19.

[102] *Larenz/Wolf*, BGB AT, § 42 Rn. 6.

[103] *Hönn*, Kompensation gestörter Vertragsparität, S. 273.

lungsgleichgewicht und Verhandlungsungleichgewicht zu ziehen[104]. Würde der Gesetzgeber einen Vertrag aber bereits bei jeder nachweisbaren Störung des Verhandlungsgleichgewichts nachträglich in Frage stellen oder korrigieren, so würde der Vertrag seine Bedeutung als rechtlich verbindliches Gestaltungsmittel verlieren und die für den Rechtsverkehr unentbehrliche Rechtssicherheit würde zerstört[105]. Der Gesetzgeber kann deshalb jedenfalls nicht für alle Situationen Vorsorge treffen, in denen das Verhandlungsgleichgewicht mehr oder weniger beeinträchtigt ist. Auf der anderen Seite darf der Gesetzgeber offensichtlichen Fehlentwicklungen aber auch nicht völlig tatenlos zusehen, schließlich ist er aufgrund seines verfassungsrechtlichen Schutzauftrages dazu verpflichtet, jedenfalls für ein Mindestmaß an Grundrechtsschutz zu sorgen. Ein genaues Eingehen auf die Besonderheiten jedes konkreten Einzelfalles hätte jedoch eine Flut von differenzierenden Einzelregelungen zur Folge, bei einer solchen einzelfallbezogenen Feststellung des gestörten Verhandlungsgleichgewichts wäre das Recht daher völlig unüberschaubar und damit nicht mehr voraussehbar. Zudem gebietet Art. 19 Abs. 1 GG, dass grundrechtseinschränkende Gesetze „allgemein und nicht nur für den Einzelfall gelten" müssen. Aus Gründen der Rechtssicherheit und mit Rücksicht auf den in Art. 3 Abs. 1 GG enthaltenen Grundsatz der Rechtsgleichheit[106] muss der Gesetzgeber daher *generalisieren*[107]. Somit kann es nur in solchen Fallkonstellationen eine Kompensation geben, in denen das Versagen des Vertragsmechanismus offen zu Tage tritt und der Vertragsschluss aufgrund der spezifischen Vertragsumstände

---

[104] *Dieterich*, RdA 1995, 129 (131).

[105] BVerfG v. 19.10.1993, BVerfGE 89, 214 (232).

[106] Gleichheit unter den Rechtsgenossen setzt Verallgemeinerung voraus, denn kraft der Allgemeinheit des Gesetzes werden alle, die unter eine gesetzliche Regel fallen, gleich behandelt. Indem das allgemeine Gesetz die Sachverhalte, die von seinen verallgemeinernden Tatbestandsmerkmalen erfasst werden, abschließend gleichsetzt, lässt es für ergänzende Entscheidungen oder Wertungen im Zuge der Rechtsanwendung keinen Raum und bringt damit Gleichheit mit sich. Deshalb muss jede gesetzliche Regelung verallgemeinern bzw. generalisieren. Vgl. *Kirchhof* in: Handbuch des Staatsrechts V, § 124 Rn. 153 ff.; *Starck* in: v.Mangoldt/Klein/Starck, Kommentar zum Grundgesetz, Art. 3 Abs. 1 Rn. 7 ff.; *Weyreuther*, DÖV 1997, 521 (523). Zum Zusammenhang von Gleichheit und Recht siehe auch *Pawlowski*, Methodenlehre für Juristen, Rn. 53 ff.

[107] Vgl. BVerfG v. 28.6.1960, BVerfGE 11, 245 (254); BVerfG v. 31.5.1988, BVerfGE 78, 214 (226 f.); BVerfG v. 30.5.1990, BVerfGE 82, 126 (151 f.); BVerfG v. 10.4.1997, BVerfGE 96, 1 (6); *Gubelt* in: v.Münch/Kunig, Grundgesetz-Kommentar, Art. 3 Rn. 26; *Herzog* in: Maunz/Dürig, Grundgesetz, Art. 3 Anh. Rn. 25; *Kirchhof* in: Handbuch des Staatsrechts V, § 124 Rn. 293 ff.; *Leibholz/Rinck/Hesselberger*, Grundgesetz, Art. 3 Rn. 85; *Osterloh* in: Sachs, Grundgesetz, Art. 3 Rn. 105; *Starck* in: v.Mangoldt/Klein/Starck, Kommentar zum Grundgesetz, Art. 3 Abs. 1 Rn. 8 ff.; *Weyreuther*, DÖV 1997, 521 (523).

nicht nur im Einzelfall, sondern generell oder in bestimmten Fallgruppen keine Gewähr für einen gerechten Vertragsinhalt geben kann[108]. Diesen Maßstab hat das *BVerfG* in der „Bürgschafts"-Entscheidung konkretisiert und drei – sehr enge – Voraussetzungen aufgestellt, bei deren Vorliegen der *Gesetzgeber*[109] verfassungsrechtlich verpflichtet ist, zum Schutze der Privatautonomie Korrekturen zu ermöglichen: Erstens muss eine „strukturelle Unterlegenheit"[110] des einen Vertragsteils erkennbar sein. Zweitens muss es sich um eine „typisierbare Fallgestaltung"[111] handeln. Und drittens müssen die Vertragsfolgen für den unterlegenen Teil „ungewöhnlich belastend"[112] sein.

1. Strukturelle Unterlegenheit

Zunächst muss es sich um eine Unterlegenheit von *struktureller* Natur handeln. Damit trägt das *BVerfG* dem Umstand Rechnung, dass es schon aufgrund der unterschiedlichen individuellen Fähigkeiten der am Privatrechtsverkehr teilnehmenden Rechtssubjekte praktisch niemals wirkliche „Waffengleichheit" im Sinne eines völlig gleichen Verhandlungsgewichts zwischen den Vertragsparteien geben kann. Das Kriterium der strukturellen Unterlegenheit wird man deshalb als Hinweis auf die jeweiligen Umstände des Vertragsschlusses verstehen können[113]. Individuelle Faktoren wie mangelnde Geschäftserfahrenheit, fehlendes Verhandlungsgeschick, Überraschung oder auch geringe finanzielle Mittel können daher *für sich allein* ge-

[108] *Coester-Waltjen*, AcP 190 (1990), 1 (15 f.); *Dieterich*, RdA 1995, 129 (131).

[109] Hinzuweisen ist darauf, dass es sich bei diesen viel zitierten Ausführungen des BVerfG lediglich um die verfassungsrechtlichen Anforderungen an die Regelungspflicht des *Gesetzgebers* handelt und *nicht* um die zivilrechtlichen Voraussetzungen einer allgemeinen richterlichen Inhaltskontrolle, vgl. *Drexl*, Die wirtschaftliche Selbstbestimmung des Verbrauchers, S. 273; *Schimansky*, WM 1995, 461 (466). Die grundrechtlichen Erwägungen des BVerfG dienen lediglich der Begründung des Verfassungsverstoßes bei der *Anwendung* des einfachen Rechts durch die Zivilgerichte, vgl. die Ausführungen des BVerfG zur Prüfungsdichte, BVerfGE 89, 214 (230). Der hier vom BVerfG aufgestellte Prüfungsmaßstab für die *Rechtsordnung* wird jedoch vielfach missverstanden und in ein Tatbestandsmerkmal für die Überprüfung von Einzelfällen durch den *Richter* uminterpretiert. Dabei hat das BVerfG ausdrücklich klargestellt, dass das geltende Vertragsrecht den verfassungsrechtlichen Anforderungen genügt, vgl. BVerfGE 89, 214 (232), und ausreichend Instrumente zur Kompensation gestörter Vertragsparität bereithält. Die Gerichte werden hingegen vom BVerfG nur dazu angemahnt, *das geltende Recht* auch *anzuwenden* und sich nicht mit der Feststellung zu begnügen: „Vertrag ist Vertrag", vgl. BVerfGE 89, 214 (234).

[110] BVerfG v. 19.10.1993, BVerfGE 89, 214 (232).

[111] BVerfG v. 19.10.1993, BVerfGE 89, 214 (232).

[112] BVerfG v. 19.10.1993, BVerfGE 89, 214 (232).

[113] So auch *Drexl*, Die wirtschaftliche Selbstbestimmung des Verbrauchers, S. 275 f.

sehen grundsätzlich[114] noch *nicht* eine verfassungsrechtlich relevante Unterlegenheit begründen. Erst innerhalb einer *spezifischen Vertragssituation* können diese individuellen Faktoren dazu führen, dass die eine Vertragspartei *in dieser Situation* der anderen Vertragspartei überlegen ist. Ein *strukturelles* Ungleichgewicht kann sich demnach nur aus der *spezifischen Struktur der jeweiligen Vertragssituation* ergeben[115].

2. Typisierbare Fallgestaltung

Angesichts der unendlichen Fülle konkreter Sachverhalte muss der Gesetzgeber, wenn er *generelle* Regelungen schaffen will, zwangsläufig vom Einzelfall abstrahieren und typisieren[116]. Ausgangspunkt für einen Schluss auf ein strukturelles Ungleichgewicht kann also nur eine „typisierende Betrachtungsweise" sein[117]. Der Gesetzgeber muss dazu die zahllosen Einzelfälle des täglichen Lebens zu Fallgruppen bündeln und möglichst die gleiche Behandlung gleicher Fälle sicherstellen[118]. Dafür hat er zunächst nach typischen Situationen zu suchen, die allgemein aufgrund der spezifischen Struktur der Vertragssituation ein Ungleichgewicht begründen können und denen die Gefahr unangemessener Vertragsgestaltung quasi von Natur aus innewohnt[119]. Anschließend hat er dann von den zahlreichen konkreten Merkmalen dieser Sachverhalte einige wenige auszuwählen, die er als üblich oder typisch für eine bestimmte abgrenzbare Fallgruppe strukturell gestörter Vertragsparität ansieht[120]. Bei der Auswahl dieser Merkmale muss der Gesetzgeber sich grundsätzlich am typischen Regelfall orientieren, einen atypischen Fall darf er

---

[114] Einzig die fehlende bzw. beschränkte *Geschäftsfähigkeit* kennzeichnet eine nicht nur situationsgebundene, sondern grundsätzliche Unterlegenheit einer Person, vgl. §§ 104 ff. BGB.

[115] Vgl. *Drexl*, Die wirtschaftliche Selbstbestimmung des Verbrauchers, S. 276.

[116] BVerfG v. 8.10.1991, BVerfGE 84, 348 (359 f.); BVerfG v. 28.4.1999, BVerfGE 100, 138 (174); BVerfG v. 7.12.1999, BVerfGE 101, 297 (309); BVerfG v. 4.4.2001, BVerfGE 103, 310 (319 f.); *Herzog* in: Maunz/Dürig, Grundgesetz, Art. 3 Anh. Rn. 25 ff.; *Kirchhof* in: Handbuch des Staatsrechts V, § 124 Rn. 293 ff.; *Leibholz/Rinck/Hesselberger*, Grundgesetz, Art. 3 Rn. 85 ff.; *Osterloh* in: Sachs, Grundgesetz, Art. 3 Rn. 106 ff.; *Starck* in: v.Mangold/Klein/Starck, Das Bonner Grundgesetz, Art. 3 Abs. 1 Rn. 23; *Weyreuther*, DÖV 1997, 521 ff.

[117] BVerfG v. 7.2.1990, BVerfGE 81, 242 (260).

[118] Das Gebot der Gleichbehandlung ergibt sich aus Art. 3 Abs. 1 GG. Danach hat der Gesetzgeber wesentlich Gleiches gleich und wesentlich Ungleiches ungleich zu behandeln, vgl. BVerfG v. 15.7.1998, BVerfGE 98, 365 (385).

[119] BVerfG v. 7.2.1990, BVerfGE 81, 242 (255); *Coester-Waltjen*, AcP 190 (1990), 1 (15 f.); *Drexl*, Die wirtschaftliche Selbstbestimmung des Verbrauchers, S. 276 f.; *Fastrich*, Richterliche Inhaltskontrolle im Privatrecht, S. 224 f.; *Wellenhofer-Klein*, ZIP 1997, 774 (776).

[120] Zur Typisierung vgl. *Osterloh*, Gesetzesbindung und Typisierungsspielräume bei der Anwendung der Steuergesetze, S. 26 ff., 102 ff.; *Weyreuther*, DÖV 1997, 521 (523 ff.).

nicht als Leitbild wählen[121]. Die auf diese Weise ermittelten Merkmale für das Vorliegen eines gestörten Verhandlungsgewichts dienen sodann als tatbestandliche Anknüpfungspunkte für etwa erforderliche Schutzvorschriften. Bei der Rechtsanwendung ist nun im Rahmen der Subsumtion unter die in den abstrahierend-generalisierenden Vorschriften vorgegebenen Merkmale[122] nur noch zu prüfen, ob die konkreten Sachverhalte die wenigen gesetzlichen Tatbestandsmerkmale der Vorschriften aufweisen, während die übrigen Umstände der verwirklichten Sachverhalte nicht mehr rechtlich gewürdigt werden. Auf diese Weise kann auf ein gestörtes Verhandlungsgewicht geschlossen werden, ohne dass ein solches Ungleichgewicht im konkreten Einzelfall tatsächlich nachgewiesen werden müsste[123]. Der Verzicht auf den Nachweis einer tatsächlichen Ungleichgewichtslage im konkreten Einzelfall führt zwar zu einem Verlust an Einzelfallgerechtigkeit[124], dieser Verlust wird jedoch durch einen Gewinn an Rechtsicherheit wieder ausgeglichen. Insoweit wird dem Prinzip der Rechtssicherheit grundsätzlich der Vorrang gegenüber dem Prinzip der Einzelfallgerechtigkeit eingeräumt[125].

---

121 BVerfG v. 6.5.1975, BVerfGE 39, 316 (329); BVerfG v. 8.6.1993, BVerfGE 89, 15 (24 ff.); BVerfG v. 23.3.1994, BVerfGE 90, 226 (237 f.); BVerfG v. 18.2.1998, BVerfGE 97, 271 (292 f.).

122 Bei diesen Merkmalen handelt es sich dann um den Tatbestand bzw. Normtext der jeweils einschlägigen Vorschrift.

123 Da die Feststellung bzw. der Beweis einer „Ungleichgewichtslage" im Einzelfall erhebliche Schwierigkeiten bereiten würde und deshalb kaum justiziabel ist, kann der Gesetzgeber auch nicht einfach die „*Ungleichgewichtslage*" als solche zum Tatbestandsmerkmal erheben. Es bleibt dem Gesetzgeber also nichts anderes übrig, als das gestörte Verhandlungsgewicht unabhängig von den tatsächlichen Umständen des Einzelfalles durch die Definition von besonders „gefährlichen" Situationsmerkmalen ausschließlich typisierend zu erfassen.

124 Typisierung geht zwangsläufig immer zu Lasten der Einzelfallgerechtigkeit. Weil das Gesetz nicht auf eine *tatsächliche* Ungleichgewichtslage abstellt, sondern an eine vom Gesetzgeber als *typisch angenommene* Situation anknüpft, wird der Schutz auch einer solchen Vertragspartei zuteil, die im konkreten Fall ihrem Vertragspartner gerade nicht unterlegen ist (Schutzübermaß). Auf der anderen Seite wird die im konkreten Fall *tatsächlich* unterlegene Vertragspartei dann nicht geschützt, wenn keine vom Gesetzgeber als typisch angesehene Situation vorliegt (Schutzuntermaß). Zum Übermaß und Untermaß an Schutz als Folge typisierender Vorschriften siehe auch *Lorenz*, Der Schutz vor dem unerwünschten Vertrag, S. 166 ff. (bezogen auf die Vorschriften zum Haustürwiderrufsgesetz) und S. 200 ff. (bezogen auf die Vorschriften zum Verbraucherkreditgesetz).

125 Vgl. auch *Knobel*, Wandlungen im Verständnis der Vertragsfreiheit, S. 160 f.

3. Ungewöhnlich starke Belastung

Schließlich müssen die Vertragsfolgen für die unterlegene Vertragspartei eine ungewöhnlich starke Belastung darstellen. Das Kriterium der ungewöhnlichen Belastung spielte insbesondere bei der „Bürgschafts"-Entscheidung des *BVerfG* eine entscheidende Rolle[126]. Das *BVerfG* wies in dieser Entscheidung eine weitere Verfassungsbeschwerde mit der Begründung ab, dass es sich bei der fraglichen Bürgschaft „nicht um die Übernahme eines hohen und schwer abschätzbaren Unternehmerrisikos"[127] gehandelt habe. Die Gefahr einer ausweglosen Überschuldung könne das *BVerfG* in diesem Fall nicht erkennen, weshalb auch die Bindung an den Bürgschaftsvertrag „im Hinblick auf die Art und Höhe des Kredits von Verfassungs wegen nicht zu beanstanden"[128] sei.

Das Vorliegen eines strukturellen Ungleichgewichts genügt demzufolge für sich allein noch nicht, um eine verfassungsrechtliche Schutzpflicht des Staates zu Gunsten der unterlegenen Vertragspartei zu begründen[129]. Denn da sich der überlegene Vertragspartner ebenfalls auf die Privatautonomie – nämlich in ihrer Funktion als *Abwehrrecht* – berufen kann, kann der verfassungsrechtliche Schutz zu Gunsten der unterlegenen Vertragspartei erst dann eingreifen, wenn deren Lösungsinteresse das Bestandsinteresse der überlegenen Vertragspartei entsprechend überwiegt[130]. Das Kriterium der ungewöhnlichen Belastung verweist also insoweit auf das verfassungsrechtliche Verhältnismäßigkeitsprinzip[131]. Der Vertrag darf deshalb nicht bereits „bei jeder Störung des Verhandlungsgleichgewichts nachträglich in Frage gestellt oder korrigiert werden"[132], sondern erst dann, wenn „der Inhalt des Vertrages für eine Seite ungewöhnlich belastend und als Interessensausgleich offensichtlich unangemessen"[133] ist. Eine Kompensation zu Lasten der überlegenen Vertragspartei ist somit erst dann von Verfassungswegen geboten, wenn der Vertrag einen der beiden Vertragspartner ungewöhnlich stark belastet *und* zugleich das Ergebnis ungleicher Verhandlungsstärke ist[134]. Fehlt es hingegen an einer solchen Belastung, besteht auch keine staatliche Schutzpflicht. Obwohl in diesem Fall eine Kompensation zwar nicht mehr verfassungsrechtlich *geboten* ist, ist sie gleichwohl

---

[126] BVerfG v. 19.10.1993, BVerfGE 89, 214 ff. Siehe auch oben 1. Kapitel B. II.

[127] BVerfG v. 19.10.1993, BVerfGE 89, 214 (235).

[128] BVerfG v. 19.10.1993, BVerfGE 89, 214 (236).

[129] *Ruffert*, Vorrang der Verfassung und Eigenständigkeit des Privatrechts, S. 348.

[130] *Lorenz*, Der Schutz vor dem unerwünschten Vertrag, S. 253.

[131] *Drexl*, Die wirtschaftliche Selbstbestimmung des Verbrauchers, S. 278.

[132] BVerfG v. 19.10.1993, BVerfGE 89, 214 (232).

[133] BVerfG v. 19.10.1993, BVerfGE 89, 214 (234).

[134] Vgl. den Leitsatz in der „Bürgschafts"-Entscheidung des BVerfG v. 19.10.1993, BVerfGE 89, 214.

möglich. Denn dem Gesetzgeber ist es von Verfassungs wegen nicht verwehrt, im Rahmen seines Gestaltungsspielraums auch ein über das verfassungsrechtlich geforderte Schutzminimum *hinausgehendes* Schutzniveau bereitzustellen, sofern er damit einen „legitimen" Zweck verfolgt und gemessen an diesem Zweck nicht „übermäßig" in die Rechtsposition der anderen Vertragspartei eingreift. Das Vorliegen einer ungewöhnlichen Belastung bewirkt also nur, dass sich der Gestaltungsspielraum des Gesetzgebers hinsichtlich der Frage des „Ob" des Eingreifens insofern „auf Null reduziert", als dass der Staat jedenfalls nun zum Eingreifen *verpflichtet* ist.

Das *BVerfG* betrachtet das Kriterium der ungewöhnlichen Belastung zudem als ein deutliches *Indiz* für das Vorliegen einer Unterlegenheitsposition[135]. Demzufolge wird die Schutzbedürftigkeit einer Vertragspartei „offenkundig", wenn der Vertrag die Partei „einseitig belastet und ihre Interessen keine angemessene Berücksichtigung finden"[136]. Dagegen erübrigt sich nach Ansicht des *BVerfG* ein korrigierendes Eingreifen, wenn „die Parteien eine an sich zulässige Regelung vereinbart"[137] haben. Mit anderen Worten wird man eine Ungleichgewichtslage eher nicht annehmen können, wenn der vereinbarte Vertragsinhalt noch tolerabel erscheint, während das Vorliegen einer ungewöhnlich starken Belastung zwar als Indiz, nicht aber als ausreichender Beweis für ein gestörtes Verhandlungsgewicht herhalten kann. Die ungewöhnliche Belastung stellt sich daher häufig bereits als Teil der typisierbaren Situation strukturellen Ungleichgewichts dar, so dass die eigenständige Bedeutung dieses Kriteriums in diesen Fällen eher gering ist[138].

III. Umsetzung der verfassungsrechtlichen Vorgaben bei der Ausgestaltung der gesetzlichen Schutzmodelle

Nachdem der Gesetzgeber eine kompensationsbedürftige Ungleichgewichtslage identifiziert hat, muss er zunächst die tatbestandlichen Anknüpfungspunkte für die gesetzlichen Schutzinstrumente herausarbeiten. Anschließend muss er sich Gedanken darüber machen, welcher Vertragspartei die mit dem kompensierenden Eingreifen verbundenen Nachteile auferlegt werden können. Und schließlich muss er

---

[135] Vgl. auch BVerfG v. 6.2.2001, BVerfGE 103, 89 (104 f.).

[136] BVerfG v. 6.2.2001, BVerfGE 103, 89 (105).

[137] BVerfG v. 19.10.1993, BVerfGE 89, 214 (234).

[138] Vgl. dazu auch *Drexl*, Die wirtschaftliche Selbstbestimmung des Verbrauchers, S. 277 f. Bedeutung hat dieses Kriterium allerdings für die *Rechtsprechung* insofern, als dass die Gerichte bei Vorliegen einer ungewöhnlichen Belastungen in besonderem Maße gehalten sind, die vom Gesetzgeber zur Kompensation des gestörten Verhandlungsgewichts bereitgestellten Instrumente *anzuwenden* und sich nicht mit der Feststellung begnügen dürfen: „Vertrag ist Vertrag" (vgl. BVerfG v. 19.10.1993, BVerfGE 89, 214 (234)).

klären, in welcher Reihenfolge die verschiedenen Kompensationsinstrumente zur Anwendung gelangen sollen.

1. Mögliche Anknüpfungspunkte für gesetzliche Kompensationsinstrumente

Als Anknüpfungspunkt für gesetzliche Schutzvorschriften kommen nach den vorangegangenen Überlegungen nur *typisierende* Merkmale für ein gestörtes Verhandlungsgleichgewicht in Betracht. Die Anknüpfung an typisierende Merkmale kann auf verschiedene Weise geschehen. So kann der Gesetzgeber eine Anknüpfung an bestimmte *Personengruppen* vornehmen und für sämtliche Verträge dieser Personengruppen bestimmte Regelungen schaffen, wie z.B. für Geschäftsunfähige und beschränkt Geschäftsfähige (§§ 104 ff. BGB), für Wohnraummieter (§§ 549 ff. BGB) oder für Arbeitnehmer (§§ 611 ff. BGB). Anstatt an bestimmte Personengruppen kann der Gesetzgeber aber auch an bestimmte *Verhandlungssituationen* bei Vertragsabschluss anknüpfen und für solche Verträge, die in dieser Situation abgeschlossen wurden, besondere Schutzinstrumente bereitstellen. Zu nennen sind hier beispielsweise die sog. Haustürsituation (§ 312 BGB), die Fernabsatzsituation (§§ 312b ff. BGB) und die Situation bei der Verwendung vorformulierter Vertragsbedingungen (§§ 305 ff. BGB). Und schließlich besteht noch die Möglichkeit, einen bestimmten *Vertragsgegenstand* als Anknüpfungspunkt für gesetzliche Kompensationsregelungen zu wählen. Dementsprechend hat der Gesetzgeber beispielsweise für die gängigsten Transaktionsgeschäfte wie etwa für den Kaufvertrag (§§ 433 ff. BGB), den Darlehensvertrag (§§ 488 ff. BGB) oder den Leihvertrag (§§ 598 ff. BGB) spezielle Regelungen aufgestellt, die bezogen auf die jeweilige Eigenart des Geschäfts und die daraus resultierende spezifische Interessensituation der Beteiligten eine ausgleichende Vertragsgerechtigkeit gewährleisten sollen[139].

2. Die Verteilung der kompensationsbedingten Nachteile

Da mit jeder Begrenzung der Vertragsfreiheit zum Schutze des einen Teils gleichzeitig ein Eingriff in die Vertragsfreiheit des anderen Teils verbunden ist[140], muss der Gesetzgeber vor jedem Eingriff in den vertraglichen Interessenausgleich immer erst entscheiden, welcher Vertragspartei die mit dem Eingriff verbundenen Nachteile auferlegt werden können. Der Gesetzgeber hat dafür je nach Schwere der Paritätsstörung und Zurechenbarkeit der Paritätsstörung gegenüber einer Vertragspartei unterschiedliche Modelle vorgesehen.

---

[139] *Kittner*, Schuldrecht, Rn. 990 ff.

[140] BVerfG v. 7.2.1990, BVerfGE 81, 242 (255).

a) Das gesetzliche Grundmodell

Grundsätzlich geht der Gesetzgeber davon aus, dass derjenige Vertragsteil die Nachteile des kompensatorischen Eingreifens zu tragen hat, der für die gestörte Vertragsparität verantwortlich ist und sie als der überlegene Vertragsteil zu seinem Vorteil ausgenutzt hat[141]. Dieses Grundmodell der Zuweisung der kompensationsbedingten Nachteile kommt besonders deutlich in § 138 Abs. 2 BGB zum Ausdruck[142]. Denn diese Vorschrift setzt sich im Wesentlichen aus den drei Elementen zusammen, die das *BVerfG* als typische Merkmale einer kompensationsbedürftigen Ungleichgewichtslage herausgestellt hat[143] und die auch bei fast allen anderen Kompensationsinstrumenten von zentraler Bedeutung sind, auch wenn sie nicht überall ausdrücklich konstituiert werden. So verlangt § 138 Abs. 2 BGB zunächst, dass das Zustandekommen des Vertrages auf „der Zwangslage, der Unerfahrenheit, des Mangels an Urteilsvermögen oder der erheblichen Willensschwäche" einer Vertragspartei beruht. Damit greift der Gesetzgeber vier typische Musterbeispiele heraus, die zwangsläufig zu einer Verhandlungsunterlegenheit eines Vertragsteils führen[144], und erhebt sie zu tatbestandlichen Voraussetzungen für das Eingreifen der Kompensationsvorschrift. Das Vorliegen einer typischerweise gestörten Vertragsparität für sich allein genügt allerdings noch nicht für die Vornahme einer gesetzlichen Kompensation, hinzukommen muss vielmehr noch – quasi als Ausprägung des Verhältnismäßigkeitsgrundsatzes – ein Vertragsinhalt, der als Interessenausgleich offensichtlich unangemessen ist[145]. § 138 Abs. 2 BGB stellt demgemäß darauf ab, ob die vom unterlegenen Vertragsteil zu erbringende Leistung in einem „auffälligen Missverhältnis" zu der Gegenleistung des überlegenen Vertragsteils steht. Ein *überwiegendes* Interesse des unterlegenen Vertragsteils nimmt der Gesetzgeber aber erst dann an, wenn dem überlegenen Vertragsteil die Paritätsstörung *zugerechnet* werden kann und sich damit auch die Zuweisung der kompensationsbedingten Nachteile an die überlegene Vertragspartei rechtfertigen lässt[146]. Als dritte und letzte Voraussetzung verlangt der Gesetzgeber daher die *Zurechenbarkeit* der gestörten Vertragsparität, in § 138 Abs. 2 BGB kommt diese Voraussetzung durch das Tatbestandesmerkmal der „Ausbeutung" der Ungleichgewichtslage durch den überlegenen Vertragsteil zum Ausdruck[147]. Auf diesem dreiteiligen

---

141 *Canaris*, AcP 200 (2000), 273 (280 f.); *Wolf/Horn/Lindacher* (3. Aufl.), § 1 Rn. 49.

142 BVerfG v. 19.10.1993, BVerfGE 89, 214 (233).

143 Siehe oben 2. Kapitel A. II.

144 BVerfG v. 19.10.1993, BVerfGE 89, 214 (233).

145 Vgl. oben 2. Kapitel A. II. 3.

146 *Wolf/Horn/Lindacher* (3. Aufl.), § 1 Rn. 49.

147 Vgl. auch *Canaris*, AcP 200 (2000), 273 (280).

Grundmodell, das auf der Kombination von gestörter Vertragsparität, inhaltlicher Unausgewogenheit des Vertrages und Zurechenbarkeit der Paritätsstörung aufbaut, basiert nicht nur das Paradebeispiel des § 138 Abs. 2 BGB, sondern der ganz überwiegende Teil der gesetzlichen Kompensationsregelungen, auf die später noch im einzelnen einzugehen sein wird.

b) Abweichende Lösungsmodelle

Das vorgehend beschriebene dreiteilige Grundmodell hat der Gesetzgeber aber nicht allen Kompensationsregelungen zugrunde gelegt. Bei einigen besonderen Fallkonstellationen geht er nämlich davon aus, dass die Interessen des unterlegenen Vertragsteils unabhängig davon überwiegen, ob der Inhalt des Vertrages unangemessen oder das Ungleichgewicht der überlegenen Vertragspartei zurechenbar ist. So räumt er etwa den Interessen Geschäftsunfähiger und beschränkt Geschäftsfähiger einen absoluten Vorrang ein, mit der Folge, dass es weder auf die inhaltliche Unangemessenheit des Vertrages noch auf die Zurechenbarkeit der Paritätsstörung ankommt. In diesem Fall hat der Vertragsgegner die sich aus den entsprechenden Schutzvorschriften der §§ 104 ff. BGB ergebenden Nachteile somit ohne Rücksicht auf seine Verantwortlichkeit zu tragen[148]. Bei einer Paritätsstörung aufgrund einer irrtümlichen Willensbildung verzichtet der Gesetzgeber ebenfalls vollständig auf das Erfordernis der inhaltlichen Unangemessenheit des Vertragsinhaltes und lässt die irrtumsbedingte Paritätsstörung als solche für das Eingreifen der Kompensationsregelungen (§§ 119 ff. BGB) genügen[149]. Da bei diesem Lösungsmodell allein die Art und Schwere der Paritätsstörung ausschlaggebend ist, hat der Gesetzgeber das Eingreifen der §§ 119 ff. BGB an besonders qualifizierte Irrtumstatbestände geknüpft. Hinsichtlich der Zuweisung der kompensationsbedingten Nachteile stellt er hier jedoch darauf ab, welche Vertragspartei für die irrtumsbedingte Paritätsstörung verantwortlich ist. Da die richtige Willensbildung in erster Linie im Verantwortungsbereich des Erklärenden liegt, hat grundsätzlich der Erklärende die Nachteile einer irrtumsbedingten Kompensation zu tragen und dem Vertragsgegner den aus der Kompensation entstehenden Vertrauensschaden zu ersetzen (§ 122 Abs. 1 BGB). Ist dagegen der Erklärungsempfänger für die irrtumsbedingte Paritätsstörung verantwortlich, etwa weil er oder eine ihm zurechenbare Person[150] den Erklärenden getäuscht oder bedroht hat (§ 123 Abs. 1 BGB) oder weil er bei Vertragsschluss die auf dem Irrtum beruhende Paritätsstörung kannte bzw. kennen

[148] *Wolf/Horn/Lindacher* (3. Aufl.), § 1 Rn. 47.

[149] *Canaris*, AcP 200 (2000), 273 (281).

[150] Eingehend zur Person des „Dritten“ i.S.v. § 123 Abs. 2 BGB *Lorenz*, Der Schutz vor dem unerwünschten Vertrag, S. 322 ff.

musste (§§ 122 Abs. 2, 123 Abs. 2 BGB), dann entfällt die Schadensersatzpflicht und der Erklärungsempfänger trägt den sich aus der Kompensation ergebenden Nachteil[151].

3. Das Verhältnis der verschiedenen Kompensationsinstrumente zueinander

Im Hinblick auf das Verhältnis der verschiedenen Kompensationsinstrumente zueinander ist zu beachten, dass die Intensität, mit der die jeweiligen Kompensationsinstrumente in die Rechtsstellung der Vertragsparteien eingreifen, durchaus unterschiedlich sein kann[152]. Da der Gesetzgeber die kollidierenden Grundrechte der am Vertragsschluss Beteiligten aber zu einem verhältnismäßigen Ausgleich bringen muss, darf er ein bestimmtes Instrument zur Kompensation des gestörten Verhandlungsgewichts nur dann vorsehen, wenn das zu kompensierende Ungleichgewicht nicht durch eine andere, die Privatautonomie der Vertragsparteien *weniger* belastende Maßnahme ausgeglichen werden kann. Existiert also ein ebenso „geeignetes", aber „milderes" Kompensationsinstrument, ist das weitergehende Instrument für einen verhältnismäßigen Grundrechtsausgleich nicht „erforderlich". Das Verhältnis der einzelnen Kompensationsinstrumente zueinander wird demnach ebenfalls durch das *Verhältnismäßigkeitsprinzip* bestimmt[153].

B. Der subsidiäre Schutzauftrag an die Zivilrechtsprechung

Nach dem eindeutigen Wortlaut von Art. 1 Abs. 3 GG sind die Gerichte genauso wie der Gesetzgeber und die vollziehende Gewalt an die Grundrechte als „unmittelbar geltendes Recht" gebunden[154]. Aus der Schutzfunktion der Grundrechte ergibt sich damit auch für die Zivilgerichte die verfassungsmäßige Pflicht, zum Schutze der Privatautonomie darauf zu achten, dass Verträge nicht allein als Mittel

---

[151] Etwas anderes gilt nur im Fall der Drohung: Hier hat der Erklärungsempfänger die kompensationsbedingten Nachteile arg. § 123 Abs. 2 BGB auch dann zu tragen, wenn er für die Paritätsstörung *nicht* verantwortlich ist, vgl. Erman/*Palm*, § 123 Rn. 72; a.A. MüKo/*Kramer*, § 123 Rn. 53, der bei Gutgläubigkeit des Erklärungsgegners analog § 122 Abs. 1 BGB dem Erklärenden die kompensationsbedingten Nachteile auferlegen will.

[152] Beispielsweise wird die Privatautonomie der Beteiligten durch die Anordnung eines besonderen Formzwanges weniger belastet, als wenn der Gesetzgeber das Rechtsgeschäft *ohne weiteres* für nichtig erklären würde.

[153] Siehe dazu ausführlich *Canaris*, JZ 1987, 993 (996 ff.); *ders.* JZ 1988, 494 ff. Vgl. auch *Drexl*, Die wirtschaftliche Selbstbestimmung des Verbrauchers, S. 449 ff.; *Medicus*, AcP 192 (1992), 35 ff.; *Preis*, FS Dieterich, S. 428 ff.

[154] *Canaris*, Grundrechte und Privatrecht, S. 24; ErfK/*Dieterich*, Einl. GG Rn. 12; *Stein*, AR-Blattei SD 830 (2001), Rn. 23.

der Fremdbestimmung dienen[155]. Soweit es dem Gesetzgeber angesichts der vielfältigen Konflikte und Interessengegensätze im Zivilrechtsverkehr nicht gelungen ist, mit Hilfe allgemeiner und abstrakter Gesetzestatbestände eine Lösung bereitzustellen, die den Anforderungen individueller Gerechtigkeit genügt, ist es daher Aufgabe der Gerichte, die Erfüllung des primär an den Gesetzgeber gerichteten Schutzauftrages zu *ergänzen*. Die Aufgabe der Rechtsprechung ist somit nicht nur bloße Gesetzesanwendung, sondern *Rechtsfindung*. Das *BVerfG* hat sich dazu wie folgt geäußert:

> „Richterliche Tätigkeit besteht nicht nur im Erkennen und Aussprechen von Entscheidungen des Gesetzgebers. Die Aufgabe der Rechtsprechung kann es insbesondere erfordern, Wertvorstellungen, die der verfassungsmäßigen Rechtsordnung immanent, aber in den Texten der geschriebenen Gesetze nicht oder nur unvollkommen zum Ausdruck gelangt sind, in einem Akt des bewertenden Erkennens, dem auch willenhafte Elemente nicht fehlen, ans Licht zu bringen und in Entscheidungen zu realisieren."[156] Soweit der Gesetzgeber entscheidungsrelevante Fragen nicht geregelt hat, haben deshalb die Gerichte das Recht und die Pflicht, „solche Offenheiten konkretisierend zu schließen, indem unter Berücksichtigung der Besonderheiten der zu beurteilenden Sachverhalte und der Bedeutung der Grundrechte (...) Grundsätze entwickelt werden, welche die Entscheidung im Einzelfall normativ zu leiten imstande sind: Das, was das Gesetz offen lässt, ist durch Richterrecht auszufüllen."[157]

Die Aufgabe der Gerichte, Offenheiten und Lücken des Gesetzes durch ergänzendes bzw. korrigierendes Richterrecht aufzufüllen, ist jedoch nach Ansicht des *BVerfG* „nicht gleichbedeutend mit derjenigen einer unvermittelten einzelfallbezogenen Güter- und Interessenabwägung. Eine solche mag zwar in besonderem Maße Einzelfallgerechtigkeit verwirklichen. Sie kann aber die Rechtsfindung nicht normativ leiten, wie es Aufgabe der Gesetze und des ergänzenden Richterrechts ist; ebenso wenig vermag sie dem rechtsstaatlichen Gebot der Berechenbarkeit des Rechts, der Rechtsklarheit und Rechtssicherheit gerecht zu werden."[158] Aus Gründen der Gleichbehandlung und der Rechtssicherheit hat sich der Richter daher bei der Rechtsfortbildung an den in der Rechtsordnung zum Ausdruck kommenden Wertentscheidungen des Gesetzgebers zu orientieren und die Rechtsfortbildung nach denjenigen Maßstäben vorzunehmen, die der Gesetzgeber bei einer entsprechenden Normsetzung zugrunde legen würde[159].

---

[155] BVerfG v. 19.10.1993, BVerfGE 89, 214 (234); ErfK/*Dieterich*, Art. 2 GG Rn. 34.
[156] BVerfG v. 14.2.1973, BVerfGE 34, 269 (287).
[157] BVerfG v. 25.1.1984, BVerfGE 66, 116 (138).
[158] BVerfG v. 25.1.1984, BVerfGE 66, 116 (138).
[159] *Looschelders/Roth*, Juristische Methodik im Prozess der Rechtsanwendung, S. 298 ff.

Zusammenfassung des 1. Teils

Die Privatautonomie ist das Grundprinzip unserer Privatrechtsordnung. Das Prinzip der Privatautonomie beruht auf dem Gedanken der Selbstbestimmung und Selbstverantwortung. Wenn und soweit der Vertrag auf der beiderseitigen Selbstbestimmung der Vertragsparteien beruht, bietet der Vertrag eine gewisse Richtigkeitsgewähr im Sinne eines gerechten Vertragsinhalts. Der Begriff der Richtigkeit wird dabei nicht objektiv, sondern subjektiv verstanden. Sofern die Bedingungen freier Selbstbestimmung tatsächlich gegeben sind, hat die Rechtsordnung Verträge daher auch dann als wirksam anzuerkennen, wenn diese unter objektiven Gesichtspunkten unvernünftig oder unrichtig erscheinen.

Die Geltung der Privatautonomie gewährleistet für sich allein jedoch nicht automatisch eine selbstbestimmte Entscheidung des Einzelnen. Denn das Prinzip der Privatautonomie kann die Regelung von Rechtsverhältnissen in Selbstbestimmung nur unter der Voraussetzung garantieren, dass sich die Vertragsparteien gleichgewichtig gegenüberstehen. Das Problem der Privatautonomie ist aber, dass sie immer wieder durch ungleiche Machtverteilung in Frage gestellt wird. Wenn es an einer ausgewogenen Kräfteverteilung zwischen den Beteiligten fehlt, so bewirkt das für den unterlegenen Teil Fremdbestimmung. Die Folge ist eine lediglich *„formale"* Privatautonomie: Der unterlegene Teil besitzt nur noch die formale Entscheidungszuständigkeit, er kann seine Rechtsverhältnisse aber nicht mehr selbstbestimmt gestalten. Echte, sog. *„materielle"* Vertragsfreiheit liegt dagegen erst dann vor, wenn das autonom Vereinbarte nicht auf Fremdbestimmung beruht. Formale Privatautonomie ist daher eine notwendige, aber keine hinreichende Bedingung dafür, dass sich materielle Vertragsfreiheit verwirklicht.

Aus der verfassungsrechtlichen Fundierung der Privatautonomie folgt der Schutzauftrag an den Gesetzgeber, „materielle" Vertragsfreiheit durch eine entsprechende Ausgestaltung der Rechtsordnung zu realisieren. Dazu ist eine Beschränkung der Privatautonomie der überlegenen Vertragspartei unentbehrlich[160]. Diese Beschränkung ist deshalb keine „Einschränkung" der Vertragsfreiheit, sondern notwendige Bedingung für ihre Funktionsfähigkeit. Der Gesetzgeber ist verfassungsrechtlich dazu verpflichtet, *typisierbare Situationen strukturellen Ungleichgewichts* zu identifizieren, in denen „formale" Privatautonomie für sich allein nicht ausreicht, um selbstbestimmtes Verhalten zu gewährleisten. Er hat rechtliche Instrumentarien zu entwickeln, die in solchen Situationen Selbstbestimmung fördern oder deren Fehlen ausgleichen.

---

[160] Zur Erforderlichkeit und Systematik rechtlicher Grenzen der Privatautonomie vgl. auch *Paulus/Zenker*, JuS 2001, 1 ff.

2. Teil

Die Kompensationsinstrumente des Arbeits- und Verbraucherrechts

Um das Verhältnis zwischen Arbeits- und Verbraucherrecht sachgerecht beurteilen zu können, muss man sich zunächst Klarheit über die jeweiligen Besonderheiten der arbeits- und verbraucherrechtlichen Kompensationsinstrumente verschaffen. Für die Herausarbeitung des jeweiligen Schutzansatzes bedarf es einer Einordnung der entsprechenden Kompensationsinstrumente in das Gesamtsystem des Privatrechts. In diesem Zusammenhang sind als erstes die auch für das Arbeits- und Verbraucherrecht relevanten Generalklauseln anzusprechen (3. Kapitel). Anschließend sind die speziellen Kompensationsinstrumente des Arbeitsrechts (4. Kapitel), des Verbraucherrechts (5. Kapitel) und des AGB-Rechts (6. Kapitel) einer eigenständigen Betrachtung zu unterziehen.

3. Kapitel
Die arbeits- und verbraucherschutzrelevanten Generalklauseln

Neben den speziellen Kompensationsinstrumenten des Arbeits- und Verbraucherrechts existieren im BGB einige allgemeine Schutzinstrumente, die auch im Arbeits- und Verbraucherrecht Wirkung entfalten. Zu diesen allgemeinen Kompensationsmaßnahmen gehören insbesondere die Bestimmungen zum Schutz der Geschäftsunfähigen (§§ 104 ff. BGB) und der Minderjährigen (§§ 106 ff. BGB), die Vorschriften zum Schutz gegen Willenmängel (§§ 118 ff. BGB) sowie die Formvorschriften (§ 125 ff. BGB). Der Gesetzgeber hat jedoch nicht für jede denkbare Paritätsgefahr eine eigenständige Kompensationsnorm bereitstellen können. Diesen Paritätsstörungen, denen der Gesetzgeber nicht mit einer speziellen Regelung Rechnung getragen hat, kann daher letztlich nur mit Hilfe der zivilrechtlichen Generalklauseln begegnet werden. Dementsprechend hat die Generalklausel der Sittenwidrigkeit in § 138 Abs. 1 BGB in erster Linie die Funktion, den Schwächeren gegen wirtschaftliche und intellektuelle Übermacht zu schützen[161]. Durch die Verwendung des unbestimmten Rechtsbegriffs der „guten Sitten" wird der Richter ermächtigt, die zur Konkretisierung des § 138 Abs. 1 BGB notwendige Norm für den konkreten Einzelfall zu bilden[162]. Gleiches gilt für die Generalklausel des § 242

[161] BGH v. 12.3.1981, NJW 1981, 1206 (1207); Palandt/Heinrichs, § 138 Rn. 24.
[162] Soergel/*Hefermehl*, § 138 Rn. 8.

BGB. Auch diese Norm eignet sich in besonderer Weise für eine außergesetzliche Neubildung von Rechtssätzen, da sie mit dem Begriff von „Treu und Glauben“ denkbar weit gefasst ist und gleichzeitig mit Attributen wie „gerecht und billig“ einen wertgebundenen Leitgedanken besitzt.

A. Die Anwendung der Generalklauseln auf das konkrete Rechtsgeschäft

Aufgrund ihrer großen Unbestimmtheit sind § 138 Abs. 1 BGB und § 242 BGB keine Rechtsnormen, unter deren Tatbestand ein Sachverhalt ohne weiteres subsumiert werden kann. Um die Generalklauseln auf ein konkretes Rechtsgeschäft anwenden zu können, ist daher eine entsprechende Konkretisierung der offenen Tatbestände notwendig. Erste Orientierungshilfen bieten hier die in den Generalklauseln von § 138 Abs. 1 BGB und § 242 BGB enthaltenen Wertbegriffe, wie etwa „die guten Sitten“ oder „Treu und Glauben“. Mit Hilfe dieser Vorgaben lassen sich sodann aus der Rechtsordnung und aus den in der Verfassung verankerten Prinzipien bestimmte sozialethische Wertvorstellungen ableiten, nach denen sich die Beurteilung des konkreten Falles zu richten hat.

Bei der Konkretisierung ausfüllungsbedürftiger Wertbegriffe darf sich der Richter allerdings nicht auf die Entscheidung einzelner Fälle beschränken, sondern muss im Interesse der Rechtsklarheit, Rechtssicherheit und Voraussehbarkeit typische Tatbestände der Sittenwidrigkeit bilden und normative Bestimmungselemente entwickeln, die für die Rechtsfindung leitend sind[163]. Um vergleichbare Maßstäbe für die Konkretisierung „unbestimmter“ Wertbegriffe und damit Rechtsicherheit bei ihrer Anwendung zu erlangen, wird die zu den einzelnen Begriffen ergangene Rechtsprechung systematisch geordnet und in typischen Fallgruppen zusammengefasst. Auf diese Weise werden dem ausfüllungsbedürftigen Tatbestand Konturen verliehen, die dann ihrerseits wieder die Ausgangs- und Vergleichsbasis für neu zu beurteilende Sachverhalte bilden. Durch diese fallgruppenorientierte Typisierung durch die Gerichte können die gesetzlichen Regelungen mit Blick auf künftige, gleichartige Fälle immer weiter präzisiert und an die einem stetigen Wandel unterliegende Lebenswirklichkeit angepasst werden[164]. Die fallgruppenorientierte Typisierung durch die Rechtsprechung ist deshalb deutlich flexibler als die gesetzgeberische Typisierung: Während kasuistische Regelungen einen typisierten Personenkreis unter typisierten Umständen schützen und damit Gefahr laufen, den Problemkreis nur fragmentarisch und „vorläufig“ zu bewältigen, müssen bei den offenen Tatbeständen erst noch die typischen Merkmale durch die Rechtsprechung herausgearbeitet werden, so dass es der Rechtsprechung ermöglicht wird, auf die beson-

[163] BVerfG v. 25.1.1984, BVerfGE 66, 116 (138); Soergel/*Hefermehl*, § 138 Rn. 8.
[164] *Zippelius*, Juristische Methodenlehre, § 12 I c) und § 16 II.

deren Umstände des jeweiligen Einzelfalles einzugehen und dadurch eine größere Gruppe von Sachverhalten lückenlos und anpassungsfähig zu erfassen[165].
Die im Rahmen der ausfüllungsbedürftigen Rechtsnormen mögliche und zur Verwirklichung von „Einzelfallgerechtigkeit" sogar gebotene Berücksichtung der besonderen Umstände des konkreten Sachverhaltes darf aber keinesfalls dahingehend missverstanden werden, dass die Rechtsprechung die Konkretisierung dieser ausfüllungsbedürftigen Normen allein nach Lage des jeweiligen Einzelfalles vornehmen und auf diese Weise eine *einzelfallbezogene* Anwendung der ausfüllungsbedürftigen Rechtsnormen vornehmen dürfte[166]. Denn auch bei ausfüllungsbedürftigen Rechtsnormen handelt es sich um allgemeingültige Rechtsnormen, die gemäß Art. 19 Abs. 1 GG nicht *nur* im Einzelfall gelten dürfen. Aus Gründen der Rechtssicherheit dürfen die Gerichte Offenheiten und Lücken des Gesetzes deshalb gerade nicht im Wege einer unvermittelten einzelfallbezogenen Güter- und Interessenabwägung schließen, sondern müssen *richterliches Recht* entwickeln, das genauso wie *Gesetzesrecht* dazu imstande ist, die zukünftige Rechtsfindung normativ zu leiten[167]. Der Sache nach handelt es sich bei der Konkretisierung ausfüllungsbedürftiger Rechtsnormen somit um die Herausbildung neuer allgemeingültiger Rechtssätze, die über den Einzelfall hinauswirken, ohne deshalb aber gesetzesgleiche oder gesetzesähnliche Wirkung zu besitzen[168]. Würde der Richter hingegen mit Hilfe der ausfüllungsbedürftigen Rechtsnormen *ausschließlich* nach Maßgabe der individuellen Umstände des Einzelfalles urteilen, so würde dies in „blanker Willkür" münden[169]. Eine ausschließlich auf den zu entscheidenden Einzelfall beschränkte Problemlösung ist daher bereits aus Rechtssicherheitsgründen unzulässig.
Das schließt jedoch nicht aus, dass der Richter bei der Konkretisierung der ausfüllungsbedürftigen Rechtsnormen auch die Umstände des jeweiligen Einzelfalles *berücksichtigt*. Dies ist allein schon deshalb unabdingbar, weil nur so ein Fallgruppenvergleich und damit eine Antwort auf die Frage möglich ist, ob der zu entscheidende Fall mit den von der ausfüllungsbedürftigen Norm unproblematisch erfassten Fallgruppen vergleichbar und dementsprechend gleich zu behandeln ist. Die Bedeutung der ausfüllungsbedürftigen Rechtsnormen liegt aber vor allem darin, dass es bei diesen Normen im Gegensatz zu den ausformulierten Rechtsnormen möglich ist, durch die Berücksichtigung der besonderen Umstände des konkreten Einzelfal-

[165] *Engisch*, Einführung in das juristische Denken, S. 162; *Lorenz*, Der Schutz vor dem unerwünschten Vertrag, S. 321.
[166] Vgl. MüKo/*Roth*, § 242 Rn. 23.
[167] BVerfG v. 25.1.1984, BVerfGE 66, 116 (138).
[168] Vgl. auch Soergel/*Hefermehl*, § 138 Rn. 8.
[169] Staudinger/*Sack*, § 138 Rn. 203 ff.

les hinsichtlich der rechtlichen Behandlung der unterschiedlichen Fallgruppen weitere Differenzierungen vorzunehmen, soweit diese nicht nur auf den Einzelfall, sondern auf eine bestimmte Fallgruppe abstellen. Die Berücksichtigung aller besonderen Umstände des Einzelfalles kann deshalb dazu führen, das bestimmte Einzelfälle wiederum verallgemeinert und damit *neue*, bisher nicht eigenständig erfasste Fallgruppen gebildet werden, die aufgrund ihrer Ungleichartigkeit einer anderen rechtlichen Behandlung bedürfen als die bisher gebildeten Fallgruppen. Der Einzelfall kann somit für den Richter der *Anlass* sein, erstmals das Fehlen eines passenden Rechtssatzes festzustellen und dementsprechend eine neue Fallgruppe herauszubilden[170]. Auf diese Weise lassen sich die ausfüllungsbedürftigen Rechtsnormen nicht nur immer feiner ausdifferenzieren, sondern auch den vielfältigen, einem stetigen Wandel unterliegenden Umständen der Lebenswirklichkeit anpassen.

B. Die unterschiedlichen Funktionskreise von § 138 Abs. 1 BGB und § 242 BGB

Aufgrund ihrer Offenheit bieten die Generalklauseln der §§ 138 Abs. 1 und 242 BGB als Auffangvorschriften eine geeignete Rechtsgrundlage für eine weites Spektrum kompensationsbedingter Eingriffe in das Vertragssystem. Die verschiedenen Kompensationsinstrumente, die auf der Grundlage der §§ 138 Abs. 1 und 242 BGB entwickelt wurden, unterscheiden sich allerdings nicht nur hinsichtlich ihrer Rechtsgrundlage, sondern auch hinsichtlich ihrer Voraussetzungen und Wirkungen zum Teil erheblich. Zu differenzieren ist insofern zwischen der Sittenwidrigkeitskontrolle auf der Grundlage von § 138 Abs. 1 BGB, der Inhaltskontrolle auf der Grundlage von § 242 BGB und der Ausübungskontrolle, die ebenfalls auf § 242 BGB gestützt wird.

I. Sittenwidrigkeitskontrolle, § 138 Abs. 1 BGB

Die Generalklausel des § 138 Abs. 1 BGB markiert grundsätzlich die *äußere* Grenze des Zulässigen, die generell nicht überschritten werden darf[171]. Danach sind solche Rechtsgeschäfte unwirksam, die den Grundprinzipien unserer Rechts- und Sittenordnung widersprechen. Hierbei können insbesondere auch die Interessen der Allgemeinheit sowie Dritter Berücksichtung finden. „Sittenwidrigkeit" i.S.v. § 138 Abs. 1 BGB ist daher nicht identisch mit „Unangemessenheit", sondern stellt einen *Evidenzmaßstab* dar, der für alle Vertragsbeziehungen gilt, also auch für *nicht* paritätsgestörte Vertragsbeziehungen, für die eine weitergehende Einschränkung der

---

[170] Vgl. dazu Staudinger/*Sack*, § 138 Rn. 203.

[171] Palandt/*Heinrichs*, § 138 Rn. 1.

Privatautonomie nicht angezeigt ist[172]. Der Rechts- bzw. Sittenwidrigkeitskontrolle nach § 138 Abs. 1 BGB unterliegt demnach jedes Rechtsgeschäft, während die Inhaltskontrolle nach § 242 BGB nur unter besonderen Voraussetzungen gerechtfertigt ist. Gegenstand der Sittenwidrigkeitskontrolle sind zudem sämtliche Regelungsgegenstände, insbesondere das Verhältnis von Leistung und Gegenleistung. Wie der Umkehrschluss aus § 138 Abs. 2 BGB zeigt, reicht jedoch das bloße Missverhältnis von Leistung und Gegenleistung für sich allein noch nicht aus, um das Rechtsgeschäft für sittenwidrig zu erklären. Hinzukommen müssen vielmehr noch weitere Umstände, die eine Ungleichgewichtslage begründen (wie z.B. eine Monopolstellung), damit eine inäquivalente oder sonst nicht angemessene Vereinbarung sittenwidrig ist.

II. Inhalts- oder Angemessenheitskontrolle, § 242 BGB

Nach inzwischen nahezu einhelliger Meinung ist die richtige Rechtsgrundlage für die Inhaltskontrolle von Verträgen nicht in § 138 Abs. 1 BGB oder § 315 BGB, sondern in § 242 BGB zu sehen[173]. § 315 BGB und § 242 BGB unterscheiden sich bereits in ihrer Grundkonzeption deutlich[174]. So verlangt § 315 BGB nicht das Vorliegen eines gestörten Verhandlungsgleichgewichts, sondern setzt die wirksame Einräumung eines einseitigen Bestimmungsrechts durch vertragliche Vereinbarung voraus. Die Billigkeitskontrolle nach § 315 BGB beruht somit auf der Prämisse funktionierender Privatautonomie, während die Inhaltskontrolle nach § 242 BGB ein Korrektiv zum Schutz der schwächeren Vertragspartei darstellt[175]. Die Vorschrift des § 242 BGB ist der Generalklausel des § 138 Abs. 1 BGB dagegen vor allem aufgrund der Rechtsfolgenanordnung als Rechtsgrundlage für eine allgemeine Inhaltskontrolle vorzuziehen. Denn während die strenge Nichtigkeitsfolge des § 138 Abs. 1 BGB nur eine „Alles-oder-Nichts“-Lösung erlaubt, eröffnet § 242 BGB aufgrund seiner Offenheit die Möglichkeit, einen deutlich differenzierteren

---

[172] *Preis*, Grundfragen der Vertragsgestaltung im Arbeitsrecht, S. 176.

[173] Vgl. *v.Hoyningen-Huene*, Die Inhaltskontrolle nach § 9 AGB-Gesetz, Rn. 100 ff.; MüKo/*Roth*, § 242 Rn. 130; siehe auch *Preis*, Grundfragen der Vertragsgestaltung im Arbeitsrecht, S. 180 ff., 184 ff. Im Gegensatz dazu vertreten *Annuß* (BB 2001, 1898 [1900]) und *Richardi/Kortstock* (Anm. zu BAG, AP Nr. 12 zu § 242 BGB Kündigung) nach wie vor den Standpunkt, dass die Generalklausel des § 242 BGB keine Schranke für die rechtsgeschäftliche Gestaltungsfreiheit der Vertragsparteien beinhalte, sondern ausschließlich dazu diene, die Art und Weise der Leistungspflichten zu konkretisieren.

[174] Ausführlich dazu *v.Hoyningen-Huene*, Die Billigkeit im Arbeitsrecht, S. 128 ff.

[175] Staudinger/*Coester*, § 9 AGBG Rn. 42 ff.; *Fastrich*, Richterliche Inhaltskontrolle im Privatrecht, S. 14 ff.; *v.Hoyningen-Huene*, Die Inhaltskontrolle nach § 9 AGB-Gesetz, Rn. 111 ff.

und eventuell auch wirkungsvolleren Schutz der Betroffenen zu verwirklichen[176]. Im Gegensatz zur Sittenwidrigkeitskontrolle nach § 138 Abs. 1 BGB setzt die Inhalts- bzw. Angemessenheitskontrolle nach § 242 BGB allerdings zwingend ein gestörtes Verhandlungsgleichgewicht voraus. Ein Vertrag wird daher nicht deshalb nach § 242 BGB kontrolliert, weil sein Inhalt unangemessen ist, sondern weil eine Vertragspartei aufgrund eines gestörten Verhandlungsgleichgewichts möglicherweise nicht in der Lager war, einen angemessenen Vertragsinhalt auszuhandeln. Von der Sittenwidrigkeitskontrolle unterscheidet sich die Inhaltskontrolle vor allem durch ihren *Maßstab*. Während dem Maßstab der Sittenwidrigkeit sämtliche Rechtsgeschäfte unterliegen, wird im Rahmen der Inhaltskontrolle aufgrund des gestörten Verhandlungsgleichgewichts ein deutlich *engerer* Maßstab verwendet, den das Gesetz in § 307 Abs. 1 BGB mit „Treu und Glauben" und „Angemessenheit" umschreibt. Die Inhaltskontrolle nach § 242 BGB ist daher eine spezifische Rechtskontrolle, deren Besonderheit darauf beruht, dass der Vertragsfreiheit wegen der gestörten Vertragsparität *engere* Grenzen gezogen werden als im Bereich von Gleichgewichtslagen[177].

III. Ausübungskontrolle, § 242 BGB

Darüber hinaus ist § 242 BGB auch dann heranzuziehen, wenn es nicht um Inhaltskontrolle im engeren Sinne, sondern um die einzelfallbezogene Verhinderung individuellen Rechtsmissbrauchs geht[178]. Während bei der Inhaltskontrolle das Recht selbst in Zweifel gezogen wird, betrifft die Ausübungskontrolle die Frage, ob die Ausübung des Rechts unter den besonderen Umständen des Einzelfalles zu missbilligen ist[179]. Inhalts- und Ausübungskontrolle sind daher zwei unterschiedliche Instrumente, die verschiedene Funktionen haben. Sofern eine bestimmte Vertragsbestimmung als solche der generellen Inhaltskontrolle nach Maßgabe des § 242 BGB standhält, bedeutet das somit noch nicht, dass auch die Geltendmachung der Bestimmung im konkreten Einzelfall mit Treu und Glauben vereinbar ist[180]. Dementsprechend unterscheiden sich Inhalts- und Angemessenheitskontrolle auch durch die anzuwendenden Prüfungsmaßstäbe. Die Inhaltskontrolle richtet sich nach einem generellen, am dispositiven Recht orientierten Maßstab[181]. Die Ausübungs-

---

[176] Siehe dazu auch MüKo/*Roth*, § 242 Rn. 116 f.

[177] Vgl. *Fastrich*, Richterliche Inhaltskontrolle im Privatrecht, S. 9 ff.

[178] MüKo/*Roth*, § 242 Rn. 129, 417 ff; siehe auch *v.Hoyningen-Huene*, Die Inhaltskontrolle nach § 9 AGB-Gesetz, Rn. 108 f.

[179] *Preis*, Grundfragen der Vertragsgestaltung im Arbeitsrecht, S. 198.

[180] *v.Hoyningen-Huene*, Die Inhaltskontrolle nach § 9 AGB-Gesetz, Rn. 108 ff.

[181] Siehe dazu unten 6. Kapitel F. II. 1. und 2.

kontrolle bezweckt dagegen die Abwehr eines spezifischen Verhaltens im Einzelfall, weshalb sie sich grundsätzlich nach einem individuellen Maßstab richtet[182].

C. Zusammenfassung

Mit Hilfe der Generalklauseln der §§ 138 Abs. 1 und 242 BGB lassen sich alle sonstigen Ursachen für eine Beeinträchtigung der rechtsgeschäftlichen Selbstbestimmung aufgrund wirtschaftlicher oder intellektueller Unterlegenheit berücksichtigen, die von den allgemeinen Vorschriften der §§ 104 ff., 116 ff., 138 Abs. 2 BGB und den besonderen Vorschriften des BGB nicht erfasst werden. Die Generalklauseln der §§ 138 Abs. 1 und 242 BGB stellen somit auch für diejenigen Fälle eine Grenze der rechtsgeschäftlichen Betätigungsfreiheit auf, die von den typisierenden gesetzlichen Kompensationsinstrumenten nicht erfasst werden bzw. für die der Gesetzgeber keine spezielle gesetzliche Regelung geschaffen hat.
Durch die Einbeziehung von Wertungen und Prinzipien der gesamten Rechtsordnung in den Bewertungsmaßstab der Generalklauseln kann auch in den spezialgesetzlich nicht erfassten Fällen ein angemessener Ausgleich zwischen den kollidierenden Grundrechtspositionen der Vertragspartner geschaffen werden. Im Hinblick auf die Kompensation gestörter Vertragsparität kommen den Generalklauseln der §§ 138 Abs. 1 und 242 BGB drei wichtige Funktionskreise zu. Hierzu gehört die Sittenwidrigkeitskontrolle nach § 138 Abs. 1 BGB, die Inhaltskontrolle nach § 242 BGB sowie die Ausübungskontrolle nach § 242 BGB. Sittenwidrigkeits- und Inhaltskontrolle unterscheiden sich zunächst durch den jeweiligen Kontrollgegenstand. Während der Inhaltskontrolle nur die vertraglichen Nebenbestimmungen unterliegen, werden von der Sittenwidrigkeitskontrolle uneingeschränkt auch die Hauptleistungspflichten erfasst. Der wesentliche Unterschied zwischen Sittenwidrigkeits- und Inhaltskontrolle liegt allerdings in dem anzuwendenden Kontrollmaßstab. Zwar stellen sowohl die Sittenwidrigkeits- als auch die Inhaltskontrolle eine Form von Rechtskontrolle dar, denn in beiden Fällen wird der Vertrag nicht am individuellen, außerrechtlichen Maßstab der Billigkeit, sondern anhand eines generalisierend-typisierenden Maßstabs kontrolliert, welcher sich an der vorgegebenen Verfassungs- und Rechtsordnung orientiert. Der Maßstab der Sittenwidrigkeit kennzeichnet jedoch die äußere Grenze der Vertragsfreiheit, die für sämtliche Rechtsgeschäfte gilt. Der deutlich strengere Maßstab der Angemessenheit setzt der Vertragsfreiheit dagegen nur in denjenigen Bereichen eine engere Grenze, in denen die Vertragsparität gestört ist und in denen daher eine weitergehende Intervention in das Vertragssystem erforderlich ist als im Bereich von Gleichgewichtslagen. Die Inhaltskontrolle ist daher eine spezielle Rechtskontrolle, deren strenge Sondermaß-

[182] *Fastrich*, Richterliche Inhaltskontrolle im Privatrecht, S. 26 f. m.w.N.

stäbe eine gestörte Vertragsparität voraussetzen. Von der Sittenwidrigkeits- und Inhaltskontrolle zu unterscheiden ist schließlich die Ausübungskontrolle. Diese hat nicht die Wirksamkeit des vereinbarten Vertragsinhaltes zum Gegenstand, sondern konzentriert sich allein auf die Frage, ob die Ausübung eines vertraglich vereinbarten Rechtes im konkreten Einzelfall wirksam ist. Bei der Ausübungskontrolle geht es also um die Verhinderung individuellen Rechtsmissbrauchs, weshalb hier ein individuell-konkreter Prüfungsmaßstab anzulegen ist.

4. Kapitel
Arbeitsrechtsrechtliche Kompensationsinstrumente

Im Bereich der Arbeitsverhältnisse hat sich bereits im 19. Jahrhundert in besonders eklatanter Form gezeigt, dass das vom Liberalismus postulierte „freie Spiel der Kräfte“ für sich allein keine sozial ausgewogenen Vertragsbedingungen garantieren kann. Die Erkenntnis, dass das Verhältnis zwischen Arbeitnehmer und Arbeitgeber typischerweise durch eine wirtschaftliche Unterlegenheit des Arbeitnehmers gegenüber dem Arbeitgeber geprägt ist und daher regelmäßig ein gestörtes Verhandlungsgleichgewicht zwischen diesen beiden Vertragspartnern besteht, kann man daher heute wohl als unbestrittenes Allgemeingut bezeichnen[183]. Nicht ganz so einfach zu beantworten ist allerdings die Frage, was die Ursachen für die Unterlegenheit des Arbeitnehmers sind.

A. Die Ursachen für die Unterlegenheit des Arbeitnehmers

Die Gründe für die Unterlegenheit des Arbeitnehmers sind komplex[184]. Zur Ermittlung der wesentlichen Ursachen ist zunächst ein kurzer Blick auf die historischen Hintergründe für die Herausbildung eines besonderen Schutzrechts zu Gunsten der Arbeitnehmer hilfreich.

I. Geschichtlicher Hintergrund für die Herausbildung eines besonderen Arbeitnehmerschutzrechts

Während in der vorindustriellen Epoche der überwiegend in der Landwirtschaft beschäftigte Arbeitnehmer noch vielfach in die häusliche Gemeinschaft seines Arbeitgebers aufgenommen wurde und so zumindest ein begrenztes Maß an sozialer

---

[183] BVerfG v. 27.2.1973, BVerfGE 34, 307 (316); BVerfG v. 6.10.1987, BVerfGE 77, 84 (116 f.); BVerfG v. 26.6.1991, BVerfGE 84, 212 (229); BVerfG v. 4.7.1995, BVerfG 92, 365 (395); BAG v. 16.3.1994, SAE 1995, 167 (171); *Brox/Rüthers/Henssler*, Arbeitsrecht, Rn. 18; *Dieterich*, RdA 1995, 130 (134 f.); *Fastrich*, Richerliche Inhaltskontrolle im Privatrecht, S. 176 ff., 184 ff.; *Gamillscheg*, Die Grundrechte im Arbeitsrecht, S. 28 ff.; *ders.*, Kollektives Arbeitsrecht, S. 3 ff.; *Giesen*, Tarifvertragliche Rechtsgestaltung für den Betrieb, S. 248; *Heinze*, DB 1996, 729 (731 ff.); *Hönn*, Kompensation gestörter Vertragsparität, S. 194 ff.; *A.Junker*, Grundkurs Arbeitsrecht, Rn. 9; *Larenz/Wolf*, BGB AT, § 42 Rn. 20; *Lieb*, Arbeitsrecht, Rn. 11 ff.; *Medicus*, JuS 1996, 761 (762); MünchArbR/*Richardi*, § 2 Rn. 18; *Otto*, Arbeitsrecht, Rn. 26; *Preis*, Arbeitsrecht, § 8 I; *Rieble*, Arbeitsmarkt und Wettbewerb, Rn. 843 ff.; *Söllner*, Arbeitsrecht in der Verfassungsordnung des Grundgesetzes, S. 105 ff., 140; *Waltermann*, Rechtsetzung durch Betriebsvereinbarung zwischen Privatautonomie und Tarifautonomie, S. 66; Soergel/*Wolf*, vor § 145 Rn. 36; *Wiedemann*, Tarifvertragsgesetz, Einleitung Rn. 3; *Wollenschläger*, Arbeitsrecht, Rn. 1. Grundsätzliche Bedenken allerdings bei *Zöllner*, AcP 176 (1976), 221 (236 ff.).

[184] Näher dazu *Fastrich*, Richterliche Inhaltkontrolle im Privatrecht, S. 181 ff.; 187 f.; 232 ff.

Sicherheit erhielt, so änderte sich die soziale Situation der Arbeitnehmer im Zuge der Industrialisierung grundlegend[185]. Die neuen Fabrikarbeitsverhältnisse waren gekennzeichnet durch die Auflösung der traditionellen Einheit von Haushalt und Arbeitsplatz, das Rechtsverhältnis zwischen Arbeitnehmer und Arbeitgeber reduzierte sich damit auf den bloßen Austausch von „Arbeit gegen Lohn“[186]. Da der Industriearbeiter nun seinen gesamten Lebensunterhalt allein mit seinem Arbeitseinkommen bestreiten musste, war er in besonderem Maße vom Bestand seines Arbeitsverhältnisses und von der Entwicklung auf dem Arbeitsmarkt abhängig[187]. Aufgrund eines starken Bevölkerungswachstums und einer zunehmenden Abwanderung der Landbevölkerung in die Städte herrschte bald ein stetiges Überangebot an Arbeitskräften, wodurch sich das Verhandlungsgleichgewicht zu Gunsten der Arbeitgeberseite verlagerte[188]. Denn während der Arbeitnehmer mangels weiterer Einkommensquellen notwendigerweise auf das Arbeitseinkommen zur Erhaltung seiner Lebensgrundlage angewiesen war, konnte sich der Arbeitgeber aus einer Vielzahl Arbeitssuchender diejenigen Arbeitnehmer auswählen, die bereit waren, zu den von ihm gewünschten Konditionen zu arbeiten (sog. Verelendungskonkurrenz)[189]. Aufgrund der existenziellen Abhängigkeit des Arbeitnehmers vom Arbeitsvertragsschluss hatte der Arbeitnehmer somit nicht die Möglichkeit, einen an sich aussichtsreichen Arbeitsvertrag wegen unangemessenen Vertragsbedingungen abzulehnen, sondern musste den Vertrag so annehmen, wie er ihm vom Arbeitgeber angeboten wurde, und damit entfiel typischerweise die Gewähr für die Richtigkeit der Vertragsbedingungen[190].

Besonders deutlich kam das Machtungleichgewicht zwischen Arbeitgeber und Arbeitnehmer in den unerträglichen Arbeitsbedingungen der Industriearbeiter des 19. Jahrhunderts zum Ausdruck, die durch eine sechzehnstündige Arbeitszeit an 6 Wochentagen zu niedrigsten Löhnen, Kinderarbeit in Bergwerken, mangelnden Unfallschutz, fehlende soziale Vorsorge bei Krankheit oder Tod des Familienernäh-

---

185 *Heinrich*, Formale Freiheit und materiale Gerechtigkeit, S. 495 ff.; *Preis*, Arbeitsrecht, § 3; *Zöllner/Loritz*, Arbeitsrecht, § 3 I 2.

186 MünchArbR/*Richardi*, § 2 Rn. 17; *Preis*, Arbeitsrecht, § 3.

187 *Heinrich*, Formale Freiheit und materiale Gerechtigkeit, S. 496; MünchArbR/*Richardi*, § 2 Rn. 17.

188 *Schwab*, Einführung in das Zivilrecht, Rn. 76 f.; *Weiß*, Die Entwicklung des Arbeitsvertragsrechts und das BGB, S. 50.

189 *Larenz/Wolf*, BGB AT, § 42 Rn. 20; *Wank*, Arbeitnehmer und Selbständige, S. 48 ff.; *Zöllner*, AcP 176 (1976), 221 (233).

190 Vgl. *Coester-Waltjen*, AcP 190 (1990), 1 (22); *Fastrich*, Richterliche Inhaltskontrolle im Privatrecht, S. 232 ff.; *Heinrich*, Formale Freiheit und materiale Gerechtigkeit, S. 496.

rers sowie tägliche Kündbarkeit des Arbeitsverhältnisses gekennzeichnet waren[191]. Angesichts des sozialen Elends der Arbeiterklasse des 19. Jahrhunderts und den damit verbundenen Gefahren für die Stabilität der staatlichen Ordnung sah sich der Gesetzgeber sehr bald veranlasst, zum Schutze der unterlegenen Arbeitsvertragspartei in das Vertragssystem einzugreifen und erste arbeitsrechtliche Kompensationsinstrumente zu schaffen[192].

II. Die heutige Situation des Arbeitnehmers

Zweifellos hat sich die Stellung des Arbeitnehmers im Vergleich zum 19. Jahrhundert mittlerweile erheblich verbessert[193]. Heutzutage lassen sich gesetzgeberische Maßnahmen zum Schutze des Arbeitnehmers wohl kaum mehr mit der Verelendungstheorie des 19. Jahrhunderts rechtfertigen[194], schließlich hat der Wohlstand in der Bundesrepublik Deutschland in den letzten Jahrzehnten deutlich zugenommen und die soziale Absicherung der Arbeitnehmer ist immer weiter ausgebaut worden. Gleichwohl kann man nicht sagen, dass die soziale Absicherung des Arbeitnehmers durch die staatlichen Sozialversicherungssysteme dazu geführt habe, dass der Arbeitsnehmer zur Sicherung seiner Lebensgrundlage nicht mehr vom Arbeitseinkommen abhängig sei[195].

Zwar ist heute niemand mehr aus Hunger und Not gezwungen, für weniger Geld mehr zu arbeiten. Trotz aller sozialen Netze ist es aber heute immer noch so, dass der Arbeitnehmer beim Abschluss des Arbeitsvertrages unter einem Druck steht, dem der Arbeitgeber in der Regel nicht ausgesetzt ist[196]. Denn der Arbeitgeber wird meistens zwischen mehreren Bewerbern wählen können, so dass er den freien Arbeitsplatz im Falle einer Absage von Seiten des Arbeitnehmers umgehend mit einem anderen Bewerber besetzen kann. Hinzu kommt, dass der Arbeitgeber häufig gar nicht darauf angewiesen ist, einen freien Arbeitsplatz sofort zu besetzen, da er den Arbeitsanfall durch Mehrarbeit der übrigen Arbeitnehmer, durch Rationalisierungs- und Automatisierungsprozesse oder durch den Verzicht auf eine Auswei-

---

[191] *Herkner*, Die Arbeiterfrage, Bd. 1, S. 21 ff.; *Preis*, Arbeitsrecht, § 3; *Zöllner*, AcP 176 (1976), 221 (229).

[192] Das erste staatliche Gesetz zum Arbeitnehmerschutz stellt wohl das preußische Regulativ über die Beschäftigung jugendlicher Arbeiter in Fabriken vom 9.3.1839 dar, welches ein Verbot der Kinderarbeit enthielt, vgl. MünchArbR/*Richardi*, § 2 Rn. 20.

[193] Vgl. *Heinrich*, Formale Freiheit und materiale Gerechtigkeit, S. 497.

[194] Vgl. auch *Reuter*, FS Wiedemann, S. 449 f.; *Thüsing*, FS Wiedemann, S. 559, 571.

[195] So aber z.B. *Adomeit*, ZRP 1987, 75 f.; *Preis*, Grundfragen der Vertragsgestaltung im Arbeitsrecht, S. 286 f.; *Reuter*, RdA 1991, 193 (194 f.).

[196] Vgl. *Dieterich*, RdA, 1995, 129 (135); *Fastrich*, RdA 1997, 65 (77); *Hildebrandt*, Disparität und Inhaltkontrolle im Arbeitsrecht, S. 97 ff.

tung des Geschäftsbetriebs bzw. durch dessen Einschränkung relativ leicht bewältigen kann. Dagegen hat der Arbeitnehmer, will er nicht dauerhaft an der sozialstaatlich finanzierten Armutsgrenze leben, regelmäßig keine andere Möglichkeit, als früher oder später zu den vom Arbeitgeber gewünschten Bedingungen zu arbeiten. Das *BVerfG* geht deshalb davon aus, dass der Arbeitsplatz nach wie vor die wirtschaftliche Existenzgrundlage für den Arbeitnehmer und seine Familie darstellt, da nicht nur der Lebenszuschnitt und das Wohnumfeld davon bestimmt werden, sondern auch die gesellschaftliche Stellung und das Selbstwertgefühl des Arbeitnehmers[197]. Wenn es dem Arbeitnehmer daher nicht gelingt, alsbald einen Arbeitplatz zu finden, so „gerät er häufig in eine Krise, in der ihm durch die Leistungen der Arbeitslosenversicherung nur teilweise und auch nur für einen begrenzten Zeitraum geholfen wird“[198]. Die überwiegende Zahl der Arbeitnehmer ist also auch unter den Bedingungen einer sozialen Marktwirtschaft auf den Arbeitslohn als einzige oder zumindest bedeutendste Einkommensquelle zwingend angewiesen – sei es, um die Existenzgrundlage zu sichern, sei es, um den eigenen Lebensstandard zu halten oder zu erhöhen. Neben dieser existenziellen Angewiesenheit des Arbeitnehmers kommt als weiterer Aspekt hinzu, dass viele Arbeitnehmer örtlich nicht flexibel, sondern aus verschiedenen wirtschaftlichen, privaten oder familiären Gründen an einen festen Wohnsitz gebunden sind, so dass für den einzelnen Arbeitnehmer von vornherein nur wenige ortsansässige Arbeitgeber in Betracht kommen, wodurch der Wettbewerb auf dem Arbeitmarkt zusätzlich eingeschränkt ist[199]. Der Arbeitsmarkt ist daher auch heute noch durch die ökonomische Besonderheit geprägt, dass der Arbeitnehmer aufgrund seines Angewiesenseins auf das Arbeitseinkommen zur Erhaltung seiner Lebensgrundlage auf eine Lohnsenkung nicht – wie das unter marktwirtschaftlichen Gesichtspunkten sinnvoll wäre – mit einer Angebotsverknappung reagieren und für einige Monate gar nicht oder weniger arbeiten kann, sondern ganz im Gegenteil sein Arbeitsangebot weiter erhöhen und noch mehr arbeiten muss, um sein Arbeitseinkommen zu sichern[200]. Diese Gründe zusammengenommen bewirken, dass der Arbeitgeber, sei es auch nach einigem Zuwarten, auch heutzutage noch damit rechnen kann, einen Arbeitnehmer zu finden, der zum Vertragsschluss zu den vom Arbeitgeber gestellten Bedingungen bereit ist. Der Arbeitnehmer befindet sich daher, wenngleich in etwas abgeschwächter Form, auch heute noch aufgrund seiner Immobilität und seines existenziellen Angewiesenseins auf den Arbeitsplatz typischerweise in einer unterlegenen

[197] BVerfG v. 27.1.1998, BVerfGE 97, 169 (177).

[198] BVerfG v. 27.1.1998, BVerfGE 97, 169 (177).

[199] *Reuter*, FS Wiedemann, S. 449.

[200] Zum Arbeitsmarktversagen vgl. statt aller *Rieble*, Arbeitsmarkt und Wettbewerb, Rn. 90 ff.

Verhandlungsposition[201], die ein kompensierendes Eingreifen des Staates erforderlich machen kann[202].

B. Der zu schützende Personenkreis als Anknüpfungspunkt für arbeitsrechtliche Kompensationsinstrumente

Da das Arbeitsrecht ein vom Gesetzgeber vermutetes Ungleichgewicht zwischen Arbeitnehmer und Arbeitgeber kompensieren soll, muss der Anwendungsbereich des Arbeitsrechts so zugeschnitten sein, dass auch tatsächlich derjenige Personenkreis erfasst wird, der in eben dieser Weise schutzbedürftig ist. Nach den bisherigen Feststellungen können gesetzliche Kompensationsinstrumente nur in solchen Situationen zum Schutze der unterlegenen Vertragspartei eingreifen, in denen aufgrund typischer Merkmale auf das Vorliegen eines gestörten Verhandlungsgleichgewichts geschlossen werden kann. Im Bereich der Arbeitsverhältnisse beruht die typische Ungleichgewichtslage zwischen den Arbeitsvertragsparteien kurz gesagt darauf, dass der Arbeitnehmer auf seinen Arbeitgeber stärker angewiesen ist als dieser auf einen einzelnen Arbeitnehmer[203]. Der Gesetzgeber ist deshalb davon ausgegangen, dass die Eigenschaft als „Arbeitnehmer" das entscheidende Merkmal für das Vorliegen einer typischen Ungleichgewichtslage ist, er hat daher die Arbeitnehmereigenschaft auch als Anknüpfungspunkt für die arbeitsrechtlichen Kompensationsinstrumente gewählt[204]. Die Bejahung der Arbeitnehmereigenschaft ist also immer Voraussetzung für die Anwendung arbeitsrechtlicher Schutzvorschrif-

---

201 *Dieterich*, RdA, 1995, 129 (135); *Fastrich*, RdA 1997, 65 (75 ff.); *Zöllner/Loritz*, Arbeitsrecht, § 1 I 1. Vgl. auch BAG v. 16.3.1994, SAE 1995, 166 (171): „Das Individualarbeitsrecht ist – wie nicht näher erläutert werden muss – durch eine strukturelle Unterlegenheit des einzelnen Arbeitnehmers gegenüber dem einzelnen Arbeitgeber gekennzeichnet, die durch kollektivrechtliche Regelungen wie Tarifverträge und Betriebsvereinbarungen nicht beseitigt wird. Diese Unterlegenheit besteht auch in Zeiten der Vollbeschäftigung."

202 Siehe dazu auch die Gegenäußerung der Bundesregierung zu Nummer 50 der Stellungnahme des Bundesrates bezüglich der Aufhebung der AGB-rechtlichen Bereichsausnahme für das Arbeitsrecht im Zuge der Schuldrechtsmodernisierung, BT-Drucks. 14/6857, S. 53: „Trotz des Schutzes durch zwingende gesetzliche Vorschriften und kollektive Vereinbarungen besteht auch im Arbeitsrecht ein Bedürfnis nach richterlicher Kontrolle der einseitig vom Arbeitgeber festgesetzten Arbeitsbedingungen; dies ist gerade vor dem Hintergrund des existenziellen Angewiesenseins auf einen Arbeitsplatz von besonderer Bedeutung."

203 Vgl. auch *Larenz/Wolf*, BGB AT, § 42 Rn. 20; *Medicus*, JuS 1996, 761 (762).

204 Eine Anknüpfung an den Arbeitnehmerbegriff findet sich in zahlreichen Arbeitsgesetzen, vgl. z.B. § 1 Abs. 1 EFZG; § 1 BUrlG; §§ 1, 23 KSchG; § 5 BetrVG; § 1 ArbZG; § 2 Abs. 1 Nr. 3 ArbGG.

ten[205]. Der Arbeitnehmerbegriff hat demnach den Zweck, denjenigen Personenkreis zu bestimmen, der den Schutz des Arbeitsrechts bedarf und von jenem abzugrenzen, der diesen Schutz nicht benötigt. In der Entscheidung, wer als Arbeitnehmer anzusehen ist, liegt somit „der Schlüssel für die Anwendung des Arbeitsrechts"[206]. Der Begriff des „Arbeitnehmers" wird allerdings in den entsprechenden arbeitsrechtlichen Gesetzen nicht genauer definiert, sondern lediglich in weitere Kategorien (wie etwa Arbeiter, Angestellte und die zu ihrer Berufsbildung Beschäftigten[207]) unterteilt. Die Konkretisierung des Arbeitnehmerbegriffs, die zur Festlegung des Anwendungsbereichs des fraglichen Gesetzes im jeweiligen Einzelfall unerlässlich ist, hat der Gesetzgeber damit in die Hand der Gerichte gelegt. Ihnen obliegt es, mit Hilfe einer Vielzahl von Einzelkriterien anhand einer Gesamtwürdigung aller Umstände des Einzelfalles zu ermitteln, ob der Betreffende dem Begriff des Arbeitnehmers und damit demjenigen Personenkreis zugeordnet werden kann, der aufgrund seiner wirtschaftlichen Unterlegenheit einen besonderen Schutz durch das Arbeitsrecht bedarf[208].

---

[205] *Lieb*, Arbeitsrecht, Rn. 1 ff.; *Preis*, Arbeitsrecht, § 8 I. Teilweise wird auch das zwischen Arbeitnehmer und Arbeitgeber bestehende „Arbeitsverhältnis" als Ausgangspunkt für die Anwendung arbeitsrechtlicher Normen angesehen, so z.B. bei *Söllner/Waltermann*, Grundrisse des Arbeitsrechts, Rn. 44; *A.Junker*, Grundkurs Arbeitsrecht, Rn. 7; *Zöllner/Loritz*, Arbeitsrecht, § 4 III. Sachlich bedeutet dies jedoch gegenüber der Anknüpfung an den Arbeitnehmerbegriff keinen Unterschied, vgl. *Zöllner/Loritz*, Arbeitsrecht, § 4 IV.

[206] ErfK/*Preis*, § 611 BGB Rn. 47.

[207] So z.B. § 1 Abs. 2 EFZG; § 2 BUrlG; § 2 Abs. 2 ArbZG; § 5 Abs. 1 BetrVG, § 5 Abs. 1 ArbGG.

[208] Das *zentrale* Merkmal für die Bestimmung der Arbeitnehmereigenschaft ist dabei die *Unselbständigkeit* bzw. *Abhängigkeit* des Arbeitnehmers in Bezug auf Inhalt, Durchführung, Zeit, Dauer und Ort der zu erbringenden Arbeitsleistung. Denn während die Selbständigkeit eines Dienstnehmers vermuten lässt, dass er seine individuellen Interessen selbst angemessen wahrnehmen kann und daher den Schutz durch arbeitsrechtliche Kompensationsinstrumente nicht benötigt, ist gerade die Unselbständigkeit bzw. persönliche Abhängigkeit ein *typisches* Indiz für die wirtschaftliche Unterlegenheit des Dienstnehmers, die seine Schutzbedürftigkeit begründet und damit das Eingreifen gesetzlicher Schutzvorschriften rechtfertigt. Trotz dieses Kriteriums ist es in vielen Fällen aber nicht möglich, die Arbeitnehmereigenschaft zweifelsfrei zu bejahen oder zu verneinen. Aus diesem Grund halten es die Gerichte für unmöglich, abstrakte, für alle Arbeitsverhältnisse geltende Kriterien aufzustellen. Es sei daher „aus Gründen der Praktikabilität und Rechtssicherheit unvermeidlich, die unselbständige Arbeit *typologisch* abzugrenzen" (vgl. BAG v. 23.4.1980, AP Nr. 34 zu § 611 BGB Abhängigkeit). Der Arbeitnehmerbegriff sei demnach kein festumrissener, sondern ein „Typusbegriff", der durch eine Reihe von typischen, d.h. den Idealtypus kennzeichnenden Merkmalen bestimmt wird. Diesen Merkmalen wird allerdings nur die Bedeutung von Anzeichen oder Indizien beigemessen, weshalb es nach Ansicht der Gerichte nicht erforderlich sei, dass stets sämtliche Merkmale vorliegen. Diese könnten vielmehr auch in einem unterschiedlichen Maße gegeben sein, entscheidend sei allein das sich aus ihrer Verbin-

C. Kompensation auf drei Ebenen

Dem Funktionsdefizit des Arbeitsvertrages versucht das Arbeitsrecht auf insgesamt drei Ebenen entgegen zu wirken[209]: durch zwingende Schutzbestimmungen zu Gunsten der Arbeitnehmer (I.), durch die Anerkennung von kollektiv ausgehandelten Arbeitsbedingungen (II.) sowie durch die Beteiligung der Arbeitnehmer an den Entscheidungsprozessen im Betrieb (III.).

I. Staatshilfe durch zwingende Arbeitnehmerschutzgesetze

Da der Arbeitnehmer seinen Lebensunterhalt mit dem erarbeiteten Lohn bestreiten muss, ist er darauf angewiesen, dass er einen entsprechenden Lohn erhält, seine Arbeitsfähigkeit nicht beeinträchtigt wird und ihm sein Arbeitsplatz möglichst lange erhalten bleibt. Diese elementaren Interessen des Arbeitnehmers werden auf der Ebene des individualvertraglichen Arbeitsvertrages durch zahlreiche zwingende gesetzliche Bestimmungen geschützt. So soll etwa das Entgeltfortzahlungsgesetz den Arbeitnehmer vor einem krankheitsbedingten Verlust des Arbeitslohnes bewahren[210]. Dem Interesse des Arbeitnehmers an der Erhaltung seiner Arbeitsfähigkeit dienen zahlreiche gesundheitsschützende Vorschriften, wie z. B. die im Arbeitszeitgesetz festgelegte Höchstarbeitszeit[211], der durch das Bundesurlaubsgesetz eingeräumte Anspruch auf Erholungsurlaub[212], die im Arbeitsschutzgesetz enthaltenen Unfallverhütungsvorschriften sowie die im Mutterschutzgesetz, Jugendarbeitsschutzgesetz, Heimarbeitsgesetz oder Behindertenrecht[213] vorgesehenen speziellen Schutzbestimmungen zu Gunsten besonders schutzwürdiger Personengruppen. Der Abhängigkeit des Arbeitnehmers von seinem Arbeitsplatz wird schließ-

---

dung, ihrer Intensität und der Häufigkeit ihres Auftretens im konkreten Einzelfall ergebende Gesamtbild (vgl. BVerfG v. 20.5.1996, NJW 1996, 2644). Die typologische Methode habe zudem den großen Vorteil, dass die arbeitsrechtlichen Vorschriften trotz ihres Festhaltens am Arbeitnehmerbegriff in Verbindung mit ihrer Konkretisierung durch Rechtsprechung und Wissenschaft über Jahrzehnte hinweg auch bei geänderten wirtschaftlichen und sozialen Strukturen ihren Schutzzweck erfüllen können (vgl. BVerfG v. 20.5.1996, NJW 1996, 2644). Zur typologischen Methode siehe u.a. *Bydlinski*, Juristische Methodenlehre und Rechtsbegriff, S. 543 ff.; *Larenz*, Methodenlehre, S. 461 ff. Zur Kritik an dieser methodischen Vorgehensweise der Gerichte siehe z.B. ErfK/*Preis*, § 611 BGB Rn. 66.

209 *Brox/Rüthers/Henssler*, Arbeitsrecht, Rn. 19, 23-33; *A.Junker*, Grundkurs Arbeitsrecht, Rn. 16-25; *Otto*, Arbeitsrecht, Rn. 26-35; *Zöllner/Loritz*, Arbeitsrecht, § 1 I 2.

210 Vgl. § 3 EntgeltFZG.

211 Vgl. § 3 ArbZG.

212 Vgl. § 3 BUrlG.

213 Zum 1. Juli 2001 ist das Schwerbehindertengesetz durch das Neunte Buch des Sozialgesetzbuchs (SGB IX, BGBl. I S. 1046) abgelöst worden.

lich vor allem durch das Kündigungsschutzgesetz Rechnung getragen, welches dem Arbeitnehmer den Fortbestand seines Arbeitsplatzes sichern soll. Mit diesen gesetzlichen Schutzbestimmungen, die nicht durch den Arbeitsvertrag abbedungen werden können, stellt der Gesetzgeber zwingende Mindestarbeitsbedingungen auf und verhindert somit, dass die Arbeitgeberseite die Arbeitsbedingungen einseitig zu Lasten der unterlegenen Arbeitnehmerseite diktieren kann.

II. Kollektive Selbsthilfe durch Koalitionsfreiheit und Tarifautonomie

Da dem Arbeitgeber typischerweise nur der einzelne Arbeitnehmer unterlegen ist, der Arbeitgeber dagegen auf alle Arbeitnehmer keineswegs verzichten kann, können die Arbeitnehmer durch ihren kollektiven Zusammenschluss in Gewerkschaften ein für das Aushandeln von angemessenen Arbeitsbedingungen erforderliches Verhandlungsgegengewicht schaffen. Durch diese verbandsmäßige Organisation verfügt auch die Arbeitnehmerseite über ein ausreichendes Verhandlungsgewicht, um mit der Arbeitgeberseite selbständig und frei von staatlicher Einflussnahme einen auch den Arbeitnehmerinteressen entsprechenden Tarifvertrag auszuhandeln und notfalls sogar durch Arbeitskampf zu erzwingen. Dass das gesetzliche Tarifvertragssystem und auch das System für die Erzwingung der Tarifinhalte – das Arbeitskampfrecht – darauf ausgerichtet ist, das Ungleichgewicht im Arbeitsverhältnis durch die Parität der Tarifvertragsparteien zu ersetzen, entspricht auch der Auffassung des *BVerfG*. Danach ist die Tarifautonomie „darauf angelegt, die strukturelle Unterlegenheit der einzelnen Arbeitnehmer beim Abschluss von Arbeitsverträgen durch kollektives Handeln auszugleichen und damit ein annähernd gleichgewichtiges Aushandeln der Löhne und Arbeitsbedingungen zu ermöglichen.“[214]
Das staatsfreie Aushandeln von Arbeitsbedingungen durch Gewerkschaften und Arbeitgeberverbände sowie das Recht auf Zusammenschluss zu diesen verbandsmäßig organisierten Interessensvertretungen wird durch die Tarifautonomie und Koalitionsfreiheit in Art. 9 Abs. 3 GG verfassungsrechtlich garantiert[215]. Den auf kollektiver Ebene von den Tarifvertragsparteien autonom ausgehandelten Tarifvertragsinhalt hat der Staat daher grundsätzlich genauso zu akzeptieren wie den auf individueller Ebene von den Arbeitsvertragsparteien privatautonom ausgehandelten Arbeitsvertragsinhalt. Da sich jedoch beim kollektiv ausgehandelten Tarifvertrag zwei annähernd gleich starke Parteien gegenüberstehen, kann die Vertragsfreiheit auf dieser höheren Ebene deutlich besser funktionieren als auf der einzelvertragli-

---

[214] BVerfG v. 26.6.1991, BVerfGE 84, 212 (229). Ebenso BVerfG v. 4.7.1995, BVerfGE 92, 365 (395).

[215] *Brox/Rüthers/Henssler*, Arbeitsrecht, Rn. 31; *A.Junker*, Grundkurs Arbeitsrecht, Rn. 21; *Lieb*, Arbeitsrecht, Rn. 432 ff.; *Otto*, Arbeitsrecht, Rn. 31 f.; *Preis*, Arbeitsrecht, § 15 III 6.

chen Ebene[216]. Der Tarifvertrag besitzt deshalb im Vergleich zum Arbeitsvertrag eine größere Richtigkeitsgewähr[217], er ist „funktional gesehen der bessere Vertrag“[218]. Aus diesem Grund muss sich der Gesetzgeber bei einer kollektiven Ausübung von Privatautonomie durch Tarifvertrag stärker zurückhalten und kann hier – anders als auf der Ebene des individuellen Arbeitsvertrages – nicht durch zwingendes Gesetzesrecht in den Interessenausgleich zwischen den Tarifvertragsparteien eingreifen[219]. Der Staat hat die Regelung der Arbeitsbedingungen grundsätzlich den Koalitionen zu überlassen und nur, wenn sie diese Aufgabe nicht erfüllen können, weil etwa Arbeitgeber oder Arbeitnehmer nicht in ausreichendem Umfang organisiert sind, hat der Staat das Recht, zwingende Mindestarbeitsbedingungen festzusetzen[220].

Mit dem Tarifvertragssystem hat der Staat den Arbeitnehmern ein rechtliches Instrumentarium bereitgestellt, das ihnen durch den Zusammenschluss zu Gewerkschaften ermöglicht, eine der Arbeitgeberseite entsprechende Gegenmacht zu bilden und auf diese Weise frei von staatlicher Einflussnahme die Löhne und Arbeitsbedingungen annähernd gleichgewichtig mit der Arbeitgeberseite auszuhandeln[221].

---

216 *Brox/Rüthers/Henssler*, Arbeitsrecht, Rn. 30; *Gamillscheg*, Kollektives Arbeitsrecht, S. 284 f.; *A.Junker*, Grundkurs Arbeitsrecht, Rn. 20.

217 *Gamillscheg*, Kollektives Arbeitsrecht, S. 284 f.

218 *Rieble*, Arbeitsmarkt und Wettbewerb, Rn. 1211.

219 Würde der Staat in die Verhandlungen der Tarifvertragsparteien eingreifen, so wäre das von der Richtigkeitsgewähr vorausgesetzte Prinzip der autonomen Einigung durchbrochen, vgl. MünchArbR/*Richardi*, § 246 Rn. 91 ff. Eine staatliche Kontrolle von Tarifverträgen im Sinne einer Tarifzensur ist deshalb mit dem Grundgedanken der Tarifautonomie unvereinbar, vgl. BVerfG v. 26.6.1991, BVerfGE 84, 212 (224). Aus diesem Grund hat sich der Gesetzgeber im Tarifrecht auch nur auf eine Rahmengesetzgebung beschränkt, durch die das kollektive Aushandeln von Arbeitsbedingungen lediglich ermöglicht und rechtlich anerkannt wird. Kompensations- oder Schutzinstrumente zu Gunsten einer Tarifvertragspartei existieren nicht, vgl. die Regelungen im Tarifvertragsgesetz.

220 Vgl. das Gesetz über die Festsetzung von Mindestarbeitsbedingungen vom 11.1.1952 (BGBl. I, S. 17) und die Fälle von § 5 TVG und § 1 AEntG. Das *BVerfG* hat in seiner Heimarbeitsentscheidung vom 27.2.1973 (BVerfGE 34, 307 [317]) zum Regelungsvorrang der Tarifvertragsparteien ausgeführt: „Dieses Zurücktreten des Staates zugunsten der Tarifparteien gewinnt seinen Sinn ebenso sehr aus dem Gesichtspunkt, dass die unmittelbar Betroffenen viel besser wissen und besser aushandeln können, was ihren beiderseitigen Interessen und dem gemeinsamen Interesse entspricht als der demokratische Gesetzgeber, wie aus dem Zusammenhang mit dem für die Gestaltung nicht öffentlich-rechtlicher Beziehungen charakteristischen Prinzip der ‚Privatautonomie‘, im Grunde also der Entscheidung des Grundgesetzes zugunsten des *freiheitlich*-demokratischen Rechtsstaates“ (Hervorhebung im Original).

221 BVerfG v. 26.6.1991, BVerfGE 84, 212 (229); *Hönn*, Kompensation gestörter Vertragsparität, S. 192 ff.; MünchArbR/*Richardi*, § 240 Rn. 13; *Rieble*, Arbeitsmarkt und Wettbewerb, Rn. 114 ff.

Anstelle einer an sich denkbaren Festlegung der Arbeitsbedingungen durch den Staat können die Beteiligten die Arbeits- und Wirtschaftsbedingungen im Tarifvertrag weitgehend in Selbstbestimmung regeln. Auf diese Weise wird das Prinzip der Vertragsfreiheit aufrechterhalten. Der Tarifvertrag statuiert zwingende Mindestarbeitsbedingungen zu Gunsten des Arbeitnehmers und kompensiert damit auf kollektiver Ebene die typischerweise auf der individuellen Ebene bestehende wirtschaftliche Unterlegenheit des einzelnen Arbeitnehmers.

Auffällig bei diesem Kompensationsinstrument ist allerdings, dass der Arbeitnehmerschutz hierbei durch einen kollektiven Zusammenschluss der Arbeitnehmer und einer Festlegung der Arbeitsbedingungen für eine Vielzahl von Arbeitnehmern und Arbeitgebern erreicht wird und insoweit zu einer Ausschaltung des Wettbewerbs auf dem Arbeitsmarkt führt, während auf dem Dienstleistungs- und Gütermarkt der Zusammenschluss von Unternehmen mit dem Ziel, gleiche Preise oder sonstige gleichartige Geschäftsbedingungen durchzusetzen, im Interesse des Wettbewerbs gerade mit den Mitteln des Kartellrechts bekämpft wird[222]. Die kartellmäßigen Wirkungen von Kollektivverträgen werden jedoch im Interesse des Arbeitnehmerschutzes in Kauf genommen, um eine zwingende Mindestregelung der Arbeitsbedingungen herbeizuführen[223]. Kartellrechtliche Vorschriften finden daher nach überwiegender Ansicht in der Rechtsprechung[224] und in der arbeitsrechtlichen Literatur[225] grundsätzlich keine Anwendung auf Tarifverträge. Der *EuGH* hat zwar eingeräumt, dass mit Tarifverträgen „zwangsläufig gewisse den Wettbewerb beschränkende Wirkungen verbunden" sind[226]. Gleichwohl will auch der *EuGH* Tarifverträge nicht am Kartellverbot des Art. 81 EGV (früher Art. 85) messen, weil durch eine solche Kartellkontrolle „die Erreichung der mit derartigen Verträgen angestrebten sozialpolitischen Ziele (...) ernsthaft gefährdet" würde[227].

Zur Absicherung der Funktionsfähigkeit der Privatautonomie besteht demnach auf dem Arbeitsmarkt ein im Vergleich zu anderen Märkten unterschiedlicher Systemansatz: Während auf dem Dienstleistungs- und Gütermarkt das Wettbewerbsprinzip

---

[222] Vgl. nur das Kartellverbot (§§ 1 ff. GWB), das Verbot von Vereinbarungen über Preisgestaltung oder Geschäftsbedingungen (§§ 14 ff. GWB), das Verbot der missbräuchlichen Ausnutzung einer marktbeherrschenden Stellung (§§ 19 ff. GWB) sowie die Fusionskontrolle (§§ 35 ff. GWB).

[223] *A.Junker*, ZfA 1996, 383 (389 f.); MünchArbR/*Löwisch/Rieble*, § 247 Rn. 6 ff.; *Wiedemann*, Tarifvertragsgesetz, Einleitung Rn. 36 und 371.

[224] BAG v. 27.6.1989, NZA 1989, 969 (972).

[225] *A.Junker*, ZfA 1996, 383 (390 f.); MünchArbR/*Löwisch/Rieble*, § 247 Rn. 8; *Rieble*, Arbeitsmarkt und Wettbewerb, Rn. 459; *Wiedemann*, Tarifvertragsgesetz, Einleitung Rn. 36.

[226] EuGH v. 21.9.1999, DB 2000, 826 (827), Nr. 59.

[227] EuGH v. 21.9.1999, DB 2000, 826 (827), Nr. 59.

herrscht und sich die Vertragsbedingungen primär nach Angebot und Nachfrage richten, wird der Arbeitsmarkt vom Gegenmachtsprinzip beherrscht, wonach die Arbeitsbedingungen durch Macht und Gegenmacht der Koalitionen festgelegt werden[228].

III. Kollektive Selbsthilfe durch Mitbestimmung im Betrieb

Durch den Abschluss eines Arbeitsvertrages verpflichtet sich der Arbeitnehmer zur Übernahme einer Aufgabe innerhalb des Betriebes des Arbeitgebers. Die vom Arbeitnehmer auszuführende, im Arbeitsvertrag zunächst nur ganz allgemein umschriebene Tätigkeit bedarf jedoch noch hinsichtlich der genauen Modalitäten ihrer Ausführung der Konkretisierung durch das Direktionsrecht des Arbeitgebers[229]. Durch das Direktionsrecht kann der Arbeitgeber die Leistungspflicht des Arbeitnehmers im einzelnen nach Zeit, Art und Ort bestimmen[230]. Daraus ergibt sich die Gefahr, dass der Arbeitgeber die nicht schon durch Gesetz (siehe oben I.) oder Tarifvertrag (siehe oben II.) festgelegten Arbeitsbedingungen einseitig zu Lasten der Arbeitnehmer umgestaltet. Dieser Gefahr wird nun auf der dritten Kompensationsebene dadurch begegnet, dass den Arbeitnehmern in den sie betreffenden Angelegenheiten zwingende Mitsprache- und Beteiligungsrechte eingeräumt werden[231]. Der Schutz des Arbeitnehmers durch Teilhabe an betrieblichen Entscheidungen wird heute durch das Betriebsverfassungsgesetz verwirklicht[232]. Danach hat ein von den Arbeitnehmern des jeweiligen Betriebes gewählter Betriebsrat in sozialen Angelegenheiten (§§ 87-89 BetrVG), in personellen Angelegenheiten (§§ 92-105 BetrVG) und in wirtschaftlichen Angelegenheiten (§§ 106-113 BetrVG) bestimmte Mitwirkungs- und Mitbestimmungsbefugnisse. Die Betriebsverfassung ist zwar ebenso wie das zwingende Arbeitnehmerschutzrecht vom staatlichen Gesetzgeber geschaffenes Recht, gleichwohl dienen die Beteiligungsrechte des Betriebsrats e-

---

228 MünchArbR/*Löwisch/Rieble*, § 247 Rn. 7; *Rieble*, Arbeitsmarkt und Wettbewerb, Rn. 114 ff.; *Wiedemann*, Tarifvertragsgesetz, Einleitung Rn. 36.

229 Zum Direktions- bzw. Weisungsrecht des Arbeitgebers vgl. *Preis*, Arbeitsrecht, § 18 VI.

230 BAG v. 27.3.1980, AP Nr. 26 zu § 611 BGB Direktionsrecht.

231 ErfK/*Eisemann*, § 1 BetrVG Rn. 1; GK-BetrVG/*Wiese*, Einleitung Rn. 72.

232 Dementsprechend erachtet die h. M. den Schutz des Arbeitnehmers als wesentlichen Zweck des Betriebsverfassungsrechts, vgl. ErfK/*Eisemann*, § 1 BetrVG Rn. 1; *Gamillscheg*, Kollektives Arbeitsrecht, S. 8; GK-BetrVG/*Wiese*, Einleitung Rn. 76; *Richardi*, Betriebsverfassungsgesetz, § 87 Rn. 8; Schaub/*Koch*, Arbeitsrechts-Handbuch, § 210 Rn. 2; *Zöllner/Loritz*, Arbeitsrecht, § 44 III 4.

benso wie die Tarifautonomie der Gewerkschaften der kollektiven Selbsthilfe der Arbeitnehmerseite[233].

D. Zusammenfassung

Der Arbeitnehmer wird auch heute noch für grundsätzlich schutzbedürftig erachtet. Die Schutzbedürftigkeit des Arbeitnehmers ergibt sich im Wesentlichen aus dem Umstand, dass er zur Erhaltung seiner Lebensgrundlage zwingend auf den Arbeitsvertrag angewiesen ist, während der Arbeitgeber den Arbeitsplatz in der Regel nicht sofort besetzen muss und zwischen mehreren Arbeitnehmern wählen kann. Diese Abhängigkeit des Arbeitnehmers vom Arbeitsplatz hat zur Folge, dass der Arbeitnehmer ein ungünstiges Arbeitsvertragsangebot nicht ohne weiteres ablehnen kann, sondern zur Not auch ungünstige Vertragsbedingungen akzeptieren muss, um den Vertragsschluss nicht zu riskieren. Der Arbeitnehmer befindet sich daher beim Abschluss des Arbeitsvertrages typischerweise in einer unterlegenen Verhandlungsposition. Diese Unterlegenheitsposition ist nicht auf bestimmte Situationen beschränkt, sondern *allgemein*. Insofern kann man auch von einer *personen-* oder *statusbedingten* Unterlegenheit des Arbeitnehmers sprechen.

Die Schutzbedürftigkeit des Arbeitnehmers bezieht sich zunächst auf den Inhalt des Arbeitsvertrages, denn der Arbeitnehmer besitzt in der Regel nicht die nötige Verhandlungsmacht, um selbst einen angemessenen Vertragsinhalt aushandeln zu können. Darüber hinaus ist der Bestand des Arbeitsplatzes von elementarer Bedeutung für den Arbeitnehmer, da der Arbeitnehmer auf das Arbeitseinkommen zur Erhaltung seiner Lebensgrundlage angewiesen ist.

Zur Kompensation dieser Unterlegenheit hat der Gesetzgeber nicht nur individualarbeitsrechtliche Schutzgesetze wie z.B. das Kündigungsschutzgesetz geschaffen, sondern durch die Bereitstellung eines kollektivarbeitsrechtlichen Schutzsystems den Arbeitnehmern die Gelegenheit gegeben, durch den kollektiven Zusammenschluss ein entsprechendes Gegengewicht zur Arbeitgeberseite zu schaffen. Der zwischen diesen beiden gleichgewichtigen Partnern ausgehandelte Kollektivvertrag besitzt eine Richtigkeitsgewähr, die vom Gesetzgeber respektiert wird und daher frei von staatlicher Einflussnahme ist. Das kollektivarbeitsrechtliche Schutzsystem kann jedoch nicht für einen umfassenden Schutz des Arbeitnehmers sorgen.

---

[233] Vgl. *Hönn*, Kompensation gestörter Vertragsparität, S. 207 ff.; *A.Junker*, Grundkurs Arbeitsrecht, Rn. 23.

5. Kapitel
Verbraucherschutzrechtliche Kompensationsinstrumente

Der zweite hier zu diskutierende Bereich kompensatorischer Schutzgesetzgebung ist das Verbraucherrecht. Dabei muss zwischen dem Verbraucherschutzrecht im weiteren Sinne und dem Verbraucherschutzrecht im engeren Sinne unterschieden. Zum Verbraucherschutzrecht im weiteren Sinne gehören nämlich auch die Vorschriften des AGB-Rechts. Da sich das AGB-Recht aber nicht nur auf Verbraucher bezieht, sondern auch andere Personenkreise schützt, soll es im 6. Kapitel als eigenständiges Schutzinstrument getrennt von den anderen Verbraucherschutzinstrumenten untersucht werden. An dieser Stelle geht es daher nur um diejenigen Vorschriften, die sich ausschließlich auf Verbraucher beziehen (Verbraucherrecht im engeren Sinn). Doch worauf beruht die besondere Schutzbedürftigkeit des Verbrauchers, die den Gesetzgeber zur Schaffung zahlreicher besonderer Verbraucherschutzvorschriften veranlasst hat? Und mit welchen Instrumenten versucht der Gesetzgeber die verbraucherrechtsspezifische Ungleichgewichtslage zu kompensieren?

A. Ausgangspunkt

Die marktwirtschaftlichen Entwicklungen mit dem ständig wachsenden Konsum haben die miteinander im Wettbewerb stehenden Unternehmen zunehmend dazu veranlasst, speziell auf den Konsum ausgerichtete Verkaufs- und Vertriebsformen zu entwickeln. In der Hoffnung auf rasche Gewinne wurden mögliche Kunden vermehrt auch außerhalb eines ständigen Geschäftslokals von Vertretern, Reisenden, Kundenberatern oder sonstigen Außendienstmitarbeitern aufgesucht, damit sie Waren oder Dienste der verschiedensten Art erwerben. Die Folge dieser zum Teil unseriösen[234] Geschäftspraktiken war, dass in nicht unbeträchtlichem Ausmaß Verträge über Waren oder Dienstleistungen abgeschlossen wurden, für die der Kunde bei näherer Betrachtung keinen wirklichen Bedarf hatte oder deren Anschaffung seine finanzielle Bewegungsfreiheit einschränkten. Um dieser Entwicklung entgegenzuwirken, hat zunächst die Rechtsprechung versucht, die Fälle des Direktvertriebs mit den im BGB bereits vorhandenen gesetzlichen Bestimmungen über die Anfechtbarkeit (§§ 119 ff., 123 BGB)[235] und Nichtigkeit des Rechtsgeschäfts

---

[234] Zur früheren Anfälligkeit des Direktvertriebes für unsaubere Geschäftspraktiken vgl. *Gilles*, Das Recht des Direktmarketing, Rn. 49.

[235] BGH v. 8.2.1979, NJW 1979, 1593 (1594 f.).

(§§ 134, 138 BGB)[236] zu lösen[237]. Da aber ein überhöhter Preis einer Ware oder Dienstleistung nicht zur Anfechtung wegen Eigenschaftsirrtums nach § 119 Abs. 2 BGB berechtigt[238] und auch die §§ 123, 134 und 138 BGB für den Fall rechtswidriger Verhandlungspraktiken wegen der dem Kunden auferlegten, kaum erfüllbaren Beweislast[239] nahezu wertlos sind, gelangte man schließlich zu der Erkenntnis, dass die bereits im BGB vorhandenen Rechtsbehelfe den betroffenen Personengruppen keinen ausreichenden Schutz vor einer Überrumpelung durch den Anbieter, vor irreführenden mündlichen Angaben oder vor der Anziehungskraft bestimmter Verkaufsveranstaltungen bieten konnten[240]. Um den Schutz vor den Gefahren moderner Vertriebsstrukturen zu verbessern, hat der Gesetzgeber daher in den letzten Jahren und Jahrzehnten eine Vielzahl höchst unterschiedlich strukturierter Gesetze geschaffen, die sich insgesamt unter dem Oberbegriff des „Verbraucherschutzrechts" zusammenfassen lassen[241].

B. Die Legitimation von verbraucherschützenden Regelungen

Das Verbraucherschutzrecht wird in der Regel mit einem Hinweis auf die „typischen Ungleichgewichtslagen" zwischen Anbietern und Konsumenten gerechtfertigt[242]. Die durch das Verbraucherschutzrecht zu kompensierende Unterlegenheit beruht allerdings keineswegs auf einer einheitlichen Ursache, die Gründe für die gestörte Vertragsparität sind vielmehr völlig unterschiedlich.

I. Ungeeignete Vertragsanbahnungs- und Verhandlungssituationen

Eine unterlegene Verhandlungsposition kann sich zunächst aus den besonderen Umständen von Zeit und Ort der Vertragsverhandlungen ergeben. So kommt es insbesondere bei neueren Vertriebsstrukturen immer wieder zu Situationen, in denen die Initiative zum Vertragsschluss nicht vom Kunden selbst ausgeht, sondern von der Anbieterseite, indem sie den Kunden außerhalb der Geschäftsräume, etwa in seiner Privatwohnung, an seinem Arbeitsplatz oder in sonstigen öffentlich zugänglichen Bereichen, persönlich anspricht und dadurch eine Verhandlungssituati-

---

236 BGH v. 22.5.1978, NJW 1978, 1970 f.; BGH v. 10.3.1982, NJW 1982, 1455 f.; BGH v. 27.1.1988, NJW 1988, 1373 (1374).

237 Vgl. auch Staudinger/*Werner*, Vorbem. zum HWiG, Rn. 10.

238 Siehe dazu MüKo/*Kramer*, § 119 Rn. 129 m.w.N.

239 Zur Beweislast vgl. Palandt/*Heinrichs*, § 119 Rn. 32, § 123 Rn. 30, § 134 Rn. 12c, § 138 Rn. 23, jeweils m.w.N.

240 Vgl. BT-Drucks. 10/2876, S. 6 f.

241 *Kittner*, Schuldrecht, Rn. 868.

242 *Gilles*, JA 1980, 1 (5). Vgl. auch *Hommelhoff*, Verbraucherschutz im System des deutschen und europäischen Privatrechts, S. 4 f.

on herbeiführt, der er sich nur schwer entziehen kann[243]. Diese Art der Vertragsanbahnung führt zu einer *psychologischen* Drucksituation für den Kunden, da er durch die überraschende Kontaktaufnahme überrumpelt wird und dem Verkaufsansinnen, anders als bei Vertragsabschlüssen in den Geschäftsräumen des Anbieters, nicht ohne weiteres ausweichen kann[244]. Er gerät dadurch in einen gewissen „Abschlusszwang", insbesondere in solchen Fällen, in denen er sich einem verkaufspsychologisch gut geschulten Verhandlungspartner gegenüber sieht, dessen zudringliches oder mitleidheischendes Auftreten darauf gerichtet ist, die rechtsgeschäftliche Entschließungsfreiheit vor allem weniger geschäftserfahrener Kunden zu beeinträchtigen[245]. In dieser psychologisch bedrängenden Verhandlungssituation gewinnt die Anbieterseite eine intellektuelle Überlegenheit, so dass ein akzeptabler Interessenausgleich durch den Vertragsschluss nicht mehr gewährleistet ist[246].
Hinzu kommt, dass der Kunde bei einer solchen Verhandlungssituation an Ort und Stelle zumeist unvermittelt und unvorbereitet mit einem Angebot von Waren und Dienstleistungen konfrontiert wird und er nicht die Gelegenheit hat, Preis und Qualität der angebotenen Ware mit anderen verfügbaren Marktangeboten zu vergleichen. Der Kunde kann deswegen beim Vertragsschluss nicht zuverlässig abschätzen, ob das konkrete Angebot für ihn günstig oder ungünstig ist[247]. Das mit einer solchen Überrumpelung verbundene Defizit an vertragsrelevanten Informationen zum Zeitpunkt des Vertragsschlusses führt zu einer *informationellen* Unterlegenheit und damit zu der Gefahr eines übereilten, unsachgemäßen Vertragsschlusses[248].
Eine Ursache für eine psychologische oder informationelle Unterlegenheit des Kunden können demnach *ungeeignete Verhandlungssituationen* sein, wie sie nicht nur in den sog. „Haustürsituationen" des Direktvertriebs, sondern auch bei anderen Vertriebsformen häufig vorzufinden sind. Diese auf der Ungeeignetheit der Ver-

[243] *Fischer/Machunsky*, Haustürwiderrufsgesetz, Einführung Rn. 11; Staudinger/*Werner*, Vorbem. zum HWiG Rn. 2 f.

[244] BT-Drucks. 10/2876, S. 6; *Drexl*, Die wirtschaftliche Selbstbestimmung des Verbrauchers, S. 313.

[245] Erman/*Saenger*, Vor §§ 312-312f Rn. 3; Staudinger/*Werner*, Vorbem. zum HWiG Rn. 3.

[246] *Fischer/Machunsky*, Haustürwiderrufsgesetz, Einführung Rn. 11; *Larenz/Wolf*, BGB AT, § 42 Rn. 10 f.; Staudinger/*Werner*, Vorbem. zum HWiG Rn. 4.

[247] Erman/*Saenger*, Vor §§ 312-312f Rn. 3; *Fischer/Machunsky*, Haustürwiderrufsgesetz, Einführung Rn. 11; *Kemper*, Verbraucherschutzinstrumente, S. 37; *Micklitz/Tonner*, Vertriebsrecht, § 312 Rn. 1. Vgl. auch BT-Drucks. 10/2876, S. 6 f.

[248] *Drexl*, Die wirtschaftliche Selbstbestimmung des Verbrauchers, S. 312 ff.; *Fischer/Machunsky*, Haustürwiderrufsgesetz, Einführung Rn. 11; *Larenz/Wolf*, BGB AT, § 42 Rn. 9; *Micklitz/Tonner*, Vertriebsrecht, § 312 Rn. 1; Staudinger/*Werner*, Vorbem. zum HWiG Rn. 4.

handlungssituation beruhende Unterlegenheit lässt sich daher auch als *situationsbezogene* Unterlegenheit bezeichnen[249].

II. Mangelnde Vertrautheit des Kunden mit dem Vertragsgegenstand

Die Gefahr einer Paritätsstörung besteht jedoch nicht nur im Falle einer ungeeigneten Verhandlungssituation, sondern auch dann, wenn bei einem schwierig zu beurteilenden Vertragsgegenstand ein in seinem Geschäftsbereich erfahrener Gewerbetreibender einem brachenunerfahrenen Kunden gegenübertritt[250]. Denn ob das konkrete Vertragsangebot ihn günstig oder ungünstig ist, kann der Kunde grundsätzlich nur dann zutreffend beurteilen, wenn er über die dafür erforderlichen Informationen verfügt. Er muss sich also zunächst eine Vergleichsbasis verschaffen, um seine Verhandlungsposition realistisch einschätzen zu können. Dazu muss er wissen, welche Waren bzw. Dienstleistungen alternativ zu der angebotenen Leistung auf dem Markt erhältlich sind, welche Eigenschaften die einzelnen angebotenen Waren oder Dienstleistungen aufweisen und zu welchen Bedingungen und Preisen sie üblicherweise auf dem betreffenden Markt angeboten werden. Während der Kunde bei den „einfachen" Geschäften des täglichen Lebens im Regelfall noch über hinreichend Marktübersicht verfügt, um das vom Anbieter angepriesene Produkt realistisch einschätzen zu können, fehlt ihm diese Übersicht jedoch regelmäßig bei solchen Geschäften, die eine besonders komplexe und schwierig zu beurteilende Ware oder Dienstleistung zum Vertragsgegenstand haben[251]. So lässt sich beispielsweise das Angebot an Versicherungsdienstleistungen wegen der Unterschiedlichkeit der angebotenen Konditionen und der Vielzahl von einzeln versicherbaren Risiken von fachfremden Kunden kaum noch überblicken, so dass es ihnen bei diesen Verträgen regelmäßig schon am notwendigen Grundlagenwissen für die Bildung eines eigenständigen Urteils fehlt[252]. Demgegenüber verfügt die Anbieterseite aufgrund ihrer Fachkenntnis und Geschäftserfahrung über einen erheblichen Informationsvorsprung, bei einem komplexen und schwer überschaubaren Vertragsgegenstand besteht daher zwischen dem Kunden und dem Anbieter typischerweise ein informationelles Ungleichgewicht[253].

---

[249] Siehe zu dieser Einteilung auch *Mankowski*, Beseitigungsrechte, S. 222 f.

[250] *Kemper*, Verbraucherschutzinstrumente, S. 37 ff.; *Larenz/Wolf*, BGB AT, § 39 Rn. 17.

[251] Zur Komplexität des Kreditvertrages als Grund für ein gesetzgeberisches Eingreifen vgl. *Drexl*, Die wirtschaftliche Selbstbestimmung des Verbrauchers, S. 404 f.; *ders.*, JZ 1998, 1046 (1051). Siehe auch BT-Drucks. 11/5462, S. 21.

[252] Vgl. *Larenz/Wolf*, BGB AT, § 39 Rn. 18.

[253] Ausführlich zum Informationsgefälle zwischen Anbieter und Kunde und der daraus resultierenden Paritätsstörung *Dauner-Lieb*, Verbraucherschutz durch Ausbildung eines Sonderprivatrechts für Verbraucher, S. 63 ff.

Die Unterlegenheit des Kunden kann sich somit auch aus der *Komplexität des Vertragsgegenstandes* ergeben, weil der fachfremde Kunde im Gegensatz zum fachkundigen Anbieter hier typischerweise nicht über die erforderliche Fachkenntnis und Marktübersicht verfügt, um das Vertragsangebot realistisch einschätzen zu können. Deshalb kann man diese Ungleichgewichtslage auch als *vertragsgegenstandsbezogene* Paritätsstörung bezeichnen[254].

C. Der gefährdete Personenkreis

Das erste allen Verbraucherschutzregeln gemeinsame Problem ist das der Bestimmung des zu schützenden Personenkreises. Da das Verbraucherschutzrecht das zwischen Kunden und Anbietern bestehende Verhandlungsungleichgewicht kompensieren soll, muss das jeweilige Schutzinstrument an die jeweils zu kompensierende Ungleichgewichtslage anknüpfen, um den schutzbedürftigen Personenkreis erfassen zu können. Die Abgrenzung des persönlichen Anwendungsbereichs des Verbraucherschutzrechts muss deshalb entsprechend den Vorgaben des *BVerfG*[255] danach erfolgen, welche typisierbaren Personengruppen mehr oder weniger dazu in der Lage sind, einen angemessenen Vertrag ohne gesetzliche Kompensation auszuhandeln. Im Anbetracht der vorstehend dargestellten, unterschiedlichen Ursachen für die Unterlegenheit des Kunden ist es nicht verwunderlich, dass die Bestimmung des den Schutz des Verbraucherrechts benötigenden Personenkreises ein im rechtswissenschaftlichen Schrifttum seit langen Jahren intensiv diskutiertes Problem darstellt[256]. Es geht dabei vor allem um die Frage, ob für eine sachgerechte Abgrenzung des verbraucherrechtlichen Anwendungsbereiches eine generalisierende – statusrechtliche, rollenspezifische oder anders zu fassende – Anknüpfung an den Verbraucher vorzugswürdig ist, oder ob zur Abgrenzung primär auf situative und vertragsbezogene Anwendungskriterien anstelle des Verbrauchermerkmals abgestellt werden sollte[257]. Die Diskussion verläuft im Prinzip[258] entlang der Unter-

---

[254] Siehe auch *Mankowski*, Beseitigungsrechte, S. 223.

[255] Vgl. dazu oben 2. Kapitel A. II.

[256] Zur Entwicklung des Verbraucherbegriffs vgl. *Medicus*, FS Kitagawa, S. 471 ff.

[257] Soergel/*Pfeiffer*, § 13 Rn. 17. Zu den verschiedenen Regelungsansätzen des Verbraucherschutzrechts vgl. auch *Drexl*, Die wirtschaftliche Selbstbestimmung des Verbrauchers, S. 402 ff.; *Hönn*, FS Schultz, S. 79, 80 ff.; *Hommelhoff*, AcP 192 (1992), 71 (103 ff.); Staudinger/*Weick*, § 13 Rn. 2 ff.

[258] Eine umfassende Darstellung der Entwicklung des Verbraucherrechts würde den Rahmen dieser Arbeit übersteigen. Unter bewusstem Verzicht auf Vollständigkeit beschränkt sich die Darstellung daher auf die wesentlichsten Grunderkenntnisse der Verbraucherschutzdebatte. Ausführlich zur Entwicklung des Verbraucherschutzrechts und zur Verbraucherschutzdebatte im Schrifttum

scheidung zwischen einem *personenbezogenen* Schutzmodell, das geprägt ist vom Leitbild des strukturell unterlegenen und damit generell schutzbedürftigen Verbrauchers[259], und einem *situationsbezogenen* Schutzmodell, das ausgehend von dem liberalen Ideal privatrechtlicher Gleichheit[260] einen umsichtig handelnden, „mündigen" Verbrauchers zum Leitbild hat, der unabhängig von persönlichen Eigenschaften lediglich in bestimmten Situationen schutzbedürftig ist[261].

I. Das Modell der *personenbezogenen* Anknüpfung an den Verbraucher

Ausgangspunkt des *personenbezogenen* Verbraucherschutzkonzepts ist die Annahme, dass der Grund für die Schutzbedürftigkeit einer Person allein in deren Verbrauchereigenschaft zu sehen sei[262]. Tatbestandlicher Anknüpfungspunkt für verbraucherschützende Regelungen müsse daher der *Verbraucher* sein. Begründet wurde dieser personenbezogene Ansatz vor allem mit der fehlenden Marktübersicht und mangelnden Vertrautheit des Verbrauchers mit dem Vertragsgegenstand: Aufgrund der verwirrenden Vielfalt der Anbieter und Produkte, der teilweise unverständlichen Qualitätsbeschreibungen und Gebrauchsanweisungen und aufgrund der häufig sogar bewusst irreführenden Werbung fehle es dem Verbraucher regelmäßig an der nötigen Fachkenntnis und Geschäftserfahrung, um sich dem Verkaufsansinnen des Unternehmers wirksam widersetzen zu können[263]. Zwischen dem typischerweise geschäftlich unerfahrenen Verbraucher und einem entsprechend geschulten Unternehmer bestehe daher *generell* ein strukturelles Machtungleichgewicht[264]. Diese generelle Unterlegenheit des Verbrauchers gegenüber dem Unternehmer rechtfertige ein kompensatorisches Eingreifen des Gesetzesgebers, um die Parität der Vertragsparteien wieder herzustellen. Soweit die Verbrauchereigen-

---

siehe etwa *Dick*, Das Verbraucherleitbild der Rechtsprechung, S. 10 ff.; *Drexl*, Die wirtschaftliche Selbstbestimmung des Verbrauchers, S. 18 ff.

[259] Vgl. zur Parallelproblematik im Arbeitsrecht die Ausführungen im 4. Kapitel A.

[260] Zu dem vom Liberalismus geprägten Menschenbild des BGB vgl. oben 1. Kapitel A.

[261] Vgl. MüKo/*Micklitz*, vor §§ 13, 14 Rn. 60 ff.; Soergel/*Pfeiffer*, § 13 Rn. 17 ff.; Staudinger/*Weick*, § 13 Rn. 2 ff. Insgesamt kritisch zur Unterscheidung zwischen einer „situationsspezifischen" und einer „personen-"/„rollenspezifischen" Anwendungsbereichs- bzw. Adressatenbestimmung *Damm*, VersR 1999, 129 (133 ff.).

[262] Zu diesem Ansatz *Reich*, Markt und Recht, S. 184 ff. Vgl. auch MüKo/*Micklitz*, vor §§ 13, 14 Rn. 62 ff.; *Pfeiffer* in: Schulte-Nölke/Schulze, Europäische Rechtsangleichung und nationale Privatrechte, S. 21, 22 ff.; Staudinger/*Weick*, § 13 Rn. 5.

[263] Vgl. dazu *Dauner-Lieb*, Verbraucherschutz durch Ausbildung eines Sonderprivatrechts für Verbraucher, S. 63 ff.

[264] *Dauner-Lieb*, Verbraucherschutz durch Ausbildung eines Sonderprivatrechts für Verbraucher, S. 63 ff.; *Reich*, Markt und Recht, S. 190. Vgl. auch *Tonner*, JZ 1996, 533 (535); *Larenz/Wolf*, BGB AT, § 42 Rn. 25 ff.

schaft nach diesem Regelungsansatz ein typisches Kennzeichen für eine unterlegene Verhandlungsposition darstellt, realisiert der Verbraucherbegriff als tatbestandlicher Anknüpfungspunkt für verbraucherrechtliche Schutzinstrumente auch die Vorgaben des *BVerfG* an ein gesetzliches Regelungskonzept zur Wiederherstellung gestörter Vertragsparität[265]. Denn Geschäftskompetenz oder Schutzbedürfnis der Vertragsparteien brauchen im jeweiligen Einzelfall nicht konkret ermittelt zu werden, sondern werden in typisierender, pauschalierender Weise durch das Verbrauchermerkmal repräsentiert[266].

1. Die Bestimmung der Verbrauchereigenschaft

Da die Verbrauchereigenschaft nach dem rein personenbezogenen Regelungsmodell das entscheidende Kriterium für die Anwendung verbraucherschützender Regelungen ist, kommt bei diesem Schutzansatz der *Definition* der Verbrauchereigenschaft maßgebliche Bedeutung zu. Ausgehend von der Prämisse, dass durch das Verbraucherrecht die im geschäftlichen bzw. kaufmännischen Verkehr unerfahrenen Personengruppen geschützt werden sollen, stellt sich jedoch das Problem, an welchen Tatbestandsmerkmalen sich der Grad der rechtsgeschäftlichen Erfahrung messen und rechtstechnisch verdeutlichen lässt. In Betracht kommt insofern ein *statusrechtlicher* und ein *rollenspezifischer* Definitionsansatz.

a) Die statusrechtliche Abgrenzung

Bis etwa Mitte der achtziger Jahre wurde die größere rechtsgeschäftliche Erfahrung an dem handelsrechtlichen Merkmal der *Kaufmannseigenschaft*[267] festgemacht[268]. Der Gesetzgeber hat daher die Grenze zwischen den aufgrund mangelnder Geschäftserfahrung schutzbedürftigen und den aufgrund ausreichender Geschäftserfahrung weniger schutzbedürftigen Personengruppen lange Zeit am Kaufmannsbegriff – bzw. umgekehrt am Fehlen der Kaufmannseigenschaft – ausgerichtet[269]. So war etwa das älteste verbraucherschützende Gesetz, das Abzahlungsgesetz vom 16.5.1894 (RGBl. S. 450), unanwendbar, „wenn der Empfänger der Ware als Kaufmann in das Handelsregister eingetragen ist“[270]. Diese Anknüpfung an den *Status* des Kaufmanns hatte bereits im Handelsverkehr ein praktikables Modell zur

[265] Vgl. MüKo/*Micklitz*, vor §§ 13, 14 Rn. 62-64.

[266] Soergel/*Pfeiffer*, § 13 Rn. 22.

[267] Wer ein Kaufmann ist, richtet sich nach den §§ 1-7 HGB. Gemäß § 1 Abs. 1 HGB ist Kaufmann, wer ein Handelsgewerbe betreibt.

[268] Vgl. *Preis*, ZHR 158 (1994), 567 (582 ff.).

[269] *Medicus*, FS Kitagawa, S. 471, 473; Soergel/*Pfeiffer*, § 13 Rn. 1.

[270] So die frühere Bestimmung in § 8 AbzG.

Abgrenzung des persönlichen Anwendungsbereichs geliefert[271], zudem dient das Abstellen auf das formale, objektiv leicht feststellbare Kriterium des eingetragenen Kaufmanns der Rechtssicherheit[272].

Diese allein an dem Status der jeweiligen Person orientierte Abgrenzung des persönlichen Anwendungsbereichs der Verbraucherschutzgesetze führte allerdings zu erheblichen Wertungsdifferenzen. Denn während ein „Ist"-Kaufmann i.S.v. § 1 HGB und ein eingetragener „Kann"-Kaufmann i.S.v. § 2 HGB generell vom Anwendungsbereich des Verbraucherschutzrechts ausgeschlossen wurden und deshalb auch dann nicht geschützt wurden, wenn sie das Geschäft nur für ihren privaten Bereich abgeschlossen hatten, genossen alle von § 1 Abs. 2 HGB nicht erfassten und nicht in das Handelsregister eingetragenen „Kann"-Kaufleute i.S.v. § 2 HGB sogar hinsichtlich ihrer Handelsgeschäfte (§ 343 HGB) den ganzen Schutz des Verbraucherrechts, obgleich bei ihnen zumindest bezüglich dieser Geschäfte eine ausreichende geschäftliche Erfahrung vorhanden sein dürfte[273]. Eine statusrechtliche Anknüpfung hat außerdem den Nachteil, dass für bestimmte Vertragstypen je nach Status der Vertragsparteien verschiedene Regelungen gelten, so dass sich der Anbieter bei Verträgen des privaten Konsums immer zuerst nach dem Status seines Vertragspartners erkundigen muss[274].

b) Die rollenspezifische Abgrenzung

Aufgrund der dargestellten Schwächen hat sich daher gegen Mitte der achtziger Jahren die Erkenntnis durchgesetzt, dass eine rein statusrechtliche Zuordnung nicht zu einer sachgemäßen Gruppenabgrenzung führen kann. Der Gesetzgeber hat deshalb bei neueren Verbraucherschutzgesetzen auf den statusrechtlichen Kaufmannsbegriff als Abgrenzungskriterium verzichtet und statt dessen zunehmend auf die rollenspezifische Zweckrichtung des Handelns abgestellt[275]. Eine Person wird danach nicht schlechthin durch das Verbraucherrecht geschützt, sondern nur insofern, als sie beim Abschluss des in Rede stehenden Geschäfts in der Rolle des Verbrauchers handelt[276]. Grundgedanke dieser *rollenspezifischen* Konzeption ist die Über-

---

[271] Obwohl auch im Handelsrecht die Anknüpfung an den Kaufmannsbegriff keineswegs unumstritten ist. Vgl. dazu insbesondere die Kritik von *K.Schmidt*, Handelsrecht, §§ 3 und 4, der eine Anknüpfung an den Begriff des „Unternehmens" für vorzugswürdig hält. Zum persönlichen Anwendungsbereich der Sonderprivatrechte vgl. auch *Preis*, ZHR 158 (1994), 567 ff.

[272] *Drexl*, Die wirtschaftliche Selbstbestimmung des Verbrauchers, S. 404.

[273] Zu diesen Wertungswidersprüchen im AbzG vgl. auch *Reich*, JZ 1975, 550 (554 f.).

[274] *Drexl*, Die wirtschaftliche Selbstbestimmung des Verbrauchers, S. 406.

[275] Vgl. z.B. die früheren Regelungen in § 1 Abs. 1 VerbrKrG oder § 6 Nr. 1 HWiG. Siehe dazu auch MüKo/*Ulmer* (3. Aufl.), § 1 VerbrKrG Rn. 7 und 21 ff. sowie § 6 HWiG Rn. 2 und 9 ff.

[276] MüKo/*Micklitz*, vor §§ 13, 14 Rn. 62.

legung, dass ein und dieselbe Person je nach dem, um was für ein Geschäft es sich handelt, sowohl in der Rolle des Verbrauchers als auch in der Rolle des Unternehmers agieren kann[277]. Gehört ein Geschäft zum beruflichen Bereich einer Person, so wird vermutet, dass diese Person aufgrund ihrer Ausbildung und Berufserfahrung in der Lage ist, die Tragweite dieser Vertragsentscheidung zu überblicken, und daher zumindest für *dieses* Geschäft keinen besonderen Schutz durch das Verbraucherrecht benötigt[278]. Ist ein Geschäft hingegen nicht dem beruflichen, sondern dem *privaten* Bereich zuzuordnen, so ist die Schutzbedürftigkeit der Person zu bejahen, weil außerhalb des beruflichen Bereiches eine entsprechende Geschäftserfahrung typischerweise nicht erwartet werden kann. Anknüpfungspunkt für die verbraucherrechtlichen Schutzinstrumente ist demnach die Privatheit des Handelns[279]. Für die Bestimmung der Verbrauchereigenschaft einer Person ist somit nach diesem Ansatz nicht statusbezogen auf das Vorliegen bzw. Fehlen der statusrechtlichen Kaufmannseigenschaft abzustellen, sondern rollenbezogen auf den von der Person nach dem Inhalt des Vertrages verfolgten Zweck des Geschäfts. Diese Abgrenzung des persönlichen Anwendungsbereichs nach Art und Zweckrichtung des jeweiligen Geschäfts hat den Vorteil, allzu pauschale Abgrenzungskriterien zu vermeiden und eine weitestmögliche Orientierung an der typischen Schutzbedürftigkeit der auf diese Weise als „Verbraucher" qualifizierten Personengruppen zu ermöglichen[280].

2. Die Kritik an einer rein personenbezogenen Anknüpfung

Gegen eine rein personen- bzw. rollenbezogene Abgrenzung des schutzbedürftigen Personenkreises anhand des Verbrauchermerkmals werden allerdings durchaus beachtliche Kritikpunkte vorgetragen. So wird darauf hingewiesen, dass bei einem rollenbezogenen Verständnis des Verbraucherbegriffs letztlich jeder Mensch Verbraucher sein könne, weshalb sich aus dem Verbraucherbegriff allein bzw. aus dem Personenkreis, für den er stehe, eine besondere Schutzbedürftigkeit überhaupt nicht ableiten lasse[281]. Für das Schutzbedürfnis eines – wie auch immer zu definierenden – „Verbrauchers" gebe es deshalb keinen einheitlichen Grund, so dass sich eine Anknüpfung des Verbraucherschutzrechts an ein einheitliches Verbraucher-

[277] Grundlegend zu diesem Ansatz *Reich*, ZRP 1974, 187 (190); *ders.*, Markt und Recht, S. 191 ff.

[278] Vgl. etwa die Gesetzesbegründung zum VerbrKrG, BT-Drucks. 11/5462 S. 17.

[279] MüKo/*Micklitz*, vor §§ 13, 14 Rn. 62.

[280] *Preis*, ZHR 158 (1994), 567 (597); *Reich*, JZ 1980, 329 (331 f.).

[281] Vgl. *Dick*, Das Verbraucherleitbild der Rechtsprechung, S. 41; *Medicus*, FS Kitagawa, S. 471, 484.

merkmal nicht rechtfertigen lasse[282]. Zudem hätte eine rein personen- bzw. rollenbezogene Anknüpfung an das typisierende Merkmal der Verbrauchereigenschaft notwendigerweise zur Konsequenz, dass der so als „Verbraucher" qualifizierte Personenkreis *schlechthin* gegenüber einer strukturell überlegenen Verhandlungsmacht des Gewerbetreibenden geschützt würde und zwar selbst dann, wenn es hierfür im Hinblick auf die Gefährdung der Vertragsgerechtigkeit und bei typisierender Betrachtung keinen Anlass gibt[283]. Sofern es sich um ein Geschäft mit privater Zwecksetzung handelt, würde der rechtliche Laie ebenso geschützt wie der Juraprofessor und der gelernte Bankkaufmann würde bei der Kreditaufnahme zu privaten Zwecken den gleichen Schutz genießen wie der ungelernte Fabrikarbeiter[284]. Die mit der Anknüpfung an das personenbezogene Verbrauchermerkmal verbundene Generalisierung des Schutzbedürfnisses bestimmter Personengruppen wird deshalb nicht zuletzt vor dem Hintergrund einer auf Freiheit und Gleichheit aufbauenden Privatrechtsordnung[285] für äußerst bedenklich gehalten[286]. Es wird sogar vorgetragen, dass ein solches an die generelle Schutzbedürftigkeit des Verbrauchers anknüpfendes Verbraucherrecht nicht mit dem vom Grundgesetz vorausgesetzten Menschenbild der freien und selbstverantwortlichen Persönlichkeit vereinbar sei und deshalb letztlich „zur Erosion des Privatrechts" führen würde[287].

II. Das Konzept der *situationsspezifischen* Anknüpfung an paritätsgefährdende Situationen

Das Gegenmodell zu einem rein personenbezogenen, rollenspezifischen Ansatz ist das insbesondere von *Medicus*[288] befürwortete Konzept der *situationsspezifischen* Schutzbedürftigkeit, wonach die Schutzbedürftigkeit einer Person nicht allein an ihrer Verbrauchereigenschaft, sondern nur im Hinblick auf paritätsgefährdende *Verhandlungssituationen* festgemacht werden könne. Nach Ansicht der Verfechter des situationsspezifischen Schutzmodells sei die Ursache für das Ungleichgewicht zwischen den Vertragsparteien nämlich nicht in der bloßen Verbrauchereigenschaft zu suchen, sondern in der durch das Vorliegen einer „ungeeigneten" Verhandlungs-

[282] *Medicus*, FS Kitagawa, S. 471, 484.

[283] Vgl. MüKo/*Micklitz*, vor §§ 13, 14 Rn. 64; *Pfeiffer* in: Schulte-Nölke/Schulze, Europäische Rechtsangleichung und nationale Privatrechte, S. 21, 27.

[284] Zu diesen Typisierungsfolgen vgl. auch *Medicus*, FS Kitagawa, S. 471, 483, 485.

[285] Zu den Grundlagen der Privatrechtsordnung vgl. oben 1. Kapitel.

[286] Siehe z.B. *Medicus*, Abschied von der Privatautonomie im Schuldrecht?, S. 11 ff.

[287] Vgl. die sehr scharfe Kritik am Verbraucherrecht von *Dreher*, JZ 1997, 167 (177).

[288] *Medicus*, FS Kitagawa, S. 471 ff. In die gleiche Richtung geht auch die Argumentation von *Kleindiek* in: Hommelhoff/Jayme/Mangold, Europäischer Binnenmarkt: Internationales Privatrecht und Rechtsangleichung, S. 297, 306.

situation indizierten Störung der rechtsgeschäftlichen Entscheidungsfreiheit des Vertragspartners[289]. Beim Verbraucherschutzrecht gehe es deshalb nicht um den typenspezifischen Schutz eines sog. „Verbrauchers", sondern um den Schutz der in bestimmten Situationen aufgrund Übereilung, Leichtsinn, Informationsmangel oder Überrumpelung unterlegenen Vertragspartei[290]. Anknüpfungspunkt für die verbraucherrechtlichen Schutzinstrumente dürfe daher nicht ein persönliches Merkmal wie die Verbrauchereigenschaft sein, vorzugswürdig sei allein der Versuch, diejenigen *Situationen* genau zu beschreiben, die aufgrund einer situationsspezifischen Störung der vertraglichen Gleichgewichtlage ein kompensatorisches Eingreifen des Gesetzgebers zugleich rechtfertigen und erfordern[291].

1. Die Bestimmung der paritätsgefährdenden Situationen

Auch bei der Bestimmung eines situationsbezogenen Anwendungsbereichs gilt, dass die als Anknüpfungspunkt für die verbraucherrechtlichen Schutzinstrumente dienenden Situationen nur *typisierend* erfasst werden können. Typische, situationsspezifische Ungleichgewichtslagen können sich, wie bereits oben angesprochen wurde, einmal aus „ungeeigneten" *Verhandlungssituationen* und zum anderen aus der Komplexität des konkreten *Vertragsgegenstandes* ergeben[292].

a) Die Gefahr einer *situationsbezogenen* Ungleichgewichtslage

Die Gefahr einer *situationsbezogenen* Ungleichgewichtslage hat der Gesetzgeber[293] insbesondere bei den sog. „Haustürsituationen" angenommen, bei denen der Kunde entweder an seinem Arbeitsplatz oder in seiner Privatwohnung (§ 312 Abs. 1 Nr. 1 BGB), anlässlich einer Freizeitveranstaltung (§ 312 Abs. 1 Nr. 2 BGB), im Zusammenhang mit einem überraschenden Ansprechen in Verkehrsmitteln oder im Bereich öffentlich zugänglicher Verkehrswege (§ 312 Abs. 1 Nr. 3 BGB) mit dem Verkaufsansinnen des Anbieters konfrontiert wird. In all diesen Situationen beruht die Gefahr einer Paritätsstörung kurz gesagt darauf, dass der Kunde typischerweise nicht die Möglichkeit hatte, vorab Informationen über das auf dem Markt erhältli-

---

[289] Vgl. *Pfeiffer* in: Schulte-Nölke/Schulze, Europäische Rechtsangleichung und nationale Privatrechte, S. 21, 27.

[290] *Medicus*, FS Kitagawa, S. 471, 484. Vgl. auch *Gärtner*, BB 1995, 1753 ff.

[291] *Medicus*, FS Kitagawa, S. 471, 486.

[292] Vgl. zu diesen Ursachen oben 5. Kapitel B.

[293] Allerdings hat sich der Gesetzgeber nicht für ein rein situationsbezogenes Schutzmodell entschieden, zur gesetzgeberischen Konstruktion vgl. 5. Kapitel C. III.

che Angebot einzuholen oder sich den Vertragsschluss sorgfältig zu überlegen[294]. Bei Geschäften im Bereich der Privatwohnung hat der Gesetzgeber eine besonders starke Paritätsgefahr darin gesehen, dass dem Kunden die für Ladengeschäfte typische Umkehrmöglichkeit fehlt und er sich daher den Bemühungen des unbestellten Vertreters räumlich nur schwer entziehen kann[295]. Häufig wird er den Vertrag daher nur deshalb abschließen, damit der Vertreter seinen privaten Bereich wieder verlässt. Außerdem ist hier der Überraschungsmoment besonders groß, da der Kunde regelmäßig nicht damit rechnet, in seinem privaten Bereich mit einem Verkaufsansinnen eines geschulten Vertreters konfrontiert zu werden[296]. Hinzu kommt, dass ihm nur eine kurze Überlegungsfrist ohne die Möglichkeit des Vergleichs mit anderen Angeboten zur Verfügung steht, was die Gefahr einer unsachgemäßen Entscheidung ebenfalls erhöht[297]. Den gleichen Paritätsgefahren ist der Kunde grundsätzlich auch bei Geschäften an seinem Arbeitsplatz ausgesetzt. Auch hier rechnet er in der Regel nicht damit, auf ein Geschäft angesprochen zu werden, das mit seiner beruflichen Tätigkeit in keinem Zusammenhang steht. Und wie im Bereich seiner Privatwohnung kann er auch an seinem Arbeitsplatz keine Vergleichsangebote einholen sowie der Initiative der anderen Vertragspartei in räumlicher und zeitlicher Hinsicht nur schwer ausweichen[298]. Auch bei Geschäftsabschlüssen im Rahmen von Freizeitveranstaltungen liegt die Gefahr in erster Linie darin, dass sich der Kunde den Verkaufsbemühungen der anderen Vertragspartei nicht ohne weiteres entziehen kann, sondern ihnen mehr oder weniger schutzlos ausgesetzt ist[299]. Zudem begründet der Freizeitcharakter der Veranstaltung die Gefahr, dass der Kunde aufgrund der erzeugten freizeitlichen Stimmung in dieser Situation eine unsachgemäße oder übereilte Entscheidung trifft.

b) Die Gefahr einer *vertragsgegenstandsbezogenen* Ungleichgewichtslage

Die Gefahr einer *vertragsgegenstandsbezogenen* Ungleichgewichtslage hat der Gesetzgeber hingegen in der Schwierigkeit gesehen, als fachfremder Kunde die komplizierten, schwer durchschaubaren vertraglichen Regelungen eines Versicherungs-

[294] Siehe dazu BT-Drucks. 10/2876, S. 1, 6 f., 8. Vgl. auch *Fischer/Machunsky*, Haustürwiderrufsgesetz, Einführung Rn. 11; *Gilles*, NJW 1986, 1131 ff.; *Mankowski*, Beseitigungsrechte, S. 224 f.; *Micklitz/Tonner*, Vertriebsrecht, § 312 Rn. 1; MüKo/*Ulmer*, Vorbem. zu §§ 312, 312a Rn. 1.

[295] Vgl. Gesetzesbegründung BT-Drucks. 10/2876, S. 6; *Mankowski*, Beseitigungsrechte, S. 225 f.

[296] *Fischer/Machunsky*, Haustürwiderrufsgesetz, § 1 Rn. 71.

[297] Vgl. Gesetzesbegründung BT-Drucks. 10/2876, S. 6.

[298] *Fischer/Machunsky*, Haustürwiderrufsgesetz, § 1 Rn. 73.

[299] BT-Drucks. 10/2876, S. 11; *Fischer/Machunsky*, Haustürwiderrufsgesetz, § 1 Rn. 112; *Mankowski*, Beseitigungsrechte, S. 229.

vertrages (vgl. §§ 1 ff. VVG[300]), eines Teilzeit-Wohnrechtevertrages (§§ 481-487 BGB) oder eines Kreditvertrages (§§ 491-507 BGB) zu prüfen und richtig beurteilen zu können[301]. Bei diesen Verträgen besteht typischerweise die Gefahr, dass die Komplexität des Vertrages ein Erfassungs- und Verarbeitungsproblem für den Kunden begründet und er deshalb die besonderen Risiken des Vertrages nicht auf die Schnelle überblicken kann[302].

c) Der zu schützende Personenkreis

Da sich diese Ungleichgewichtslagen jedoch nach Ansicht der Verfechter des situationsspezifischen Schutzansatzes nicht zwingend auf das Verhältnis zwischen Unternehmern und Verbrauchern beschränkten, sondern auch Gewerbetreibende, Landwirte oder Freiberufler im Rahmen ihrer gewerblichen oder beruflichen Tätigkeit in solchen Situationen schutzbedürftig sein könnten[303], sollten die gesetzlichen Schutzinstrumente unabhängig vom Vorliegen persönlicher Eigenschaften grundsätzlich überall dort greifen, wo es aufgrund der als gefährlich eingestuften Situationen zu Störungen des Vertragsmechanismusses kommen könne[304]. Nach dem rein situationsspezifischen Abgrenzungsmodell wird der zu schützende Personenkreis somit allein durch die paritätsgefährdenden Situationen definiert: Diejenigen Personen, die sich in einer als paritätsgefährdend eingestuften Situation befinden, werden geschützt, und zwar unabhängig davon, ob sie bestimmte persönliche Merkmale aufweisen oder nicht.

2. Die Kritik an einem rein situationsbezogenen Schutzmodell

Doch auch das Modell, den Verbraucherschutz unabhängig von persönlichen Eigenschaften allein nach Maßgabe situativer oder vertragsspezifischer Besonderhei-

---

[300] Gesetz über den Versicherungsvertrag (Versicherungsvertragsgesetz) vom 30.5.1908 (RGBl. S. 263).

[301] Ausführlich dazu *Mankowski*, Beseitigungsrechte, S. 239 ff.

[302] Vgl. BT-Drucks. 11/5462, S. 21; *Drexl*, Die wirtschaftliche Selbstbestimmung des Verbrauchers, S. 404 f; *Mankowski*, Beseitigungsrechte, S. 239 f.

[303] Siehe dazu das Beispiel von *Medicus*, FS Kitagawa, S. 471, 485: Ein ordentlicher Klempner sei zwar mit Wasserleitungen und den zu ihrer Verlegung erforderlichen Materialien vertraut. Diese besondere Sachkunde des Klempners erstrecke sich jedoch typischerweise nicht auch auf die Aufnahme von Krediten. Hinsichtlich dieser Verträge bedürfe er daher eigentlich unabhängig davon, zu welchem Zwecke die Kreditaufnahme erfolgt, des Schutzes durch das Verbraucherrecht. Vgl. auch *Kleindiek* in: Hommelhoff/Jayme/Mangold, Europäischer Binnenmarkt: Internationales Privatrecht und Rechtsangleichung, S. 297, 306.

[304] *Kleindiek* in: Hommelhoff/Jayme/Mangold, Europäischer Binnenmarkt: Internationales Privatrecht und Rechtsangleichung, S. 297, 306.

ten eingreifen zu lassen, ist nicht unbedenklich. Denn würde man von einer personenbezogenen Abgrenzung völlig absehen und allein auf die paritätsgefährdende Verhandlungssituation abstellen, so würde der verbraucherschutzrechtliche Anwendungsbereich erheblich ausgeweitet und auch auf solche Bereiche erstreckt, wo eindeutig kein Schutzbedürfnis besteht. Dies lässt sich anschaulich an folgendem Fall darstellen[305]: Wird ein selbständiger Arzt in seinen Praxisräumen unerwartet von einem Vertreter aufgesucht, um zu einem Geschäftsabschluss mit rein privater Zwecksetzung gedrängt zu werden, so mag es durchaus richtig sein, darin eine paritätsgefährdende Situation zu erblicken, schließlich ist der freiberuflich Tätige in dieser Situation nicht in geringerem Maße der Überrumpelungswirkung durch den ungebetenen Vertreterbesuch ausgesetzt als der abhängig Beschäftigte[306]. Der Fall stellt sich jedoch völlig anders dar, wenn es sich um ein Geschäft handelt, das zum Beruf des aufgesuchten Arztes gehört. Denn für einen freiberuflichen Arzt gehört es gerade zum alltäglichen Geschäft, ungebeten von Arzneimittelvertretern zum Zwecke eines entsprechenden Verkaufsgespräches aufgesucht zu werden. Im Regelfall kann man daher davon ausgehen, dass der Arzt im Rahmen seiner Erwerbstätigkeit einer solchen Situation „hinreichend gewachsen ist und sich gegebenenfalls gegen unerwünschte Vertragsabschlüsse selbst wehren kann."[307] Bei Verträgen, die in den Bereich der selbständigen Erwerbstätigkeit fallen, besteht somit typischerweise keine Paritätsstörung und damit grundsätzlich auch kein Bedürfnis für ein Eingreifen des Gesetzgebers. Eine unbeschränkte Geltung des Verbraucherschutzrechts über Verbraucher hinaus, wie vom situationsbezogenen Schutzkonzept gefordert, würde hier deshalb zu einer ungerechtfertigten Einschränkung der Privatautonomie führen[308]. Angesichts der unterschiedlichen Schutzbedürftigkeit der Personen, die sich in den als paritätsgefährdend eingestuften Situationen befinden können, ist daher über die situationsbezogene Abgrenzung hinaus eine zusätzliche Einschränkung des verbraucherschutzrechtlichen Anwendungsbereiches unumgänglich.

---

[305] Vgl. LG München I v. 27.10.1995, MDR 1996, 37 f.

[306] OLG Düsseldorf v. 6.5.1999, BB 1999, 1784 f.; LG München I v. 27.10.1995, MDR 1996, 37 (38); *Fischer/Machunsky*, Haustürwiderrufsgesetz, § 1 Rn. 85; Palandt/*Heinrichs*, § 312 Rn. 14; *Pfeiffer/Dauck*, NJW 1996, 2077 (2078); Erman/*Saenger*, § 312 Rn. 40; MüKo/*Ulmer*, § 312 Rn. 37; Soergel/*Wolf*, § 1 HWiG Rn. 16; a.A. *Klauss/Ose*, Verbraucherkreditgeschäfte, § 1 HWiG Rn. 92; Staudinger/*Werner*, § 1 HWiG Rn. 80.

[307] Vgl. BT-Drucks. 10/2876 S. 10, 14.

[308] Vgl. *Drexl*, Die wirtschaftliche Selbstbestimmung des Verbrauchers, S. 402.

III. Die gesetzliche Konstruktion: Verknüpfung von personen- und situationsbezogenen Elementen

Angesichts der Unzulänglichkeiten der dargestellten Abgrenzungskonzepte hat der Gesetzgeber zur Abgrenzung des Anwendungsbereichs verbraucherschützender Regelungen weder einen rein personenbezogenen, noch einen rein situationsbezogenen Ansatz gewählt, sondern hat sich für eine Kombination aus beiden Elementen entschieden[309].

1. Das situationsbezogene Element

Ausgangspunkt für die Verbraucherschutzgesetzgebung ist die Definition von Situationen, in denen nach Ansicht des Gesetzgebers typischerweise die Gefahr einer situationsspezifischen Störung der Vertragsparität besteht[310]. Anknüpfend an solche als paritätsgefährdend erachtete Situationen[311] hat der Gesetzgeber im Laufe der Zeit zahlreiche verbraucherschützende Regelungen erlassen, um das vertragsgegenstands- bzw. situationsspezifische Ungleichgewicht zwischen den Vertragsparteien zu kompensieren. So hat er etwa zum Schutz gegen die sich aus einer „ungeeigneten" Verhandlungssituation ergebende Überrumpelungsgefahr[312] und das bei einem schwierig zu beurteilenden Vertragsgegenstand drohende Informationsdefizit[313] ein Widerrufsrecht[314] geschaffen, mit dessen Ausübung sich die schutzbedürftige Vertragspartei von dem bereits geschlossenen Vertrag lösen kann und das ihr auf diese Weise ein nochmaliges Überdenken des Vertrages ermöglichen soll[315]. Zum Ausgleich der informationellen Unterlegenheit hat der Gesetzgeber zudem verschiedene Maßnahmen zur besseren Information der zu schützenden

---

[309] Vgl. MüKo/*Micklitz*, vor §§ 13, 14 Rn. 66 und § 13 Rn. 4; Soergel/*Pfeiffer*, § 13 Rn. 21. Siehe auch *K.Schmidt*, JuS 2006, 1 ff.

[310] *Drexl*, JZ 1998, 1046 (1051). Vgl. auch *Canaris*, AcP 200 (2000), S. 273 (348).

[311] Zu den vom Gesetzgeber als paritätsgefährdend eingestuften Situationen siehe oben 5. Kapitel C. II. 1. a) und b).

[312] Zu den vom Gesetzgeber als paritätsgefährdend eingestuften Situationen gehören insbesondere die sog. Haustürsituationen in § 312 Abs. 1 Nr. 1-3 BGB (früher § 1 Abs. 1 Nr. 1-3 HWiG) und die Situation beim Fernabsatz in den §§ 312b-312 f. BGB (früher §§ 1 ff. FernabsG).

[313] Zu den nach Ansicht des Gesetzgebers besonders schwer zu beurteilenden Vertragsgegenständen zählen z.B. der Teilzeit-Wohnrechtevertrag, §§ 481-487 BGB (früher TzWrG); der Darlehensvertrag, das Teilzahlungsgeschäft und der Ratenlieferungsvertrag, §§ 488-507 BGB (früher VerbrKrG); und auch der Versicherungsvertrag, §§ 1 ff. VVG.

[314] Vgl. z.B. § 312 BGB (früher § 1 Abs. 1 HWiG); § 312d BGB (früher § 3 FernAbsG); § 485 BGB (früher § 5 TzWrG); §§ 495, 505 BGB (früher § 7 VerbrKrG); §§ 5a, 8 VVG.

[315] Vgl. *Larenz/Wolf*, BGB AT, § 39 Rn. 20 ff. Ausführlich dazu auch *Drexl*, Die wirtschaftliche Selbstbestimmung des Verbrauchers, S. 466 ff.

Vertragspartei vorgesehen, beispielsweise besondere Schriftformerfordernisse sowie Belehrungs- und Hinweispflichten[316].
Durch die Definition der paritätsgefährdenden Situationen erfolgt zugleich eine erste Eingrenzung des geschützten Personenkreises auf diejenigen Personen, die sich in einer als paritätsgefährdend eingestuften Situation befinden. Da aber eine solche rein vertragsgegenstands- bzw. situationsbezogene Bestimmung des verbraucherschutzrechtlichen Anwendungsbereichs die Grenzen des geschützten Personenkreises noch zu weit ziehen würde, ist über diese situative Abgrenzung hinaus eine zusätzliche Einschränkung notwendig[317].
Am sinnvollsten wäre es, diese zusätzliche Einschränkung in Form einer auf die individuelle Schutzbedürftigkeit der betroffenen Personen abstellenden Konzeption vorzunehmen[318]. Damit müsste der Gesetzgeber die Entscheidung über die Anwendung des Verbraucherrechts allerdings praktisch vollkommen auf die Rechtsprechung delegieren, was nicht nur schwer praktikabel wäre, sondern auch zu einer erheblichen Rechtsunsicherheit führen würde[319]. Aus Beweis- und Rechtssicherheitsgründen hat der Gesetzgeber daher auf die Feststellung einer konkret vorliegenden Schutzbedürftigkeit verzichtet[320] und statt dessen in *typisierender* Weise auf das personenbezogene Verbrauchermerkmal abgestellt[321].

---

[316] Vgl. z.B. beim Fernabsatz §§ 312c, 312e BGB; bei Teilzeit-Wohnrechteverträgen §§ 482, 484 BGB; beim Verbraucherkreditvertrag §§ 492, 493 BGB; beim Teilzahlungsgeschäft § 502 BGB.

[317] Zur Notwendigkeit einer weiteren Einschränkung vgl. oben 5. Kapitel C. II. 2.

[318] In diese Richtung geht der Vorschlag einer generalklauselartigen Regelung von *Medicus* in: Gutachten und Vorschläge zur Überarbeitung des Schuldrechts, Band I, S. 479 (519 ff., 530 ff.). Diesen Vorschlag „als Endziel" befürwortend *Löwe*, BB 1986, 821 (822, 832); *A.Wolf*, AcP 182 (1982), S. 80 (86 f.). Ähnlich auch der Ansatz von *Mankowski*, Beseitigungsrechte, S. 1152, der das verbraucherschützende Widerrufsrecht „im Sinne eines fundierten Generalklausel-Auffangtatbestandes" grundsätzlich auf alle überrumpelungsbedingten Ungleichgewichtslagen erstrecken will.

[319] Wenn jeder Vertrag zunächst von der Rechtsprechung daraufhin untersucht werden könnte bzw. müsste, ob die verbraucherschützenden Regelungen Anwendung finden, so würde dies nicht nur die Gerichte hoffnungslos überlasten, sondern auch das Rechtsgeschäft des Vertrages würde seine Bedeutung als rechtlich verbindliches Gestaltungsmittel verlieren und die für den Rechtsverkehr unentbehrliche Rechtssicherheit würde zerstört, vgl. dazu bereits BVerfG v. 19.10.1993, BVerfGE 89, 214 (232) sowie die Parallelproblematik im Arbeitsrecht bei der Bestimmung des Arbeitnehmerbegriffs, siehe oben 4. Kapitel B.

[320] Staudinger/*Werner*, Vorbem. zum HWiG Rn. 8.

[321] Soergel/*Pfeiffer*, § 13 Rn. 22.

2. Das personenbezogene Element

Anstatt auf die individuelle Schutzbedürftigkeit der Vertragsparteien abzustellen, hat der Gesetzgeber die Anwendbarkeit verbraucherschützender Regelungen an das personen- bzw. rollenbezogene Verbrauchermerkmal geknüpft[322], das er in § 13 BGB wie folgt definiert: „*Verbraucher ist jede natürliche Person, die ein Rechtsgeschäft zu einem Zweck abschließt, der weder ihrer gewerblichen noch ihrer selbständigen beruflichen Tätigkeit zugerechnet werden kann.*"

Diese Verbraucherdefinition enthält nur ein einziges positives personenbezogenes Element, nämlich die Beschränkung auf natürliche Personen. Im übrigen wird die Verbrauchereigenschaft entsprechend der rollenbezogenen Konzeption vom wirtschaftlichen Zweck des Vertragsschlusses abhängig gemacht[323]. Der Zweck wird in § 13 BGB allerdings nicht positiv formuliert, sondern mit Hilfe *negativer* Ausschlusskriterien umschrieben: Es muss sich um einen Zweck handeln, der *weder* der gewerblichen *noch* der selbständigen beruflichen Tätigkeit zugerechnet werden kann[324]. Hinter dieser rollenbezogenen Konzeption des Verbraucherbegriffs steht die Annahme, dass im *beruflichen* Bereich eine gewisse Geschäftskompetenz, Geschäftserfahrung und Durchsetzungsfähigkeit vorausgesetzt werden kann, die im privaten Bereich so nicht ohne weiteres anzunehmen ist oder zumindest dort nicht in gleicher Weise zur Geltung kommt[325]. Wenn nun für eine Person in einer bestimmten Situation aufgrund der Zweckrichtung des Geschäfts die Verbrauchereigenschaft verneint wird, so liegt dem die normative Bewertung zugrunde, dass die Person in dieser Situation über hinreichend Geschäftserfahrung verfügt, um die situationsspezifische Gefahr, vor der die einzelnen verbraucherrechtlichen Regelungen schützen sollen, allein bewältigen zu können[326]. Bei der Frage nach der

---

[322] Folgende Regelungskomplexe setzen die Beteiligung eines Verbrauchers voraus: die besonderen Maßgaben des § 310 Abs. 3 BGB für die AGB-Einbeziehungs- und Inhaltskontrolle; die Vorschriften über den Widerruf von Hautürgeschäften (§§ 312, 312a BGB); über Fernabsatzverträge (§§ 312b-312d BGB); über den Verbrauchsgüterkauf (§§ 474-477 BGB); über Teilzeitwohnrechte (§§ 481-487 BGB); für Verbraucherdarlehensverträge (§§ 491-498, 506 BGB) einschließlich der Vorschriften über Finanzierungshilfen (§§ 499-504, 506 BGB) sowie Ratenlieferungsverträge (§§ 505, 506 BGB); Darlehensvermittlungsverträge (§§ 655a-655e BGB). Darüber hinaus knüpfen auch im HGB zahlreiche Vorschriften an ein Geschäft mit einem Verbraucher an, vgl. z.B. §§ 414 Abs. 3, 449 ff. HGB.

[323] Zu rollenbezogenen Konzeption vgl. oben 5. Kapitel C. I. b).

[324] Vgl. zu dieser Negativ-Formulierung auch MüKo/*Micklitz*, § 13 Rn. 27; *Preis*, ZHR 158 (1994), 567 (593 f.).

[325] *Canaris*, AcP 200 (2000), S. 273 (360); Soergel/*Pfeiffer*, § 13 Rn. 22. Vgl. auch bereits oben 5. Kapitel C. I. 1. b).

[326] *Drexl*, JZ 1998, 1046 (1051); *Pfeiffer* in: Schulte-Nölke/Schulze, Europäische Rechtsangleichung und nationale Privatrechte, S. 21, 30.

Verbrauchereigenschaft einer Person geht es also nicht *positiv* darum, einen bestimmten Personenkreis zu *schützen*, sondern *negativ* um die *Ausklammerung* solcher Personenkreise, die sich typischerweise häufiger in einer als gefährlich eingestuften Situation befinden, dabei Erfahrungen erworben haben und deswegen *nicht* als schutzbedürftig anzusehen sind[327]. Das Abstellen auf das personenbezogene Verbrauchermerkmal als Anwendungsvoraussetzung für verbraucherschützende Regelungen hat demnach die Funktion, diejenigen Personengruppen aus dem Anwendungsbereich des Verbraucherschutzrechts *herauszunehmen*, denen aufgrund ihrer persönlichen Eigenschaften regelmäßig zugetraut werden kann, dass sie solche paritätsgefährdenden Situationen ohne zusätzliche Schutzmechanismen allein bewältigen können[328]. Die Geschäftskompetenz oder Schutzbedürftigkeit der fraglichen Personen brauchen demnach nicht im jeweiligen Einzelfall konkret ermittelt zu werden, sondern werden in typisierender Weise durch das Verbrauchermerkmal repräsentiert. Das bedeutet jedoch keineswegs, dass der Gesetzgeber durch die Anknüpfung an das Verbrauchermerkmal ein der Wirklichkeit nicht entsprechendes Bild des „generell unterlegenen" Verbrauchers statuieren würde. Denn nach der gesetzlichen Konzeption vermag die Verbrauchereigenschaft als solche das Eingreifen der verbraucherrechtlichen Schutzinstrumente noch nicht zu rechtfertigen[329]. Erforderlich sind vielmehr stets besondere situations- oder vertragsspezifische Umstände, aus denen die Gefahr einer Paritätsstörung resultiert[330]. Ob der Verbraucher schutzbedürftig ist oder nicht, ergibt sich somit erst aus der *Verknüpfung* des rollenbezogenen Verbrauchermerkmals mit der situationsspezifischen Schutzbedürftigkeit[331]. Hätte der Gesetzgeber hingegen einen *generell* schutzbedürftigen Verbraucher als Leitbild vor Augen gehabt, so hätte es einer Definition dieser paritätsgefährdenden Situationen überhaupt nicht mehr bedurft, vielmehr hätte er die verbraucherrechtlichen Schutzinstrumente unabhängig von der jeweiligen Situation ganz einfach an die bloße Verbrauchereigenschaft anknüpfen können[332]. Durch das

[327] *Canaris*, AcP 200 (2000), S. 273 (360).

[328] *Canaris*, AcP 200 (2000), S. 273 (360); *Medicus*, FS Kitagawa, S. 471, 481; *Pfeiffer* in: Schulte-Nölke/Schulze, Europäische Rechtsangleichung und nationale Privatrechte, S. 21, 30; Soergel/*Pfeiffer*, § 13 Rn. 21; *Preis*, ZHR 158 (1994), 567 (593 f.).

[329] *Drexl*, JZ 1998, 1046 (1050 f.); Soergel/*Pfeiffer*, § 13 Rn. 21.

[330] *Kleindiek* in: Hommelhoff/Jayme/Mangold, Europäischer Binnenmarkt: Internationales Privatrecht und Rechtsangleichung, S. 297, 306; *Pfeiffer* in: Schulte-Nölke/Schulze, Europäische Rechtsangleichung und nationale Privatrechte, S. 21, 29.

[331] MüKo/*Micklitz*, § 13 Rn. 4.

[332] Von einer *generellen* Schutzbedürftigkeit geht der Gesetzgeber dagegen beim *Arbeitnehmer* und beim *Wohnungsmieter* aus. Dementsprechend knüpfen die *arbeitsrechtlichen* Schutzinstrumente

nach der gesetzlichen Konzeption zusätzlich erforderliche Verbrauchermerkmal wird zwar durchaus auf die strukturelle Unterlegenheit des Verbrauchers verwiesen, allerdings nur im Sinne einer *Negativ*-Abgrenzung dahingehend, als der Nicht-Verbraucher aufgrund seiner Geschäftserfahrung typischerweise für *nicht* schutzbedürftig erachtet wird[333]. Eine solche Typisierung ist jedoch unumgänglich, wenn die individuelle Schutzbedürftigkeit der Vertragsparteien nicht in jedem Einzelfall durch die Rechtsprechung festgestellt werden soll[334]. Deshalb darf und muss der Gesetzgeber bei der Regelung von Massenerscheinungen typisieren, solange nur sichergestellt ist, dass für die Mehrzahl der Fälle eine angemessene Lösung getroffen wird[335]. Und da die Legislative von Verfassungswegen nicht nur ermächtigt, sondern sogar verpflichtet ist, in *typisierbaren* Situationen strukturellen Ungleichgewichts kompensierend einzugreifen[336], ist eine Anknüpfung an das Verbrauchermerkmal als typisierendes *Ausschluss*kriterium nicht zu beanstanden[337].
Die Anknüpfung des Verbraucherrechts an die Verbrauchereigenschaft genügt allerdings noch nicht für eine ausreichende Eingrenzung des verbraucherrechtlichen Anwendungsbereichs. Denn das Schutzbedürfnis des Kunden entfällt nicht nur dann, wenn er typischerweise über hinreichend Geschäftserfahrung verfügt, um sich in der jeweiligen Situation dem Verkaufsansinnen des Anbieters widersetzen zu können, sondern auch dann, wenn der Anbieter typischerweise über genauso wenig Geschäftserfahrung verfügt wie der Kunde. In diesem Fall besteht nämlich ebenfalls nicht die Gefahr, dass der Anbieter den Kunden aufgrund überlegener Fachkenntnis und Verkaufserfahrung zum Vertragsschluss bestimmen kann. Beim Verbraucherrecht geht es also nicht um den Schutz von Verbrauchern untereinander, sondern um den Schutz des „Nichtprofis gegenüber dem Profi“[338]. Dementsprechend hat der Gesetzgeber eine weitere personenbezogene Einschränkung des verbraucherrechtlichen Anwendungsbereichs vorgenommen: Der Verbraucher wird in den als paritätsgefährdend eingestuften Situationen nicht generell geschützt, sondern nur gegenüber solchen Personen, die ihrerseits *in Ausübung* ihrer gewerb-

---

nicht an Situationen, sondern *allein* an die personenbezogene Arbeitnehmereigenschaft an, vgl. oben 4. Kapitel B.

[333] Vgl. *Pfeiffer* in: Schulte-Nölke/Schulze, Europäische Rechtsangleichung und nationale Privatrechte, S. 21, 28 ff.; siehe auch *Preis*, ZHR 158 (1994), 567 (593 f.).

[334] Zu den Bedenken an einer solchen einzelfallbezogenen Feststellung der Schutzbedürftigkeit durch die Rechtsprechung vgl. bereits oben 5. Kapitel C. III. 1. sowie allgemein 2. Kapitel A. II.

[335] Zur gesetzgeberischen Typisierung und zu deren Grenzen vgl. oben 2. Kapitel A. II. 2.

[336] Vgl. zu diesen Zusammenhängen ausführlich oben 1. und 2. Kapitel.

[337] Vgl. dazu auch MüKo/*Micklitz*, vor §§ 13, 14 Rn. 62-64; *Reuter* in: Eckert/Delbrück, Reform des deutschen Schuldrechts, S. 99, 104 f.

[338] *Canaris*, AcP 200 (2000), 273 (348) *Larenz/Wolf*, BGB AT, § 42 Rn. 27.

lichen oder beruflichen Tätigkeit handeln und die daher regelmäßig über so viel Geschäftserfahrung verfügen, dass sie einem unerfahrenen Verbraucher an Fachwissen und Verhandlungsgeschick überlegen sind[339]. Diesen professionell handelnden Personenkreis hat der Gesetzgeber in § 14 BGB als *Unternehmer* definiert, der Unternehmer ist damit das kontradiktorische Gegenteil zum nichtprofessionellen Verbraucher[340]. Im Verhältnis zwischen zwei Verbrauchern findet das Verbraucherschutzrecht dagegen grundsätzlich keine Anwendung, weil davon auszugehen ist, dass der nicht geschäftsmäßig Handelnde die andere Vertragspartei im Regelfall nicht in eine paritätsgefährdende Situation versetzt[341]. Diese Einschränkung ist auch deshalb notwendig, weil das Verbraucherschutzrecht ansonsten trotz fehlender typischer Überrumpelungsgefahr nahezu den gesamten *privaten* Rechtsverkehr umfassen würde, der häufig in den vom Verbraucherschutzrecht erfassten Situationen angebahnt und abgewickelt wird und auf den die verbraucherschutzrechtlichen Vorschriften, insbesondere die Belehrungspflicht, überhaupt nicht ausgerichtet sind. Voraussetzung für das Eingreifen verbraucherrechtlicher Schutzvorschriften ist somit stets ein Vertragsschluss zwischen einem Unternehmer und einem Verbraucher[342], wohingegen verbraucherrechtliche Regelungen bei Verträgen zwischen zwei Verbrauchern genauso wenig anwendbar sind wie bei Verträgen zwischen zwei Unternehmern[343].

IV. Ergebnis

Damit lässt sich hinsichtlich des durch Verbraucherrecht zu schützenden Personenkreises Folgendes sagen: Angesichts der zahlreichen situations- und vertragsspezifischen Umstände, die bei Vertragsverhandlungen zwischen nicht-professionellen und professionellen Teilnehmern am Rechtsverkehr zu einer Gefährdung der Vertragsparität führen können, hat der Gesetzgeber vielfältige, jeweils auf die als paritätsgefährdend eingestuften Umstände zugeschnittene Schutzinstrumente bereitgestellt, um das situations- bzw. vertragsgegenstandsspezifische Ungleichgewicht zu kompensieren. Da diese paritätsgefährdenden Umstände an sich schon das Eingreifen rechtlicher Schutzinstrumente rechtfertigen, dienen sie auch als tatbestandlicher

---

339 *Bülow/Artz*, Verbraucherprivatrecht, S.5; *Canaris*, AcP 200 (2000), 273 (360 f.); *Lorenz*, Der Schutz vor dem unerwünschten Vertrag, S. 144 f.; *Reuter* in: Eckert/Delbrück, Reform des deutschen Schuldrechts, S. 99, 105.

340 Vgl. Soergel/*Pfeiffer*, § 14 Rn. 3

341 Siehe die Gesetzesbegründung zum Haustürwiderrufsgesetz, BT-Drucks. 10/2876, S. 15.

342 Vgl. die entsprechenden Formulierungen in §§ 310 Abs. 3, 312 Abs. 1 Satz 1, 312b Abs. 1 474 Abs. 1 Satz 1, 481 Abs. 1 Satz 1, 491 Abs. 1 Satz 1, 499 Abs. 1 505 Abs. 1 Satz 1, 655a S. 1 BGB

343 Vgl. auch *Bülow/Artz*, Verbraucherprivatrecht, S. 5.

Anknüpfungspunkt für den sachlichen Anwendungsbereich der verbraucherschützenden Regelungen. Durch diese Anknüpfung des Verbraucherschutzes an die paritätsgefährdenden Situationen wird zugleich eine erste Einschränkung des geschützten Personenkreises vorgenommen. Da der Anwendungsbereich durch eine rein situationsspezifische Abgrenzung allerdings noch immer zu weit gefasst ist, hat der Gesetzgeber auch in persönlicher Hinsicht eine zweifache Einschränkung vorgenommen. Voraussetzung für die Anwendbarkeit von Verbraucherschutzgesetzen ist danach zunächst, dass die zu schützende Vertragspartei nicht zu gewerblichen oder selbständigen beruflichen Zwecken handelt, also Verbraucher i.S.d. § 13 BGB ist. Diese erste personenbezogene Einschränkung des verbraucherrechtlichen Anwendungsbereiches auf Vertragsschlüsse mit privater Zwecksetzung rechtfertigt sich aus dem Umstand, dass bei gewerblicher oder beruflicher Zwecksetzung typischerweise davon ausgegangen werden kann, dass die Person über hinreichend Geschäftserfahrung verfügt, um die situationsspezifische Gefahr, vor der die einzelnen verbraucherrechtlichen Regelungen schützen sollen, allein bewältigen zu können. Als zweite Einschränkung stellen die Verbraucherschutzgesetze die weiter Voraussetzung auf, dass der Vertragspartner des Verbrauchers gerade in Ausübung seiner gewerblichen oder selbständigen beruflichen Tätigkeit, also als Unternehmer i.S.d. § 14 BGB, handeln muss. Hinter dieser Einschränkung steht die Vermutung, dass auch ein Verbraucher die situationsspezifische Gefahr regelmäßig allein bewältigen kann, wenn der Vertragspartner des Verbrauchers ebenfalls nicht berufsbezogen handelt und daher typischerweise über genauso wenig Fachwissen und Geschäftererfahrung wie der Verbraucher verfügt. Die sich aus den situations- bzw. vertragsgegenstandsspezifischen Umständen ergebende Paritätsgefährdung besteht deshalb regelmäßig nur bei einem Zusammentreffen von professionellem und nichtprofessionellem bzw. von beruflichem und privaten Handeln, nur in diesen Konstellationen ist ein Eingreifen gesetzlicher Schutzinstrumente gerechtfertigt.

Der vom Verbraucherrecht geschützte Personenkreis wird danach durch zwei Elemente bestimmt: Das eine Element ist der personen- bzw. rollenbezogene Verbraucherbegriff des § 13 BGB. Er umschreibt überwiegend negativ solche Eigenschaften, die eine Person aus dem Verbraucherschutz heraushalten (persönlicher Anwendungsbereich). Das andere Element ist demgegenüber situationsbezogen. Es umschreibt, was die Person zu tun oder was mit ihr geschehen muss, damit sie Schutz erhält (sachlicher Anwendungsbereich).

Daraus wird zugleich deutlich, dass der Verbraucher gerade nicht deshalb geschützt wird, weil er der Anbieterseite *generell* unterlegen wäre, sondern weil er in bestimmten Situationen nicht über die zur Bewältigung dieser Situation erforderliche

Fachkenntnis und Geschäftserfahrung verfügt[344]. Außerhalb dieser besonderen Situationen traut der Gesetzgeber dem Verbraucher sehr wohl zu, dem Verkaufsansinnen der Anbieterseite zu widerstehen und sich nicht in einem solchen Maße beeinflussen zu lassen, dass der Vertragsschluss seine Richtigkeitsgewähr verliert. Der Verbraucherbegriff hat damit nicht die Funktion, einen schutzbedürftigen Personenkreis zu umschreiben, sondern dient vielmehr umgekehrt dazu, einen bestimmten Personenkreis aus dem verbraucherrechtlichen Schutzbereich herauszunehmen. Dieser Personenkreis, den der Gesetzgeber aufgrund ausreichender Geschäftserfahrung für nicht schutzbedürftig erachtet, wird durch das Verbrauchermerkmal aus Gründen der Rechtssicherheit typisierend umschrieben, so dass es einer konkreten Feststellung der individuellen Schutzbedürftigkeit nicht mehr bedarf.

D. Zurechenbarkeit der situations- bzw. vertragsgegenstandsspezifischen Ungleichgewichtslage

Allein das Vorliegen einer Ungleichgewichtslage rechtfertigt allerdings noch nicht das Eingreifen verbraucherschützender Regelungen. Denn da jede Begrenzung der Vertragsfreiheit zum Schutze des einen Teils gleichzeitig einen Eingriff in die Vertragsfreiheit des anderen Teils darstellt[345], muss der Gesetzgeber auch festlegen, welcher Vertragspartei die mit dem Eingriff verbundenen Nachteile auferlegt werden können[346]. Nach dem oben herausgearbeiteten Grundmodell werden die Nachteile des korrigierten Vertrages grundsätzlich derjenigen Vertragspartei auferlegt, die für die gestörte Vertragsparität verantwortlich ist[347]. Neben das Kriterium der situations- bzw. vertragsgegenstandsspezifischen Ungleichgewichtslage tritt deshalb als zweites Erfordernis hinzu, dass die situations- bzw. vertragsgegenstandsbezogene Paritätsstörung dem anderen Vertragsteil *zurechenbar* sein muss. Entsprechend den verschiedenen verbraucherschutzrelevanten Ungleichgewichtslagen hat der Gesetzgeber unterschiedliche Kriterien aufgestellt, die für die Zurechnung der Ungleichgewichtslage maßgeblich sind. Während sich die Zurechenbarkeit der vertragsgegenstandsspezifischen Ungleichgewichtslage bereits unproblematisch aus der bloßen *Verwendung* des paritätsgefährdenden Vertragstypus ergibt, führen etwa die in § 312 Abs. 1 Nr. 1 bis 3 BGB genannten Haustürsituationen nur dann zu einem kompensatorischen Eingreifen, wenn der Verbraucher aufgrund der in § 312 Abs. 1 Nr. 1 bis 3 BGB genannten Umstände zur Abgabe der auf den Vertragsschluss gerichteten Willenserklärung *„bestimmt worden ist"*. Zwischen den in

[344] Vgl. auch *Reuter* in: Eckert/Delbrück, Reform des deutschen Schuldrechts, S. 99, 104 f.
[345] BVerfG v. 7.2.1990, BVerfGE 81, 242 (255).
[346] Vgl. dazu oben 2. Kapitel A. III. 2.
[347] Siehe 2. Kapitel A. III. 2. a).

§ 312 Abs. 1 Nr. 1 bis 3 BGB umschriebenen Haustürsituationen und der auf den Vertragsschluss gerichteten Willenserklärung des Verbrauchers muss also ein ursächlicher Zusammenhang bestehen, damit dem Unternehmer die Nachteile eines kompensatorischen Eingreifens auferlegt werden können[348].

E. Verbraucherschutzinstrumente

Zur Kompensation der in bestimmten Situationen zwischen Verbraucher und Unternehmer bestehenden Ungleichgewichtslage hat der Gesetzgeber unterschiedliche Schutzmechanismen vorgesehen. Allen gemeinsam ist, dass sie jeweils an diejenigen situations- bzw. vertragsgegenstandsspezifischen Umstände anknüpfen, aus denen sich nach Ansicht des Gesetzgebers die Gefahr einer Paritätsstörung ergibt. Deutliche Unterschiede bestehen dagegen hinsichtlich der *Art* der jeweiligen Schutzmechanismen. Insofern lassen sich die zum Schutze des Verbrauchers eingesetzten Rechtsinstrumente in zwei Gruppen einteilen: Zur ersten Gruppe gehören all diejenigen Maßnahmen, die der besseren Information des Verbrauchers dienen und auf diese Weise vor allem das informationelle Ungleichgewicht zwischen Anbieter und Verbraucher ausgleichen sollen (I.). Dagegen gehören zur zweiten Gruppe solche Verbraucherschutzinstrumente, mit deren Ausübung sich der Verbraucher von dem bereits geschlossenen Vertrag lösen kann und die ihm ein nochmaliges Überdenken des Vertrages ermöglichen sollen (II.).

I. Maßnahmen zur besseren Information des Verbrauchers

Zum Ausgleich der in bestimmten Situationen oder bei bestimmten Vertragsgegenständen bestehenden informationellen Unterlegenheit des Verbrauches hat der Gesetzgeber zahlreiche Formvorschriften und Informationspflichten vorgesehen[349]. Von den verschiedenen Schutzmechanismen ist zunächst das Schriftformerfordernis beim Verbraucherdarlehensvertrag gem. § 492 Abs. 1 Satz 1 BGB zu erwähnen. Die bereits von diesem einfachen Schriftformerfordernis ausgehende Schutz- und Warnfunktion[350] hat der Gesetzgeber beim Verbraucherdarlehensvertrag noch zusätzlich verstärkt durch die Vorgabe eines bestimmten Mindestinhaltes des Vertrages, § 492 Abs. 1 Satz 5 Nr. 1-7 BGB, und durch die Pflicht bzw. Obliegenheit[351]

---

[348] Einzelheiten zur Kausalität der Haustürsituation bei MüKo/*Ulmer*, § 312 Rn. 28; Soergel/*Wolf*, § 1 HWiG Rn. 12.

[349] Vgl. auch *Bülow/Artz*, Verbraucherprivatrecht, S. 8 f.

[350] Zur Schutz- und Warnfunktion der Schriftform vgl. *Hönn*, Kompensation gestörter Vertragsparität, S. 160 f.; *Kittner*, Schuldrecht, Rn. 583 ff.

[351] Ob es sich bei der Belehrung des Verbrauchers gem. § 355 Abs. 2 Satz 1 BGB um eine Rechtspflicht oder nur um eine Obliegenheit des Unternehmers handelt, ist umstritten. Vor der Schuldrechtsreform ging die herrschende Meinung davon aus, dass die Belehrung lediglich eine Oblie-

des Anbieters zu einer ausführlichen Belehrung des Kunden über seine Rechte, §§ 495 Abs. 1, 355 Abs. 2 Satz 1 BGB. Aufgrund dieser besonderen Formerfordernisse und Informationspflichten des Anbieters werden dem Verbraucher Informationen verschafft, die ihm andernfalls nicht bereitgestellt würden. Der Verbraucher erhält dadurch die Möglichkeit einer zuverlässigen Kenntnisnahme vom Vertragsinhalt und den ihm zustehenden Rechten. Auf diese Weise soll der Verbraucher deutlich darauf hingewiesen werden, wie günstig oder ungünstig sich das Geschäft für ihn gestaltet und welche finanziellen Belastungen er insgesamt zu tragen hat[352]. Somit kann er nun, da er über alle vertragsrelevanten Informationen verfügt, das Vertragsangebot mit anderen auf dem Markt verfügbaren Kreditangeboten vergleichen und sich einen Marktüberblick verschaffen, um seine Verhandlungsposition realistisch einschätzen zu können[353]. Die vom Gesetzgeber für den Abschluss eines Verbraucherdarlehensvertrag vorgeschriebenen Formerfordernisse und Informationspflichten dienen demnach der Aufklärung des Verbrauchers und der Förderung von Transparenz und tragen damit dazu bei, das sich aus der Komplexität des Verbraucherdarlehensvertrag ergebende *informationelle* Ungleichgewicht zwischen Verbraucher und Anbieter zumindest teilweise zu kompensieren[354].

Diese beiden Ansätze zum Schutz des Verbrauchers hat der Gesetzgeber in gleicher bzw. ganz ähnlicher Weise auch beim Fernunterrichtsvertrag[355], beim Teilzeit-Wohnrechtevertrag[356], beim Teilzahlungsgeschäft[357], beim Ratenlieferungsver-

---

genheit des Unternehmers ist, vgl. BGH v. 25.10.1989, NJW 1990, 181 (182); MüKo/*Ulmer* (3. Aufl.), § 7 VerbrKrG Rn. 36 m.w.N. Dagegen wird neuerdings zunehmend die Ansicht vertreten, dass der Verbraucher einen Rechtsanspruch auf Erteilung einer ordnungsgemäßen Belehrung habe, vgl. Erman/*Saenger*, § 355 Rn. 9; Palandt/*Heinrichs*, § 355 Rn. 13. Weiterhin a.A. allerdings MüKo/*Ulmer*, § 355 Rn. 44.

[352] MüKo/*Ulmer*, § 492 Rn. 1.

[353] Vgl. die Begründung des Regierungsentwurfs zum VerbrKrG, BT-Drucks. 11/5462, S. 19.

[354] Vgl. auch *Drexl*, Die wirtschaftliche Selbstbestimmung des Verbrauchers, S. 324.

[355] Vgl. § 3 Abs. 1 FernUSG, wonach der Vertrag der schriftlichen Form bedarf, und § 3 Abs. 2 Nr. 1-7 FernUSG hinsichtlich des vom Gesetzgeber vorgegebenen Mindestinhaltes des Fernunterrichtsvertrages.

[356] Die Schriftform bei Teilzeit-Wohnrechteverträgen hat der Gesetzgeber in § 484 Abs. 1 Satz 1 BGB normiert, den Mindestinhalt des Teilzeit-Wohnrechtevertrages hat der Gesetzgeber in Form einer Prospektpflicht in § 482 BGB i.V.m. § 2 BGB-Informationspflichten-Verordnung (BGB-InfoV) vorgeschrieben. Zudem werden durch § 485 Abs. 2 und Abs. 4 BGB die Anforderungen des § 355 Abs. 2 Satz 1 BGB an den Inhalt der Belehrung des Verbrauchers ergänzt.

[357] Zur Schriftform des Teilzahlungsgeschäfts vgl. §§ 501, 492 Abs. 1 Satz 1 BGB, hinsichtlich der erforderlichen Angaben im Vertragsinhalt siehe § 502 Abs. 1 Nr. 1-6 BGB.

trag[358] und beim Versicherungsvertrag[359] vorgesehen. Die gesetzlichen Vorgaben bezüglich Form und Inhalt des Vertrages sind auch bei diesen Verträgen dazu bestimmt, das vertragsgegenstandsspezifische Informationsgefälle zwischen dem nicht fachkundigen Verbraucher und dem geschäftserfahrenen Unternehmer auszugleichen.

II. Maßnahmen zur Verlängerung der Überlegungsfrist

Die gerade erörterten Schutzinstrumente dienen sämtlich der besseren Information des Verbrauchers, um das Informationsdefizit des Verbrauchers im Vorfeld des Vertragsschlusses zu kompensieren. Über die allgemeinen Schutzmechanismen des BGB hinaus[360] bieten diese Schutzinstrumente jedoch keine Möglichkeit, einen auf der Überrumpelung des Verbrauchers beruhenden, bereits abgeschlossenen Vertrag nachträglich wieder zu korrigieren[361].

Zur Ergänzung des durch die Formalisierung des Vertragsschlusses angestrebten Schutzeffektes hat der Gesetzgeber deshalb dem Verbraucher durch die Gewährung eines fristgebundenen Widerrufsrechts die Möglichkeit eingeräumt, sich innerhalb einer bestimmten Frist vom bereits geschlossenen Vertrag zu lösen[362]. Solche erleichterten Lösungsmöglichkeiten in Gestalt eines Widerrufsrechts finden sich im deutschen Recht z.B. beim Verbraucherdarlehensvertrag (§ 495 Abs. 1 BGB), beim Ratenlieferungsvertrag (§ 505 Abs. 1 Satz 1 BGB), beim Teilzeit-Wohnrechtevertrag (§ 485 Abs. 1 BGB), beim Fernabsatzvertrag (§ 312d Abs. 1 Satz 1 BGB) und bei solchen Verträgen, zu deren Abschluss der Verbraucher in den sog. Haustürsituationen (§ 312 Abs. 1 Nr. 1-3 BGB) bestimmt worden ist (§ 312 Abs. 1 Satz 1 BGB).

---

[358] Vgl. das Schriftformerfordernis des § 505 Abs. 2 BGB. Einen bestimmten Vertragsinhalt schreibt der Gesetzgeber allerdings nicht vor.

[359] Bezüglich Form und Inhalt des Versicherungsvertrages vgl. §§ 3, 5, 5a VVG.

[360] In Betracht kommen insofern vor allem die Kompensationsmittel der Anfechtung (§§ 119 ff. BGB) und der Sittenwidrigkeit (§ 138 Abs. 1 BGB).

[361] Die Notwendigkeit eines weitergehenden Kompensationsmittels hat der Gesetzgeber damit begründet, dass die allgemeinen Rechtsbehelfe vor allem aufgrund der beim Kunden liegenden Beweislast, aber auch wegen ihrer beschränkten tatbestandlichen Reichweite keinen ausreichenden Schutz des Verbrauchers bieten würden und auch wettbewerbswidriges Vorgehen oder Verstöße gegen die Gewerbeordnung grundsätzlich keine Auswirkungen auf die zivilrechtliche Wirksamkeit eines Vertrages hätten, vgl. die Gesetzesbegründung zum HWiG, BT-Drucks. 10/2876, S. 7.

[362] Siehe dazu auch *Bülow/Artz*, Verbraucherprivatrecht, S. 9 f.; *Coester-Waltjen*, Jura 1994, 534 (536 f.); *Mankowski*, Beseitigungsrechte, S. 222 ff.

Mit dieser erleichterten Lösungsmöglichkeit vervollständigt der Gesetzgeber den durch die Formgebote und Informationspflichten bezweckten Schutz des Verbrauchers. Denn nur wenn der Verbraucher nach Vorlage des schriftlichen Vertragsangebotes und in Kenntnis aller vertragsrelevanten Informationen die Möglichkeit hat, das Angebot mit anderen auf dem Markt verfügbaren Angeboten zu vergleichen und die Vor- und Nachteile des Geschäfts noch einmal in Ruhe zu überdenken, kann er seine Verhandlungsposition realistisch einschätzen und seine Interessen entsprechend wahren[363].

Zwar kann man wohl auch von einem Verbraucher grundsätzlich erwarten, dass er wenigstens nach vollständiger Information und ausführlicher Belehrung durch den Anbieter von einer sofortigen Unterzeichnung des Vertrages Abstand nimmt, um den Vertragsschluss noch *vor* der Abgabe seiner Willenserklärung entsprechend zu überdenken[364]. Gleichwohl ist eine Verlängerung der Überlegungsfrist durch Einräumung einer *nachträglichen* Lösungsmöglichkeit aber zumindest dort ausnahmsweise gerechtfertigt, wo der Verbraucher die Vor- und Nachteile eines Vertrages aufgrund der Komplexität des Vertragsgegenstandes nicht auf Anhieb überschauen kann oder wo der Verbraucher aufgrund besonderer situationsspezifischer Umstände zum Zeitpunkt des Vertragsschlusses nicht die Möglichkeit hat, seine Vertragsentscheidung in Ruhe zu durchdenken und abzuwägen. Denn in diesen Situationen ist der Verbraucher typischerweise gerade nicht in der Lage, die ihm zum Zeitpunkt des Vertragsschlusses vorliegenden Informationen auf der Stelle sachgerecht zu verarbeiten und sogleich in seine Vertragsentscheidung einfließen zu lassen.

Dementsprechend rechtfertigt sich das Widerrufsrecht beim Verbraucherdarlehensvertrag in erster Linie aus der besonderen Komplexität der einzelnen Vertragsbestimmungen[365]. Zwar wird der Vertragsgegenstand durch die in § 492 BGB vorgeschriebenen Angaben für den Verbraucher etwas transparenter, trotzdem ist ihm während der üblicherweise nur sehr knapp bemessenen Verhandlungsdauer in der Regel nicht möglich, die Komplexität des Vertragsgegenstandes in ausreichendem Maße zu durchschauen. Durch das Widerrufsrecht soll der Verbraucher deshalb die Möglichkeit erhalten, innerhalb der Widerrufsfrist die ihm gemäß § 492 BGB vom Anbieter ausgehändigten Informationen entsprechend zu verarbeiten, um dann

---

[363] Vgl. BT-Drucks, 10/2876, S. 6 und 7; BT-Drucks. 11/5462, S. 12. Siehe auch *Canaris*, AcP 200 (2000), 273 (351 f.); *Lorenz*, Der Schutz vor dem unerwünschten Vertrag, S. 173.

[364] So ausdrücklich *Lorenz*, Der Schutz vor dem unerwünschten Vertrag, S. 185. Deshalb hält *Lorenz* beim Verbraucherdarlehensvertrag eine situationsunabhängige „zweistufige" Kompensation durch Formvorschrift *und* Widerrufsrecht auch nicht für erforderlich.

[365] Vgl. BT-Drucks. 11/5462, S. 21; *Mankowski*, Beseitigungsrechte, S. 239.

nachträglich auf einer ausreichenden Informationsgrundlage darüber entscheiden zu können, ob er weiter am Vertrag festhalten will oder nicht[366].
Bei den sog. Haustürgeschäften des § 312 Abs. 1 Nr. 1-3 BGB liegt die Gefährlichkeit des Geschäfts hingegen nicht in der besonderen Gestaltung der Vertragsbedingungen, sondern ausschließlich in der Form der Vertragsanbahnung[367]. Zur Kompensation der hier vorliegenden, rein situationsspezifischen Ungleichgewichtslage hat der Gesetzgeber deshalb keine besonderen Informationspflichten[368], sondern nur ein Widerrufsrecht des Verbrauchers vorgesehen (§ 312 Abs. 1 Satz 1 BGB). Durch die Einräumung der nachträglichen Überlegungsfrist will der Gesetzgeber hier dem Verbraucher einen Ausgleich dafür schaffen, dass sich der Anbieter auf das Geschäft vorbereiten konnte, während der Verbraucher unvorbereitet und überraschend mit dem Geschäftsansinnen des Anbieters konfrontiert wurde und in der Regel nicht die Gelegenheit hatte, vorab andere Angebote zu prüfen oder sich den Vertragsschluss sorgfältig zu überlegen[369].
Die durch das Widerrufsrecht eingeräumte Überlegungsfrist kompensiert demnach zunächst die *informationelle* Unterlegenheit des Verbrauchers, indem der Verbraucher in die Lage versetzt wird, durch eine nachträgliche Informationsbeschaffung und ein nachträgliches Überdenken des Vertrages, notfalls mit Hilfe sachkundiger Beratung, seine Verhandlungsposition realistisch einzuschätzen, um auf diese Weise dem Vorbereitungsvorteil des Unternehmers entsprechend begegnen zu können[370]. Und die *psychologische* Unterlegenheit des Verbrauchers wird dadurch ausgeglichen, dass sich der Verbraucher während der Widerrufsfrist nicht mehr in der situationsspezifischen Drucksituation befindet, sondern seine Vertragsentscheidung unbedrängt, ohne Zeitdruck und ohne Beeinflussung durch den Anbieter noch einmal frei überdenken kann. Die Verlängerung der Überlegungsfrist durch die Einräumung eines Widerrufsrechts ist somit ein wirksames Mittel, um das in bestimmten Situationen oder bei bestimmten Vertragsgegenständen gestörte Verhand-

---

[366] *Drexl*, Die wirtschaftliche Selbstbestimmung des Verbrauchers, S. 324 f.; *Larenz/Wolf*, BGB AT, § 39 Rn. 21; *Mankowski*, Beseitigungsrechte, S. 239 f.; MüKo/*Ulmer*, § 495 Rn. 6.

[367] BT-Drucks. 10/2876, S. 11; *Fischer/Machunsky*, Haustürwiderrufsgesetz, § 1Rn. 8; *Mankowski*, Beseitigungsrechte, S. 224 ff.

[368] Es besteht lediglich die Pflicht bzw. Obliegenheit des Anbieters, den Verbraucher hinsichtlich seines Widerrufsrechts zu belehren, vgl. § 312 Abs. 2 BGB.

[369] Vgl. BT-Drucks. 10/2876, S. 6 ff. Siehe auch *Drexl*, Die wirtschaftliche Selbstbestimmung des Verbrauchers, S. 312 ff., 469 ff.; *Fischer/Machunsky*, Haustürwiderrufsgesetz, Einführung Rn. 11; *Mankowski*, Beseitigungsrechte, S. 224 ff.; *Micklitz/Tonner*, Vertriebsrecht, § 312 Rn. 1; Staudinger/*Werner*, Vorbem. zum HWiG Rn. 5.

[370] *Fischer/Machunsky*, Haustürwiderrufsgesetz, Einführung Rn. 13; *Micklitz/Tonner*, Vertriebsrecht, § 312 Rn. 2.

lungsgleichgewicht zwischen Verbrauchern und Unternehmern wieder herzustellen.

F. Verhältnismäßigkeit der verbraucherschützenden Maßnahmen

Im Hinblick auf den Verhältnismäßigkeitsgrundsatz kommt der unterschiedlichen *Eingriffsintensität* der verschiedenen Kompensationsinstrumente wichtige Bedeutung zu. So stellen Formvorschriften und Informationspflichten den *geringsten* Eingriff in die Privatautonomie der Vertragsparteien dar, weil die Entscheidung über den Vertragsschluss und den Inhalt des Vertrages immer noch weitgehend den Vertragsparteien überlassen bleibt[371]. Nur in denjenigen Fällen, in denen dieser Eingriff zur Herstellung eines angemessenen Verhandlungsgleichgewichts zwischen den Vertragsparteien nicht genügt und daher eine weitergehende Kompensation erforderlich ist, hat der Gesetzgeber dem Verbraucher durch Widerrufsrechte eine verlängerte Überlegungsfrist eingeräumt. Die Gewährung eines fristgebundenen Widerrufsrechts stellt sich in diesen Situationen ebenfalls als ein verhältnismäßiges Mittel zur Wiederherstellung der Vertragsparität dar, da eine erleichterte Lösungsmöglichkeit in Form eines Widerrufsrechts ein weitaus milderes und freiheitlicheres Kompensationsmittel ist, als die alternativ in Betracht kommende Inhaltskontrolle nach § 138 BGB, bei der das Vereinbarte nachträglich durch den Richter inhaltlich überprüft und gegebenenfalls für nichtig erklärt wird[372]. Bei Einräumung eines Widerrufsrechts obliegt die Entscheidung, ob das Vereinbarte angemessen ist, nämlich nicht dem Richter, sondern bleibt weiterhin dem Verbraucher überlassen. Die Strategie des Verbraucherschutzrechts, die Fähigkeit des Verbrauchers zu selbstbestimmten Handeln durch vorhergehende Informationspflichten und fristgebundenen Widerrufsrechten zu sichern, wird daher sowohl den Interessen des Verbrauchers als auch denjenigen des Unternehmers gleichermaßen gerecht und ist somit ein verhältnismäßiges Mittel zur Wiederherstellung des zwischen Verbraucher und Unternehmer in bestimmten Situationen gestörten Verhandlungsgewichts[373].

---

[371] *Drexl*, Die wirtschaftliche Selbstbestimmung des Verbrauchers, S. 451.

[372] Vgl. *Canaris*, AcP 200 (2000), 273 (346); *Drexl*, JZ 1998, 1046 (1056); *Reuter* in: Eckert/Delbrück, Reform des deutschen Schuldrechts, S. 99, 104. Anders beispielsweise *Zöllner*, JuS 1988, 329 (332), der für eine „beherzte Handhabung von § 138 Abs. 2 BGB oder ein diesen ergänzendes Gesetz" plädiert, oder auch *Lorenz*, Der Schutz vor dem unerwünschten Vertrag, S. 171, der sich für eine Lösung mit Hilfe der c.i.c. (jetzt § 311 Abs. 2 Nr. 1 BGB i.V.m. § 281 Abs. 1 BGB) ausspricht.

[373] Siehe auch *Canaris*, AcP 200 (2000), 273 (346); *Drexl*, Die wirtschaftliche Selbstbestimmung des Verbrauchers, S. 449 ff.; *ders.* JZ 1998, 1046 (1056); *Reuter* in: Eckert/Delbrück, Reform des deutschen Schuldrechts, S. 99, 104.

G. Zusammenfassung

Der bloße Umstand, dass sich Verbraucher und Unternehmer gegenüberstehen, bedingt nicht per se eine strukturelle Ungleichgewichtslage. Denn die Verbrauchereigenschaft als solche begründet keine besondere Schutzbedürftigkeit. Die Schutzbedürftigkeit des Verbrauchers ist vielmehr in erster Linie *situativ* bedingt, d.h. der Verbraucher wird nur in besonderen Situationen geschützt.
So kann sich die Schutzbedürftigkeit zum einen aus der besonderen Situation der Vertragsanbahnung ergeben, etwa wenn die besonderen Umstände des Vertragsschlusses die Gefahr einer Übereilung, Unüberlegtheit oder Uninformiertheit des Verbrauchers begründen. Zu diesem Zweck hat der Gesetzgeber bestimmte Verhandlungssituationen umschrieben, bei denen typischerweise die Gefahr einer *situationsbedingten* Ungleichgewichtslage besteht. Die bei diesen Verhandlungssituationen vermutete Schutzbedürftigkeit des Verbrauchers folgt allein aus den Umständen der Vertragsanbahnung, die Art des abgeschlossenen Vertrages ist dagegen ohne[374] bzw. nur von untergeordneter Bedeutung.
Der Verbraucher kann aber auch völlig unabhängig von den Umständen des Vertragsabschlusses schutzbedürftig sein, wenn es sich um einen besonders komplexen Vertragsgegenstand handelt, den der Verbraucher typischerweise nicht ohne weiteres erfassen und verarbeiten kann. Dementsprechend hat der Gesetzgeber ganz bestimmte Vertragstypen identifiziert, bei denen er ein besonderes Gefährdungspotential zu Lasten des Verbrauchers vermutet. In diesem Fällen liegt eine *vertragsgegenstandsbezogene* Schutzbedürftigkeit des Verbrauchers vor. Der durch die verbraucherschützenden Regelungen verfolgte Schutzansatz lässt sich somit wie folgt unterteilen: Der erste Schutzansatz ist rein situativ angelegt, während der zweite vertragsgegenstandsbezogen ist. Der Verbraucherbegriff hat dabei lediglich die Funktion eines negativen *Ausschlusskriteriums*. Durch die Eingrenzung des persönlichen Anwendungsbereichs auf Personen, die weder zu gewerblichen noch zu selbstständigen beruflichen Zwecken tätig werden, sollen all diejenigen Personen vom Anwendungsbereich des Verbraucherschutzrechts herausgenommen werden, denen aufgrund ihrer bereichsspezifischen Geschäftskompetenz zugetraut wird, in den als paritätsgefährdend erachteten Situationen ohne gesetzliche Kompensationsinstrumente auszukommen. So wird bei einem Bezug des Geschäfts zu einer professionellen Sphäre vermutet, dass der Betroffene über ausreichend Geschäftserfahrung verfügt, um nicht durch die besonderen Umstände der Vertragsanbahnung oder den spezifischen Vertragsgegenstand in eine unterlegenen Verhandlungsposition zu geraten. Andererseits wird eine verbraucherschutzrelevante, situations- bzw. vertragsgegenstandsbedingte Ungleichgewichtslage nur dann an-

[374] So z.B. bei § 312 BGB. Vgl. auch *Mankowski*, Beseitigungsrechte, S. 224 f.

genommen, wenn der Verbraucher mit einem professionell tätigen Unternehmer i.S.d. § 14 BGB kontrahiert. Denn nur wenn der nicht professionelle Verbraucher auf den professionell tätigen Unternehmer trifft, besteht hinsichtlich der Geschäftserfahrung eine Gefällekonstellation, bei der die situations- bzw. vertragsgegenstandsbezogenen Umstände zu einer Ungleichgewichtslage führen können. Geschäfte zwischen zwei Privatpersonen werden damit ebenso wie Geschäfte zwischen zwei Unternehmern vom Verbraucherschutz herausgenommen, da bei diesen Konstellationen nicht davon ausgegangen werden kann, dass sich die situations- bzw. vertragsgegenstandsbezogenen Umstände typischerweise zu Lasten einer bestimmten Vertragspartei auswirken.

Zur Kennzeichnung der paritätsgefährdenden Situationen bedient sich der Gesetzgeber einer *typisierenden* Regelungstechnik. Die Schutzbedürftigkeit des Verbrauchers braucht demnach nicht konkret festgestellt werden, sondern wird in den beschriebenen Situationen bzw. bei den genannten Vertragstypen unwiderlegbar vermutet.

Zum Ausgleich der situationsbedingten- bzw. vertragsgegenstandsbezogenen Ungleichgewichtslage zwischen Verbraucher und Unternehmer hat der Gesetzgeber zahlreiche Kompensationsinstrumente geschaffen. Neben verschiedenen Informations- und Formvorschriften ist das wohl wichtigste verbraucherschutzrechtliche Kompensationsinstrument das in § 355 BGB statuierte Widerrufsrecht. Durch die Einräumung des fristgebundenen Widerrufsrechts wird dem Verbraucher eine nachträgliche Überlegungsfrist eingeräumt, die es ihm ermöglicht, frei von den paritätsgefährdenden Umständen der Vertragsanbahnung den Vertragsschluss noch einmal in Ruhe zu überdenken. Er bekommt dadurch die Gelegenheit, sich im Nachhinein die vertragsrelevanten Informationen zu verschaffen und auf diese Weise eine informierte und überlegte Vertragsentscheidung nachzuholen. Das durch die situations- und vertragsgegenstandbezogenen Umstände bedingte Ungleichgewicht wird damit (nachträglich) kompensiert.

6. Kapitel
Instrumente zum Schutz vor Allgemeinen Geschäftsbedingungen (AGB)

Ein letzter, allerdings sehr wichtiger[375] Regelungsbereich, mit dem der Gesetzgeber auf ein gestörtes Verhandlungsgewicht zwischen den Vertragsparteien reagiert hat, stellt das Recht zum Schutz gegen unangemessene AGB dar.

A. Bedeutung und Funktion von AGB

Mit der Entwicklung der Industriegesellschaft, dem Aufkommen der Serienproduktion und dem zunehmenden Konsumverhalten der Bevölkerung entwickelte sich das Bedürfnis der Unternehmen, die Abwicklung des Geschäfts den veränderten Erfordernissen des Massengeschäftsverkehrs anzupassen. Die Unternehmen strebten deshalb danach, entsprechend den in Serienproduktion gefertigten gleichartigen Waren und den gleichartig angebotenen Dienstleistungen auch den Abschluss und die Abwicklung des Vertrages zu *vereinheitlichen*. Die Standardisierung der vertraglichen Bedingungen, zu denen die Waren und Dienstleistungen im Massenverkehr abgesetzt wurden, entspricht dem Rationalisierungsbedarf des Anbieters, der zur Erhaltung seiner Konkurrenzfähigkeit nicht nur auf möglichst kostengünstige Produktions- und Vertriebsmethoden, sondern auch auf eine kostengünstige Vertragsabwicklung angewiesen ist[376]. Durch die Vorformulierung einheitlicher Geschäftsbedingungen erspart sich der Anbieter die Kosten und Mühen, die mit einem individuellen Aushandeln der Vertragsbedingungen verbunden sind[377], zudem kann er auf diese Weise bereits im Vorfeld eine für ihn günstige Regelung hinsichtlich Vertragsrisiken, Leistungsstörungs- und Haftungsfragen festlegen[378]. Allgemeine Geschäftsbedingungen sind schließlich dort praktisch unentbehrlich, wo das Gesetz für spezifisch ausgestaltete Mischformen gesetzlicher Vertragstypen und insbesondere für neuartige Vertragstypen, wie z.B. Leasing, Factoring oder Franchising, keine oder nur unzureichende Regelungen enthält[379]. In Wahrnehmung ihrer privatautonomen Gestaltungsfreiheit können sich die Unternehmen hier mit Hilfe von

---

375 Wegen seiner enormen praktischen Bedeutung wird das AGB-Recht sogar für eines „der wichtigsten Rechtsinstitute des Vertragsrechts" gehalten, vgl. Palandt/*Heinrichs*, vor § 305 Rn. 7.

376 Soergel/*Stein*, Einl. AGB-Gesetz Rn. 1; *Ulmer/Brandner/Hensen*, AGB-Gesetz, Einl. Rn. 3.

377 Zum Rationalisierungseffekt *Ulmer/Brandner/Hensen*, AGB-Gesetz, Einl. Rn. 3.

378 Vgl. Staudinger/*Schlosser*, Einl. zum AGBG Rn. 4.

379 MüKo/*Basedow*, vor § 305 Rn. 2; Palandt/*Heinrichs*, vor § 305, Rn. 5; *Stoffels*, AGB-Recht, Rn. 71; *Wolf/Horn/Lindacher*, AGB-Gesetz, Einl. Rn. 2.

AGB ihr eigenes „Recht“[380] schaffen, indem sie über den Einzelfall hinaus ein generelles Regelwerk aufstellen, das sie allen Verträgen mit ihren Abnehmern einheitlich zugrunde legen.

B. Die sich aus der Verwendung von AGB ergebenden Gefahren für den Kunden

So nützlich das einseitige Aufstellen vorformulierter Vertragsbedingungen im Interesse einer rationellen Gestaltung des Geschäftsverkehrs sein mag, so sehr birgt es auf der anderen Seite die Gefahr in sich, dass der Verwender von AGB seine Gestaltungsfreiheit bei der Formulierung der Geschäftsbedingungen dazu ausnutzt, seine Rechtsposition auf unangemessene Art und Weise zu optimieren, indem er einseitig seine eigenen Interessen bevorzugt und berechtigte Interessen seines Vertragspartners vernachlässigt[381]. Die Gefahr einer unangemessenen Benachteiligung des Kunden wird dadurch noch verstärkt, dass der Kunde in erster Linie den günstigen Preis eines Produkts bzw. einer Dienstleistung honoriert und weniger die Angemessenheit der zugrunde liegenden Vertragsbedingungen[382]. Um sein Produkt am Markt möglichst preiswert anbieten zu können, muss der Anbieter daher auch die Vertragsbedingungen möglichst kostengünstig gestalten. Er wird deshalb versuchen, das Vertragsrisiko durch Allgemeine Geschäftsbedingungen weitestgehend auf den Kunden zu verlagern, um auf diese Weise das Produkt billiger als seine Konkurrenten anbieten zu können[383].

C. Die Reaktionen der Rechtsprechung und des Gesetzgebers

Die sich aus der Verwendung von AGB ergebenden Gefahren sind spätestens seit *Ludwig Raisers* grundlegender Schrift über das Recht der AGB aus dem Jahre 1935 bekannt[384]. Der Forderung nach einem angemessenen Schutz des Vertragspartners

---

[380] Vgl. das gleichnamige Werk von *Großmann-Doerth*, Selbstgeschaffenes Recht der Wirtschaft und staatliches Recht (1933). Siehe auch MüKo/*Basedow*, vor § 305 Rn. 2; *Ulmer/Brandner/Hensen*, AGB-Gesetz, Einl. Rn. 3; *Wolf/Horn/Lindacher*, AGB-Gesetz, Einl. Rn. 2. Gleichwohl ist es heute nahezu unbestritten, dass es sich bei AGB um generell-abstrakte *Vertrags*bestandteile handelt und nicht um einseitig gesetztes, normgleiches Recht. Ausführlich zum Streit über die Vertrags- oder Normqualität von AGB *Stoffels*, AGB-Recht, Rn. 99 ff.; *Ulmer/Brandner/Hensen*, AGB-Gesetz, Einl. Rn. 22 ff.

[381] MüKo/*Basedow*, vor § 305 Rn. 3; *Medicus*, JuS 1996, 761 (764); Soergel/*Stein*, Einl. AGB-Gesetz Rn. 3; *Stoffels*, AGB-Recht, Rn. 72 ff.; *Wolf/Horn/Lindacher*, AGB-Gesetz, Einl. Rn. 3.

[382] *Drexl*, Die wirtschaftliche Selbstbestimmung des Verbrauchers, S. 340 f.; *Fastrich*, Richterliche Inhaltskontrolle im Privatrecht, S. 86; Palandt/*Heinrichs*, vor § 305 Rn. 6.

[383] *Wackerbarth*, AcP 200 (2000), 45 (70 f.).

[384] *Raiser*, Das Recht der Allgemeinen Geschäftsbedingungen, S. 277 ff.

des AGB-Verwenders vor einer ungerechten Vertragsgestaltung ist zunächst die Rechtsprechung nachgekommen, indem sie den durch AGB festgelegten Vertragsinhalt anhand der allgemeinen Generalklauseln des BGB auf seine Angemessenheit hin überprüfte. Das Reichsgericht stützte sich dabei zunächst auf § 138 BGB und versagte dem durch AGB festgelegten Vertragsinhalt die Anerkennung, wenn der Unternehmer dem Kunden die AGB unter missbräuchlicher Ausnutzung einer monopolartigen Machtstellung aufgezwungen hatte[385]. Der *BGH* ist später über diese Rechtsprechung hinausgegangen und hat unabhängig vom Vorliegen einer Monopolstellung allgemein solche Klauseln für unwirksam erachtet, die die Rechtspositionen der Vertragsparteien grob einseitig regelten bzw. den Kunden unbillig belasteten. Hierbei hat sich der *BGH* vor allem auf § 242 BGB gestützt[386]. Nicht zuletzt, um die zersplitterte und zuweilen uneinheitliche AGB-Rechtsprechung zu ordnen und den Gerichten einen verbindlichen gesetzlichen Maßstab für die Inhaltskontrolle an die Hand zu geben, hat sich schließlich auch der Gesetzgeber der Problematik angenommen und im Jahre 1976 das AGB-Gesetz[387] geschaffen[388]. Mit dem Schuldrechtsmodernisierungsgesetz[389] wurden die Inhalte des AGB-Gesetzes inzwischen weitestgehend unverändert in das Bürgerliche Gesetzbuch übernommen (§§ 305 bis 310 BGB)[390].

D. Das Verhältnis des AGB-Rechts zu § 242 BGB

Der Umstand, dass die heute im AGB-Recht niedergelegten Rechtsgrundsätze ursprünglich von der Rechtsprechung vor allem auf der Grundlage von § 242 BGB entwickelt worden sind, wirft zunächst die Frage auf, ob anstelle der AGB-rechtlichen Normen auch weiterhin die Generalklausel des § 242 BGB als Rechtsgrundlage für eine Inhaltskontrolle von Verträgen herangezogen werden kann, oder ob das AGB-Recht diesbezüglich eine abschließende Regelung enthält, die einen Rückgriff auf § 242 BGB verbietet. Besondere Bedeutung gewinnt diese Problematik im AGB-Recht vor allem für solche Fallgestaltungen, die vom Schutzbereich

[385] Vgl. z.B. RG v. 8.1.1906, RGZ 62, 264 (266); RG v. 15.5.1920, RGZ 99, 107 (108 ff.); RG v. 26.10.1921, RGZ 103, 82 (83 f.); RG v. 14.8.1941, RGZ 168, 321 (329).

[386] Vgl. BGH v. 29.9.1960, NJW 1961, 212 (213 f.); BGH v. 17.2.1964, BGHZ 41, 151 (154); BGH v. 5.5.1969, BGHZ 52, 61 (63 f.); BGH v. 4.6.1970, NJW 1970, 1596 (1598 f.).

[387] Gesetz zur Regelung des Rechts der Allgemeinen Geschäftsbedingungen (AGB-Gesetz) vom 9.12.1976 (BGBl. I, S. 3317).

[388] Zur Gesetzgebungsgeschichte siehe MüKo/*Basedow*, vor § 305 Rn. 10 ff.; Staudinger/*Schlosser*, Einl. zum AGBG Rn. 6 ff.; *Ulmer/Brandner/Hensen*, AGB-Gesetz, Einl. Rn. 12 ff.; *Wolf/Horn/Lindacher*, AGB-Gesetz, Einl. Rn. 7 ff.

[389] Gesetz zur Modernisierung des Schuldrechts vom 26.11.2001 (BGBl. I, S. 3138).

[390] Vgl. *Stoffels*, AGB-Recht, Rn. 49 ff.

des AGB-Rechts nicht erfasst werden, bei denen aber gleichwohl eine vergleichbares Schutzbedürfnis besteht.
Um die Frage nach dem Verhältnis des AGB-Rechts zu § 242 BGB beantworten zu können, muss man sich zunächst einmal Klarheit über die dogmatischen Grundlagen der Inhaltskontrolle verschaffen. Da in § 242 BGB nicht geschrieben steht, dass eine gegen Treu und Glauben verstoßende Vertragsbestimmung unwirksam ist, handelt es sich bei der auf § 242 BGB gestützten Inhaltskontrolle nicht um Rechts*anwendung*, sondern um Rechts*fortbildung*, die als solche durch den Nachweis einer entsprechenden Gesetzes*lücke* zu rechtfertigen ist[391]. Bis zum Inkrafttreten des AGB-Gesetzes im Jahre 1977 enthielt das Zivilrecht keine speziellen Vorschriften zum Schutz des Klauselgegners vor den sich aus der Verwendung von AGB ergebenden Gefahren. Das Zivilrecht enthielt somit ursprünglich eine Lücke, weshalb die Herausbildung einer Inhaltskontrolle von Verträgen auf der Grundlage von § 242 BGB zweifellos gerechtfertigt war. Mit der Schaffung des AGB-Gesetzes hat sich jedoch der Gesetzgeber dieser Problematik angenommen und in Gestalt des AGB-Gesetzes gesetzliche Vorschriften zum Schutz vor unangemessen AGB geschaffen. Ob daher auch nach Inkrafttreten der AGB-rechtlichen Vorschriften noch davon gesprochen werden kann, dass das Zivilrecht insofern eine Lücke aufweist, die durch eine auf § 242 BGB gestützte Rechtsfortbildung geschlossen werden kann, wird in der Literatur je nach dem, ob § 242 BGB *innerhalb* oder *außerhalb* des AGB-rechtlichen Anwendungsbereichs zur Anwendung kommt, unterschiedlich beurteilt.

I. Anwendbarkeit des § 242 BGB *innerhalb* des Anwendungsbereich des AGB-Rechts

Um die Anwendbarkeit des § 242 BGB *innerhalb* des Anwendungsbereich des AGB-Rechts geht es dann, wenn für die Kontrolle einzelner Vertragsbestimmungen nicht nur § 242 BGB herangezogen werden kann, sondern wenn gleichzeitig auch eine Kontrolle nach den AGB-rechtlichen Vorschriften möglich ist, so dass es bei der Vertragskontrolle zu einer echten Konkurrenz zwischen § 242 BGB und dem AGB-Recht kommt. Inwieweit auf § 242 BGB zurückgegriffen werden kann, wenn grundsätzlich auch die AGB-rechtlichen Vorschriften anwendbar sind, hängt davon ab, in welcher *Funktion*[392] § 242 BGB neben dem AGB-Recht zur Anwendung kommt[393]. Sofern es um seine Funktion als Instrument der *Inhaltskontrolle* geht, ist im Anwendungsbereich des AGB-Rechts ein Rückgriff auf § 242 BGB

[391] Vgl. *Fastrich*, Richterliche Inhaltskontrolle im Privatrecht, S. 70 ff.
[392] Zu den verschiedenen Funktionen von § 242 BGB siehe oben 3. Kapitel B. II. und III.
[393] Vgl. *Wolf/Horn/Lindacher*, AGB-Gesetz, § 9 Rn. 24.

eindeutig *ausgeschlossen*, da den AGB-rechtlichen Vorschriften insoweit unstreitig eine Sperrfunktion zukommt[394]. Streitig ist allein der Grund für diese Sperrwirkung. Die herrschende Meinung im Schrifttum ist der Ansicht, dass die AGB-rechtliche Inhaltskontrolle einen Spezialfall der allgemeinen, auf § 242 BGB basierenden Inhaltskontrolle darstellt und insofern als *lex specialis* einen Rückgriff auf § 242 BGB verbietet[395]. Die Gegenansicht begründet die Sperrwirkung hingegen damit, dass der Gesetzgeber mit der Schaffung des AGB-Rechts die bis dahin im Zivilrecht bestehende Schutzlücke geschlossen habe, weshalb für eine Inhaltskontrolle auf der Grundlage von § 242 BGB seit Inkrafttreten des AGB-Rechts kein Raum mehr sei[396]. Eine Bestimmung in AGB, die der AGB-Kontrolle unterliegt und die nach den AGB-rechtlichen Vorschriften nicht zu beanstanden ist, kann somit nach beiden Ansichten keinesfalls mehr einer Inhaltskontrolle auf der Grundlage von § 242 BGB unterzogen werden.

Von der Inhaltskontrolle zu unterscheiden ist die Frage, ob dem AGB-Verwender in einem konkreten Einzelfall die Berufung auf eine Klausel, die nach den AGB-rechtlichen Vorschriften nicht zu beanstanden ist, wegen eines widersprüchlichen Verhaltens des Verwenders oder überwiegender Interessen des Klauselgegners ausnahmsweise unter dem generellen, sich aus dem Prinzip von Treu und Glauben ergebenden Gesichtspunkt des *Rechtsmissbrauchs*[397] zu versagen ist. Diese Frage wird vom AGB-Recht nicht beantwortet, denn Gegenstand der AGB-rechtlichen Inhaltskontrolle ist lediglich der *Inhalt* des Vertrages und nicht, ob die *Ausübung* eines aus Sicht des AGB-Rechts nicht zu beanstandenden Rechts aufgrund eines treuwidrigen *Verhaltens* im Einzelfall rechtsmissbräuchlich ist[398]. Da dem AGB-Recht diesbezüglich folglich keine Sperrfunktion zukommt, ist somit ein Rückgriff auf § 242 BGB in seiner Funktion als Instrument zur Verhinderung unzulässiger

---

[394] MüKo/*Basedow*, vor § 307 Rn. 11; Staudinger/*Coester*, § 9 AGBG Rn. 37; Erman/*Roloff*, vor §§ 307-309 Rn. 12; Palandt/*Heinrichs*, vor § 307 Rn. 17; *v.Hoyningen-Huene*, Die Inhaltskontrolle nach § 9 AGB-Gesetz, Rn. 107; Staudinger/*Looschelders/Olzen*, § 242 Rn. 375; Soergel/*Stein*, vor § 8 AGB-Gesetz Rn. 13; *Stoffels*, AGB-Recht, Rn. 389; *Wolf/Horn/Lindacher*, AGB-Gesetz, § 9 Rn. 25; einschränkend *Roussos*, JZ 1988, 997 (1006).

[395] *v.Bernuth*, BB 1999, 1284 (1286); Staudinger/*Coester*, § 9 AGBG Rn. 37; Palandt/*Heinrichs*, vor § 307 Rn. 17; *v.Hoyningen-Huene*, Die Inhaltskontrolle nach § 9 AGB-Gesetz, Rn. 107; Staudinger/*Looschelders/Olzen*, § 242 Rn. 375.

[396] *Roth*, BB 1987, 977 (980 ff.); *Schwarz*, BB 1996, 1434 (1435 ff.).

[397] Allgemein zum Rechtsmissbrauch MüKo/*Roth*, § 242 Rn. 176 ff.

[398] *v.Hoyningen-Huene*, Die Inhaltskontrolle nach § 9 AGB-Gesetz, Rn. 108.

Rechtsausübung grundsätzlich auch neben bzw. ergänzend zur AGB-rechtlichen Inhaltskontrolle zulässig[399].
Soweit der Regelungsgehalt der AGB-rechtlichen Vorschriften reicht, ist demnach eine zusätzliche *Inhaltskontrolle* auf der Grundlage von § 242 BGB ausgeschlossen. Dagegen ist es auch im Anwendungsbereich des AGB-Rechts möglich, auf der Grundlage von § 242 BGB eine *Ausübungskontrolle* durchzuführen, um eine unzulässige Rechtsausübung zu verhindern[400].

II. Anwendbarkeit des § 242 BGB *außerhalb* des ABG-rechtlichen Anwendungsbereichs

Um die Anwendbarkeit des § 242 BGB *außerhalb* des AGB-rechtlichen Anwendungsbereichs geht es hingegen dann, wenn die AGB-rechtlichen Vorschriften auf die fraglichen Vertragsbestimmungen grundsätzlich nicht anwendbar sind, weil etwa die Anwendbarkeit des AGB-Rechts gemäß § 310 Abs. 4 Satz 1 BGB ausgeschlossen ist (so z.B. für das Erb-, Familien- und Gesellschaftsrecht)[401] oder weil es sich um Vertragsbedingungen handelt, die nicht vom Verwender gestellt (sog. Drittverträge)[402], nicht für eine Vielzahl vorformuliert oder im Einzelnen ausgehandelt sind (sog. Einzel- oder Individualverträge)[403] und damit nicht unter die AGB-Definition des § 305 Abs. 1 BGB fallen. Zu einer unmittelbaren Konkurrenz zwischen den AGB-rechtlichen Vorschriften und § 242 BGB kann es hier mangels Anwendbarkeit des AGB-Rechts somit nicht kommen. Ob und in welchem Umfang

---

[399] Ganz h.M., vgl. BGH v. 12.2.1985, NJW 1985, 1537 (1539); BGH v. 6.7.1988, NJW 1988 2790 (2794); BGH v. 12.1.1994, NJW 1994, 1060 (1064); MüKo/*Basedow*, vor § 307 Rn. 11; *v.Bernuth*, BB 1999, 1284 (1286); Staudinger/*Coester*, § 9 AGBG Rn. 38 ff.; *Fastrich*, Richterliche Inhaltskontrolle im Privatrecht, S. 24 ff.; Erman/*Roloff*, vor §§ 307-309 Rn. 12; Palandt/*Heinrichs*, vor § 307 Rn. 17; *v.Hoyningen-Huene*, Die Inhaltskontrolle nach § 9 AGB-Gesetz, Rn. 108; Staudinger/*Looschelders/Olzen*, § 242 Rn. 376; MüKo/*Roth*, § 242 Rn. 122 und 417 ff.; *Roussos*, JZ 1988, 997 ff.; Soergel/*Stein*, vor § 8 AGB-Gesetz Rn. 13; *Stoffels*, AGB-Rechts, Rn. 389; *Ulmer/Brandner/Hensen*, AGB-Gesetz, § 9 Rn. 34 ff.; *Wolf/Horn/Lindacher*, AGB-Gesetz, § 9 Rn. 26 ff.

[400] Zu den Einzelheiten siehe unten 6. Kapitel F. II. 2. b).

[401] Zur Inhaltskontrolle in diesen Ausnahmebereichen siehe *Coester-Waltjen*, AcP 190 (1990), 1 (28 f.); *Stoffels*, AGB-Recht, Rn. 154, 155; *Ulmer/Brandner/Hensen*, AGB-Gesetz, § 23 Rn. 13, 18; *Walchshöfer*, Zehn Jahre AGB-Gesetz, S. 155 (162); *Wolf/Horn/Lindacher*, AGB-Gesetz, § 23 Rn. 53, 62. Zur richterlichen Inhaltskontrolle von Eheverträgen vgl. auch BVerfG v. 6.2.2001, BVerfGE 103, 89 ff.

[402] Siehe dazu unten 6. Kapitel G. I. 2. b) cc).

[403] Siehe dazu unten 6. Kapitel G. I. 2. c) ee).

§ 242 BGB in diesen vom AGB-Recht nicht erfassten Bereichen Anwendung finden kann, ist umstritten[404].
Außer Frage steht zunächst, dass § 242 BGB außerhalb des Anwendungsbereichs AGB-rechtlicher Vorschriften jedenfalls dann uneingeschränkt anwendbar ist, wenn es um seine Funktion als Instrument zur Verhinderung unzulässiger Rechtsausübung geht[405]. Eine *Ausübungskontrolle* auf der Grundlage von § 242 BGB ist somit sowohl innerhalb als auch außerhalb des Anwendungsbereichs des AGB-Rechts grundsätzlich ohne weiteres zulässig.
Schwieriger zu beantworten ist hingegen die Frage, ob § 242 BGB außerhalb des AGB-rechtlichen Anwendungsbereichs auch für eine *Inhaltskontrolle* von Vertragsbestimmungen herangezogen werden darf. Da die Vertragsbestimmungen in diesem Fall nicht dem AGB-Recht unterliegen, könnte die Inhaltskontrolle nach § 242 BGB hier als eine Art Auffangbecken für die aus dem Schutzbereich des AGB-Rechts herausfallenden Vertragsbestimmungen fungieren. Ob der Vorschrift des § 242 BGB eine solche Auffangfunktion für die Inhaltskontrolle von nicht dem AGB-Recht unterliegenden Vertragsbestimmungen zukommt, ist je nach dem, aus welchem Grund die fraglichen Vertragsbestimmungen aus dem Anwendungsbereich des AGB-Rechts fallen, mehr oder weniger stark umstritten. Um das Verhältnis von AGB-Recht und richterlicher Inhaltskontrolle nach § 242 BGB klären zu können, muss deshalb danach unterschieden werden, ob die fraglichen Vertragsbestimmungen gemäß § 310 Abs. 4 Satz 1 BGB vom Anwendungsbereich des AGB-Rechts ausgeschlossen sind oder ob sie deshalb nicht in den Anwendungsbereich des AGB-Rechts fallen, weil sie nicht von der AGB-Definition des § 305 Abs. 1 BGB erfasst werden.

1. Richterliche Inhaltskontrolle nach § 242 BGB im Ausnahmebereich des § 310 Abs. 4 Satz 1 BGB

Für die Verträge auf dem Gebiet des Erb-, Familien- und Gesellschaftsrechts sowie für die arbeitsrechtlichen Kollektivvereinbarungen hat der Gesetzgeber in § 310 Abs. 4 Satz 1 BGB ausdrücklich angeordnet, dass die AGB-rechtlichen Vorschriften keine Anwendung finden. Diese Bereichseinschränkung wird von *Schwarz*[406] dahingehend interpretiert, dass der Gesetzgeber damit die Anwendung der im

---

[404] Allgemein zur Inhaltskontrolle von Verträgen außerhalb des Anwendungsbereichs des AGB-Rechts siehe z.B. *Coester-Waltjen*, AcP 190 (1990), S. 1 ff.; *Walchshöfer*, Zehn Jahre AGB-Gesetz, S. 155 ff.

[405] Ausführlich zu § 242 BGB als Instrument zur Verhinderung unzulässiger Rechtsausübung MüKo/*Roth*, § 242 Rn. 176 ff.

[406] *Schwarz*, BB 1996, 1434 (1435 ff.).

AGB-Recht niedergelegten Rechtsgrundsätze in den von § 310 Abs. 4 Satz 1 BGB erfassten Bereichen verbindlich habe ausschließen wollen. Es fehle daher bereits an einer planwidrigen Regelungslücke, um in den Ausnahmebereichen eine Inhaltskontrolle auf der Grundlage von § 242 BGB rechtfertigen zu können[407]. Diese These von einer abschließenden Kodifikation der Inhaltskontrolle im AGB-Recht wird allerdings durch die Gesetzesmaterialien nicht bestätigt. Zwar heißt es in der Gesetzesbegründung, dass die in § 310 Abs. 4 BGB genannten Bereiche pauschal vom AGB-rechtlichen Anwendungsbereich auszunehmen seien, weil der Schutz des AGB-Rechts insoweit „nicht erforderlich, nicht angemessen oder nicht systemgerecht"[408] erscheine. Dadurch wollte der Gesetzgeber jedoch keineswegs den Schutz der Betroffenen gegenüber dem bis dahin auf der Grundlage von § 242 BGB erreichten Schutzniveau einschränken[409]. Vielmehr weist der Gesetzgeber in der Gesetzesbegründung ausdrücklich darauf hin, dass es in den ausgenommenen Rechtsgebieten für die Inhaltskontrolle vorformulierter Vertragsbedingungen bei den bisher anwendbaren Vorschriften bleiben solle[410]. Die Bereichsausnahme des § 310 Abs. 4 BGB besagt demnach nur, dass in den genannten Bereichen jedenfalls keine Inhaltskontrolle nach den *speziellen* Kontrollvorschriften der §§ 307 bis 309 BGB durchgeführt werden kann. Dagegen bestimmt § 310 Abs. 4 BGB nicht, dass in den Ausnahmebereichen neben der AGB-rechtlichen Inhaltskontrolle auch eine *allgemeine* Inhaltskontrolle auf der Grundlage von § 242 BGB ausgeschlossen ist. Für die von der Bereichsausnahme erfassten Gebiete hat der Gesetzgeber im AGB-Recht somit weder eine positive noch eine negative Regelung der Inhaltskontrolle getroffen[411], sondern nach wie vor eine ungeregelte Lücke gelassen. Das AGB-Recht stellt folglich keine abschließende Kodifikation, sondern nur eine „Teilpositivierung"[412] oder „Teilkodifikation"[413] der zuvor von der Rechtsprechung aus § 242 BGB hergeleiteten Grundsätze zur Inhaltskontrolle dar[414]. Die nahezu einhellige Ansicht geht deshalb zu Recht[415] davon aus, dass die Vorschriften des AGB-Rechts lediglich eine spezielle Ausprägung oder Konkretisierung des § 242 BGB sind, die nur in ihrem Anwendungsbereich als *leges speciales* eine Sperrwirkung

---

[407] *Schwarz*, BB 1996, 1434 (1435).

[408] BT-Drucks. 7/3919, S. 41.

[409] Vgl. *Wiedemann*, FS Kummer, S. 175, 181.

[410] Vgl. BT-Drucks. 7/3919, S. 14 und 41.

[411] So auch *Tönnies*, VersR 1989, 1023 (1029).

[412] Staudinger/*Coester*, § 9 AGBG Rn. 37; *v.Hoyningen-Huene*, Die Inhaltskontrolle nach § 9 AGB-Gesetz, Rn. 107.

[413] *Lieb*, AcP 178 (1978), 196 (197); *Wiedemann*, FS Kummer, S. 175, 181.

[414] *Kramer*, ZHR 146 (1982), S. 105 (116).

[415] Vgl. insoweit auch den Rechtsausschuss des Bundestages, BT-Drucks. 7/5422, S. 13.

entfalten, außerhalb ihres Anwendungsbereichs jedoch mangels Kollisionsgefahr einem Rückgriff auf § 242 BGB als Grundlage für eine Inhaltskontrolle nicht entgegenstehen[416]. Soweit Vertragsbedingungen gemäß § 310 Abs. 4 Satz 1 BGB nicht einer Kontrolle nach dem AGB-Recht unterliegen, ist es daher grundsätzlich möglich, diese Vertragsbedingungen im Falle einer gestörten Vertragsparität einer Inhaltskontrolle nach § 242 BGB zu unterziehen, um die vom Gesetzgeber offengelassene Schutzlücke zu schließen.

2. Richterliche Inhaltskontrolle nach § 242 BGB im Ausnahmebereich des § 305 Abs. 1 BGB

Eine andere Frage ist, ob das AGB-Recht zumindest für diejenigen Rechtsgebiete, in denen es gemäß § 310 Abs. 4 BGB sachlich anwendbar ist, eine abschließende Regelung enthält oder ob auch hier entsprechend der These von der Teilkodifikation auf § 242 BGB zurückgegriffen werden kann, wenn die fraglichen Vertragsbestimmungen nicht die Voraussetzungen der AGB-Definition des § 305 Abs. 1 BGB erfüllen. Gemäß § 305 Abs. 1 Satz 2 BGB fallen zunächst solche Vertragsbestimmungen aus dem Schutz des AGB-Rechts heraus, die zwischen den Vertragsparteien im Einzelnen *ausgehandelt* sind. Außer bei Verbraucherverträgen[417] ist die Anwendbarkeit des AGB-Rechts zudem gemäß § 305 Abs. 1 Satz 1 BGB dann ausgeschlossen, wenn die Vertragsbestimmungen nicht für eine *Vielzahl* von Verträgen vorformuliert oder nicht vom Verwender *gestellt* sind. Mit diesen Beschränkungen des Geltungsbereichs der Inhaltskontrolle auf die in § 305 Abs. 1 BGB typisierend beschriebenen Fallgestaltungen habe der Gesetzgeber nach Ansicht einiger Autoren[418] zum Ausdruck bringen wollen, dass die in §§ 307 bis 309 BGB kodifizierten, ursprünglich durch Richterrecht entwickelten Grundsätze der Inhaltskontrolle gerade nicht allgemein auf sämtliche unangemessenen Vertragsbedingungen Anwendung finden sollten, sondern nur auf solche Vertragsbedingungen, die die in § 305 Abs. 1 BGB genannten Voraussetzungen erfüllen. Zumindest innerhalb seines sachlichen Anwendungsbereiches (§ 310 Abs. 4 BGB) enthalte das AGB-Recht

---

416 BGH v. 27.11.2000, NJW 2001, 1270 (1271); MüKo/*Basedow*, § 310 Rn. 81; Staudinger/*Coester*, § 9 AGBG Rn. 37; *Fastrich*, Richterliche Inhaltskontrolle im Privatrecht, S. 62; Palandt/*Heinrichs*, vor § 307 Rn. 17; *v.Hoyningen-Huene*, Die Inhaltskontrolle nach § 9 AGB-Gesetz, Rn. 107; Erman/*Hohloch*, § 242 Rn. 25; Staudinger/*Looschelders/Olzen*, § 242 Rn. 375; MüKo/*Roth*, § 242 Rn. 122; Soergel/*Stein*, § 23 AGB-Gesetz Rn. 2; *Ulmer/Brandner/Hensen*, AGB-Gesetz, § 23 Rn. 1; *Walchshöfer*, Zehn Jahre AGB-Gesetz, S. 155 (158 ff.); Erman/*Roloff*, vor §§ 307-309 Rn. 12; *Wolf/Horn/Lindacher*, AGB-Gesetz, § 9 Rn. 25, § 23 Rn. 8.

417 Vgl. § 310 Abs. 3 BGB.

418 U.a. *Roth*, BB 1987, 977 (980 ff.); Soergel/*Stein*, vor § 8 AGB-Gesetz Rn. 28; *Tönnies*, VersR 1989, 1023 (1029 f.); *Ulmer*, DNotZ 1981, 84 (96 ff.).

demnach in § 305 Abs. 1 BGB eine abschließende Regelung, welche Vertragsbestimmungen einer Inhaltskontrolle am Maßstab von „Treu und Glauben“ i.S.d. § 307 Abs. 1 BGB unterzogen werden dürfen[419]. Da aber hinsichtlich „Treu und Glauben“ i.S.d. § 307 Abs. 1 BGB und „Treu und Glauben“ i.S.d. § 242 BGB materiell kein Unterschied bestehe[420], dürfe die in § 305 Abs. 1 BGB enthaltene Beschränkung des AGB-rechtlichen Anwendungsbereichs nicht einfach umgangen werden, indem Vertragsbestimmungen, die nicht die Voraussetzungen des § 305 Abs. 1 BGB erfüllen, nun anstelle einer AGB-rechtlichen Inhaltskontrolle einer im Ergebnis gleichwertigen Inhaltskontrolle auf der Grundlage von § 242 BGB unterzogen werden. Eine auf § 242 BGB gestützte Erstreckung der Inhaltskontrolle über den Anwendungsbereich des AGB-Rechts hinaus auf sonstige, nicht die Voraussetzungen des § 305 Abs. 1 BGB erfüllende Vertragsbestimmungen sei deshalb unzulässig[421]. Wenn man die Richtigkeit dieser These überprüft und die Gesetzesmaterialien hinzuzieht, so lässt sich immerhin feststellen, dass nach dem Willen des Gesetzgebers zumindest solche Verträge, die zwischen den Vertragsparteien im Einzelnen ausgehandelt sind, „den Beschränkungen des Gesetzes auch dann nicht unterliegen“ sollten, „wenn im übrigen die Merkmale des Absatzes 1 gegeben sind.“[422] Daraus lässt sich jedoch wiederum nur der Schluss ziehen, dass ausgehandelte Individualverträge lediglich von den besonderen Beschränkungen des *AGB-Rechts* freigestellt werden sollten. Eine Inhaltskontrolle dieser Verträge darf demnach nicht auf das AGB-Recht gestützt werden, hinsichtlich der Zulässigkeit einer Inhaltskontrolle auf *anderer* Rechtsgrundlage liegt dagegen keine verbindliche Anordnung des Gesetzgebers vor[423]. Zwar mag es sachlich richtig sein, ausgehandelte Individualverträge angesichts des Umstands, dass der Vorgang des individuellen Aushandelns regelmäßig eine gewisse Richtigkeitsgewähr beinhaltet, nicht *generell* einer Inhaltskontrolle zu unterwerfen sondern grundsätzlich vom Anwendungsbereich der AGB-rechtlichen Inhaltskontrolle auszunehmen[424]. Dass ausgehandelte Individualverträge aber noch nicht einmal dann, wenn sie das Ergebnis eines gestörten Verhandlungsgleichgewichts sind und deshalb keine Richtigkeitsgewähr entfalten können, zumindest einer allgemeinen Inhaltskontrolle auf der Grundlage der zivilrechtlichen Generalklauseln unterzogen werden dürften, lässt sich aus der

---

419 *Tönnies*, VersR 1989, 1023 (1030).

420 *Tönnies*, VersR 1989, 1023 (1030).

421 *Roth*, BB 1987, 977 (983); Soergel/*Stein*, vor § 8 AGB-Gesetz Rn. 28; *Tönnies*, VersR 1989, 1023 (1030); *Ulmer*, DNotZ 1981, 84 (98).

422 BT-Drucks. 7/3919, S. 17.

423 Vgl. auch *Fastrich*, Richterliche Inhaltskontrolle im Privatrecht, S. 63.

424 Ausführlich dazu unten 6. Kapitel E. III.

in § 305 Abs. 1 BGB enthaltenen Eingrenzung des Anwendungsbereichs schon deshalb nicht entnehmen, weil der Gesetzgeber in diesem Falle bereits von Verfassungswegen dazu verpflichtet ist, geeignete Instrumente zur Kompensation der Ungleichgewichtslage bereitzustellen[425]. Demgemäß hat das *BVerfG* ausdrücklich anerkannt, dass dann, wenn keine spezialgesetzlichen Kompensationsinstrumente vorhanden sind, zur Kompensation der gestörten Vertragsparität ergänzend solche zivilrechtlichen Generalklauseln eingreifen, die als Übermaßverbote wirken, also vor allem die §§ 138, 242, 315 BGB[426]. Diese Auffangfunktion der Generalklauseln für die Korrektur des vertraglichen Interessenausgleichs wegen gestörter Vertragsparität bringt besonders deutlich der Wortlaut des § 138 Abs. 2 BGB zum Ausdruck[427]. Darin werden typische Umstände bezeichnet, die zwangsläufig zur Verhandlungsunterlegenheit des einen Vertragsteils führen und außerhalb des AGB-Rechts eine Inhaltskontrolle am Maßstab des „auffälligen Missverhältnisses" rechtfertigen. Während § 138 BGB als Rechtsfolge zwingend die Nichtigkeit des Vertrages anordnet, ergeben sich aus § 242 BGB differenziertere Rechtsfolgen[428]. Die Generalklausel des § 242 BGB eignet sich daher besonders gut dafür, um außerhalb des Anwendungsbereichs der speziellen AGB-rechtlichen Kontrollvorschriften eine allgemeine Inhaltskontrolle von Verträgen durchzuführen, wenn die Vertragsparität – etwa aus den in § 138 Abs. 2 BGB genannten Gründen – gestört ist[429]. Spätestens seit der „Bürgschafts"-Entscheidung des *BVerfG*[430] lässt sich deshalb die These, dass nicht von § 305 Abs. 1 BGB erfasste Verträge stets kontrollfrei seien, nicht mehr halten. Die heute ganz herrschende Ansicht geht deswegen zu Recht davon aus, dass eine Inhaltskontrolle von Verträgen, die unter den Ausnahmebereich des § 305 Abs. 1 BGB fallen, auf der Grundlage von § 242 BGB grundsätzlich möglich ist, sofern eine die Inhaltskontrolle rechtfertigende Paritätsstörung vorliegt[431].

---

[425] Siehe dazu oben 1. Kapitel und 2. Kapitel.

[426] BVerfG v. 7.2.1990, BVerfGE 81, 242 (256); BVerfG v. 19.10.1993, BVerfGE 89, 214 (233 f.).

[427] BVerfG v. 19.10.1993, BVerfGE 89, 214 (233). Vgl. auch *Wolf/Horn/Lindacher*, AGB-Gesetz, § 1 Rn. 53.

[428] BVerfG v. 19.10.1993, BVerfGE 89, 214 (233).

[429] Zur Verortung der Inhaltskontrolle in § 242 BGB anstatt in § 138 BGB siehe auch MüKo/*Roth*, § 242 Rn. 437.

[430] BVerfG v. 19.10.1993, BVerfGE 89, 214 (233). Siehe dazu auch oben 1. Kapitel B. II.

[431] Vgl. BVerfG v. 7.2.1990, BVerfGE 81, 242 (256); BVerfG v. 19.10.1993, BVerfGE 89, 214 (233); Staudinger/*Coester*, § 9 AGBG Rn. 37; *Fastrich*, Richterliche Inhaltskontrolle im Privatrecht, S. 63; *Kramer*, ZHR 146 (1982); 104 (116); *Pflug*, Kontrakt und Status im Recht der Allgemeinen Geschäftsbedingungen, S. 305 ff.; *Preis*, Grundfragen der Vertragsgestaltung im Arbeitsrecht, S. 280 ff.; MüKo/*Roth*, § 242 Rn. 123, 130, 431 ff; *Walchshöfer*, Zehn Jahre AGB-

3. Ergebnis

Es lässt sich somit feststellen, dass sowohl im Ausnahmebereich des § 310 Abs. 4 BGB als auch im Ausnahmebereich des § 305 Abs. 1 BGB eine auf § 242 BGB gestützte Inhaltskontrolle grundsätzlich zulässig ist, da den AGB-Rechtlichen Vorschriften nur innerhalb ihres Anwendungsbereichs eine Sperrfunktion zukommt. Soweit also das AGB-Recht keine Spezialregelungen trifft, gelten die aus § 242 BGB entwickelten Grundsätze der Inhaltskontrolle unverändert weiter. Die Generalklausel des § 242 BGB dient somit als eine Art Auffangbecken für die aus dem Schutzbereich des AGB-Rechts herausfallenden Vertragsbestimmungen. Da aber auch eine Inhaltskontrolle auf der Grundlage von § 242 BGB einen rechtfertigungsbedürftigen Eingriff in die Privatautonomie darstellt, ist eine Inhaltskontrolle nach § 242 BGB außerhalb des AGB-rechtlichen Anwendungsbereichs nur in denjenigen Fällen gerechtfertigt, in denen sich eine Störung der Vertragsparität nachweisen lässt. An dieser Stelle soll nun allerdings nicht der Versuch unternommen werden, eine allgemeine Konzeption zu entwickeln, unter welchen Voraussetzungen bei den nicht von § 305 Abs. 1 BGB erfassten Verträgen eine kompensationsbedürftige Paritätsstörung angenommen werden kann. Es geht hier vielmehr allein um die Frage, ob die *AGB-spezifische* Paritätsstörung durch die AGB-rechtlichen Kompensationsvorschriften eine ausreichende Kompensation erfährt oder ob Schutzlücken verbleiben, bei denen dann zur Kompensation der AGB-spezifischen Paritätsstörung auf § 242 BGB zurückgegriffen werden kann. Bevor jedoch auf eventuelle Schutzlücken im AGB-Recht und entsprechende Lösungsmöglichkeiten unter Rückgriff auf § 242 BGB eingegangen werden kann, ist zunächst einmal bei den spezialgesetzlichen Kontrollvorschriften des AGB-Rechts anzusetzen und herauszufinden, aus was für einer Funktionsstörung das AGB-Recht seine Legitimation ableitet.

E. Die Legitimation der AGB-Kontrolle

Den Ausschlag für ein kompensatorisches Tätigwerden der Rechtsprechung und die sich daran anschließende Schaffung des AGB-Rechts durch den Gesetzgeber gab die sich aus der Verwendung von AGB ergebende Gefahr unangemessener Vertragsbedingungen. Das Vorliegen unangemessener Vertragsbedingungen allein rechtfertigt jedoch noch nicht das Eingreifen gesetzlicher Kompensationsmittel, schließlich steht es den Vertragsparteien grundsätzlich frei, in Wahrnehmung ihrer privatautonomen Gestaltungsfreiheit auch einen vermeintlich unangemessenen

Gesetz, S. 155 (170 f.); *Wolf/Horn/Lindacher*, AGB-Gesetz, § 1 Rn. 53 ff.; tendenziell zustimmend nun auch *Ulmer/Brandner/Hensen*, AGB-Gesetz (8. Aufl.), § 1 Rn. 80 ff.

Vertragsinhalt zu vereinbaren[432]. Rechtfertigen lässt sich ein staatliches Eingreifen daher nur, wenn die vereinbarten Vertragsbedingungen aufgrund eines gestörten Verhandlungsgewichts nicht mehr von der freien Selbstbestimmung der Vertragsparteien getragen sind. Somit kann der Gesetzgeber gesetzliche Instrumente zum Schutz vor unangemessenen AGB nur an solche Umstände knüpfen, die typischerweise eine kompensationsbedürftige Ungleichgewichtslage kennzeichnen. Anhand welcher Kriterien eine solche Ungleichgewichtslage bei der Verwendung von AGB festzumachen sei und welcher Personenkreis dementsprechend in den Schutzbereich des AGB-Gesetzes fallen sollte, war allerdings insbesondere vor Erlass des AGB-Gesetzes sehr umstritten[433]. Ähnlich wie im Verbraucherschutzrecht[434] standen sich auch hier im Wesentlichen zwei Schutzkonzepte gegenüber[435].

I. Das personenbezogene Schutzkonzept

Dem personenbezogenen Schutzkonzept, das vor allem von den Vertretern eines umfassenden Verbraucherschutzes befürwortet wurde und die rechtspolitische Debatte um ein künftiges AGB-Recht in den siebziger Jahren zunächst bestimmt hatte, liegt die Annahme zugrunde, dass der private Endverbraucher aufgrund seiner Marktstellung dem wirtschaftlich mächtigeren Unternehmer *generell* unterlegen sei, weshalb sich dieser Personenkreis bei der Verwendung von AGB durch den Unternehmer typischerweise in einer schwächeren Verhandlungsposition befände[436]. Der Anknüpfungspunkt für das AGB-Gesetz wäre daher nach diesem Ansatz in der Eigenschaft als privater Endverbraucher zu sehen, mit der Konsequenz, dass dann einerseits kaufmännische Kunden vollständig vom persönlichen Anwendungsbereich des AGB-Gesetzes ausgenommen wären, während andererseits der sachliche Anwendungsbereich des Gesetzes auf *sämtliche* Arten von Verträgen zwischen Unternehmern und privaten Endverbrauchern zu erstrecken wäre[437].

II. Das situationsbezogene Schutzkonzept

Das Gegenkonzept stellt in erster Linie auf die *äußeren Umstände* des Vertragsschlusses ab. Danach ergebe sich die Überlegenheit des AGB-Verwenders nicht aus Person oder der jeweiligen Marktstellung der Vertragsparteien, sondern aus der

---

[432] Vgl. dazu oben 1. Kapitel A. I.

[433] Siehe dazu ausführlich *Ulmer/Brandner/Hensen*, AGB-Gesetz (3. Aufl.), Einl. Rn. 35.

[434] Vgl. dazu oben 5. Kapitel C.

[435] Siehe auch *Hart*, Jura 2001, 649 (650).

[436] In diesem Sinne etwa *Lindacher*, BB 1972, 296 (297); *Nicklisch*, BB 1974, 941 (945 ff.); *Reich*, ZRP 1974, 187 (188) und *M.Wolf*, JZ 1974, 465 (469).

[437] Zu dieser Konsequenz vgl. auch *Ulmer/Brandner/Hensen*, AGB-Gesetz, Einl. Rn. 28.

Situation der einseitigen Inanspruchnahme der Vertragsgestaltungsfreiheit durch die Verwendung von AGB[438]. Die AGB-rechtlichen Kontrollinstrumente wären deshalb nach diesem Konzept unabhängig von der jeweiligen Marktstellung der Vertragsparteien allein an bestimmte Vertragsabschlußsituationen zu knüpfen, so dass grundsätzlich[439] auch die Vertragsbeziehungen mit Unternehmen bzw. Kaufleuten als Kunden vom Anwendungsbereich des AGB-Gesetzes erfasst wären.

III. Die Konzeption des AGB-Gesetzgebers

Der persönliche Anwendungsbereich des AGB-Rechts unterlag im Verlauf der Gesetzesentstehung einem grundsätzlichen Wandel. Ursprünglich war das AGB-Recht als reines Verbraucherschutzgesetz konzipiert, das den vollkaufmännischen Geschäftsverkehr aus seinem Anwendungsbereich vollständig ausklammern sollte[440]. Anders als im Verbraucherschutzrecht[441] hat der Gesetzgeber jedoch dem personenbezogenen Schutzkonzept im Laufe des Gesetzgebungsverfahrens im Prinzip[442] eine Absage erteilt und sich für die zweite Variante entschieden, wonach für den Schutz des AGB-Rechts nicht die Person des Kunden und seine relative Schwäche, sondern die sich aus der Verwendung von AGB typischerweise und unabhängig von der Marktstellung der Vertragsparteien ergebende Unterlegenheit des Klauselgegners maßgeblich ist[443]. Nach der Gesetzesbegründung sollen „die grundlegenden Schutzvorschriften des Gesetzes ohne Rücksicht auf den persönlichen Status des AGB-unterworfenen Vertragsteils Anwendung finden, wenn einem Vertrag einseitig vorformulierte Bedingungen zugrunde gelegt werden.“[444] Durch diese Anknüpfung an die mit der Verwendung von AGB typischerweise verbundene und damit rein situativ bedingte[445] Ungleichgewichtslage schützt das Gesetz nicht nur

---

[438] Vgl. insbesondere das Referat von *Ulmer* zum 50. Deutschen Juristentag, Band II (Sitzungsberichte), H 8 (H 21 ff.). Siehe auch *Brandner*, JZ 1973, 613 (615 f.); *Bastian/Böhm*, BB 1974, 110 ff.; *Eith*, NJW 1974, 16 (18 ff.); *Heinrichs*, NJW 1977, 1505.

[439] Allerdings ist der Anwendungsbereich gegenüber Unternehmern eingeschränkt, vgl. § 310 Abs. 1 BGB.

[440] Vgl. *Ulmer/Brandner/Hensen*, AGB-Gesetz, § 24 Rn. 6.

[441] Siehe oben 5. Kapitel C. III.

[442] Zur Sonderregelung des § 310 Abs. 3 BGB für Verbraucherverträge vgl. unten 6. Kapitel G. I. 1. c).

[443] *Fastrich*, Richterliche Inhaltskontrolle im Privatrecht, S. 244 f.; *Hart*, Jura 2001, 649 (650); *Hönn*, Kompensation gestörter Vertragsparität, S. 148 f.; *Hommelhoff/Wiedenmann*, ZIP 1993, 562 (565); *Stoffels*, AGB-Recht, Rn. 88; *Ulmer/Brandner/Hensen*, AGB-Gesetz, Einl. Rn. 29.

[444] BT-Drucks. 7/3919, S. 43.

[445] Vgl. Staudinger/*Coester*, § 9 AGBG Rn. 2; *Fastrich*, Richterliche Inhaltskontrolle im Privatrecht, S. 91; *Lieb*, AcP 178 (1978), 196 (202); *Stoffels*, AGB-Recht, Rn. 83.

Verbraucher, sondern grundsätzlich *alle* Personen vor unangemessenen AGB[446]. Aus diesem Grunde ist das AGB-Recht auch kein spezifisches Verbraucherrecht im engeren Sinne, sondern ein praktisch universal wirkendes Schutzrecht[447].
Im Bemühen, praktikable und justitiable Kriterien zur Kennzeichnung AGB-typischer Ungleichgewichtslagen herauszuarbeiten, hat der Gesetzgeber auf das situationsbezogene Merkmal der einseitigen *„Vorformulierung“* der Vertragsbedingungen (vgl. § 305 Abs. 1 Satz 1 BGB[448]) und die Situation *„fehlenden Aushandelns“* abgestellt (vgl. § 305 Abs. 1 Satz 3 BGB[449]). Die Gründe, warum bzw. inwieweit gerade durch diese Kriterien ein Ungleichgewicht zwischen den Vertragsparteien entsteht, sind allerdings sehr vielfältig und komplex[450]. An dieser Stelle sollen deshalb die zwei wichtigsten Aspekte zur Rechtfertigung der gesetzlichen AGB-Kontrolle einer näheren Betrachtung unterzogen werden. Es handelt sich dabei um die fehlende Möglichkeit des Kunden zur Einflussnahme auf den vorformulierten Vertragsinhalt und den fehlenden Konditionenwettbewerb.

1. Fehlende Möglichkeit zur Einflussnahme auf den vorformulierten Vertragsinhalt

Wie oben bereits dargestellt wurde, beruht die „Richtigkeitsgewähr“ des Vertrages darauf, dass die freie vertragliche Einigung zwischen den Vertragsparteien Kompromisscharakter hat und daraus eine gewisse Gewähr für die Berücksichtigung der Interessen beider Vertragsteile abgeleitet werden kann[451]. Bei der Verwendung Allgemeiner Geschäftsbedingungen wird das Versagen der Richtigkeitsgewähr und die Rechtfertigung der AGB-Kontrolle deshalb zumeist auf die fehlende Möglichkeit des Kunden zur Einflussnahme auf den vorformulierten Vertragsinhalt[452], oder,

---

[446] Zu beachten ist allerdings, dass das Gesetz je nach Personenkreis abgestufte Regelungskonzepte vorsieht, vgl. § 310 Abs. 1 und Abs. 3 BGB (früher §§ 24 und 24a AGBG). Ausführlich dazu unten 6. Kapitel G. I. 1.

[447] *Heinrichs*, NJW 1996, 2190 (2194); *Kittner*, Schuldrecht, Rn. 831. Siehe auch schon *Hönn*, Kompensation gestörter Vertragsparität, S. 148.

[448] Früher § 1 Abs. 1 Satz 1 AGBG.

[449] Früher § 1 Abs. 2 AGBG.

[450] Eine ausführliche Analyse und umfassende Erörterung der einschlägigen Argumente findet sich z.B. bei *Fastrich*, Richterliche Inhaltskontrolle im Privatrecht, S. 79 ff.; *Drexl*, Die wirtschaftliche Selbstbestimmung des Verbrauchers, S. 332 ff.; *Wacherbarth*, AcP 200 (2000), 45 (51 ff.).

[451] *Schmidt-Rimpler*, AcP 147 (1941), 130 (151 ff.). Ausführlich dazu auch bereits oben 1. Kapitel A. II.

[452] *Canaris*, AcP 200 (2000); 273 (321); vgl. auch die Formulierung in § 310 Abs. 3 Nr. 2 BGB: „soweit der Verbraucher aufgrund der Vorformulierung auf ihren Inhalt keinen Einfluss nehmen konnte“ und die amtliche Begründung zum Regierungsentwurf des AGB-Gesetzes, BT-Drucks. 7/3919, S. 15: „AGB werden zwischen den Vertragsparteien nicht ausgehandelt, sondern von ei-

was gleichbedeutend ist, auf die einseitige Inanspruchnahme der Vertragsfreiheit durch den AGB-Verwender zurückgeführt[453]. Die fehlende Möglichkeit des Kunden zur Einflussnahme bzw. zum Aushandeln der Vertragsbedingungen hat der Gesetzgeber dementsprechend auch zu einer (negativen) Tatbestandsvoraussetzung für das Eingreifen der gesetzlichen Schutzinstrumente erhoben, wie sich aus einem Umkehrschluss zu § 305 Abs. 1 Satz 3 BGB und aus § 310 Abs. 3 Nr. 2 BGB ergibt[454].

Daraus folgt zunächst, dass zumindest dann keine AGB-Kontrolle gerechtfertigt ist, wenn der Kunde tatsächlich die reale Möglichkeit hatte, auf den Inhalt der Vertragsbedingungen effektiv Einfluss zu nehmen und einen seinen Interessen entsprechenden Vertragsinhalt zu vereinbaren[455]. Insofern gilt hier uneingeschränkt der

---

ner Vertragspartei fertig in den Vertrag eingebracht. Der andere Vertragsteil, der mit einer solchen Regelung konfrontiert wird, kann auf ihre Ausgestaltung gewöhnlich keinen Einfluss nehmen."

[453] BGH v. 8.2.1978, 945 (947); BGH v. 30.6.1994, 2825 (2826); Erman/*Roloff*, vor §§ 305-310 Rn. 1; Palandt/*Heinrichs*, vor § 305 Rn. 8; *Hönn*, Kompensation gestörter Vertragsparität, S. 147 f.; Staudinger/*Schlosser*, § 1 AGBG Rn. 23; Soergel/*Stein*, Einl. AGB-Gesetz Rn. 3; *Ulmer/Brandner/Hensen*, AGB-Gesetz, Einl. Rn. 29.

[454] Gemäß § 305 Abs. 1 Satz 3 BGB findet das Gesetz keine Anwendung, „soweit die Vertragsbedingungen zwischen den Vertragsparteien im Einzelnen ausgehandelt sind". Eine ähnliche Regelung enthält auch § 310 Abs. 3 Nr. 2 BGB, wonach Voraussetzung für die Anwendbarkeit des Gesetzes auf vorformulierte Vertragsbedingungen ist, dass „der Verbraucher aufgrund der Vorformulierung auf ihren Inhalt keinen Einfluss nehmen konnte". Die unterschiedlichen Formulierungen in § 305 Abs. 1 Satz 3 BGB („Aushandeln") und § 310 Abs. 3 Nr. 2 BGB („Einfluss nehmen") begründen der Sache nach aber keinen Unterschied (h.M., vgl. z.B. Palandt/*Heinrichs*, § 310 Rn. 17; *Heinrichs*, NJW 1996, 2190 [2193]; *Stoffels*, AGB-Recht, Rn. 130; *Graf v.Westphalen*, BB 1996, 2101 [2103]; Erman/*Roloff*, § 310 Rn. 20; *Wolf/Horn/Lindacher*, AGB-Gesetz, § 1 Rn. 35, 49 und § 24a Rn. 38; nach a.A. sind dagegen an die „Einflussnahmemöglichkeit" geringere Anforderungen zu stellen als an das „Aushandeln", vgl. etwa *Coester-Waltjen*, FS Medicus, S. 63, 69; Staudinger/*Schlosser*, § 24a AGBG Rn. 48; *Ulmer/Brandner/Hensen*, AGB-Gesetz, § 24a Rn. 47).

[455] Da es nur auf die reale *Möglichkeit* der inhaltlichen Einflußnahme ankommt, können grundsätzlich auch solche Vertragsbedingungen Ausdruck der rechtsgeschäftlichen Selbstbestimmung und damit „ausgehandelt" i.S.v. § 305 Abs. 1 Satz 3 BGB sein, die *unverändert* in der vom Verwender vorformulierten Form übernommen wurden, etwa weil der Kunde inhaltlich keine Einwendungen hatte und den vorformulierten Vertragbedingungen des Verwenders daher *freiwillig zugestimmt* hat. Entscheidend ist, dass der AGB-Verwender zur Abänderung wirklich bereit war und dies dem Kunden auch klar und eindeutig signalisiert hat, eine tatsächliche *Änderung* der vom Verwender ursprünglich vorgeschlagenen AGB ist jedoch „keineswegs Voraussetzung für die Anahme einer Individualvereinbarung", vgl. BT-Drucks. 7/3919, S. 17. Zu den Einzelheiten siehe MüKo/*Basedow*, § 305 Rn. 37 ff.; Erman/*Roloff*, § 305 Rn. 18 ff.; *Graf v.Westphalen*, BB 1996, 2101 (2102 f.); *Wolf/Horn/Lindacher*, AGB-Gesetz, § 1 Rn. 35.

Grundsatz „*volenti non fit iniuria*": Stimmt der Kunde dem Vertragsschluss in diesem Falle freiwillig zu, so beinhaltet seine Zustimmung die Gewähr für einen angemessenen Interessenausgleich und ein kompensatorisches Eingreifen des Gesetzgebers erübrigt sich[456].

Grundsätzlich geht der Gesetzgeber aber davon aus, dass der Kunde bei der Verwendung von vorformulierten Vertragsbedingungen durch die andere Vertragspartei typischerweise *keine* Möglichkeit zur Einflussnahme auf den Vertragsinhalt hat. Der Grund für die fehlende Möglichkeit des Kunden, effektiv Einfluss auf den Vertragsinhalt zu nehmen, liegt in der einseitigen *Vorformulierung* der Vertragsbedingungen durch den Verwender[457]. Mit dem Merkmal der Vorformulierung stellt der Gesetzgeber auf den Umstand ab, dass mit der Vorformulierung eine gedankliche Vorarbeit verbunden ist, die sich der Verwender zunutze machen kann und der der Kunde typischerweise nichts Vergleichbares entgegenzusetzen hat[458]. Denn während der Verwender die Bedingungen im vornhinein meist aufgrund langer Erfahrung, ohne Zeitdruck und regelmäßig unter Inanspruchnahme professioneller Beratung in seinem Sinne entwerfen kann, steht der Kunde häufig unter dem Druck einer konkreten Abschlusssituation und ist mit dem Lesen und Verstehen der oftmals undurchsichtigen und für den ungeschulten Vertragspartner nur schwer durchschaubaren Vertragsbedingungen vielfach auch intellektuell überfordert[459]. Durch die Möglichkeit der einseitigen Vorformulierung der Vertragsbedingungen erlangt der AGB-Verwender daher einen Informationsvorsprung, der zu einer informationellen und intellektuellen Unterlegenheit des Kunden gegenüber dem AGB-Verwender führt[460]. Zwar könnte sich auch der Kunde vor dem Vertragsabschluss in den Sinngehalt und die Tragweite der einzelnen Vertragsbedingungen einarbeiten, einen entsprechenden Rechtsrat einholen und eigene Gegenvorschläge formulieren, um sodann mit dem AGB-Verwender über Änderungen der Vertragsbedingungen verhandeln zu können. Durch diese Bemühungen würden aber Kosten verursacht, die in der Regel in keinem ökonomisch vernünftigen Verhältnis zu dem Risiko stehen, das der Kunde mit der widerspruchslosen Hinnahme der AGB eingeht. Dieses Risiko besteht darin, beim Auftreten von üblicherweise in AGB gere-

---

[456] Vgl. oben 1. Kapitel A. II. Ausführlich dazu auch *Fastrich*, Richterliche Inhaltskontrolle im Privatrecht, S. 271 ff.

[457] Soergel/*Stein*, § 1 AGB-Gesetz Rn. 2; *Stoffels*, AGB-Recht, Rn. 83; *Ulmer/Brandner/Hensen*, AGB-Gesetz, Einl. Rn. 29.

[458] *Wolf/Horn/Lindacher*, AGB-Gesetz, Einl. Rn. 17.

[459] *Bunte*, FS Schimansky, S. 19, 26; *Canaris*, AcP 200 (2000); 273 (321); Erman/*Roloff*, vor §§ 305-310 Rn. 1; *Hönn*, Kompensation gestörter Vertragsparität, S. 149 f.; *Stoffels*, AGB-Recht, Rn. 83.

[460] *Köhler*, BGB AT, § 16 Rn. 1.

gelten Abwicklungsproblemen Vertragsbedingungen ausgesetzt zu sein, die eine für den Kunden wirtschaftlich nachteilige Verteilung des Vertragsrisikos enthalten. Da es aber auf der anderen Seite für den einzelnen Kunden eher unwahrscheinlich ist, von solchen Abwicklungsproblemen in seinem Interessenkreis tatsächlich betroffen zu sein, ist es aus seiner Sicht ökonomisch sinnvoller, einfach die angebotenen AGB ohne weitere Information hinzunehmen, als mit einem zusätzlichen Kosten- und Zeitaufwand zu versuchen, im Verhandlungswege das ein oder andere Vertragsrisiko auf den Verwender zurückzuwälzen[461]. Hinzu kommt, dass der Kunde häufig ohnehin keine Chance hat, die aus seiner Sicht änderungsbedürftigen Klauseln „wegzuverhandeln“[462]: Wie soll sich z.B. der Benutzer eines Parkhauses gegen unüberschaubare und unverständliche Benutzungsbedingungen, mit denen er am Eingang konfrontiert wird, sinnvollerweise zur Wehr setzen?

Da es sich somit bei der Verwendung von AGB für den Kunden schon aufgrund der verhältnismäßig hohen „Transaktionskosten“ nicht lohnt, sich in die Regelungsmaterie einzuarbeiten und zu versuchen, im Verhandlungswege eine Änderung der AGB zu erreichen[463], sind seine Chancen, eine abweichende, seine Interessen berücksichtigende Regelung durchzusetzen, typischerweise bereits von vornherein deutlich gemindert[464].

Die Tatsache, dass eine Vertragspartei auf den Inhalt des Vertrages keinen effizienten Einfluss nehmen kann, begründet allerdings *für sich allein* noch keine Ungleichgewichtslage, die das Eingreifen gesetzlicher Kompensationsmittel rechtfertigen könnte. Denn die fehlende Möglichkeit zur Abänderung der vorformulierten Vertragsbedingungen hindert den Kunden grundsätzlich nicht daran, vom Vertragsschluss Abstand zu nehmen und sich nach einem anderen günstigeren Angebot umzusehen[465]. Der fehlende Einfluss einer Vertragspartei auf den Vertragsinhalt ist daher zwar eine im Hinblick auf §§ 305 Abs. 1 Satz 3, 310 Abs. 3 Nr. 2 BGB notwendige, aber keine hinreichende Bedingung für das Versagen der Richtigkeitsge-

---

[461] Vgl. *Adams*, BB 1989, 781 ff.; MüKo/*Basedow*, vor § 305 Rn. 5; Staudinger/*Coester*, § 9 AGBG Rn. 2; *Drexl*, Die wirtschaftliche Selbstbestimmung des Verbrauchers, S. 334 f.; *Hönn*, Kompensation gestörter Vertragsparität, S. 149 f.; *Kittner*, Schuldrecht, Rn. 822; *Koller*, FS Steindorff, S. 667, 669 ff.; Staudinger/*Schlosser*, Einl. zum AGBG Rn. 4.

[462] *Bunte*, FS Schimansky, S. 19, 26; *Canaris*, AcP 200 (2000); 273 (322).

[463] Siehe dazu *Adams*, BB 1989, 781 ff.; MüKo/*Basedow*, vor § 305 Rn. 5; *Kittner*, Schuldrecht, Rn. 138 ff., 822; *Koller*, FS Steindorff, S. 667, 669 ff.; *Wolf/Horn/Lindacher*, AGB-Gesetz, § 3 Rn. 1.

[464] *Canaris*, AcP 200 (2000); 273 (322).

[465] *Canaris*, AcP 200 (2000); 273 (323); *Wackerbarth*, AcP 200 (2000), 45 (64).

währ des Vertrages[466]. Der fehlende Einfluss des Kunden rechtfertigt vielmehr erst dann das Eingreifen gesetzlicher Kompensationsinstrumente, wenn ihm darüber hinaus *auch* unmöglich ist, auf für ihn günstigere Vertragsbedingungen eines *anderen* potentiellen Vertragspartners auszuweichen[467]. Diese Möglichkeit zum Ausweichen auf konkurrierende Anbieter fehlt dem Kunden regelmäßig dann, wenn es diesbezüglich an einem funktionierenden Markt bzw. Wettbewerb um die „besten" Vertragsbedingungen fehlt, etwa weil sämtliche Wettbewerber mehr oder weniger *einheitliche* Geschäftsbedingungen verwenden. In den Blickwinkel gerät damit die Frage nach der Fähigkeit des *Wettbewerbs*, für angemessene Vertragsbedingungen zu sorgen.

2. Fehlender Konditionenwettbewerb

Ein funktionierender Konditionenwettbewerb hätte zur Folge, dass derjenige Anbieter, der am Markt zu seinen AGB keine Interessenten findet, über kurz oder lang seine AGB attraktiver gestalten muss, so dass der Wettbewerb über das Abschlussverhalten der verschiedenen Kunden eine Selbstregulierungsfunktion entfalten und auf diese Weise von selbst für angemessene AGB sorgen würde. Es entspricht mittlerweile aber der allgemeinen Meinung, dass der Markt nicht dazu in der Lage ist, für angemessene Vertragsbedingungen zu sorgen[468]. Das hat verschiedene Gründe. So kann die Anwendung einheitlicher Geschäftsbedingungen z.B. zwischen den Unternehmen einer Branche in der Form eines gemäß § 2 GWB[469] zulässigen Konditionenkartells vereinbart oder von einem Wirtschafts- oder Berufsverband gemäß § 22 Abs. 3 Nr. 2 GWB[470] empfohlen worden sein.

Die entscheidende Ursache für das Fehlen eines funktionierenden Konditionenwettbewerbs liegt jedoch darin, dass es für die Anbieter an einem Anreiz fehlt, ihre AGB möglichst kundenfreundlich auszugestalten. Denn aufgrund der bereits angesprochenen, verhältnismäßig hohen Kosten, die der Kunde aufbringen müsste, um

---

466 *Fastrich*, Richterliche Inhaltskontrolle im Privatrecht, S. 81; *Wackerbarth*, AcP 200 (2000), 45 (64).

467 *Canaris*, AcP 200 (2000); 273 (323 f.); *Wackerbarth*, AcP 200 (2000), 45 (65, 69 ff.).

468 *Bunte*, FS Schimansky, S. 19, 27; MüKo/*Basedow*, vor § 305 Rn. 6; *Canaris*, AcP 200 (2000); 273 (323); *Fastrich*, Richterliche Inhaltskontrolle im Privatrecht, S. 80; Erman/*Roloff*, vor §§ 305-310 Rn. 1; Palandt/*Heinrichs*, vor § 305 Rn. 6; *Koller*, FS Steindorff, S. 667, 669 f.; Staudinger/*Schlosser*, Einl. zum AGBG Rn. 4; *Ulmer/Brandner/Hensen*, AGB-Gesetz, Einl. Rn. 6; *Wackerbarth*, AcP 200 (2000), 45 (65, 70).

469 Gesetz gegen Wettbewerbsbeschränkungen (GWB) vom 26.8.1998 (BGBl. I S. 2546).

470 § 38 Abs. 2 Nr. 3 GWB a.F.

sich über die Qualität der AGB zu informieren[471], unterlässt er es meistens, die in den AGB festgelegten Nebenbestimmungen, zu denen die konkurrierenden Unternehmen ihre Leistung zu erbringen bereit sind, inhaltlich genau zu studieren und sie untereinander zu vergleichen. Statt dessen macht er seine Vertragsentscheidung in erster Linie von der Bewertung der *Hauptleistungspflichten* bezüglich deren Preis und Qualität abhängig[472], weshalb hinsichtlich der Qualität von AGB folglich überhaupt kein bzw. nur ein unvollkommener Wettbewerb unter den Anbietern stattfindet, mit der Folge, dass der Markt seine Wirkung in Bezug auf die Qualität der AGB nicht wirksam entfalten kann[473]. Zugleich bewirkt dieses Wettbewerbsversagen in Bezug auf die AGB und die gleichzeitige Fokussierung der Vertragsentscheidung auf den Preis der Ware oder Dienstleistung, dass der Anbieter bestrebt sein wird, die angebotene Ware oder Dienstleistung möglichst preiswerter als seine Konkurrenten anzubieten. Da der Anbieter aber durch eine für den Kunden möglichst schlechte Ausgestaltung seiner AGB Kosten einsparen und durch diesen Kostenvorteil sein Produkt entsprechend billiger anbieten kann als ein Anbieter mit kundenfreundlicheren AGB, führt der lediglich am Preis der Ware orientierte Wettbewerb schließlich dazu, dass der Wettbewerb um den günstigsten Preis zu einem Wettbewerb um die kundenfeindlichsten Vertragsbedingungen wird[474]. Bei der Verwendung von AGB fehlt es dem Kunden daher typischerweise nicht nur an der Möglichkeit zur Einflussnahme auf die Vertragsbedingungen, sondern darüber hinaus auch an der Möglichkeit, die begehrte Ware oder Dienstleistung bei einem *anderen* Anbieter zu besseren AGB und zumindest gleich günstigem Preis zu bekommen[475]. Die sich aus der fehlenden Einflussnahmemöglichkeit und dem fehlenden Konditionenwettbewerb ergebende und durch die Kriterien der „Vorformulierung" und des „fehlenden Aushandelns" gekennzeichnete Unterlegenheit des Kunden rechtfertigt somit ein kompensatorisches Eingreifen des Gesetzgebers durch das AGB-Recht[476].

---

[471] Vgl. *Adams*, BB 1989, 781 ff.; *Bunte*, FS Schimansky, S. 19, 27; *Koller*, FS Steindorff, S. 667, 668 ff.; Staudinger/*Schlosser*, Einl. zum AGBG Rn. 4; *Stoffels*, AGB-Recht, Rn. 86; *Ulmer/Brandner/Hensen*, AGB-Gesetz, Einl. Rn. 6; *Wackerbarth*, AcP 200 (2000), 45 (70).

[472] *Fastrich*, Richterliche Inhaltskontrolle im Privatrecht, S. 86; *Frey*, ZIP 1993, 572 (574); Palandt/*Heinrichs*, vor § 305 Rn. 6; *Stoffels*, AGB-Recht, Rn. 86.

[473] *Drexl*, Die wirtschaftliche Selbstbestimmung des Verbrauchers, S. 338 ff.; *Fastrich*, Richterliche Inhaltskontrolle im Privatrecht, S. 86; *Ulmer/Brandner/Hensen*, AGB-Gesetz, Einl. Rn. 6; *Stoffels*, AGB-Recht, Rn. 86.

[474] Vgl. *Fastrich*, Richterliche Inhaltskontrolle im Privatrecht, S. 86; *Frey*, ZIP 1993, 572 (574); *Kittner*, Schuldrecht, Rn. 839; *Wackerbarth*, AcP 200 (2000), 45 (70 f.).

[475] *Drexl*, Die wirtschaftliche Selbstbestimmung des Verbrauchers, S. 340.

[476] *Canaris*, AcP 200 (2000), 273 (324).

3. Folgerungen für den Schutzzweck der AGB-Kontrolle

Nach der gesetzlichen Ausgestaltung des AGB-Rechts ergibt sich das Schutzbedürfnis des Kunden nicht aus *persönlichen* Merkmalen wie etwa einer grundsätzlichen intellektuellen oder wirtschaftlichen Unterlegenheit des Endverbrauchers gegenüber dem Unternehmer, sondern allein aus dem *situationsbedingten* Umstand der Verwendung Allgemeiner Geschäftsbedingungen[477]. Denn der Kunde ist zumeist nicht in der Lage, den Inhalt komplexer AGB hinreichend zur Kenntnis zu nehmen und die Tragweite der einzelnen Regelungen zu überschauen (intellektuelle Unterlegenheit); außerdem ist es für ihn oft auch entweder wegen des Zeit- und Kostenaufwands nicht lohnend oder aber wegen des fehlenden Konditionenwettbewerbs in Bezug auf die Nebenbestimmungen überhaupt nicht möglich, eine Abänderung oder Streichung der AGB durchzusetzen (wirtschaftliche Unterlegenheit). Die typisierende Anknüpfung des AGB-Rechts an die situationsbezogenen Merkmale der „Vorformulierung“ und des „fehlenden Aushandelns“ bedingt zudem, dass es für das Eingreifen der gesetzlichen Schutzinstrumente grundsätzlich[478] nicht auf ein im konkreten Einzelfall vom Kunden zu beweisendes individuelles Schutzbedürfnis ankommt, sondern allein auf das bei der Verwendung von AGB *typischerweise* gegebene Schutzbedürfnis des Kunden[479].

F. Die Schutzinstrumente des AGB-Rechts

Das AGB-Recht kompensiert die aus der Verwendung von AGB resultierende intellektuelle und wirtschaftliche Unterlegenheit des Kunden auf zweifache Weise, nämlich durch die Einbeziehungskontrolle nach den §§ 305 Abs. 2, 305b, 305c BGB und die Inhaltskontrolle nach den §§ 307 bis 309 BGB.

I. Einbeziehungskontrolle, §§ 305 Abs. 2, 305b, 305c BGB

Das erste Schutzinstrument bildet die sog. Einbeziehungskontrolle. Diese soll in erster Linie dem bei der Verwendung von AGB typischerweise bestehenden Informationsdefizit des Vertragspartners entgegenwirken und verhindern, dass die AGB im Ganzen oder in einzelne Klauseln vom Kunden nicht hinreichend deutlich zur

---

[477] *Fastrich*, Richterliche Inhaltskontrolle im Privatrecht, S. 91; Erman/*Roloff*, vor §§ 305-310 Rn. 2; *Ulmer/Brandner/Hensen*, AGB-Gesetz, Einl. Rn. 32.

[478] Lediglich bei Verbraucherverträgen ist gemäß § 310 Abs. 3 Nr. 3 BGB (früher § 24a Nr. 3 AGBG) zusätzlich im Rahmen einer individuell-konkreten Betrachtung auch das konkrete Machtgefälle zwischen den Vertragsparteien und der Erfahrungsvorsprung des Unternehmers zu berücksichtigen. Einzelheiten dazu bei MüKo/*Basedow*, § 310 Rn. 70 ff.

[479] *Fastrich*, Richterliche Inhaltskontrolle im Privatrecht, S. 91; Erman/*Roloff*, vor §§ 305-310 Rn. 2; Soergel/*Stein*, Einl. AGB-Gesetz Rn. 8; *Ulmer/Brandner/Hensen*, AGB-Gesetz, Einl. Rn. 32.

Kenntnis genommen oder verstanden werden können[480]. Zur Förderung der Transparenz der Vertragsklauseln verlangt daher § 305 Abs. 2 BGB[481] dreierlei: Erstens muss der AGB-Verwender seinen Vertragspartner bei Vertragsschluss ausdrücklich oder, wenn dies nicht oder nur schwer möglich ist, durch deutlich sichtbaren Aushang am Orte des Vertragsschlusses auf die AGB *hinweisen* (§ 305 Abs. 2 Nr. 1 BGB); zweitens muss der AGB-Verwender seinem Vertragspartner die Möglichkeit verschaffen, in zumutbarer Weise *vom Inhalt der AGB Kenntnis zu nehmen* (§ 305 Abs. 2 Nr. 2 BGB); und drittens muss sich der Vertragspartner des Verwenders mit der Geltung der AGB *einverstanden* erklären (§ 305 Abs. 2 a.E. BGB).
Der Klauseltransparenz dient des Weiteren das Verbot überraschender Klauseln gemäß § 305c Abs. 1 BGB[482]. Danach werden Bestimmungen in AGB, die nach den Umständen des Vertragsschlusses so ungewöhnlich sind, dass der Kunde mit ihnen nicht zu rechnen braucht, nicht Vertragsbestandteil. Der Gesetzgeber wollte mit § 305c Abs. 1 BGB sicherstellen, dass der Kunde unabhängig davon, ob der die AGB gelesen hat, „darauf vertrauen kann, dass sich die einzelnen Regelungen im großen und ganzen im Rahmen dessen halten, was nach den Umständen bei Abschluss des Vertrages erwartet werden kann“[483]. Dementsprechend entfällt eine Anwendung von § 305c Abs. 1 BGB, wenn der Verwender den Kunden vor oder bei Vertragsschluss durch einen ausdrücklichen Hinweis oder eine besondere Erläuterung über den Inhalt der Klausel informiert hat und damit den von der Klausel ausgehenden Überraschungseffekt ausgeschaltet hat[484].
Sofern die Vertragsparteien individuelle Vertragsabreden getroffen haben, die einen von den AGB abweichenden Regelungsinhalt haben, so haben diese Individualabreden als speziellere Regelungen grundsätzlich Vorrang vor AGB. Diesen Grundsatz, der bereits vor Schaffung des AGB-Rechts in der Rechtsprechung anerkannt war[485], hat der Gesetzgeber zur Klarstellung noch einmal ausdrücklich in § 305b BGB gesetzlich normiert[486].
Haben die AGB die Einbeziehungskontrolle überstanden, so dass sie Bestandteil des Vertrages geworden sind, gilt für ihre Auslegung schließlich noch der in § 305c

[480] Vgl. *Kittner*, Schuldrecht, Rn. 838, der hier allerdings nicht von einer Einbeziehungs-, sondern von einer Abschlusskontrolle spricht.
[481] Früher § 2 AGBG.
[482] Früher § 3 AGBG.
[483] Vgl. BT-Drucks. 7/3919, S. 19.
[484] MüKo/*Basedow*, § 305c Rn. 8; Erman/*Roloff*, § 305c Rn. 12; Palandt/*Heinrichs*, § 305c Rn. 4; *Ulmer/Brandner/Hensen*, AGB-Gesetz, § 3 Rn. 13a, 23 f.; *Wolf/Horn/Lindacher*, AGB-Gesetz, § 3 Rn. 38 ff.; a.A. Soergel/ *Stein*, § 3 AGB-Gesetz, Rn. 15.
[485] Vgl. z.B. BGH v. 6.11.1967, BGHZ 49, 84 (87).
[486] Zur Klarstellungsfunktion von § 305b BGB (früher § 4 AGBG) vgl. BT-Drucks. 7/3919, S. 20.

Abs. 2 BGB niedergelegte Grundsatz, dass Unklarheiten zu Lasten des Verwenders gehen. Hinter dieser ebenfalls der Klauseltransparenz dienenden Regelung steht der Gedanke, dass der Verwender, der auf der einen Seite die Vertragsgestaltungsfreiheit durch die Verwendung von selbst- bzw. fremdverfassten AGB einseitig für sich in Anspruch nimmt, auf der anderen Seite auch die sich aus der unklaren oder zweideutigen Formulierung der AGB ergebenden Risiken tragen muss[487].

II. Inhaltskontrolle, §§ 307 bis 309 BGB

Das zweite Instrument zum Schutz vor unbilligen AGB bildet die Inhaltskontrolle nach den §§ 307 bis 309 BGB[488]. Die Inhaltskontrolle stellt das Kernstück des AGB-Rechts dar. Sie hat im Gegensatz zur Einbeziehungskontrolle nicht den Zweck, den Verwender daran zu hindern, seine AGB unbemerkt in den Vertrag einzuführen; die Inhaltskontrolle soll vielmehr im Anschluss an die Einbeziehungskontrolle verhindern, dass solche bereits in den Vertrag einbezogenen Vertragsbedingungen Geltung erlangen, durch die der Vertragspartner des AGB-Verwenders entgegen den Geboten von Treu und Glauben unangemessen benachteiligt wird (§ 307 Abs. 1 BGB)[489]. Demnach sind vorformulierte Vertragsbedingungen, auf die der Kunde keinen Einfluss nehmen konnte, nicht bereits von vornherein als unwirksam anzusehen, sondern nur dann, wenn sie zu einer unangemessenen Benachteiligung des Kunden führen. Bei dem die Paritätsstörung kennzeichnenden Kriterium der Vorformulierung handelt es sich somit nur um ein *Aufgreifkriterium* für die anschließende Kontrolle der Vertragsbedingungen anhand des Kriteriums der Unangemessenheit[490]. Das kompensierende Eingreifen des Gesetzgebers dahingehend, die AGB für unwirksam zu erklären, rechtfertigt sich demnach erst aus einem Zusammenspiel des Kriteriums der Vorformulierung mit dem Kriterium der Unangemessenheit der AGB. Damit wird deutlich, dass auch die AGB-rechtlichen Kompensationsinstrumente in ihrer Grundstruktur dem oben[491] herausgearbeiteten Grundmodell der gesetzlichen Kompensationsinstrumente nachgebildet sind, wonach eine typischerweise gestörte Vertragsparität – hier gekennzeichnet durch das Merkmal der Vorformulierung – und eine inhaltliche Un-

---

[487] MüKo/*Basedow*, § 305c Rn. 28; *Wolf/Horn/Lindacher*, AGB-Gesetz, § 5 Rn. 24 f.

[488] Früher §§ 9 bis 11 AGBG.

[489] Vgl. BT-Drucks. 7/3919, S. 22.

[490] Vgl. *Drexl*, Die wirtschaftliche Selbstbestimmung des Verbrauchers, S. 346; *Roussos*, JZ 1988, 997 (999 ff.)

[491] Vgl. oben 2. Kapitel A. III. 2. a).

angemessenheit zusammentreffen müssen, um ein kompensatorisches Eingreifen des Gesetzgebers zu rechtfertigen[492].

1. Das Kontrollkriterium der „unangemessenen Benachteiligung"

Das für die Inhaltskontrolle maßgebliche Kontrollkriterium, nach dem festgestellt werden kann, ob eine Klausel als unwirksam anzusehen ist, hat der Gesetzgeber in § 307 Abs. 1 BGB[493] festgelegt. Die Vertragsbestimmungen müssen danach zu einer „unangemessenen Benachteiligung" des Vertragspartners des Verwenders führen. Dem Begriff der „unangemessenen Benachteiligung" liegt die Vorstellung zugrunde, dass der von der beiderseitigen Selbstbestimmung der Vertragsparteien getragene Vertragsschluss einen angemessenen Interessenausgleich zwischen den Vertragspartnern beinhaltet[494], weshalb die Bestimmung der Unangemessenheit im Wege einer umfassenden Abwägung der beiderseitigen Interessen der Vertragspartner im Hinblick auf die fragliche Klausel zu erfolgen hat[495]. Der Gesetzgeber nimmt damit Bezug auf den Grundsatz der Verhältnismäßigkeit[496]. Folglich ist ein kompensierendes Eingreifen in den vertraglichen Interessensausgleich – um es mit den Worten des *BVerfG* auszudrücken – erst dann möglich ist, wenn „der Inhalt des Vertrages für eine Seite ungewöhnlich belastend und als Interessensausgleich offensichtlich unangemessen"[497] ist.

2. Genereller Prüfungsmaßstab und typisierende Betrachtungsweise bei der Interessenabwägung

Bei der Vornahme der Interessenabwägung im Rahmen des § 307 Abs. 1 BGB stellt sich zwangsläufig die Frage, *welche* Interessen und Gesichtspunkte bei der Abwägung zu berücksichtigen sind. § 307 BGB enthält insofern keine Anhaltspunkte. In Betracht kommen daher entweder die *individuellen* Interessen der im *konkreten Einzelfall* am Vertragsschluss beteiligten Vertragsparteien (individuell-konkrete Betrachtungsweise) oder aber die *typischen* Interessen der an Rechtsgeschäften dieser Art *generell* beteiligten Verkehrskreise (überindividuell-generalisierende Betrachtungsweise). Im Gegensatz zu der Interessenabwägung im Rahmen der allgemeinen zivilrechtlichen Generalklauseln (§§ 138 Abs. I, 242, 315

---

[492] Siehe auch *Canaris*, AcP 200 (2000), 273 (326).

[493] Früher § 9 Abs. 1 AGBG.

[494] Zur „Richtigkeitsgewähr" des Vertragsschlusses siehe oben 1. Kapitel A. II.

[495] Vgl. BGH v. 8.10.1987, NJW 1988, 258 (259); Staudinger/*Coester*, § 9 AGBG Rn. 73 f.; Erman/*Roloff*, § 307 Rn. 9; Soergel/*Stein*, § 9 AGB-Gesetz Rn. 6; *Stoffels*, AGB-Recht, Rn. 468; *Wolf/Horn/Lindacher*, AGB-Gesetz, § 9 Rn. 113.

[496] Siehe dazu oben 2. Kapitel A. II. 3.

[497] BVerfG v. 19.10.1993, BVerfGE 89, 214 (234).

Abs. 1 BGB), die unter Berücksichtigung sämtlicher Umstände des konkreten Einzelfalles und damit im Wege einer individuell-konkreten Betrachtungsweise zu erfolgen hat[498], ist bei der Interessenabwägung im Rahmen der AGB-rechtlichen Generalklausel des § 307 Abs. 1 BGB nach ständiger Rechtsprechung des *BGH*[499] und herrschender Auffassung in der Literatur[500] grundsätzlich[501] von den konkreten Umständen des Einzelfalles abzusehen und allein auf die bei der fraglichen Art von Rechtsgeschäften *typischerweise* bestehende Interessenlage der beteiligten Kreise abzustellen. Gerechtfertigt wird diese überindividuell-generalisierende Betrachtungsweise vor allem mit dem generellen, auf eine Vielzahl gleichförmiger Geschäfte zugeschnittenen Charakter von AGB[502], der das konkrete Einzelgeschäft nur als einen von vielen Anwendungsfällen erscheinen lässt[503]. Dieser abstrakt-generelle Charakter von AGB gebietet es, auch die Interessenabwägung entsprechend auszurichten und im Wege einer generalisierenden, typisierenden Betrachtung vorzunehmen[504]. Das bedeutet, dass die Gerichte bei der zur Konkretisierung der Generalklausel des § 307 Abs. 1 BGB notwendigen Fallgruppenbildung[505] die besonderen Umstände des *konkreten* Einzelfalles, wie etwa die Auswirkungen der Klausel auf das konkrete Vertragsverhältnis, die außergewöhnliche Situation des konkreten Vertragsschlusses, die persönlichen Verhältnisse oder die individuelle Schutzbedürftigkeit der Vertragsparteien, außer Betracht lassen müssen, sofern diese Umstände für einen bestimmten Geschäftstyp oder eine bestimmte Personengruppe nicht typisch, sondern ausschließlich im konkreten Einzelfall von Bedeutung sind[506]. Umgekehrt ist jedoch zu beachten, dass Besonderheiten, die nicht nur auf den Einzelfall beschränkt, sondern für eine bestimmte Fallgruppe charakteris-

---

[498] Vgl. dazu oben 3. Kapitel A.

[499] BGH v. 8.10.1986, NJW 1987, 487 (489); BGH v. 9.2.1990, NJW 1990, 1601 (1602); BGH v. 19.3.1992, NJW 1992, 1626 (1627); BGH v. 4.7.1997, NJW 1997, 3022 (3024); BGH v. 28.10.1999, NJW 2000, 658 (659); BGH v. 20.10.2000, NJW 2000, 2106 (2107); BGH v. 13.12.2001, NJW 2002, 1713 (1715).

[500] MüKo/*Basedow*, § 307 Rn. 33 ff.; Staudinger/*Coester*, § 9 AGBG Rn. 80 ff.; *Fastrich*, Richterliche Inhaltskontrolle im Privatrecht, S. 310 ff.; Erman/*Roloff*, § 307 Rn. 5; *v.Hoyningen-Huene*, Die Inhaltskontrolle nach § 9 AGB-Gesetz, Rn. 32 f.; Soergel/*Stein*, § 9 AGB-Gesetz Rn. 8; *Stoffels*, AGB-Recht, Rn. 473 f.; *Ulmer/Brandner/Hensen*, AGB-Gesetz, § 9 Rn. 78 ff.; *Wolf/Horn/Lindacher*, AGB-Gesetz, § 9 Rn. 51 ff; a.A. *Schmidt-Salzer*, BB 1995, 733 (737 f.); *ders*. JZ 1995, 223 ff.

[501] Zu den Einschränkungen im Individualprozess sogleich unter a).

[502] Zur Rationalisierungsfunktion von AGB vgl. oben 6. Kapitel A.

[503] Staudinger/*Coester*, § 9 AGBG Rn. 80; *Wolf/Horn/Lindacher*, AGB-Gesetz, § 9 Rn. 51.

[504] MüKo/*Basedow*, § 310 Rn. 71; *Heinrichs*, NJW 1996, 2190 (2193).

[505] Zur Konkretisierung von Generalklauseln 3. Kapitel A.

[506] Soergel/*Stein*, § 9 AGB-Gesetz Rn. 7.

tisch und damit *generalisierbar* sind, keinesfalls ausgeblendet werden dürfen, sondern bei der Interessenabwägung berücksichtigt werden müssen, damit Ungleiches nicht zu Unrecht gleich behandelt wird. Die überindividuell-generalisierende Betrachtungsweise schließt somit nicht aus, dass in solchen Fällen, in denen die Interessen, Verhältnisse und Schutzbedürfnisse der Vertragsparteien *generell* unterschiedlich gelagert sind, *gruppentypische* Differenzierungen vorgenommen werden, so dass die Interessenabwägung je nach Art des Geschäfts oder beteiligter Personengruppe durchaus zu unterschiedlichen Ergebnissen führen kann[507]. Der Vorteil der generalklauselartigen Fassung des § 307 Abs. 1 BGB, auf die Vielfältigkeit der alltäglichen Lebenssachverhalte flexibel reagieren zu können, bleibt also auch bei der überindividuell-generalisierenden Betrachtungsweise weitgehend erhalten[508].

a) Einschränkungen im Individualprozess

Während die individuellen Umstände der konkreten Fallgestaltung jedenfalls bei der vom Einzelfall losgelösten, abstrakten Wirksamkeitsprüfung im *Verbandsklageverfahren* nach §§ 1, 3 UKlaG[509] (früher § 13 AGBG) entsprechend den oben dargestellten Grundsätzen außer Betracht bleiben müssen[510], gelten im *Individualprozess* gewisse Einschränkungen[511]. Bei genauerer Betrachtung lässt sich nämlich feststellen, dass die Rechtsprechung bei der Interessenabwägung im Individualprozess von der Berücksichtigung einzelfallbezogener Umstände des konkreten Vertragsschlusses nicht immer konsequent absieht, sondern zumindest bei der Anwendung des zuvor von der Rechtsprechung entwickelten[512] und inzwischen in § 307 Abs. 1 Satz 2 BGB gesetzlich normierten *Transparenzgebotes*[513] auch vertragsabschlussbegleitende Einzelfallumstände insoweit heranzieht, als sie im konkreten

---

[507] BGH v. 9.2.1990, NJW 1990, 1601 (1602); BGH v. 28.10.1999, NJW 2000, 658 (660); Staudinger/*Coester*, § 9 AGBG Rn. 82; Erman/*Roloff*, § 307 Rn. 5; *Stoffels*, AGB-Recht, Rn. 474.

[508] Zu den verschiedenen Gesichtspunkten, die die Interessenabwägung beeinflussen können, siehe die ausführliche Übersicht bei *Wolf/Horn/Lindacher*, AGB-Gesetz, § 9 Rn. 118-142.

[509] Gesetz über Unterlassungsklagen bei Verbraucherrechts- und anderen Verstößen (Unterlassungsklagengesetz – UKlaG) vom 27.8.2002 (BGBl. I S. 3422, ber. S. 4346).

[510] Vgl. BGH v. 27.1.1983, NJW 1983, 2026 f.; BGH v. 19.9.1990, NJW 1991, 36 (38); *Ulmer/Brandner/Hensen*, AGB-Gesetz, § 9 Rn. 79.

[511] Staudinger/*Coester*, § 9 AGBG Rn. 83 ff.; *Wolf/Horn/Lindacher*, AGB-Gesetz, § 9 Rn. 53.

[512] Grundlegend BGH v. 24.11.1988, BGHZ 106, 42 (49 ff.) m.w.N. Siehe auch BGH v. 17.1.1989, BGHZ 106, 259 (264 f.); BGH v. 10.7.1990, BGHZ 112, 115 ff.; BGH v. 9.2.1997, NJW 1997, 1068.

[513] Danach kann sich eine unangemessene Benachteiligung des Kunden auch daraus ergeben, dass eine AGB-Klausel nicht klar und verständlich formuliert ist. Zur Handhabung des Transparenzgebotes nach der Schuldrechtsreform vgl. MüKo/*Basedow*, § 307 Rn. 48 ff.

Fall dazu geeignet sind, die im Wege einer generalisierenden Betrachtung festgestellte Intransparenz einer Klausel zu heilen[514]. Der im konkreten Einzelfall gegebene Umstand, dass der AGB-Verwender dem Klauselgegner die Auswirkungen der – generalisierend gesehen – intransparenten Klausel durch eine entsprechende Aufklärung vor oder bei Vertragsschluss hinreichend durchschaubar gemacht und damit die Intransparenz der Klausel im konkreten Fall beseitigt hat, soll daher im Individualprozess ohne weiteres beachtlich sein, mit der Folge, dass die Klausel in diesem Fall für wirksam erachtet wird[515]. Gleichwohl bedeutet das nicht, dass die Interessenabwägung im Individualprozess grundsätzlich im Wege einer individuell-konkreten Betrachtungsweise vorgenommen würde und sämtliche individuellen Einzelfallumstände berücksichtigt werden könnten[516]. Denn von der Anwendung des Transparenzgebotes abgesehen hält die Rechtsprechung im Übrigen unbeirrt an der überindividuell-generalisierenden Betrachtungsweise fest und blendet die konkreten Einzelfallumstände bei der Inhaltskontrolle im Individualprozess konsequent aus[517]. Zusammenfassend lässt sich somit feststellen, dass die individuellen Umstände des konkreten Vertragsschlusses bei der Inhaltskontrolle nach § 307 Abs. 1 BGB sowohl im Verbandsklageverfahren als auch im Individualprozess – abgesehen vom Transparenzgebot – grundsätzlich[518] keine Berücksichtigung finden können, sondern nur für die Beurteilung des Vertrages anhand der allgemeinen zivilrechtlichen Vorschriften (§§ 123, 138, 242 BGB) von Bedeutung sind[519].

b) Folgen der Typisierung und Korrekturmöglichkeiten im Einzelfall

Das Ausblenden der konkreten Einzelfallumstände bei der überindividuell-generalisierenden Betrachtungsweise führt allerdings dazu, dass die Interessenabwägung im Rahmen der Inhaltskontrolle nicht in jedem Fall auch den *konkreten* Interessen der Vertragsparteien gerecht wird. Denn da bei der überindividuell-generalisierenden Betrachtung nur darauf abgestellt wird, ob die Klausel unter Berücksichtigung der *typischen* Interessen der Beteiligten eine unangemessene Be-

---

[514] Vgl. BGH v. 24.11.1988, BGHZ 106, 42 (45, 51); BGH v. 30.4.1991, NJW 1991, 1889; BGH v. 15.10.1991, NJW 1992, 179 (180); BGH v. 11.2.1992, NJW 1992, 1097 (1098); BGH v. 13.6.1996, ZIP 1996, 1289 (1291).

[515] BGH v. 11.2.1992, NJW 1992, 1097 (1098); Staudinger/*Coester*, § 9 AGBG Rn. 147 ff.; *Ulmer/Brandner/Hensen*, AGB-Gesetz, § 9 Rn. 106.

[516] So aber wohl *Wolf/Horn/Lindacher*, AGB-Gesetz, § 9 Rn. 53.

[517] BGH v. 19.3.1992, NJW 1992, 1626 (1627); BGH v. 18.9.1997, NJW 1997, 3372 (3374); BGH v. 20.1.2000, NJW 2000, 2106 (2107 f.); BGH v. 13.12.2001, NJW 2002, 1713 (1715).

[518] Zu den Ausnahmen beim Verbrauchervertrag vgl. unten 6. Kapitel G. I. 2. d).

[519] So ausdrücklich BGH v. 18.9.1997, NJW 1997, 3372 (3374); *Ulmer/Brandner/Hensen*, AGB-Gesetz, § 9 Rn. 177.

nachteiligung des Klauselgegners darstellt, kann eine Klausel bei generalisierender Betrachtung durchaus angemessen sein, obwohl sie aus Gründen, die im konkreten Individualverhältnis wurzeln (z.B. konkretes Parteiverhalten), im Einzelfall zu einem unangemessenen Ergebnis führt. Weil die Berücksichtigung der konkreten Einzelfallumstände im Rahmen der überindividuell-generalisierenden Betrachtungsweise jedoch grundsätzlich nicht möglich ist, besteht bei der AGB-rechtlichen Inhaltskontrolle insofern sowohl ein Schutzdefizit als auch ein Schutzübermaß. Das Schutzdefizit besteht darin, dass ein im konkreten Einzelfall schutzbedürftiger Klauselgegner durch das AGB-Recht nicht geschützt wird, wenn die Klausel bei generalisierender Betrachtung nicht zu beanstanden ist[520]. Das Schutzübermaß ergibt sich hingegen daraus, dass eine bei generalisierender Betrachtung unangemessene Klausel auch dann unwirksam ist, wenn der Klauselgegner im konkreten Einzelfall keinen Schutz benötigt. Abhilfe bieten hier die Vorschriften des allgemeinen Zivilrechts, die im Gegensatz zu den §§ 307 bis 309 BGB eine angemessene Berücksichtigung der konkreten Einzelfallumstände ermöglichen. So kann z.B. der im Einzelfall schutzbedürftige Klauselgegner, der sich bei Abschluss des Vertrages falsche Vorstellungen bezüglich des Inhalts der AGB-Klauseln macht, den Vertrag gemäß § 119 Abs. 1, 1. Alt. BGB anfechten und sich auf diese Weise von den grundsätzlich angemessenen AGB lösen[521].

Darüber hinaus ist nach ganz herrschender Meinung in Rechtsprechung[522] und Literatur[523] auch eine sog. *Ausübungskontrolle* auf der Grundlage von § 242 BGB möglich[524]. Es handelt sich dabei nicht um einen auf § 242 BGB gestützten Fall der Inhaltskontrolle im engeren Sinne[525], sondern um die (einzelfallbezogene) Anwendung des ebenfalls aus § 242 BGB abgeleiteten Grundsatzes der *unzulässigen Rechtsausübung*, der als allgemeiner zivilrechtlicher Grundsatz nicht von der

---

520 Vgl. etwa den Fall BGH v. 13.3.1991, NJW-RR 1991, 949.

521 Ausführlich zum Verhältnis des AGB-Recht zur Anfechtung gemäß §§ 119 ff. BGB siehe Staudinger/*Coester*, § 9 AGBG Rn. 27 ff.; *Stoffels*, AGB-Recht, Rn. 394 ff.

522 BGH v. 12.2.1985, NJW 1985, 1537 (1539); BGH v. 6.7.1988, NJW 1988 2790 (2794); BGH v. 12.1.1994, NJW 1994, 1060 (1064).

523 Vgl. MüKo/*Basedow*, vor § 307 Rn. 11; Staudinger/*Coester*, § 9 AGBG Rn. 38 ff.; *Fastrich*, Richterliche Inhaltskontrolle im Privatrecht, S. 24 ff.; Erman/*Roloff*, vor §§ 307-309 Rn. 12; Palandt/*Heinrichs*, vor § 307 Rn. 17; *v.Hoyningen-Huene*, Die Inhaltskontrolle nach § 9 AGB-Gesetz, Rn. 108; MüKo/*Roth*, § 242 Rn. 122 und 417 ff.; *Roussos*, JZ 1988, 997 ff.; *Stoffels*, AGB-Rechts, Rn. 389; *Ulmer/Brandner/Hensen*, AGB-Gesetz, § 9 Rn. 34 ff.; Soergel/*Stein*, vor § 8 AGB-Gesetz Rn. 13; *Wolf/Horn/Lindacher*, AGB-Gesetz, § 9 Rn. 26 ff.

524 Siehe dazu oben 6. Kapitel D. I.

525 Die AGB-rechtlichen Vorschriften schließen in ihrem Anwendungsbereich ohnehin einen Rückgriff auf § 242 BGB als Rechtsgrundlage für eine Inhaltkontrolle aus, vgl. dazu oben 6. Kapitel D. I.

„Sperrwirkung“ des AGB-Rechts erfasst wird[526]. Danach kann dem AGB-Verwender die Ableitung von Rechten aus einer „an sich“ wirksamen Klausel im Einzelfall unter dem Gesichtspunkt des *Rechtsmissbrauchs* versagt werden, wenn die Berufung auf die Klausel unter Berücksichtigung der besonderen Umstände des konkreten Einzelfalles treuwidrig ist[527].
Umgekehrt kann grundsätzlich auch dem Klauselgegner der Einwand der unzulässigen Rechtsausübung entgegengehalten werden, wenn er sich in treuwidriger Weise auf die „an sich“ gegebene Unwirksamkeit der AGB nach §§ 307 bis 309 BGB beruft[528]. Die AGB-rechtliche Inhaltskontrolle und die Ausübungskontrolle nach § 242 BGB unterscheiden sich demnach vor allem durch ihren Kontrollgegenstand und ihren Kontrollmaßstab: Während bei der Inhaltskontrolle der *Inhalt* einer Vertragsregelung anhand eines *überindividuell-generalisierenden* Bewertungsmaßstabs auf seine Angemessenheit hin überprüft wird[529], geht es bei der Ausübungskontrolle darum, ob ein *individuelles Verhalten* einer Vertragspartei im *konkreten* Einzelfall der Ableitung von Rechten aus einer grundsätzlich unangreifbaren Vertragsregelung entgegensteht[530].
Trotz dieser gedanklichen Trennung ergeben sich jedoch immer wieder Überschneidungspunkte zwischen der Inhalts- und der Ausübungskontrolle, die eine saubere Abgrenzung im Einzelfall schwierig machen können. So kann einerseits der Massencharakter von AGB dazu führen, dass das zunächst nur im Einzelfall als rechtsmissbräuchlich erscheinende Verhalten eine Verallgemeinerungsfähigkeit entwickelt und damit auch im Rahmen einer überindividuell-generalisierenden Betrachtung Berücksichtigung finden könnte, während andererseits der überindividuell-generalisierende Charakter der Inhaltskontrolle dadurch relativiert wird, dass zumindest beim Transparenzgebot auch auf die individuellen Umstände des konkreten Vertragsabschlusses abgestellt wird[531].

---

526 Vgl. Staudinger/*Coester*, § 9 AGBG Rn. 38; MüKo/*Roth*, § 242 Rn. 122.
527 *v.Hoyningen-Huene*, Die Inhaltskontrolle nach § 9 AGB-Gesetz, Rn. 108; MüKo/*Roth*, § 242 Rn. 417 ff.; *Roussos*, JZ 1988, 997 (998); *Wolf/Horn/Lindacher*, AGB-Gesetz, § 9 Rn. 27.
528 Staudinger/*Coester*, § 9 AGBG Rn. 40; *v.Hoyningen-Huene*, Die Inhaltskontrolle nach § 9 AGB-Gesetz, Rn. 108; MüKo/*Roth*, § 242 Rn. 420; *Ulmer/Brandner/Hensen*, AGB-Gesetz, § 9 Rn. 37; *Wolf/Horn/Lindacher*, AGB-Gesetz, § 9 Rn. 28.
529 Siehe oben 6. Kapitel F. II. 2.
530 *Fastrich*, Richterliche Inhaltskontrolle im Privatrecht, S. 24 ff.; MüKo/*Roth*, § 242 Rn. 419; *Roussos*, JZ 1988, 997 f.
531 Siehe auch MüKo/*Roth*, § 242 Rn. 419; *Roussos*, JZ 1988, 997 (998).

3. Schranken der Inhaltskontrolle, § 307 Abs. 3 Satz 1 BGB

Aus den Ursachen für das Versagen der Richtigkeitsgewähr bei der Verwendung von AGB lassen sich nicht nur Kriterien für die positive Umschreibung der insoweit kontrollbedürftigen Vertragsbestimmungen ableiten, sondern umgekehrt auch Rückschlüsse auf die von der Inhaltskontrolle auszunehmenden Bestimmungen ziehen. Die für das AGB-spezifische Paritätsdefizit verantwortlichen Umstände setzen demnach dem Anwendungsbereich der Inhaltskontrolle zugleich auch Schranken.

a) Keine Kontrolle der Hauptleistungspflichten

Aus der unterschiedlichen wettbewerbsrechtlichen Relevanz von Haupt- und Nebenbestimmungen folgt zunächst, dass die in AGB geregelten *Neben*leistungspflichten aufgrund des diesbezüglichen Wettbewerbsversagens kontroll*bedürftig* sind[532]. Auf der anderen Seite bedeutet das aber auch, dass die vertraglichen *Haupt*leistungspflichten, also Leistungsbeschreibungen sowie Preis- und Entgeltabreden, grundsätzlich *keiner* AGB-Kontrolle zugänglich sind[533]. Denn hinsichtlich der Hauptleistungsbestimmungen und insbesondere hinsichtlich des zu zahlenden Preises gibt es einen *funktionierenden* Wettbewerb, der das Verhältnis von Leistung und Gegenleistung nach den Gesetzen von Angebot und Nachfrage von selbst reguliert und damit eine staatliche Kontrolle überflüssig macht[534]. Und da der Staat in einer auf der Freiheit und Selbstbestimmung des Bürgers aufbauenden Privatrechtsordnung grundsätzlich auch gar nicht über die individuellen Bedürfnisse der Vertragsparteien entscheiden kann und darf, fehlen in der Regel auch entsprechende rechtliche Maßstäbe, an welchen die Angemessenheit der im Gegenseitigkeitsverhältnis stehenden Hauptleistungspflichten gemessen werden könnte[535]. Um zu verhindern, dass die AGB-Kontrolle in eine unzulässige Bevormundung des Bürgers durch den Staat umschlägt, hat der Gesetzgeber daher gemäß § 307 Abs. 3

---

[532] Siehe dazu oben 6. Kapitel E. III. 2.

[533] BGH v. 19.9.1985, NJW 1986, 46 (48); BGH v. 24.11.1988, NJW 1989, 222 (223); *Canaris*, AcP 200 (2000), 273 (324); MüKo/*Basedow*, § 307 Rn. 1; *Drexl*, Die wirtschaftliche Selbstbestimmung des Verbrauchers, S. 340 f.; *Fastrich*, Richterliche Inhaltskontrolle im Privatrecht, S. 256 ff.; Erman/*Roloff*, § 307 Rn. 38; Palandt/*Heinrichs*, § 307 Rn. 54; Soergel/*Stein*, § 8 AGB-Gesetz Rn. 5 ff.; *Stoffels*, JZ 2001, 843 (844); *Wolf/Horn/Lindacher*, AGB-Gesetz, § 8 Rn. 1, 10 ff., 13 ff.

[534] Siehe auch *Stoffels*, JZ 2001, 843 (844).

[535] *Fastrich*, Richterliche Inhaltskontrolle im Privatrecht, S. 257.

Satz 1 BGB[536] die Hauptleistungspflichten von der AGB-Kontrolle ausgenommen[537].

Die Herausnahme von Hauptleistungspflichten aus dem Anwendungsbereich der AGB-Kontrolle bedeutet allerdings nicht, dass die Hauptleistungspflichten im Hinblick auf ihre Angemessenheit vollständig kontrollfrei wären. Denn die Hauptleistungspflichten unterliegen im AGB-Recht nur deshalb keiner Inhaltskontrolle, weil kein Maßstab zu ihrer Kontrolle existiert und weil das bei der Verwendung vorformulierter Vertragsbedingungen typische, durch die AGB-rechtlichen Vorschriften zu kompensierende Funktionsdefizit in Bezug auf die Hauptleistungspflichten regelmäßig nicht vorliegt. Hat der Gesetzgeber aber ausnahmsweise doch einen entsprechenden gesetzlichen Kontrollmaßstab für eine vertragliche Vergütungsabrede vorgegeben, wie z.B. in Gestalt der gesetzlichen Gebührenordnungen für Architekten (HOAI) und Ärzte (GOÄ)[538], oder liegt im Hinblick auf die Hauptleistungspflichten ein *anderes* als das AGB-spezifische Funktionsdefizit vor, wie z.B. eine Zwangslage oder ein mangelndes Urteilsvermögen der betroffenen Vertragspartei, so unterliegen selbstverständlich auch die Hauptleistungspflichten einer gerichtlichen Verhältnismäßigkeitskontrolle, wie sich bereits unmittelbar aus § 138 Abs. 2 BGB ergibt.

b) Keine Kontrolle von AGB, die mit gesetzlichen Regelungen übereinstimmen

Die bei der Beurteilung der unangemessenen Benachteiligung gemäß § 307 Abs. 2 Nr. 1 BGB gebotene Orientierung an den „wesentlichen Grundgedanken der gesetzlichen Regelung“ hat nicht nur eine *konkretisierende*, sondern auch eine *begrenzende* Funktion. Die Ausrichtung der Inhaltskontrolle an den „wesentlichen Grundgedanken der gesetzlichen Regelung“ hat nämlich zur Folge, dass eine Kontrolle von solchen AGB-Bestimmungen, die nur den Inhalt der gesetzlichen Bestimmungen wiedergeben (sog. „deklaratorische Klauseln“[539]), von vornherein überflüssig ist. Hinzu kommt, dass an die Stelle einer für unwirksam erachteten Klausel gemäß § 306 Abs. 2 BGB ohnehin wieder die inhaltsgleiche gesetzliche Regelung treten würde. Vor allem gilt es aber zu beachten, dass der Gesetzgeber

---

536 Früher § 8 AGBG.

537 Zwar kommt die Nichtgeltung der AGB-Kontrolle bei der Bestimmung der Hauptleistungspflichten in § 307 Abs. 3 BGB nicht explizit zum Ausdruck, die Gesetzesmaterialien heben das Verbot der Kontrolle der Hauptleistungspflichten, insbesondere des Entgelts, jedoch ausdrücklich hervor, vgl. BT-Drucks. 7/3919 S. 22 (zu § 6 des Entwurfs zum AGB-Gesetz).

538 In diesem Fall hat der *BGH* auch die vertraglichen Entgeltabreden an der gesetzlichen Vergütungsregelung gemessen, siehe etwa BGH v. 9.7.1981, NJW 1981, 2351 (2352); BGH v. 19.2.1998, NJW 1998, 1786 (1789 f.); BGH v. 17.9.1998, NJW 1998, 3567 (3569).

539 Palandt/*Heinrichs*, § 307 Rn. 63.

mit der jeweiligen gesetzlichen Regelung bereits selbst eine Interessenabwägung für die entsprechende Fallgestaltung vorgenommen hat. Er hat damit den für die Beurteilung des Interessenausgleichs maßgeblichen Angemessenheitsmaßstab abschließend und für die Gerichte verbindlich konkretisiert, weshalb die gesetzliche Interessenbewertung auch nicht auf dem Umweg der AGB-Kontrolle von deklaratorischen Klauseln einer gerichtlichen Kontrolle zugänglich gemacht werden darf[540]. Die AGB-rechtliche Inhaltskontrolle am Maßstab der unangemessenen Benachteiligung hat der Gesetzgeber daher gemäß § 307 Abs. 3 Satz 1 BGB[541] nur für solche AGB-Bestimmungen angeordnet, „durch die von Rechtsvorschriften abweichende oder diese ergänzende Regelungen vereinbart werden". Durch diese Begrenzung wird verhindert, dass durch die Kontrolle von deklaratorischen Klauseln mittelbar auch die gesetzliche Regelung und die dahinterstehende Wertentscheidung des Gesetzgebers einer gerichtlichen Kontrolle unterzogen wird.

Die hierfür maßgebliche Überlegung, dass der Gesetzgeber mit den inhaltsgleichen gesetzlichen Regelungen bereits eine verbindliche, gerichtlich nicht überprüfbare Interessenabwägung vorgenommen hat, trifft allerdings nur zu, soweit es sich bei den wiedergegebenen Vorschriften auch tatsächlich um diejenigen Vorschriften handelt, die für das konkrete Rechtsverhältnis jeweils unmittelbar *einschlägig* sind[542]. Werden dagegen die für einen anderen Vertragstyp oder eine andere Fallgestaltung geltenden gesetzlichen Vorschriften durch die AGB für anwendbar erklärt, so beinhalten diese gesetzlichen Regelungen für das konkrete Rechtsverhältnis keine verbindliche Interessenbewertung des Gesetzgebers, denn der Gesetzgeber wollte mit diesen Regelungen eigentlich eine ganz andere Interessenkollision zu einem angemessenen Ausgleich bringen. Daraus folgt, dass AGB-Klauseln trotz des Umstandes, dass sie mit gesetzlichen Vorschriften übereinstimmen, typischerweise dann keine vom Gesetzgeber legitimierte „Richtigkeitsgewähr" beinhalten, wenn der Regelungsinhalt der AGB mit den für das konkrete Rechtsverhältnis *nicht einschlägigen* Rechtsvorschriften übereinstimmt[543]. In diesem Fall ist daher die in § 307 Abs. 3 Satz 1 BGB enthaltene Regelung, wonach mit normativen Regelungen übereinstimmende AGB nicht der Inhaltskontrolle unterliegen, nicht sachgerecht. Die Rechtsprechung hat sich deshalb bemüht, diese Schutzlücke in § 307 Abs. 3 Satz 1 BGB durch eine teleologische Reduktion der Vorschrift zu schließen, indem sie auch solche AGB-Bestimmungen einer Kontrolle unterzogen hat, durch

---

540 Siehe auch *Wolf/Horn/Lindacher*, AGB-Gesetz, § 8 Rn. 1.

541 Früher § 8 AGBG.

542 Zur Unterscheidung von deklaratorischen und nicht deklaratorischen Vertragsbestimmungen siehe *Wolf/Horn/Lindacher*, AGB-Gesetz, § 8 Rn. 22 ff.

543 Siehe dazu auch *Zoller*, BB 1987, 421 f.

die Rechtsvorschriften außerhalb ihrer unmittelbaren Anwendungsbereichs gleichsam *konstitutiv* zur Anwendung gebracht werden[544].

III. Rechtsfolgen bei Nichteinbeziehung und Unwirksamkeit, § 306 BGB

Hat die Einbeziehungskontrolle nach §§ 305 Abs. 2, 305b, 305c BGB ergeben, dass bestimmte AGB-Klauseln nicht Bestandteil des Vertrages geworden sind, oder hat sich bei der Inhaltskontrolle nach §§ 307 bis 309 BGB herausgestellt, dass bestimmte AGB-Klauseln unwirksam sind, so stellt sich die Frage, was mit den übrigen, nicht unmittelbar betroffenen Vertragsteilen zu geschehen hat. Diese Frage beantwortet § 306 BGB[545]. Danach gilt gemäß § 306 Abs. 1 BGB der Grundsatz, dass die gescheiterte Einbeziehung bzw. die Nichtigkeit einzelner AGB-Klauseln nicht, wie in § 139 BGB angeordnet, die Gesamtnichtigkeit des Vertrages zur Folge hat, sondern dass sich die Rechtsfolgen der AGB-Kontrolle auf die jeweils betroffenen Klauseln beschränken und der Vertrag „im Übrigen" wirksam bleibt[546]. An die Stelle der nicht einbezogenen oder unwirksamen Vertragsbestandteile Klauseln treten gemäß § 306 Abs. 2 BGB die einschlägigen Regelungen des dispositiven Gesetzesrechts. Zur Unwirksamkeit des *gesamten* Vertrages kommt es gemäß § 306 Abs. 3 BGB nur dann, wenn das Festhalten an dem Restvertrag auch unter Berücksichtigung der nach Absatz 2 vorgesehenen Änderungen für eine Vertragspartei eine „unzumutbare Härte" darstellen würde[547].

1. Das Problem der geltungserhaltenden Reduktion

Ein Problem, das auch heute noch zu den umstrittensten Fragen des gesamten AGB-Rechts gehört, ist das der geltungserhaltenden Reduktion[548]. Es geht dabei um die Frage, ob unangemessene oder nicht wirksam einbezogene AGB-Klauseln insgesamt nichtig sind oder nur insoweit, als sie über das nach §§ 305 ff. BGB zulässige Maß hinausgehen. Diese Frage hat vor allem Bedeutung für den Anwendungsbereich von § 306 Abs. 2 BGB. Denn wenn eine nach §§ 307 bis 309 BGB unangemessene Klausel geltungserhaltend auf einen angemessenen Kern reduziert werden könnte und gemäß § 306 Abs. 1 BGB „im Übrigen" wirksam bliebe, dann

---

[544] Vgl. z.B. BGH v. 23.10.1996, NJW 1997, 193 (194): Vereinbarung einer mietrechtlichen Vorschrift in Vertrag über Mitgliedschaft in Fitness-Studio. Siehe auch *Wolf/Horn/Lindacher*, AGB-Gesetz, § 8 Rn. 26.

[545] Früher § 6 AGBG.

[546] Zu den Einzelheiten siehe z.B. MüKo/*Basedow*, § 306 Rn. 7-9; *Stoffels*, AGB-Recht, Rn. 583-590; *Wolf/Horn/Lindacher*, AGB-Gesetz, § 6 Rn. 2-13.

[547] Ausführlich zur Gesamtnichtigkeit des Vertrages *Wolf/Horn/Lindacher*, AGB-Gesetz, § 6 Rn. 52-64.

[548] So auch *Wolf/Horn/Lindacher*, AGB-Gesetz, § 6 Rn. 27.

würde schon gar keine Vertragslücke entstehen, die über § 306 Abs. 2 BGB durch Rekurs auf das dispositive Recht geschlossen werden müsste[549].

Nach ständiger Rechtsprechung des *BGH*[550] und der herrschenden Meinung im Schrifttum[551] ist eine solche geltungserhaltende Reduktion unangemessener ABG-Klauseln auf das gerade noch zulässige Maß jedoch grundsätzlich abzulehnen. Begründet wird das Verbot der geltungserhaltenden Reduktion vor allem mit den Zielen des AGB-Rechts, dem Kunden zunächst die Möglichkeit zu verschaffen, vom Inhalt der AGB-Bestimmungen Kenntnis zu nehmen (Einbeziehungskontrolle), und anschließend darauf hinzuwirken, dass der Inhalt der AGB-Bestimmungen den Interessen beider Vertragsparteien gerecht wird (Inhaltskontrolle)[552]. Denn diese Zielsetzung werde unterlaufen, wenn der AGB-Verwender bei der Ausgestaltung seiner AGB völlig risikolos über die Grenze des Zulässigen hinausgehen und anschließend darauf hoffen könnte, dass der Kunde die Klauseln entweder widerspruchslos akzeptieren oder dass schlimmstenfalls das Gericht die Klauseln auf den gerade noch zulässigen Umfang reduzieren werde[553]. Es sei schließlich nicht Aufgabe der Gerichte, für den Verwender die Vertragsgestaltung zu übernehmen und eine für ihn möglichst günstige, andererseits aber gerade noch rechtlich zulässige Formulierung zu finden[554]. Der AGB-Verwender, der ja schließlich für den Inhalt der AGB verantwortlich sei, müsse daher, wenn er unangemessene Klauseln verwendet, auch das Risiko der Gesamtunwirksamkeit tragen. Denn nur durch diese erzieherische Abschreckungs- und Sanktionswirkung könne das AGB-Recht auch eine Präventivfunktion entfalten und darauf hinwirken, dass sich der AGB-Verwender von vornherein um die Verwendung angemessener Klauseln bemühe[555].

---

[549] Vgl. MüKo/*Basedow*, § 306 Rn. 12.

[550] BGH v. 17.5.1982, NJW 1982, 2309 (2310); BGH v. 20.1.1983, NJW 1983, 1322 (1325); BGH v. 24.9.1985, NJW 1986, 1610 (1612); BGH v. 4.11.1992, NJW 1993, 326 (330); BGH v. 27.11.1997, NJW 1998, 671 (673); BGH v. 3.11.1999, NJW 2000, 1110 (1113 f.).

[551] *Coester-Waltjen*, Jura 1988, 113 (116); *Fastrich*, Richterliche Inhaltskontrolle im Privatrecht, S. 330 ff.; Erman/*Roloff*, § 306 Rn. 8; Palandt/*Heinrichs*, vor § 307 Rn. 8; *H.Schmidt* in: *Ulmer/Brandner/Hensen*, AGB-Gesetz, § 6 Rn. 14; Soergel/*Stein*, § 6 AGB-Gesetz Rn. 13; *Stoffels*, AGB-Recht, Rn. 593 ff.; *Wolf/Horn/Lindacher*, AGB-Gesetz, § 6 Rn. 31 ff.

[552] BGH v. 24.9.1985, NJW 1986, 1610 (1612); *H.Schmidt* in: *Ulmer/Brandner/Hensen*, AGB-Gesetz, § 6 Rn. 14; Soergel/*Stein*, § 6 AGB-Gesetz Rn. 13; *Stoffels*, AGB-Recht, Rn. 593.

[553] BGH v. 24.9.1985, NJW 1986, 1610 (1612).

[554] BGH v. 19.9.1983, NJW 1984, 48 (49).

[555] Vgl. Erman/*Roloff*, § 306 Rn. 8.

Diese einseitige Risikoverteilung zu Lasten des Verwenders ist allerdings im Schrifttum nicht nur auf Zustimmung gestoßen[556]. So wird von der Gegenmeinung darauf verwiesen, dass die Überschreitung der Zulässigkeitsgrenzen oftmals gar nicht in der Absicht des Verwenders läge, sondern schlicht darauf beruhe, dass der Verwender mit einer äußerst schwer zu überblickenden, ständig perfektionierten Inhaltskontrolle der Gerichte konfrontiert werde, angesichts derer sich Formulierungsfehler selbst bei größter Sorgfalt nicht immer vermeiden ließen[557]. Wenn der AGB-Verwender aber für die Unangemessenheit der Klausel gar nicht verantwortlich sei, sondern „gutgläubig" in dem Sinne, dass er die Unangemessenheit seiner Klausel weder kannte noch sich ihr verschlossen habe[558], so könne die als Sanktion gedachte Totalnichtigkeit überhaupt keine „erzieherische" Wirkung entfalten. Aus Gründen der Verhältnismäßigkeit müsse daher die Rechtsfolge der Totalnichtigkeit gegenüber dem „gutgläubigen" Verwender eingeschränkt werden[559]. Je weniger eine „Erziehung" des Verwenders nötig zu sein scheint, etwa weil „auch ein redlicher Verwender die Klausel für wirksam oder die Rechtslage für zweifelhaft halten konnte"[560], desto eher sei deshalb von der Rechtsfolge der Totalnichtigkeit abzusehen und eine geltungserhaltende Reduktion der Klausel vorzunehmen[561].

Diesem Lösungsmodell der Gegenansicht ist zwar zuzugestehen, dass es für ein höheres Maß an Einzelfallgerechtigkeit sorgen kann, indem es die Rechtsfolge der Totalnichtigkeit nicht nur an das objektive Merkmal der Unangemessenheit der Klausel knüpft, sondern auch subjektive Umstände berücksichtigt, wie z.B. die „Gutgläubigkeit" oder „Verantwortlichkeit" des Verwenders. Gegen die Berücksichtigung derartiger subjektiver Umstände spricht jedoch, dass ein solches Vorgehen zu Lasten der Rechtssicherheit und Vorhersehbarkeit gerichtlicher Entscheidungen gehen würde[562]. Denn wenn die Frage der Wirksamkeit einzelner AGB-Klauseln von der inneren Motivation des Verwenders abhängig gemacht würde, so könnte der Kunde den Umfang seiner Rechte und Pflichten überhaupt nicht zuverlässig abschätzen und müsste erst einen Prozess anstrengen, um endgültig Gewiss-

---

[556] Kritisch vor allem MüKo/*Basedow*, § 306 Rn. 13; *Canaris*, FS Steindorff, S. 519, 547 ff.; *Hager*, JZ 1996, 175 ff.; *H.Roth*, JZ 1989, 411 (417 ff.); Staudinger/*Schlosser*, § 6 AGBG Rn. 17a ff.

[557] Vgl. Staudinger/*Schlosser*, § 6 AGBG Rn. 17a.

[558] *Canaris*, FS Steindorff, S. 519, 557.

[559] Auf das Verhältnismäßigkeitsprinzip als Korrektiv beruft sich insbesondere *Canaris*, FS Steindorff, S. 519, 547 ff.

[560] MüKo/*Basedow*, § 306 Rn. 13.

[561] Vgl. MüKo/*Basedow*, § 306 Rn. 13; *Canaris*, FS Steindorff, S. 519, 547 ff, 557 ff.; *Hager*, JZ 1996, 175 (177); *Medicus* in: Zehn Jahre AGB-Gesetz, S. 83 (89); *H.Roth*, JZ 1989, 411 (418); Staudinger/*Schlosser*, § 6 AGBG Rn. 17a f.

[562] *Stoffels*, AGB-Recht, Rn. 595.

heit über den Inhalt der AGB-Bestimmungen erlangen zu können. Da der Gesetzgeber dem Prinzip der Rechtssicherheit insofern jedoch grundsätzlich der Vorrang gegenüber dem Prinzip der Einzelfallgerechtigkeit eingeräumt hat[563], kann die Wirksamkeit von unangemessenen AGB-Klauseln folglich nicht vom Vorliegen subjektiver Umstände abhängig gemacht werden.
Auch das von *Canaris*[564] ins Feld geführte Verhältnismäßigkeitsprinzip gebietet hier keine Anerkennung der geltungserhaltenden Reduktion. Zu beachten ist nämlich, das dem Gesetzgeber bei der Ausgestaltung der Privatrechtsordnung ein von der Rechtsprechung zu respektierender Gestaltungsspielraum zusteht, innerhalb dessen mehrere verfassungsgemäße und damit auch verhältnismäßige Lösungen in Betracht kommen[565]. Nur wenn der Gesetzgeber überhaupt keinen verhältnismäßigen Ausgleich zwischen den gegensätzlichen Interessen der Vertragsparteien geschaffen hat, darf die Rechtsprechung die gesetzlichen Vorgaben im Wege richterlicher Rechtsfortbildung korrigieren[566]. Hinsichtlich der Rechtsfolgen nicht wirksam einbezogener oder unangemessener AGB-Klauseln hält es der Gesetzgeber jedoch noch nicht für unverhältnismäßig, wenn auch der gutgläubige AGB-Verwender die Totalnichtigkeit einer unangemessenen Klausel hinnehmen muss. Denn für den Fall, dass der vollständige Wegfall einer unangemessenen Klauseln zu einem unverhältnismäßigen Ergebnis führt, hat der Gesetzgeber in § 306 Abs. 2 BGB angeordnet, dass an die Stelle der weggefallenen Klauseln die „gesetzlichen Vorschriften" treten, um für einen angemessenen Interessenausgleich zu sorgen. Und wenn auch auf diesem Wege kein verhältnismäßiger Ausgleich zwischen den beiderseitigen Interessen gefunden werden kann, sondern der Vertrag weiterhin für eine Vertragspartei eine „unzumutbare Härte" darstellt, so greift, quasi als „Notventil"[567] gegenüber der Regelrechtsfolgeanordnung des § 306 Abs. 1 BGB, die Regelung des § 306 Abs. 3 BGB, wonach der ganze Vertrag nichtig ist. Mit dieser Regelung hat der Gesetzgeber selbst dem Verhältnismäßigkeitsprinzip Rechnung getragen, seine Wertentscheidung ist daher von der Rechtsprechung zu respektieren und darf nicht im Wege einer geltungserhaltenden Reduktion von unangemessenen AGB-Klauseln umgangen werden[568].

---

[563] Vgl. oben 2. Kapitel A. II. 2. Siehe auch *Hildebrandt*, Disparität und Inhaltskontrolle im Arbeitsrecht, S. 87 f.; *Knobel*, Wandlungen im Verständnis der Vertragsfreiheit, S. 160 f.

[564] *Canaris*, FS Steindorff, S. 519, 547 ff.

[565] Vgl. dazu oben 2. Kapitel A.

[566] Vgl. 2. Kapitel B.

[567] *Wolf/Horn/Lindacher*, AGB-Gesetz, § 6 Rn. 58.

[568] So auch *H.Schmidt* in *Ulmer/Brandner/Hensen*, AGB-Gesetz, § 6 Rn. 15.

Es bleibt somit festzuhalten, dass sich eine geltungserhaltende Reduktion unangemessener AGB-Klauseln mit den Zielen und Wertungen des AGB-Rechts grundsätzlich nicht vereinbaren lässt. Nicht wirksam einbezogene oder unangemessene Klauseln sind daher auch im Falle der Gutgläubigkeit des Verwenders grundsätzlich insgesamt nichtig und können nicht geltungserhaltend auf das gerade noch zulässige Maß reduziert werden.

2. Lückenfüllung durch dispositives Recht und ergänzende Vertragsauslegung

Der vollständige Wegfall einer nicht wirksam einbezogenen oder unangemessenen AGB-Klausel muss allerdings nicht in jedem Falle dazu führen, dass der im Übrigen wirksam gebliebene Restvertrag unvollständig ist und eine Lücke aufweist. Gehört etwa der Vertrag zu den gesetzlich geregelten Vertragstypen und enthält das dispositive Recht keine dem sachlichen Gehalt der weggefallenen AGB-Klausel entsprechende Regelung, so kann diese Klausel *ersatzlos* entfallen[569], ohne dass eine regelungsbedürftige Vertragslücke begründet wird[570]. Denn in diesem Fall enthalten bereits die für den betreffenden Vertragstyp anwendbaren, vertraglich nicht abbedungenen gesetzlichen Vorschriften alle für eine angemessene Abwicklung des Geschäfts notwendigen Regelungen, eine Lückenschließung ist hier mangels *regelungsbedürftiger* Lücke somit nicht erforderlich.

Führt der Wegfall einer nicht einbezogenen oder unwirksamen AGB-Klausel jedoch zu einem Ergebnis, das den beiderseitigen Interessen der Vertragspartner *nicht* in angemessener Weise Rechnung trägt, etwa weil in der weggefallenen AGB-Klausel eine vom dispositiven Gesetzesrecht *abweichende* und damit eine das dispositive Recht *verdrängende* Regelung vorgesehen war, so ist diese regelungsbedürftige Lücke gemäß § 306 Abs. 2 BGB durch diejenige Regelung des dispositiven Gesetzesrechts zu schließen, die durch die in Frage stehende Klausel abbedungen werden sollte[571]. Der Inhalt des unvollständigen, im Übrigen aber wirksam gebliebenen Vertrages richtet sich also in diesem Fall nach den „gesetzlichen Vorschriften", denn es wäre unbillig, einem Vertragspartner durch den Wegfall einer Klausel einen Vorteil zu belassen, der das Vertragsgefüge einseitig zu

---

[569] Vgl. auch BT-Drucks. 7/3919, S. 21, wonach überraschende oder unbillige Klauseln „selbstverständlich" auch „ersatzlos" entfallen könnten.

[570] BGH v. 11.10.1984, NJW 1985, 852 (853); MüKo/*Basedow*, § 306 Rn. 11; *Stoffels*, AGB-Recht, Rn. 591; *H. Schmidt* in *Ulmer/Brander/Hensen*, AGB-Gesetz, § 6 Rn. 25.

[571] Da die Regelungen des dispositiven Rechts ohnehin eingreifen, wenn die Vertragsparteien keine *wirksamen* abweichenden vertraglichen Regelungen getroffen haben, kommt § 306 Abs. 2 BGB insoweit nur eine klarstellende Funktion zu, vgl. *Fastrich*, Richterliche Inhaltkontrolle im Privatrecht, S. 338.

seinen Gunsten verschiebt[572]. Die Lückenschließung durch Rekurs auf das dispositive Gesetzesrecht bereitet allerdings dann Probleme, wenn das dispositive Gesetzesrecht für die regelungsbedürftige Frage gar keine bzw. keine geeignete Regelungen bereithält, die an die Stelle der weggefallenen AGB-Regelung treten könnten[573]. Allgemein anerkannt ist zunächst, dass zum dispositiven Recht i.S.d. § 306 Abs. 1 BGB nicht nur die gesetzlich normierten Rechtssätze gehören, sondern auch die ungeschriebenen, aus dem dispositiven Gesetzesrecht im Wege richterlicher Rechtsfortbildung abgeleiteten Rechtsgrundsätze[574]. Lassen sich also im dispositiven Gesetzesrecht keine passenden Regelungen für den unvollständigen Vertragstyp finden, so ist als nächstes zu prüfen, inwieweit im Wege der Rechtsfortbildung passende Regelungen entwickelt werden können, die zur Lückenschließung geeignet sind. Kann aber auch auf diesem Weg keine angemessene Lösung für die regelungsbedürftige Lücke gefunden werden, so kommt nur noch eine Lückenschließung im Wege der ergänzenden Vertragauslegung nach §§ 157, 133 BGB in Betracht[575].

Da jedoch die ergänzende Vertragsauslegung nicht ausdrücklich in § 306 Abs. 2 BGB erwähnt wird, stellt sich die Frage, ob die ergänzende Vertragsauslegung überhaupt als Mittel zur Lückenschließung zulässig ist. Während der *BGH*[576] und die herrschende Lehre[577] diese Frage bejahen, gehen andere[578] davon aus, dass eine Lückenfüllung im Wege der ergänzenden Vertragsauslegung unzulässig sei, da dies

---

572 BGH v. 4.7.2002, NJW 2002, 3098 (3099).

573 Vgl. dazu *Wolf/Horn/Lindacher*, AGB-Gesetz, § 6 Rn. 16.

574 *Fastrich*, Richterliche Inhaltkontrolle im Privatrecht, S. 338 f.; Palandt/*Heinrichs*, § 306 Rn. 6; *Preis*, Grundfragen der Vertragsgestaltung im Arbeitsrecht, S. 368 f.; Staudinger/*Schlosser*, § 6 AGBG Rn. 10; Soergel/*Stein*, § 6 AGB-Gesetz Rn. 14; *Wolf/Horn/Lindacher*, AGB-Gesetz, § 6 Rn. 14.

575 Die ergänzende Vertragsauslegung ist vor allem für die Lückenschließung bei gesetzlich nicht geregelten oder bei stark gemischten Vertragstypen von großer Bedeutung, vgl. BGH v. 22.1.1992, NJW 1992, 1164 (1165); MüKo/*Basedow*, § 306 Rn. 23; Erman/*Roloff*, § 306 Rn. 13; *H.Schmidt* in *Ulmer/Brandner/Hensen*, AGB-Gesetz, § 6 Rn. 35.

576 BGH v. 1.2.1984, NJW 1984, 1177 (1178); BGH v. 31.10.1984, NJW 1985, 621 (622); BGH v. , NJW 1986, 1610 (1612); BGH v. 12.7.1989, NJW 1990, 115 (116); BGH v. 13.11.1997, NJW 1998, 450 (451); BGH v. 27.11.1997, NJW 1998, 671 (673); BGH v. 3.11.1999, NJW 2000, 1110 (1114); BGH v. 4.7.2002, NJW 2002, 3098 (3099).

577 MüKo/*Basedow*, § 306 Rn. 22 f.; Erman/*Roloff*, § 306 Rn. 13; Palandt/*Heinrichs*, § 306 Rn. 7; Staudinger/*Schlosser*, § 6 AGBG Rn. 12; *H.Schmidt* in *Ulmer/Brandner/Hensen*, AGB-Gesetz, § 6 Rn. 34 ff.; Soergel/*Stein*, § 6 AGB-Gesetz Rn. 15 f.; *Stoffels*, AGB-Recht, Rn. 612 ff.; *Wolf/Horn/Lindacher*, AGB-Gesetz, § 6 Rn. 15 ff.

578 *Coester-Waltjen*, Jura 1988, 113 (115 f.); *Löwe*, BB 1984, 492 ff.; *Niebling*, BB 1984, 1713 (1717); *Rüßmann*, BB 1987, 843 ff.; *E.Schmidt*, JuS 1987, 929 (935); *Trinkner*, BB 1984, 490 ff.

im Ergebnis auf eine verbotene geltungserhaltende Reduktion hinauslaufe[579]. Die gegen die geltungserhaltende Reduktion vorgebrachten Argumente ließen sich daher insoweit auch gegen die Zulässigkeit der ergänzenden Vertragsauslegung anführen.

Der entscheidende Unterschied zwischen der ergänzenden Vertragsauslegung und der geltungserhaltenden Reduktion ist aber, dass sich die ergänzende Vertragsauslegung gerade nicht einseitig an den Interessen des AGB-Verwenders orientiert, sondern auf einen *beiderseitig* angemessenen Interessenausgleich gerichtet ist[580]. Denn bei der Lückenschließung im Wege der ergänzenden Vertragsauslegung wird die beanstandete Klausel nicht auf das gerade noch zulässige Maß zurückgeführt; die Klausel bleibt vielmehr in vollem Umfang unwirksam und wird durch eine Lösung ersetzt, die die Vertragsparteien bei sachgerechter Abwägung ihrer *beiderseitigen* Interessen nach Treu und Glauben vereinbart hätten, wenn ihnen die Nichteinbeziehung bzw. Unwirksamkeit der weggefallenen Klausel bekannt gewesen wäre[581]. Der das Verbot der geltungserhaltenden Reduktion rechtfertigende Vorwurf, es würde eine *einseitige* Vertragshilfe zu Gunsten des Verwenders der unwirksamen Klausel vorgenommen, trifft somit für die ergänzende Vertragsauslegung nicht zu[582]. Im Gegensatz zur geltungserhaltenden Reduktion respektiert die ergänzende Vertragsauslegung auch den von § 306 Abs. 2 BGB als Rechtsfolge angeordneten Verweis auf das dispositive Gesetzesrecht als primäre Regelersatzordnung. Denn die ergänzende Vertragsauslegung kommt nur dann zur Anwendung, wenn der Vertrag mangels passender dispositiver Gesetzesregelungen eine regelungsbedürftige Lücke aufweist[583], während die geltungserhaltende Reduktion bereits das Entstehen einer Lücke verhindert und somit schon von vornherein einem Rekurs auf das dispositive Gesetzesrecht entgegensteht[584]. Und selbst wenn man der Ansicht ist, dass das Rechtsinstitut der ergänzenden Vertragsauslegung nach §§ 157, 133 BGB nicht von dem Verweis des § 306 Abs. 2 BGB auf die „ge-

---

[579] *Löwe*, BB 1982, 152 (154 f.); *Trinkner*, BB 1983, 924 (925), *ders.*, BB 1983, 1874 (1876).

[580] BGH v. 1.2.1984, NJW 1984, 1177 (1179); BGH v. 22.1.1992, NJW 1992, 1164 (1165); Erman/*Roloff*, § 306 Rn. 13; *H.Schmidt* in *Ulmer/Brandner/Hensen*, AGB-Gesetz, § 6 Rn. 34a.

[581] BGH v. 1.2.1984, NJW 1984, 1177 (1178 f.); BGH v. 12.7.1989, NJW 1990, 115 (116).

[582] *H.Schmidt* in *Ulmer/Brandner/Hensen*, AGB-Gesetz, § 6 Rn. 34a.

[583] BGH, v. 1.2.1984, NJW 1984, 1177; BGH v. 7.3.1989, NJW 1989, 3010 f; MüKo/*Basedow*, § 306 Rn. 23; Erman/*Roloff*, § 306 Rn. 13.

[584] Zu diesem prinzipiellen Unterschied zwischen geltungserhaltender Reduktion und ergänzender Vertragsauslegung vgl. auch *Preis*, Grundfragen der Vertragsgestaltung im Arbeitsrecht, S. 362 f.; *Stoffels*, AGB-Recht, Rn. 596.

setzlichen Vorschriften" erfasst wird[585], so folgt daraus keineswegs, dass die ergänzende Vertragsauslegung als Mittel zur Lückenschließung ausgeschlossen wäre. Denn ausweislich der Gesetzesmaterialien[586] ging der Gesetzgeber selbst davon aus, dass die Zulässigkeit der ergänzenden Vertragsauslegung nicht von einem entsprechenden Verweis in § 306 Abs. 2 BGB abhängt, sondern dass sie sich bereits von selbst aus der gesetzlichen Regelung in §§ 157, 133 BGB ergibt.

Der herrschenden Meinung in Rechtsprechung und Literatur ist deshalb darin zuzustimmen, dass die ergänzende Vertragsauslegung ein zulässiges Mittel zur Lückenfüllung ist. Für die Herstellung eines angemessenen Interessenausgleichs im Wege der ergänzenden Vertragsauslegung ist allerdings nicht auf die Interessen der konkreten Vertragsparteien abzustellen, sondern, um eine über den Einzelfall hinauswirkende, allgemeine Lösung für die regelungsbedürftige Vertragslücke zu finden, auf die Interessen und den hypothetischen Willen der an dem betreffenden Geschäft *typischerweise* beteiligten Verkehrskreise[587]. Bei der auf einen angemessenen Interessenausgleich zielenden ergänzenden Vertragsauslegung ist also, genauso wie bei der Interessenabwägung im Rahmen von § 307 Abs. 1 BGB[588], eine überinidividuell-generalisierende Betrachtung vorzunehmen[589].

G. Der Umfang des AGB-rechtlichen Schutzbereichs

Da die aus der Verwendung von AGB resultierende Ungleichgewichtslage zwischen den Vertragsparteien in verschiedenen Fallgestaltungen unterschiedlich stark ausfallen kann, besteht zum Teil das Bedürfnis, den Umfang des AGB-rechtlichen Schutzes an die jeweilige Situation und das jeweilige Schutzbedürfnis der Vertragsparteien anzugleichen. Als Anknüpfungspunkte für solche Schutzbereichsanpassungen kommen sowohl persönliche, als auch sachliche Merkmale in Betracht.

---

[585] So etwa *Canaris*, ZIP 1996, 1109 (1116); *E.Schmidt*, JuS 1987, 929 (935); *H.Schmidt* in *Ulmer/Brandner/Hensen*, AGB-Gesetz, § 6 Rn. 34; *Wolf/Horn/Lindacher*, AGB-Recht, § 6 Rn. 15; a.A. BGH v.1.2.1984, NJW 1984, 1177 (1178); Staudinger/*Schlosser*, § 6 AGBG Rn. 9; Soergel/*Stein*, § 6 AGB-Gesetz Rn. 15.

[586] Vgl. BT.-Drucks. 7/5422, S. 5.

[587] BGH v. 1.2.1984, NJW 1984, 1177; BGH v. 7.3.1989, NJW 1989, 3010 (3011); MüKo/*Basedow*, § 306 Rn. 27; Soergel/*Stein*, § 6 AGB-Gesetz Rn. 15; *Stoffels*, AGB-Recht, Rn. 617.

[588] Vgl. dazu oben 6. Kapitel F. II. 2.

[589] *H.Schmidt* in *Ulmer/Brandner/Hensen*, AGB-Gesetz, § 6 Rn. 37a; a.A. Staudinger/*Schlosser*, § 6 AGBG Rn. 12.

I. Persönlicher Anwendungsbereich: Berücksichtigung der Besonderheiten des Geschäftsverkehrs mit bestimmten Kunden durch ein je nach Personenkreis abgestuftes Regelungskonzept, § 310 Abs. 1 und Abs. 3 BGB

Angesichts des grundsätzlich unbeschränkten persönlichen Anwendungsbereiches des AGB-Rechts wurde bereits bei der Schaffung des AGB-Gesetzes die Frage diskutiert, ob die Besonderheiten des Geschäftsverkehrs mit bestimmten Kunden eine Modifizierung des Schutzes durch das AGB-Recht gebieten. Diese Frage hat der Gesetzgeber zunächst nur im Hinblick auf den kaufmännischen Geschäftsverkehr entschieden. Den besonderen Bedürfnissen des Handelsverkehrs an einer schnellen und unkomplizierten Vertragsabwicklung wird dadurch Rechnung getragen, dass bestimmte Kontrollinstrumente des AGB-Rechts gemäß § 310 Abs. 1 BGB (früher § 24 AGBG) auf diesen Personenkreis gar nicht oder nur modifiziert durch die im Handelsverkehr geltenden Besonderheiten anwendbar sind[590]. Im Zuge der Umsetzung der EG-Richtlinie über missbräuchliche Klauseln in Verbraucherverträgen[591] hat das AGB-Recht 1996 einige weitere Änderung erfahren[592]. Von besonderer Bedeutung war dabei die Aufnahme eines neuen § 24a AGBG (jetzt § 310 Abs. 3 BGB). Diese Vorschrift enthält einige Sonderregelung zu Gunsten von Verbrauchern, die an besondere Eigenschaften und Tätigkeitsbereiche der Vertragsparteien (Unternehmer/Verbraucher) anknüpft und unter anderem den Anwendungsbereich der AGB-Kontrolle über die *für eine Vielzahl von Verträgen*[593] vorformulierten Vertragsbedingungen hinaus auf *nicht im einzelnen ausgehandelte Einzelverträge* erstreckt[594]. Damit sind nun im Ergebnis drei verschiedene Varianten der AGB-rechtlichen Kontrolle zu unterscheiden, die zum Teil auf unterschiedlichen normativen Grundlagen und Maßstäben beruhen und je nach den beteiligten Personen eine unterschiedliche Schutzintensität aufweisen.

---

590 Keine Anwendung findet die Einbeziehungskontrolle gemäß § 305 Abs. 2 und Abs. 3 BGB und die speziellen Klauselverbote der §§ 308 und 309 BGB. Die Angemessenheitskontrolle des § 307 BGB ist grundsätzlich anwendbar, allerdings sind die Besonderheiten des Handelsverkehrs zu berücksichtigen.

591 Richtlinie 93/13 EWG des Rates über missbräuchliche Klauseln in Verbraucherverträgen vom 5.4.1993 (ABl. EG Nr. L 95, S. 29 ff.).

592 Zu den Einzelheiten der AGBG-Novelle siehe z.B. *Graf v. Westphalen*, BB 1996, 2101 ff.; *Heinrichs*, NJW 1996, 2190 ff.

593 Vgl. die Formulierung in § 305 Abs. 1 Satz 1 BGB (früher § 1 Abs. 1 AGBG).

594 Vgl. § 310 Abs. 3 Nr. 2 BGB (früher § 24a Nr. 2 AGBG).

1. Der dreigeteilte persönliche Anwendungsbereich der AGB-Kontrolle

Durch die Sonderbehandlung von Unternehmern gemäß § 310 Abs. 1 BGB (früher § 24 AGBG) und die Sonderregelung des § 310 Abs. 3 BGB (früher § 24a AGBG) für Verbraucher ergibt sich je nach dem, zu welchem Personenkreis die Vertragsparteien gehören, folgende Dreiteilung des persönlichen Anwendungsbereichs[595]:

a) Unternehmer als Kunde

Bei Verträgen, an denen ein *Unternehmer* als Kunde beteiligt ist, gelten die in § 310 Abs. 1 BGB genannten *Einschränkungen.* Danach finden die Einbeziehungskontrolle gemäß § 305 Abs. 2 und Abs. 3 BGB und die speziellen Klauselverbote der §§ 308 und 309 BGB keine Anwendung, während die Angemessenheitskontrolle des § 307 BGB zwar grundsätzlich anwendbar ist, dabei aber auf die Besonderheiten des Handelsverkehrs angemessen Rücksicht genommen werden muss[596].

b) Verträge zwischen zwei Verbrauchern

Für Verträge, die zwischen zwei natürlichen Personen abgeschlossen werden, welche im Hinblick auf das konkrete Rechtsgeschäft *beide Verbraucher* sind, gelten die Regelungen der §§ 305 ff. BGB *ohne Modifikationen.* Von der AGB-Kontrolle werden demnach nur solche Vertragsbedingungen erfasst, die *für eine Vielzahl von Verträgen* vorformuliert und vom Verwender *gestellt* wurden (vgl. § 305 Abs. 1 Satz 1 BGB).

c) Verträge zwischen einem Unternehmer und einem Verbraucher als Kunde (Verbraucherverträge)

Ist jedoch die eine Vertragspartei Unternehmer und der Kunde ein Verbraucher, so gelten die *Erweiterungen* des § 310 Abs. 3 BGB. Der AGB-Kontrolle unterliegen in diesem Fall nicht nur Vertragsbedingungen, die *für eine Vielzahl von Verträgen* vorformuliert wurden (vgl. § 305 Abs. 1 Satz 1 BGB), sondern auch solche, die nur zur *einmaligen Verwendung bestimmt sind* (vgl. § 310 Abs. 3 Nr. 2 BGB). Außerdem wird bei Verbraucherverträgen gemäß § 310 Abs. 3 Nr. 1 BGB auf das Merkmal des „*Stellens*" der Vertragsbedingungen durch den Unternehmer verzichtet und damit der Anwendungsbereich des Gesetzes auf alle Vertragsbedingungen ausge-

---

595 Vgl. auch Staudinger/*Coester*, § 9 AGBG Rn. 21; Palandt/*Heinrichs*, vor § 305 Rn. 10 ff.; Staudinger/*Schlosser*, § 24a AGBG Rn. 25 ff.; *Wackerbarth*, AcP 200 (2000), 45 (58 f.).

596 Näher zur Inhaltskontrolle im kaufmännischen Geschäftsverkehr siehe *Wolf/Horn/Lindacher*, AGB-Gesetz, § 24 Rn. 18 ff.

dehnt, die nicht vom Verbraucher in den Vertrag eingeführt wurden[597]. Und schließlich erweitert § 310 Abs. 3 Nr. 3 BGB bei Verbraucherverträgen den Maßstab der Inhaltskontrolle, indem auch die Umstände bei Vertragsschluss in die Kriterien zur Prüfung der Angemessenheit mit einbezogen werden. Abweichend von dem allgemeinen Anwendungsbereich der §§ 305 ff. BGB erstreckt sich der Schutz des AGB-Rechts bei Verträgen zwischen einem Unternehmer und einem Verbraucher somit auf *Einmalbedingungen* (§ 310 Abs. 3 Nr. 2 BGB) und auf *Drittbedingungen* (§ 310 Abs. 3 Nr. 1 BGB), bei der Beurteilung der Angemessenheit der Vertragsbedingungen sind zudem die vertragsabschlußbegleitenden Umstände zu berücksichtigen (§ 310 Abs. 3 Nr. 3 BGB).

2. Konsequenzen für die Rechtfertigung der AGB-Kontrolle

Im Anbetracht dieser je nach Personenkreis unterschiedlichen Schutzintensität des AGB-Rechts stellt sich die Frage nach den Gründen für eine solche personenbezogene Differenzierung. Man wird zwar nicht ernsthaft bestreiten können, dass die Kunden, die den AGB-Verwendern gegenüberstehen, jeweils in einem unterschiedlichen Maße schutzbedürftig sind, denn schließlich hängt es nicht zuletzt auch von persönlichen Eigenschaften wie z.B. Geschäftserfahrung oder intellektueller Einsichtsfähigkeit ab, welche Möglichkeiten der einzelne Kunde hat, die AGB des Verwenders zu prüfen und gegebenenfalls eigene Vertragsbedingungen auszuhandeln und durchzusetzen. Anders als der europäische Richtliniengeber, der mit der Richtlinie von 1993 lediglich einen „rollenspezifischen Unterlegenenschutz" zu Gunsten des Verbrauchers verfolgt[598], hat sich jedoch der deutsche Gesetzgeber bei der Schaffung des AGB-Rechts dafür entschieden, nicht den Klauselgegner in seiner Rolle als (vermeintlich) schwächere und schutzbedürftigere Vertragspartei zu schützen, sondern den Verwender von AGB an der Ausnutzung der von ihm durch die Vorformulierung einseitig in Anspruch genommenen Vertragsgestaltungsfreiheit zu hindern[599]. Dieser rein situationsbezogene Schutzansatz des deutschen

[597] Erfasst werden somit nicht nur Vertragsbedingungen, die der Unternehmer vorformuliert hat, sondern auch Bedingungen, die von einer dritten, nicht am Vertrag beteiligten Partei, wie z.B. einem Notar, in den Vertrag eingeführt wurden. Rechtstechnisch wird dies dadurch angeordnet, dass die Einführung der Bedingungen in den Vertrag durch eine dritte Person dem Unternehmer aufgrund einer unwiderleglichen gesetzlichen Fiktion („gelten als vom Unternehmer gestellt") zugerechnet wird. Zu den Einzelheiten siehe *Wolf/Horn/Lindacher*, AGB-Gesetz, § 24a Rn. 27 ff.

[598] *Hommelhoff/Wiedenmann*, ZIP 1993, 562 (565, 569). Siehe dazu auch *Heinrichs*, NJW 1996, 2190 (2194); *Remien*, ZeuP 1994, 34 (51 f.).

[599] Vgl. auch die Vorbemerkung zum Entwurf des Gesetzes zur Modernisierung des Schuldrechts, BT-Drucks. 14/6040, S. 149: „Da das gesetzliche Schuldrecht weitgehend dispositives Recht

AGB-Rechts, der insofern deutlich über die europarechtlichen Vorgaben hinausgeht[600], kommt vor allem dadurch zum Ausdruck, dass grundsätzlich auch der geschäftserfahrene Unternehmer als Klauselgegner geschützt wird, wie sich bereits aus einem Umkehrschluss zu § 310 Abs. 1 BGB ergibt. Vor dem Hintergrund der rein situationsbezogenen Schutzrichtung des AGB-Rechts erscheint daher die Anknüpfung des AGB-rechtlichen Schutzbereichs an personenbezogene Merkmale eigentlich nicht gerechtfertigt. Es ist deshalb notwendig, die personenbezogenen Schutzbereichsmodifizierungen jeweils einer näheren Betrachtung zu unterziehen.

a) Ausnahmen für Unternehmer als Kunden, § 310 Abs. 1 BGB

Ausgehend von dem situationsbezogenen Schutzansatz des AGB-Rechts können die in § 310 Abs. 1 BGB angeordneten Ausnahmeregelungen für Unternehmer als Kunden nur schwerlich damit begründet werden, dass Unternehmer bei der Verwendung von AGB aufgrund ihres Unternehmer-Status typischerweise weniger schutzbedürftig seien[601]. Zwar ging der Gesetzgeber bei der Schaffung des AGB-Rechts wohl selbst noch davon aus, dass das Schutzbedürfnis des AGB-unterworfenen Vertragsteils im Handelsverkehr regelmäßig nicht so ausgeprägt sei wie in den Rechtsbeziehungen zu den Verbrauchern[602]. Als der Bundesrat jedoch während des Gesetzgebungsverfahrens zur Schuldrechtsmodernisierung forderte, die (vermeintlich) „geringere Schutzbedürftigkeit" von Unternehmern als ein weiteres Kriterium in § 310 Abs. 1 Satz 2 BGB aufzunehmen[603], hat es die Bundesregierung ausdrücklich abgelehnt, „die Überprüfung Allgemeiner Geschäftsbedingungen, die Unternehmen untereinander verwenden, unter den Vorbehalt geringerer Schutzbedürftigkeit der Unternehmen zu stellen"[604], weil die Schutzbedürftig-

---

darstellt, sah sich der Gesetzgeber aus sozialstaatlichen und wirtschaftlichen Gründen gezwungen, der Vertragsgestaltungsfreiheit jedenfalls in den Fällen Grenzen zu setzen und ein ausreichendes Maß an Vertragsgerechtigkeit sicherzustellen, in denen die Dispositionsfreiheit einseitig zu Gunsten der einen Vertragspartei (‚Verwender') ausgenutzt wird und zu einer unangemessenen Benachteiligung des anderen Vertragsteils führt."

[600] *Eckert*, WM 1993, 1070 (1071); *Ulmer*, EuZW 1993, 337 (341); *Graf v. Westphalen*, EWS 1993, 161 (162).

[601] So auch *Damm*, JZ 1994, 161 (167); *Drexl*, Die wirtschaftliche Selbstbestimmung des Verbrauchers, S. 408; *Preis*, ZHR 158 (1994), 567 (577 f.).

[602] BT-Drucks. 7/3919, S. 43.

[603] Vgl. Nummer 51 der Stellungnahme des Bundesrates zum Entwurf des Schuldrechtsmodernisierungsgesetzes, BT-Drucks. 14/6857, S. 17.

[604] So die Gegenäußerung der Bundesregierung zu Nummer 51 der Stellungnahme des Bundesrates zum Entwurf des Schuldrechtsmodernisierungsgesetzes, BT-Drucks. 14/6857, S. 54.

keit bei Unternehmern „sehr unterschiedlich ausgestaltet" sei und „schon deshalb verallgemeinernde Aussagen hierüber vermieden werden sollten"[605]. Entsprechend der situationsbezogenen Schutzrichtung des AGB-Rechts erfolgen die Einschränkungen der AGB-Kontrolle für Verträge, an denen ein Unternehmer als Kunde beteiligt ist, daher auch nicht wegen einer vermeintlich geringeren persönlichen Schutzbedürftigkeit von Unternehmern, sondern vor allem wegen der Besonderheiten des Handelsverkehrs, die in dem ursprünglich als reines Verbraucherschutzgesetz konzipierten AGB-Recht[606] nicht genügend berücksichtigt werden konnten[607]. Dementsprechend hat der Gesetzgeber die in § 310 Abs. 1 Satz 1 BGB angeordnete Unanwendbarkeit des § 305 Abs. 2, Abs. 3 BGB damit begründet, dass die Einhaltung der besonderen Einbeziehungsvoraussetzungen des § 305 Abs. 2, Abs. 3 BGB den Handelsverkehr unnötig erschweren und behindern würde[608]. Und die detaillierten Klauselverbote der §§ 308, 309 BGB hat der Gesetzgeber deswegen ausgeklammert, weil die in den §§ 308, 309 BGB enthaltenen Unwerturteile auf einer Interessensbewertung beruhen, die sich entsprechend der ursprünglichen Konzeption des AGB-Rechts in erster Linie an der typischen Interessenslage des Privatkunden orientiert, weshalb zumindest eine generelle und unbeschränkte Übertragung dieser auf den Privatkunden zugeschnittenen Wertungsmaßstäbe auf den Handelsverkehr nicht angemessen ist[609]. Eine umfassende AGB-rechtliche Vertragskontrolle anhand der detaillierten Klauselverbote der §§ 308, 309 BGB widerspräche dem Bedürfnis des Handelsverkehrs an einer einfachen, schnellen und flexiblen Vertragsabwicklung[610], außerdem kann dem Unternehmer die Hinnahme nachteiliger AGB eher zugemutet werden, weil er die damit verbundenen Kosten z.B. durch eine entsprechende Kalkulation, durch eine Versicherung oder durch Abwälzung an seine Kunden leichter auffangen kann als andere Klauselgegner[611]. Dem bei der Verwendung von AGB gleichwohl aber vorhandenen Schutzbedürfnis des Unternehmers hat der Gesetzgeber dadurch Rechnung getragen, dass er bei Verträgen mit Unternehmern als Kunden eine an den Maßstäben

---

605 Siehe Beschlussempfehlung und Bericht des Rechtsausschusses, BT-Drucks. 14/7052, S. 189.

606 Vgl. dazu ausführlich *Ulmer/Brandner/Hensen*, AGB-Gesetz, § 24 Rn. 6.

607 MüKo/*Basedow*, § 310 Rn. 3; *Drexl*, Die wirtschaftliche Selbstbestimmung des Verbrauchers, S. 408; Soergel/*Stein*, § 24 AGB-Gesetz Rn. 2; *Wolf/Horn/Lindacher*, AGB-Gesetz, § 24 Rn. 4.

608 Vgl. BT-Drucks. 7/3919, S. 43.

609 Soergel/*Stein*, § 24 AGB-Gesetz Rn. 2.

610 Siehe dazu *Baumbach/Hopt*, Handelsgesetzbuch, Einl. vor § 1 Rn. 5; *Müller-Graff*, FS Pleyer, S. 401, 402; *K.Schmidt*, Handelsrecht, § 1 II 4 und IV 2. Allgemein zum Charakter des Handelsrechts als „verkehrsfreundliches Recht" *Medicus*, JuS 1996, 761 (762).

611 Siehe auch BT-Drucks. 7/3919, S. 43; *Wolf/Horn/Lindacher*, AGB-Gesetz, § 9 Rn. 123 und § 24 Rn. 4; a.A. *Frey*, ZIP 1993, 572 (578).

der §§ 308, 309 BGB ausgerichtete Inhaltkontrolle über die Generalklausel des § 307 Abs. 1 Abs. 2 BGB zulässt. Diese Inhaltskontrolle wird jedoch dahingehend modifiziert, dass bei der Interessenabwägung im Rahmen der Generalklausel des § 307 BGB die im Handelsverkehr geltenden Gewohnheiten und Gebräuche angemessen zu berücksichtigen sind (vgl. § 310 Abs. 1 Satz 2 a.E. BGB)[612]. Auf diese Weise kann das AGB-Recht auch im unternehmerischen Geschäftsverkehr ein vergleichbares Schutzniveau gewährleisten, ohne die Besonderheiten des Handelsverkehrs und die damit verbundene besondere Interessenlage für Unternehmer zu vernachlässigen[613]. Im Vergleich zu den starren Klauselverboten der §§ 308, 309 BGB bewirkt diese modifizierte AGB-Kontrolle im Rahmen der Generalklausel zudem eine Flexibilität des Gesetzes, die es ermöglicht, die ansonsten an den Grenzen einer starren, typisierenden Ausnahmevorschrift zwangsläufig auftretenden Nachteile zu vermeiden[614].

b) Der Verzicht auf das Merkmal „Stellen", § 310 Abs. 3 Nr. 1 BGB

Bei Verträgen zwischen einem Verbraucher und einem Unternehmer hat der Gesetzgeber gemäß § 310 Abs. 3 Nr. 1 BGB auf das Merkmal des „Stellens" aus § 310 Abs. 1 Satz 1 BGB insoweit verzichtet, als die Vertragsbedingungen als vom Unternehmer gestellt gelten, wenn sie nicht vom Verbraucher in den Vertrag einbezogen worden sind. Diese gesetzliche Fiktion des „Stellens" hat zur Folge, dass bei Verbraucherverträgen nicht mehr nur die vom Unternehmer selbst gestellten Klauseln der AGB-Kontrolle unterliegen, sondern auch solche Klauseln, die von einem nicht am Vertragsschluss beteiligten *Dritten* in den Vertrag eingeführt wurden[615]. Anlass für diese Erweiterung des AGB-Rechts war die am 2.3.1993 vom EG-Ministerrat verabschiedete Richtlinie über missbräuchliche Klauseln in Verbraucherverträgen[616]. Im Hinblick auf die gesetzgeberische Pflicht zur Kompensation gestörter Vertragsparität wird die Ausweitung des Schutzes auf Drittklauseln bei Verbraucherverträgen vor allem damit gerechtfertigt, dass es für die situationsbedingte Schutzbedürftigkeit des Verbrauchers keinen Unterschied macht, ob die missbräuchlichen, nicht im Einzelnen ausgehandelten Klauseln auf Vorschlag des Verwenders oder auf Vorschlag eines Dritten Vertragsinhalt geworden

---

[612] Zu den Konsequenzen bei der Interessenabwägung im Rahmen der Generalklausel des § 307 Abs. 1 BGB vgl. *Wolf/Horn/Lindacher*, AGB-Gesetz, § 9 Rn. 121 ff.

[613] Vgl. MüKo/*Basedow*, § 310 Rn. 9 ff.; *Wolf/Horn/Lindacher*, AGB-Gesetz, § 24 Rn. 18 ff.

[614] Zu den Folgen der Typisierung vgl. oben 2. Kapitel A. II. 2.

[615] MüKo/*Basedow*, § 310 Rn. 56; Palandt/*Heinrichs*, § 310 Rn. 12; Erman/*Roloff*, § 310 Rn. 13 ff.; *Wolf/Horn/Lindacher*, AGB-Gesetz, § 24a Rn. 27.

[616] Richtlinie 93/13 EWG des Rates über missbräuchliche Klauseln in Verbraucherverträgen vom 5.4.1993 (ABl. EG Nr. L 95, S. 29 ff.).

sind[617]. Denn bei vorformulierten Drittklauseln hat der Verbraucher typischerweise ebenfalls keine Möglichkeit, effektiv Einfluss auf den Vertragsinhalt zu nehmen, so dass der Vertragsmechanismus auch bei Drittklauseln keinen ausreichenden Schutz vor missbräuchlichen Klauseln gewährleisten kann. Die Ausdehnung der AGB-Kontrolle auf Drittklauseln gemäß § 310 Abs. 3 Nr. 1 BGB erfolgt demnach nicht etwa wegen einer generellen, personenbedingten Unterlegenheit des Verbrauchers gegenüber dem Unternehmer, sondern – ganz im Sinne der situationsbezogenen Schutzkonzeption des AGB-Rechts – aufgrund der rein situationsspezifischen Paritätsgefährdung, die sich aus der Verwendung von nicht im Einzelnen ausgehandelten und nicht vom Verbraucher in den Vertrag eingeführten Vertragsbedingungen ergibt[618]. Auf den ersten Blick verliert damit das Merkmal des „Stellens" auch in § 305 Abs. 1 Satz 1 BGB an Bedeutung[619] und es stellt sich die Frage, weshalb Drittklauseln nur bei Verbraucherverträgen, also bei Verträgen zwischen einem Unternehmer und einem Verbraucher als Kunde, für kontrollbedürftig erachtet werden, während sie in den anderen Konstellationen, etwa bei Verträgen zwischen Verbrauchern untereinander, von der AGB-Kontrolle ausgenommen sind. Vor dem Hintergrund der situationsbezogenen Schutzkonzeption des AGB-Rechts lässt sich eine Beschränkung der Inhaltskontrolle von Drittklauseln auf Verbraucherverträge eigentlich nicht erklären, schließlich hängt die sich aus der Verwendung von Drittklauseln ergebende Gefährdungslage ja gerade nicht von den persönlichen Eigenschaften oder der jeweiligen Marktstellung der Vertragsparteien ab. Um ermitteln zu können, warum der Gesetzgeber lediglich bei Verbraucherverträgen auf das Merkmal des „Stellens" verzichtet hat, muss man sich deshalb zunächst über die Bedeutung und Funktion des Merkmals „Stellen" in § 310 Abs. 1 Satz 1 BGB bewusst werden.

---

[617] Vgl. *Damm*, JZ 1994, 161 (166); *Heinrichs*, NJW 1993, 1817 (1819); *ders.*, NJW 1995, 153 (158).

[618] Anders als die dem § 310 Abs. 3 BGB zugrunde liegende EU-Richtlinie, die lediglich den Verbraucher in seiner „rollenspezifischen Unterlegenheit" (*Hommelhoff/Wiedenmann*, ZiP 1993, 562 [564]) schützen will, verfolgt nämlich der deutsche Gesetzgeber mit dem AGB-Recht gerade keinen rollenspezifischen, sondern einen *situationsspezifischen* Unterlegenenschutz, der nicht nur Verbrauchern, sondern grundsätzlich *allen* Personengruppen zu Gute kommen soll. Vgl. bereits oben 6. Kapitel E. III.

[619] *Wolf/Horn/Lindacher*, AGB-Gesetz, § 1 Rn. 27.

aa) Bedeutung und Funktion des Merkmals „Stellen“ in § 310 Abs. 1 Satz 1 BGB

Da mit jeder Begrenzung der Vertragsfreiheit zum Schutze des einen Teils gleichzeitig ein Eingriff in die Vertragsfreiheit des anderen Teils verbunden ist[620], ist ein kompensierendes Eingreifen in den durch vorformulierte Vertragsbedingungen festgelegten Interessensausgleich nur möglich, wenn feststeht, welcher Vertragspartei die mit dem Eingriff verbundenen Nachteile auferlegt werden können[621]. In den Fällen gestörter Vertragsparität werden die Nachteile des korrigierten Vertrages grundsätzlich derjenigen Vertragspartei auferlegt, die für die gestörte Vertragsparität verantwortlich ist und das Ungleichgewicht als überlegener Vertragsteil zu ihrem Vorteil ausgenutzt hat[622]. Im Falle der Verwendung von AGB beruht die kompensationsbedürftige Ungleichgewichtslage zwischen den Vertragsparteien darauf, dass die eine Vertragspartei durch die Verwendung von AGB die Vertragsgestaltungsfreiheit einseitig in Anspruch nimmt, während die andere Vertragspartei typischerweise keine Möglichkeit zur Einflussnahme auf den Vertragsinhalt hat und sich daher in einer unterlegenen Verhandlungsposition befindet[623]. Verantwortlich für die gestörte Vertragsparität bei der Verwendung von AGB ist somit derjenige Vertragsteil, der die AGB *verwendet.* Durch das AGB-Recht soll demnach nicht der Verwender vor seinen eigenen AGB, sondern die andere Vertragspartei vor der einseitigen Inanspruchnahme der Vertragsfreiheit durch den Verwender geschützt werden[624]. Die Zuweisung der Verwenderrolle ist somit notwendig, um den für die Paritätsstörung verantwortlichen, überlegenen Vertragsteil zu kennzeichnen und im Gegenzug die unterlegene und deshalb schutzbedürftige Vertragspartei festzulegen[625]. Welche der beiden Vertragsparteien nun als Verwender anzusehen und damit als der überlegene Vertragsteil verantwortlich für die Paritätsstörung ist, wird erst durch das Merkmal des „Stellens“ in § 310 Abs. 1 Satz 1 BGB festgelegt. Das Merkmal des „Stellens“ in § 310 Abs. 1 Satz 1 BGB hat demnach die Funktion, diejenige Vertragspartei zu bestimmen, die als Verwender auftritt und dementsprechend die Nachteile eines kompensatorischen Eingreifens seitens des Staates zu tragen hat. Durch das Merkmal des „Stellens“ wird die Rolle des Verwenders derjenigen Vertragspartei zugewiesen, auf deren Initiative die vorformulierten Ver-

---

[620] BVerfG v. 7.2.1990, BVerfGE 81, 242 (255).

[621] Vgl. dazu oben 2. Kapitel A. III. 2.

[622] Siehe dazu oben 2. Kapitel A. III. 2. a).

[623] Vgl. dazu 6. Kapitel E. III. 3.

[624] *Stoffels*, AGB-Recht, Rn. 131; *Ulmer/Brandner/Hensen*, AGB-Gesetz, § 1 Rn. 27; *Wolf/Horn/Lindacher*, AGB-Gesetz, Einl. Rn. 14 und § 1 Rn. 23.

[625] *Wolf/Horn/Lindacher*, AGB-Gesetz, § 1 Rn. 25.

tragsbedingungen in den Vertrag eingeführt wurden[626]. Es wird also nicht darauf abgestellt, wer die Vertragsbedingungen inhaltlich entworfen hat, sondern wer die Vertragsbedingungen fertig ausformuliert in die Vertragsverhandlungen *eingebracht* hat, um sie der anderen Vertragspartei einseitig aufzuerlegen[627]. Demnach ist eine Vertragspartei nicht nur dann Verwender, wenn sie die Vertragsbedingungen selbst vorformuliert hat, sondern auch dann, wenn ihr die von einem Dritten vorformulierten Vertragsbedingungen als von ihr veranlasst zugerechnet werden können oder wenn sie sich der von einem Dritten vorformulierten AGB bedient[628]. Vertragsbedingungen, die ein Dritter vorformuliert hat, die aber auf Veranlassung einer Vertragspartei in den Vertrag eingeführt wurden, unterliegen deshalb bereits gemäß § 305 Abs. 1 Satz 1 BGB der AGB-Kontrolle[629]. Denn durch die Zurechenbarkeit dieser Drittklauseln gegenüber einer Vertragspartei ist es in diesen Fällen trotzdem möglich, einer Vertragspartei die Verwenderrolle und damit die überlegene Verhandlungsposition zuzuweisen.

bb) Einführung der Vertragsklauseln durch unparteiische Dritte

Bei der Einführung der vorformulierten Vertragsklauseln durch einen Dritten bereitet die Zuweisung der überlegenen Verhandlungsposition folglich nur dann Probleme, wenn eine Zurechnung der Drittklauseln gegenüber einer Vertragspartei nicht möglich ist, weil die Vertragsbedingungen von einem *unparteiischen* Dritten von sich aus ohne Veranlassung einer Partei in den Vertrag eingeführt wurden. In diesem Fall besteht nämlich schon gar keine Ungleichgewichtslage zwischen den Vertragsparteien, denn es fehlt hier *beiden* Vertragsparteien an der Möglichkeit, auf den konkreten Vertragsinhalt Einfluss zu nehmen. Beide Vertragsparteien sind hier *in gleicher Weise* den Gefahren ausgesetzt, die von den vorformulierten, nicht im Einzelnen ausgehandelten und nicht von den Vertragsparteien in den Vertrag eingeführten Vertragsklauseln ausgehen. Die einseitige Begünstigung einer Vertragspartei durch den vermeintlich neutralen Dritten für sich allein genügt ebenfalls nicht, um in diesem Fall zu Gunsten der benachteiligten Vertragspartei eine Ver-

---

626 *Stoffels*, AGB-Recht, Rn. 132; *Ulmer/Brandner/Hensen*, AGB-Gesetz, § 1 Rn. 27; Staudinger/*Schlosser*, § 1 AGBG Rn. 24 f.; Soergel/*Stein*, § 1 AGB-Gesetz Rn. 13.

627 BT-Drucks. 7/3919, S. 15 f.; MüKo/*Basedow*, § 305 Rn. 21; *Coester-Waltjen*, Jura 1995, 26 (29); *Wolf/Horn/Lindacher*, AGB-Gesetz, § 1 Rn. 23.

628 MüKo/*Basedow*, § 305 Rn. 22 f.; *Coester-Waltjen*, Jura 1995, 26 (29); Palandt/*Heinrichs*, § 305 Rn. 11; *Ulmer/Brandner/Hensen*, AGB-Gesetz, § 1 Rn. 27 ff., 32a; Staudinger/*Schlosser*, § 1 AGBG Rn. 25 ff.; Soergel/*Stein*, § 1 AGB-Gesetz Rn. 14; *Stoffels*, AGB-Recht, Rn. 134; *Wolf/Horn/Lindacher*, AGB-Gesetz, § 1 Rn. 25.

629 Vgl. auch MüKo/*Basedow*, § 310 Rn. 57; *Wolf/Horn/Lindacher*, AGB-Gesetz, § 1 Rn. 25 und § 24a Rn. 27.

tragskorrektur vorzunehmen[630]. Denn erstens beruht es meist auf Zufall, welche Vertragspartei von dem Dritten benachteiligt wird, so dass es hier schon an einer *typisierbaren* Fallgestaltung fehlt. Und zweitens ist es nicht gerechtfertigt, der begünstigten Vertragspartei, die für die Unangemessenheit der Vertragsbedingungen nicht verantwortlich ist, die Nachteile einer Vertragskorrektur nur deshalb aufzuerlegen, weil sie von dem Dritten begünstigt wurde. Dass der Gesetzgeber allein in dem Umstand, dass eine Vertragspartei durch einen Dritten einseitig bevorzugt wird, grundsätzlich keinen Grund für ein korrigierendes Eingreifen erkennen konnte, ergibt sich bereits aus einem Umkehrschluss zu § 319 Abs. 1 Satz 1 BGB. Danach wird eine offensichtlich einseitige Leistungsbestimmung durch einen Dritten nur dann nicht als wirksam anerkannt, wenn der Dritte die Leistung nach „billigem Ermessen" bestimmen sollte, während ansonsten davon ausgegangen wird, dass die Leistungsbestimmung durch den Dritten bei einseitiger Bevorzugung oder Benachteiligung einer Vertragspartei wirksam ist, vgl. § 319 Abs. 2 BGB.

Es bleibt also dabei, dass ein gesetzgeberisches Eingreifen in den vertraglichen Interessensausgleich grundsätzlich erst dann gerechtfertigt ist, wenn eine *typisierbare* Fallgestaltung strukturellen Ungleichgewichts vorliegt, in der die Interessen der einen Vertragspartei an einer Vertragskorrektur die Interessen der anderen Vertragspartei an der Beibehaltung des vereinbarten Vertragsinhaltes typischerweise überwiegen. Werden die vorformulierten Vertragbedingungen von einem unparteiischen Dritten in den Vertrag eingeführt, so liegt eine solche typisierbare Fallgestaltung strukturellen Ungleichgewichts nach Ansicht des Gesetzgebers lediglich dann vor, wenn es sich um einen Vertrag zwischen einem Unternehmer und einem Verbraucher als Kunden handelt (*Verbrauchervertrag*). Denn die Gefahr, dass der Dritte interessensmäßig nicht neutral ist, sondern die Interessen des Unternehmers gegenüber den Interessen des Verbrauchers bevorzugt, ist bei einem Verbrauchervertrag typischerweise höher als bei einem Vertrag zwischen zwei Unternehmern oder zwei Verbrauchern. Der Grund für die gesteigerte Gefahr einer Benachteiligung des Verbrauchers liegt beim Verbrauchervertrag darin, dass es sich bei dem Dritten, der die vorformulierten Vertragsklauseln in den Vertrag eingeführt hat, vielfach nicht um eine unkundige, geschäftlich unerfahrene Person handeln wird, sondern um eine über entsprechende Fachkenntnis und Erfahrung verfügende Geschäftsperson (Makler, Notar, Rechtsanwalt, Steuerberater etc.), die mit ihrer Einmischung in die Vertragsbeziehung zwischen dem Unternehmer und dem Verbrau-

[630] Staudinger/*Schlosser*, § 1 AGBG Rn. 23; *Stoffels*, AGB-Recht, Rn. 131. Der Umstand, dass die AGB für die eine Vertragspartei vorteilhaft sind, kann allenfalls ein *Indiz* dafür sein, dass der begünstigten Partei die Vertragsbedingungen als von ihr gestellt zurechenbar sind, vgl. Soergel/*Stein*, § 1 AGB-Gesetz Rn. 14; *Wolf/Horn/Lindacher*, AGB-Gesetz, § 1 Rn. 26.

cher regelmäßig einen bestimmten, zumeist geschäftlichen Zweck verfolgt und deshalb im Hinblick auf ihre eigene Geschäftstätigkeit oftmals darauf angewiesen ist, eine gewinnbringende Geschäftsbeziehung mit der wirtschaftlich stärkeren Vertragspartei aufzubauen, oder, falls eine solche bereits besteht, sie zu festigen[631]. Bei Verträgen zwischen einem Unternehmer und einem Verbraucher ist diese für den Dritten aus wirtschaftlicher Sicht interessante Vertragspartei typischerweise nicht der Verbraucher, sondern der wirtschaftlich starke Unternehmer. Es besteht daher bei Verbraucherverträgen typischerweise die erhöhte Gefahr, dass der Dritte mit Blick auf seine eigenen wirtschaftlichen Interessen die zu erwartende Neutralität vermissen lässt und in einem „vorauseilenden Gehorsam“ die Vertragsbedingungen einseitig zu Gunsten des Unternehmers ausgestaltet[632]. Obwohl in diesem Fall keine der beiden Vertragsparteien als Verwender der AGB auftritt, lässt sich in dieser Konstellation trotzdem die typischerweise schutzbedürftige Vertragspartei feststellen, so dass hier ausnahmsweise auf das Merkmal des „Stellens“ verzichtet werden kann, um eine typisierbare Ungleichgewichtslage zwischen den Vertragsparteien zu kennzeichnen. Bei Verträgen zwischen Unternehmern untereinander und Verbrauchern untereinander besteht dagegen nicht die Gefahr, dass der vermeintlich unparteiische Dritte typischerweise zu Gunsten einer ganz bestimmten Vertragspartei handelt. Vielmehr ist hier das Risiko, von dem Dritten bei der Ausgestaltung der AGB benachteiligt zu werden, regelmäßig auf beide Vertragsparteien gleichmäßig verteilt, weshalb in diesen Fällen weiterhin das Merkmal des „Stellens“ erforderlich ist, um überhaupt eine Paritätsstörung anzunehmen und die für die Paritätsstörung verantwortliche Vertragspartei bestimmen zu können[633].

cc) Ergebnis und Möglichkeiten zur Korrektur der Typisierungsfolgen

Der Grund für die Beschränkung der Inhaltskontrolle von Klauseln, die von einem unparteiischen Dritten in den Vertrag eingeführt werden, auf Verbraucherverträge gemäß § 310 Abs. 3 Nr. 1 BGB liegt nicht in einer personenbedingten Unterlegenheit des Verbrauchers gegenüber dem Unternehmer, sondern darin, dass sich in den anderen Konstellationen ohne das Merkmal des „Stellens“ nicht bestimmen lässt, welche der beiden Vertragsparteien als Verwender auftritt. Die Zuweisung der Verwenderrolle ist nämlich zur Feststellung einer typisierbaren Ungleichgewichts-

---

[631] Vgl. *Heinrichs*, NJW 1995, 153 (158); *Stürner*, JZ 1974, 154 (155 f.).

[632] So auch *Heinrichs*, NJW 1995, 153 (158). Ähnlich *Fastrich*, Richterliche Inhaltskontrolle im Privatrecht, S. 100; *Stürner*, JZ 1974, 154 (155 f.).

[633] Vgl. auch Staudinger/*Schlosser*, § 1 AGBG Rn. 23, 26; *Wolf/Horn/Lindacher*, AGB-Gesetz, § 1 Rn. 25; a.A. *Kramer*, ZHR 146 (1982), 105 (112 ff.); *Pflug*, Kontrakt und Status im Recht der Allgemeinen Geschäftsbedingungen, S. 310.

lage zwischen den Vertragsparteien unverzichtbar, da sich die Überlegenheit einer Vertragspartei gerade nicht aus der personenbezogenen Eigenschaft als Unternehmer ergibt, sondern aus der situationsbezogenen Rolle als Verwender von AGB. Fehlt es hingegen an einem Verwender, weil die Vertragsklauseln durch einen unparteiischen Dritten in den Vertrag eingeführt wurden, so liegt eine typisierbare Fallgestaltung strukturellen Ungleichgewichts nur bei Verträgen zwischen einem Unternehmer und einem Verbraucher als Kunden vor, da bei diesen Verträgen typischerweise die erhöhte Gefahr besteht, dass der Dritte interessensmäßig nicht neutral ist, sondern die Interessen des Unternehmers gegenüber den Interessen des Verbrauchers bevorzugt. Bei Verträgen zwischen Unternehmern untereinander und Verbrauchern untereinander sind dagegen beide Vertragsparteien in gleicher Weise dem Risiko ausgesetzt, von dem Dritten benachteiligt zu werden, so dass sich hier die überlegene Vertragspartei, der die Nachteile des korrigierenden Eingreifens auferlegt werden können, nur mit Hilfe des Zurechnungsmerkmals „Stellen" ermitteln lässt.

Da der Vertragsmechanismus aber auch bei der Einführung der Vertragsbedingungen durch einen unparteiischen Dritten grundsätzlich keine Richtigkeitsgewähr entfalten kann[634], weil die Vertragsparteien auch hier keine Möglichkeit haben, auf den Vertragsinhalt effektiv Einfluss zu nehmen, kann die Beschränkung der Inhaltskontrolle von Drittklauseln auf Verbraucherverträge dazu führen, dass in den anderen Konstellationen, also bei Verträgen zwischen zwei Unternehmern oder zwei Verbrauchern, ein Schutzdefizit entsteht. So kann etwa bei einem vorformulierten Grundstückskaufvertrag zwischen zwei Verbrauchern der von einem unparteiischen Notar vorformulierte Vertragsinhalt eine Vertragspartei unangemessen benachteiligen, indem z.B. die Gewährleistungspflichten des Veräußerers durch den Formularvertrag vollständig ausgeschlossen werden[635]. Bereits vor Inkrafttreten der in § 310 Abs. 3 Nr. 1 BGB bzw. früher in § 24a Nr. 1 AGBG enthaltenen Regelung hat die Rechtsprechung daher versucht, unabhängig davon, ob es sich bei dem vorformulierten Vertrag um einen Verbrauchervertrag handelt, bei einer offensichtlich unangemessenen Benachteiligung einer Vertragspartei durch einen unparteiischen Dritten korrigierend einzugreifen, um zweifelhafte Ergebnisse in den einschlägigen Fallkonstellationen zu verhindern. So hat der *BGH* bei Verträgen über neu errichtete Häuser und Eigentumswohnungen auch die von einem unparteiischen Notar vorgeschlagenen Vertragsbedingungen einer Inhaltskontrolle unterworfen und für unwirksam erklärt, wenn sie zu einer unangemessenen Benachteiligung des Erwerbers führten und der Notar den Erwerber darüber nicht vor Ver-

---

[634] Bezüglich notarieller Verträge vgl. *Fastrich*, Richterliche Inhaltskontrolle im Privatrecht, S. 99 f.

[635] Siehe z.B. BGH v. 5.4.1979, NJW 1979, 1406 (1407 f.).

tragsschluss eingehend aufgeklärt[636] hat[637]. Da hier eine Inhaltskontrolle auf der Grundlage der AGB-rechtlichen Vorschriften nicht in Frage kam, weil die Vertragsbestimmungen nicht von einer Vertragspartei sondern von einem unparteiischen Dritten „gestellt" worden sind, stützte der *BGH* die Inhaltskontrolle von notariellen Vertragsbestimmungen auf die Generalklausel des § 242 BGB, um die benachteiligte Vertragspartei zu schützen[638]. Diese Rechtsprechung des *BGH* war in den achtziger Jahren heftig umstritten[639], weil der *BGH* nach Ansicht der Kritiker auf diese Weise das in § 305 Abs. 1 BGB enthaltene Tatbestandsmerkmal des „Stellens" umging[640]. Nach heute herrschender Ansicht steht das AGB-Recht einer solchen auf § 242 BGB gestützten Inhaltskontrolle von nicht „gestellten" vorformulierten Vertragsbedingungen jedoch nicht entgegen, denn das AGB-Recht stellt nur eine Teilkodifikation des Rechtsinstituts der Inhaltskontrolle dar und hat deshalb außerhalb seines Anwendungsbereiches insoweit keine Sperrwirkung[641]. Die aus § 242 BGB abgeleitete Rechtsprechung des *BGH* zur Inhaltskontrolle notarieller Grundstückskaufverträge hat allerdings heute insofern an Bedeutung verloren, als sich die AGB-rechtliche Inhaltskontrolle gemäß § 310 Abs. 3 Nr. 1 BGB zumindest bei Verbraucherverträgen auch auf derartige Drittverträge erstreckt. Außerhalb des Anwendungsbereichs von § 310 Abs. 3 Nr. 1 BGB, also bei Verträgen zwischen zwei Verbrauchern oder zwei Unternehmern, bleibt jedoch weiterhin Raum für eine auf § 242 BGB gestützte Inhaltskontrolle von Drittverträgen, um die durch das typisierende Merkmal des „Stellens" entstehende Schutzlücke zu schließen[642]. Da die begünstigte Vertragspartei in diesen Konstellationen aber nicht für die Benachteiligung der anderen Vertragspartei verantwortlich ist, lässt sich hier

---

[636] Zum Ausgleich der informationellen Unterlegenheit des Erwerbers durch eine ausführliche Belehrung vgl. *Medicus*, Zur gerichtlichen Kontrolle notarieller Verträge, S. 26 ff.

[637] BGH v. 5.4.1984, NJW 1984, 2094 f.; BGH v. 20.2.1986, NJW-RR 1986, 1026 (1027); BGH v. 21.5.1987, NJW-RR 1987, 1035 (1036); BGH v. 17.9.1987, NJW 1988, 135 f.

[638] BGH v. 5.4.1984, NJW 1984, 2094 f.; BGH v. 17.9.1987, NJW 1988, 135 f.; siehe auch *Walchshöfer*, Zehn Jahre AGB-Gesetz, S. 155 (170 f.).

[639] Dem BGH zustimmend u.a. *Bunte*, ZIP 1984, 1313 (1314); *Garrn*, NJW 1980, 2782 (2783 f.); *Kramer*, ZHR 146 (1982), 105 (115); *Walchshöfer*, Zehn Jahre AGB-Gesetz, S. 155 (171); *Wiedemann*, FS Kummer, S. 175, 182 ff. Ablehnend dagegen z.B. *Brambring*, DNotZ 1986, 613 (615 ff.); *Habersack*, AcP 1989 (1989), 403 (423); *Lieb*, DNotZ 1989, 274 (285); *Medicus*, Zur gerichtlichen Kontrolle notarieller Verträge, S. 14, 30 f.; *Michalski/Römermann*, ZIP 1993, 1434 (1446); *Roth*, BB 1987, 977 (979 ff.); *Stürner*, JZ 1979, 758; *ders.*, DNotZ 1984, 763 (764 ff.); *Ulmer*, DNotZ 1981, 84 (98).

[640] Vgl. die Kritik bei *Stürner*, DNotZ 1984, 763 (764 ff.).

[641] Zum Verhältnis des AGB-Rechts zu § 242 BGB siehe ausführlich oben 6. Kapitel D.

[642] Staudinger/*Coester*, § 9 AGBG Rn. 37; *Kanzleiter*, DNotZ 1996, 867 ff.; *Walchshöfer*, Zehn Jahre AGB-Gesetz, S. 155 (170 f.); *Wolf/Horn/Lindacher*, AGB-Gesetz, § 1 Rn. 56.

die Zuweisung der kompensationsbedingten Nachteile an die begünstigte Vertragspartei nur dann rechtfertigen, wenn der benachteiligten Vertragspartei angesichts des Vertragsinhalts ein Festhalten am Vertrag unter Berücksichtigung der Gebote von Treu und Glauben nicht mehr zugemutet werden kann und die Interessen der begünstigten Vertragspartei insofern unabhängig von ihrer Verantwortlichkeit hinter den Interessen der benachteiligten Partei zurücktreten müssen. Die fehlende Zurechenbarkeit des unangemessenen Vertragsinhaltes ist demnach bei der im Rahmen der Inhaltskontrolle nach § 242 BGB durchzuführenden Interessenabwägung entsprechend zu berücksichtigen, weshalb die Interessenabwägung bei der Inhaltskontrolle nach § 242 BGB durchaus anders ausfallen kann als eine Interessenabwägung im Rahmen der AGB-rechtlichen Inhaltskontrolle nach § 307 Abs. 1 BGB.

c) Der Verzicht auf das Merkmal „Vielzahl" in § 310 Abs. 3 Nr. 2 BGB

Gemäß § 310 Abs. 1 Satz 1 BGB unterliegen der AGB-Kontrolle grundsätzlich nur solche Vertragsbedingungen, die *für eine Vielzahl von Verträgen* vorformuliert werden. Bei Verbraucherverträgen wird jedoch der Anwendungsbereich wesentlicher Schutzvorschriften des AGB-Rechts gemäß § 310 Abs. 3 Nr. 2 BGB durch den Verzicht auf das Merkmal „Vielzahl" auch auf jene vorformulierten und nicht ausgehandelten[643] Vertragsbedingungen ausgedehnt, die *nur zur einmaligen Verwendung* bestimmt sind. Auch diese Erweiterung des AGB-Rechts erfolgte im Zuge der Umsetzung der EG-Richtlinie über missbräuchliche Klauseln in Verbraucherverträgen[644]. Begründet wird diese Ausdehnung der AGB-Kontrolle auf nicht ausgehandelte Individualvereinbarungen bei Verbraucherverträgen vor allem damit, dass es für die Schutzbedürftigkeit des Verbrauchers keinen Unterschied macht, ob die vorformulierten Vertragsklauseln nur zur einmaligen Verwendung

---

[643] Vorformulierte Individualvereinbarungen unterliegen gemäß § 310 Abs. 3 Nr. 2 BGB nur der Inhaltskontrolle, „soweit der Verbraucher aufgrund der Vorformulierung auf ihren Inhalt keinen Einfluss nehmen konnte". Die Anforderungen an die „Einflussnahmemöglichkeit" des Verbrauchers in § 310 Abs. 3 Nr. 2 BGB entsprechen inhaltlich weitgehend den bereits zum „Aushandeln" in § 305 Abs. 1 Satz 3 BGB entwickelten Kriterien, wonach für den Verbraucher eine reale Möglichkeit bestanden haben muss, die Vertragsbedingungen inhaltlich zu verändern, damit diese als ausgehandelt anzusehen sind (vgl. Palandt/*Heinrichs*, § 310 Rn. 17; *Heinrichs*, NJW 1996, 2190 [2193]; *Stoffels*, AGB-Recht, Rn. 130; *Graf v. Westphalen*, BB 1996, 2101 [2103]; Erman/*Roloff*, § 310 Rn. 20; *Wolf/Horn/Lindacher*, AGB-Gesetz, § 1 Rn. 35, 49 und § 24a Rn. 38; nach a.A. sind dagegen an die „Einflussnahmemöglichkeit" geringere Anforderungen zu stellen als an das „Aushandeln", vgl. *Coester-Waltjen*, FS Medicus, S. 63, 69; Staudinger/*Schlosser*, § 24a AGBG Rn. 48; *Ulmer/Brandner/Hensen*, AGB-Gesetz, § 24a Rn. 47).

[644] Richtlinie 93/13 EWG des Rates über missbräuchliche Klauseln in Verbraucherverträgen vom 5.4.1993 (ABl. EG Nr. L 95, S. 29 ff.).

bestimmt sind oder mehrfach verwendet werden sollen[645], da die Gefährlichkeit der Vertragsklauseln nicht auf der Häufigkeit ihrer (geplanten) Verwendung, sondern auf ihrer Vorformulierung beruht[646]. Der Verbraucher ist daher gegen missbräuchliche Vertragsklauseln auch dann zu schützen, wenn eine Klausel ausschließlich für den mit ihm zu schließenden Vertrag formuliert worden ist[647].
Die sich aus der Vorformulierung ergebenden Gefahren für die Vertragsparität sind aber, wie oben bereits gezeigt wurde, rein situativ bedingt und damit nicht auf Verbraucherverträge beschränkt, sondern bestehen grundsätzlich auch bei Verträgen zwischen Verbrauchern untereinander und Unternehmern untereinander[648]. Dementsprechend schützt das AGB-Recht – jedenfalls soweit es Vertragsbedingungen betrifft, die für eine *Vielzahl* von Verträgen vorformuliert worden sind – ja auch nicht nur Verbraucher, sondern grundsätzlich *alle* Personengruppen vor den sich aus der Verwendung dieser Vertragsbedingungen ergebenden, situationsbedingten Gefahren[649]. Im Hinblick auf den persönlichen Anwendungsbereich gewährt der deutsche Gesetzgeber somit schon vom Ansatz her einen anderen und damit einen deutlich weitergehenden Schutz als die EG-Richtlinie, die sich auf den Schutz des Verbrauchers in seiner „rollenspezifischen Unterlegenheit“[650] beschränkt[651]. Vor diesem Hintergrund stellt sich daher die Frage, warum der deutsche Gesetzgeber, wenn er doch grundsätzlich bei allen Personengruppen das Bedürfnis für eine Inhaltkontrolle anerkennt, weiterhin an dem Merkmal „Vielzahl“ in § 305 Abs. 1 Satz 1 BGB festhält und lediglich bei Verbraucherverträgen eine Inhaltskontrolle von *Individualvereinbarungen* zulässt.

aa) Das Merkmal „Vielzahl“ als Beweislastregelung

Ursprünglich hatte die Beschränkung der Inhaltskontrolle auf für eine Vielzahl von Verträgen vorformulierte Vertragsbedingungen vor allem Bedeutung für den *Nachweis* der Vorformulierung. Bei Vertragsbedingungen, die in einer Vielzahl vorgedruckt oder sonst vervielfältigt worden sind, spricht nämlich der erste Anschein dafür, dass es sich um einen Formularvertrag i.S.d. § 305 Abs. 1 Satz 1

---

645 *Drexl*, Die wirtschaftliche Selbstbestimmung des Verbrauchers, S. 347; *Heinrichs*, NJW 1996, 2190 (2193).

646 *Damm*, JZ 1994, 161 (165); *Wellenhofer-Klein*, ZIP 1997, 774 (778). Siehe dazu auch ausführlich oben 6. Kapitel E. III. 1.

647 *Frey*, ZIP 1993, 572 (575); *Heinrichs*, NJW 1993, 1817 (1818).

648 Vgl. oben 6. Kapitel G. I. 1. a) und b).

649 Vgl. oben 6. Kapitel E. III.

650 *Hommelhoff/Wiedenmann*, ZiP 1993, 562 (564).

651 *Eckert*, WM 1993, 1070 (1071); *Ulmer*, EuZW 1993, 337 (341); *Graf v. Westphalen*, EWS 1993, 161 (162).

BGB handelt[652]. Es ist dann Sache des Verwenders, diese Vermutung zu widerlegen bzw. zu beweisen, dass die Klauseln im einzelnen ausgehandelt worden sind[653]. Die Beweisproblematik rechtfertigt allerdings nicht die Beschränkung der Inhaltskontrolle von Individualvereinbarungen auf Verbraucherverträge. Denn das Gesetz verlangt gerade nicht die tatsächliche Verwendung der vorformulierten Bedingungen in mehreren Verträgen, sondern nur die Absicht, sie für eine Vielzahl von Verträgen verwenden zu wollen[654]. Daher gelten vorformulierte Vertragsbedingungen bereits im *ersten* Verwendungsfall als AGB i.S.v. § 305 BGB, wenn nur der Nachweis gelingt, dass die Verwendung für eine Vielzahl von Verträgen beabsichtigt ist[655].

bb) Verwendungsabsicht als Kriterium für die Verteilung des Verhandlungsgewichts

Das Abstellen auf die bloße *Absicht* der mehrfachen Verwendung könnte allerdings ein Verweis auf den vom Verwender betriebenen Aufwand für die Vorformulierung sein und damit möglicherweise Rückschlüsse auf die Verteilung des Verhandlungsgewichts zwischen den Vertragsparteien erlauben. So geht etwa *Fastrich* davon aus, dass der Verwender eines vorformulierten Individualvertrages zu dessen Vorformulierung einen vergleichbaren Aufwand betreiben müsse wie sein Vertragsgegner für die Analyse der Vertragsbedingungen[656]. Wenn es sich demnach für den Verwender lohne, für einen einzigen Vertrag spezielle Vertragsbedingungen auszuarbeiten, so könne er folglich auch von seinem Vertragsgegner erwarten, dass dieser sich genauso intensiv mit den individuell vorformulierten Vertragsbedingungen auseinandersetzt[657]. Die fehlende Absicht der Mehrfachverwendung kennzeichne daher die „Waffengleichheit" zwischen den Vertragspartnern, die erkläre, warum ein gesetzgeberisches Eingreifen bei Individualverträgen grundsätzlich nicht geboten sei[658]. Dieser Erklärungsversuch setzt aber voraus, dass der Klauselgegner zumindest *erkennen* konnte, dass es sich bei der Vertragsklausel um eine vom Verwender mit entsprechendem Aufwand vorformulierte Individualklau-

---

[652] MüKo/*Basedow*, § 305 Rn. 43; Erman/*Roloff*, § 305 Rn. 58; Palandt/*Heinrichs*, § 305 Rn. 24; Soergel/*Stein*, § 1 AGB-Gesetz Rn. 30; *Wolf/Horn/Lindacher*, AGB-Gesetz, § 1 Rn. 61 f.

[653] MüKo/*Basedow*, § 305 Rn. 43; Palandt/*Heinrichs*, § 305 Rn. 24; *Wolf/Horn/Lindacher*, AGB-Gesetz, § 1 Rn. 61 ff.

[654] BGH v. 26.9.1996, NJW 1997, 135; Erman/*Roloff*, § 305 Rn. 11; *Stoffels*, AGB-Recht, Rn. 127; *Wolf/Horn/Lindacher*, AGB-Gesetz, § 1 Rn. 13.

[655] MüKo/*Basedow*, § 305 Rn. 18; Erman/*Roloff*, § 305 Rn. 11; *Stoffels*, AGB-Recht, Rn. 127.

[656] *Fastrich*, Richterliche Inhaltskontrolle im Privatrecht, S. 84.

[657] *Fastrich*, Richterliche Inhaltskontrolle im Privatrecht, S. 84.

[658] *Fastrich*, Richterliche Inhaltskontrolle im Privatrecht, S. 84, 100 f.

sel handelt. Denn zumindest solange die Individualität der Vertragsklausel für den Vertragsgegner überhaupt nicht erkennbar ist, kann von ihm auch nicht erwartet werden, dass er für die Analyse dieser Klausel einen höheren wirtschaftlichen Aufwand betreibt als für die Analyse von Massenklauseln[659]. Auf die Erkennbarkeit der Individualität der Vertragsbedingungen durch den Klauselgegner hat der Gesetzgeber bei der Unterscheidung zwischen kontrollfähigen Massenklauseln und grundsätzlich kontrollfreien Individualklauseln aber gerade nicht abgestellt, vielmehr kommt es für die Unterscheidung zwischen Massen- und Individualklausel anhand des Merkmals „Vielzahl" allein auf die Häufigkeit der *beabsichtigten* Verwendung[660] und damit allein auf die Perspektive des Verwenders an[661]. Wenn es aber nach der gesetzlichen Konzeption auf die Erkennbarkeit der Individualität des Vertrages gar nicht ankommt, lässt sich die Ausnahme für Individualverträge auch nicht mit dem Argument rechtfertigen, dass von dem Kunden beim Individualvertrag ein erhöhter Analyseaufwand erwartet werden könne und insofern „Waffengleichheit" zwischen den Vertragsparteien herrsche. Nach der gesetzgeberischen Konzeption beruht das Ungleichgewicht zwischen den Vertragsparteien schließlich nicht auf einem Vergleich der jeweiligen Transaktionskosten der Vertragsparteien, sondern auf dem durch die Vorformulierung erlangten Vorbereitungsvorteil des Verwenders[662]. Und dieser Vorbereitungsvorteil besteht unabhängig davon, ob die vorformulierten Vertragsbedingungen nur zur einmaligen oder zur mehrfachen Verwendung bestimmt sind[663].

---

659 Zu den prohibitiv hohen Transaktionskosten, die den Kunden davon abhalten, die Vertragsbedingungen einer ausführlichen Analyse zu unterziehen, vgl. oben 6. Kapitel E. III. 1.

660 Vgl. BGH v. 26.9.1996, NJW 1997, 135; Erman/*Roloff*, § 305 Rn. 11; *Stoffels*, AGB-Recht, Rn. 127; *Wolf/Horn/Lindacher*, AGB-Gesetz, § 1 Rn. 13.

661 Da die Unterscheidung zwischen Massen-AGB und Individualvertrag bei der heute üblichen, äußerlich perfekten Vertragsgestaltung für den Kunden oftmals sehr schwierig ist, wird z.B. vorgeschlagen, das Merkmal „Vielzahl" nicht, wie bisher nach § 305 Abs. 1 Satz 1 BGB, aus der Perspektive des Verwenders zu bestimmen, sondern statt dessen auf den objektivierten Eindruck des Empfängers abzustellen, so dass dann der Verwender die Beweislast dafür tragen würde, dass die Einzelklausel als solche für den Kunden erkennbar war, vgl. *Frey*, ZIP 1993, 572 (578).

662 Die Transaktionskosten der Vertragsparteien sind für die Beurteilung der Vertragsparität nur insofern von Bedeutung, als die relativ hohen Kosten für die Analyse der Vertragsbedingungen im Vergleich zu den geringen Vorteilen zusätzlicher Informationsbeschaffung eine Ursache für die Unterlegenheit des AGB-Gegners sind. Es erfolgt also kein Vergleich der jeweiligen Transaktionskosten der Vertragsparteien, sondern nur ein Vergleich der vom AGB-*Gegner* aufzubringenden Kosten für die Analyse der Vertragsbedingungen mit den Kosten des Risikos, die angebotenen Vertragsbedingungen ohne weitere Information zu akzeptieren. Die Transaktionskosten des *Verwenders* sind hierfür völlig irrelevant. Vgl. dazu bereits oben 6. Kapitel E. III. 1.

663 So bereits *Kramer*, ZHR 146 (1982), 105 (107 ff.).

cc) Schutzbedürftigkeitsgesichtspunkte

Teilweise wird deshalb versucht, eine Beschränkung der Inhaltskontrolle von Individualklauseln auf Verbraucherverträge ähnlich wie beim Haustürwiderrufsrecht oder beim Fernabsatzrecht damit zu rechtfertigen, dass der Klauselgegner, der bei Abschluss des Vertrages in Ausübung seiner gewerblichen oder selbständigen beruflichen Tätigkeit handelt, gegenüber dem Vorbereitungsvorteil des Verwenders weniger schutzbedürftig sei als der zu rein privaten Zwecken handelnde Klauselgegner[664]. Hinter diesem Erklärungsversuch steht der Gedanke, dass der zu gewerblichen oder selbständigen beruflichen Zwecken handelnde Unternehmer typischerweise über eine entsprechend große Geschäftserfahrung verfüge und ihm daher die in seiner Branche üblichen Vertragsbedingungen regelmäßig bekannt sein dürften[665]. Bei Geschäften, die den unmittelbaren Gegenstand der Geschäftstätigkeit des Klauselgegners betreffen, sei deshalb die Wahrscheinlichkeit größer, dass der Klauselgegner die vorformulierten Vertragsbedingungen verstehe und verborgene Gefahren erkennen könne[666].

Doch auch dieser Rechtfertigungsversuch kann nicht plausibel erklären, warum der Gesetzgeber im unternehmerischen Geschäftsverkehr zwischen kontrollfähigen Massenklauseln und kontrollfreien Individualklauseln differenziert. Denn wenn die Kontrollfreiheit von Individualvereinbarungen des unternehmerischen Geschäftsverkehrs damit begründet wird, dass vorformulierte Individualverträge im unternehmerischen Geschäftsverkehr anders als bei Verbraucherverträgen zum gewohnten Standardprogramm von Vertragsverhandlungen gehörten[667], so müssten eigentlich solche Klauseln, die *vielfach* verwendet werden, dem Unternehmer noch viel eher bekannt und daher erst recht kontrollfrei sein. Im Gegensatz zu den Individualklauseln bejaht der Gesetzgeber jedoch hinsichtlich dieser Klauseln grundsätzlich die Schutzbedürftigkeit der Unternehmer[668].

---

[664] In diese Richtung etwa *Drexl*, Die wirtschaftliche Selbstbestimmung des Verbrauchers, S: 412; *Eckert*, WM 1993, 1070 (1074).

[665] *Eckert*, ZIP 1995, 1460; *Frey*, ZIP 1993, 572 (578); *Medicus*, Abschied von der Privatautonomie im Schuldrecht?, S. 25; *Wellenhofer-Klein*, ZIP 1997, 774 (777).

[666] *Frey*, ZIP 1993, 572 (578); *Wellenhofer-Klein*, ZIP 1997, 774 (777).

[667] Vgl. *Habersack/Kleindiek/Wiedenmann*, ZIP 1993, 1670 (1672).

[668] Wenngleich die besondere Interessenlage für Unternehmer im Rahmen der Generalklausel des § 307 Abs. 1 BGB entsprechend berücksichtigt wird, vgl. *Wolf/Horn/Lindacher*, AGB-Gesetz, § 9 Rn. 121 ff.

dd) Besondere Erfordernisse des unternehmerischen Geschäftsverkehrs

Die Kontrollfreiheit von Individualverträgen des unternehmerischen Geschäftsverkehrs lässt sich daher allenfalls mit den besonderen Erfordernissen des gewerblichen und beruflichen Geschäftsverkehrs begründen, die trotz vorhandener Gefährdungslage eine Inhaltskontrolle von Individualverträgen außerhalb von Verbraucherverträgen möglicherweise als nicht sachgerecht erscheinen lassen[669]. Dementsprechend äußert beispielsweise *Ulmer* die Befürchtung, dass die Bereitschaft zur Erstellung von Vertragsentwürfen empfindlich leiden würde, wenn im unternehmerischen Geschäftsverkehr *alle* Verträge einer Inhaltskontrolle unterliegen würden[670]. Und *Remien* ist der Ansicht, dass die Inhaltkontrolle von Individualklauseln durch den Umstand, dass die Unterscheidung zwischen kontrollfähigen und kontrollfreien Klauseln nur noch danach erfolgt, ob die Klauseln im einzelnen ausgehandelt wurden, einiges an Rechtsunsicherheit mit sich bringen würde, weshalb eine Erstreckung der Inhaltskontrolle von nicht ausgehandelten Individualklauseln auch auf den handelsrechtlichen Bereich nicht wünschenswert sei[671]. Trotz dieser nicht unberechtigten Argumente bleiben aber Zweifel, ob mit dieser Begründung eine Beschränkung der Inhaltkontrolle von Individualvereinbarungen auf Verbraucherverträge gerechtfertigt werden kann. Denn selbst wenn man davon ausgeht, dass sich mit den besonderen Erfordernissen des Handelsverkehrs zumindest die Kontrollfreiheit von vorformulierten Einzelverträgen des *unternehmerischen* Geschäftsverkehrs erklären lässt, so bleibt doch weiterhin offen, warum auch vorformulierte Einzelverträge zwischen zwei Verbrauchern kontrollfrei sind[672].

---

669 Für die Kontrollfreiheit von vorformulierten Individualverträgen im unternehmerischen Geschäftsverkehr plädieren z.B. *Eckert*, WM 1993, 1070 (1074); *Heinrichs*, NJW 1993, 1817 (1821); *Hommelhoff/Wiedenmann*, ZIP 1993, 562 (571); *Remien*, ZEuP 1994, 34 (39); *Ulmer*, EuZW 1993, 337 (343); a.A. *Graf v.Westphalen*, EWS 1993, 161 (163); *Joerges*, ZEuP 1995, 181 (184).

670 *Ulmer*, EuZW 1993, 337 (343).

671 *Remien*, ZEuP 1994, 34 (49).

672 Eine systemgerechte Beschränkung der Inhaltskontrolle von Individualverträgen hätte daher allenfalls in § 310 Abs. 1 BGB (früher § 24 AGBG) durch eine Erweiterung der Ausnahmeregelungen für den von § 310 Abs. 1 BGB erfassten Personenkreis, für den die Schutzvorschriften des AGB-Rechts ohnehin nicht vollständig gelten, erfolgen können. Danach hätte dem § 310 Abs. 1 BGB eine weitere Ausnahme hinzugefügt werden können, wonach für einen Unternehmer kein Schutz besteht, wenn ihm gegenüber nur für einen einzelnen Vertrag vorformulierte Klauseln verwendet werden. Vgl. dazu *Eckert*, WM 1993, 1070 (1074).

ee) Schlussfolgerungen und Möglichkeiten zur Korrektur der Typisierungsfolgen

Es hätte daher vieles dafür gesprochen, die personen- und rollenspezifische Trennung zwischen Verbraucherverträgen und anderen Verträgen vollständig aufzugeben und entsprechend dem einheitlichen Schutzzweck des deutschen AGB-Rechts alle Personengruppen auch im Hinblick auf die Inhaltskontrolle von vorformulierten Einzelverträgen grundsätzlich gleich zu behandeln[673]. Denn der Grund für das Versagen der Richtigkeitsgewähr bei der Verwendung vorformulierter Vertragsbedingungen liegt in der *Vorformulierung* und nicht in der Absicht, die Vertragsbedingungen für eine Vielzahl von Verträgen zu verwenden. Aus diesem Grund ist ebenso wie bei vorformulierten Einzelverträgen zwischen einem Verbraucher und einem Unternehmer auch bei anderen vorformulierten Einzelverträgen grundsätzlich davon auszugehen, dass es dem Klauselgegner aufgrund derselben Umstände wie bei den Verbraucherverträgen – nämlich aufgrund der Vorformulierung – an der Möglichkeit zur Einflussnahme auf den Vertragsinhalt fehlen kann und der Klauselgegner daher vor der einseitigen Inanspruchnahme der Vertragsfreiheit durch den Verwender geschützt werden muss[674]. Die bereits 1978 von *Lieb* geäußerten Zweifel, „ob es zwischen der vom Gesetz geforderten Vorformulierung für eine ‚Vielzahl von Verträgen‘ und der Schutzbedürftigkeit des Vertragspartners ausreichende Verbindungslinien gibt“[675], sind daher in jeder Hinsicht berechtigt. Dementsprechend intensiv wird folglich schon seit langem darüber diskutiert, welche Möglichkeiten die Rechtsprechung hat, die im Hinblick auf unangemessene Individualvereinbarungen bestehende Schutzlücke des AGB-Rechts für den nicht von § 310 Abs. 3 Nr. 2 BGB erfassten Personenkreis zu schließen[676]. Der *BGH* hat sich in seiner umstrittenen, vor allem in den achtziger Jahren heftig bekämpften Rechtsprechung zum formelhaften Gewährleistungsausschluss bei notariellen Grundstückskaufverträgen[677] diesem Problem angenommen und auch sol-

---

[673] So auch *Drexl*, Die wirtschaftliche Selbstbestimmung des Verbrauchers, S. 412; *Frey*, ZIP 1993, 572 (575); *Graf v. Westphalen*, EWS 1993, 161 (163); *Joerges*, ZEuP 1995, 181 (184).

[674] Vgl. *Wolf/Horn/Lindacher*, AGB-Gesetz, § 1 Rn. 53.

[675] *Lieb*, AcP 178 (1978), 196 (202 in Fn. 18).

[676] Vgl. z.B. *Michalski/Römermann*, ZIP 1993, 1434 (1442 ff.); *Preis*, Grundfragen der Vertragsgestaltung im Arbeitsrecht, S. 280 ff.; *Roth*, BB 1987, 977 ff.; Soergel/*Stein*, vor § 8 AGB-Gesetz Rn. 26 ff.; *Ulmer/Brandner/Hensen*, AGB-Gesetz (8. Aufl.), § 1 Rn. 76 ff.; *Wiedemann*, FS Kummer, S. 175 ff.

[677] BGH v. 5.4.1984, NJW 1984, 2094 f.; BGH v. 20.2.1986, NJW-RR 1986, 1026 (1027); BGH v. 21.5.1987, NJW-RR 1987, 1035 (1036); BGH v. 17.9.1987, NJW 1988, 135 f. Zustimmend *Bunte*, ZIP 1984, 1313 (1314); *Garrn*, NJW 1980, 2782 (2783 f.); *Kramer*, ZHR 146 (1982), 105 (115); *Walchshöfer*, Zehn Jahre AGB-Gesetz, S. 155 (171); *Wiedemann*, FS Kummer, S.

che Vertragsbedingungen einer Inhaltskontrolle unterzogen, die nur für einen einzigen Fall vorformuliert worden sind[678]. Da es hier am Merkmal der „Vielzahl" fehlte und eine Inhaltskontrolle auf der Grundlage des AGB-Rechts damit ausschied, hat der *BGH* die Inhaltskontrolle auf § 242 BGB gestützt[679]. Obwohl diese Rechtsprechungsgrundsätze seit Inkrafttreten des § 310 Abs. 3 Nr. 2 BGB deutlich an Praxisrelevanz verloren haben[680], kommt auch heute noch eine Inhaltskontrolle von vorformulierten Individualverträgen nach § 242 BGB immer dann in Betracht, wenn § 310 Abs. 3 Nr. 2 BGB nicht eingreift. Denn außerhalb seines Anwendungsbereichs entfaltet das AGB-Recht nach heute ganz herrschender Meinung keine strikte Sperrwirkung für einen derartigen Rückgriff auf § 242 BGB[681]. Die vom AGB-Recht in § 305 Abs. 1 BGB gezogene Grenzlinie zwischen Allgemeinen Geschäftsbedingungen und vorformulierten Einzelverträgen bedeutet demnach nicht, dass nur Allgemeine Geschäftsbedingungen i.S.d. § 305 Abs. 1 BGB einer Inhaltskontrolle unterzogen werden können und vorformulierte Einzelverträge vollständig kontrollfrei sind[682]. Soweit das AGB-Recht nicht zur Anwendung kommt, ist vielmehr auch eine Inhaltskontrolle von vorformulierten Individualverträgen unter Rückgriff auf § 242 BGB grundsätzlich möglich, um die bei Verträgen zwischen zwei Verbrauchern oder zwei Unternehmern durch das typisierende Merkmal der „Vielzahl" entstehende Schutzlücke im AGB-Recht zu schließen[683].

d) Die Berücksichtigung von vertragsabschlussbegleitenden Umständen, § 310 Abs. 3 Nr. 3 BGB

Während die Beurteilung der unangemessenen Benachteiligung im Rahmen von § 307 Abs. 1 BGB nach herrschender Meinung grundsätzlich im Wege einer überindividuell-generalisierenden Betrachtungsweise zu erfolgen hat, bei der lediglich

---

175, 182 ff. Ablehnend *Brambring*, DNotZ 1986, 613 (615 ff.); *Habersack*, AcP 1989 (1989), 403 (423); *Lieb*, DNotZ 1989, 274 (285); *Medicus*, Zur gerichtlichen Kontrolle notarieller Verträge, S. 14, 30 f.; *Michalski/Römermann*, ZIP 1993, 1434 (1446); *Roth*, BB 1987, 977 (979 ff.); *Stürner*, JZ 1979, 758; *ders.*, DNotZ 1984, 763 (764 ff.); *Ulmer*, DNotZ 1981, 84 (98).

678 Vgl. BGH v. 5.4.1984, NJW 1984, 2094 f.; BGH v. 21.5.1987, NJW-RR 1987, 1035 (1036).

679 BGH v. 5.4.1984, NJW 1984, 2094 f.; vgl. auch BGH v. 27.9.1990, NJW-RR 1991, 342 f.

680 Vgl. *Ulmer/Brandner/Hensen*, AGB-Gesetz, § 1 Rn. 80 f.

681 Siehe dazu oben 6. Kapitel D. II.

682 So aber z.B. *Roth*, BB 1987, 977 (983); Soergel/*Stein*, vor § 8 AGB-Gesetz Rn. 28; *Tönnies*, VersR 1989, 1023 (1029 f.); *Ulmer*, DNotZ 1981, 84 (96 ff.).

683 Vgl. Staudinger/*Coester*, § 9 AGBG Rn. 37; *Heinrichs*, NJW 1995, 153 (156 f.); *Kanzleiter*, DNotZ 1996, 867 ff.; MüKo/*Roth*, § 242 Rn. 436; *Walchshöfer*, Zehn Jahre AGB-Gesetz, S. 155 (170 f.); *Wellenhofer-Klein*, ZIP 1997, 774 (778 ff.); *Wolf/Horn/Lindacher*, AGB-Gesetz, § 1 Rn. 53.

die Interessen der *typischerweise* an solchen Vertragsschlüssen beteiligten Parteien gegeneinander abzuwägen und die individuellen Umstände des konkreten Geschäfts auszublenden sind[684], ordnet § 310 Abs. 3 Nr. 3 BGB ausdrücklich an, dass bei Verbraucherverträgen „auch die den Vertragsschluss begleitenden Umstände zu berücksichtigen" sind.

aa) Vertragsabschlussbegleitende Umstände

Welche individuell-konkreten Umstände mit den vertragsabschlussbegleitenden Umständen gemeint sind, lässt sich zwar nicht aus den AGB-rechtlichen Vorschriften selbst entnehmen, nähere Anhaltspunkte bieten aber die Erwägungsgründe der EU-Richtlinie[685], deren Umsetzung § 310 Abs. 3 Nr. 3 BGB dient[686]. Die dort aufgeführten Kriterien, wie etwa das Kräfteverhältnis zwischen den Verhandlungspositionen der Vertragsparteien oder mögliche Einwirkungen auf den Verbraucher mit dem Ziel, ihn zur Zustimmung zur Klausel zu veranlassen[687], stellen lediglich eine beispielhafte, nicht abschließende Aufzählung dar, die inzwischen von der Lehre um weitere berücksichtigungsfähige Begleitumstände ergänzt wurde[688]. Fasst man die verschiedenen in Betracht kommenden Umstände zusammen, so lassen sich insgesamt drei Gruppen berücksichtigungsfähiger Begleitumstände ausmachen[689]: Zur ersten Gruppe zählen die *persönlichen* bzw. *rollenspezifischen* Eigenschaften der individuellen Vertragspartner, wie z.B. der Grad der persönlichen Geschäftserfahrung oder das Angewiesensein auf den Vertragsschluss[690]. Unter die zweite Gruppe fallen die Besonderheiten der konkreten Vertragsabschlusssituation, also *situationsspezifische* Umstände wie das Vorliegen einer Überraschungs- oder Überrumpelungssituation, aber auch eine erfolgte Aufklärung bzw. Belehrung des Verbrauchers[691]. Und zur dritten Gruppe gehören schließlich untypische Sonderin-

---

684 Vgl. dazu oben 6. Kapitel F. II. 2.

685 Richtlinie 93/13 EWG des Rates über missbräuchliche Klauseln in Verbraucherverträgen vom 5.4.1993 (ABl. EG Nr. L 95, S. 29 ff.).

686 Vgl. BT-Drucks. 13/2713, S. 8.

687 Siehe den 16. Erwägungsgrund der EG-Richtlinie über missbräuchliche Klauseln in Verbraucherverträgen.

688 Siehe z.B. *Bunte*, DB 1996, 1389 (1390); *Heinrichs*, NJW 1996, 2190 (2194); *Locher*, JuS 1997, 389 (391 f.); *Michalski*, DB 1994, 665 (666 f.); *Schmidt-Salzer*, BB 1995, 733 (736).

689 Vgl. *Michalski*, BB 1999, 677; *Stoffels*, AGB-Recht, Rn. 478; *Ulmer/Brandner/Hensen*, AGB-Gesetz, § 9 Rn. 179.

690 *Ulmer/Brandner/Hensen*, AGB-Gesetz, § 9 Rn. 179.

691 *Stoffels*, AGB-Recht, Rn. 478.

teressen des Verbrauchers, die mit dem Vertrag verbunden sind und denen deshalb bei der Interessenabwägung besonders Rechnung getragen werden muss[692].
Die Berücksichtigung von personenbezogenen und situationsspezifischen Begleitumständen ist allerdings auch in anderen Kompensationsnormen des allgemeinen Zivilrechts bzw. Verbraucherschutzrechts vorgesehen. So werden beispielsweise irreführende Angaben oder unzulässiger Druck bereits von § 123 Abs. 1 BGB, besondere Überrumpelungssituationen von § 312 Abs. 1 Nr. 1 bis 3 BGB und besondere personenbezogene Umstände z.B. von den §§ 104 ff. BGB erfasst. Dies führt nicht nur dazu, dass zur Konkretisierung der Bewertungskriterien, die für das Erkennen der relevanten Umstände des Vertragsschlusses und ihre Beurteilung im Rahmen des § 307 Abs. 1 BGB herangezogen werden können, auf die sich aus den einschlägigen Normen ergebenden Gesichtspunkte zurückgegriffen werden kann[693], sondern bedeutet auch, dass neben den AGB-rechtlichen Schutz der §§ 307 Abs. 1, 310 Abs. 3 Nr. 3 BGB auch andere Kompensationsinstrumente, wie z.B. das Anfechtungsrecht des § 123 Abs. 1 BGB, das Widerrufsrecht aus §§ 312 Abs. 1, 355 Abs. 1 BGB oder die (schwebende) Unwirksamkeit nach §§ 105, 107, 108 BGB, treten[694]. Diese konkurrierenden Kompensationsinstrumente des allgemeinen Zivilrechts ermöglichen jedoch nicht nur die Unwirksamkeit bzw. Rückgängigmachung einzelner Klauseln, sondern des ganzen Vertrages und bieten damit vielfach eine näherliegende und sachgerechtere Lösung als das AGB-Recht[695]. Aufgrund dieser Überschneidungen wird die praktische Bedeutung von § 310 Abs. 3 Nr. 3 BGB eher als gering eingestuft[696].

bb) Auswirkungen des § 310 Abs. 3 Nr. 3 BGB auf die Inhaltskontrolle nach § 307 Abs. 1 BGB

Nach den oben dargestellten Grundsätzen ist der Ausgangspunkt der Interessenabwägung im Rahmen der Inhaltkontrolle eine überindividuell-generalisierende Betrachtungsweise, bei der nicht die individuellen Interessen der konkreten Vertragspartner, sondern die Interessen der typischerweise an solchen Vertragsabschlüssen beteiligten Parteien gegeneinander abgewogen werden[697]. Da nun aber § 310 Abs. 3 Nr. 3 BGB für die Inhaltskontrolle von Verbraucherverträgen ausdrücklich die

---

692 *Ulmer/Brandner/Hensen*, AGB-Recht, § 9 Rn. 179.

693 *Wolf/Horn/Lindacher*, AGB-Gesetz, § 24a Rn. 48 ff.

694 *Heinrichs*, NJW 1996, 2190 (2194); *Wolf/Horn/Lindacher*, AGB-Gesetz, § 24a Rn. 55.

695 *Heinrichs*, NJW 1996, 2190 (2194); *Ulmer*, EuZW 1993, 337 (345 f.).

696 *Graf v.Westphalen*, BB 1996, 2101 (2104); *Heinrichs*, NJW 1996, 2190 (2194); a.A. *Hübner/Matusche-Beckmann*, EuZW 1995, 263 (269 f.).

697 Siehe dazu oben 6. Kapitel F. II. 2.

Berücksichtigung der vertragsabschlussbegleitenden Umstände und damit eine individuell-konkrete Betrachtungsweise anordnet, stellt sich die Frage, ob der Gesetzgeber die überindividuell-generalisierende Betrachtungsweise bei der Inhaltskontrolle von Verbraucherverträgen gänzlich aufgegeben hat[698]. In der Literatur werden dazu die verschiedensten Ansichten vertreten. So gehen einige davon aus, dass bei sämtlichen Verbraucherverträgen ausschließlich ein individuell-konkreter Prüfungsmaßstab anzulegen sei[699]. Andere wiederum wollen danach differenzieren, ob es sich um einen formularmäßig ausgestalteten Verbrauchervertrag oder um einen vorformulierten Individualvertrag handelt[700]. Bei Formularverträgen soll demnach weiterhin nur eine überindividuell-generalisierende Betrachtungsweise vorgenommen werden[701], während vorformulierte Individualverträge ausschließlich an den Umständen des konkreten Falles und damit individuell-konkret zu überprüfen seien[702]. Nach einer dritten Auffassung wird der überindividuell-konkrete Prüfungsmaßstab bei Verbraucherverträgen nicht durch die konkret-individuelle Betrachtung ersetzt, sondern nur ergänzt, so dass die Berücksichtigung konkreter Einzelfallumstände auf einer zweiten Stufe der Interessenabwägung zu einer Korrektur des bei generalisierender Betrachtungsweise festgestellten Abwägungsergebnisses führen kann[703]. Eine solche einzelfallorientierte Korrektur soll sich einer vierten Ansicht nach jedoch nicht in beide Richtungen[704], sondern nur zu Gunsten des Verbrauchers auswirken können[705].

---

698 Außerhalb des Anwendungsbereichs von § 310 Abs. 3 Nr. 3 BGB bleibt es dagegen dabei, dass die Interessenabwägung nach wie vor im Wege der überindividuell-generalisierenden, von den konkreten Umständen des Einzelfalles absehenden Betrachtungsweise zu erfolgen hat, vgl. *Heinrichs*, NJW 1996, 2190 (2193).

699 *Schmidt-Salzer*, BB 1995, 733 (736).

700 *Michalski*, BB 1999, 677 (678); Staudinger/*Schlosser*, § 24a AGBG Rn. 53; *Remien*, ZEuP 1994, 34 (57); *Ulmer/Brandner/Hensen*, AGB-Gesetz, § 24a Rn. 183.

701 *Michalski*, BB 1999, 677 (678); *Remien*, ZEuP 1994, 34 (57). Dagegen sind nach Ansicht von *Ulmer/Brandner/Hensen*, AGB-Gesetz, § 24a Rn. 178 ff. und Staudinger/*Schlosser*, § 24a AGBG Rn. 53 bei Formularverträgen auch die konkreten Begleitumstände zu berücksichtigen.

702 Staudinger/*Schlosser*, § 24a AGBG Rn. 53; *Ulmer/Brandner/Hensen*, AGB-Gesetz, § 24a Rn. 183 und Fn. 633 zu Rn. 178: „Bei vorformulierten Einzelvertragsklauseln ist eine Inhaltskontrolle unter generalisierender Betrachtungsweise nicht durchführbar". Anders jedoch *Michalski*, BB 1999, 677 (678), der auch eine überindividuell-generalisierende Überprüfung von Individualverträgen für möglich hält.

703 MüKo/*Basedow*, § 310 Rn. 75; Staudinger/*Coester*, § 9 AGBG Rn. 85 f.; Erman/*Roloff*, § 310 Rn. 24; *Heinrichs*, NJW 1996, 2190 (2193 f.); *Stoffels*, AGB-Recht, Rn. 479 ff.; *Graf v.Westphalen*, BB 1996, 2101 (2104 f.); *Wolf/Horn/Lindacher*, AGB-Gesetz, § 24a Rn. 52 ff.

704 So aber die ganz h.M., vgl. MüKo/*Basedow*, § 310 Rn. 75; *Bunte*, DB 1996, 1389 (1390); *Börner*, JZ 1997, 595 ff.; Staudinger/*Coester*, § 9 AGBG Rn. 86; Erman/*Roloff*, § 310 Rn. 24; *Hein-*

Die von der ersten Ansicht vertretene These, dass die individuell-konkrete Betrachtung an die Stelle des überindividuell-generalisierenden Maßstabs treten würde, kann allerdings schon bei genauerer Betrachtung des Gesetzeswortlauts und der Gesetzesmaterialien nicht überzeugen. Denn wie sich bereits aus dem Wort „auch" in § 310 Abs. Nr. 3 BGB und der amtlichen Gesetzesbegründung[706] eindeutig ergibt, will der Gesetzgeber weiterhin an der überindividuell-generalisierenden Betrachtung festhalten und ihr die individuell-konkrete Betrachtungsweise nur ergänzend und korrigierend zur Seite stellen[707]. Diese von der dritten Ansicht vertretene „Kombinationslösung"[708] steht auch mit der EU-Richtlinie[709] im Einklang, die ausweislich der Erwägungsgründe 15 und 16 den generellen Prüfungsmaßstab als Grundsatz und die konkret-individuelle Betrachtung als Ergänzung ansieht[710]. Eine Beschränkung der individuell-konkreten Betrachtung auf Individualverträge, wie von der zweiten Ansicht gefordert, findet dagegen weder in der Richtlinie noch in § 310 Abs. 3 Nr. 3 BGB eine normative Stütze und ist daher abzulehnen[711]. Zuzugeben ist allerdings, dass die individuell-konkrete Betrachtungsweise grundsätzlich nur im Individualprozess zur Anwendung gelangen kann[712], da es im Verbandsverfahren, das ja gerade losgelöst von einem konkreten Anlassfall durchgeführt wird, von vornherein an berücksichtigungsfähigen Einzelfallumständen fehlt[713]. Offen bleibt damit nur noch die Frage, ob die vertragsabschlussbegleitenden Umstände ausschließlich zu Gunsten des Verbrauchers zu berücksichtigen sind, oder ob sie sich auch zu seinen Lasten auswirken und eine bei generalisieren-

---

richs, NJW 1996, 2190 (2194); *Stoffels*, AGB-Recht, Rn. 481; *Ulmer/Brandner/Hensen*, AGB-Gesetz, § 24a Rn. 180; *Wolf/Horn/Lindacher*, AGB-Gesetz, § 24a Rn. 52 ff.

705 *Coester-Waltjen*, Jura 1997, 272 (274 f.); *Michalski*, BB 1999, 677 (678 f.).

706 BT-Drucks. 13/2713, S. 7 f.

707 MüKo/*Basedow*, § 310 Rn. 75; Staudinger/*Coester*, § 9 AGBG Rn. 85; *Heinrichs*, NJW 1996, 2190 (2193 f.); Staudinger/*Schlosser*, § 24a AGBG Rn. 53; *Stoffels*, AGB-Recht, Rn. 479 ff.; *Ulmer/Brandner/Hensen*, AGB-Gesetz, § 24a Rn. 178; *Graf v.Westphalen*, BB 1996, 2101 (2104 f.); *Wolf/Horn/Lindacher*, AGB-Gesetz, § 24a Rn. 52 ff.

708 *Heinrichs*, NJW 1996, 2190 (2193).

709 Richtlinie 93/13/EWG des Rates vom 5.4.1993 über missbräuchliche Klauseln in Verbraucherverträgen (ABl. EG Nr. L 95 vom 21.4.1993, S. 29 ff.).

710 Vgl. Staudinger/*Coester*, § 9 AGBG Rn. 85; Erman/*Roloff*, § 310 Rn. 24; *Heinrichs*, NJW 1996, 2190 (2193); Staudinger/*Schlosser*, § 24a AGBG Rn. 53; a.A. *Hommelhoff/Wiedenmann*, ZIP 1993, 562 (568 f.); *Schmidt-Salzer*; JZ 1995, 223 ff.

711 MüKo/*Basedow*, § 310 Rn. 75; *Damm*, JZ 1994, 161 (173); Erman/*Roloff*, § 310 Rn. 24; *Heinrichs*, NJW 1996, 2190 (2194).

712 Staudinger/*Coester*, § 9 AGBG Rn. 85; *Damm*, JZ 1994, 161 (173 f.); *Locher*, JuS 1997, 389 (392); *Stoffels*, AGB-Recht, Rn. 483.

713 Vgl. dazu bereits oben 6. Kapitel F. II. 2.

der Betrachtung unangemessene Klausel im Einzelfall in ihrer Wirksamkeit erhalten können. Dafür, dass die Berücksichtigung der konkreten Begleitumstände die Interessenabwägung nach *beiden* Richtungen beeinflussen kann, spricht, dass § 310 Abs. 3 Nr. 3 BGB seinem Wortlaut nach keine Beschränkung auf vorteilhafte Umstände enthält und auch die Richtlinie in Art. 4 Abs. 1 ausdrücklich von der Berücksichtigung „aller“ den Vertragsschluss begleitender Umstände ausgeht[714]. Zwar räumt die Richtlinie den Mitgliedstaaten in Art. 8 explizit die Möglichkeit ein, ein im Vergleich zur Richtlinie „höheres Schutzniveau für Verbraucher“ zu gewähren und zu diesem Zweck „strengere Bestimmungen“ zu erlassen, weshalb der Gesetzgeber bei der Umsetzung der Richtlinienvorgaben auch eine nur „halbseitige“ Berücksichtigung der vertragsabschlussbegleitenden Umstände hätte anordnen können[715]; dass der Gesetzgeber von dieser Möglichkeit bei der Umsetzung der Richtlinie hingegen auch Gebrauch gemacht hat, ist jedoch angesichts des in *beide* Richtungen offen gehaltenen Wortlauts von § 310 Abs. 3 Nr. 3 BGB nicht ersichtlich[716]. Zutreffend ist allerdings der Einwand, dass die Berücksichtigung vertragsabschlussbegleitender Umstände zu Lasten des Verbrauchers im Einzelfall eine Einschränkung des vom AGB-Recht bezweckten Schutzes des Klauselgegners bedeutet[717], schließlich wäre die bei generalisierender Betrachtung unangemessene Klausel ohne die Berücksichtigung der einzelfallbezogenen Umstände nach § 310 Abs. 3 Nr. 3 BGB in jedem Fall gemäß § 307 Abs. 1 BGB unwirksam. Das bedeutet aber nicht, dass die Berücksichtigung einzelfallbezogener Umstände zu Lasten des AGB-Gegners grundsätzlich schutzzweckwidrig und daher dem AGB-Recht völlig fremd wäre. Denn zumindest bei der Beurteilung der Transparenz einer Klausel im Rahmen von § 307 Abs. 1 BGB werden vertragsabschlussbegleitende Einzelfallumstände auch und gerade zum Nachteil des AGB-Gegners berücksichtigt, ohne dass es dabei in irgendeiner Weise auf § 310 Abs. 3 Nr. 3 BGB ankäme[718]. Es ist deshalb auch bei § 310 Abs. 3 Nr. 3 BGB davon auszugehen, dass sich die einzelfallbezogene Würdigung vertragsabschlussbegleitender Einzelfallumstände nicht nur zu Gunsten, sondern auch zu Lasten des Verbrauchers auswirken kann[719].

---

[714] *Brandner*, MDR 1997, 312 (314); *Heinrichs*, NJW 1993, 1817 (1820); *Wolf/Horn/Lindacher*, Art. 4 RiLi Rn. 3 und 8.

[715] In diese Richtung gingen auch die Umsetzungsvorschläge in der Literatur, vgl. *Damm*, JZ 1994, 161 (174); *Heinrichs*, NJW 1993, 1817 (1821).

[716] So auch MüKo/*Basedow*, § 310 Rn. 75.

[717] So *Michalski*, BB 1999, 677 (679).

[718] Siehe dazu oben 6. Kapitel F. II. 2. a).

[719] MüKo/*Basedow*, § 310 Rn. 75; *Bunte*, DB 1996, 1389 (1390); *Börner*, JZ 1997, 595 ff.; *Brandner*, MDR 1997, 312 (314); Staudinger/*Coester*, § 9 AGBG Rn. 86; *Heinrichs*, NJW 1996, 2190

Als Fazit bleibt somit festzuhalten, dass das individuell-konkrete Kontrollkonzept des § 310 Abs. 3 Nr. 3 BGB das Spektrum der berücksichtigungsfähigen Kriterien bei der Interessenabwägung im Rahmen von § 307 Abs. 1 BGB erweitert und damit eine Verfeinerung der Inhaltskontrolle im Hinblick auf die Vielfalt der Vertragsabschlusssituationen, der Vertragszwecke und der unterschiedlichen persönlichen Eigenschaften auf der Verbraucherseite bewirkt. Dadurch wird es möglich, bereits im Rahmen von § 307 Abs. 1 BGB auf sämtliche Besonderheiten des konkreten Einzelfalles angemessen zu reagieren, so dass das Abwägungsergebnis nicht mehr – wie bei einer ausschließlich überindividuell-generalisierenden Betrachtungsweise – im Einzelfall durch die Rechtsprechung mit Hilfe der allgemeinen Vorschriften des Zivilrechts, wie z.B. § 242 BGB, korrigiert werden muss[720]. Die durch § 310 Abs. § Nr. 3 BGB bewirkte Ausweitung des dem § 307 Abs. 1 BGB zugrunde liegenden Kontrollkonzepts sollte allerdings auch nicht überschätzt werden. Denn auch der überindividuell-generalisierende Kontrollmaßstab des § 307 Abs. 1 BGB schließt Differenzierungen und Feinabstimmungen bei der Interessenabwägung nicht aus, sondern lässt noch genügend Raum für eine an den typischen Interessen der beteiligten Verkehrskreise orientierte Abwägung, die je nach Art des Geschäfts oder der beteiligten Personengruppen zu gruppentypisch unterschiedlichen Ergebnissen führen kann[721]. Darüber hinaus werden die vertragsabschlussbegleitenden Einzelfallumstände bei der überindividuell-generalisierenden Betrachtungsweise des § 307 Abs.1 BGB auch nicht generell ausgeblendet, sondern sind auch hier zumindest bei der Anwendung des Transparenzgebotes im Individualprozess von ausschlaggebender Bedeutung[722]. Zwischen dem individuell-konkreten Kontrollkonzept des § 310 Abs. 3 Nr. 3 BGB und dem herkömmlichen, überindividuell-generalisierenden Kontrollkonzept des § 307 Abs. 1 BGB bestehen daher nicht nur Unterschiede, sondern auch viele Gemeinsamkeiten und Überschneidungen[723], weshalb die Ergänzung des überindividuell-generalisierenden Kontrollkonzepts um die individuell-konkrete Betrachtungsweise des 310 Abs. 3 Nr. 3 BGB eigentlich keine wesentliche Änderung des bisherigen Rechtszustandes, sondern

(2194); *Stoffels*, AGB-Recht, Rn. 481; *Ulmer/Brandner/Hensen*, AGB-Gesetz, § 24a Rn. 180; *Wolf/Horn/Lindacher*, AGB-Gesetz, § 24a Rn. 52 ff.

720 Zu den Schutzlücken bei der überindividuell-generalisierenden Betrachtungsweise siehe oben 6. Kapitel F. II. 2. b).

721 Siehe oben 6. Kapitel F. II. 2.

722 Siehe oben 6. Kapitel F. II. 2. a).

723 Vgl. *Damm*, JZ 1994, 161 (174).

lediglich eine andere Nuancierung des herkömmlichen Kontrollkonzepts des § 307 Abs. 1 BGB bewirkt[724].

3. Ergebnis

Entsprechend dem Grundgedanken und der Funktion des AGB-Rechts als Schutzinstrument gegen ein *situativ* bedingtes Versagen der Richtigkeitsgewähr hat der Gesetzgeber bewusst darauf verzichtet, das Eingreifen der AGB-rechtlichen Schutzinstrumente an ein individuelles, von der Marktstellung des Kunden oder von seinen persönlichen Eigenschaften abhängiges Schutzbedürfnis zu knüpfen, sondern hat sich für eine Anknüpfung an das rein situationsbezogene Merkmal der Verwendung von AGB und damit für eine allgemeine Geltung des AGB-Rechts entschieden. Demgemäß ist auch keine Personengruppe generell vom Schutzbereich des AGB-Rechts ausgenommen, schließlich ist keine Personengruppe gegen die aus der Verwendung von AGB resultierenden Gefahren grundsätzlich gefeit. Den Besonderheiten des Geschäftsverkehrs mit bestimmten Personengruppen hat der Gesetzgeber allerdings dadurch Rechnung getragen, dass er den durch das AGB-Recht vermittelten Schutz je nach Personengruppe entsprechend modifiziert hat. Die dazu notwendige typisierende Abgrenzung des Schutzbereichs hat allerdings zur Folge, dass für bestimmte Personengruppen Schutzlücken entstehen können. Hier ist es dann Aufgabe der Rechtsprechung zu prüfen, inwieweit sie diese Schutzlücken mit den ihr dafür zur Verfügung stehenden Mitteln schließen kann.

II. Sachlicher Anwendungsbereich: Berücksichtigung der Besonderheiten bestimmter Vertragstypen, §§ 305a, 310 Abs. 2 und Abs. 4 BGB

Während die in § 310 Abs. 1 und Abs. 3 BGB angeordneten Modifikationen des AGB-rechtlichen Schutzbereiches ihren Grund in der *Person* der Vertragsparteien haben, hat der Gesetzgeber in §§ 305a, 310 Abs. 2 und Abs. 4 BGB[725] eine Reihe Ausnahmen vom Anwendungsbereich des AGB-Rechts vorgesehen, die an den zugrunde liegenden Vertrags*gegenstand* anknüpfen.

1. Die pauschale Herausnahme des Erb-, Familien- und Gesellschaftsrechts gemäß § 310 Abs. 4 Satz 1 BGB

Bei erb-, familien- und gesellschaftsrechtlichen Verträgen finden die Vorschriften des AGB-Rechts gemäß § 310 Abs. 4 Satz 1 BGB generell keine Anwendung. Laut den Gesetzesmaterialien hielt der Gesetzgeber den Schutz des AGB-Rechts in die-

[724] So auch *Graf v. Westphalen*, BB 1996, 2101 (2104); *Wolf/Horn/Lindacher*, AGB-Gesetz, § 24a Rn. 43 und 46.

[725] Früher § 23 AGBG.

sen Bereichen für „nicht erforderlich, nicht angemessen oder nicht systemgerecht“, da hier AGB im herkömmlichen Sinne ohnehin nur selten Verwendung fänden und die genannten Rechtsgebiete zudem so viele Eigenarten aufweisen würden, dass die in erster Linie auf schuldrechtliche Austauschverträge zugeschnittenen Bestimmungen des AGB-Rechts sich hier zu einer Anwendung nicht eigneten[726].

2. Die eingeschränkte AGB-Kontrolle im Arbeitsrecht, § 310 Abs. 4 Satz 2 und 3 BGB

Auf dem Gebiet des Arbeitsrechts hat sich gezeigt, dass insbesondere aus Gründen der Gleichbehandlung der Arbeitnehmer und der Rationalisierung der Personalarbeit immer weniger Arbeitsverträge individuell ausgehandelt werden, sondern zunehmend auf einheitlich vorformulierte Formulararbeitsverträge (sog. Allgemeine Arbeitsbedingungen[727]) zurückgegriffen wird[728]. Schätzungen zufolge[729] liegt der Anteil der formularmäßig gestalteten Arbeitsverhältnisse bei weit über 90%, im Arbeitsrecht sind daher die typischen Probleme vorformulierter Vertragsgestaltung besonders häufig anzutreffen. Dem daraus resultierenden Bedürfnis des Arbeitnehmers nach Schutz vor unangemessenen Arbeitsvertragsbedingungen hat der Gesetzgeber allerdings nicht immer in gleichem Maße Rechnung getragen. Obwohl das Arbeitsrecht vorwiegend vorformulierter Vertragsgestaltung unterliegt, hatte der Gesetzgeber zunächst sämtliche Verträge auf dem Gebiet des Arbeitsrechts gemäß § 23 Abs. 1 AGBG pauschal von der Anwendung des AGB-Rechts ausgenommen. Die AGB-rechtliche Bereichsausnahme für das Arbeitsrecht und das Fehlen anderweitiger arbeitsrechtlicher Beurteilungsmaßstäbe für vorformulierte Arbeitsverträge führte zu einer spürbaren Verunsicherung in der Rechtsprechung der Arbeitsgerichte. Angesichts der unklaren gesetzlichen und dogmatischen Grundlagen stellte sich die Frage, wie eng sich die arbeitsgerichtliche Rechtsprechung an das AGB-Gesetz und die dazu ergangene Rechtsprechung anlehnen durfte und unter welchen Umständen im Arbeitsrecht eine Vertragskontrolle anhand der zivilrechtlichen Generalklauseln (§§ 138, 242 BGB) zulässig war[730]. Aus dem arbeitsrechtlichen Schrifttum wurden daher zunehmend Stimmen laut, die wegen der bestehenden Rechtsunsicherheiten eine Änderung bzw. Streichung der Bereichsaus-

---

[726] Vgl. BT-Drucks. 7/3919, S. 41.

[727] Vgl. *Lieb*, Arbeitsrecht, Rn. 52.

[728] *Preis*, Grundfragen der Vertragsgestaltung im Arbeitsrecht, S. 54 ff.

[729] Vgl. die Untersuchung von *Preis*, Grundfragen der Vertragsgestaltung im Arbeitsrecht, S. 56.

[730] Siehe dazu *Preis*, Grundfragen der Vertragsgestaltung im Arbeitsrecht, S. 255 ff; *ders.* AuR 1994, 139 ff.

nahme für das Arbeitsrecht forderten[731]. Dieser Forderung ist der Gesetzgeber mittlerweile nachgekommen und hat im Zuge der Schuldrechtsmodernisierung auch das Arbeitsrecht in den Anwendungsbereich des AGB-Rechts miteinbezogen. Gleichwohl sind die §§ 305 ff. BGB auch in Zukunft nicht uneingeschränkt auf arbeitsrechtliche Verträge anwendbar, denn der Gesetzgeber hat in § 310 Abs. 4 BGB einige Sonderregelungen für das Arbeitsrecht normiert. Danach sind – ähnlich wie im Handelsverkehr gemäß § 310 Abs. 1 Satz 2, 2. Halbsatz BGB – auch bei der AGB-Kontrolle von Arbeitsverträgen gemäß § 310 Abs. 4 Satz 2 BGB die im Arbeitsrecht geltenden Besonderheiten angemessen zu berücksichtigen. Darüber hinaus unterliegen Tarifverträge, Betriebs- und Dienstvereinbarungen gemäß § 310 Abs. 4 Satz 1 BGB grundsätzlich überhaupt keiner AGB-Kontrolle, zudem sind diese Verträge und Vereinbarungen gemäß § 310 Abs. 4 Satz 3 BGB Rechtsnormen im Sinne von § 307 Abs. 3 BGB gleichgestellt. Ob und gegebenenfalls welche Änderungen sich durch diese eingeschränkte AGB-Kontrolle im Arbeitsrecht im Vergleich zu der bisherigen Rechtslage ergeben, ist eine der derzeit umstrittensten Fragen des Arbeitsrechts[732].

3. Die sonstigen Ausnahmeregelungen gemäß §§ 305a und 310 Abs. 2 BGB

Weitere Ausnahmen vom AGB-rechtlichen Anwendungsbereich sind schließlich noch in § 305a BGB und § 310 Abs. 2 BGB für bestimmte Beförderungs- und Telekommunikationsverträge sowie für bestimmte Verträge der Versorgungswirtschaft vorgesehen.

H. Zusammenfassung

Die Vorschriften zum Schutz vor unangemessenen AGB gehören zum Verbraucherschutzrecht im *weiteren* Sinne. Denn anders als die ausschließlich verbraucherschützenden Regelungen zum Haustürgeschäft oder Verbraucherkredit schützt das AGB-Recht nicht nur Verbraucher, sondern auch andere Personengruppen, die den sich aus der Verwendung von AGB ergebenden Gefahren ausgesetzt sind. Das AGB-Recht ist somit ein ausschließlich situationsbezogenes Schutzinstrument. Die AGB-spezifische Ungleichgewichtslage, die durch das AGB-Recht kompensiert werden soll, folgt aus dem Umstand, dass der Inhalt des Vertrages nicht im einzelnen zwischen den Vertragsparteien ausgehandelt, sondern vom AGB-Verwender einseitig vorgegeben wurde. Durch die einseitige Inanspruchnahme der Vertragsfreiheit verschafft sich der AGB-Verwender einen Vorbereitungs- und Informati-

[731] Vgl. *Preis*, AuR 1994, 139 (152); *Reinecke*, NZA 2000, Sonderbeilage zu Heft 3, 23 (33); siehe auch § 20 ArbVG 92 (Gutachten D für den 59. DJT).

[732] Ausführlich dazu unten 8. Kapitel.

onsvorsprung. Der anderen Vertragspartei ist es dagegen in der Vertragsabschlusssituation typischerweise nicht möglich, die in den AGB enthaltenen Bestimmungen mit einem ihr zumutbarem Aufwand inhaltlich vollständig zu erfassen. Sie kann sich daher in der Regel kein Bild über die Angemessenheit der Vertragsbestimmungen machen und deshalb auch keinen effektiven Einfluss auf den vorformulierten Vertragsinhalt nehmen. Folglich wird der Vertragsinhalt nicht in vollem Umfang von der Selbstbestimmung beider Vertragsparteien getragen, es fehlt also insofern an der Richtigkeitsgewähr des Vertrages. Hinzu kommt, dass es dem AGB-Gegner aufgrund der Komplexität der vorformulierten Vertragsbedingungen regelmäßig kaum möglich ist, die angebotenen Vertragsbedingungen mit konkurrierenden Angeboten zu vergleichen, so dass es insofern auch an einem Konditionenwettbewerb als Voraussetzung für die Funktionsfähigkeit des Vertragsmechanismusses fehlt.

Das AGB-spezifische Funktionsdefizit bezieht sich allerdings nicht auf den gesamten Vertragsinhalt. Denn da der Vertragspartner des AGB-Verwenders seine Zustimmung zu dem Vertrag in der Regel nur von den angebotenen Hauptleistungspflichten des Vertrages abhängig macht und daher die Angemessenheit der Hauptleistungspflichten selbst überprüft, bezieht sich das AGB-spezifische Ungleichgewicht grundsätzlich nur auf die vertraglichen Nebenbestimmungen. Daraus folgt, dass nur die vertraglichen Nebenbestimmungen einer AGB-rechtlichen Angemessenheitskontrolle unterliegen, während die Hauptleistungsbestimmungen grundsätzlich kontrollfrei sind.

Sofern eine Klausel nach §§ 307 ff. BGB unangemessen ist, ist sie gemäß § 306 Abs. 1 BGB insgesamt nichtig. Eine teleologische Reduktion der Klausel dergestalt, dass sie auf das gerade noch Zulässige zurückgeführt wird, ist nicht möglich. Führt der Wegfall einer unwirksamen AGB-Klausel zu einem Ergebnis, das den beiderseitigen Interessen der Vertragspartner nicht in angemessener Weise Rechnung trägt, so ist diese regelungsbedürftige Lücke gemäß § 306 Abs. 2 BGB durch die Regelungen des dispositiven Gesetzesrechts oder, sofern auch auf diesem Weg keine angemessene Lösung gefunden werden kann, im Wege der ergänzenden Vertragauslegung nach §§ 157, 133 BGB zu schließen. Bedenken gegen eine ergänzende Vertragsauslegung bestehen in diesem Fall nicht, denn anders als bei der geltungserhaltenden Reduktion orientiert sich die Lückenschließung im Wege der ergänzenden Vertragsauslegung gerade nicht einseitig an den Interessen des AGB-Verwenders, sondern versucht einen *beiderseitig* angemessenen Interessenausgleich herzustellen.

Entsprechend dem rein situationsbezogenen Schutzansatz des AGB-Rechts hat sich der Gesetzgeber für eine *allgemeine* Geltung des AGB-Rechts entschieden und keine Personengruppe generell vom Schutzbereich des AGB-Rechts ausgenommen. Den unterschiedlichen Schutzbedürfnissen der einzelnen Personengruppen hat der Gesetzgeber dadurch Rechnung getragen, dass er den durch das AGB-Recht vermittelten Schutz je nach Personengruppe entsprechend abgestuft hat. Bei einem Vertrag zwischen einem Unternehmer und einem Verbraucher gilt daher gemäß § 310 Abs. 3 BGB die Besonderheit, dass in diesem Fall nicht nur solche Vertragsbedingungen der AGB-Kontrolle unterliegen, die für eine Vielzahl von Verträgen vorformuliert wurden, sondern auch solche Verträge, die nur zur einmaligen Verwendung bestimmt sind. Außerdem wird bei Verbraucherverträgen auf das Merkmal des „Stellens" der Vertragsbedingungen durch den Unternehmer verzichtet, mit der Folge, dass der Anwendungsbereich des Gesetzes auf alle Vertragsbedingungen ausgedehnt wird, die nicht vom Verbraucher in den Vertrag eingeführt wurden.

Die durch den Verzicht auf das Merkmal „Stellen" bedingte Ausdehnung der AGB-Kontrolle auf sog. Drittbedingungen wird damit gerechtfertigt, dass bei Verbraucherverträgen typischerweise die Gefahr besteht, dass der Dritte, der die Vertragsbedingungen gestellt hat, nicht neutral ist, sondern auf Seiten des Unternehmers steht. Die Zuweisung der Verwenderrolle und damit auch der AGB-rechtlichen Nachteile an den Unternehmer ist daher auch in diesen Fällen gerechtfertigt.

Der Verzicht auf das Merkmal „Vielzahl" rechtfertigt sich dagegen aus dem Umstand, dass es für die Schutzbedürftigkeit des Verbrauchers keinen Unterschied macht, ob die vorformulierten Vertragsklauseln nur zur einmaligen Verwendung bestimmt sind oder mehrfach verwendet werden sollen, denn die Gefährlichkeit der Vertragsklauseln beruht nicht auf der Häufigkeit ihrer (geplanten) Verwendung, sondern auf ihrer einseitigen Vorformulierung durch den AGB-Verwender. Ob es gerechtfertigt ist, nur bei Verträgen zwischen einem Verbraucher und einem Unternehmer auf das Merkmal „Vielzahl" zu verzichten und in den übrigen Konstellationen keine AGB-Kontrolle vorzunehmen, wenn der Vertrag nur zur einmaligen Verwendung vorformuliert wurde, ist jedoch äußerst zweifelhaft. Denn angesichts der rein situationsbezogenen Schutzkonzeption des AGB-Rechts ist nicht erkennbar, dass es zwischen der vom Gesetz geforderten Vorformulierung für eine „Vielzahl von Verträgen" und der Schutzbedürftigkeit des Vertragspartners ausreichende Verbindungslinien gibt, die es rechtfertigen, die AGB-Kontrolle von nur zur einmaligen Verwendung vorformulierten Verträgen lediglich auf Verbraucher zu beschränken. Angesichts dieser Schutzlücke hat daher die Rechtsprechung versucht, vorformulierte Einmalverträge unter Rückgriff auf § 242 BGB einer Angemessenheitskontrolle zu unterziehen. Da es sich bei den Regelungen des AGB-Recht nur um eine Teilkodifikation der Inhaltskontrolle handelt und den AGB-rechtlichen

Vorschriften daher nur innerhalb ihres Anwendungsbereichs eine Sperrfunktion zukommt, ist eine auf § 242 BGB gestützte Inhaltskontrolle sowohl im Ausnahmebereich des § 310 Abs. 4 BGB als auch im Ausnahmebereich des § 305 Abs. 1 BGB grundsätzlich zulässig. Soweit also eine vorformulierungsbedingte, AGB-spezifische Ungleichgewichtslage vorliegt und das AGB-Recht keine Spezialregelungen trifft, kann die Rechtsprechung auf der Grundlage von § 242 BGB für ein angemessenes Schutzniveau sorgen.

3. Teil

Die Zusammenführung von Arbeitsrecht, Verbraucherschutz und AGB-Kontrolle

Das Verhältnis zwischen den arbeitsrechtlichen, verbraucherschutzrechtlichen und AGB-rechtlichen Kompensationsinstrumenten wurde vor der Schuldrechtsreform nicht eingehender thematisiert. Bis dahin wurden sowohl das Verbraucherrecht als auch das Arbeitsrecht als zwei eigenständige Sonderrechtsgebiete behandelt, die nicht miteinander kompatibel sind. Seit der Schuldrechtsreform befinden sich allerdings sowohl das AGB-Recht als auch die übrigen Verbraucherschutzvorschriften im allgemeinen Schuldrecht des BGB. Für das Arbeitsrecht stellt sich daher nunmehr die Frage, ob die inzwischen im BGB verankerten Verbraucherschutzinstrumente auch auf arbeitsrechtliche Verträge Anwendung finden können (7. Kapitel) und welche Auswirkungen die Streichung der arbeitsrechtlichen Bereichsausnahme auf die zukünftige AGB-Kontrolle im Arbeitsrecht und die arbeitsrechtliche Vertragsgestaltung hat (8. Kapitel).

7. Kapitel
Die Anwendbarkeit verbraucherrechtlicher Schutzinstrumente im Arbeitsrecht

Nicht alle im allgemeinen Schuldrecht enthaltenen Verbraucherschutzvorschriften sind auch aus arbeitsrechtlicher Sicht von Bedeutung. Von praktischer Relevanz im Arbeitsrecht sind insofern vor allem die in § 288 Abs. 2 BGB enthaltene Regelung zum Verzugszinssatz, das in den §§ 312, 355 BGB geregelte Widerrufsrecht und die in § 310 Abs. 3 BGB vorgesehene Verschärfung der Inhaltskontrolle. Konkret geht es dabei um folgende Fragestellungen:

- Schuldet der Arbeitnehmer, wenn er sich mit einer Zahlung an den Arbeitgeber in Verzug befindet, den vergleichsweise niedrigen Verzugszinssatz des § 288 Abs. 1 BGB, oder ist er verpflichtet, den höheren Zinssatz des § 288 Abs. 2 BGB zu entrichten?

- Sind die Regelungen des § 310 Abs. 3 BGB auch auf Arbeitsverträge anwendbar, so dass vorformulierte Arbeitsverträge als vom Arbeitgeber gestellt gelten und auch ein nur zur einmaligen Verwendung bestimmter Vertragstext der Inhaltskontrolle der §§ 305 ff. BGB unterliegt?

- Steht dem Arbeitnehmer ein Widerrufsrecht nach den §§ 312, 355 BGB zu, wenn er von seinem Arbeitgeber am Arbeitsplatz zu einem Vertragsschluss – etwa zum Abschluss eines Aufhebungsvertrages – überredet wird?

Die Antwort auf all diese Fragen hängt von einer Grundsatzentscheidung ab, die im arbeitsrechtlichen Schrifttum eine inzwischen fast unüberschaubare Diskussion ausgelöst hat und die bis heute noch nicht abschließend geklärt ist: Ist der Arbeitnehmer ein „Verbraucher" i.S.d. § 13 BGB? Bevor also darüber entschieden werden kann, ob bestimmte Verbraucherrechte im Arbeitsrecht sachlich anwendbar sind, ist daher zunächst zu klären, ob überhaupt der persönliche Anwendungsbereich des Verbraucherschutzrechts eröffnet ist.

A. Der Arbeitnehmer als Verbraucher?

Kaum ein anderes Thema ist seit In-Kraft-Treten des Schuldrechtsmodernisierungsgesetzes am 01.01.2002 im arbeitsrechtlichen Schrifttum mit einer solchen Intensität diskutiert worden, wie die Frage, ob der Arbeitnehmer Verbraucher ist. Dementsprechend hat *Preis* die Frage nach der Verbrauchereigenschaft des Arbeitnehmers auch als „die arbeitsrechtliche Megafrage des Jahres 2002" bezeichnet[733]. Innerhalb kürzester Zeit haben sich im Schrifttum zwei große Blöcke der Befürworter[734] und Gegner[735] der Verbrauchereigenschaft des Arbeitnehmers gebildet,

---

[733] *Preis*, NZA 2003, Sonderbeilage zu Heft 16, S. 19 (21).

[734] *Bachner* in: Kittner/Zwanziger, Arbeitsrecht, § 104 Rn. 81; *Boemke*, BB 2002, 96 (97); *Boudon*, ArbRB 2003, 150; *Bülow/Arzt*, Verbraucherprivatrecht, S. 20; *Bratz*, Arbeitsrechtliche Besonderheiten bei der Kontrolle Allgemeiner Geschäftsbedingungen, S. 194; *Burkardt*, Der arbeitsrechtliche Aufhebungsvertrag, S. 238; *Canaris* in: Lorenz, Karlsruher Forum 2002, S. 179; *Däubler* in: Däubler/Dorndorf, AGB-Kontrolle im Arbeitsrecht, Einleitung Rn. 63 ff.; *Derleder*, AuR 2004, 361 (364); *Diehn*, NZA 2004, 129 (130); ErfK/*Dörner*, § 616 BGB Rn. 20; *Falke/Barthel*, BuW 2003, 255 (257); *Gotthardt*, Arbeitsrecht nach der Schuldrechtsreform, Rn. 20; *Grundstein*, FA 2003, 41 (42); *Hansen*, ZGS 2003, 373 (374); *Hanau*, Anm. zu BAG v. 7.3.2001, AP Nr. 4 zu § 288 BGB; *Hofmann*, Die Kontrolle von Arbeitsverträgen nach der Schuldrechtsreform, S. 96; *Holtkamp*, AuA 2002, 250 (251); *Hoß*, ArbRB 2002, 181 (182); *Hümmerich*, AnwBl. 2002, 671 (675); *Hümmerich/Holthausen*, NZA 2002, 173 (178); *M.Junker* in: Juris-Praxiskommentar, § 312 Rn. 23; *Kittner* in: Kittner/Zwanziger, Arbeitsrecht, § 8 Rn. 4a; *Klevemann*, AiB 2002, 577 (580); *Konzen*, FS Hadding, S. 145, 163; *Lakies*, NZA-RR 2002, 337 (343); *Lindemann*, AuR 2002, 81 (84); *Linnemannstöns*, Die Auswirkungen des § 310 III, IV BGB auf das Arbeitsrecht, S. 103; *Lorenz/Riehm*, Lehrbuch zum neuen Schuldrecht, Rn. 93 Fn. 12; *Martinek* in: Juris-Praxiskommentar, § 13 Rn. 38 und 45; MüKo/*Micklitz*, § 14 Rn. 25;

ohne dass sich eine eindeutig herrschende Meinung herausgebildet hätte. Auch die Rechtsprechung der Instanzgerichte ließ keine klare Linie erkennen, wenngleich die Mehrheit der Gerichte eher dazu tendierte, die Verbrauchereigenschaft des Arbeitnehmers zu bejahen[736]. Das *BAG* ließ die Frage zunächst ausdrücklich dahinstehen[737], ehe es sich schließlich am 25.5.2005 dazu entschloss, die Verbrauchereigenschaft des Arbeitnehmers zu bejahen[738].

ErfK/*Müller-Glöge*, § 620 BGB Rn. 13; *S.Müller*, Der Arbeitnehmer als Verbraucher iSd. § 13 BGB, S. 184; Staudinger/*Neumann*, Vorbem. zu §§ 620 ff. Rn. 14; *Pauly*, ZTR 2003, 541 (542 f.); *Preis*, NZA 2003, Sonderbeilage zu Heft 16, 19 (23 f.); *Reim*, DB 2002, 2434 (2437); *Reinecke*, DB 2002, 583 (587); *Reuter* in: Eckert/Delbrück, Reform des deutschen Schuldrechts, S. 99, 109; *Riesenhuber/v.Vogel*, Jura 2006, 81 (86); *Schaub*, FS Blomeyer, S. 335, 339; *Schleusener*, NZA 2002, 949 (950); *Schmalkalden/Oberrath*, NJW 2005, 3745; *Th.Schmidt*, FS Ehmann, S. 153, 167; *Schmidt-Räntsch* in: Bamberger/Roth, § 13 Rn. 6; *Schuster*, AiB 2002, 274; *Stoffels*, AGB-Recht, Rn. 197; *ders.*, NZA 2004, Sonderbeilage zu Heft 1, 19 (22); *Thüsing*, BB 2002, 26666 (2668); *Walter*, AiB 2002, 380 (381); *Wedde*, AiB 2002, 267 (269); *Graf v.Westphalen* in: Henssler/Graf v.Westphalen, Praxis der Schuldrechtsreform (1. Aufl.), § 310 Rn. 15; *Wolf* in: Lorenz, Karlsruher Forum 2002, S. 184; *Ziemann*, in: Schimmel/Buhlmann, Frankfurter Handbuch zum neuen Schuldrecht, S. 675, 735 Rn. 212; *Zwanziger* in: Däubler, Kommentar zum TVG, § 4 Rn. 1203.

735 *Annuß*, NJW 2002, 2844 (2846); *Bauer*, NZA 2002, 169 (171); *Bauer/Kock*, DB 2002, 42 (44); *Berger-Delhey*, ZTR 2002, 66; *Berkowsky*, AuA 2002, (11) 15; *Brox/Rüthers/Henssler*, Arbeitsrecht, Rn. 191; *Fiebig*, DB 2002, 1608 (1610); Palandt/*Heinrichs* (bis 64. Aufl.), § 13 Rn. 3; *Henssler*, RdA 2002, 129 (133); *Hönn*, ZfA 2003, 325 (346); *Hromadka*, NJW 2002, 2523 (2524); *Jauernig*, § 310 Rn. 16; *Joussen*, NZA 2001, 745 (749); *A.Junker*, Grundkurs Arbeitsrecht (4. Aufl.), Rn. 77b; *Kellermann*, JA 2005, 546 (548); *Larenz/Wolf*, BGB AT, § 42 Rn. 46; *Lembke*, NJW 2004, 2941 (2943); *Lieb*, Arbeitsrecht, Rn. 111; *Lingemann*, NZA 2002, 181 (184); *Löwisch*, NZA 2001, 465 (466); *Mankowski*, EWiR § 312 BGB 1/03, 15 (16); *ders.*, Beseitigungsrechte, S. 258 ff.; *ders.*, SAE 2005, 70 (71 ff.); *Mohr*, AcP 204 (2004), 660 (691 ff.); *Müller/Straßburger*, BetrAV 2004, 239 (241); *Natzel*, NZA 2002, 595 (597); Soergel/*Pfeiffer*, § 13 Rn. 44; *Reichold*, ZTR 2002, 202 (203); *Richardi*, NZA 2002, 1004 (1009); *ders.*, NZA 2003, Sonderbeilage zu Heft 16, 14 (17); *Rieble/Klumpp*, ZIP 2002, 2153 (2158); *Ring* in: Dauner-Lieb/Heidel/Ring, Anwaltkommentar BGB, § 14 Rn. 13 und 24; *Rolfs*, Arbeitsrecht, § 13 BGB Rn. 14; *Schwerdtner*, FS Honsell, S. 371, 379; *Schlodder*, Der Arbeitsvertrag im neuen Schuldrecht, S. 168; *Tschöpe/Pirscher*, RdA 2004, 358 (362); Staudinger/*Weick*, § 13 Rn. 53; Palandt/*Weidenkaff* (bis 64. Aufl.), vor § 611 Rn. 7b; *Wolff*, AuA 2003, 15.

736 ArbG Hamburg v. 1.8.2002, ZGS 2003, 79; LAG Rostock v. 29.1.2003 – 2 Sa 492/02; LAG Hamm v. 9.10.2003, ZIP 2004, 476 (478); a.A. LAG Rheinland-Pfalz v. 3.4.2003 – 6 Sa 109/03.

737 Vgl. BAG v. 27.11.2003, DB 2004, 1208 (1209); BAG v. 23.2.2005, DB 2005, 1339 (1340). Kritisch daher z.B. *Hümmerich*, NZA 2004, 809 (814); *Lembke*, NJW 2004, 2941 (2943).

738 Vgl. BAG v. 25.5.2005, NJW 2005, 3305 (3308); bestätigt durch BAG v. 31.8.2005, BB 2006, 443 (448); BAG v. 7.12.2005 – 5 AZR 535/04 – zu B II 7 a der Gründe.

I. Gesetzeswortlaut

Die Suche nach einer Antwort auf die Frage nach der Verbrauchereigenschaft des Arbeitnehmers muss beim Wortlaut von § 13 BGB ansetzen, der den Begriff des Verbrauchers definiert. Wie jede Legaldefinition setzt sich auch der Verbraucherbegriff aus verschiedenen Einzelmerkmalen zusammen. Verbraucher kann demnach nur eine „*natürliche Person*“ sein, was bei einem Arbeitnehmer unproblematisch bejaht werden kann[739]. Als zweites Kriterium setzt § 13 BGB den „*Abschluss eines Rechtsgeschäfts*“ voraus. Mit dem Arbeitsvertrag vereinbart der Arbeitnehmer ein Rechtsgeschäft, weshalb auch die zweite Voraussetzung des § 13 BGB gegeben ist[740]. Als drittes und letztes Merkmal stellt § 13 BGB auf die „*Zweckrichtung*“ des Rechtsgeschäfts ab. Bei diesem Merkmal handelt es sich um ein negativ formuliertes Ausschlusskriterium[741]. Danach fallen diejenigen Personen wieder aus dem zunächst sehr weit gefassten Verbraucherbegriff heraus, die das Rechtsgeschäft zu einem Zweck abschließen, der entweder ihrer gewerblichen oder aber ihrer selbstständigen beruflichen Tätigkeit zugerechnet werden kann. Da der Arbeitnehmer als abhängig Beschäftigter seiner Tätigkeit in *unselbstständiger* Form nachgeht und damit weder zu gewerblichen noch zu selbstständigen beruflichen Zwecken tätig wird[742], erfüllt er nach allgemeiner Ansicht grundsätzlich auch das dritte Merkmal des § 13 BGB[743]. Es ist daher auch völlig unstreitig, dass der Arbeitnehmer jedenfalls dann als Verbraucher i.S.d. § 13 BGB anzusehen ist, wenn er sich privat Gegenstände anschafft, die er zur Ausübung seiner abhängigen Beschäftigung verwendet, wie z.B. Arbeitskleidung oder einen PKW für die Fahrt zur Arbeit[744]. Dass der Arbeitnehmer zumindest dann, wenn es um Verträge *außerhalb* der arbeitsvertraglichen Beziehungen zum Arbeitgeber geht, auch Verbraucher sein kann, beweist auch die Regelung in § 491 Abs. 2 Nr. 2 BGB. Danach finden nämlich die besonderen Vorschriften zum Verbraucherdarlehen (§§ 491 ff. BGB) auf

---

[739] Vgl. auch *S.Müller*, Der Arbeitnehmer als Verbraucher iSd. § 13 BGB, S. 85.

[740] Ebenso *S.Müller*, Der Arbeitnehmer als Verbraucher iSd. § 13 BGB, S. 89.

[741] Siehe dazu bereits ausführlich oben 5. Kapitel C. III. 2.

[742] Eingehend *Boemke*, BB 2002, 96 (97).

[743] BAG v. 25.5.2005, NJW 2005, 3305 (3308); *Annuß*, NJW 2002, 2844; *Bauer/Kock*, DB 2002, 42 (43); *Boemke*, BB 2002, 96 (97); *Däubler* in: Däubler/Dorndorf, AGB-Kontrolle im Arbeitsrecht, Einleitung Rn. 63; *Gotthardt*, Arbeitsrecht nach der Schuldrechtsreform, Rn. 10; *Hümmerich*, AnwBl 2002, 671; *Lakies*, NZA-RR 2002, 337 (343); *S.Müller*, Der Arbeitnehmer als Verbraucher iSd. § 13 BGB, S. 99 f.; *Riesenhuber/v.Vogel*, Jura 2006, 81 (82); *Singer*, RdA 2003, 194 (195).

[744] Vgl. Palandt/*Heinrichs*, § 13 BGB Rn. 3; *Henssler*, RdA 2002, 129 (134); *Hönn*, ZfA 2003, 325 (343); Soergel/*Pfeiffer*, § 13 Rn. 42; Erman/*Saenger*, § 13 Rn. 15; Staudinger/*Weick*, § 13 Rn. 53. Siehe auch BT-Drucks. 14/6057 S. 54.

vergünstigte Arbeitgeberdarlehen mit Zinsen, die unter den marktüblichen Sätzen liegen, grundsätzlich keine Anwendung. Einer solchen Ausnahmevorschrift hätte es aber gar nicht bedurft, wenn die Verbraucherdarlehensvorschriften bei Darlehensverträgen zwischen Arbeitnehmern und Arbeitgebern bereits mangels Verbrauchereigenschaft des Arbeitnehmers unanwendbar wären.
Fraglich ist allerdings, ob der Arbeitnehmer auch dann noch als Verbraucher angesehen werden kann, wenn es um den Abschluss spezifisch *arbeitsrechtlicher* Verträge zwischen Arbeitnehmer und Arbeitgeber geht. Auf den ersten Blick stehen die gesetzlichen Definitionsmerkmale von § 13 BGB einer Einordnung des Arbeitnehmers als Verbraucher auch in diesem Fall nicht entgegen, da auch Verträge *innerhalb* der arbeitsrechtlichen Beziehung zum Arbeitgeber grundsätzlich der unselbstständigen Tätigkeit des Arbeitnehmers zuzuordnen sind. Gleichwohl wird die Verbrauchereigenschaft des Arbeitnehmers von einigen Autoren bereits unter Berufung auf den Gesetzeswortlaut verneint. Bei der Subsumtion des Arbeitnehmers unter die einzelnen Begriffsmerkmale des § 13 BGB dürfe nämlich nicht außer Acht gelassen werden, dass der Begriff des „Verbrauchers", der in der amtlichen Überschrift von § 13 BGB verwendet wird, nach dem *allgemeinen Sprachgebrauch* eine Person bezeichne, die Waren oder Dienstleistungen am Markt zur eigenen Bedürfnisbefriedigung nachfragt oder verbraucht[745]. Verbraucher i.S.v. § 13 BGB könne daher nur eine solche Person sein, die mit dem Rechtsgeschäft einen *konsumtiven Zweck* verfolgt[746]. Der Arbeitnehmer trete dagegen beim Abschluss arbeitsrechtlicher Verträge nicht als Konsument, sondern als *Anbieter* einer Dienstleistung am Markt in Erscheinung, weshalb der Arbeitnehmer schon von vornherein nicht in das Rollenbild passe, welches der Begriff des „Verbrauchers" nach dem allgemeinen Sprachgebrauch impliziere[747].
Die Berufung auf den allgemeinen Sprachgebrauch vermag jedoch eine Herausnahme des Arbeitnehmers aus dem Verbraucherbegriff des § 13 BGB nicht zu rechtfertigen. Denn der in der Überschrift des § 13 BGB enthaltene Begriff des „Verbrauchers" ist kein Tatbestandsmerkmal, unter das der Arbeitnehmer zu subsumieren wäre, sondern ein bloßer rechtstechnischer Oberbegriff, der erst durch die einzelnen gesetzlichen Tatbestandsmerkmale des § 13 BGB aufgefüllt wird[748]. Ent-

---

[745] Vgl. *Bauer/Kock*, DB 2002, 42 (43) unter Bezugnahme auf die Definition des „Verbrauchers" im *Duden*, Bedeutungswörterbuch, 2. Aufl. 1985 und in der *Brockhaus-Enzyklopädie*, 19. Aufl. 1994. Zustimmend *Hromadka*, NJW 2002, 2523 (2524); *Lingemann*, NZA 2002, 181 (184); *Müller/Straßburger*, BetrAV 2004, 239 (241); *Natzel*, NZA 2002, 595.

[746] Soergel/*Pfeiffer*, § 13 Rn. 44.

[747] *Henssler*, RdA 2002, 129 (134).

[748] *Gotthardt*, Arbeitsrecht nach der Schuldrechtsreform, Rn. 11; *Lakies*, NZA-RR 2002, 337 (343); *Linnemannstöns*, Die Auswirkungen des § 310 III, IV BGB auf das Arbeitsrecht, S. 33;

scheidend für das Verständnis des Verbraucherbegriffs ist daher nicht der allgemeine Sprachgebrauch, sondern die vom Gesetzgeber in § 13 BGB gewählte *Definition*. Bei der Ausgestaltung dieser Legaldefinition ist der Gesetzgeber keineswegs an den allgemeinen Sprachgebrauch gebunden, er kann auch eigene Begrifflichkeiten verwenden, die möglicherweise weitab vom allgemeinen Sprachgebrauch liegen[749]. Von dieser Möglichkeit hat der Gesetzgeber in § 13 BGB ersichtlich Gebrauch gemacht, denn die in § 13 BGB gewählte Definition setzt gerade keine konsumtive Zweckrichtung voraus und enthält auch sonst keine Beschränkung der Verbrauchergeschäfte auf bestimmte Vertragstypen[750]. Dies zeigt sich bereits daran, dass der Gesetzgeber sowohl in Art. 29 EGBGB als auch in § 312b Abs. 1 BGB eine spezielle Eingrenzung auf „Verträge über die Lieferung von Waren oder die Erbringung von Dienstleistungen" vorgenommen hat, was überflüssig wäre, wenn bereits § 13 BGB diese Einschränkung enthielte[751]. Der Gesetzgeber hat die Verbraucherdefinition vielmehr ganz bewusst sehr weit gefasst und nur durch ein negativ formuliertes Ausschlusskriterium begrenzt, das die Verbrauchereigenschaft nur dann entfallen lässt, wenn das Rechtsgeschäft einer gewerblichen oder selbstständigen beruflichen Tätigkeit zuzurechnen ist[752]. Diese für die Bejahung der Verbrauchereigenschaft allein maßgeblichen Begriffsvoraussetzungen des § 13 BGB werden grundsätzlich auch von einem Arbeitnehmer erfüllt, der einen arbeitsrechtlichen Vertrag mit seinem Arbeitgeber abschließt. Dass die Umgangssprache unter einem „Verbraucher" im Allgemeinen nur einen Konsumenten versteht, ändert nichts daran, dass auch der Arbeitnehmer unter einen insoweit anders zu verstehenden Rechtsbegriff des „Verbrauchers" subsumiert werden kann[753]. Der Wortlaut von § 13 BGB spricht daher eindeutig für eine Einordnung des Arbeitnehmers als Verbraucher.

ErfK/*Preis*, § 611 Rn. 208; *Th.Schmidt*, FS Ehmann, S. 153, 160; *Stoffels*, NZA 2004, Sonderbeilage zu Heft 1, 19 (22).

[749] *Falke/Barthel*, BuW 2003, 255 (256); *Däubler* in: Däubler/Dorndorf, AGB-Kontrolle im Arbeitsrecht, Einleitung Rn. 63; *Hümmerich*, AnwBl 2002, 671 (672); a.A. *Mohr*, AcP 204 (2004), 660 (677 f.).

[750] So auch BAG v. 25.5.2005, NJW 2005, 3305 (3308); *Däubler* in: Däubler/Dorndorf, AGB-Kontrolle im Arbeitsrecht, Einleitung Rn. 63; *Gotthardt*, Arbeitsrecht nach der Schuldrechtsreform, Rn. 11; *S.Müller*, Der Arbeitnehmer als Verbraucher iSd. § 13 BGB, S. 102; *Preis*, NZA 2003, Sonderbeilage zu Heft 16, 19 (23); *Thüsing*, BB 2002, 2666 (2668).

[751] *Preis*, NZA 2003, Sonderbeilage zu Heft 16, 19 (23); *Linnemannstöns*, Die Auswirkungen des § 310 III, IV BGB auf das Arbeitsrecht, S. 34.

[752] Siehe dazu oben 5. Kapitel C. III. 2.

[753] Ebenso *Lakies*, NZA-RR 2002, 337 (343); *Konzen*, FS Hadding, S. 145, 163. Siehe auch Staudinger/*Weick*, § 13 Rn. 41, 49.

Angesichts der klar erfüllten Definitionsvoraussetzungen käme daher eine einschränkende Auslegung des § 13 BGB entgegen seinem Wortlaut nur dann in Betracht, wenn sich aus der Gesetzessystematik, der Entstehungsgeschichte oder der Zwecksetzung der Regelung ein eindeutiger Wille des Gesetzgebers entnehmen ließe, den Arbeitnehmer beim Abschluss von Arbeitsverträgen nicht als Verbraucher i.S.d. § 13 BGB anzusehen[754]. Das gilt es nun im Folgenden näher zu untersuchen.

II. Gesetzessystematik

Aus der Gesetzessystematik werden sowohl Argumente für als auch gegen die Verbrauchereigenschaft des Arbeitnehmers abgeleitet. Im Mittelpunkt der Betrachtung steht dabei vor allem § 13 BGB und sein Verhältnis zu § 14 BGB sowie die Vorschrift des § 310 BGB, die im Hinblick auf die AGB-Kontrolle sowohl für Verbraucher (§ 310 Abs. 3 BGB) als auch für Arbeitnehmer (§ 310 Abs. 4 BGB) besondere Modifikationen beinhaltet.

1. Die Begriffspaare „*Verbraucher-Unternehmer*" und „*Arbeitnehmer-Arbeitgeber*"

Aus systematischer Sicht ist zunächst versucht worden, aus der Gegenüberstellung der Begriffspaare „*Verbraucher-Unternehmer*" und „*Arbeitnehmer-Arbeitgeber*" Rückschlüsse auf das Verhältnis zwischen „Verbraucher" und „Arbeitnehmer" zu ziehen. So wurde argumentiert, dass der „Verbraucher" der Gegenbegriff zum „Unternehmer" und nicht zum „Arbeitgeber" sei, weshalb der „Arbeitnehmer" nicht gleichzeitig auch „Verbraucher" sein könne[755]. Dass dieser Umkehrschluss jedoch nicht stichhaltig ist, zeigt sich bereits daran, dass ein „Arbeitgeber" jedenfalls dann immer auch „Unternehmer" i.S.v. § 14 BGB ist, wenn er in Ausübung seiner gewerblichen oder selbstständigen beruflichen Tätigkeit Arbeitnehmer beschäftigt[756]. Der Umstand, dass der „Verbraucher" nicht der begriffliche Gegenpol zum „Arbeitgeber", sondern zum „Unternehmer" ist, schließt somit angesichts der soeben aufgezeigten Überschneidung der Begriffe „Unternehmer" und „Arbeitgeber" kei-

---

[754] Vgl. *Hönn*, ZfA 2003, 325 (344); *Schleusener*, NZA 2002, 949 (950); *Th.Schmidt*, FS Ehmann, S. 153, 158.

[755] *Joussen*, NZA 2001, 745 (749); *Kellermann*, JA 2005, 546 (548); *Lingemann*, NZA 2002, 181 (184); *Löwisch*, NZA 2001, 465 (466); *Müller/Straßburger*, BetrAV 2004, 239 (241); *Natzel*, NZA 2002, 595 (596); *Tschöpe/Pirscher*, RdA 2004, 358 (360).

[756] *Bauer/Kock*, DB 2002, 42 (43); *Däubler*, NZA 2001, 1329 (13333); *Reim*, DB 2002, 2434 (2437).

neswegs aus, dass sich auch die jeweiligen Gegenbegriffe überschneiden und der „Arbeitnehmer" zugleich „Verbraucher" sein kann[757].

2. Das Verhältnis zwischen § 13 BGB und § 14 BGB

Ein weiterer systematischer Ansatzpunkt zur Beantwortung der Frage nach der Verbrauchereigenschaft des Arbeitnehmers ist das Verhältnis zwischen § 13 BGB und § 14 BGB. So könnte man daran denken, die Verbrauchereigenschaft des Arbeitnehmers mit einem Hinweis auf seine fehlende Unternehmereigenschaft zu begründen. Dieser Rückschluss wäre aber nur dann richtig, wenn privatrechtliche Verträge nur von „Unternehmern" oder „Verbrauchern" abgeschlossen werden und sonstige Kategorien nicht denkbar sind[758]. Bei genauerer Betrachtung des Verhältnisses von § 13 BGB zu § 14 BGB ist jedoch festzustellen, dass § 13 BGB und § 14 BGB nur insoweit in einem Alternativverhältnis stehen, als eine Person hinsichtlich ein und desselben Rechtsgeschäfts niemals *zugleich* Verbraucher *und* Unternehmer sein kann[759]. Die Gegenüberstellung von Verbraucherbegriff und Unternehmerbegriff impliziert dagegen nicht, dass *jeder* Vertragspartner beim Abschluss eines Vertrages *entweder* Verbraucher *oder* Unternehmer sein muss[760]. Das zeigt sich bereits daran, dass jedenfalls *juristische* Personen, die keine kommerziellen Zwecke verfolgen, wie z.B. kleine Idealvereine oder Pfarrgemeinden, weder Unternehmer noch Verbraucher sein können, da § 13 BGB die Verbrauchereigenschaft nur natürlichen Personen zuerkennt und § 14 BGB die Unternehmereigenschaft an eine gewerbliche oder selbständig berufliche Zwecksetzung knüpft. Daraus folgt, dass es neben der Kategorie des Verbrauchers und der Kategorie des Unternehmers noch eine *dritte*, vom Gesetzgeber nicht ausdrücklich angesprochene Kategorie der „Zivilperson"[761] geben muss, zu der all diejenigen Personen und Rechtsformen gehören, die weder von § 13 BGB noch von § 14 BGB erfasst wer-

---

[757] So auch *Boemke*, BB 2002, 96 (97); *Däubler* in: Däubler/Dorndorf, AGB-Kontrolle im Arbeitsrecht, Einleitung Rn. 65; *Grundstein*, FA 2003 41; *Gotthardt*, Arbeitsrecht nach der Schuldrechtsreform, Rn. 19; *Hümmerich/Holthausen*, NZA 2002173 (177); *Linnemannstöns*, Die Auswirkungen des § 310 III, IV BGB auf das Arbeitsrecht, S. 47; *S.Müller*, Der Arbeitnehmer als Verbraucher iSd. § 13 BGB, S. 120 ff.; *Reim*, DB 2002, 2434 (2437); *Th.Schmidt*, FS Ehmann, S. 153, 161 f.

[758] So z.B. *Klevemann*, AiB 2002, 577 (580).

[759] Ebenso *Dauner-Lieb/Dötsch*, DB 2003, 1666 f.

[760] Für ein kontradiktorisches Verhältnis hingegen *Pfeiffer*, NJW 1999, 169 (171).

[761] So die Bezeichnung von *Krebs*, DB 2002, 517 (520).

den[762]. Aus der fehlenden Unternehmereigenschaft des Arbeitnehmers kann somit nicht gefolgert werden, dass der Arbeitnehmer zwangsläufig Verbraucher ist. Andererseits kann aber allein aus der Existenz einer solchen dritten Zwischenkategorie auch nicht abgeleitet werden, dass der Arbeitnehmer zu dieser Zwischenkategorie gehört[763]. Denn dazu müsste erst nachgewiesen werden, dass der Arbeitnehmer nicht von § 13 BGB erfasst wird. Aufgrund des negativen Ausschlusskriteriums in § 13 BGB fällt jedoch grundsätzlich *jede* natürliche Person, die nicht zu gewerblichen oder selbstständigen beruflichen Zwecken tätig wird, unter den Verbraucherbegriff des § 13 BGB, so dass insofern kein Raum mehr für eine Einordnung des Arbeitnehmers in eine dritte Zwischenkategorie bleibt. Obwohl dieser weite Verbraucherbegriff zur Folge hat, dass jeder familienrechtliche Vertrag ein Vertrag zwischen zwei Verbrauchern ist und selbst der Vater, der seinem Sohn zum Geburtstag eine Eisenbahn schenkt, beim Abschluss der Vertrages als Verbraucher tätig wird[764], handelt es sich dabei nicht um ein Versehen des Gesetzgebers, sondern um eine ganz bewusste Begriffserweiterung, auch wenn niemand im Alltag auf den Gedanken käme, den Schenker oder privaten Verkäufer als Verbraucher anzusehen. Daran zeigt sich noch einmal deutlich, dass sich der in § 13 BGB enthaltene Rechtsbegriff des „Verbrauchers“ sehr weit vom Alltagssprachgebrauch entfernt hat[765]. Wenn diese enorme Ausdehnung des Verbraucherbegriffs gleichwohl von *Flume* als „barer Unsinn“[766] oder von *Henssler* als „absurd“[767] kritisiert wird, so wird dabei übersehen, dass die Anwendung verbraucherschützender Regelungen bei familienrechtlichen Verträgen, Schenkern oder privaten Verkäufern regelmäßig an der fehlenden *Unternehmereigenschaft* des Vertragspartners scheitern wird[768]. Denn beim Verbraucherrecht geht es gerade nicht um den Schutz von Verbrauchern untereinander, sondern nur um den Schutz des Verbrauchers gegen-

---

762 *Dauner-Lieb/Dötsch*, DB 2003, 1666 f.; *Krebs*, DB 2002, 517 (520); vgl. auch *Henssler*, RdA 2002, 129 (134); Staudinger/*Weick*, § 13 Rn. 49, 53.

763 So aber *A.Junker*, Grundkurs Arbeitsrecht (4. Aufl.), Rn. 77b; *Henssler*, RdA 2002, 129 (134); *Mohr*, AcP 204 (2004), 660 (692).

764 Kritisch daher *Flume*, ZIP 2000, 1427 (1428); *Henssler*, RdA 2002, 129 (134); *Mohr*, AcP 204 (2004), 660 (677).

765 Vgl. auch Staudinger/*Weick*, § 13 Rn. 41.

766 *Flume*, ZIP 2000, 1427 (1428).

767 *Henssler*, RdA 2002, 129 (134).

768 So auch zu Recht *Hofmann*, Die Kontrolle von Arbeitsverträgen nach der Schuldrechtsreform, S. 88; *Hümmerich*, AnwBl. 2002 671 (672 f.); *Larenz/Wolf*, BGB AT, § 42 Rn. 27; *Reuter* in: Eckert/Delbrück, Reform des deutschen Schuldrechts, S. 99, 105; *Th.Schmidt*, FS Ehmann, S. 153, 159; *Singer*, RdA 2003, 194 (195); *Rieble/Klumpp*, ZIP 2002, 2153 (2158); Staudinger/*Weick*, § 13 Rn. 49; im Ergebnis ebenso *Linnemannstöns*, Die Auswirkungen des § 310 III, IV BGB auf das Arbeitsrecht, S. 31.

über dem Unternehmer[769]. Insofern ist es entgegen der Befürchtung von *Flume* und *Henssler* völlig unschädlich, wenn bei ausschließlich privaten Verträgen beide Vertragsparteien „Verbraucher" i.S.v. § 13 BGB sind[770].
Ein weiteres Argument, das an die Unterscheidung zwischen „Verbraucher" und „Unternehmer" anknüpft, wird von *Natzel* ins Feld geführt[771]. Er stellt die These auf, dass der Arbeitnehmer durch seine persönliche Einbindung in die gewerbliche oder selbstständige Tätigkeit des Unternehmers zum Erfüllungsgehilfen des im Wirtschaftsverkehr auftretenden Unternehmers werde und deshalb nicht zugleich als Verbraucher eine Konträrstellung einnehmen könne[772]. Doch auch diese Argumentation ist bei genauerer Betrachtung nicht überzeugend[773]. Denn wenn der Arbeitnehmer mit dem Arbeitgeber einen arbeitsrechtlichen Vertrag schließt, wird der Arbeitnehmer *selbst* Vertragspartner des Arbeitgebers, er handelt also gar nicht als Erfüllungsgehilfe des Arbeitgebers. Wird der Arbeitnehmer dagegen als Erfüllungsgehilfe des Arbeitgebers im Wirtschaftsverkehr tätig und verkauft ein Produkt des Arbeitgebers an einen Dritten, so wird nicht der Arbeitnehmer Vertragspartner, sondern der Vertrag kommt gemäß § 164 BGB zwischen dem Dritten und dem Arbeitgeber zustande. Entgegen der Befürchtung von *Natzel* gibt es also auch in dem Fall, in dem der Arbeitnehmer als Erfüllungsgehilfe des Arbeitgebers im Wirtschaftsverkehr tätig wird, keine Konträrstellung des Arbeitnehmers.
Aus dem Verhältnis zwischen § 13 BGB und § 14 BGB lassen sich demnach keine zwingenden Anhaltspunkte für eine Verneinung der Verbrauchereigenschaft des Arbeitnehmers herleiten.

3. Die Regelungssystematik des § 310 BGB

Systematische Argumente gegen die Verbrauchereigenschaft des Arbeitnehmers werden teilweise auch aus § 310 BGB abgeleitet. So wird darauf verwiesen, dass der Gesetzgeber die Anwendung der AGB-Kontrolle für Verbraucherverträge in § 310 Abs. 3 BGB und für Arbeitsverträge in § 310 Abs. 4 BGB geregelt hat. Diese

[769] Zur Einschränkung des Verbraucherrechts im *privaten* Rechtsverkehr siehe oben 5. Kapitel C. III. 2.

[770] Hinzu kommt, dass es bei familienrechtlichen Zahlungsansprüchen wie z.B. Unterhaltsforderungen alles andere als abwegig sein dürfte, wenn in diesen Fällen aufgrund der Verbrauchereigenschaft der Vertragsparteien der niedrige Zinssatz des § 288 Abs. 1 BGB gilt. Vgl. dazu auch *Gotthardt*, Arbeitsrecht nach der Schuldrechtsreform, Rn. 12.

[771] *Natzel*, NZA 2002, 595 (596).

[772] *Natzel*, NZA 2002, 595 (596); zustimmend *Fiebig*, DB 2002, 1608 (1609).

[773] Ebenso *Linnemannstöns*, Die Auswirkungen des § 310 III, IV BGB auf das Arbeitsrecht, S. 46; *S.Müller*, Der Arbeitnehmer als Verbraucher iSd. § 13 BGB, S. 121; *Th.Schmidt*, FS Ehmann, S. 153, 159 f.

differenzierte Regelungstechnik belege, dass der Gesetzgeber zwischen Verbraucherverträgen einerseits und Arbeitsverträgen andererseits unterscheidet[774].
Dieser Argumentation kann jedoch schon deshalb nicht gefolgt werden, weil die verschiedenen Anwendungsbereiche der einzelnen Absätze des § 310 BGB nicht strikt getrennt voneinander gesehen werden können. Dass sich die verschiedenen Anwendungsbereiche oftmals überschneiden, zeigt sich bereits daran, dass bei den von § 310 Abs. 2 BGB erfassten Verträgen (Verträge der Elektrizitäts-, Gas-, Fernwärme- und Wasserversorgungsunternehmen) ebenfalls häufig ein Verbraucher i.S.v. § 13 BGB beteiligt ist[775].
Andererseits lässt sich aus der Tatsache, dass der Gesetzgeber in § 310 Abs. 4 S. 2 BGB zwar die Anwendbarkeit des § 305 Abs. 2 und 3 BGB, nicht dagegen die der Verbrauchervorschrift des § 310 Abs. 3 BGB ausdrücklich ausgeschlossen hat, auch nichts *für* die Verbrauchereigenschaft des Arbeitnehmers herleiten[776]. Denn ein ausdrücklicher Ausschluss der Anwendbarkeit verbraucherschützender Normen auf Arbeitsverträge wäre gar nicht nötig, wenn diese Normen mangels Verbrauchereigenschaft des Arbeitnehmers von vornherein nicht auf Arbeitsverträge anwendbar wären[777]. Insofern ist der Einwand von *Lingemann*[778], dass erst der ausdrückliche Ausschluss der Verbraucherschutzvorschrift des § 310 Abs. 3 BGB aus dem Anwendungsbereich des § 310 Abs. 4 BGB den Umkehrschluss auf die Verbraucherstellung des Arbeitnehmers begründet hätte, durchaus zutreffend[779]. Umgekehrt kann daraus aber entgegen *Lingemann*[780] nicht gefolgert werden, dass Arbeitnehmer *keine* Verbraucher sein können. Denn wenn der Gesetzgeber eine Norm sachlich nicht ausdrücklich für unanwendbar erklärt, so ist es gerade eine Frage des *persönlichen* Anwendungsbereichs, ob die Norm zu Anwendung gelangen kann. Der Umstand, dass der Gesetzgeber die Anwendung des § 310 Abs. 3 BGB auf Arbeitsverträge in § 310 Abs. 4 BGB nicht ausdrücklich ausgeschlossen hat, könnte somit ebenso gut bedeuten, dass er von der Verbrauchereigenschaft des

---

774 *Bauer/Kock*, DB 2002, 42 (43); *Fiebig*, DB 2002, 1608 (1610); *Lingemann*, NZA 2002, 181 (184).

775 *Gotthardt*, Arbeitsrecht nach der Schuldrechtsreform, Rn. 12.

776 So aber z.B. *Thüsing*, BB 2002, 2666 (2668); ebenso BAG v. 25.5.2005, NJW 2005, 3305 (3308).

777 *Annuß*, NJW 2002, 2844 (2845).

778 *Lingemann*, NZA 2002, 181 (184).

779 Denn ein ausdrücklicher Ausschluss der Anwendbarkeit verbraucherschutzrechtlicher Normen auf Arbeitsverträge würde nur dann Sinn machen, wenn der persönliche Anwendungsbereich des Verbraucherschutzrechts grundsätzlich eröffnet wäre, der Arbeitnehmer also unter den Verbraucherbegriff des § 13 BGB fiele.

780 Vgl. *Lingemann*, NZA 2002, 181 (184).

Arbeitnehmers ausgeht und dementsprechend eine Anwendung dieser Verbraucherschutzvorschrift im Arbeitsrecht gerade beabsichtigt hat. Aus der Vorschrift des § 310 BGB können demnach ebenfalls keine stichhaltigen Argumente hergeleitet werden, die eine Herausnahme des Arbeitnehmers aus dem Verbraucherbegriff des § 13 BGB rechtfertigen könnten[781].

4. Das Arbeitsrecht als Sonderprivatrecht

Eine strikte Trennung von Verbraucherschutz und Arbeitsrecht lässt sich heute nicht mehr mit dem Argument rechtfertigen, das Arbeitsrecht nehme eine Sonderstellung ein und gehöre systematisch zu einem eigenständigen Rechtsgebiet, das neben dem bürgerlichen Recht stehe[782]. Denn spätestens seit der Schuldrechtsmodernisierung und der damit einhergehenden Integration spezifisch arbeitsrechtlicher Normen in das BGB lässt sich nicht mehr leugnen, dass der Arbeitsvertrag ein Unterfall des Dienstvertrages ist, auf den die Regeln des BGB und damit auch – zumindest dem Grundsatz nach – die im BGB enthaltenen Verbraucherschutzvorschriften Anwendung finden[783].

5. Europarechtskonforme Auslegung

Schließlich vermag auch ein Hinweis auf den europäischen Verbraucherbegriff eine einschränkende Auslegung von § 13 BGB nicht zu rechtfertigen[784]. Zwar wird der Verbraucherbegriff in Art. 1 Abs. 2 lit. a der Verbrauchsgüterkaufrichtlinie 1999/44/EG[785] insoweit anders definiert, als dass hiernach bereits *jeder* Bezug zu einer beruflichen Tätigkeit genügt, um die Verbrauchereigenschaft auszuschließen. Vom europäischen Verbraucherbegriff werden Arbeitnehmer daher eindeutig nicht erfasst[786]. Der deutsche Gesetzgeber ist jedoch mit seiner Verbraucherdefinition in § 13 BGB ganz bewusst[787] über den europäischen Verbraucherbegriff hinausge-

[781] Ebenso *Linnemannstöns*, Die Auswirkungen des § 310 III, IV BGB auf das Arbeitsrecht, S. 49; *S.Müller*, Der Arbeitnehmer als Verbraucher iSd. § 13 BGB, S. 128 ff.; *Riesenhuber/v.Vogel*, Jura 2006, 81 (83).

[782] So aber *Natzel*, NZA 2002, 595 (596).

[783] Siehe oben Einleitung B. III.

[784] So aber *Lingemann*, NZA 2002, 181 (184).

[785] Richtlinie 1999/44/EG des Europäischen Parlaments und des Rates vom 25. Mai 1999 zu bestimmten Aspekten des Verbrauchsgüterkaufs und der Garantien für Verbrauchsgüter („Verbrauchsgüterkauf-Richtlinie"), ABl. EG Nr. L 171, S. 12.

[786] *Pfeiffer* in: Dauner-Lieb/Heidel/Lepa/Ring, Anwaltkommentar Schuldrecht, Art. 1 Kauf-RL Rn. 23; siehe auch *S.Müller*, Der Arbeitnehmer als Verbraucher iSd. § 13 BGB, S. 166 ff.

[787] Vgl. die Gesetzesbegründung in BT-Drucks. 14/6040, S. 243.

gangen, was europarechtlich nicht zu beanstanden ist[788]. Denn soweit die Abweichung im deutschen Recht nur darin besteht, dass der deutsche Verbraucherbegriff statt von der „beruflichen Tätigkeit" von „selbstständiger beruflicher Tätigkeit" spricht, so steht das Gemeinschaftsrecht dieser Verbraucherdefinition schon deshalb nicht entgegen, weil dadurch der Verbraucherbegriff *erweitert* und der Anwendungsbereich der verbraucherschützenden Normen *ausgedehnt* wird[789]. Ein Verstoß gegen das Gemeinschaftsrecht läge nur dann vor, wenn der deutsche Verbraucherbegriff *enger* als der europäische wäre und das deutsche Schutzniveau deshalb hinter dem europarechtlich vorgegebenen Verbraucherschutzniveau zurückbleiben würde. Ein solcher Verstoß ist hier jedoch nicht ersichtlich[790]. Eine richtlinienkonforme Auslegung von § 13 BGB zwingt somit ebenfalls nicht dazu, Arbeitnehmer aus dem Verbraucherbegriff des § 13 BGB herauszunehmen[791].

---

[788] *Annuß*, NJW 2002, 2844 (2845); *Däubler* in: Däubler/Dorndorf, AGB-Kontrolle im Arbeitsrecht, Einleitung Rn. 69; *Kellermann*, JA 2005, 546 (548); *Linnemannstöns*, Die Auswirkungen des § 310 III, IV BGB auf das Arbeitsrecht, S. 41; *S.Müller*, Der Arbeitnehmer als Verbraucher iSd. § 13 BGB, S. 169 ff.; *Reim*, DB 2002, 2434 (2435 f.); *Rolfs*, Arbeitsrecht, § 13 BGB Rn. 11; Staudinger/*Weick*, § 13 Rn. 13; a.A. *Mohr*, AcP 204 (2004), 660 (672).

[789] Das Gemeinschaftsrecht gestattet den Mitgliedstaaten nämlich ausdrücklich, einen über das Gemeinschaftsrecht hinausgehenden Schutz zu gewähren, vgl. z.B. Art. 8 Abs. 2 der Verbrauchsgüterkauf-Richtlinie.

[790] Wenn dagegen *Mohr*, AcP 204 (2004), 660 (672 f.) einwendet, dass die Ausdehnung des Verbraucherbegriffs auf unselbstständig Tätige gegen das Gemeinschaftsrecht verstoße, da im Gegenzug der Unternehmerbegriff des § 14 BGB auf selbstständige berufliche Tätigkeiten eingeengt werde und sich deshalb der Verbraucher gegenüber nicht selbstständig beruflich tätigen Personen gemeinschaftsrechtswidrig nicht auf das zu seinen Gunsten geltende Verbraucherschutzrecht berufen könne, so ist das nicht zutreffend. Denn der unselbstständig handelnde Verkäufer handelt ja gerade nicht in eigenem Namen, sondern als Vertreter seines selbstständig tätigen Arbeitgebers. Der Vertrag kommt folglich nicht zwischen dem Verbraucher und dem unselbstständig handelnden Vertreter, sondern gemäß § 164 BGB mit dem Vertretenen – also der selbstständig handelnden Person – zustande, weshalb sich der Verbraucher gegenüber seinem Vertragspartner selbstverständlich auf das Verbraucherrecht berufen kann. Vgl. dazu auch *Fischer/Machunsky*, Haustürwiderrufsgesetz, § 1 Rn. 57; MüKo/*Micklitz*, § 14 Rn. 25.

[791] Ebenso *Annuß*, NJW 2002, 2844 (2845); *Däubler* in: Däubler/Dorndorf, AGB-Kontrolle im Arbeitsrecht, Einleitung Rn. 69; *Falke/Barthel*, BuW 2003, 255 (256); *Fiebig*, DB 2002, 1608 (1609); *Hümmerich/Holthausen*, NZA 2002, 173 (177); *Linnemannstöns*, Die Auswirkungen des § 310 III, IV BGB auf das Arbeitsrecht, S. 41; *S.Müller*, Der Arbeitnehmer als Verbraucher iSd. § 13 BGB, S. 168 ff.; *Reim*, DB 2002, 2434 (2435 f.); *Rolfs*, Arbeitsrecht, § 13 BGB Rn. 11; *Schleusener*, NZA 2002, 949 (950); *Th.Schmidt*, FS Ehmann, S. 153, 160 f.

6. Ergebnis der systematischen Auslegung

Aus der Gesetzessystematik lassen sich demnach keine durchgreifenden Argumente dafür ableiten, die Verbrauchereigenschaft des Arbeitnehmers zu verneinen.

III. Gesetzesmaterialien und Entstehungsgeschichte

Auch die Gesetzesmaterialien werden sowohl von den Gegnern als auch von den Befürwortern der Verbrauchereigenschaft des Arbeitnehmers herangezogen, um ihre ablehnende bzw. bejahende Haltung zu begründen.

1. Die Entstehungsgeschichte des § 13 BGB

Aus entstehungsgeschichtlicher Sicht wird für die Ablehnung der Anwendung des § 13 BGB auf Arbeitsverträge vor allem angeführt, dass sich der Gesetzgeber bei der Schaffung des § 13 BGB ausweislich der Gesetzesbegründung[792] ausdrücklich an der Definition des Verbrauchers in § 24a S. 1 AGBG orientiert habe, die „inhalts- und wortgleich“[793] in das BGB Eingang finden sollte[794]. Von der damaligen Definition in § 24a S. 1 AGBG seien Arbeitnehmer jedoch nicht erfasst worden, weil das AGB-Gesetz in seiner damaligen Fassung Arbeitsverträge gemäß § 23 Abs. 1 AGBG vom Anwendungsbereich des Gesetzes ausgenommen habe. Diesen eingeschränkten Anwendungsbereich habe der Gesetzgeber durch die „inhalts- und wortgleiche“ Übernahme des Verbraucherbegriffs aus § 24a S. 1 AGBG in § 13 BGB nicht ändern wollen, über einen etwaigen Bedeutungswandel[795] habe der Gesetzgeber zudem kein Wort verloren.

Richtig an dieser Argumentation ist, dass § 24a AGBG trotz seines weiten, mit § 13 BGB identischen Wortlauts wegen der Bereichsausnahme des § 23 Abs. 1 AGBG auf arbeitsrechtliche Verträge zwischen Arbeitnehmer und Arbeitgeber ursprünglich nicht anwendbar war. Zu beachten ist aber, dass der Gesetzgeber diese Bereichsausnahme für das Arbeitsrecht im Zuge der Schuldrechtsmodernisierung gestrichen hat. Einige Autoren sind daher der Ansicht, dass sich die im Zusammenhang mit § 24a AGBG getroffenen Wertungen bezüglich der Anwendbarkeit des Verbraucherschutzes auf Arbeitsverhältnisse schon aus diesem Grund nicht auf die neue Rechtslage übertragen ließen[796]. Sie stützen sich dabei auf eine Äußerung

---

[792] Vgl. BT-Drucks. 14/2658, S. 47 f.

[793] So wörtlich in BT-Drucks. 14/2658, S. 48.

[794] *Annuß*, 2002, 2844 (2845); *Bauer/Kock*, DB 2002, 42 (43); *Fiebig*, DB 2002, 1608 (1609); *Schlodder*, Der Arbeitsvertrag im neuen Schuldrecht, S. 168.

[795] So aber BAG v. 25.5.2005, NJW 2005, 3305 (3308).

[796] *Gotthardt*, Arbeitsrecht nach der Schuldrechtsreform, Rn. 14; *Hümmerich/Holthausen*, NZA 2002, 173 (177); *Reim*, DB 2002, 2434 (2436); *Schleusener*, NZA 2002, 949 (950 f.);

des Gesetzgebers, wonach die Streichung der arbeitsrechtlichen Bereichsausnahme bewirken sollte, „dass das Schutzniveau der Vertragsinhaltskontrolle im Arbeitsrecht nicht hinter demjenigen des Zivilrechts zurückbleibt“[797]. Diese Äußerung belege, dass der Gesetzgeber den ursprünglichen Verbraucherbegriff des § 24a AGBG – zumindest was das Arbeitsrecht angehe – gerade nicht in unveränderter Form fortgeführt habe[798]. Der Verbraucherbegriff sei vielmehr im Zuge der Schuldrechtsreform ganz bewusst gegenüber demjenigen des § 24a AGBG ausgeweitet worden, mit der Folge, dass der Verbraucherschutz nunmehr für das gesamte rechtsgeschäftliche Handeln des Arbeitnehmers gelte und sich daher auch auf den Arbeitsvertrag erstrecke[799].

Zutreffend ist, dass der Gesetzgeber den Arbeitnehmerschutz durch die Streichung der Bereichsausnahme ausdrücklich erweitern wollte. Daraus folgt allerdings nicht zwangsläufig, dass er das Schutzniveau im Arbeitsrecht gleich auf das Verbraucherschutzniveau anheben wollte. Denn die zitierte Aussage des Gesetzgebers, wonach das Schutzniveau der Vertragsinhaltskontrolle im Arbeitsrecht nicht hinter demjenigen des Zivilrechts zurückbleiben sollte, kann man auch so verstehen, dass damit ausschließlich die Vertragsinhaltskontrolle als solche (§§ 305 ff. BGB) gemeint war, nicht jedoch speziell diejenige von Verbraucherverträgen (§ 310 Abs. 3 BGB)[800].

Umgekehrt kann aus dem Umstand, dass der Gesetzgeber die Verbraucherdefinition „inhalts- und wortgleich“ aus § 24a AGBG übernehmen wollte, auch nicht abgeleitet werden, dass Arbeitsverträge keine Verbraucherverträge sein können. Denn die Regelungen des damaligen AGB-Gesetzes und damit auch diejenigen des § 24a AGBG waren nur deshalb nicht auf arbeitsrechtliche Verträge anwendbar, weil für diesen Vertragstypus gemäß § 23 Abs. 1 AGBG der *sachliche* Anwendungsbereich des Gesetzes nicht eröffnet war[801]. Zwischen dem persönlichen Anwendungsbereich des AGB-Gesetzes, der durch die §§ 24, 24a AGBG definiert wird, und dem

---

Th.Schmidt, FS Ehmann, S. 153, 162 f.; ähnlich auch BAG v. 25.5.2005, NJW 2005, 3305 (3308).

[797] Vgl. die Gesetzesbegründung in BT-Drucks. 14/6857, S. 53.

[798] So aber *Annuß*, 2002, 2844 (2845); *Bauer/Kock*, DB 2002, 42 (43); *Fiebig*, DB 2002, 1608 (1609)

[799] *Hümmerich/Holthausen*, NZA 2002, 173 (177); *Reim*, DB 2002, 2434 (2436).

[800] *Annuß*, 2002, 2844 (2846); *Däubler* in: Däubler/Dorndorf, AGB-Kontrolle im Arbeitsrecht, Einleitung Rn. 70.

[801] *Däubler* in: Däubler/Dorndorf, AGB-Kontrolle im Arbeitsrecht, Einleitung Rn. 67; *Falke/Barthel*, BuW 2003, 255 (257); *Linnemannstöns*, Die Auswirkungen des § 310 III, IV BGB auf das Arbeitsrecht, S. 39; *Hümmerich/Hothausen*, NZA 2002, 173 (175); *Schleusener*, NZA 2002, 949 (950).

sachlichen Anwendungsbereich, auf den sich § 23 AGBG bezieht, besteht jedoch ein wesentlicher Unterschied. Dieser Unterschied wird besonders deutlich, wenn man die sachliche Bereichseinschränkung des § 23 Abs. 1 AGBG einmal außen vor lässt und ausschließlich auf den *persönlichen* Anwendungsbereich des § 24a AGBG blickt. Bei isolierter Betrachtung des § 24a AGBG wird man nämlich kaum leugnen können, dass grundsätzlich auch Arbeitnehmer von der Verbraucherdefinition des § 24a AGBG erfasst werden können. Betrachtet man nun aber die zitierte Gesetzesbegründung[802], so wird man feststellen, dass der Gesetzgeber nur die zum persönlichen Anwendungsbereich gehörende Verbraucherdefinition des § 24a AGBG als solche „inhalts- und wortgleich" in § 13 BGB übernehmen wollte, während er die sachliche Bereichseinschränkung des § 23 Abs. 1 AGBG nicht in § 13 BGB eingefügt, sondern in § 310 Abs. 4 BGB neugefasst hat. Dementsprechend unterscheidet sich die heutige Formulierung der sachlichen Bereichsausnahme von der damaligen Regelung in § 23 Abs. 1 AGBG aus dogmatischer Sicht vor allem dadurch, dass in § 310 Abs. 4 S. 1 BGB nur die Unanwendbarkeit der §§ 305 ff. BGB anordnet wird und gerade nicht auch diejenige des § 13 BGB.

Auch die Funktion von § 13 BGB und seine Stellung im Allgemeinen Teil des BGB belegen, dass es dem Gesetzgeber bei der „inhalts- und wortgleichen" Übernahme des Verbraucherbegriffs aus § 24a AGBG ausschließlich um die Übernahme der Verbraucherdefinition als solche gegangen ist[803]. Denn wenn die Verbraucherdefinition in § 13 BGB dazu dient, den *allgemeinen* persönlichen Anwendungsbereich von sämtlichen verbraucherschützenden Vorschriften einheitlich zu definieren, dann darf die sachliche Bereichseinschränkung des § 23 Abs. 1 AGBG schon deshalb nicht im Rahmen von § 13 BGB berücksichtigt werden, weil es sich bei der Bereichseinschränkung des § 23 Abs. 1 AGBG um eine *spezielle* AGB-rechtliche Vorschrift handelt, die sich aus den spezifischen Besonderheiten des AGB-Rechts rechtfertigt und die daher nicht mit Hilfe von § 13 BGB eine über das AGB-Recht hinausgehende Geltung für alle verbraucherschützenden Regelungen beanspruchen kann. Wie abwegig es wäre, von der *sachlichen* Unanwendbarkeit des AGB-Gesetzes, die sich auf bestimmte Vertragstypen bezieht, Rückschlüsse auf den allein durch § 13 BGB definierten *persönlichen* Anwendungsbereich des Verbraucherschutzrechts zu ziehen, zeigt sich bereits daran, dass gemäß der damaligen Bereichsausnahme des § 23 Abs. 1 AGBG auch Verträge auf dem Gebiet des Erb-, Familien- und Gesellschaftsrechts vom sachlichen Anwendungsbereich des AGB-Gesetzes ausgenommen waren, ohne dass heute irgend jemand ernsthaft bestreiten würde, dass es sich bei den Parteien eines erb-, familien- oder gesell-

---

[802] BT-Drucks. 14/2658, S. 48.

[803] Vgl. auch *Reim*, DB 2002, 2434 (2437).

schaftsrechtlichen Vertrages in persönlicher Hinsicht auch und gerade um „Verbraucher" i.S.d. § 13 BGB handeln kann.
Der im Gesetzgebungsverfahren geäußerte Wille des Gesetzgeber, die Verbraucherdefinition „inhalts- und wortgleich" aus § 24a AGBG übernehmen zu wollen, steht somit einer Anwendbarkeit des § 13 BGB auf Arbeitnehmer grundsätzlich nicht entgegen[804].

2. Die Erwägungen des Rechtsausschusses zu § 15 Unterlassungsklagengesetz (UKlaG)

In den Gesetzesmaterialien zu § 310 Abs. 4 BGB findet sich eine Passage zu § 15 UKlaG, die vielfach als deutlicher Beleg dafür angeführt wird, dass der Gesetzgeber auch Arbeitnehmer als Verbraucher ansieht. Um zu verhindern, dass sich Gewerkschaften als qualifizierte Einrichtung i.S.d. § 4 UKlaG registrieren lassen und im Wege der Unterlassungsklage gegen Allgemeine Geschäftsbedingungen vorgehen, hat der Gesetzgeber nämlich in § 15 UKlaG die Anwendung des Unterlassungsklagengesetzes für das Arbeitsrecht grundsätzlich ausgeschlossen. In den Erwägungen des Rechtsausschusses heißt es dazu wörtlich: „Da Arbeitnehmer auch Verbraucher sind, könnten sich theoretisch auch Gewerkschaften als qualifizierte Einrichtungen in die Liste des Bundesverwaltungsamts eintragen lassen."[805] Nach Ansicht zahlreicher Autoren[806] und des *BAG*[807] führe deshalb kein Weg an der Annahme vorbei, dass der Rechtsausschuss des Bundestages bei seiner Beschlussempfehlung zum Schuldrechtsmodernisierungsgesetz davon ausgegangen ist, Arbeitnehmer seien generell und damit auch in ihrer Arbeitsvertragsbeziehung als Verbraucher i.S.v. § 13 BGB anzusehen.

---

[804] Ebenso *Däubler* in: Däubler/Dorndorf, AGB-Kontrolle im Arbeitsrecht, Einleitung Rn. 67; *Falke/Barthel*, BuW 2003, 255 (257); *Hofmann*, Die Kontrolle von Arbeitsverträgen nach der Schuldrechtsreform, S. 91; *Hümmerich/Hothausen*, NZA 2002, 173 (175); *S.Müller*, Der Arbeitnehmer als Verbraucher iSd. § 13 BGB, S. 125 ff., 136 ff.; *Schleusener*, NZA 2002, 949 (950).

[805] Vgl. Beschlussempfehlung und Bericht des Rechtsausschusses zu § 310 Abs. 4, BT-Drucks.14/7052, S. 190.

[806] *Däubler* in: Däubler/Dorndorf, AGB-Kontrolle im Arbeitsrecht, Einleitung Rn. 70; *Falke/Barthel*, BuW 2003, 255 (257); *Gotthardt*, Arbeitsrecht nach der Schuldrechtsreform, Rn. 13; *Grundstein*, FA 2003, 41 (42); *Hümmerich/Holthausen*, NZA 2002, 173 (177); *Preis*, NZA 2003, Sonderbeilage zu Heft 16, 19 (23); *Reim*, DB 2002, 2434 (2436); *Riesenhuber/v.Vogel*, Jura 2006, 81 (83); *Th.Schmidt*, FS Ehmann, S. 153, 163 ff.; *Thüsing*, BB 2002, 2666 (2668). Vgl. auch *Annuß*, NJW 2002, 2844 (2846) und *Schlodder*, Der Arbeitsvertrag im neuen Schuldrecht, S. 171, die allerdings davon ausgehen, dass der Gesetzgeber hier einem „Rechtsirrtum" aufgesessen sei.

[807] BAG v. 25.5.2005, NJW 2005, 3305 (3308).

Demgegenüber ist *Pfeiffer* der Ansicht, dass die Aussage des Rechtsausschusses zur Verbrauchereigenschaft des Arbeitnehmers für die Auslegung des § 13 BGB überhaupt nicht herangezogen werden dürfe, da sie erst zu einem Zeitpunkt getroffen wurde, als § 13 BGB bereits geltendes Recht war[808]. Dass nachträgliche Stellungnahmen des Gesetzgebers für die Auslegung einer Norm unbeachtlich seien, ist jedoch nicht zutreffend. Denn wenn der Gesetzgeber den sich aus Wortlaut und Systematik ergebenden Inhalt einer Norm nachträglich bestätigt, so kann die spätere Aussage durchaus zur Unterstützung des bisherigen Auslegungsergebnisses herangezogen werden[809]. Widerspricht dagegen die spätere Aussage dem bisherigen Auslegungsergebnis, so ist die Aussage auch in diesem Fall nicht unbeachtlich, da die Aussage dann als Beleg dafür dienen kann, dass die Norm in der Zwischenzeit einen Bedeutungswandel wiederfahren hat.

Einige Autoren halten den Hinweis auf die Aussage des Rechtsausschusses, in der es heißt, dass Arbeitnehmer Verbraucher sind, allerdings deshalb nicht für überzeugend, weil sich diese Aussage nicht notwendigerweise auf Arbeitsverträge beziehen müsse[810]. Die Regelung in § 15 UKlaG nehme schließlich nicht speziell „Arbeitsverträge“ vom Anwendungsbereich aus, sondern allgemein „das Arbeitsrecht“ und damit auch Warenaustauschverträge zwischen Arbeitnehmer und Arbeitgeber[811]. Dass Arbeitnehmer bei solchen Konsumgeschäften Verbraucher seien, sei jedoch selbstverständlich, so dass sich demgemäß auch Gewerkschaften theoretisch als qualifizierte Einrichtung eintragen lassen könnten[812]. Nichts anderes habe der Rechtsausschuss mit seiner Äußerung zum Ausdruck bringen wollen[813]. Diese Begründung ist allerdings in sich nicht ganz schlüssig. Denn wenn § 15 UKlaG „das Arbeitsrecht“ als solches vom Anwendungsbereich des Unterlassungsklagengesetzes ausnimmt, dann werden davon auch und gerade Arbeitsverträge erfasst[814]. Dies bestätigen auch die weiteren Erwägungen des Rechtsausschusses, mit denen er eine Herausnahme des Arbeitsrechts aus dem Anwendungsbereich des Unterlassungsklagengesetzes begründet hat[815]. Angesichts der in § 6 UKlaG angeordneten Zuständigkeit der ordentlichen Gerichte befürchtete der Gesetzgeber nämlich, dass

---

808 Soergel/*Pfeiffer*, § 13 Rn. 44; ähnlich *Singer*, RdA 2003, 194 (196).

809 Ebenso *Däubler* in: Däubler/Dorndorf, AGB-Kontrolle im Arbeitsrecht, Einleitung Rn. 70.

810 *Hönn*, ZfA 2003, 325 (345); *Henssler*, RdA 2002, 129 (134); *Lingemann*, NZA 2002, 181 (184); Soergel/*Pfeiffer*, § 13 Rn. 44.

811 *Lingemann*, NZA 2002, 181 (184).

812 *Hönn*, ZfA 2003, 325 (345).

813 *Henssler*, RdA 2002, 129 (134).

814 So auch *Gotthardt*, Arbeitsrecht nach der Schuldrechtsreform, Rn. 13; ähnlich *S.Müller*, Der Arbeitnehmer als Verbraucher iSd. § 13 BGB, S. 155.

815 Vgl. BT-Drucks. 14/7052, S. 189 f.

eine Anwendung des Unterlassungsklagengesetzes im Arbeitsrecht dazu führen würde, „dass sich die Zivilgerichte mit der Frage unwirksamer Klauseln in *Arbeitsverträgen* beschäftigen müssten, obwohl dies ein Bereich ist, der typischerweise den Arbeitsgerichten vorbehalten ist."[816] Dem Rechtsausschuss ging es bei seinen Erwägungen zu § 15 UKlaG also ersichtlich auch um die Frage der verfahrensmäßigen Ausgestaltung der Inhaltskontrolle von Arbeitsverträgen. Gleichwohl ist die Ausgangsthese, dass sich die Aussage des Rechtsausschusses zur Verbrauchereigenschaft des Arbeitnehmers nur auf Warenaustauschverträge bezog, im Ergebnis nicht zu widerlegen. Denn es ist zu beachten, dass bereits unter Geltung des damaligen AGB-Gesetzes der Wortlaut der arbeitsrechtlichen Bereichsausnahme des § 23 Abs. 1 AGBG insofern als zu weit angesehen wurde, als er nicht nur „Arbeitsverträge", sondern das gesamte „Arbeitsrecht" ausgeklammert hat[817]. Mit der Begründung, dass berufsbezogene Warenaustauschverträge zwischen Arbeitgeber und Arbeitnehmer gegenüber dem Arbeitsvertrag einen rechtlich selbstständigen, klar abgrenzbaren Regelungsinhalt besitzen und daher nicht zum „Arbeitsrecht" im engeren Sinne gezählt werden können, wurden die Regelungen der AGB-Kontrolle und dementsprechend auch die Vorschriften über die Unterlassungsklagen deshalb auch auf Kauf- Miet- oder Darlehensverträge angewendet, die ein Arbeitnehmer zum Zwecke seiner beruflichen Tätigkeit mit seinem Arbeitgeber abschloss[818]. Doch auch wenn § 23 Abs. 1 AGBG insoweit einschränkend ausgelegt wurde und Arbeitnehmer in diesem Zusammenhang einhellig als Verbraucher angesehen wurden, entsprach es allgemeiner Meinung, dass Unterlassungsansprüche bei diesen Warenaustauschverträgen nicht von Gewerkschaften geltend gemacht werden können[819]. Vor diesem Hintergrund ist es deshalb durchaus denkbar, dass sich die Aussage des Rechtsausschusses zur Verbrauchereigenschaft des Arbeitnehmers tatsächlich nicht auf Arbeitsverträge bezog, sondern dass der Rechtsausschuss lediglich klarstellen wollte, dass es den Gewerkschaften auch nach neuer Rechtslage verwehrt ist, sich als qualifizierte Einrichtung i.S.d. § 4 UKlaG eintragen zu lassen[820] und im Wege der Unterlassungsklage gegen Allgemeine Geschäftsbedin-

[816] So wörtlich BT-Drucks. 14/7052, S. 189 (Hervorhebung durch Verfasser).

[817] BAG v. 23.9.1992, NZA 1993, 936 (937); *Ulmer/Brandner/Hensen*, AGB-Gesetz, § 23 Rn. 5a.

[818] BAG v. 23.9.1992, NZA 1993, 936 (937); Soergel/*Stein*, § 23 AGB-Gesetz Rn. 4; *Ulmer/Brandner/Hensen*, AGB-Gesetz, § 23 Rn. 5a; *Wolf/Horn/Lindacher*, AGB-Gesetz, § 23 Rn. 48.

[819] *Ulmer/Brandner/Hensen*, AGB-Gesetz, § 22a Rn. 5.

[820] Vgl. auch Palandt/*Bassenge*, § 4 UKlaG Rn. 6.

gungen vorzugehen, die in den von § 15 UKlaG nicht erfassten[821] berufsbezogenen Warenaustauschverträgen enthalten sind.
Die im Zusammenhang mit § 15 UKlaG angestellten Erwägungen des Rechtsausschusses geben somit für die Frage nach der Verbrauchereigenschaft des Arbeitnehmers letztlich nichts her. Zwingende Anhaltspunkte, die einer Einordnung des Arbeitnehmers als Verbraucher entgegenstünden, lassen sich den Erwägungen jedenfalls nicht entnehmen[822].

3. Die Gesetzesbegründung zu § 474 BGB

Einige Autoren, die eine Einbeziehung des Arbeitnehmers in den Verbraucherbegriff des § 13 BGB befürworten, berufen sich auch auf die Begründung des Regierungsentwurfs zu dem ebenfalls durch die Schuldrechtsreform neu eingeführten § 474 BGB (Verbrauchsgüterkauf), wo es mit Blick auf das Verhältnis zwischen § 13 BGB und dem Verbraucherbegriff der zugrunde liegenden Verbrauchsgüterkauf-Richtlinie[823] wörtlich heißt:

> „Anders als nach der Richtlinie nimmt § 13 nur die selbstständige berufliche Tätigkeit aus dem Verbraucherbegriff aus. Das ist sachlich gerechtfertigt. Die Erwähnung der beruflichen neben der gewerblichen Tätigkeit hat in erster Linie den Zweck, auch die freien Berufe zu erfassen, die traditionell nicht als Gewerbe angesehen werden (Rechtsanwälte, Steuerberater usw.). Es sollten aber nicht diejenigen Personen aus dem Verbraucherbegriff herausgenommen werden, die als abhängig Beschäftigte eine Sache zu einem Zweck kaufen, der (auch) ihrer beruflichen Tätigkeit dient, z.B. der Lehrer, der sich einen Computer anschafft, um damit Klassenarbeiten zu entwerfen, oder der Angestellte, der eine Kaffeemaschine für sein Büro kauft. *Das gilt auch für die Rechtsbeziehungen des Arbeitnehmers zu seinem Arbeitgeber.* Solche Fälle sind nicht mit denjenigen vergleichbar, in denen selbstständig als Unternehmer am Wirtschaftsleben Beteiligte Verträge abschließen. Sie sollen deshalb den besonderen Vorschriften über Verbrauchergeschäfte unterfallen."[824]

Diese Passage in der Gesetzesbegründung lasse sich nach verbreiteter Ansicht nur so interpretieren, dass der Verbraucherschutz auch auf Arbeitsverträge erstreckt werden soll[825].

---

[821] Auch die arbeitsrechtliche Bereichsausnahme des § 15 UKlaG wird insoweit einschränkend ausgelegt, vgl. Palandt/*Bassenge*, § 15 UKlaG Rn. 2.

[822] Ebenso *Hofmann*, Die Kontrolle von Arbeitsverträgen nach der Schuldrechtsreform, S. 93.

[823] Richtlinie 1999/44/EG des Europäischen Parlaments und des Rates vom 25. Mai 1999 zu bestimmten Aspekten des Verbrauchsgüterkaufs und der Garantien für Verbrauchsgüter („Verbrauchsgüterkauf-Richtlinie"), ABl. EG Nr. L 171, S. 12.

[824] BT-Drucks. 14/6040, S. 243 (Hervorhebung durch Verfasser).

[825] *Däubler* in: Däubler/Dorndorf, AGB-Kontrolle im Arbeitsrecht, Einleitung Rn. 70; *Hümmerich/Holthausen*, NZA 2002, 173 (176); *Hümmerich*, AnwBl. 2002, 671 (674); *Grundstein*, FA

Die Gegenmeinung[826] hält die Gesetzesbegründung zu § 474 BGB dagegen nicht für aussagekräftig, da der Gesetzgeber die Verbrauchereigenschaft des Arbeitnehmers in dieser Passage lediglich im Zusammenhang mit *Verkäufen* des Arbeitgebers an seinen Arbeitnehmer erörtere. Dass der Arbeitnehmer bei diesen berufsbezogenen Konsumgeschäften als Verbraucher angesehen werde, sei jedoch weitgehend unstreitig. Der Satz „Das gilt auch für die Rechtsbeziehungen des Arbeitnehmers zu seinem Arbeitgeber" besage lediglich, dass der Arbeitnehmer den Schutz der §§ 474 BGB nicht verlieren soll, nur weil es sich bei dem Verkäufer um seinen Arbeitgeber handelt[827]. Dieser Argumentation ist zuzustimmen. Denn die zitierte Aussage bezüglich der Geltung des Verbraucherschutzes für die Rechtsbeziehungen des Arbeitnehmers zu seinem Arbeitgeber darf nicht aus ihrem Zusammenhang gerissen werden. Liest man die Gesetzesbegründung jedoch weiter, so findet man im übernächsten Absatz folgende Schlussfolgerung des Gesetzgebers: „Die §§ 474 ff. RE finden mithin keine Anwendung bei *Kaufverträgen* von Unternehmern oder Verbrauchern untereinander oder dann, wenn ein Verbraucher eine Sache an einen Unternehmer *verkauft*"[828]. Wenn man die zuvor zitierte Aussage in diesem Kontext betrachtet, so wird deutlich, dass der Gesetzgeber die zuvor zitierte Aussage nicht völlig losgelöst von einzelnen Rechtsgeschäften wie Kauf oder Verbrauchsgüterkauf getroffen hat[829], sondern dass man die Aussage auch so verstehen kann, dass sie sich ausschließlich auf Kaufgeschäfte bezieht, sofern diese zwischen Arbeitnehmer und Arbeitgeber stattfinden[830]. Den Gesetzesmaterialien zu § 474 BGB lässt sich somit kein deutlicher Anhaltspunkt dafür entnehmen, dass Arbeitnehmer beim Abschluss arbeitsrechtlicher Verträge Verbraucher sein sollen. Gegenteilige Anhaltspunkte enthält die Gesetzesbegründung allerdings ebenfalls nicht. Die Gesetzesmaterialien zu § 474 BGB stützen demnach weder die bejahende noch die ablehnende Meinung[831].

2003, 41 (42); ErfK/*Preis*, § 611 Rn. 208; *Reim*, DB 2002, 2434 (2436); *Riesenhuber/v. Vogel*, Jura 2006, 81 (83).

[826] *Annuß*, NJW 2002, 2844 (2846); *Fiebig*, DB 2002, 1608 (1609); *Hönn*, ZfA 2003, 325 (345); *Lingemann*, NZA 2002, 181 (184); *Rieble/Klumpp*, ZIP 2002, 2153 (2156); Soergel/*Pfeiffer*, § 13 Rn. 44.

[827] *Fiebig*, DB 2002, 1608 (1609).

[828] BT-Drucks. 14/6040, S. 243 (Hervorhebungen durch Verfasser).

[829] So aber *Hümmerich/Holthausen*, NZA 2002, 173 (176).

[830] Staudinger/*Weick*, § 13 Rn. 53.

[831] Ebenso *S.Müller*, Der Arbeitnehmer als Verbraucher iSd § 13 BGB, S. 160.

4. Ergebnis der historischen Auslegung

Die Auswertung der Gesetzesmaterialien legt letztlich die Vermutung nahe, dass dem Gesetzgeber das Problem der Verbrauchereigenschaft des Arbeitnehmers beim Abschluss arbeitsrechtlicher Verträge weder bei der Schaffung des § 13 BGB, noch bei der anschließenden Schuldrechtmodernisierung wirklich bewusst gewesen ist[832]. Aus der Entstehungsgeschichte des § 13 BGB und den Gesetzesmaterialien zu § 15 UKlaG und § 474 BGB lässt sich demnach kein klarer Regelungswille des Gesetzgebers ableiten, der darauf schließen lassen könnte, dass der Gesetzgeber Arbeitnehmer als solche vom Anwendungsbereich des § 13 BGB grundsätzlich ausschließen wollte. Das Ergebnis der historischen Auslegung steht einer Einordnung des Arbeitnehmers als Verbraucher somit nicht entgegen[833].

IV. Regelungszweck

Aus teleologischer Sicht wird die Einbeziehung des Arbeitnehmers in den Verbraucherbegriff des § 13 BGB meistens damit begründet, dass der Arbeitnehmer als klassisch unselbstständig Handelnder eher noch schutzbedürftiger sei als der „Nur-Verbraucher“, da letzterer auch auf den Vertragsschluss verzichten könne, während der Arbeitnehmer in der Regel auf den Arbeitsvertrag angewiesen sei[834]. Die Gegenmeinung beruft sich darauf, dass der zur Kompensation der *rollenspezifischen* Unterlegenheit des Arbeitnehmers erforderliche Schutz bereits durch die arbeitsrechtlichen Spezialvorschriften verwirklicht werde, weshalb eine Erstreckung des *situativen* Verbraucherschutzes auf Arbeitnehmer zu einer widersprüchlichen und unangemessenen Verdoppelung der Schutzmechanismen führen würde[835].

Die Einbeziehung des Arbeitnehmers in den Verbraucherbegriff aus teleologischer Sicht mit der rollenbezogenen Schutzbedürftigkeit des Arbeitnehmers zu begründen, kann jedoch ebenso wenig überzeugen wie das von der Gegenmeinung angeführte Argument, der Schutz des Arbeitnehmers werde bereits durch die arbeitsrechtlichen Spezialvorschriften ausreichend gewährleistet. Denn in beiden Fällen werden Schutzbedürftigkeitserwägungen angestellt, ohne vorher darauf einzugehen, ob die Schutzbedürftigkeit des Verbrauchers, die zur Einführung der besonde-

---

[832] Siehe auch *Rieble/Klumpp*, ZIP 2002, 2153 (2157); Staudinger/*Weick*, § 13 Rn. 53.

[833] Im Ergebnis ebenso *S.Müller*, Der Arbeitnehmer als Verbraucher iSd. § 13 BGB, S. 161.

[834] So vor allem ErfK/*Preis*, § 611 Rn. 208; ähnlich *Däubler* in: Däubler/Dorndorf, AGB-Kontrolle im Arbeitsrecht, Einleitung Rn. 71; *Gotthardt*, Arbeitsrecht nach der Schuldrechtsreform, Rn. 18; *Hofmann*, Die Kontrolle von Arbeitsverträgen nach der Schuldrechtsreform, S. 94; *Thüsing*, BB 2002, 2666 (2668).

[835] Soergel/*Pfeiffer*, § 13 Rn. 44; *Reichold*, ZTR 2002, 202 (203 f.); Staudinger/*Weick*, § 13 Rn. 53; im Ergebnis auch *Bauer/Kock*, DB 2002, 42 (43 f.).

ren Verbraucherschutznormen geführt hat, überhaupt mit derjenigen des Arbeitnehmers beim Abschluss arbeitsrechtlicher Verträge *identisch* ist. Erst wenn feststeht, dass sich der Arbeitnehmer beim Abschluss eines arbeitsrechtlichen Vertrages in derselben Unterlegenheitsposition befindet, die den Verbraucher im Verbraucherrecht schutzbedürftig werden lässt, kann unter Schutzbedürftigkeitsgesichtspunkten darüber diskutiert werden, ob die entsprechenden verbraucherschutzrechtlichen Kompensationsinstrumente auch auf Arbeitsverträge Anwendung finden müssen oder ob die arbeitsrechtlichen Schutzvorschriften insofern abschließend sind. Die Frage, ob Arbeits- und Verbraucherverträge unter derselben Funktionsschwäche leiden, kann jedoch nicht allgemein auf der Ebene des Verbraucherstatus, sondern erst bei den einzelnen konkret in Rede stehenden Verbraucherschutzvorschriften geklärt werden. Denn der Verbraucherbegriff des § 13 BGB hat gerade nicht die Funktion, einen besonders schutzbedürftigen Personenkreis zu definieren[836]. Als negatives Ausschlusskriterium dient er vielmehr nur dazu, solche Personenkreise aus dem Verbraucherschutz herauszunehmen, denen regelmäßig zugetraut werden kann, dass sie nicht in eine unterlegene Verhandlungsposition geraten[837]. In diesem Sinne als grundsätzlich nicht schutzbedürftig werden aber nur solche Personen angesehen, die das Geschäft zu einem gewerblichen oder selbstständigen beruflichen Zweck abschließen. Alle anderen natürlichen Personen – und damit selbstverständlich auch Arbeitnehmer – *können* demnach schutzbedürftig sein, müssen es aber nicht. Denn dem Verbraucherbegriff des § 13 BGB liegt gerade nicht das Bild eines „generell unterlegenen" und daher grundsätzlich schutzbedürftigen Verbrauchers zugrunde[838]. Die besondere Schutzbedürftigkeit des Verbrauchers ist demgemäß nicht allein an die personenbezogene Verbrauchereigenschaft als solche geknüpft, sondern an eine Kombination von personen- und situationsbezogenen Merkmalen, die sich in persönlicher Hinsicht aus einem Zusammenspiel von § 13 BGB und § 14 BGB und in sachlicher Hinsicht aus den situations- und vertragsinhaltsbezogenen Voraussetzungen der einzelnen Verbraucherschutzvorschriften ergeben[839]. Wenn aber die Zuerkennung des Status als Verbraucher für sich allein noch gar nichts über die verbraucherrechtliche Schutzbedürftigkeit einer Person besagt[840], können grundsätzlich auch Arbeitnehmer Verbraucher

---

836 So aber z.B. *Grundstein*, FA 2003, 41 (42); *Däubler*, NZA 2001, 1329 (1333); *Wedde*, AiB 2002, 267 (269).

837 Siehe dazu ausführlich oben 5. Kapitel C. III. 2.

838 Siehe oben 5. Kapitel G.

839 Siehe dazu oben 5. Kapitel C. III.

840 Vgl. auch BAG v. 25.5.2005, NJW 2005, 3305 (3308). Danach kommt dem Verbraucherbegriff des § 13 BGB „kein abstrakt zu bestimmender Sinn" zu. Aufschluss könnten vielmehr „nur die weiteren Normen geben, die auf die Eigenschaft als Verbraucher abstellen."

sein. Ob Arbeitnehmer den durch die verbraucherrechtlichen Normen vermittelten Schutz in der jeweiligen Situation auch tatsächlich benötigen, ist dagegen eine Frage, die nicht auf der Ebene von § 13 BGB allgemein, sondern auf der Ebene der konkreten Schutzsituation für jede einzelne Verbraucherschutznorm gesondert beantwortet werden muss[841].

V. Ergebnis

Der Arbeitnehmer ist als „Verbraucher" i.S.d. § 13 BGB anzusehen. Dies gilt nicht nur bei berufsbezogenen Warenaustauschverträgen zwischen Arbeitnehmer und Arbeitgeber, sondern auch beim Abschluss arbeitsrechtlicher Verträge. Denn der bewusst sehr weit gefasste Wortlaut von § 13 BGB enthält keine Beschränkung auf bestimmte Vertragstypen, weshalb auch der Arbeitnehmer in seiner Eigenschaft als solcher die für den Rechtsbegriff des „Verbrauchers" allein maßgeblichen Definitionsvoraussetzungen des § 13 BGB erfüllt. Ein entgegenstehender Regelungswille des Gesetzgebers ist nicht ersichtlich, da sich weder aus der Entstehungsgeschichte des § 13 BGB noch aus den Gesetzesmaterialien zur Schuldrechtsreform ein Anhaltspunkt dafür entnehmen lässt, dass der Gesetzgeber Arbeitnehmer beim Abschluss eines Arbeitsvertrages aus dem weiten Verbraucherbegriff des § 13 BGB herausnehmen wollte. Teleologische Erwägungen stehen einer Einbeziehung des Arbeitnehmers in den Verbraucherbegriff ebenfalls nicht entgegen, da der Verbraucherschutz nicht schon unmittelbar aus der Zuerkennung der Verbrauchereigenschaft folgt, sondern erst aus den spezifischen Normen, die sich auf den Verbraucherbegriff beziehen. Das bedeutet zugleich, dass mit der Anerkennung der Verbrauchereigenschaft des Arbeitnehmers noch keine Aussage darüber getroffen wurde, ob und wenn ja, auf welche verbraucherschützenden Normen sich der Arbeitnehmer beim Abschluss arbeitsrechtlicher Verträge berufen kann. Dies hängt vielmehr vom spezifischen Schutzgehalt jeder einzelnen Norm ab und kann daher nicht pauschal auf der Statusebene beantwortet werden, sondern bedarf für jede konkret in Rede stehende Norm einer gesonderten Prüfung.

---

[841] Ebenso BAG v. 25.5.2005, NJW 2005, 3305 (3309); *Benecke/Pils*, ZIP 2005, 1956 (1958); *Gotthardt*, Arbeitsrecht nach der Schuldrechtsreform, Rn. 15 ff.; *Hofmann*, Die Kontrolle von Arbeitsverträgen nach der Schuldrechtsreform, S. 95; *Linnemannstöns*, Die Auswirkungen des § 310 III, IV BGB auf das Arbeitsrecht, S. 57; *S.Müller*, Der Arbeitnehmer als Verbraucher iSd. § 13 BGB, S. 178; *Preis*, NZA 2003, Sonderbeilage zu Heft 16, 19 (24) *Rieble/Klumpp*, ZIP 2002, 2153 (2157 f.); *Schmalkalden/Oberrath*, NJW 2005, 3745; *Th.Schmidt*, FS Ehmann, S. 153, 168; *Stoffels*, NZA 2004, Sonderbeilage zu Heft 1, 19 (22); *Thüsing*, BB 2002, 2666 (2668).

B. Konsequenzen im Hinblick auf die Anwendbarkeit einzelner Vorschriften des Verbraucherrechts

Welche Auswirkungen eine Einordnung des Arbeitnehmers als Verbraucher für die Anwendbarkeit einzelner Verbraucherschutzvorschriften im Arbeitsrecht hat, ist demnach noch völlig offen. Klar ist zunächst nur, dass zumindest der persönliche Anwendungsbereich des Verbraucherschutzrechts grundsätzlich eröffnet ist. Ob der Arbeitnehmer den Verbraucherschutz in den einzelnen Situationen benötigt oder nicht, hängt dagegen maßgeblich davon ab, ob die Schutzbedürftigkeit des Arbeitnehmers mit derjenigen identisch ist, die den Verbraucher in der konkreten Situation schützenswert werden lässt. Um dies beurteilen zu können, muss zunächst für jede in Frage kommende Verbraucherschutznorm selbstständig untersucht und entschieden werden, ob sich das Funktionsdefizit, das durch die betreffende Norm kompensiert werden soll, auf Verbraucherverträge beschränkt, oder ob in dieser Situation grundsätzlich auch Arbeitsverträge an demselben Funktionsdefizit leiden können. Sofern dies bejaht wird, ist sodann in einem zweiten Schritt zu klären, ob im Arbeitsrecht ein vergleichbarer Kompensationsbedarf besteht, was zu verneinen wäre, wenn die festgestellte Funktionsschwäche im Arbeitsrecht bereits durch spezielle arbeitsrechtliche Normen ausreichend kompensiert würde. Anhand dieses Prüfungsschemas ist nun zu untersuchen, ob und gegebenenfalls welche verbraucherschutzrechtlichen Normen im Arbeitsrecht Anwendung finden können bzw. müssen. Praktisch geht es dabei vor allem um den Verzugszinssatz des § 288 BGB, das Widerrufsrecht der §§ 312, 355 BGB sowie die verschärfte AGB-Kontrolle nach § 310 Abs. 3 BGB.

I. Verzugszinsen, § 288 BGB

Die Regelung in § 288 Abs. 2 BGB sieht für Rechtsgeschäfte, an denen ein Verbraucher nicht beteiligt ist, einen erhöhten Verzugszinssatz in Höhe von 8% über dem jeweiligen Basiszinssatz vor. Da der Arbeitnehmer nach der hier vertretenen Auffassung aber als Verbraucher anzusehen ist, bestimmt sich die Höhe der Verzugszinsen für rückständige Geldschulden aus dem Arbeitsverhältnis, wie z.B. Lohnforderungen, nach § 288 Abs. 1 BGB. Danach liegt der Verzugszinssatz bei 5% über dem jeweiligen Basiszinssatz. Die Anwendung des niedrigeren Zinssatzes des § 288 Abs. 1 BGB auf Forderungen aus dem Arbeitsverhältnis ist nach nahezu einhelliger Meinung auch unter Schutzbedürftigkeitsgesichtspunkten angebracht[842].

[842] BAG v. 23.2.2005, DB 2005, 1339 (1340); *Bauer/Kock*, DB 2002, 42 (46); *Boemke*, BB 2002, 96 (97); *Bratz*, Arbeitsrechtliche Besonderheiten bei der Kontrolle Allgemeiner Geschäftsbedingungen, S. 195; *Benecke/Pils*, ZIP 2005, 1956 (1958); *Däubler*, NZA 2001, 1329 (1334); *Henssler*, RdA 2002, 129 (135); *Hönn*, ZfA 2003, 325 (347); *Hümmerich/Holthausen*, NZA 2002, 173

Denn der höhere Strafzins des § 288 Abs. 2 BGB ist speziell auf die Interessenlage im Geschäftsverkehr zwischen Unternehmen zugeschnitten, deren Besonderheit darin besteht, dass Unternehmen in der Regel auf Fremdkapital angewiesen sind und daher typischerweise höhere Zinsschäden erleiden als Privatpersonen[843]. Umgekehrt können säumige Unternehmen die erhöhte Zinsbelastung eher verkraften als Privatpersonen. Es wäre zudem ein Wertungswiderspruch, wenn der Arbeitnehmer ausgerechnet für Forderungen aus dem Arbeitsvertrag den erhöhten Zinssatz geltend machen könnte, während für alle anderen Zahlungsansprüche gegen einen Unternehmer grundsätzlich nur der niedrigere Zinssatz gilt.
Diejenigen Autoren, die die Verbrauchereigenschaft des Arbeitnehmers verneinen, müssen dagegen auf arbeitsrechtliche Zahlungsansprüche nach dem Wortlaut des § 288 Abs. 2 BGB eigentlich den erhöhten Zinssatz anwenden. Um dies zu vermeiden, wollen sie § 288 Abs. 2 BGB im Wege einer einschränkenden Auslegung bzw. teleologischen Reduktion dahingehend korrigieren, als der erhöhte Verzugszinssatz nur dann gelten solle, wenn es sich um einen Zahlungsverzug im Geschäftsverkehr handele[844]. Letztlich kommen somit auch diese Autoren zu dem Ergebnis, dass bei einem Verzug des Arbeitgebers mit der Lohnzahlung gegenüber seinem Arbeitnehmer nicht der erhöhte Zinssatz des § 288 Abs. 2 BGB, sondern der übliche Zinssatz des § 288 Abs. 1 BGB Anwendung findet. Nicht überzeugend ist es allerdings, wenn dieses Ergebnis mit einer richtlinienkonformen Auslegung des § 288 Abs. 2 BGB begründet wird[845]. Denn auch wenn der erhöhte Zinssatz des § 288 Abs. 2 BGB auf die EU-Richtlinie zur Bekämpfung des Zahlungsverzugs im

---

(178); *Hümmerich*, AnwBl. 2002, 671 (676); *Joussen*, NZA 2001, 745 (749); *Linnemannstöns*, Die Auswirkungen des § 310 III, IV BGB auf das Arbeitsrecht, S. 62 f.; *Löwisch*, NZA 2001, 465 (466); *S.Müller*, Der Arbeitnehmer als Verbraucher iSd. § 13 BGB, S. 188 ff.; *Natzel*, NZA 2002, 595 (597); *Reim*, DB 2002, 2434 (2437); *Riesenhuber/v.Vogel*, Jura 2006, 81 (84 und 85); *Schlodder*, Der Arbeitsvertrag im neuen Schuldrecht, S. 172 ff.; *Singer*, RdA 2003, 194 (196); *Tschöpe/Pirscher*, RdA 2004, 358 (367); a.A. nur *A.Junker*, Grundkurs Arbeitsrecht (4. Aufl.), Rn. 247.

[843] *Henssler*, RdA 2002, 129 (135); *Singer*, RdA 2003, 194 (196).

[844] *Bauer/Kock*, DB 2002, 42 (46); *Henssler*, RdA 2002, 129 (135); *Hönn*, ZfA 2003, 325 (347); *Joussen*, NZA 2001, 745 (749); *Lingemann*, NZA 2002, 181 (184); *Mankowski*, Beseitigungsrechte, S. 259 f.; *Natzel*, NZA 2002, 595 (597); *Richardi*, NZA 2003, Sonderbeilage zu Heft 16, 14 (17); *Schlodder*, Der Arbeitsvertrag im neuen Schuldrecht, S. 172; *Singer*, RdA 2003, 194 (196); *Tschöpe/Pirscher*, RdA 2004, 358 (367); vgl. auch BAG v. 23.2.2005, DB 2005, 1339 (1340).

[845] So etwa BAG v. 23.2.2005, DB 2005, 1339 (1340); *Bauer/Kock*, DB 2002, 42 (46); *Henssler*, RdA 2002, 129 (135); *Joussen*, NZA 2001, 745 (749); *Natzel*, NZA 2002, 595 (597); *Richardi*, NZA 2003, Sonderbeilage zu Heft 16, 14 (17); *Schlodder*, Der Arbeitsvertrag im neuen Schuldrecht, S. 174 f.; *Singer*, RdA 2003, 194 (196); *Tschöpe/Pirscher*, RdA 2004, 358 (367).

Geschäftsverkehr[846] zurückzuführen ist und diese sich dementsprechend nur auf Geschäftsvorgänge zwischen Unternehmern bezieht, so wäre es dem nationalen Umsetzungsgesetzgeber trotzdem möglich, die von der Richtlinie vorgegebenen Mindestzinssätze für den Geschäftsverkehr auch auf andere Verzugsfälle zu erstrecken[847].
Es bleibt somit festzuhalten, dass sich die Verzugszinsen im Arbeitsverhältnis nach dem üblichen Zinssatz des § 288 Abs. 1 BGB bemessen.

II. Verschärfung der AGB-Kontrolle, § 310 Abs. 3 BGB

Die Verbrauchereigenschaft des Arbeitnehmers hat außerdem zur Konsequenz, dass auch die Regelungen des § 310 Abs. 3 BGB auf Arbeitsverträge anwendbar sind[848]. Dadurch wird das Schutzniveau bei der AGB-Kontrolle nach §§ 305 ff. BGB noch einmal erhöht.

1. Das „Stellen" von AGB im Arbeitsvertrag, § 310 Abs. 3 Nr. 1 BGB

Nach § 310 Abs. 3 Nr. 1 BGB gelten die AGB im Arbeitsrecht als vom Arbeitgeber „gestellt", sofern die Vertragsbedingungen nicht vom Arbeitnehmer selbst in den Vertrag eingeführt wurden. Dadurch wird die Rolle des AGB-Verwenders grundsätzlich dem Arbeitgeber zugewiesen. Durchgreifende Bedenken gegen eine Anwendung des § 310 Abs. 3 Nr. 1 BGB im Arbeitsrecht bestehen nicht[849]. Mit Blick auf die Funktion des § 310 Abs. 3 Nr. 1 BGB bei der Einführung von AGB durch unparteiische Dritte (Rechtsanwalt, Notar etc.)[850] erscheint eine Anwendung dieser Vorschrift im Arbeitsrecht auch unter Schutzbedürftigkeitsgesichtspunkten geboten. Denn auch bei arbeitsrechtlichen Verträgen besteht die dem § 310 Abs. 3 Nr. 1 BGB zugrunde liegende Gefahr, dass der vermeintlich unparteiische Dritte mit Blick auf seine eigenen wirtschaftlichen Interessen die zu erwartende Neutralität vermissen lässt und in einem „vorauseilenden Gehorsam" die Vertragsbedingungen einseitig zu Gunsten des Arbeitgebers ausgestaltet, um mit diesem eine gewinn-

---

[846] Richtlinie 2000/35/EG vom 29.6.2000, ABl. EG Nr. L 200, S. 35 ff.

[847] Vgl. auch *Boemke*, BB 2002, 96 (97).

[848] So nun auch BAG v. 25.5.2005, NJW 2005, 3305 (3308 f.).

[849] Vgl. auch *Dorndorf* in: Däubler/Dorndorf, AGB-Kontrolle im Arbeitsrecht, § 310 Rn. 4 ff.; *Hofmann*, Die Kontrolle von Arbeitsverträgen nach der Schuldrechtsreform, S. 96 f.; *Bratz*, Arbeitsrechtliche Besonderheiten bei der Kontrolle Allgemeiner Geschäftsbedingungen, S. 200; *Linnemannstöns*, Die Auswirkungen des § 310 III, IV BGB auf das Arbeitsrecht, S. 132; *Riesenhuber/v. Vogel*, Jura 2006, 81 (84). Siehe auch *Brox/Rüthers/Henssler*, Arbeitsrecht, Rn. 191, die zwar die Verbrauchereigenschaft des Arbeitnehmers verneinen, § 310 Abs. 3 BGB aber dennoch *analog* im Arbeitsrecht anwenden wollen.

[850] Siehe oben 6. Kapitel G. I. 2. b) bb).

bringende Geschäftsbeziehung aufzubauen bzw. zu festigen[851]. Die Situation im Arbeitsrecht ist hier insofern identisch mit derjenigen im allgemeinen Zivilrecht. Aus den gleichen Gründen wie im allgemeinen Zivilrecht ist daher auch im Arbeitsrecht eine Anwendung des § 310 Abs. 3 Nr. 1 BGB gerechtfertigt.

2. Die AGB-Kontrolle von vorformulierten Einzelarbeitsverträgen, § 310 Abs. 2 Nr. 2 BGB

Die Vorschrift in § 310 Abs. 3 Nr. 2 BGB erweitert den Anwendungsbereich der AGB-Kontrolle im Arbeitsrecht dahingehend, dass die wesentlichen Vorschriften des AGB-Rechts selbst dann Anwendung finden, wenn die vorformulierten Vertragsbedingungen nur zur einmaligen Verwendung bestimmt sind und der Arbeitnehmer auf ihren Inhalt keinen Einfluss nehmen konnte. Die AGB-Kontrolle wird damit auch auf vorformulierte Einzelarbeitsverträge erstreckt. Ob diese Erweiterung im Hinblick auf Arbeitsverträge sach- und systemgerecht ist, kann allerdings nicht losgelöst von den sonstigen Auswirkungen der Einbeziehung des Arbeitsrechts in den Anwendungsbereich der §§ 305 ff. BGB beantwortet werden. Insofern gilt es zunächst die allgemeinen Grundlagen der AGB-Kontrolle im Arbeitsrecht zu untersuchen (8. Kapitel), ehe auf die Frage der AGB-Kontrolle von vorformulierten Einzelverträgen näher eingegangen werden kann[852].

3. Die Berücksichtigung der begleitenden Umstände, § 310 Abs. 3 Nr. 3 BGB

Schließlich sind gemäß § 310 Abs. 3 Nr. 3 BGB bei der AGB-Kontrolle im Arbeitsrecht auch die den Vertragsschluss begleitenden Umstände zu berücksichtigen. Dadurch wird die generell-abstrakte Betrachtungsweise bei der Angemessenheitsprüfung nach § 307 Abs. 1 Satz 1 BGB durch einen individuell-konkreten Maßstab ergänzt. Zu den Auswirkungen dieser Erweiterung im Arbeitsrecht und der Frage, ob die Anwendung des § 310 Abs. 3 Nr. 3 BGB im Arbeitsrecht sinnvoll ist, wird ebenfalls im Rahmen der im 8. Kapitel erfolgenden Untersuchung der AGB-Kontrolle im Arbeitsrecht zurückzukommen sein[853].

III. Widerrufsrecht, §§ 312, 355 BGB

Schließlich hat die Erstreckung des Verbraucherbegriffs auf Arbeitnehmer zur Folge, dass dem Arbeitnehmer bei Vertragsschlüssen mit seinem Arbeitgeber das zuvor im Haustürwiderrufsgesetz und nunmehr in §§ 312, 355 BGB normierte Widerrufsrecht zur Verfügung stehen könnte. Danach kann der Verbraucher seine auf den

[851] Zu der vergleichbaren Situation im allgemeinen Zivilrecht siehe oben 6. Kapitel G. I. 2. b) bb).
[852] Siehe dazu unten 8. Kapitel B. I. 2. b).
[853] Siehe dazu unten 8. Kapitel B. III. 4.

Vertragsschluss gerichtete Willenserklärung grundsätzlich binnen einer Frist von zwei Wochen widerrufen, wenn er zu dem Vertragsschluss in einer der in § 312 Abs. 1 Nr. 1-3 BGB genannten Situationen bestimmt worden ist. Verschärft wird diese Rechtsfolge durch die auf Veranlassung des EuGH[854] nachträglich durch Art. 25 Nr. 6 des OLG-Vertretungsänderungsgesetz[855] eingefügte Regelung in § 355 Abs. 3 Satz 3 BGB, wonach das Widerrufsrecht unbefristet besteht, wenn der Verbraucher bei Abschluss des Vertrages nicht ordnungsgemäß über sein Widerrufsrecht belehrt worden ist. Praktische Relevanz hat die Frage nach der Anwendbarkeit des Widerrufsrechts vor allem für arbeitsrechtliche Aufhebungs- und Änderungsverträge, die in einer der in § 312 Abs. 1 Nr. 1-3 BGB genannten Verhandlungssituation abgeschlossen werden. Aufgrund der Verbrauchereigenschaft des Arbeitnehmers ist der *persönliche* Anwendungsbereich des Widerrufsrechts in diesen Fällen grundsätzlich eröffnet. Fraglich ist allerdings zum einen, ob beim Abschluss eines Aufhebungsvertrages auch die *sachlichen* und *situativen* Tatbestandsvoraussetzungen des § 312 Abs. 1 BGB erfüllt werden, und zum anderen, ob auf Seiten des Arbeitnehmers ein entsprechendes *Schutzbedürfnis* für eine Anwendung der §§ 312, 355 BGB besteht. Beides bedarf einer näheren Erörterung.

1. Die Diskussion um das Widerrufsrecht vor der Schuldrechtsmodernisierung

Die Frage, ob der Arbeitnehmer einen Aufhebungsvertrag widerrufen kann, wurde bereits vor der Schuldrechtsreform von Rechtsprechung[856] und Literatur[857] ausführlich diskutiert. Die Rechtsgrundlage für ein solches Widerrufsrecht wurde allerdings vorwiegend in § 242 BGB[858] gesucht, während eine direkte bzw. analoge

[854] EuGH v. 13.12.2001, NJW 2002, 281 (282 f.).

[855] Gesetz zur Änderung des Rechts der Vertretung der Rechtsanwälte vor den Oberlandesgerichten v. 23.7.2002 (BGBl. I, S. 2850). Zu den Neuerungen im Verbrauchervertragsrecht durch das OLG-Vertretungsänderungsgesetz siehe auch *Meinhof*, NJW 2002, 2273 ff.

[856] BAG v. 30.9.1993, NZA 1994, 209 (211 f.); BAG v. 14.2.1996, NZA 1996, 811 (812); LAG Hamburg v. 3.7.1991, LAGE Nr. 6 zu § 611 BGB Aufhebungsvertrag; ArbG Köln v. 25.5.1993, BB 1994, 787.

[857] *Bauer/Diller*, DB 1995, 1810 ff.; *Bengelsdorf*, BB 1995, 978 ff; *ders.*, DB 1997, 874 ff.; *Boemke*, NZA 1993, 532 (537); *Dieterich*, RdA 1995, 129 (135 f.); *Ehrich*, DB 1992, 2239 (2242 ff.); *ders.*, NZA 1994, 438 ff.; *Falkenberg*, ZTR 1994, 410 (414 ff.); *Germelmann*, NZA 1997, 236 (240); *Grunewald*, AuR 1994, 260 (261); *Haller*, BB 1994, 787 ff.; *Lorenz*, JZ 1997, 277 ff.; *Nägele*, BB 1992, 1274 (1276); *Pauly*, MDR 1995, 1081 ff.; *Stoffels*, SAE 1995, 176 (181); Staudinger/*Werner*, § 1 HWiG Rn. 81; *Weber/Ehrich*, NZA 1997, 414 (419 ff.); *Wisskirchen/Worzalla*, DB 1994, 577 (580 f.); *Zwanziger*, DB 1994, 982 ff.; *ders.*, BB 1996, 903 f. Ausführlich zum Ganzen *Schacht*, Der Übereilungsschutz beim arbeitsrechtlichen Aufhebungsvertrag, S. 71 ff.

[858] So etwa LAG Hamburg v. 3.7.1991, LAGE Nr. 6 zu § 611 BGB Aufhebungsvertrag.

Anwendung des Haustürwiderrufsgesetzes nur vereinzelt erwogen und im Ergebnis meistens abgelehnt wurde[859]. Das *BAG*[860] war dagegen der Ansicht, dass dem Arbeitnehmer ein Widerrufsrecht grundsätzlich nicht zustehe, da es an einer entsprechenden gesetzlichen Grundlage dafür fehle. Ein Widerrufsrecht beeinträchtige in erheblichem Maße die Vertragsfreiheit des Arbeitgebers, ein Rückgriff auf § 242 BGB sei deshalb nicht geeignet, einen derartigen Eingriff in die Privatautonomie im Wege der Rechtsfortbildung zu rechtfertigen[861]. Auch unter Berücksichtigung der vom *BVerfG* geforderten Vertragskontrolle bei gestörter Vertragsparität[862] könne dem Arbeitnehmer beim Abschluss eines Aufhebungsvertrages kein Widerrufsrecht eingeräumt werden, da es hier nach Ansicht des *BAG* an der strukturell ungleichen Verhandlungsstärke fehle[863]. Der Arbeitnehmer brauche dem Aufhebungsangebot des Arbeitgebers schließlich nur ein schlichtes „Nein" entgegenzusetzen, weshalb er sowohl das „Ob" als auch das „Wie" und „Wann" der Vertragsbeendigung von seinem vollen Konsens abhängig machen könne[864]. Die zur Durchsetzung seiner Interessen erforderliche Verhandlungsmacht könne dem Arbeitnehmer beim Abschluss eines Aufhebungsvertrages daher nicht abgesprochen werden. Dieser Auffassung hat sich auch das Schrifttum überwiegend angeschlossen[865].

Auch mit der Möglichkeit einer (unmittelbaren oder entsprechenden) Anwendung des Haustürwiderrufsgesetzes hat sich das *BAG* in seinem Urteil vom 30.9.1993 auseinandergesetzt und die Anwendbarkeit mit der kurzen Begründung abgelehnt, dass die Widerrufsregelungen „andere Tatbestände und Personenkreise" beträfen und daher „jedenfalls nicht analog heranzuziehen" seien[866]. Diese Auffassung hat

---

[859] Für eine direkte Anwendung des HWiG lediglich ArbG Berlin v. 6.9.2000, AuR 2002, 193 (194); *Lorenz*, JZ 1997, 277 ff.; *Fischer/Machunsky*, Haustürwiderrufsgesetz, § 1 Rn. 36, 90. Eine analoge Anwendung des HWiG diskutierend, im Ergebnis aber ablehnend *Bauer*, NZA 1992, 1015; *Germelmann*, NZA 1997, 236 (240); *Nägele*, BB 1992, 1274 (1276); *Pauly*, MDR 1995, 1081 (1085); *Schacht*, Der Übereilungsschutz beim arbeitsrechtlichen Aufhebungsvertrag, S. 81 ff.

[860] BAG v. 30.9.1993, NZA 1994, 209 (211 f.).

[861] BAG v. 30.9.1993, NZA 1994, 209 (211 f.).

[862] Siehe dazu ausführlich oben 1. Kapitel B. II. und 3. Kapitel A. II.

[863] BAG v. 14.2.1996, NZA 1996, 811 (812).

[864] BAG v. 14.2.1996, NZA 1996, 811 (812).

[865] *Bengelsdorf*, BB 1995, 978 (982); *Boemke*, NZA 1993, 532 (537); *Ehrich*, DB 1992, 2239 (2245); *Germelmann*, NZA 1997, 236 (240); *Haller*, BB 1994, 787 (790); *Nägele*, BB 1992, 1274 (1276); *Pauly*, MDR 1995, 1081 (1084 f.); Staudinger/*Werner*, § 1 HWiG Rn. 81; *Weber/Ehrich*, NZA 1997, 414 (419 ff.); *Wisskirchen/Worzalla*, DB 1994, 577 (580 f.). Kritisch dagegen *Falkenberg*, ZTR 1994, 410 (415 f.); *Grunewald*, AuR 1994, 260 (261).

[866] BAG v. 30.9.1993, NZA 1994, 209 (212).

das *BAG* in seinem Urteil vom 14.2.1996 noch einmal bekräftigt[867]. Lediglich vereinzelte Stimmen in der arbeitsrechtlichen Literatur folgten dieser Rechtsprechung nicht und sprachen sich weiterhin für eine direkte Anwendung des Haustürwiderrufsgesetzes aus[868].

2. Widerrufsrecht nach neuer Rechtslage?

Schon kurz nach der Schuldrechtsreform und der damit einhergehenden Integration des Verbraucherschutzrechts in das BGB kam im arbeitsrechtlichen Schrifttum die Frage auf, ob die bisherige Rechtsprechung zum Widerrufsrecht bei Aufhebungsverträgen weiterhin aufrecht erhalten werden kann. Diesbezüglich haben sich im Schrifttum inzwischen drei Meinungsblöcke herausgebildet. Auf der einen Seite stehen die Autoren, die den Arbeitnehmer als Verbraucher ansehen und grundsätzlich auch das Widerrufsrecht des § 312 BGB bejahen[869]. Auf der anderen Seite sind diejenigen Autoren, die eine Verbrauchereigenschaft des Arbeitnehmers verneinen und dementsprechend auch die verbraucherrechtliche Regelung des § 312 BGB nicht auf einen arbeitsrechtlichen Aufhebungsvertrag anwenden[870]. Dazwischen befinden sich die Vertreter einer vermittelnden Position, die unabhängig von der Verbrauchereigenschaft des Arbeitnehmers die Anwendbarkeit des Widerrufsrechts zumindest dann verneinen, wenn der Aufhebungsvertrag am Arbeitsplatz abge-

---

[867] BAG v. 14.2.1996, NZA 1996, 811 (812).

[868] *Kittner/Däubler/Zwanziger*, KSchR (5. Aufl.), Einleitung Rn. 275; *Lorenz*, JZ 1997, 277 ff; *Fischer/Machunsky*, Haustürwiderrufsgesetz, § 1 Rn. 36, 90. Ebenso ArbG Berlin v. 6.9.2000, AuR 2002, 193 (194).

[869] *Bachner* in: Kittner/Zwanziger, Arbeitsrecht, § 104 Rn. 81 ff.; *Burkardt*, Der arbeitsrechtliche Aufhebungsvertrag, S. 246; *Däubler* in: Däubler/Dorndorf, AGB-Kontrolle im Arbeitsrecht, Einleitung Rn. 134; *Falke/Barthel*, BuW 2003, 255 (258); *Hansen*, ZGS 2003, 373 (376); *Holtkamp*, AuA 2002, 250 (252 f.); *Hümmerich*, AnwBl. 2002, 671 (678); *Hümmerich/Holthausen*, NZA 2002, 173 (178); *Martinek* in: Juris-Praxiskommentar, § 13 Rn. 42 und 45; *Pauly*, ZTR 2003, 541 (543); *Schleusener*, NZA 2002, 949 (951); *Schuster*, AiB 2002, 274 (275); *Singer*, RdA 2003, 194 (196 f.): Differenzierend *Derleder*, AuR 2004, 361 (366); *Reim*, DB 2002, 2434 (2438).

[870] *Bauer*, NZA 2002, 169 (171); *Bauer/Kock*, DB 2002, 42 (45); Palandt/*Heinrichs*, § 312 Rn. 4; *Henssler*, RdA 2002, 129 (135); *Hönn*, ZfA 2003, 325 (347); *A.Junker*, Grundkurs Arbeitsrecht (4. Aufl.), Rn. 427; *Larenz/Wolf*, BGB AT, § 42 Rn. 46; *Lembke*, NJW 2004, 2941 (2943); *Lingemann*, NZA 2002, 181 (184); *Mankowski*, EWiR § 312 BGB 1/03, 15 (16); *Mohr*, AcP 204 (2004), 660 (693); *Reichold*, ZTR 2002, 202 (204); *ders.*, FS 50 Jahre BAG, S. 153, 158; *Rieble/Klumpp*, ZIP 2002, 2153 (2161); *Ring* in: Dauner-Lieb/Heidel/Ring, Anwaltkommentar BGB, § 14 Rn. 14 und 24; *Schlodder*, Der Arbeitsvertrag im neuen Schuldrecht, S. 176; Palandt/*Weidenkaff*, vor § 611 Rn. 7b und vor § 620 Rn. 7; Staudinger/*Weick*, § 13 Rn. 53; *Wolff*, AuA 2003, 15.

schlossen wurde[871]. Die Rechtsprechung hat sich inzwischen dieser vermittelnden Position angeschlossen[872].

Zu klären ist daher zunächst in einem ersten Schritt, ob überhaupt die sachlichen und situativen Tatbestandsmerkmale des § 312 Abs. 1 BGB beim Abschluss eines arbeitsrechtlichen Vertrages erfüllt sind. In einem zweiten Schritt ist dann zu prüfen, ob die Anwendbarkeit des § 312 BGB auf arbeitsrechtliche Verträge unter Schutzbedürftigkeitsgesichtspunkten geboten erscheint und ob der Anwendungsbereich des § 312 Abs. 1 BGB entsprechend in die eine oder andere Richtung korrigiert werden kann.

3. Voraussetzungen des Widerrufsrechts nach §§ 312, 355 BGB

Tatbestandliche Voraussetzung für die Anwendbarkeit des Widerrufsrechts nach §§ 312, 355 BGB ist zunächst, dass der Arbeitnehmer beim Abschluss eines arbeitsrechtlichen Vertrages als Verbraucher i.S.v. § 13 BGB und der Arbeitgeber als Unternehmer i.S.v. § 14 BGB anzusehen ist. Beides ist nach der hier vertretenen Ansicht zu bejahen. Des Weiteren müsste es sich bei dem fraglichen Vertrag um

---

[871] Jauernig/*Berger*, § 312 Rn. 7; *Brors*, DB 2002, 2046 (2048); *Brox/Rüthers/Henssler*, Arbeitsrecht, Rn. 594; *Bratz*, Arbeitsrechtliche Besonderheiten bei der Kontrolle Allgemeiner Geschäftsbedingungen, S. 197; *Gotthardt*, Arbeitsrecht nach der Schuldrechtsreform, Rn. 216; *Grundstein*, FA 2003, 41 (43); *Hoß*, ArbRB 2002, 181 (183); *M.Junker* in: Juris-Praxiskommentar, § 312 Rn. 33; ErfK/*Müller-Glöge*, § 620 Rn. 13; *Kienast/Schmiedl*, DB 2003, 1440 (1442); *Konzen*, FS Hadding, S. 145, 164; *Künzl*, ZTR 2004, 16 (19); *Lieb*, FS Ulmer, S. 1231, 1238; Schaub/*Linck*, Arbeitsrechts-Handbuch, § 122 Rn. 2; *Linnemannstöns*, Die Auswirkungen des § 310 III, IV BGB auf das Arbeitsrecht, S. 95 f.; *Mengel*, BB 2003, 1278 (1279); *S.Müller*, Der Arbeitnehmer als Verbraucher iSd. § 13 BGB, S. 204 ff.; Staudinger/*Neumann*, Vorbem. zu §§ 620 ff. Rn. 14; *Preis*, NZA 2003, Sonderbeilage zu Heft 16, 19 (30); *Reinecke*, NZA 2004, Sonderbeilage zu Heft 18, 27 (36); *Reuter* in: Eckert/Delbrück, Reform des deutschen Schuldrechts, S. 99, 109; *Riesenhuber/v.Vogel*, Jura 2006, 81 (85); *Rolfs*, Arbeitsrecht, § 312 BGB Rn. 5 f.; *Schmalkalden/Oberrath*, NJW 2005, 3745 (3752); *Schmidt-Räntsch* in: Bamberger/Roth, § 13 Rn. 6; *Schrader/Schubert*, NZA-RR 2005, 169 (171); *Schulte*, ArbRB 2002, 246 (252); *Schwerdtner*, FS Honsell, S. 371, 377; *Stoffels*, AGB-Recht, Rn. 197; *ders.*, NZA 2004, Sonderbeilage zu Heft 1, 19 (23); *Thein* in: Henssler/Graf v.Westphalen, Praxis der Schuldrechtsreform, § 312 Rn. 23; *Thüsing/Leder*, BB 2004, 42; MüKo/*Ulmer*, § 312 Rn. 38; *Weber/Ehrich/Burmester*, Handbuch der arbeitsrechtlichen Aufhebungsverträge, Teil 1 Rn. 865; *Ziemann* in: Schimmel/Buhlmann, Frankfurter Handbuch zum neuen Schuldrecht, S. 675, 735 Rn. 212.

[872] Grundlegend BAG v. 27.11.2003, DB 2004, 1208 (1209 ff.); bestätigt durch BAG v. 22.4.2004, AP Nr. 27 zu § 620 BGB Aufhebungsvertrag; BAG v. 3.6.2004 – 2 AZR 427/03; BAG v. 15.3.2005, NZA 2005, 682 (686); BAG v. 18.8.2005, NZA 2006, 145 (149); ebenso bereits LAG Brandenburg v. 30.10.2002, DB 2002, 1446 ff.; LAG Hamm v. 1.4.2003, DB 2003, 1443 (1444 f.); LAG Hamm v. 9.10.2003, ZIP 2004, 476 (478).

einen Vertrag über eine „entgeltliche Leistung" handeln und der Arbeitnehmer müsste von seinem Arbeitgeber in einer der in § 312 Abs. 1 Nr. 1-3 BGB genannten Verhandlungssituationen zu dem Vertragsschluss bestimmt worden sein.

a) Der *sachliche* Anwendungsbereich: Vertrag über eine „entgeltliche Leistung"

Das Widerrufsrecht nach § 312 Abs. 1 BGB setzt zunächst den Abschluss eines Vertrages über eine „entgeltliche Leistung" voraus. Ein Vertrag ist entgeltlich, wenn nach dem Inhalt des Geschäfts der Verpflichtung der einen Vertragspartei die Verpflichtung der anderen Vertragspartei zu einer Gegenleistung gegenübersteht[873]. Verträge über eine entgeltliche Leistung sind demnach auf den gegenseitigen Austausch von Leistungen gerichtet. Dieser Rahmen ist bewusst weit gesteckt, auf die Gleichwertigkeit von Leistung und Gegenleistung oder auf die Bezeichnung der Gegenleistung als Preis, Lohn, Gebühr oder Vergütung kommt es daher nicht an[874]. Unerheblich ist auch die vertragliche Stellung des Verbrauchers als Anbieter oder Abnehmer der Leistung[875]. Erfasst werden deshalb auch solche Verträge, bei denen sich der Verbraucher zur Erbringung einer Leistung gegen Entgelt verpflichtet[876]. Der Begriff „entgeltliche Leistung" bezieht sich allerdings grundsätzlich nur auf gegenseitige Verträge, weshalb einseitig verpflichtende Verträge vom Wortlaut des § 312 BGB eigentlich nicht erfasst werden. Da der Verbraucher aber eher noch schutzbedürftiger ist, wenn er für seine Leistung keine Gegenleistung bekommt[877], wird der Anwendungsbereich von § 312 Abs. 1 BGB entgegen seinem zu eng geratenen, auf Verträge über „eine entgeltliche Leistung" abstellenden Wortlaut richtlinienkonform[878] auch auf „einseitige Verpflichtungserklärungen" des Verbrauchers ausgedehnt[879]. Entscheidend für das Merkmal der „Entgeltlichkeit" ist daher allein, dass durch den Vertrag eine Schuld des Verbrauchers begründet wird.

Da der Arbeitsvertrag den Arbeitnehmer zur Erbringung von Arbeitsleistung und den Arbeitgeber zur Zahlung eines entsprechenden Lohnes verpflichtet, stellt der

---

[873] *Larenz/Wolf*, BGB AT, § 23 Rn. 90.

[874] Palandt/*Heinrichs*, § 312 Rn. 7; MüKo/*Ulmer*, § 312 Rn. 20.

[875] MüKo/*Ulmer*, § 312 Rn. 24; Staudinger/*Werner*, § 1 HWiG Rn. 14.

[876] MüKo/*Ulmer*, § 312 Rn. 24.

[877] Vgl. *Fischer/Machunsky*, Haustürwiderrufsgesetz, § 1 Rn. 25; *Lorenz*, JZ 1997, 277 (278).

[878] Die zugrunde liegende Richtlinie 85/577 EWG v. 31.12.1985 (ABl. EG Nr. L 372, S. 31) will nämlich ausweislich ihrer Präambel auch „einseitige Verpflichtungserklärungen" erfassen.

[879] Vgl. EuGH v. 17.3.1998, NJW 1998, 1295 (1296); BGH v. 9.3.1993, NJW 1993, 1594 (1595); BGH v. 26.9.1995, NJW 1996, 55 (56); BGH v. 14.5.1998, NJW 1998, 2356 ff.; *Fischer/Machunsky*, Haustürwiderrufsgesetz, § 1 Rn. 26 f, 37 ff. Kritisch *Reuter* in: Eckert/Delbrück, Reform des deutschen Schuldrechts, S. 99, 108.

Arbeitsvertrag unproblematisch einen entgeltlichen Vertrag dar. Fraglich ist allerdings, ob auch ein arbeitsrechtlicher Aufhebungsvertrag als „Vertrag über eine entgeltliche Leistung" angesehen werden kann[880].

aa) Entgeltlichkeit bei Abfindungszahlungen des Arbeitgebers

Einige Autoren sind der Meinung, dass der Aufhebungsvertrag zumindest dann als „entgeltlich" einzustufen sei, wenn er eine *finanzielle Leistung des Arbeitgebers* (Abfindung, Versorgungszusage, Freistellung gegen Fortzahlung der Bezüge etc.) zum Gegenstand habe[881]. Gegen diese Argumentation spricht jedenfalls nicht, dass das Entgelt vom Arbeitgeber erbracht wird[882], denn für die Anwendung des § 312 BGB kommt es grundsätzlich nicht darauf an, ob der Verbraucher Anbieter oder Empfänger des Entgelts ist. Nicht ausreichend ist es aber, wenn *nur* der Arbeitgeber eine Leistungspflicht übernimmt. Denn der Begriff „entgeltliche Leistung" setzt grundsätzlich einen *gegenseitigen* Vertrag und damit auch eine Schuld des Arbeitnehmers voraus. Zwar werden aufgrund der besonderen Gefährlichkeit auch einseitig den *Verbraucher* verpflichtende Verträge im Wege einer richtlinienkonformen Auslegung in den Anwendungsbereich des § 312 Abs. 1 BGB einbezogen. Bei einseitig den *Unternehmer* verpflichtenden Verträgen, wie z.B. bei der Schenkung, fehlt es jedoch an einer Belastung des Verbrauchers, weshalb für eine erweiternde Auslegung des § 312 BGB insofern kein Anlass besteht[883]. Den entgeltlichen Charakter eines Aufhebungsvertrages an eine Abfindungszahlung des Arbeitgebers zu knüpfen, würde außerdem zu dem widersprüchlichen Ergebnis führen, dass ein Widerrufsrecht nur bei denjenigen Arbeitnehmern in Betracht käme, die eine finanzielle Kompensation für den Verlust ihres Arbeitsplatzes aushandeln konnten, wohingegen diejenigen Arbeitnehmer, denen dies nicht gelungen ist und die daher eigentlich noch schutzbedürftiger sind, unwiderruflich an den Aufhebungsvertrag gebunden wären[884]. Die Entgeltlichkeit des Aufhebungsvertrages kann daher nicht von einer etwaigen Abfindungszahlung des Arbeitgebers abhängig gemacht werden.

---

[880] Das *BAG* hat diese Frage ausdrücklich offengelassen, vgl. BAG v. 27.11.2003, DB 2004, 1208 (1209).

[881] *Falke/Barthel*, BuW 2003, 255; *Gotthardt*, Arbeitsrecht nach der Schuldrechtsreform, Rn. 215; *Hümmerich/Holthausen*, NZA 2002, 173 (178); *S.Müller*, Der Arbeitnehmer als Verbraucher iSd. § 13 BGB, S. 201.

[882] So aber *Burkardt*, Der arbeitsrechtliche Aufhebungsvertrag, S. 239; *Künzl*, ZTR 2004, 16 (18).

[883] Vgl. *Fischer/Machunsky*, Haustürwiderrufsgesetz, § 1 Rn. 22; MüKo/*Ulmer*, § 312 Rn. 23.

[884] *Burkardt*, Der arbeitsrechtliche Aufhebungsvertrag, S. 239; *Däubler* in: Däubler/Dorndorf, AGB-Kontrolle im Arbeitsrecht, Einleitung Rn. 127; *Künzl*, ZTR 2004, 16 (18); *Schleusener*, NZA 2002, 949 (951). Diesen Widerspruch erkennen auch *Falke/Barthel*, BuW 2003, 255 f.

bb) Der Aufhebungsvertrag als Verfügungsgeschäft

Gegen die Entgeltlichkeit des Aufhebungsvertrages wird zum Teil eingewendet, dass der Aufhebungsvertrag als solcher ein reines *Verfügungsgeschäft* darstelle, durch das eine Verpflichtung des Arbeitnehmers nicht begründet, sondern aufgehoben werde[885]. Entgeltlichkeit i.S.d. § 312 Abs. 1 BGB setze aber voraus, dass der Vertrag auf den Austausch von Leistungen gerichtet sei und dementsprechend die Begründung von Leistungspflichten zum Gegenstand habe, weshalb grundsätzlich nur schuldrechtliche *Verpflichtungsverträge* entgeltlich sein könnten.

Richtig ist, dass der Aufhebungsvertrag unmittelbar auf den Bestand des Arbeitsverhältnisses einwirkt und daher eine Verfügung von Arbeitnehmer und Arbeitgeber über das Arbeitsverhältnis als Ganzes beinhaltet[886]. Die Entgeltlichkeit des Aufhebungsvertrages kann deshalb auch nicht einfach mit dem Argument begründet werden, dass der Aufhebungsvertrag als *„actus contrarius“* zum (unbestritten entgeltlichen) Arbeitsvertrag dessen Rechtsnatur teile[887]. Denn die durch den Arbeitsvertrag bewirkte *Begründung* einer Leistungspflicht stellt im Gegensatz zu deren Aufhebung gerade keine Verfügung dar[888], weshalb der Arbeitsvertrag im Gegensatz zum Aufhebungsvertrag ein reines Verpflichtungsgeschäft ist und folglich auch nicht die gleiche Rechtsnatur wie ein Aufhebungsvertrag besitzt. Andererseits hat der Umstand, dass der Aufhebungsvertrag verfügende Wirkung hat, auch nicht unbedingt zur Konsequenz, dass im Fall einer Aufhebung eines Arbeitsverhältnisses das Vorliegen eines „entgeltlichen Geschäfts“ i.S.d. § 312 Abs. 1 BGB völlig ausgeschlossen wäre. Denn auch wenn abstrakte Verfügungsgeschäfte als solche nicht entgeltlich sind, so dienen sie doch zumeist der Erfüllung einer kausalen Verpflichtung, die durch ein schuldrechtliches Verpflichtungsgeschäft begründet wurde[889]. Es stellt sich daher die Frage, ob dem Aufhebungsvertrag als Verfügungsgeschäft eine schuldrechtliche *Kausalvereinbarung* zugrunde liegt, die als „entgeltliches Geschäft“ i.S.d. § 312 Abs. 1 BGB angesehen werden kann.

---

[885] LAG Brandenburg v. 30.10.2002, DB 2003, 1446; *Schacht*, Der Übereilungsschutz beim arbeitsrechtlichen Aufhebungsvertrag, S. 78 f.

[886] Zur Rechtsnatur des Aufhebungsvertrages als Verfügungsgeschäft siehe auch BAG v. 26.08.1997, NZA 1998, 643 (644); *Bachner* in: Kittner/Zwanziger, Arbeitsrecht, § 104 Rn. 82 f.; Palandt/*Heinrichs*, vor § 104 Rn. 16; *Ernst*, Aufhebungsverträge zur Beendigung von Arbeitsverhältnissen, S. 50 f. m.w.N.

[887] So aber *Däubler* in: Däubler/Dorndorf, AGB-Kontrolle im Arbeitsrecht, Einleitung Rn. 127; *Pauly*, ZTR 2003, 541 (543); *Schleusener*, NZA 2002, 949 (951).

[888] Zur Unterscheidung zwischen Verpflichtungs- und Verfügungsgeschäft vgl. *Larenz/Wolf*, BGB AT, § 23 Rn. 31 ff., 35 ff.

[889] Zu der unterschiedlichen Funktion von Verpflichtungs- und Verfügungsgeschäft vgl. *Larenz/Wolf*, BGB AT, § 23 Rn. 65.

Einige Autoren vertreten die Auffassung, dass der Aufhebungsvertrag ein *abstraktes* schuldrechtliches Verfügungsgeschäft sei, das zu seiner Kondiktionsfestigkeit stets eine schuldrechtliche *Kausalvereinbarung* benötige[890]. Dieser dem „unentgeltlichen“ Verfügungsvertrag zugrunde liegende Schuldvertrag beinhalte die beiderseitige Verpflichtung, den Arbeitsvertrag aufzuheben und sich dadurch von den jeweiligen Verpflichtungen aus dem Arbeitsverhältnis zu befreien[891]. Folgt man diesen Überlegungen, so hätte das zur Konsequenz, dass zwar nicht der (verfügende) Aufhebungsvertrag selbst, wohl aber das ihm zugrunde liegende Verpflichtungsgeschäft Gegenstand des Widerrufsrechts sein könnte[892]. Die (verfügende) Vertragsaufhebung bzw. die hierzu abgegebenen Willenserklärungen der Vertragsparteien wären dann die „empfangenen Leistungen“, die nach einem Widerruf der Kausalvereinbarung gemäß §§ 312, 355, 357 BGB i.V.m. § 346 Abs. 1 BGB zurückzugewähren wären[893].

Andere sind dagegen der Ansicht, dass beim Aufhebungsvertrag eine gesonderte, von der Vertragsaufhebung zu unterscheidende Kausalvereinbarung nicht erforderlich sei, da der Aufhebungsvertrag seinen rechtlichen Zweck bereits in sich selbst trage und damit *selbst kausal* sei[894]. Die Entbehrlichkeit einer gesonderten Kausalvereinbarung ergebe sich aus der Rechtsnatur des Aufhebungsvertrages als Gegenstück zu dem aufzuhebenden Arbeitsvertrag[895]. Die Vertragsaufhebung sei daher nicht nur Vertragszweck, sondern zugleich auch Mittel zu diesem Zweck[896]. Sofern man diese Ansicht für überzeugend hält und die Frage nach der Abstraktheit des Aufhebungsvertrages verneint, so folgt daraus allerdings nicht, dass eine (kausale) Verpflichtung des Arbeitnehmers beim Abschluss eines Arbeitsvertrages völlig fehlen würde[897]. Ein Aufhebungsvertrag wäre nach dieser Ansicht vielmehr als ein *gemischtes* Geschäft anzusehen, das Elemente eines Verpflichtungs- und eines Ver-

---

[890] *Bachner* in: Kittner/Zwanziger, Arbeitsrecht, § 104 Rn. 83; *Bauer*, Arbeitsrechtliche Aufhebungsverträge, Rn. 163; *Bauer/Haußmann*, BB 1996, 901; *Drygala*, NJW 1994, 3260 (3263); *Lorenz*, JZ 1997, 277 (278); *C.Müller*, Arbeitsrechtliche Aufhebungsverträge, S. 43 ff. Vgl. auch LAG Köln v. 5.1.1996, BB 1996, 907 (908).

[891] *Bachner* in: Kittner/Zwanziger, Arbeitsrecht, § 104 Rn. 83; *Lorenz*, JZ 1997, 277 (278).

[892] *Bachner* in: Kittner/Zwanziger, Arbeitsrecht, § 104 Rn. 84; *Lorenz*, JZ 1997, 277 (278). Ähnlich *Drygala*, NJW 1994, 3260 (3263).

[893] *Lorenz*, JZ 1997, 277 (278).

[894] *Ernst*, Aufhebungsverträge zur Beendigung von Arbeitsverhältnissen, S. 53; *Fikentscher*, Schuldrecht, § 39 Rn. 298. Ähnlich *v.Puttkamer*, BB 1996, 1440 (1441).

[895] *Fikentscher*, Schuldrecht, § 39 Rn. 298.

[896] *Ernst*, Aufhebungsverträge zur Beendigung von Arbeitsverhältnissen, S. 53.

[897] So aber die Schlussfolgerung von *Schacht*, Der Übereilungsschutz beim arbeitsrechtlichen Aufhebungsvertrag, S. 79.

fügungsgeschäfts in ein und demselben Rechtsgeschäft miteinander vereint[898]. Der Aufhebungsvertrag kann hiernach also zugleich Verpflichtungs- und Verfügungsgeschäft sein[899].
Für die hier interessierende Frage nach der Entgeltlichkeit des Aufhebungsvertrages macht es daher letztlich keinen Unterschied, ob man im Falle der Aufhebung des Arbeitsverhältnisses das Verpflichtungs- und das Verfügungsgeschäft mit der ersten Ansicht als jeweils eigenständiges Rechtsgeschäft ansieht oder ob man mit der zweiten Ansicht davon ausgeht, dass in diesem Fall verpflichtende und verfügende Elemente in einem einheitlichen Rechtsgeschäft zusammengefasst sind. Denn in beiden Fällen existiert beim Abschluss eines Aufhebungsvertrages neben der verfügenden grundsätzlich auch eine verpflichtende Komponente, die möglicherweise als „entgeltliches Geschäft" i.S.d. § 312 Abs. 1 BGB angesehen werden könnte. Die Einordnung des Aufhebungsvertrages als (auch) verfügendes Geschäft steht somit einer eventuellen Entgeltlichkeit des Aufhebungsvertrages bzw. des ihm zugrunde liegenden Verpflichtungsgeschäfts nicht entgegen.

cc) Verzicht auf zukünftigen Arbeitslohn als Entgeltlichkeit

Ungeklärt ist jedoch nach wie vor, ob sich aus der verpflichtenden Komponente des Aufhebungsvertrages bzw. aus der dem Verfügungsgeschäft zugrunde liegenden Kausalvereinbarung eine Verpflichtung des Arbeitnehmers ergibt, die eine „Entgeltlichkeit" dieses Geschäfts begründen kann. Anknüpfungspunkt für eine Bejahung der Entgeltlichkeit könnte die sich für die Vertragsparteien aus dem Aufhebungsvertrag ergebende Verpflichtung sein, in die Aufhebung des Arbeitsverhältnisses einzuwilligen und sich gegenseitig von den Verpflichtungen aus dem Arbeitsverhältnis zu befreien[900]. Der Arbeitgeber entbindet dadurch den Arbeitnehmer von seiner Arbeitspflicht, während der Arbeitnehmer den Arbeitgeber von der Lohnzahlungspflicht befreit. Der Arbeitnehmer verliert damit den Entgeltanspruch und verzichtet auf die zukünftigen Lohnzahlungen aus dem gerade aufgelösten Arbeitsverhältnis. Dieser durch den Abschluss des Aufhebungsvertrages bedingte Verzicht des Arbeitnehmers auf den zukünftigen Arbeitslohn könnte den Aufhe-

[898] Vgl. *Larenz/Wolf*, BGB AT, § 23 Rn. 59.
[899] Vgl. BAG v. 25.6.1987, NZA 1988, 466 (467 f.); *Burkardt*, Der arbeitsrechtliche Aufhebungsvertrag, S. 37; Palandt/*Heinrichs*, vor § 104 Rn. 16.
[900] *Bachner* in: Kittner/Zwanziger, Arbeitsrecht, § 104 Rn. 83; *Däubler* in: Däubler/Dorndorf, AGB-Kontrolle im Arbeitsrecht, Einleitung Rn. 127; *Falke/Barthel*, BuW 2003, 255 (256); *Lorenz*, JZ 1997, 277 (278); *S.Müller*, Der Arbeitnehmer als Verbraucher iSd. § 13 BGB, S. 201; *Schleusener*, NZA 2002, 949 (951).

bungsvertrag als „entgeltliches Geschäft" für den Arbeitnehmer erscheinen lassen[901].

Gegen diese Überlegung wird allerdings eingewendet, dass die hinreichend sichere Erwartung künftiger Einnahmen, auf die der Arbeitnehmer verzichte, beim Abschluss eines Aufhebungsvertrages gerade nicht gegeben sei[902]. Denn in den meisten Fälle könne man davon ausgehen, dass dem Arbeitnehmer ohnehin gekündigt worden wäre, wenn er sich nicht auf den Aufhebungsvertrag eingelassen hätte. Der Entgeltanspruch des Arbeitnehmers könne daher jedenfalls nicht als dauerhaft sicher bestehend angesehen werden. Diese Argumentation kann aber schon deshalb nicht überzeugen, weil sie auf einem hypothetischen Kausalverlauf beruht. Hinzu kommt, dass der Arbeitgeber den Aufhebungsvertrag in den meisten Fällen nur deshalb der Kündigung vorgezogen hat, weil er das schnellere und damit im Hinblick auf die laufende Lohnzahlungspflicht das für den Arbeitgeber günstigere Mittel war, um das Arbeitsverhältnis zu beenden. Für den Arbeitnehmer bedeutet das, dass ihm durch den Abschluss des Aufhebungsvertrages in aller Regel mehr Einnahmen entgangen sind als ihm beim Ausspruch einer ordentlichen Kündigung entgangen wären. Ein Entgeltverzicht des Arbeitnehmers ist daher beim Abschluss eins Aufhebungsvertrages praktisch immer gegeben.

Gleichwohl geht die Gegenmeinung nicht davon aus, dass der Verzicht auf die Lohnzahlungen für den Arbeitnehmer ein „entgeltliches Geschäft" darstellt[903]. Zur Begründung wird angeführt, dass mit dem im Aufhebungsvertrag liegenden Entgeltverzicht gerade auch die Arbeitskraft des Arbeitnehmers wieder frei werde, die der Arbeitnehmer sodann anderweitig durch den Abschluss eines neuen Arbeitsvertrages neu einsetzen könne. Dieser frei gewordenen Arbeitskraft des Arbeitnehmers komme ebenfalls ein Wert zu, der sich nach dem (bisherigen) Arbeitsentgelt bemesse. Als Gegenleistung für den Entgeltverzicht erhalte der Arbeitnehmer somit einen gleichwertigen Vermögensvorteil, der den Nachteil des Entgeltverzichts aufwiegen würde[904]. Hierbei wird allerdings übersehen, dass es für die Beurteilung der „Entgeltlichkeit" eines Geschäfts grundsätzlich nicht auf die Gleichwertigkeit von Leistung und Gegenleistung ankommt[905]. Ein gegenseitiges Verpflichtungsgeschäft

---

[901] So etwa *Däubler* in: Däubler/Dorndorf, AGB-Kontrolle im Arbeitsrecht, Einleitung Rn. 127; *Falke/Barthel*, BuW 2003, 255 (256); *Gotthardt*, Arbeitsrecht nach der Schuldrechtsreform, Rn. 215; *Hümmerich*, AnwBl. 2002, 671 (677); *Lorenz*, JZ 1997, 277 (278); *S.Müller*, Der Arbeitnehmer als Verbraucher iSd. § 13 BGB, S. 201; *Schleusener*, NZA 2002, 949 (951); *Wolff*, AuA 2003, 15.

[902] *Künzl*, ZTR 2004, 16 (18).

[903] *Künzl*, ZTR 2004, 16 (18).

[904] *Künzl*, ZTR 2004, 16 (18).

[905] Vgl. MüKo/*Ulmer*, § 312 Rn. 20.

ist daher völlig unabhängig vom Wert der jeweiligen Leistungen grundsätzlich immer ein „entgeltliches Geschäft". Entscheidend für das Merkmal der „Entgeltlichkeit" ist allein, dass eine Leistungspflicht des Verbrauchers begründet wird. Bei einer im Aufhebungsvertrag enthaltenen Verpflichtung des Arbeitnehmers, das Arbeitsverhältnis zu beenden und auf zukünftigen Lohn zu verzichten, kann die „Entgeltlichkeit" dieser Verpflichtung deshalb nicht mit der Begründung verneint werden, dass dieser Nachteil durch anderweitige Vorteile (freie Arbeitskraft, staatliche Unterstützungsgelder, Abfindung etc.) kompensiert würde. Aus wirtschaftlicher Sicht macht es für den Arbeitnehmer schließlich keinen Unterschied, ob ihm durch ein Haustürgeschäft eine Zahlungspflicht auferlegt wird, oder ob das Haustürgeschäft den Wegfall von einigermaßen sicheren Einnahmen bewirkt. In beiden Fällen entsteht durch das Haustürgeschäft eine finanzielle Belastung des Arbeitnehmers, die das Rechtsgeschäft im Ergebnis als „entgeltlich" erscheinen lässt[906].

dd) Ergebnis

Der arbeitsrechtliche Aufhebungsvertrag beinhaltet eine verpflichtende und eine verfügende Komponente. Diese beiden Komponenten bestehen entweder aus zwei eigenständigen Rechtsgeschäften oder sind in einem einheitlichen Rechtsgeschäft zusammengefasst. Der Verfügung liegt eine kausale Abrede zugrunde, durch die sich der Arbeitnehmer verpflichtet, in die Aufhebung des Arbeitsverhältnisses einzuwilligen und auf die zukünftigen Lohnzahlungen aus dem aufgehobenen Arbeitsverhältnis zu verzichten. Aufgrund dieser durch den Aufhebungsvertrag begründeten Verpflichtung des Arbeitnehmers ist der Aufhebungsvertrag als „Vertrag über eine entgeltliche Leistung" i.S.d. § 312 Abs. 1 BGB anzusehen.

Gleiches gilt für einen arbeitsrechtlichen Änderungsvertrag. Auch der Änderungsvertrag hat eine verfügende Komponente, durch die der Änderungsvertrag auf bestehende Rechte einwirkt. Gleichzeitig verpflichten sich beide Vertragsparteien in dem Änderungsvertrag, die beiderseitigen Leistungspflichten zu modifizieren. Auch ein arbeitsrechtlicher Änderungsvertrag stellt daher ein „entgeltliches Geschäft" i.S.d. § 312 Abs. 1 BGB dar[907].

---

[906] So auch *Bauer/Kock*, DB 2002, 42 (45).

[907] Vgl. auch *Fischer/Machunsky*, Haustürwiderrufsgesetz, § 1 Rn. 32.

b) Der *situative* Anwendungsbereich

Weitere Voraussetzung des § 312 Abs. 1 BGB ist, dass der Vertrag in einer der in § 312 Abs. 1 Nr. 1-3 BGB genannten Situationen zustande gekommen ist. Für die hier interessierende Frage nach Anwendbarkeit des Widerrufsrechts auf arbeitsrechtliche Verträge dürfte vor allem die Verhandlungssituation des § 312 Abs. 1 Nr. 1 BGB in Betracht kommen, schließlich werden arbeitsrechtliche Verträge zwischen Arbeitnehmer und Arbeitgeber in der Regel am Arbeitsplatz des Arbeitnehmers geschlossen. Der Arbeitnehmer müsste demnach durch „mündliche Verhandlungen" an seinem „Arbeitsplatz" zum Abschluss des Vertrages „bestimmt worden sein".

aa) „Bestimmung" durch „mündliche Verhandlungen"

Das Kausalitätsmerkmal „Bestimmen zur Abgabe einer Willenerklärung" liegt vor, wenn der Verbraucher den Vertrag ohne die in § 312 Abs. 1 BGB geschilderten Umstände überhaupt nicht, nicht zu diesen Bedingungen oder nicht zu diesem Zeitpunkt abgeschlossen hätte[908]. Ein enger zeitlicher Zusammenhang zwischen Vertragsverhandlung und Abgabe der zum Vertragsschluss führenden Willenserklärung ist nicht erforderlich[909]. Es genügt, dass die situationsbedingte Einschränkung der Entscheidungsfreiheit zum Zeitpunkt des Vertragsschlusses noch fortdauert[910]. Wurden die Verhandlungen im Falle von § 312 Abs. 1 Nr. 1 BGB dagegen auf vorherige Bestellung des Verbrauchers geführt, so besteht gemäß § 312 Abs. 3 Nr. 1 BGB kein Widerrufsrecht, da in dieser Situation grundsätzlich nicht die Gefahr einer situationsbedingten Ungleichgewichtslage besteht[911]. Für den Arbeitnehmer folgt daraus, dass er seine Willenserklärung jedenfalls dann nicht widerrufen kann, wenn die Initiative zum Vertragsschluss von ihm selbst ausging[912].
„Mündliche Verhandlungen" sind alle Besprechungen, die den Vertragsschluss vorbereiten oder selbst enthalten[913] und bei denen die Vertragsparteien persönlich anwesend sind[914]. Ein Widerrufsrecht nach § 312 Abs. 1 BGB ist deshalb ausge-

[908] Vgl. *Fischer/Machunsky*, Haustürwiderrufsgesetz, § 1 Rn. 52; Palandt/*Heinrichs*, § 312 Rn. 13.

[909] BGH v. 26.10.1993, NJW 1994, 262 (265); Palandt/*Heinrichs*, § 312 Rn. 13.

[910] BGH v. 26.10.1993, NJW 1994, 262 (265).

[911] Denn bei einer vorhergehenden Bestellung hat der Verbraucher die Möglichkeit, sich auf den Besuch der anderen Vertragspartei vorzubereiten, indem er sich vorher über den Gegenstand der Verhandlungen informiert und Vergleichsangebote einholt. Der Verbraucher ist daher in diesem Fall mit demjenigen vergleichbar, der von sich aus ein Ladengeschäft betritt. Vgl. BT-Drucks. 10/2876, S. 12. Siehe auch *Mankowski*, Beseitigungsrechte, S. 231 f.

[912] *Künzl*, ZTR 2004, 16 (19); *Pauly*, ZTR 2003, 541 (543); *Schleusener*, NZA 2002, 949 (951).

[913] *Fischer/Machunsky*, Haustürwiderrufsgesetz, § 1 Rn. 75.

[914] *Fischer/Machunsky*, Haustürwiderrufsgesetz, § 1 Rn. 77.

schlossen, wenn die Verhandlungen und der Vertragsschluss nicht mündlich, sondern ausschließlich schriftlich, telefonisch oder per E-Mail erfolgten[915]. Der Arbeitgeber kann dem situativen Anwendungsbereich des § 312 BGB also dadurch entgehen, dass er keine mündlichen Verhandlungen mit dem Arbeitnehmer führt und den Weg des brieflichen, telefonischen oder elektronischen Vertragsschlusses wählt[916]. Zumindest für arbeitsrechtliche Aufhebungsverträge wird in diesen Fällen auch kein Widerrufsrecht nach §§ 312b, 312d, 355 BGB in Betracht kommen, da für Aufhebungsverträge gemäß § 623 BGB die Schriftform zwingend vorgeschrieben ist. Ferner scheidet ein Widerrufsrecht aus, wenn der Vertrag von einem Notar beurkundet wurde (§ 312 Abs. 3 Nr. 3 BGB)[917]. Will der Arbeitgeber also sicherstellen, dass der Arbeitnehmer trotz vorhergehender mündlicher Verhandlungen kein Widerrufsrecht hat, braucht er den Vertrag nur notariell beurkunden zu lassen.

bb) Bezug zum „Arbeitsplatz"

Die Verhandlungen, durch die der Arbeitnehmer zur Abgabe seiner Willenserklärung bestimmt worden ist, müssten schließlich an seinem „Arbeitsplatz" erfolgt sein. Der Begriff des „Arbeitsplatzes" ist weit auszulegen, so dass grundsätzlich jeder Ort im Betriebsgebäude oder auf dem Betriebsgelände dazugehört[918]. Es ist daher unerheblich, ob die Verhandlungen direkt an der Maschine oder im Büro des Beschäftigten, in der Kantine, im Personalbüro, in einem Besprechungsraum oder auf dem Parkplatz des Betriebs durchgeführt werden[919]. Da ein enger zeitlicher Zusammenhang zwischen Vertragsverhandlung und Abgabe der zum Vertragsschluss führenden Willenserklärung nicht erforderlich ist[920], scheidet ein Widerrufsrecht auch nicht unbedingt schon dann aus, wenn der Arbeitnehmer das Vertragsangebot des Arbeitgebers nicht sofort im Unternehmen unterschreibt, sondern den Ver-

---

[915] *Bauer/Kock*, DB 2002, 42 (44). *Fischer/Machunsky*, Haustürwiderrufsgesetz, § 1 Rn. 77.

[916] So auch bereits *Lorenz*, JZ 1997, 277 (279).

[917] Diese Ausnahme beruht auf der Annahme, dass dem Verbraucher im Regelfall genügend Bedenkzeit bleibt, bis seine Willenserklärung vom Notar beurkundet wird, und dass er darüber hinaus durch die in § 17 BeurkG geregelten Belehrungspflicht des Notars hinreichend vor der Gefahr einer Beeinträchtigung seiner rechtsgeschäftlichen Entscheidungsfreiheit geschützt ist, vgl. BT-Drucks. 10/2876, S. 12. Die in § 312 Abs. 3 Nr. 3 BGB enthaltenen Ausnahme für notarielle Verträge wird allerdings von einigen Autoren für *gemeinschaftsrechtswidrig* gehalten, weil in der maßgeblichen Haustürwiderrufsrichtlinie (Richtlinie 85/577/EWG vom 20.12.1985, ABl. EG Nr. L 372, S. 31 ff.) eine entsprechende Ausnahme nicht vorgesehen ist, vgl. dazu *Micklitz/Tonner*, Vertriebsrecht, § 312 Rn. 76.

[918] Palandt/*Heinrichs*, § 312 Rn. 14; Staudinger/*Werner*, § 1 HwiG Rn. 79.

[919] *Fischer/Machunsky*, Haustürwiderrufsgesetz, § 1 Rn. 87.

[920] BGH v. 26.10.1993, NJW 1994, 262 (265); Palandt/*Heinrichs*, § 312 Rn. 13.

tragsentwurf zunächst mit nach Hause nimmt und ihn erst später an einem anderen Ort unterzeichnet[921]. Denn auch wenn der Vertragsschluss selbst nicht unmittelbar am Arbeitsplatz erfolgte, kann die Initiierung des Vertragsschlusses durchaus auf vorangegangene mündliche Verhandlungen im Unternehmen zurückzuführen sein[922]. Ein Bezug zum „Arbeitsplatz" könnte deshalb allenfalls dann zu verneinen sein, wenn am Arbeitsplatz keine für den späteren Vertragsschluss kausalen mündlichen Verhandlungen stattgefunden haben und der Vertragsschluss an einem von § 312 Abs. 1 Nr. 1-3 BGB nicht erfassten, „neutralen" Ort erfolgte[923]. Wenn allerdings berichtet wird, dass Aufhebungsverträge an vermeintlich „neutralen" Orten wie Autobahnraststätten, Parkplätzen oder Hotels geschlossen werden, um dem Widerrufsrecht des § 312 BGB zu entgehen[924], so ist vor solchen „Vermeidungsstrategien" angesichts des in § 307f S. 2 BGB statuierten *Umgehungsverbots* eindringlich zu warnen, zumal einige Instanzgerichte den Vertragsschluss an solchen ungewöhnlichen Orten bereits ausdrücklich als Umgehungsgeschäft i.S.d. § 307f S. 2 BGB angesehen haben[925]. Beim Abschluss eines Änderungs- oder Aufhe-

[921] So aber *Burkardt*, Der arbeitsrechtliche Aufhebungsvertrag, S. 240.

[922] *Bauer/Kock*, DB 2002, 42 (44).

[923] So etwa *Däubler* in: Däubler/Dorndorf, AGB-Kontrolle im Arbeitsrecht, Einleitung Rn. 128; *Lorenz*, JZ 1997, 277 (279).

[924] Vgl. *Gaul/Otto*, DB 202, 2049 (2050); *Hönn*, ZfA 2003, 325 (347); *Lembke*, NJW 2004, 2941 (2944).

[925] Bejaht wurde eine auf das Umgehungsverbot gestützte Ausweitung des Anwendungsbereichs der Haustürwiderrufsvorschriften z.B. in folgenden Fällen: Ansprechen auf privater Baustelle (OLG Zweibrücken v. 4.7.1994, NJW 1995, 140); Ansprechen in einer Hotelhalle (OLG Dresden v. 14.12.1994, NJW 1995, 1164; OLG Frankfurt v. 19.1.1994, NJW 1994, 1806 [1807]); Vertragsschluss nach Einladung in ein eigens dafür angemietetes Ladenlokal mit privater Atmosphäre (OLG Hamburg v. 20.12.1996, VuR 1997, 248 [249 ff.]); Vertragsschluss in einer Hotelgaststätte (LG Mannheim v. 3.8.1990, NJW-RR 1990, 1395 [1396]) Ansprechen im Straßencafé (AG Freising v. 14.6.1988, NJW-RR 1988, 1326). Der Anwendungsbereich des Verbraucherschutzrechts darf allerdings nicht auf solche Situationen erweitert werden, die der Gesetzgeber im Hinblick auf den Schutzzweck des Gesetzes bewusst oder eindeutig ausgeklammert hat. Mangels situationsspezifischer Überrumpelungsgefahr sind daher jedenfalls solche Verträge nicht in den Anwendungsbereich des Verbraucherschutzrechts einzubeziehen, die an Orten geschlossen wurden, bei denen der Verbraucher erkennbar von vornherein mit einem Ansprechen durch den Anbieter rechnen musste, wie etwa auf Märkten, Festwiesen, Verkaufsständen (vgl. BT-Drucks. 10/2876, S. 12), Verkaufsmessen, Flohmärkten sowie sonstigen Werbe- oder Verkaufsveranstaltungen (vgl. MüKo/*Ulmer*, § 312 Rn. 48 m.w.N.). Auch in dem Umstand, dass der Vertragsschluss in der Privatwohnung des Unternehmers erfolgte, ist keine Umgehung der Haustürwiderrufsvorschriften zu sehen, denn die Lage des Verbrauchers ist hier nicht anders, als wenn er seinen Vertragspartner in ausschließlich zu gewerblichen Zwecken genutzten Räumen aufgesucht

bungsvertrages wird sich daher ein Bezug zum Arbeitsplatz nur in den seltensten Fällen verneinen lassen.
Anders ist die Situation nur bei solchen Geschäften, die anlässlich einer *Einstellung* des Arbeitnehmers abgeschlossen werden. Denn beim Abschluss eines Arbeitsvertrages in den Räumen des Betriebes hat der (zukünftige) Arbeitnehmer im Zeitpunkt des Vertragsschlusses noch keinen Arbeitsplatz im Unternehmen, hier fehlt es also an dem Bezug zu seinem Arbeitsplatz[926]. Einen Arbeitsvertrag, den der Arbeitnehmer in den Räumen des Unternehmens geschlossen hat, kann der Arbeitnehmer daher nicht nach § 312 Abs. 1 Nr. 1 BGB widerrufen.
Als Zwischenergebnis ist somit festzustellen, dass die sachlichen und situativen Tatbestandsvoraussetzungen des § 312 Abs. 1 Nr. 1 BGB grundsätzlich auch beim Abschluss eines Änderungs- oder Aufhebungsvertrags zwischen Arbeitnehmer und Arbeitgeber erfüllt sein können.

cc) Ergebnis

Nach dem Wortlaut des § 312 Abs. 1 Nr. 1 BGB hat der Arbeitnehmer demnach ein Widerrufsrecht, wenn er auf dem Betriebsgelände – unabhängig von den konkreten Räumen – auf Initiative des Arbeitgebers einen Aufhebungs- oder Änderungsvertrag abgeschlossen hat.

4. Bedenken gegen die Anwendbarkeit des Widerrufsrechts

Obwohl beim Abschluss eines Aufhebungsvertrages am Arbeitsplatz auf Initiative des Arbeitgebers die Tatbestandsmerkmale des § 312 Abs. 1 Nr. 1 BGB grundsätzlich erfüllt sind, gehen das *BAG*[927] und die herrschende Meinung in der Literatur[928]

---

hätte, vgl. BT-Drucks. 10/2876, S. 11; BGH v. 30.3.2000, NJW 2000, 3498 (3499). Ausführlich zum Umgehungsverbot *Gramlich/Zerres*, ZIP 1998, 1299 ff.

926 *Bauer/Kock*, DB 2002, 42 (44); *Fischer/Machunsky*, Haustürwiderrufsgesetz, § 1 Rn. 90; *S.Müller*, Der Arbeitnehmer als Verbraucher iSd. § 13 BGB, S. 198; *Schleusener*, NZA 2002, 949 (951); *Hümmerich*, AnwBl. 2002, 671 (676).

927 Grundlegend BAG v. 27.11.2003, DB 2004, 1208 (1209 ff.); bestätigt durch BAG v. 22.4.2004, AP Nr. 27 zu § 620 BGB Aufhebungsvertrag; BAG v. 3.6.2004 – 2 AZR 427/03; BAG v. 15.3.2005, NZA 2005, 682 (686); vgl. auch LAG Brandenburg v. 30.10.2002, DB 2002, 1446 ff.; LAG Hamm v. 1.4.2003, DB 2003, 1443 (1444 f.); LAG Hamm v. 9.10.2003, ZIP 2004, 476 (478).

928 *Bauer*, NZA 2002, 169 (171); *Bauer/Kock*, DB 2002, 42 (45); Jauernig/*Berger*, § 312 Rn. 7; *Brors*, DB 2002, 2046 (2048); *Brox/Rüthers/Henssler*, Arbeitsrecht, Rn. 594; *Bratz*, Arbeitsrechtliche Besonderheiten bei der Kontrolle Allgemeiner Geschäftsbedingungen, S. 197; *Gotthardt*, Arbeitsrecht nach der Schuldrechtsreform, Rn. 216; *Grundstein*, FA 2003, 41 (43); Palandt/*Heinrichs*, § 312 Rn. 4; *Henssler*, RdA 2002, 129 (135); *Hoß*, ArbRB 2002, 181 (183); *Hönn*, ZfA 2003, 325 (347); *A.Junker*, Grundkurs Arbeitsrecht, Rn. 432; *M.Junker* in: Juris-

davon aus, dass dem Arbeitnehmer auch nach neuer Rechtlage kein Widerrufsrecht zusteht. Eine teleologische Reduktion des § 312 Abs. 1 Nr. 1 BGB ist aber nur dann gerechtfertigt, wenn sich aus der Entstehungsgeschichte, der Systematik oder der Zwecksetzung des § 312 BGB eindeutig ergibt, dass das Widerrufsrecht des § 312 Abs. 1 BGB nicht auf arbeitsrechtliche Aufhebungsverträge Anwendung finden sollte.

a) Die Entstehungsgeschichte des § 312 BGB

Nach Ansicht des *BAG* spricht bereits die Entstehungsgeschichte des § 312 BGB gegen die Anwendung des Widerrufsrechts auf arbeitsrechtliche Aufhebungsverträge[929]. Es sei nämlich davon auszugehen, dass der Gesetzgeber Kenntnis davon hatte, dass das *BAG* in seinen Entscheidungen vom 30.9.1993[930] und vom 14.2.1996[931] die Gewährung eines Widerrufsrechts im Arbeitsrecht mangels entsprechender gesetzlicher Grundlage für eine unzulässige Rechtsfortbildung gehalten hat. Da er aber vor dem Hintergrund dieser Rechtsprechung keine Klarstellung

---

Praxiskommentar, § 312 Rn. 33; *Kienast/Schmiedl*, DB 2003, 1440 (1442); *Konzen*, FS Hadding, S. 145, 164; *Künzl*, ZTR 2004, 16 (19); *Larenz/Wolf*, BGB AT, § 42 Rn. 46; *Lembke*, NJW 2004, 2941 (2943); *Lieb*, FS Ulmer, S. 1231, 1238; Schaub/*Linck*, Arbeitsrechts-Handbuch, § 122 Rn. 2; *Linnemannstöns*, Die Auswirkungen des § 310 III, IV BGB auf das Arbeitsrecht, S. 95 f.; *Lingemann*, NZA 2002, 181 (184); *Mankowski*, EWiR § 312 BGB 1/03, 15 (16); *Mengel*, BB 2003, 1278 (1279); ErfK/*Müller-Glöge*, § 620 Rn. 13; *Mohr*, AcP 204 (2004), 660 (693); Staudinger/*Neumann*, Vorbem. zu §§ 620 ff. Rn. 14; *Preis*, NZA 2003, Sonderbeilage zu Heft 16, 19 (30); *Reichold*, ZTR 2002, 202 (204); *Reinecke*, NZA 2004, Sonderbeilage zu Heft 18, 27 (36); *Reuter* in: Eckert/Delbrück, Reform des deutschen Schuldrechts, S. 99, 109; *Rieble/Klumpp*, ZIP 2002, 2153 (2161); *Riesenhuber/v. Vogel*, Jura 2006, 81 (85); *Ring* in: Dauner-Lieb/Heidel/Ring, Anwaltkommentar BGB, § 14 Rn. 14 und 24; *Rolfs*, Arbeitsrecht, § 312 BGB Rn. 5 f.; *Schlodder*, Der Arbeitsvertrag im neuen Schuldrecht, S. 177; *Schmalkalden/Oberrath*, NJW 2005, 3745 (3752); *Schmidt-Räntsch* in: Bamberger/Roth, § 13 Rn. 6; *Schrader/Schubert*, NZA-RR 2005, 169 (171); *Schulte*, ArbRB 2002, 246 (252); *Schwerdtner*, FS Honsell, S. 371, 377; *Stoffels*, AGB-Recht, Rn. 197; *Thein* in: Henssler/Graf v.Westphalen, Praxis der Schuldrechtsreform, § 312 Rn. 23; *Tschöpe/Pirscher*, RdA 2004, 358 (364 ff.); *Thüsing/Leder*, BB 2004, 42; MüKo/*Ulmer*, § 312 Rn. 38; *Weber/Ehrich/Burmester*, Handbuch der arbeitsrechtlichen Aufhebungsverträge, Teil 1 Rn. 865; Palandt/*Weidenkaff*, vor § 611 Rn. 7b und vor § 620 Rn. 7; Staudinger/*Weick*, § 13 Rn. 53; *Wolff*, AuA 2003, 15; *Ziemann* in: Schimmel/Buhlmann, Frankfurter Handbuch zum neuen Schuldrecht, S. 675, 735 Rn. 212.

[929] BAG v. 27.11.2003, DB 2004, 1208 (1210); BAG v. 22.4.2004, AP Nr. 27 zu § 620 BGB Aufhebungsvertrag; BAG v. 3.6.2004 – 2 AZR 427/03; ähnlich LAG Brandenburg v. 30.10.2002, DB 2002, 1446 f.; zustimmend *Reinecke*, NZA 2004, Sonderbeilage zu Heft 18, 27 (36); *Tschöpe/Pirscher*, RdA 2004, 358 (365).

[930] BAG v. 30.9.1993, NZA 1994, 209 (211 f.).

[931] BAG v. 14.2.1996, NZA 1996, 811 (812).

vorgenommen habe und das Widerrufsrecht nach §§ 312, 355 BGB – anders als die Inhaltskontrolle nach §§ 305 ff. BGB – im Zuge der Schuldrechtsreform weder ausdrücklich auf Arbeitsverhältnisse erstreckt, noch klare Fristen für dessen Ausübung durch den Arbeitnehmer geschaffen habe, so könne daraus nur gefolgert werden, dass er arbeitsrechtliche Aufhebungsverträge entsprechend der bisherigen Rechtsprechung des *BAG* nicht in den Anwendungsbereich des § 312 BGB einbeziehen wollte[932].

Diese Schlussfolgerung überzeugt nicht. Es ist zwar richtig, dass der Gesetzgeber im Rahmen der Schuldrechtsreform das Widerrufsrecht des § 312 BGB im Gegensatz zur Inhaltskontrolle nach §§ 305 ff. BGB nicht ausdrücklich auch im Arbeitsrecht für *anwendbar* erklärt hat, obwohl er dazu im Rahmen des Gesetzgebungsprozesses ausreichend Gelegenheit gehabt hätte. Das rechtfertigt jedoch nicht den Umkehrschluss, dass arbeitsrechtliche Verträge aus dem Anwendungsbereich des § 312 BGB willentlich herausgenommen werden sollten. Denn für das AGB-Recht musste in § 310 Abs. 4 BGB nur deshalb eine ausdrückliche Einbeziehung des Arbeitsrechts vorgenommen werden, weil das Arbeitsrecht vor der Schuldrechtsreform gemäß § 23 Abs. 1 AGBG ausdrücklich aus dem sachlichen Anwendungsbereich des AGB-Gesetzes ausgenommen war. Für das Haustürwiderrufsrecht war eine solche Klarstellung dagegen entbehrlich, denn abgesehen von Versicherungsverträgen (§ 6 Nr. 2 HWiG) und solchen Verträgen, die von den in § 5 Abs. 2 HWiG genannten Sondergesetzen erfasst wurden, erfasste das HWiG grundsätzlich alle Arten von zivilrechtlichen Verträgen[933]. Hinzu kommt, dass sich durch die im Zuge der Schuldrechtsreform erfolgte Integration des Verbraucherschutzrechts in das BGB die Argumentationslast umgekehrt hat: Während es vor der Schuldrechtsreform für die *Anwendung* verbraucherrechtlicher Bestimmungen im Arbeitsrecht einer besonderen Begründung bedurft hätte, führt die Verbrauchereigenschaft des Arbeitnehmers nunmehr dazu, dass grundsätzlich alle im BGB enthaltenen verbraucherschützenden Regelungen auch im Arbeitsrecht anwendbar sind und deshalb die *Unanwendbarkeit* einer Norm besonders begründet werden muss. Insofern dürfte dem Gesetzgeber auch die nach der Schuldrechtsreform aufgekommene Diskussion um die Verbrauchereigenschaft des Arbeitnehmers und die damit zusammenhängende Frage nach dem Widerrufsrecht bei Aufhebungsverträgen bekannt gewesen sein. Gleichwohl hat er die notwendige Änderung des § 355 Abs. 3

[932] BAG v. 27.11.2003, DB 2004, 1208 (1210); BAG v. 22.4.2004, AP Nr. 27 zu § 620 BGB Aufhebungsvertrag; BAG v. 3.6.2004 – 2 AZR 427/03; *Reinecke*, NZA 2004, Sonderbeilage zu Heft 18, 27 (36); *Tschöpe/Pirscher*, RdA 2004, 358 (365).

[933] Vgl. *Fischer/Machunsky*, Haustürwiderrufsgesetz, § 1 Rn. 17.

BGB durch das OLG-Vertretungsänderungsgesetz[934] nicht zum Anlass genommen, die vom Schrifttum[935] geforderte Klarstellung vorzunehmen und arbeitsrechtliche Aufhebungsverträge ausdrücklich aus dem Anwendungsbereich der §§ 312, 355 BGB *herauszunehmen*. Dieser Umstand ist freilich kein eindeutiger Beleg dafür, dass der Gesetzgeber auch bei arbeitsrechtlichen Aufhebungsverträgen ein Widerrufsrecht gewähren wollte. Er zeigt aber, dass sich aus der Entstehungsgeschichte mangels eindeutiger Klarstellung durch den Gesetzgeber letztlich keine stichhaltigen Argumente für oder gegen die Anwendbarkeit des § 312 BGB im Arbeitsrecht ableiten lassen.

b) Gesetzessystematik

Gewichtiger sind dagegen die Argumente, die sich auf die Gesetzessystematik stützen. Systematische Argumente gegen die Anwendbarkeit des § 312 BGB im Arbeitsrecht werden zum einen aus der systematischen Stellung des § 312 BGB im Untertitel „Besondere Vertriebsformen" und zum anderen aus einem vermeintlichen Wertungswiderspruch zu §§ 4, 7 KSchG und § 17 TzBfG hergeleitet.

aa) Die Stellung des § 312 BGB im Untertitel „Besondere Vertriebsformen"

Der Umstand, dass sich § 312 BGB im Untertitel „Besondere Vertriebsformen" befindet, wo neben den Haustürgeschäften des § 312 BGB auch die besonderen Vertriebsformen des Fernabsatzes (§ 312b BGB) und des elektronischen Geschäftsverkehrs (§ 312e BGB) geregelt werden, lasse nach Ansicht der herrschenden Meinung nur die Schlussfolgerung zu, dass sich die Regelungen dieses Untertitels ausweislich der Überschrift ausschließlich auf „Vertriebsgeschäfte" beziehen sollten. Auf Verträge, die – wie der Arbeitsvertrag und der arbeitsrechtliche Aufhebungsvertrag – keine typischen Vertriebsgeschäfte seien, könne das Widerrufsrecht des § 312 BGB daher keine Anwendung finden[936]. Hierfür spreche auch der zu diesem Untertitel ergangene *amtliche Hinweis*, wonach dieser Untertitel der Umsetzung

---

[934] Gesetz zur Änderung des Rechts der Vertretung der Rechtsanwälte vor den Oberlandesgerichten v. 23.7.2002 (BGBl. I, S. 2850).

[935] Vgl. etwa *Gaul/Otto*, DB 2002, 2049; *Hümmerich/Holthausen*, NZA 2002, 173 (181); *Pauly*, ZTR 2003, 541 (543).

[936] BAG v. 27.11.2003, DB 2004, 1208 (1209); *Bauer*, NZA 2002, 169 (171); *Henssler*, RdA 2002, 129 (135); *A.Junker*, Grundkurs Arbeitsrecht, Rn. 432; *Konzen*, FS Hadding, S. 145, 164; *Künzl*, ZTR 2004, 16 (19); *Lembke*, NJW 2004, 2941 (2943); *Mohr*, AcP 204 (2004), 660 (693); *S.Müller*, Der Arbeitnehmer als Verbraucher iSd. § 13 BGB, S. 205 f.; *Preis*, NZA 2003, Sonderbeilage zu Heft 16, 19 (30); *Rolfs*, Arbeitsrecht, § 312 BGB Rn. 5; *Schmalkalden/Oberrath*, NJW 2005, 3745 (3752); *Schwerdtner*, FS Honsell, S. 371, 377; Staudinger/*Thüsing*, § 312 Rn. 85.

der Europäischen Verbraucherschutz-Richtlinie 85/577/EWG[937] diene[938]. Denn die Richtlinie erfasse gemäß Art. 1 ausdrücklich nur solche Verträge, die mit „einem Gewerbetreibenden, der Waren liefert oder Dienstleistungen erbringt“, geschlossen werden. Da der Arbeitnehmer aber weder beim Abschluss eines Arbeitsvertrages noch beim Abschluss eines Aufhebungsvertrages eine entsprechende Ware oder Dienstleistung empfange und auch keine Anhaltspunkte dafür ersichtlich seien, dass der deutsche Gesetzgeber bei der Umsetzung der Richtlinie über deren Anwendungsbereich hinaus auch „Nicht-Vertriebsgeschäfte“ einem Widerrufsrecht zugänglich machen wollte, müsse der Anwendungsbereich des § 312 BGB entsprechend den europäischen Vorgaben ebenfalls auf reine Vertriebsgeschäfte beschränkt werden[939]. Eine Anwendung des § 312 BGB auf arbeitsrechtliche Aufhebungsverträge und andere „Nicht-Vertriebsgeschäfte“ verbiete sich deshalb auch aus europarechtlicher Sicht.

Der Hinweis auf die Europäische Verbraucherschutzrichtlinie kann in diesem Zusammenhang jedoch nicht überzeugen. Denn da die Mitgliedstaaten nach Art. 8 der Richtlinie 85/577/EWG nicht gehindert sind, einen die Richtlinie übersteigenden Schutz zu gewähren, kann im Wege der richtlinienkonformen Auslegung niemals eine Einschränkung des Anwendungsbereichs des einzelstaatlich gewährten Schutzbereichs hergeleitet werden[940]. Dementsprechend wurden auch schon andere Geschäfte, wie z.B. Mietverträge[941], in den Anwendungsbereich des Haustürwiderrufsgesetzes einbezogen, obwohl die Richtlinie auch für diese Verträge ausdrücklich nicht gelten sollte[942]. Die Aussage, dass der Gesetzgeber bei der Umsetzung der Richtlinie nicht über deren Anwendungsbereich hinausgehen wollte, ist zudem eine bloße Behauptung, die es gerade anhand der Entstehungsgeschichte und der Gesetzessystematik zu beweisen gilt. Der Anwendungsbereich der §§ 312 ff. BGB

---

[937] Richtlinie 85/577/EWG des Rates vom 20. Dezember 1985 betreffend den Verbraucherschutz im Falle von außerhalb von Geschäftsräumen geschlossenen Verträgen, ABl. EG Nr. L 372, S. 31 ff.

[938] LAG Brandenburg v. 30.10.2002, DB 2002, 1446.

[939] Vgl. BAG v. 27.11.2003, DB 2004, 1208 (1209 f.); BAG v. 3.6.2004 – 2 AZR 427/03; LAG Brandenburg v. 30.10.2002, DB 2002, 1446.

[940] *Fischer/Machunsky*, Haustürwiderrufsgesetz, Rn. 19; *Lorenz*, JZ 1997, 277 (278).

[941] Siehe dazu OLG Braunschweig v. 15.9.1999, NZM 1999, 996 f.; OLG Koblenz v. 9.2.1994, NJW 1994, 1418 ff.; *Fischer/Machunsky*, Haustürwiderrufsgesetz, Rn. 19; Palandt/*Heinrichs*, § 312 Rn. 7 m.w.N.

[942] Nach Art. 3 lit a) der Richtlinie 85/577/EWG sind Immobiliengeschäfte ausdrücklich vom Anwendungsbereich der Haustürwiderufs-Richtlinie ausgeschlossen.

kann daher nicht ohne weiteres mit dem Anwendungsbereich der zugrunde liegenden EG-Richtlinen gleichgesetzt werden[943].

Dies hindert freilich nicht daran, den Anwendungsbereich des § 312 BGB unter Berufung auf seine systematische Stellung in der *nationalen* Rechtsordnung einzuschränken. Dementsprechend wird das Argument, der Gesetzgeber habe das Widerrufsrecht des § 312 BGB auf reine „Vertriebsgeschäfte" beschränken wollen, auch meistens darauf gestützt, dass die verschiedenen Vertriebspraktiken des Haustürgeschäfts (§ 312 BGB), des Fernabsatzes (§ 312b BGB) und des elektronischen Geschäftsverkehrs (§ 312e BGB) in einem Untertitel unter der Zwischenüberschrift „Besondere Vertriebsformen" systematisch zusammengefasst wurden[944]. Damit habe der Gesetzgeber eine systematische Neuordnung vorgenommen, die belege, dass er den Schutz dieser Vorschriften ausweislich der Überschrift nur bei „Vertriebsgeschäften" gewähren wollte[945].

Doch auch der Hinweis auf die systematische Stellung des § 312 BGB im Untertitel „Besondere Vertriebsformen" vermag eine Beschränkung des Anwendungsbereichs auf „Vertriebsgeschäfte" bei genauerer Betrachtung nicht zu begründen. Denn wie bereits bei § 13 BGB[946] so muss auch hier die Frage nach dem Anwendungsbereich grundsätzlich beim Gesetzestext ansetzen und nicht bei der Überschrift[947]. Der Gesetzestext enthält jedoch nur in § 312 Abs. 3 BGB eine sachliche Spezialausnahme für Versicherungsverträge, eine allgemeine Beschränkung des Widerrufsrechts auf einen bestimmten Vertragstypus – wie etwa Konsum- oder Vertriebsgeschäfte – lässt sich dem Wortlaut des § 312 BGB dagegen nicht entnehmen. Der bloße Hinweis auf den Gesetzestext genügt allerdings noch nicht, um die systematischen Argumente der Gegenmeinung vollständig zu entkräften. Denn anders als bei der Verbraucherdefinition des § 13 BGB handelt es sich bei der Überschrift „Besondere Vertriebsformen" nicht um einen abweichenden Rechtsbegriff, der erst noch durch den Gesetzestext der §§ 312 ff. BGB ausgefüllt würde. Ausschlaggebend ist vielmehr, dass auch in der Überschrift „Besondere Vertriebs-

---

943 Ebenso *Burkardt*, Der arbeitsrechtliche Aufhebungsvertrag, S. 241; *Gotthardt*, Arbeitsrecht nach der Schuldrechtsreform, Rn. 212.

944 BAG v. 27.11.2003, DB 2004, 1208 (1209); *Bauer*, NZA 2002, 169 (171); *Henssler*, RdA 2002, 129 (135); *Konzen*, FS Hadding, S. 145, 163; *Künzl*, ZTR 2004, 16 (19); *Mohr*, AcP 204 (2004), 660 (693).

945 Vgl. *Preis*, NZA 2003, Sonderbeilage zu Heft 16, 19 (30).

946 Siehe dazu oben 7. Kapitel A. I.

947 *Burkardt*, Der arbeitsrechtliche Aufhebungsvertrag, S. 243; *Däubler* in: Däubler/Dorndorf, AGB-Kontrolle im Arbeitsrecht, Einleitung Rn. 130; *Gotthardt*, Arbeitsrecht nach der Schuldrechtsreform, Rn. 212; *Hansen*, ZGS 2003, 373 (376); *Hümmerich*, AnwBl. 2002, 671 (677).

formen" keine sachliche Beschränkung auf bestimmte Vertragstypen liegt[948]. Denn während die Frage nach dem Vertragstypus den Vertragsinhalt und damit das „Was" des Vertragsschlusses betrifft, geht es bei der Frage nach der Vertriebsform allein um die Art der *Vertragsanbahnung*, also das „*Wie*" des Vertragsschlusses. Die Überschrift „Besondere Vertriebsformen" kennzeichnet dementsprechend nur das gemeinsame Strukturelement der §§ 312 ff. BGB, das darin besteht, dass der Vertrag außerhalb fester Verkaufs- und Geschäftsräume unter den in §§ 312 ff. BGB normierten besonderen Umständen zustande gekommen ist[949]. Um welchen Vertragstypus es sich dabei gehandelt hat, ist dagegen für die Frage der Vertriebsform unerheblich. Ob ein bestimmter Vertragstypus vom sachlichen Anwendungsbereich der §§ 312 ff. BGB erfasst wird, richtet sich allein nach dem Wortlaut der jeweiligen Norm.

Ganz in diesem Sinne enthalten daher auch die Vorschriften zum Fernabsatz in § 312b BGB und zum elektronischen Geschäftsverkehr in § 312e BGB eine sachliche Beschränkung auf „Verträge über die Lieferung von Waren oder über die Erbringung von Dienstleistungen". Diese Beschränkung auf „Vertriebsgeschäfte" sieht das Gesetz für Haustürgeschäfte in § 312 BGB aber gerade nicht vor. Anders als von § 312b BGB und § 312e BGB werden deshalb von § 312 BGB grundsätzlich *alle* Verträge erfasst, die eine „entgeltliche Leistung" zum Gegenstand haben und unter den in § 312 BGB genannten Umständen zustande gekommen sind[950]. Aus diesem Grund wurde das Widerrufsrecht des § 312 BGB bisher auch auf andere Geschäfte wie z.B. die Bürgschaft[951] oder den Beitritt zu einer Gesellschaft[952] angewendet, obwohl es sich bei diesen Geschäften ebenfalls nicht um die klassischen „Vertriebsgeschäfte" gehandelt hat.

Dass es bei § 312 BGB nicht auf den Vertragstyp, sondern allein auf die Art der Vertragsanbahnung ankommen kann, folgt schließlich auch aus der Stellung des § 312 BGB im Allgemeinen Schuldrecht und der Subsidiaritätsklausel des § 312a BGB. Denn da die in der Subsidiaritätsklausel des § 312a BGB genannten Widerrufsrechte dem Besonderen Schuldrecht zuzuordnen sind und sich dementsprechend ausschließlich auf bestimmte Vertragstypen wie Verbraucherdarlehensver-

---

[948] *Däubler* in: Däubler/Dorndorf, AGB-Kontrolle im Arbeitsrecht, Einleitung Rn. 130; *Gotthardt*, Arbeitsrecht nach der Schuldrechtsreform, Rn. 211; *Schleusener*, NZA 2002, 949 (951).

[949] Vgl. *Gotthardt*, Arbeitsrecht nach der Schuldrechtsreform, Rn. 211; *Schleusener*, NZA 2002, 949 (951).

[950] Siehe auch MüKo/*Ulmer*, § 312 Rn. 25.

[951] BGH v. 9.3.1993, NJW 1993, 1594 (1595); BGH v. 26.9.1995, NJW 1996, 55 (56); BGH v. 14.5.1998, NJW 1998, 2356 ff.; Palandt/*Heinrichs*, § 312 Rn. 8; MüKo/*Ulmer*, § 312 Rn. 22 jeweils m.w.N.

[952] Vgl. BGH v. 17.9.1996, NJW 1996, 3414 (3415); BGH 2.7.2001, NJW 2001, 2718 (2719).

träge, Teilzeit-Wohnrechteverträge oder Fernunterrichtsverträge beziehen, kann es zu dem von § 312a BGB vorausgesetzten Konkurrenzverhältnis überhaupt nur dann kommen, wenn es sich bei dem Widerrufsrecht des § 312 BGB um ein *allgemeines* Widerrufsrecht handelt, das nicht an einen bestimmten Vertragstypus geknüpft ist und dementsprechend grundsätzlich auch auf die von § 312a BGB erfassten Verträge Anwendung finden kann.

Demzufolge unterscheidet sich das Widerrufsrecht des § 312 BGB von den Widerrufsrechten des Besonderen Schuldrechts gerade dadurch, dass § 312 BGB nur auf die Art des Zustandekommens des Vertrages abstellt und damit entsprechend seiner Stellung im Allgemeinen Schuldrecht grundsätzlich auf alle Vertragstypen anwendbar ist, wohingegen die anderen Widerrufsrechte entsprechend ihrer Stellung im Besonderen Schuldrecht jeweils nur bei einem ganz bestimmten Vertragstypus einschlägig sind[953]. Die Subsidiaritätsklausel des § 312a BGB bestätigt somit, dass es sich bei dem Widerrufsrecht des § 312 BGB um ein ausschließlich situationsbezogenes, vertragstypen-*unabhängiges* Widerrufsrecht handelt.

Die systematische Stellung des § 312 BGB im Untertitel „Besondere Vertriebsformen" steht somit einer Anwendung von § 312 BGB im Arbeitsrecht nicht entgegen.

bb) Wertungswiderspruch zu § 4, 7 KSchG und § 17 TzBfG?

Weitere systematische Argumente gegen die Anwendung des § 312 BGB auf arbeitsrechtliche Aufhebungsverträge werden aus §§ 4, 7 KSchG und § 17 TzBfG hergeleitet.

aaa) Die Belehrungspflicht nach § 355 Abs. 2 BGB

So ist *Bauer* der Ansicht, dass es einen „gravierenden Wertungswiderspruch"[954] darstellen würde, wenn der Arbeitgeber einerseits nicht dazu verpflichtet sei, den Arbeitnehmer im Falle der Kündigung über sein Klagerecht und die Frist nach § 4 KSchG zu belehren[955], andererseits jedoch beim Abschluss eines Aufhebungsvertrages die überaus komplizierte Belehrung nach § 355 Abs. 2 BGB vornehmen müsse[956]. Dieser Argumentation wird von *Hümmerich* entgegengehalten, dass eine wirkliche Belehrungs*pflicht* des Arbeitgebers weder beim Ausspruch einer Kündi-

---

[953] Vgl. auch MüKo/*Ulmer*, § 312 Rn. 25.

[954] *Bauer*, NZA 2002, 169 (172).

[955] Vgl. *Appel* in: Kittner/Zwanziger, Arbeitsrecht, § 101 Rn. 19.

[956] *Bauer*, NZA 2002, 169 (172), zustimmend *Pauly*, ZTR 2003, 541 (543); *S.Müller*, Der Arbeitnehmer als Verbraucher iSd. § 13 BGB, S. 212.

gung noch beim Abschluss eines Aufhebungsvertrages bestehe[957]. Denn eine unterlassene bzw. nicht ordnungsgemäße Belehrung habe gemäß § 355 Abs. 3 Satz 3 BGB[958] nur zur Folge, dass das Widerrufsrecht nicht erlösche, weshalb der Arbeitgeber letztlich auch beim Abschluss eines Aufhebungsvertrages nicht dazu verpflichtet sei, eine Widerrufsbelehrung nach § 355 Abs. 2 BGB vorzunehmen[959]. Die Ausgangsüberlegung von *Hümmerich*, dass es sich bei der Belehrung des Verbrauchers nach § 355 Abs. 2 Satz 1 BGB nicht um eine Rechtspflicht des Unternehmers handeln würde, ist allerdings umstritten. Vor der Schuldrechtsreform ging die herrschende Meinung zwar davon aus, dass die Belehrung keine Rechtspflicht, sondern nur eine Obliegenheit des Unternehmers sei[960]. Angesichts der im Wege der Schuldrechtsreform erfolgten Neukonzeption des Widerrufsrechts (schwebende Wirksamkeit des Vertrages anstatt schwebender Unwirksamkeit) wird jedoch zunehmend die Ansicht vertreten, dass der Verbraucher nunmehr einen Rechtsanspruch auf Erteilung einer ordnungsgemäßen Belehrung habe[961]. Ob die Belehrung nach § 355 Abs. 2 BGB als Rechtspflicht oder weiterhin nur als Obliegenheit des Unternehmers anzusehen ist, kann hier aber letztlich dahinstehen. Denn entscheidend ist, dass die Durchführung einer ordnungsgemäßen Widerrufsbelehrung nicht Voraussetzung für die Wirksamkeit des Vertrages ist, sondern gemäß § 355 Abs. 2 Satz 1 BGB lediglich bewirkt, dass die zweiwöchige Widerrufsfrist nach § 355 Abs. 1 Satz 2 BGB in Gang gesetzt wird. Erfüllt der Unternehmer die in § 355 Abs. 2 BGB statuierte Verpflichtung bzw. Obliegenheit nicht, so ist damit für den Unternehmer gemäß § 355 Abs. 3 Satz 3 BGB nur der Nachteil fehlenden Erlöschens des Widerrufsrechts verbunden. Für den Unternehmer bedeutet das, dass er den Arbeitnehmer eigentlich nur dann nach § 355 Abs. 2 BGB belehren muss, wenn er die Existenz des Widerrufsrechts zeitlich begrenzen will. Der Umstand, dass der Arbeitgeber zu diesem Zweck beim Aufhebungsvertrag – anders als

---

957 *Hümmerich*, AnwBl. 2002, 671 (678).

958 Nach § 355 Abs. 3 Satz 1 BGB a.F. erlosch das Recht zum Widerruf bei mangelhafter Belehrung bereits sechs Monate nach Abschluss des Vertrages. Diese Regelung wurde jedoch durch das OLG-Vertretungsänderungsgesetzes v. 23.7.2002 (BGBl. I, S. 2850) geändert, so dass nunmehr gem. § 355 Abs. 3 Satz 3 BGB kein Erlöschen des Widerrufsrechts mehr eintritt, wenn der Verbraucher nicht ordnungsgemäß über sein Widerrufsrecht belehrt wurde.

959 *Hümmerich*, AnwBl. 2002, 671 (678).

960 BGH v. 25.10.1989, NJW 1990, 181 (182); MüKo/*Ulmer* (3. Aufl.), § 7 VerbrKrG Rn. 36 m.w.N.

961 Vgl. AG Siegburg v. 29.5.2001, NJW-RR 2002, 129; *Ring* in: Dauner-Lieb/Heidel/Lepa/Ring, Anwaltkommentar Schuldrecht, § 355 Rn. 14 mit Fn. 22; Palandt/*Heinrichs*, § 355 Rn. 13. Weiterhin a.A. allerdings MüKo/*Ulmer*, § 355 Rn. 44.

bei der Kündigung – eine *Belehrung* nach § 355 Abs. 2 BGB vornehmen muss, stellt daher für sich allein noch keinen gravierenden Wertungswiderspruch dar[962].

bbb) Die Rechtsfolge des fehlenden Erlöschens nach § 355 Abs. 3 Satz 3 BGB

Zu einem anderen Ergebnis könnte man allerdings gelangen, wenn man nicht auf die Belehrungspflicht als solche, sondern auf die Rechtsfolgen für den Fall einer nicht ordnungsgemäßen Vornahme der Belehrung abstellt. In diesem Fall könnte der Wertungswiderspruch nämlich darin zu sehen sein, dass bei einem Aufhebungsvertrag im Falle einer mangelhaften Widerrufsbelehrung ein *unbefristetes* Widerrufsrecht nach § 355 Abs. 3 Satz 3 BGB bestehen würde, während für sonstige Beendigungstatbestände – wie z.B. bei der Kündigung oder der Befristung – gemäß §§ 4, 7 KSchG, § 17 TzBfG eine *dreiwöchige Klagefrist* vorgesehen ist. Ganz in diesem Sinne hat das *BAG* eine Anwendung des § 312 BGB auf Aufhebungsverträge u.a. auch mit der Begründung verneint, dass ein unbefristetes Widerrufsrecht nach § 355 Abs. 3 Satz 3 BGB mit dem in §§ 4, 7 KSchG, 17 TzBfG zum Ausdruck kommenden Bestreben des Gesetzgebers, bei arbeitsrechtlichen Beendigungsstreitigkeiten rasch Klarheit über den Bestand des Arbeitsverhältnisses zu schaffen, schlechterdings nicht zu vereinbaren wäre[963].

Das Argument, ein zeitlich unbegrenztes Widerrufsrecht würde einen Wertungswiderspruch zu dem in §§ 4, 7 KSchG und § 17 TzBfG zum Ausdruck kommenden Beschleunigungsinteresse darstellen, erscheint zutreffend. Die genannten Vorschriften dienen der Rechtssicherheit und tragen dem arbeitsrechtlichen Beschleunigungsinteresse Rechnung, indem sie dafür sorgen, dass die Rechtsbeziehungen der Arbeitsvertragsparteien in möglichst überschaubarer Zeit geklärt werden[964]. Mit diesen Grundsätzen wäre es nicht vereinbar, wenn der Arbeitnehmer noch Monate oder gar Jahre später von seinem Widerrufsrecht Gebrauch machen und auf seinen alten Arbeitsplatz zurückkehren könnte. Außerdem würde ein zeitlich unbefristetes Widerrufsrecht zu erheblichen praktischen Problemen führen, etwa wenn der Ar-

---

[962] Im Ergebnis ebenso *Hümmerich*, AnwBl. 2002, 671 (678).

[963] BAG v. 27.11.2003, DB 2004, 1208 (1210); BAG v. 22.4.2004, AP Nr. 27 zu § 620 BGB Aufhebungsvertrag; BAG v. 3.6.2004 – 2 AZR 427/03. Ebenso LAG Hamm v. 1.4.2003, DB 2003, 1443 (1445); LAG Brandenburg v. 30.10.2002, DB 2003, 1446. Zustimmend *Kienast/Schmiedel*, DB 2003, 1440 (1443); *Künzl*, ZTR 2004, 16 (20); *Mengel*, BB 2003, 1278 (1279); *S.Müller*, Der Arbeitnehmer als Verbraucher iSd. § 13 BGB, S. 212; *Reinecke*, NZA 2004, Sonderbeilage zu Heft 18, 27 (36).

[964] Zum Sinn und Zweck der dreiwöchigen Klagefrist des § 4 KSchG siehe BT-Drucks. 15/1204, S. 9. Vgl. auch BAG v. 14.9.1994, NZA 1995, 417; BAG v. 25.4.1996, NZA 1996, 1227 (1228); *Ascheid* in: Ascheid/Preis/Schmidt, Kündigungsrecht, § 4 KSchG Rn. 3; *Kittner/Däubler/Zwanziger*, KSchR, § 4 KSchG Rn. 1.

beitsplatz inzwischen neu besetzt wurde und der nachgerückte Arbeitnehmer nach den Grundsätzen der sozialen Auswahl dem zurückgekehrten Arbeitnehmer vorgehen würde[965].

Zu einem Konflikt mit dem arbeitsrechtlichen Beschleunigungsinteresse und den damit verbundenen praktischen Problemen kann es freilich auch dann kommen, wenn der Arbeitgeber den Arbeitnehmer beim Abschluss eines Aufhebungsvertrages arglistig getäuscht oder widerrechtlich bedroht hat (§ 123 BGB). Der Umstand, dass der Arbeitnehmer den Aufhebungsvertrag in diesen Fällen unter Umständen sogar noch Jahre später anfechten kann (§ 124 BGB), rechtfertigt es jedoch nicht, ihm grundsätzlich auch ein unbefristetes Widerrufsrecht zu gewähren. Zwar wird der Arbeitgeber auch bei einem Anfechtungsrecht des Arbeitnehmers ein Interesse daran haben, möglichst schnell zu erfahren, ob das Arbeitsverhältnis beendet ist oder aufgrund der Anfechtung des Aufhebungsvertrages weiterhin fortbesteht[966]. Dieses Interesse des Arbeitgebers ist jedoch im Falle einer arglistigen Täuschung oder widerrechtlichen Drohung grundsätzlich nicht schutzwürdig, weshalb in dieser Situation ausnahmsweise eine längere Frist als diejenige des § 4 KSchG gerechtfertigt erscheint[967]. Auf das allgemeine Widerrufsrecht nach §§ 312, 355 BGB können diese Überlegungen daher nicht übertragen werden. Hinzu kommt, dass die Gewährung eines unbefristeten Widerrufsrechts im Falle einer unterlassenen Belehrung dazu führen würde, dass der Arbeitnehmer beim Abschluss eines Aufhebungsvertrages unter Umständen einen stärkeren Bestandschutz genießen würde als der Arbeitnehmer, der sich mit einer arbeitgeberseitigen Kündigung konfrontiert sieht. Angesichts dieser doch sehr beachtlichen Wertungswidersprüche führt daher letztlich kein Weg daran vorbei, dass ein zeitlich *unbefristetes* Widerrufsrecht im Arbeitsrecht grundsätzlich nicht in Betracht kommen kann[968].

ccc) Konsequenzen für die Anwendbarkeit der §§ 312, 355 BGB im Arbeitsrecht

Fest steht damit zunächst nur, dass die Anwendung eines gemäß § 355 Abs. 3 Satz 3 BGB zeitlich *unbefristeten* Widerrufsrechts im Arbeitsrecht einen systematischen Bruch zu §§ 4, 7 KSchG, 17 ZzBfG darstellen würde. Zu klären ist nun, welche

---

[965] Vgl. *Bauer*, NZA 2002, 169 (172); *Rieble/Klumpp*, ZIP 2002, 2153 (2154).

[966] Einige Autoren wollen daher in diesem Fall anstatt der Jahresfrist des § 124 BGB die Drei-Wochen-Frist des § 4 KSchG *analog* anwenden, vgl. *Bauer*, Arbeitsrechtliche Aufhebungsverträge, Rn. 196; *Hromadka*, FS Zöllner, S. 785, 796 ff..

[967] Vgl. BAG v. 6.11.1997, NZA 1998, 374 (375).

[968] Anders offenbar *Hümmerich*, AnwBl. 2002, 671 (678).

Folgen diese Feststellung für die Anwendbarkeit der §§ 312, 355 BGB im Arbeitsrecht hat.

Das *BAG* hat die sich bei der Anwendung eines *unbefristeten* Widerrufsrechts ergebenden Wertungswidersprüche zum Anlass genommen, noch einen Schritt weiter zu gehen und unter Berufung auf §§ 4, 7 KSchG, § 17 TzBfG gleich die *gesamten* Widerrufsvorschriften der §§ 312, 355 BGB im Arbeitsrecht für unanwendbar zu erklären[969]. Dieser Ansatz des *BAG*, mit Hinweis auf die aufgezeigten Wertungswidersprüche gleich die gesamten Widerrufsvorschriften und damit auch die Anwendung eines gemäß § 355 Abs. 1 Satz 2 BGB zeitlich auf zwei Wochen *befristeten* Widerrufsrechts auszuschließen, erscheint jedoch nicht ganz einleuchtend. Denn zu den oben aufgezeigten Wertungswidersprüchen zwischen den Widerrufsvorschriften der §§ 312, 355 BGB und den Regelungen der §§ 4, 7 KSchG, § 17 TzBfG kann es im Grunde nur dann kommen, wenn das Widerrufsrecht im Falle einer nicht ordnungsgemäßen Belehrung gemäß § 355 Abs. 3 Satz 3 BGB zeitlich unbefristet besteht. Dagegen macht es im Hinblick auf den in §§ 4, 7 KSchG, § 17 TzBfG zum Ausdruck kommenden arbeitsrechtlichen Beschleunigungsgrundsatz überhaupt keinen Unterschied, ob der Arbeitnehmer nach Abschluss eines Aufhebungsvertrages im Falle einer ordnungsgemäßen Belehrung seine Willenserklärung innerhalb der zweiwöchigen Frist des § 355 Abs. 1 Satz 2 BGB widerruft, oder ob er nach einer Kündigung innerhalb der dreiwöchigen Frist des § 4 KSchG Klage beim Arbeitsgericht erhebt[970]. Der Hinweis auf die dreiwöchige Klagefrist nach § 4 KSchG und § 17 TzBfG vermag daher den Ausschluss eines zeitlich auf zwei Wochen *befristeten* Widerrufsrechts eigentlich nicht zu rechtfertigen.

Die Anwendbarkeit des Widerrufsrechts davon abhängig zu machen, ob es befristet (§ 355 Abs. 1 Satz 2 BGB) oder unbefristet (§ 355 Abs. 3 Satz 3 BGB) besteht, würde allerdings zu dem widersprüchlichen Ergebnis führen, dass ein Widerrufsrecht nur bei denjenigen Arbeitnehmern in Betracht käme, die beim Abschluss des Aufhebungsvertrages ordnungsgemäß über ihr Widerrufsrecht belehrt wurden, wohingegen diejenigen Arbeitnehmer, die keine ordnungsgemäße Widerrufsbelehrung erhalten haben und die daher eigentlich noch schutzbedürftiger sind, unwiderruflich an den Aufhebungsvertrag gebunden wären. Die Frage nach der Anwendbarkeit des Widerrufsrechts im Arbeitsrecht muss daher in jedem Falle unabhängig von der Erteilung einer ordnungsgemäßen Widerrufsbelehrung *einheitlich* beantwortet werden. In Betracht kommen dafür letztlich nur zwei Lösungsmöglichkei-

---

969 Vgl. BAG v. 27.11.2003, DB 2004, 1208 (1210); BAG v. 22.4.2004, AP Nr. 27 zu § 620 BGB Aufhebungsvertrag; BAG v. 3.6.2004 – 2 AZR 427/03. Siehe auch LAG Hamm v. 1.4.2003, DB 2003, 1443 (1445); LAG Brandenburg v. 30.10.2002, DB 2003, 1446;

970 So auch *Hümmerich*, AnwBl. 2002, 671 (678).

ten. Entweder geht man den vom *BAG* beschrittenen Weg und erklärt die gesamten Widerrufsvorschriften der §§ 312, 355 BGB im Arbeitsrecht für unanwendbar, oder aber man beschränkt sich auf eine punktuelle Lösung, indem man nur die in § 355 Abs. 3 Satz 3 BGB vorgesehene Rechtsfolge des fehlenden Erlöschens korrigiert. Bei der Entscheidung zwischen diesen beiden Lösungsansätzen ist zu bedenken, dass sich die Gerichte entsprechend den verfassungsrechtlichen Grundsätzen der Gewaltenteilung und Gesetzesbindung nicht zum Ersatzgesetzgeber erheben dürfen und daher die im Wege der richterlichen Rechtsfortbildung vorgenommenen Eingriffe so gering wie möglich halten müssen. Nicht zuletzt auch unter Verhältnismäßigkeitsgesichtspunkten sollte deshalb nur dort eine Korrektur vorgenommen werden, wo es zur Vermeidung von Wertungswidersprüchen tatsächlich erforderlich ist. Der vom *BAG* befürwortete Ausschluss der gesamten Widerrufsvorschriften der §§ 312, 355 BGB wäre demzufolge unverhältnismäßig, wenn zur Vermeidung von Wertungswidersprüchen bereits eine Korrektur von § 355 Abs. 3 Satz 3 BGB genügen würde.

Denkbar wäre es zunächst, die Rechtsfolge des § 355 Abs. 3 Satz 3 BGB im Arbeitsrecht durch eine *analoge* Anwendung der Drei-Wochen-Frist aus §§ 4, 7 KSchG, 17 TzBfG zu korrigieren[971]. Aus methodischer Sicht ist diese Lösung jedoch bedenklich. Denn bei der dreiwöchigen Frist der §§ 4, 7 KSchG und § 17 TzBfG handelt es sich um eine besondere gesetzliche Ausschlussregelung für die speziellen Beendigungstatbestände der Kündigung und der Befristung, die deshalb nicht ohne weiteres auf einen anderen Beendigungstatbestand wie den Aufhebungsvertrag übertragen werden kann[972]. Eine analoge Anwendung der kurzen Überlegungsfrist aus §§ 4, 7 KSchG, 17 TzBfG auf Aufhebungsverträge ist daher nicht möglich.

Als zeitliche Grenze für die Ausübung des Widerrufsrecht im Falle nicht ordnungsgemäßer Belehrung kommt daher allein die *Verwirkung* in Betracht[973]. Die Verwirkung ist ein Sonderfall der unzulässigen Rechtsausübung gemäß § 242 BGB und mit dem Verbot widersprüchlichen Verhaltens verwandt. Sie soll in Ergänzung zu etwaigen Verjährungs- und Ausschlussfristen eine zeitliche Grenze für die

---

971 Vgl. auch *K.Gamillscheg*, Die Beendigung des Arbeitsverhältnisses, S. 221, die für eine analoge Anwendung des § 4 KSchG auf den Fall der prozessualen Geltendmachung der Unwirksamkeit des Aufhebungsvertrages plädiert.

972 Mit einer ähnlichen Begründung hat die h.M. auch die analoge Anwendung des § 4 KSchG a.F. auf Kündigungen im Kleinbetrieb abgelehnt, vgl. *Löwisch*, BB 1997, 782 (787); *Urban*, Der Kündigungsschutz außerhalb des Kündigungsschutzgesetzes, S. 222 ff.; *Wank*, FS Hanau, S. 295, 314 f.; offengelassen bei *Kittner*, NZA 1998, 731 (734).

973 Vgl. *Gaul/Otto*, DB 2002, 2049; *Gotthardt*, Arbeitsrecht nach der Schuldrechtsreform, Rn. 210; *Hansen*, ZGS 2003, 373 (377); *Pauly*, ZTR 2003, 541 (543).

Rechtsausübung begründen und damit dem Bedürfnis nach Rechtsklarheit dienen[974]. Ein Recht ist nach allgemeinen Grundsätzen dann als verwirkt anzusehen, wenn der Anspruchssteller das Recht erst nach Ablauf eines längeren Zeitraums geltend macht (Zeitmoment) und der Anspruchsgegner aufgrund des Verhaltens des Anspruchsstellers zu Recht darauf vertraut hat, dass der Anspruchsteller sein Recht nicht mehr geltend machen werde (Umstandsmoment)[975]. Hierbei muss das Erfordernis des Vertrauensschutzes das Interesse des Anspruchsstellers an einer späten Geltendmachung des Rechts derart überwiegen, dass dem Gegner die Einlassung auf das nicht mehr innerhalb angemessener Frist geltend gemachte Recht nicht mehr zuzumuten ist[976]. Bezogen auf das Arbeitsrecht bedeutet das, dass der Arbeitnehmer auch in denjenigen Fällen, in denen die kurze Ausschlussfrist des § 4 KSchG keine Anwendung findet[977], nach Ablauf eines gewissen Zeitraums das Recht verlieren kann, sich auf die Unwirksamkeit einer Kündigung zu berufen[978]. An das zeitliche Element hat das *BAG* dabei keine hohen Anforderungen gestellt, denn die Frage nach dem Bestand des Arbeitsverhältnisses wird nicht zuletzt aufgrund der Regelungen in § 4 KSchG und § 17 TzBfG als besonders klärungsbedürftig erachtet. In einer Entscheidung aus dem Jahr 1991 hat das *BAG* dazu ausgeführt, dass das Zeitmoment bereits dann erfüllt sei, wenn nach der Einstellung der Tätigkeit des Arbeitnehmers mehr als 3 Monate vergangen sind[979]. Diesen Wertungsmaßstab hat das *LAG Köln* aufgegriffen und wegen der besonderen Eilbedürftigkeit das Zeitelement der Verwirkung bereits nach Ablauf von 3 Monaten als gegeben angesehen[980].

Diese Überlegungen zur Verwirkung bei der Geltendmachung der Unwirksamkeit einer Kündigung lassen sich angesichts der Vergleichbarkeit der Rechtsschutzsituation auch auf die Ausübung des Widerrufsrechts beim arbeitsrechtlichen Aufhe-

---

[974] Vgl. Palandt/*Heinrichs*, § 242 Rn. 87.

[975] Palandt/*Heinrichs*, § 242 Rn. 93, 95; Erman/*Hohloch*, § 242 Rn. 123 jeweils m.w.N.

[976] BAG v. 10.1.1956, AP Nr. 3 zu § 242 BGB Verwirkung; BAG v. 20.5.1988, NZA 1989, 16.

[977] Nach der Neufassung des KSchG zum 1.1.2004 findet die 3-Wochen-Frist des § 4 KSchG keine Anwendung, wenn die Kündigung mangels *Schriftform* nach § 623 BGB unwirksam ist, vgl. *Eisemann* in: Küttner, Personalbuch 2005, Kündigungsschutz Rn. 104; ErfK/*Preis*, § 623 BGB Rn. 24. Ob es neben der Formwidrigkeit nach § 623 BGB noch weitere Unwirksamkeitsgründe gibt, die von § 4 KSchG nicht erfasst werden (z.B. Geschäftsunfähigkeit, fehlende Kündigungsberechtigung, Vertretungsmängel), ist umstritten. Dafür *Bender/Schmidt*, NZA 2004, 358 (362); *Eisemann* in: Küttner, Personalbuch 2005, Kündigungsschutz Rn. 104. Dagegen ErfK/*Ascheid*, § 4 KSchG Rn. 2; *ders.* in: Ascheid/Preis/Schmidt, Kündigungsrecht, § 4 KSchG Rn. 10 f.

[978] BAG v. 15.7.1960, AP Nr. 43 zu § 626 BGB; BAG v. 2.11.1961, NJW 1962, 463; BAG v. 20.5.1988, NZA 1989, 16 f.; BAG v. 25.4.1996, NJW 1997, 146 (147).

[979] BAG v. 30.1.1991, EzAÜG Nr. 68 zu § 10 AÜG Fiktion.

[980] LAG Köln v. 28.01.2002, NZA-RR 2002, 458 (459).

bungsvertrag übertragen. Denn der Grundsatz von Treu und Glauben (§ 242 BGB) gilt auch bei der Prüfung der Frage, wie lange ein Arbeitnehmer im Falle einer nicht ordnungsgemäßen Belehrung von seinem grundsätzlich unbefristeten Widerrufsrecht Gebrauch machen kann. Wartet der Arbeitnehmer zu lange ab, kann er daher in Anknüpfung an die von der Rechtsprechung entwickelten Grundsätze auch sein Widerrufsrecht verwirken. Aufgrund der besonderen Eilbedürftigkeit sind auch in diesem Fall keine hohen Anforderungen an das zeitliche Element der Verwirkung zu stellen. Fraglich ist allerdings, ob das Zeitelement entsprechend der oben dargestellten Rechtsprechung erst nach Ablauf von 3 Monaten angenommen werden kann, oder ob es angesichts der Neufassung des § 4 KSchG bereits genügt, wenn der Arbeitnehmer einen deutlich kürzeren Zeitraum ungenutzt verstreichen lässt. Zu beachten ist nämlich, dass die oben dargestellte Rechtsprechung zur Prozessverwirkung noch unter Geltung des § 4 KSchG a.F. ergangen ist. Die dreiwöchige Klagefrist galt daher nur für Klagen in Bezug auf sozial ungerechtfertigte Kündigungen (§ 4 S. 1 KSchG a.F.), Befristungen (§ 17 TzBfG) und Kündigungen eines Insolvenzverwalters (§ 113 Abs. 2 Satz 2 InsO a.F.), weshalb der Arbeitgeber in der Vergangenheit auch nach Ablauf der Drei-Wochen-Frist noch damit rechnen musste, dass der Arbeitnehmer die Unwirksamkeit einer Kündigung aus anderen Gründen – z.B. wegen fehlender Betriebsratsanhörung nach § 102 BetrVG – klageweise geltend machte.
Seit Inkrafttreten des Gesetzes zu Reformen am Arbeitsmarkt[981] am 1.1.2004 erstreckt sich die Drei-Wochen-Frist des § 4 KSchG jedoch auch auf die Geltendmachung der Unwirksamkeit einer schriftlichen Kündigung „*aus anderen Gründen*“, weshalb der Arbeitgeber nunmehr grundsätzlich davon ausgehen kann, dass nach Ablauf der Drei-Wochen-Frist des § 4 KSchG nicht mehr über den Bestand des Arbeitsverhältnisses gestritten wird[982]. Die in der Neufassung des § 4 KSchG zum Ausdruck kommende Entscheidung des Gesetzgebers zu Gunsten des arbeitsrechtlichen Beschleunigungsinteresses muss daher auch bei der Beurteilung des zeitlichen Elements der Verwirkung Berücksichtigung finden.
In Anlehnung an § 4 KSchG ist das zeitliche Element der Verwirkung daher bereits nach Ablauf von *drei Wochen* als gegeben anzusehen. Denn nach Verstreichen die-

---

[981] Gesetz zu Reformen am Arbeitsmarkt vom 24.12.2003 (BGBl. I, S. 3002).

[982] Von § 4 KSchG ausgenommen ist nur der Fall, dass die Kündigung mangels Schriftform nach § 623 BGB unwirksam ist. Ob darüber hinaus auch solche Fälle ausgenommen sind, in denen es an einer wirksamen Kündigungserklärung fehlt, wie z.B. bei der Kündigung durch einen Geschäftsunfähigen (§§ 104 ff. BGB) oder bei Vertretungsmängeln (§§ 164 ff. BGB), ist umstritten. Siehe dazu einerseits *Bender/Schmidt*, NZA 2004, 358 (362) und andererseits ErfK/*Ascheid*, § 4 KSchG Rn. 2.

ser Frist darf der Arbeitgeber darauf vertrauen, dass der Arbeitnehmer die Unwirksamkeit der Beendigung des Arbeitsverhältnisses – gleich aus welchem Grund – nicht mehr geltend macht. Der Arbeitnehmer, der diese Frist ungenutzt verstreichen lässt, erfüllt deshalb durch sein Verhalten auch das Umstandsmoment. Der Arbeitnehmer setzt sich folglich dem Einwand der Verwirkung aus, wenn er nicht innerhalb einer *dreiwöchigen Frist* von seinem Widerrufsrecht Gebrauch macht[983]. Auf diese Weise wird für die Ausübung des Widerrufsrechts auch in den Fällen, in denen der Arbeitnehmer nicht ordnungsgemäß über sein Widerrufsrecht belehrt wurde und den Aufhebungsvertrag daher eigentlich gemäß § 355 Abs. 3 Satz 3 BGB unbefristet widerrufen kann, eine angemessene zeitliche Grenze geschaffen, die im Einklang mit den Regelungen in §§ 4, 7 KSchG, 17 TzBfG steht.

Auch aus europarechtlicher Sicht bestehen gegen diese Lösung keine Bedenken. Zwar entspricht die Regelung in § 355 Abs. 3 Satz 3 BGB zwingenden Vorgaben des Gemeinschaftsrechts[984] und darf daher auf nationaler Ebene eigentlich nicht eingeschränkt werden. Da die maßgeblichen EG-Richtlinien jedoch im Gegensatz zum deutschen Recht keine Arbeitnehmer erfassen[985], stellt eine Einschränkung des § 355 Abs. 3 BGB im Bereich des Arbeitsrechts keinen Verstoß gegen europäisches Recht dar.

Es ist damit festzustellen, dass sich die in § 355 Abs. 3 Satz 3 BGB vorgesehene Rechtsfolge des fehlenden Erlöschens des Widerrufsrechts im Arbeitsrecht durch eine an § 4 KSchG orientierte Verwirkungsfrist für die Ausübung des Widerrufsrechts angemessen korrigieren lässt. Im Falle einer nicht ordnungsgemäßen Belehrung steht dem Arbeitnehmer damit im Ergebnis nur eine dreiwöchige Widerrufsfrist zu, während er im Falle einer ordnungsgemäßen Belehrung gemäß § 355 Abs. 1 Satz 2 BGB innerhalb von zwei Wochen von seinem Widerrufsrecht Gebrauch machen muss. Es ist deshalb nicht überzeugend, wenn das *BAG* mit Hinweis auf den in §§ 4, 7 KSchG, 17 TzBfG zum Ausdruck kommenden arbeitsrechtlichen Beschleunigungsgrundsatz die gesamten Widerrufsvorschriften der §§ 312, 355 BGB im Arbeitsrecht für unanwendbar erklärt, wenn zur Vermeidung von Wertungswidersprüchen bereits eine Korrektur des § 355 Abs. 3 Satz 3 BGB genügt. Die Anwendung eines zeitlich auf zwei bzw. drei Wochen befristeten Widerrufs-

---

[983] So auch *Hansen*, ZGS 2003, 373 (377). Ähnlich bereits *Hromadka*, FS Zöllner, S. 785, 798: „Das Recht des Arbeitnehmers, die Nichtigkeit eines Aufhebungsvertrages, den er wegen Drohung des Arbeitgebers mit einer Kündigung angefochten hat, geltend zu machen, verwirkt entsprechend §§ 4, 13 KSchG nach drei Wochen."

[984] EuGH v. 13.12.2001, NJW 2002, 281 (282 f.).

[985] Vgl. dazu oben 7. Kapitel A. II. 5.

rechts im Arbeitsrecht stellt daher keinen systematischen Bruch zu §§ 4, 7 KSchG, 17 TzBfG dar.

cc) Kollision mit den arbeitsrechtlichen Schutzvorschriften?

Eine einschränkende Auslegung des § 312 BGB könnte aus systematischer Sicht schließlich noch mit einem Hinweis auf die speziellen arbeitsrechtlichen Schutzvorschriften begründet werden[986]. So wird die Ansicht vertreten, dass die speziellen Vorschriften des Arbeitsrechts Vorrang vor dem allgemeinen Verbraucherschutzrecht hätten[987]. Angesichts der bestehenden arbeitsrechtlichen Schutzvorschriften zu Gunsten des Arbeitnehmers würde deshalb eine Anwendung der verbraucherschutzrechtlichen Vorschrift des § 312 BGB auf arbeitsrechtliche Aufhebungsverträge zu einer „systemwidrigen Verdoppelung des Schutzes"[988] führen. Schließlich werde der Arbeitnehmer bereits durch die arbeitsrechtlichen Vorschriften des Kündigungsschutzgesetzes ausreichend vor einem ungewollten Verlust seines Arbeitsplatzes geschützt[989]. Der durch das Kündigungsschutzgesetz geschützte Arbeitnehmer könne deshalb dem Aufhebungsangebot des Arbeitgebers ein einfaches „Nein" entgegenhalten, ohne um den Bestand seines Arbeitsverhältnisses fürchten zu müssen. Für ein verbraucherrechtliches Widerrufsrecht, das ebenfalls dem Schutz vor dem Verlust des Arbeitsplatzes diene, bestehe daher im Arbeitsrecht kein Bedürfnis.

Der Einwand, dass der Arbeitnehmer beim Abschluss eines Aufhebungsvertrages vor einem Verlust des Arbeitsplatzes hinreichend dadurch geschützt sei, dass er den Vertragsschluss im Anbetracht des kündigungsschutzrechtlichen Bestandschutzes durch ein schlichtes „Nein" ablehnen kann, berücksichtigt allerdings nicht, dass in vielen Fällen, in denen sich der Arbeitnehmer mittels Aufhebungsvertrag von seinem Arbeitnehmer trennen will, auch ein Kündigungsgrund i.S.d. § 1 Abs. 2 S. 1 KSchG gegeben ist und der Arbeitgeber nur deshalb eine einvernehmliche Beendigung des Arbeitsverhältnisses herbeiführen möchte, weil er einen langwierigen Kündigungsschutzprozess vermeiden will. In vielen Fällen entspricht es

---

986 *Brors*, DB 2002, 2046 (2048); *Mohr*, AcP 204 (2004), 660 (696); *S.Müller*, Der Arbeitnehmer als Verbraucher iSd. § 13 BGB, S. 211 ff.; *Reichold*, ZTR 2002, 202 (204); *Rieble/Klumpp*, ZIP 2002, 2153 (2161); Staudinger/*Weick*, § 13 Rn. 53; Staudinger/*Werner*, § 1 HWiG Rn. 81.

987 *Mohr*, AcP 204 (2004), 660 (696); *Reichold*, ZTR 2002, 202 (204); Staudinger/*Weick*, § 13 Rn. 53; Staudinger/*Werner*, § 1 HWiG Rn. 81.

988 *Rieble/Klumpp*, ZIP 2002, 2153 (2161); *S.Müller*, Der Arbeitnehmer als Verbraucher iSd. § 13 BGB, S. 211; ähnlich Staudinger/*Weick*, § 13 Rn. 53, der „unangemessene Überlagerungen" befürchtet.

989 *Brors*, DB 2002, 2046 (2048); *Rieble/Klumpp*, ZIP 2002, 2153 (2160 f.); *S.Müller*, Der Arbeitnehmer als Verbraucher iSd. § 13 BGB, S. 211 f.

daher schon nicht den tatsächlichen Verhältnissen, dass der Arbeitnehmer das Aufhebungsangebot des Arbeitgebers einfach mit einem bloßen „Nein" ablehnen kann, ohne um den Bestand seines Arbeitsverhältnisses fürchten zu müssen. Entscheidend ist aber, dass es bei der Frage, ob das Arbeitsrecht den Arbeitnehmer bei einem Aufhebungsvertrag hinreichend vor einem ungewollten Verlust seines Arbeitsplatzes schützt, gar nicht um den Schutz bei einem „Nein" des Arbeitnehmers geht, sondern um den Schutz des Arbeitnehmers vor einem unüberlegten und übereilten „Ja". Vor einem unüberlegten und übereilten „Ja" zu einem Aufhebungsvertrag schützen die arbeitsrechtlichen Bestandsschutzvorschriften aber schon deshalb nicht, weil sie allein auf die Kompensation der *personenbedingten* Unterlegenheit des Arbeitnehmers ausgerichtet sind[990]. Die situationsbedingte Unterlegenheit, wie sie sich in den „Haustürsituationen" des § 312 BGB darstellt, wird dagegen primär durch das Verbraucherrecht und einige allgemeine Vorschriften wie §§ 119, 123 BGB ausgeglichen. Die einzigen arbeitsrechtlichen Vorschriften, die (auch) der Kompensation eines *situationsbedingten* Ungleichgewichts und der sich daraus ergebenden Gefahr eines übereilten Vertragsschlusses dienen, sind die besonderen Formvorschriften des § 623 BGB und des § 14 Abs. 4 TzBfG. Dementsprechend hat vor allem das Schriftformgebot des § 623 BGB mit seiner Warnfunktion den Zweck, den Arbeitnehmer vor einer unüberlegten und übereilten Preisgabe seines Arbeitsverhältnisses zu bewahren[991]. Aus der Formvorschrift des § 623 BGB lässt sich jedoch nicht schließen, dass § 312 BGB für das Arbeitsrecht keine Anwendung findet[992]. Denn wenn der Gesetzgeber das Widerrufsrecht gemäß § 312 Abs. 3 Nr. 3 BGB nur bei notarieller Beurkundung des Vertrages für unanwendbar erklärt, so folgt daraus im Umkehrschluss, dass § 312 BGB auch auf schriftliche Verträge Anwendung findet. Der Gesetzgeber geht demnach nicht davon aus, dass bereits durch die Einhaltung der einfachen Schriftform das sich aus der „Haustürsituation" des § 312 BGB ergebende Ungleichgewicht hinreichend kompensiert wird. Wenn man zudem berücksichtigt, dass der Abschluss eines Aufhebungsvertrages bis einschließlich 30.4.2000 formfrei möglich war und der Gesetzgeber die Schriftform für Aufhebungsverträge erst nachträglich durch Einfügung der neu gefassten Vorschrift des § 623 BGB geschaffen hat[993], so legt das die Vermutung nahe, dass der Gesetzgeber die situationsbedingte Gefahr einer übereilten und unsachgemäßen Vertragsentscheidung bei Aufhebungsverträgen besonders hoch einschätzt. Die Existenz der Formvorschrift des § 623 BGB ist

[990] Siehe dazu oben 4. Kapitel D.

[991] Vgl. *Bachner* in: Kittner/Zwanziger, Arbeitsrecht, § 104 Rn. 4; *Preis/Gotthardt*, NZA 2000, 348 (354).

[992] So aber *Rieble/Klumpp*, ZIP 2002, 2153 (2160).

[993] Vgl. Art. 2 Arbeitsgerichtsbeschleunigungsgesetz vom 30.3.2000 (BGBl. I, S. 333).

daher sogar eher ein Argument für als gegen die Anwendung des § 312 BGB auf arbeitsrechtliche Aufhebungsverträge.

Die arbeitsrechtlichen Schutzvorschriften bieten demnach beim Abschluss eines Aufhebungsvertrages keinen ausreichenden Schutz vor einem ungewollten Verlust des Arbeitsplatzes. Dies zeigt sich auch an den in der Vergangenheit zur Diskussion gestellten Gesetzentwürfen zum Arbeitsvertragsrecht aus den Jahren 1977[994], 1992[995] und 1996[996], die allesamt für den Aufhebungsvertrag ein dreitägiges Widerrufsrecht vorsehen. Trotz der bestehenden arbeitsrechtlichen Schutzvorschriften besteht somit offensichtlich ein Bedürfnis für ein Widerrufsrecht bei arbeitsrechtlichen Aufhebungsverträgen. Die Anwendung des § 312 BGB auf arbeitsrechtliche Aufhebungsverträge führt demzufolge nicht zu einer systemwidrigen Kollision mit dem schützenden Arbeitsrecht.

dd) Ergebnis der systematischen Auslegung

Aus systematischer Sicht sprechen somit weder die Stellung des § 312 BGB im Untertitel „Besondere Vertriebsformen" noch der in §§ 4, 7 KSchG, 17 TzBfG zum Ausdruck kommende arbeitsrechtliche Beschleunigungsgrundsatz gegen eine Anwendung der §§ 312, 355 BGB im Arbeitsrecht. Auch eine Kollision mit dem schützenden Arbeitsrecht, die im Sinne eines Vorrangs zu Gunsten des arbeitsrechtlichen Schutzsystems aufzulösen wäre, ist nicht zu befürchten. Etwaige Wertungswidersprüche zwischen §§ 312, 355 BGB und §§ 4, 7 KSchG, 17 TzBfG, die im Falle einer nicht ordnungsgemäßen Belehrung des Arbeitnehmers auftreten können, lassen sich dadurch vermeiden, dass die Ausübung des Widerrufsrechts entgegen der Regelung in § 355 Abs. 3 Satz 3 BGB durch eine an § 4 KSchG orientierte Verwirkungsfrist von drei Wochen zeitlich begrenzt wird. Die Gesetzessystematik steht daher einer Anwendung des § 312 BGB auf arbeitsrechtliche Aufhebungsverträge nicht entgegen.

---

[994] Siehe die Regelung in § 110 Abs. 1 Satz 2 des von der Arbeitsgesetzbuchkommission vorgelegten „Entwurfs eines Arbeitsgesetzbuches – Allgemeines Arbeitsvertragsrecht – 1977", in: *Ramm*, Entwürfe zu einem Deutschen Arbeitsvertragsgesetz, S. 401, 465.

[995] Siehe die Regelung in § 131 Abs. 2 ArbVG 1992, Verhandlungen des 59. Deutschen Juristentages, 1992, Band 1, D 63.

[996] Siehe den vom Land Brandenburg eingebrachten Entwurf eines Gesetzes zur Bereinigung des Arbeitsrechts, BR-Drucks. 671/96. Dieser Gesetzentwurf sieht in § 131 Abs. 2 für Aufhebungsverträge ein einwöchiges Widerrufsrecht vor.

c) Sinn und Zweck der Regelung des § 312 BGB

Bedenken gegen eine Anwendung des § 312 BGB im Arbeitsrecht könnten sich schließlich aus dem Sinn und Zweck des § 312 BGB ergeben. Denn vor dem Hintergrund, dass der Widerruf stets einen rechtfertigungsbedürftigen Eingriff in die Privatautonomie des anderen Vertragsteils (Unternehmer/Arbeitgeber) darstellt, ist eine teleologische Reduktion des § 312 Abs. 1 BGB insbesondere dann geboten, wenn sich der vermeintliche Normadressat des Widerrufsrechts (Verbraucher/Arbeitnehmer) nicht in einer unterlegenen Verhandlungsposition befindet und deshalb nicht schutzbedürftig ist. Eine verbraucherrechtsspezifische Schutzbedürftigkeit des Arbeitnehmers ist aber nur dann gegeben, wenn sich der Arbeitnehmer beim Abschluss eines Aufhebungsvertrages am Arbeitsplatz in derselben Verhandlungssituation befindet, in der das Gesetz gemäß § 312 Abs. 1 Nr. 1 BGB den sich in der „Haustürsituation" befindlichen Verbraucher als schutzbedürftig erachtet. Es ist deshalb zu untersuchen, ob sich der Arbeitnehmer beim Abschluss eines arbeitsrechtlichen Aufhebungsvertrages am Arbeitsplatz in einer unterlegenen Verhandlungsposition befindet und ob diese Unterlegenheitsposition identisch ist mit derjenigen, die durch das Widerrufsrecht des § 312 Abs. 1 Nr. 1 BGB kompensiert werden soll.

aa) Personenbedingte Unterlegenheit

Ein kompensationsbedürftiges Ungleichgewicht zwischen Arbeitnehmer und Arbeitgeber beim Abschluss eines Aufhebungsvertrages könnte sich zunächst aus einer *personenbedingten* Unterlegenheit des Arbeitnehmers ergeben. Wie oben bereits dargestellt, wird der Arbeitnehmer bereits aufgrund seiner Eigenschaft als Arbeitnehmer für sozial schutzbedürftig erachtet[997]. Dieser Formel der „allgemeinen sozialen Schutzbedürftigkeit" des Arbeitnehmers liegt die Vorstellung zugrunde, dass der Arbeitnehmer zur Erhaltung seiner Lebensgrundlage auf das Arbeitseinkommen angewiesen ist und deswegen beim Abschluss eines Arbeitsvertrages auch nachteilige Vertragsbedingungen akzeptiert muss, um den Vertragsschluss nicht zu gefährden. Die daraus resultierende wirtschaftliche Ungleichgewichtslage zwischen Arbeitnehmer und Arbeitgeber rechtfertigt bereits das Eingreifen der arbeitsrechtlichen Kompensationsinstrumente und könnte dementsprechend auch als Legitimation für die Anwendung der verbraucherschutzrechtlichen Kompensationsinstrumente dienen, zumal die Überlegenheit des Arbeitgebers beim Abschluss eines Arbeitsvertrages sogar noch weiter reicht als diejenige des Anbieters einer Ware oder Dienstleistung gegenüber einem potentiellen Kunden. Denn während der Arbeitnehmer aufgrund der existenziellen Bedeutung des Arbeitsvertrages auf den Ver-

---

[997] Vgl. 4. Kapitel A. und E.

tragsschluss angewiesen ist und deshalb nur sehr begrenzte Verhandlungsmöglichkeiten besitzt, kann der Verbraucher auch auf den Vertragsschluss (z.B. Zeitungsabonnement) verzichten, wenn ihm die Vertragsbedingungen des Anbieters nicht passen[998]. Der Arbeitnehmer erscheint daher beim Abschluss eines Arbeitsvertrages eher noch schutzbedürftiger als der „Nur-Verbraucher“[999]. In der Situation der Vertragsaufhebung kommt außerdem noch erschwerend hinzu, dass die Aufhebung eines Arbeitsverhältnisses die finanzielle Lebensgrundlage des Arbeitnehmers berührt und deshalb – anders als etwa der Abschluss eines Zeitungsabonnements – für den Arbeitnehmer regelmäßig von existenzieller Bedeutung ist[1000]. Bei oberflächlicher Betrachtung wäre es daher eigentlich nicht verständlich, wenn man dem Arbeitnehmer beim Abschluss eines Vertrages, der die Auflösung des die Existenz sichernden Arbeitsplatzes zur Folge hat, hinsichtlich des Widerrufsrechts nach §§ 312, 355 BGB einen geringeren Schutz gewähren würde, als dem Verbraucher bei einem Vertrag über ein Zeitungsabonnement[1001]. Vor dem Hintergrund der personenbedingten Schutzbedürftigkeit des Arbeitnehmers erscheint eine Anwendung der §§ 312, 355 BGB auf arbeitsrechtliche Aufhebungsverträge also durchaus folgerichtig.

Gleichwohl lässt sich mit einem Hinweis auf die „allgemeine soziale Schutzbedürftigkeit“ des Arbeitnehmers die Einräumung eines Widerrufsrechts bei arbeitsrechtlichen Aufhebungsverträgen nicht rechtfertigen. Ein solcher „Erst-Recht-Schluss“ mag zwar auf den ersten Blick sehr naheliegend erscheinen. Aus dogmatischer Sicht ist aber zu beachten, dass die Verhandlungsmacht des Arbeitnehmers beim Abschluss eines Aufhebungsvertrages und bei der Begründung des Arbeitsverhältnisses nicht identisch ist[1002]. Denn während der Arbeitnehmer beim Abschluss des Arbeitsvertrages auf den Arbeitsplatz angewiesenen ist und sich deshalb typischerweise in einer schwächeren Verhandlungsposition befindet, verkehrt sich diese Situation bei den Verhandlungen über einen Aufhebungsvertrag in ihr Gegenteil[1003]. Hier hat nunmehr der Arbeitnehmer die stärkere Verhandlungsposition, da er sowohl das „Ob“ als auch das „Wie“ und „Wann“ der Vertragsbeendigung von

---

[998] *Preis*, NZA 2003, Sonderbeilage zu Heft 16, 19 (24).

[999] Vgl. auch *Pauly*, ZTR 2003, 541 (543); *Preis*, NZA 2003, Sonderbeilage zu Heft 16, 19 (24); *Reim*, DB 2002, 2434 (2435); *Thüsing*, BB 2002, 2666 (2668).

[1000] *Pauly*, ZTR 2003, 541 (543); *Reim*, DB 2002, 2434 (2435).

[1001] So etwa *Bachner* in: Kittner/Zwanziger, Arbeitsrecht, § 104 Rn. 82; *Reim*, DB 2002, 2434 (2438). Zum Ganzen vgl. auch *Schacht*, Der Übereilungsschutz beim arbeitsrechtlichen Aufhebungsvertrag, S. 81 ff.

[1002] Vgl. *Bengelsdorf*, BB 1995, 978 (982); *Bauer/Diller*, DB 1995, 1810 (1812); *Zwanziger*, DB 1994, 982 (984).

[1003] *Bengelsdorf*, DB 1997, 874 (876 f.).

seinem vollen Konsens abhängig machen kann[1004]. Anders als bei der Begründung des Arbeitsverhältnisses ist der Arbeitnehmer beim Aufhebungsvertrag gerade nicht aufgrund äußerer Umstände darauf angewiesen, dass der Vertrag zustande kommt, weshalb er das Vertragsangebot des Arbeitgebers ablehnen kann, ohne unmittelbar um sein zukünftiges Arbeitseinkommen und seine Existenzgrundlage fürchten zu müssen. Will der Arbeitnehmer seinen Arbeitsplatz nicht aufgeben oder sind ihm die vom Arbeitgeber angebotenen Konditionen zu schlecht (insbesondere die Abfindung zu niedrig), so braucht er dem Angebot des Arbeitgebers nur ein schlichtes „Nein“ entgegenzusetzen, wie das *BAG* in seinem Urteil vom 14.2.1996 prägnant formuliert hat[1005]. Der Arbeitgeber kann dann nur noch versuchen, den Arbeitnehmer durch ein verbessertes Angebot umzustimmen. Gelingt ihm das nicht, sind seine Möglichkeiten erschöpft, denn er besitzt ebenso wenig wie der Arbeitnehmer ein rechtliches Instrument zur Durchsetzung seines Wunsches nach einer einverständlichen Vertragsbeendigung[1006]. Zwar kann der Arbeitgeber in diesem Fall zum Mittel der Kündigung greifen, um das Arbeitsverhältnis zu beenden. Die Kündigungsmöglichkeit hat jedoch mit der Frage nach der situationsbedingten Ungleichgewichtslage beim Abschluss eines Aufhebungsvertrages grundsätzlich nichts zu tun, denn der Gefahr einer Kündigung ist der Arbeitnehmer ohnehin ausgesetzt[1007]. Die Störungsfaktoren, die typischerweise beim Abschluss des Arbeitsvertrages auftreten, spielen dagegen beim Abschluss eines Aufhebungsvertrages keine Rolle[1008]. Denn der paritätsgefährdende Umstand, dass der Arbeitnehmer auf den Vertragsschluss angewiesen ist und deshalb auch nachteilige Bedingungen akzeptieren muss, ist hier gerade nicht gegeben[1009]. Insofern ist die Verhandlungsposition des Arbeitnehmers beim Abschluss eines Aufhebungsvertrages diametral entgegengesetzt zu seiner Position beim Abschluss des Arbeitsvertrages[1010]. Der

---

[1004] Vgl. LAG Hamm v. 1.4.2003, DB 2003, 1443 (1445); *Bengelsdorf*, NZA 1994, 193 (198); *ders.*, BB 1995, 978 (982); *Boemke*, NZA 1993, 532 (537); *Bauer/Diller*, DB 1995, 1810 (1812); *Ernst*, Aufhebungsverträge zur Beendigung von Arbeitsverhältnissen, S. 133; *Nägele*, BB 1992, 1274.

[1005] BAG v. 14.2.1996, NZA 1996, 811 (812).

[1006] *Bengelsdorf*, DB 1997, 874 (877); *Bauer/Diller*, DB 1995, 1810 (1812).

[1007] Anders nur, wenn der Arbeitgeber die Kündigung widerrechtlich als Druckmittel einsetzt. In diesem Fall läge dann aber eine *situationsbezogene* Ungleichgewichtslage vor, die durch das Instrument der Anfechtung nach § 123 BGB kompensiert wird. Siehe dazu *Bauer*, Arbeitsrechtliche Aufhebungsverträge, Rn. 181 ff.; *Weber/Ehrich/Burmester*, Handbuch der arbeitsrechtlichen Aufhebungsverträge, Teil 1 Rn. 830 ff.

[1008] *Dieterich*, DB 1995, 1813 (1814).

[1009] So auch *Zwanziger*, DB 1994, 982 (984).

[1010] *Bauer/Diller*, DB 1995, 1810 (1812).

Arbeitnehmer hat bei den Verhandlungen über einen Aufhebungsvertrag grundsätzlich die Möglichkeit, seine Interessen an dem weiteren Bestand des Arbeitsverhältnisses oder an einer angemessenen Abfindungszahlung den Interessen des Arbeitgebers an einer Aufhebung des Arbeitsverhältnisses gleichgewichtig entgegenzusetzen[1011]. Bei der Beurteilung der Vertragsparität beim Abschluss eines Aufhebungsvertrages kann daher nicht einfach auf die Verhandlungsposition des Arbeitnehmers bei der Eingehung des Arbeitsverhältnisses zurückgegriffen werden. Etwas anderes würde nur dann gelten, wenn man den Arbeitnehmer als den generell „sozial Schwächeren" ansehen und ihm allgemein die Fähigkeit absprechen würde, „in Selbstverantwortung einen Vertrag zu schließen"[1012]. Diese Sichtweise würde aber nicht nur gegen das geltende Recht der §§ 104 ff. BGB verstoßen[1013], sondern auch ein Menschenbild und Klassenverständnis zugrunde legen, das mit den im Grundgesetz verankerten Wertmaßstäben nicht vereinbar ist[1014]. In der Fallgestaltung des arbeitsrechtlichen Aufhebungsvertrags darf die Unterlegenheit des Arbeitnehmers folglich nicht bloß mit Globalkriterien wie „allgemeine soziale Schutzbedürftigkeit" oder „existenzielle Abhängigkeit" des Arbeitnehmers behauptet werden[1015]. Diese allgemeinen Formeln sind vielmehr nur dazu geeignet, die Regelungen des individuellen und kollektiven Arbeitsrechts zu legitimieren. Beim Abschluss eines arbeitsrechtlichen Aufhebungsvertrages fehlt es dagegen an einer solchen personenbedingten Unterlegenheit des Arbeitnehmers, weshalb sich eine Anwendung verbraucherschützender Regelungen in dieser Fallgestaltung nicht mit der personenbezogenen Formel der „allgemeinen sozialen Schutzbedürftigkeit" des Arbeitnehmers rechtfertigen lässt.

[1011] *Bengelsdorf*, NZA 1994, 193 (197 f.); *ders.*, BB 1995, 978 (982).

[1012] Vgl. *Coester-Waltjen*, AcP 190 (1990), 1 (20).

[1013] *Coester-Waltjen*, AcP 190 (1990), 1 (20).

[1014] Zum Menschenbild des Grundgesetzes vgl. bereits BVerfG v. 17.8.1956, BVerfGE 5, 85 (204): „In der freiheitlichen Demokratie ist die Würde des Menschen der oberste Wert. Sie ist unantastbar, vom Staat zu achten und zu schützen. Der Mensch ist danach eine mit der Fähigkeit zu eigenverantwortlicher Lebensgestaltung begabte ‚Persönlichkeit'. Sein Verhalten und Denken können daher durch seine Klassenlage nicht eindeutig determiniert sein. Er wird vielmehr als fähig angesehen, und es wird ihm demgemäß abgefordert, seine Interessen und Ideen mit denen anderer auszugleichen."

[1015] *Bengelsdorf*, BB 1995, 978 (981 f.); *Preis/Rolfs*, DB 1994, 261 (266); *Zwanziger*, DB 1994, 982 (984).

bb) Situationsbedingte Unterlegenheit

Der Umstand, dass sich der Arbeitnehmer beim Abschluss eines arbeitsrechtlichen Aufhebungsvertrages nicht in einer *personenbedingten* Unterlegenheit befindet, schließt jedoch nicht aus, dass der Aufhebungsvertrag in bestimmten Konstellationen unter einer *situationsbedingten* Paritätsstörung leidet. Denn genauso wie bei jedem anderen Vertragsschluss kann sich der Arbeitnehmer auch beim Abschluss eines Aufhebungsvertrages in einer „kontrollbedürftigen Situation" befinden, die aufgrund besonderer Umstände (z.B. Vorlage eines nicht verhandelbaren Formularvertrages oder Vertragsschluss zu überraschenden Zeiten bzw. an irritierenden Orten) die Gefahr einer gestörten Vertragsparität beinhaltet[1016]. Die oben erwähnte Möglichkeit des Arbeitnehmers, dem Aufhebungsangebot des Arbeitgebers ein einfaches „Nein" entgegenzuhalten, bildet daher für sich allein noch keinen ausreichenden Grund, dem Arbeitnehmer unter Berufung auf seine vermeintlich stärkere Position das Widerrufsrecht generell zu versagen[1017]. Schließlich hat auch der Verbraucher bei den „normalen" Haustürgeschäften des § 312 BGB grundsätzlich die formale Möglichkeit, dass Vertragsangebot des Verkäufers mit einem schlichten „Nein" zu kontern[1018]. Wenn aber der Gesetzgeber dem Verbraucher in dieser Situation trotzdem ein Widerrufsrecht gewährt, so liegt das – wie *Singer*[1019] zu Recht anmerkt – allein daran, „dass die Verhandlungsschwäche bei Haustürgeschäften auf einem anderen Grund beruht als dem, nicht ‚Nein' sagen zu können." Von der bloß formal bestehenden Möglichkeit, „Nein" zu sagen, darf die Anwendung des Widerrufsrechts des § 312 BGB demzufolge nicht abhängig gemacht werden[1020]. Zu fragen ist vielmehr danach, ob die Entscheidungsfreiheit des Arbeitnehmer in den von § 312 Abs. 1 Nr. 1-3 BGB erfassten Verhandlungssituationen durch die situationsbedingten Umstände typischerweise so stark beeinträchtigt

---

1016 Vgl. *Dieterich*, DB 1995, 1813 (1814); *Preis/Rolfs*, DB 1994, 261 (266); *Reinecke*, NZA 2004, Sonderbeilage zu Heft 18, 27 (34). Dagegen sind *Bauer/Diller*, DB 1995, 1810 (1812), ohne nähere Begründung der Ansicht, dass „fast alle diese Kriterien beim Abschluss eines Aufhebungsvertrages im Regelfall nicht gegeben sind."

1017 *Singer*, RdA 2003, 194 (196).

1018 Vgl. auch *Rieble/Klumpp*, ZIP 2002, 2153 (2160); *Reinecke*, NZA 2004, Sonderbeilage zu Heft 18, 27 (34).

1019 *Singer*, RdA 2003, 194 (196).

1020 Vgl. auch *Derleder*, AuR 2004, 361 (365): „Die Leugnung eines strukturellen Ungleichgewichts mit der Begründung, der AN könne das Ob, Wie und Wann eines Aufhebungsvertrages von seiner Zustimmung abhängig machen, basiert auf der verfassungsrechtlich überholten Verständnis, dass es nur auf die formelle Vertragsfreiheit ankomme. Die materiale Vertragsfreiheit des AN kann aber sehr wohl situationär so eingeschränkt sein, wie es § 312 Abs. 1 Satz 1 BGB zugrunde legt."

wird, dass er das Aufhebungsangebot des Arbeitgebers nicht mehr so einfach mit einem schlichten „Nein“ kontern kann[1021]. Voraussetzung für die Bejahung einer gestörten Vertragsparität beim Abschluss eines arbeitsrechtlichen Aufhebungsvertrages ist somit, dass dem Arbeitnehmer das „Nein“ gegenüber dem Arbeitgeber in den von § 312 Abs. 1 Nr. 1-3 BGB erfassten Verhandlungssituationen aufgrund der situationsspezifischen Umstände ähnlich schwer fällt wie dem Verbraucher das „Nein“ gegenüber einem drängelnden Verkäufer an der Haustür. Um diese Frage beantworten zu können, muss geklärt werden, auf welchen Umständen die Paritätsgefahr bei den von § 312 Abs.1 BGB erfassten Haustürgeschäften beruht und ob sich diese Umstände auch dann paritätsgefährdend auswirken, wenn es sich um einen am Arbeitsplatz oder in einer Privatwohnung abgeschlossenen arbeitsrechtlichen Aufhebungsvertrag handelt.

aaa) Der „Überrumpelungseffekt“

Ein Grund für die Einräumung eines Widerrufsrecht in den von § 312 Abs. 1 Nr. 1-3 BGB erfassen Verhandlungssituationen ist, dass die rechtsgeschäftliche Entscheidungsfreiheit des Verbrauchers in diesen Situationen typischerweise aufgrund des *Orts* der Vertragsanbahnung beeinträchtigt ist[1022]. Den in § 312 Abs. 1 Nr. 1-3 BGB aufgeführten Fällen ist gemeinsam, dass die Vertragsanbahnung außerhalb der normalen Geschäftsräume erfolgt und der Verbraucher aufgrund dieses ungewöhnlichen Verhandlungsorts nicht damit rechnet, auf einen Vertragsschluss angesprochen zu werden[1023]. In diesen Situationen besteht daher typischerweise die durch den Verhandlungsort bedingte Gefahr, dass der Verbraucher von der anbieterinitiierten Kontaktaufnahme *überrascht* oder *überrumpelt* wird[1024]. Überträgt man diese Überlegungen nun auf den Fall, dass der Arbeitnehmer mit dem Arbeitgeber an seinem *Arbeitsplatz* einen Aufhebungsvertrag abschließt, so stellt sich die Frage, ob auch in diesem Fall vom Ort der Vertragsverhandlungen typischerweise die Gefahr einer übereilten und unsachgemäßen Vertragsentscheidung ausgeht.
Vom *BAG*[1025] und vom überwiegendenden Teil der Literatur[1026] wird diese Frage verneint. Zur Begründung wird angeführt, dass der Arbeitnehmer „an seinem Ar-

---

[1021] So auch *Bengelsdorf*, DB 1997, 874 (877).
[1022] Vgl. BT-Drucks. 10/2876, S. 11.
[1023] Siehe oben 5. Kapitel C. II. 1. a) und E. II.
[1024] *Fischer/Machunsky*, Haustürwiderrufsgesetz, Einführung Rn. 11.
[1025] BAG v. 27.11.2003, DB 2004, 1208 (1210 f.); BAG v. 15.3.2005, NZA 2005, 682 (686).
[1026] *Gotthardt*, Arbeitsrecht nach der Schuldrechtsreform, Rn. 216; *Grundstein*, FA 2003, 41 (43); *Henssler*, RdA 2002, 129 (135); *Hoß*, ArbRB 2002, 181 (182); *Konzen*, FS Hadding, S. 145, 164; *Künzl*, ZTR 2004, 16 (19); *Larenz/Wolf*, BGB AT, § 42 Rn. 46; *Lieb*, FS Ulmer, S. 1231, 1238; *Mohr*, AcP 204 (2004), 660 (693); *S.Müller*, Der Arbeitnehmer als Verbraucher iSd. § 13

beitsplatz" immer damit rechnen müsse, zu einem Personalgespräch gebeten zu werden, in dem das Arbeitsverhältnis und eventuell auch dessen Beendigung angesprochen wird[1027]. Die Vertragsverhandlungen würden daher gerade nicht an einem Ort geführt, der für den Arbeitnehmer in Bezug auf das abzuschließende Rechtsgeschäft „arbeitsrechtlicher Aufhebungsvertrag" fremd oder ungewöhnlich sei. Der „Arbeitsplatz" und insbesondere die Räume der Personalabteilung seien vielmehr *typischerweise* der Ort, an dem die das Arbeitsverhältnis betreffenden Fragen besprochen und geregelt würden[1028]. Der Gesetzgeber habe den Arbeitsplatz nur deshalb in den situativen Anwendungsbereich des § 1 HWiG bzw. § 312 BGB aufgenommen, weil der Verbraucher an diesem Ort in der Regel nicht darauf gefasst sei, mit „arbeitsplatz*fremden*" Vertragsverhandlungen konfrontiert zu werden[1029]. An einem solchen situationstypischen Überraschungsmoment fehle es aber, wenn der Arbeitgeber mit dem Arbeitnehmer an seinem Arbeitsplatz berufsbezogene Fragen rund um das Arbeitsverhältnis besprechen und ggf. rechtsgeschäftlich regeln wolle. Von einer typischen Überraschungssituation aufgrund des Verhandlungsorts könne deshalb bei Vertragsverhandlungen, die am Arbeitsplatz stattfinden und das Arbeitverhältnis betreffen, gerade nicht gesprochen werden. Bei berufsbezogenen Verhandlungen am Arbeitsplatz sei deshalb eine teleologische Reduktion des § 312 Abs. 1 Nr. 1 BGB geboten.

BGB, S. 208 f.; *Rieble/Klumpp*, ZIP 2002, 2153 (2159 f.); *Riesenhuber/v.Vogel*, Jura 2006, 81 (85); *Rolfs*, Arbeitsrecht, § 312 BGB Rn. 6; *Schacht*, Der Übereilungsschutz beim arbeitsrechtlichen Aufhebungsvertrag, S. 72; *Schlodder*, Der Arbeitsvertrag im neuen Schuldrecht, S. 177; *Schrader/Schubert*, NZA-RR 2005, 169 (171); *Tschöpe/Pirscher*, RdA 2004, 358 (365); Staudinger/*Thüsing*, § 312 Rn. 85; Staudinger/*Werner*, § 1 HWiG Rn. 81. Differenzierend *Derleder*, AuR 2004, 361 (366); *Reim*, DB 2002, 2434 (2438).

[1027] BAG v. 27.11.2003, DB 2004, 1208 (1211); BAG v. 15.3.2005, NZA 2005, 682 (686); LAG Hamm v. 1.4.2003, DB 2003, 1443 (1445); *Gotthardt*, Arbeitsrecht nach der Schuldrechtsreform, Rn. 216; *Rieble/Klumpp*, ZIP 2002, 2153 (2159 f.); *Riesenhuber/v.Vogel*, Jura 2006, 81 (85); *Rolfs*, Arbeitsrecht, § 312 BGB Rn. 6; *Schacht*, Der Übereilungsschutz beim arbeitsrechtlichen Aufhebungsvertrag, S. 72; *Schlodder*, Der Arbeitsvertrag im neuen Schuldrecht, S. 177.

[1028] BAG v. 27.11.2003, DB 2004, 1208 (1211); BAG v. 15.3.2005, NZA 2005, 682 (686); *Däubler* in: Däubler/Dorndorf, AGB-Kontrolle im Arbeitsrecht, Einleitung Rn. 133. Vgl. auch *Schacht*, Der Übereilungsschutz beim arbeitsrechtlichen Aufhebungsvertrag, S. 73, wonach der Arbeitsplatz „der geborene Verhandlungs- und Abschlussort" sei, wenn es um arbeitsvertragliche Fragen gehe.

[1029] *Rieble/Klumpp*, ZIP 2002, 2153 (2160); *Schacht*, Der Übereilungsschutz beim arbeitsrechtlichen Aufhebungsvertrag, S. 73.

(1) Vertragsanbahnung in der Privatwohnung

Damit wird zunächst deutlich, dass eine durch den Verhandlungsort bedingte Überrumpelungssituation jedenfalls dann zu bejahen ist, wenn der Arbeitgeber den Arbeitnehmer in seiner *Privatwohnung* aufsucht und ihn dort zum Abschluss eines Aufhebungsvertrages bestimmt[1030]. Denn dass die Privatwohnung ebenfalls ein typischer Ort für berufsbezogene Vertragsverhandlungen ist und der Arbeitnehmer daher auch in seiner Privatwohnung jederzeit damit rechnen muss, mit Erklärungen seines Arbeitgebers zur Beendigung des Arbeitverhältnis konfrontiert zu werden, wird man wohl kaum ernsthaft behaupten können[1031]. Der Arbeitnehmer ist hier daher auf das Ansinnen des Arbeitgebers genauso wenig vorbereitet wie der Verbraucher auf das Verkaufsgespräch des unbestellten Vertreters. In beiden Fällen geht vom Ort der Vertragsverhandlungen eine situationsbedingte Überrumpelungsgefahr aus, die dazu führt, dass sich der Arbeitnehmer wie auch der Verbraucher in einer situationsbedingten Unterlegenheitsposition befindet. Der Fall, dass der Arbeitgeber den Arbeitnehmer in seiner Privatwohnung aufsucht, um ihn zum Abschluss eines Aufhebungsvertrages zu bewegen, ist auch nicht nur rein theoretischer Natur[1032], wie das Urteil des *BAG* vom 14.2.1996 zeigt[1033]. Beim Abschluss eines arbeitgeberinitiierten Aufhebungsvertrages in der Privatwohnung des Arbeitnehmers befindet sich der Arbeitnehmer demnach regelmäßig in einer vom Schutzzweck des § 312 BGB erfassten Situation, weshalb zumindest in diesem Fall eine teleologische Reduktion des § 312 Abs. 1 Nr. 1 BGB nicht mit einer fehlenden Überrumpelungsgefahr begründet werden kann.

(2) Vertragsanbahnung am Arbeitsplatz

Wurde der Aufhebungsvertrag dagegen am *Arbeitsplatz* abgeschlossen, soll es nach Ansicht des *BAG* an einer Überrumpelungsgefahr fehlen, weshalb § 312 Abs. 1 Nr. 1 BGB im Arbeitsrecht teleologisch zu reduzieren sei[1034]. Vor dem Hintergrund des

---

[1030] Ebenso *Bachner* in: Kittner/Zwanziger, Arbeitsrecht, § 104 Rn. 87; *Däubler* in: Däubler/Dorndorf, AGB-Kontrolle im Arbeitsrecht, Einleitung Rn. 135; *Gotthardt*, Arbeitsrecht nach der Schuldrechtsreform, Rn. 217; *Grundstein*, FA 2003, 41 (43); *Reim*, DB 2002, 2434 (2438); *Riesenhuber/v.Vogel*, Jura 2006, 81 (85); im Grundsatz ähnlich Staudinger/*Thüsing*, § 312 Rn. 86; a.A. ErfK/*Müller-Glöge*, § 620 BGB Rn. 13; LAG Hamm v. 9.10.2003, ZIP 2004, 476 (478).

[1031] So aber *Bengelsdorf*, DB 1997, 874 (877).

[1032] So aber *Preis*, NZA 2003, Sonderbeilage zu Heft 16, 19 (30).

[1033] In diesem Fall wurde ein alkoholkranker Arbeitnehmer – nach durchzechter Nacht – in seiner *Privatwohnung* von zwei Mitarbeitern des Arbeitgebers aufgesucht und zur Unterzeichnung eines vorbereiteten Aufhebungsvertrages veranlasst, vgl. BAG v. 14.2.1996, NZA 1996, 811.

[1034] BAG v. 27.11.2003, DB 2004, 1208 (1210 f.).

vom *BVerfG* geforderten Mindestschutz des Arbeitnehmers vor einem ungewollten Arbeitsplatzverlust[1035] gilt es daher nun zu überprüfen, ob eine teleologische Reduktion des § 312 Abs. 1 Nr. 1 BGB im Arbeitsrecht aus methodischer Sicht überzeugend und unter Schutzbedürftigkeitsgesichtspunkten sachgerecht ist.

(a) Einwand der fehlenden Überrumpelungsgefahr und Typisierung

Als Erstes stellt sich die Frage, ob der vom *BAG* zur Begründung angeführte Einwand der fehlenden Überrumpelungsgefahr im Rahmen von § 312 Abs. 1 Nr. 1 BGB überhaupt Beachtung finden kann[1036]. Denn bei dem Haustürwiderrufsrecht des § 312 Abs. 1 Nr. 1 BGB handelt es sich – wie *Lorenz*[1037] zu Recht anmerkt – um eine *typisierende* Regelung, die bei Vertragsschlüssen am Arbeitsplatz gerade nicht auf die *tatsächliche*, sondern nur auf die *typische* Überrumpelungsgefahr abstellt[1038]. Die Regelung in § 312 Abs. 1 Nr. 1 BGB beinhaltet demnach die Vermutung, dass es bei Vertragsabschlüssen am Arbeitsplatz *typischerweise* zu einer Überrumpelung kommt und der Verbraucher daher in dieser Situation *generell* schutzbedürftig ist[1039]. Auf ein tatsächliches Verhandlungsungleichgewicht oder eine tatsächliche Beeinträchtigung der Entscheidungsfreiheit des Verbrauchers kommt es hier somit gar nicht an[1040]. Die in dieser Regelungstechnik zum Ausdruck kommende Entscheidung des Gesetzgebers darf deshalb nicht einfach dadurch umgangen werden, dass der Anwendungsbereich des § 312 Abs. 1 Nr. 1 BGB im Wege richterlicher Rechtsfortbildung verkürzt und lediglich auf *tatsächliche* Überrumpelungssituationen beschränkt wird[1041].

[1035] Vgl. nur BVerfG v. 27.1.1998, BVerfGE 97, 169 (179) zum Mindestkündigungsschutz in Kleinbetrieben.

[1036] Ablehnend *Lorenz*, JZ 1997, 277 (279); *Hümmerich*, AnwBl. 2002, 671 (677 f.).

[1037] *Lorenz*, JZ 1997, 277 (279).

[1038] Vgl. auch *Fischer/Machunsky*, Haustürwiderrufsgesetz, § 6 Rn. 20

[1039] So zutreffend auch *Hümmerich*, AnwBl. 2002, 671 (677 f.).

[1040] Ebenso *Hümmerich*, AnwBl. 2002, 671 (678); *Lorenz*, JZ 1997, 277 (279).

[1041] Siehe dazu auch den Fall BGH v. 4.5.1994, NJW 1994, 2759 f.: Ein ost-deutscher Gewerbetreibender wurde kurz nach dem Mauerfall von einem Firmenvertreter an seinem Arbeitsplatz in den neuen Bundesländern aufgesucht und dazu verleitet, Gegenstände zur Erweiterung seiner bisherigen selbständigen Erwerbstätigkeit zu mieten. Da der Gewerbetreibende vor dem Mauerfall in der damaligen DDR kaum Erfahrung mit der Vertriebsform des Direktvertriebs hatte sammeln können, wird man in diesem konkreten Fall abweichend von der gesetzlichen Wertung nicht davon ausgehen können, dass der Gewerbetreibende der spezifischen Überraschungssituation hinreichend gewachsen war. Vielmehr dürfte der Gewerbetreibende hier unabhängig von der gewerblichen Zwecksetzung des Geschäfts ausnahmsweise genauso schutzbedürftig gewesen sein wie ein Verbraucher, der typischerweise nicht über genügend Erfahrung mit der Vertriebsform des Direktvertriebs verfügt. Der *BGH* kam hier jedoch zu dem Ergebnis,

Eine solche, am tatsächlichen Schutzbedürfnis ausgerichtete Einzelfallkorrektur will das *BAG* hier allerdings auch gar nicht vornehmen[1042]. Denn eine teleologische Reduktion des § 312 Abs. 1 Nr. 1 BGB auf „arbeitsplatzfremde“ Geschäfte korrigiert nicht lediglich einen unbillig erscheinenden Einzelfall, sondern orientiert sich ebenfalls am *typischen* Schutzbedürfnis einer bestimmten, anhand typisierender Merkmale umschriebenen Fallgruppe. Hintergrund dieser Rechtsfortbildung ist schließlich die Annahme, dass der Arbeitsplatz der *typische* Ort für berufsbezogene Vertragsverhandlungen sei und der Arbeitnehmer deshalb *generell* damit rechnen müsse, an seinem Arbeitsplatz von seinem Arbeitgeber mit einem Angebot auf Aufhebung seines Arbeitsverhältnisses konfrontiert zu werden, weshalb bei dieser Fallkonstellation typischerweise nicht von einer Überraschung aufgrund des Verhandlungsorts ausgegangen werden könne[1043]. Eine am typischen Schutzbedürfnis ausgerichtete Gesetzeskorrektur, die sich nicht nur auf einen Einzelfall bezieht, sondern eine typisierbare Fallgruppe im Blick hat, ist daher auch im Rahmen einer typisierenden Regelung wie § 312 Abs. 1 Nr. 1 BGB grundsätzlich zulässig[1044]. Der Einwand, dass es bei berufsbezogenen Verhandlungen am Arbeitsplatz typischerweise an der situationsbedingten Überrumpelungsgefahr fehlen würde, ist deshalb für die Frage der Anwendbarkeit des Haustürwiderrufsrechts nicht von vornherein unbeachtlich.

---

dass eine am *tatsächlichen* Schutzbedürfnis ausgerichtete, richterrechtliche Korrektur des Anwendungsbereichs des Verbraucherschutzrechts nicht möglich sei. Denn die gesetzliche Regelung, die aus Rechtsicherheitsgründen gerade *nicht* auf die *tatsächliche*, sondern nur auf die *typische* Schutzbedürftigkeit abstellt, beinhaltet eine *bewusste* Entscheidung des Gesetzgebers, die nicht dadurch umgangen werden darf, dass der verbraucherschutzrechtliche Anwendungsbereich im Wege der richterlichen Rechtsfortbildung über den vom Gesetzgeber gewählten Bereich der *typischerweise* schutzbedürftigen Personen hinaus auf sämtliche *tatsächlich* schutzbedürftige Personen ausgedehnt bzw. nur auf *tatsächlich* schutzbedürftige Personen beschränkt wird. Der Gesetzgeber nimmt damit bewusst in Kauf, dass die typisierende Regelung im Einzelfall zu ungerechten Ergebnissen führen kann, denn er hat der Rechtssicherheit insoweit den Vorrang gegenüber der Einzelfallgerechtigkeit eingeräumt (siehe dazu oben 2. Kapitel A. II. 2.). Im Rahmen typisierender Begriffe ist demzufolge kein Raum dafür, die nur im konkreten *Einzelfall* vorhandene bzw. fehlende Schutzbedürftigkeit zu berücksichtigen. Vgl. BGH v. 4.5.1994, NJW 1994, 2759 (2760); *Fischer/Machunsky*, Haustürwiderrufsgesetz, § 6 Rn. 20; *Martis*, Verbraucherschutz, S. 182. Siehe auch *Pfeiffer/Dauck*, NJW 1996, 2077 (2080): Kein Sonderrecht für ostdeutsche Gewerbetreibende.

[1042] So aber *Lorenz*, JZ 1997, 277 (279); *Hümmerich*, AnwBl. 2002, 671 (677 f.); ähnlich auch *Mankowski*, SAE 2005, 70 (75).

[1043] Vgl. BAG v. 27.11.2003, DB 2004, 1208 (1210 f.).

[1044] Dies übersehen *Lorenz*, JZ 1997, 277 (279) und *Hümmerich*, AnwBl. 2002, 671 (677 f.).

(b) Überrumpelungsgefahr und betriebliche Wirklichkeit

Der Einwand der fehlenden Überrumpelungsgefahr kann aber als Argument für eine teleologische Reduktion des § 312 Abs. 1 Nr. 1 BGB nur dann herangezogen werden, wenn die zugrunde liegende Annahme, dass der Arbeitnehmer an seinem Arbeitsplatz jederzeit mit einem Aufhebungsangebot seines Arbeitgebers rechnen müsse, auch der *betrieblichen Wirklichkeit* entspricht. Gerade dies wird aber von Teilen des Schrifttums bestritten[1045]. Ein typischer Ort für den Abschluss eines Aufhebungsvertrages sei danach allenfalls das Personalbüro, *außerhalb* des Personalbüros müsse der Arbeitnehmer dagegen nicht mit dem Abschluss eines Aufhebungsvertrages rechnen[1046]. Zudem entspreche es auch nicht einer *gewöhnlichen* Situation am Arbeitsplatz, dass der Arbeitnehmer vom Arbeitgeber zu einem Gespräch über die Beendigung des Arbeitsverhältnisses gebeten werde[1047]. Vielmehr würden solche Gespräche vom Arbeitgeber oder einer professionellen Personalabteilung in der Regel so geschickt eingefädelt, dass auch in diesen Fällen eine Vermutung für den Überraschungseffekt streite[1048]. Hinzu komme, dass der Arbeitnehmer mit berufsbezogenen Vertragsverhandlungen normalerweise nur ein einziges Mal konfrontiert werde, nämlich beim Abschluss des Arbeitsvertrages. Der Arbeitsvertrag sei deshalb meistens der einzige arbeitsrechtliche Vertrag, den der Arbeitnehmer an seinem Arbeitsplatz bzw. in den Räumen der Personalabteilung abschließen würde[1049]. Während der Abschluss eines Arbeits- bzw. Aufhebungsvertrages für den Arbeitgeber in der Regel reine Routine sei, habe der Arbeitnehmer darin normalerweise keine Übung. Der Arbeitnehmer besitze daher im Gegensatz zum Arbeitgeber, wenn überhaupt, meist nur rudimentäre Vorstellungen über die Angemessenheit und Zulässigkeit der Bestimmungen eines Aufhebungsvertrages[1050]. Die Annahme, dass der Arbeitnehmer unabhängig vom Vorliegen besonderer Gründe *immer* damit rechnen müsse, an seinem Arbeitsplatz auf die Beendigung seines Arbeitsverhältnisses angesprochen zu werden, sei deswegen „abseits der Lebenswirklichkeit“[1051].

[1045] Vgl. *Burkardt*, Der arbeitsrechtliche Aufhebungsvertrag, S. 242; *K.Gamillscheg*, Die Beendigung des Arbeitsverhältnisses, S. 221; *Grunewald*, AuR 1994, 260 f.; *Zwanziger*, BB 1996, 903 (904). Kritisch auch *Derleder*, AuR 2004, 361 (366); *Hümmerich*, AnwBl. 2002, 671 (678); *ders.*, NZA 2004, 809 (815); *Mankowski*, Beseitigungsrechte, S. 1161; *ders.*, SAE 2005, 70 (74); *Reim*, DB 2002, 2434 (2438).

[1046] So etwa *Derleder*, AuR 2004, 361 (366).

[1047] *Burkardt*, Der arbeitsrechtliche Aufhebungsvertrag, S. 242.

[1048] *Hümmerich*, AnwBl. 2002, 671 (678); ähnlich auch *Mankowski*, SAE 2005, 70 (74).

[1049] *Burkardt*, Der arbeitsrechtliche Aufhebungsvertrag, S. 242.

[1050] *Grunewald*, AuR 1994, 260.

[1051] *Burkardt*, Der arbeitsrechtliche Aufhebungsvertrag, S. 242.

Betrachtet man diese gegensätzlichen Standpunkte, so wird man zunächst zugeben müssen, dass es für einen Arbeitnehmer im Normalfall tatsächlich keine ganz alltägliche Situation ist, wenn er von seinem Arbeitgeber in das Personalbüro gerufen und auf die vorzeitige Beendigung des Arbeitsverhältnisses angesprochen wird. Man wird daher wohl kaum annehmen können, dass der Arbeitnehmer an seinem Arbeitsplatz *jederzeit* darauf gefasst sein wird, von seinem Arbeitgeber ein Angebot zur einvernehmlichen Beendigung des Arbeitsverhältnisses vorgelegt zu bekommen. Wahrscheinlich wird der Arbeitnehmer sogar viel eher damit rechnen, an seiner Haustür ein Zeitschriftenabonnement angeboten zu bekommen, als dass er an seinem Arbeitsplatz auf den Abschluss eines Aufhebungsvertrages angesprochen wird[1052]. Es ist deshalb durchaus denkbar, dass sich der Arbeitnehmer überrumpelt fühlt, wenn er z.B. im Personalbüro plötzlich mit einem Aufhebungsangebot seines Arbeitgebers konfrontiert wird[1053]. Selbst das *BAG* räumt ein, dass Arbeitnehmern manchmal nur ein „Jetzt und Heute" anzunehmendes Aufhebungsangebot unterbreitet wird[1054]. Da der Arbeitnehmer aber in der Regel auf ein „Jetzt und Heute" anzunehmendes Aufhebungsangebot nicht vorbereitet sein wird, ist die Vertragsanbahnung insofern für den Arbeitnehmer überraschend.

Aus dem Umstand, dass es der Arbeitnehmer normalerweise nicht gewohnt ist, mit seinem Arbeitgeber über den Abschluss eines Aufhebungsvertrages zu verhandeln, kann allerdings nicht gefolgert werden, dass sich der Arbeitnehmer in dieser Situation zwangsläufig in einer *von § 312 Abs. 1 Nr. 1 BGB erfassten* Überrumpelungslage befindet. Denn § 312 Abs. 1 Nr. 1 BGB setzt voraus, dass sich die Überrumpelungsgefahr gerade aus dem *Ort* der Vertragsanbahnung ergibt. Der Arbeitgeber hat aber bei lebensnaher Betrachtung gar keine andere Möglichkeit, als den Arbeitnehmer an seinem „Arbeitsplatz" auf den Aufhebungsvertrag anzusprechen. Gespräche über das Arbeitsverhältnis und dessen Beendigung nicht im Betrieb, sondern an einem „neutralen Ort" (Rechtsanwaltskanzlei o.ä.) zu führen, wäre daher gleichfalls „lebensfremd", wie das *BAG* zu Recht anmerkt[1055]. Die Gefahr einer möglichen Überrumpelung des Arbeitnehmers hat in den meisten Fällen gar nichts mit dem *Ort* der Vertragsanbahnung zu tun, wie dies von § 312 Abs. 1 Nr. 1 BGB vorausgesetzt wird, sondern beruht darauf, dass der Arbeitnehmer zu ungewöhnli-

---

[1052] So auch der Einwand von *Burkardt*, Der arbeitsrechtliche Aufhebungsvertrag, S. 242; *Hümmerich*, AnwBl. 2002, 671 (677); *ders.*, NZA 2004, 809 (812).

[1053] Insoweit zutreffend *K.Gamillscheg*, Die Beendigung des Arbeitsverhältnisses, S. 221. Siehe dazu auch *Schacht*, Der Übereilungsschutz beim arbeitsrechtlichen Aufhebungsvertrag, S. 73; *Tschöpe/Pirscher*, RdA 2004, 358 (365); *Mankowski*, SAE 2005, 70 (74); *Bachner* in: Kittner/Zwanziger, Arbeitsrecht, § 104 Rn. 87.

[1054] Vgl. BAG v. 27.11.2003, DB 2004, 1208 (1211).

[1055] BAG v. 27.11.2003, DB 2004, 1208 (1211); ebenso *Rolfs*, Arbeitsrecht, § 312 BGB Rn. 6.

chen Zeiten oder aus dem laufenden Arbeitsprozess heraus ohne Vorankündigung in das Personalbüro gerufen wird und nicht damit rechnet, dass der Arbeitgeber das eigentlich auf Dauer angelegte Arbeitsverhältnis plötzlich beenden will[1056]. Bei solchen Vertragsverhandlungen, die zu ungewöhnlichen Zeiten, unter Zeitdruck oder unter Anwesenheit mehrerer Personen auf Seiten des Arbeitgebers stattfinden[1057], ist demnach primär die *Art und Weise* der Vertragsanbahnung ursächlich für die situationsbedingte Beeinträchtigung der Entscheidungsfreiheit. Der spezifische Verhandlungsort „Arbeitsplatz" ist also bei Vertragsverhandlungen zwischen Arbeitgeber und Arbeitnehmer an sich kein geeigneter Anknüpfungspunkt für die Kennzeichnung einer Überrumpelungsgefahr[1058]. Oberflächlich betrachtet scheint daher die von der herrschenden Meinung und vom *BAG* befürwortete teleologische Reduktion des § 312 Abs. 1 Nr. 1 BGB im Arbeitsrecht durchaus folgerichtig zu sein.

Bei genauerem Hinsehen fällt aber auf, dass die Lebenswirklichkeit beim Abschluss eines arbeitsrechtlichen Aufhebungsvertrages mit den soeben dargestellten Überlegungen zu den Ursachen einer möglichen Überrumpelungsgefahr nicht vollständig erfasst wird. Denn wenn man bedenkt, dass der Begriff des „Arbeitsplatzes" sehr weit verstanden wird und alle Räumlichkeiten des Unternehmens sowie das gesamte Betriebsgelände einbeziehen soll[1059], dann ist es keineswegs zwingend, dass es sich bei dem vom Begriff „Arbeitsplatz" erfassten Verhandlungsort stets um einen üblichen Ort zum Abschluss eines Aufhebungsvertrages handelt. So wendet *Derleder* zu Recht ein, dass normalerweise nur das *Personalbüro* ein typischer Ort für den Abschluss arbeitsrechtlicher Aufhebungsverträge ist[1060]. Der Abschluss eines Aufhebungsvertrages *außerhalb* des Personalbüros, etwa in der Kantine oder auf dem Parkplatz, ist dagegen auch für das Arbeitsverhältnis *atypisch*, so dass insofern der Schutz des § 312 Abs. 1 Nr. 1 BGB durchaus angebracht wäre[1061]. Dass die „Gefahr einer möglichen Überrumpelung des Arbeitnehmers" besteht, wenn „die Vertragsverhandlungen (...) an ungewöhnlichen Orten im Betrieb stattfinden", räumt schließlich auch das *BAG* ein[1062]. Zumindest in diesen Konstellationen besteht demnach sehr wohl eine durch den *Verhandlungsort* bedingte

1056 Vgl. auch *Hoß*, ArbRB 2002, 181 (182); *Reim*, DB 2002, 2434 (2438); *Schacht*, Der Übereilungsschutz beim arbeitsrechtlichen Aufhebungsvertrag, S. 73; *Tschöpe/Pirscher*, RdA 2004, 358 (365); *Thüsing/Leder*, BB 2004, 42.

1057 Siehe dazu auch *Lorenz*, JZ 1997, 277 (281 f.).

1058 Siehe auch *Schacht*, Der Übereilungsschutz beim arbeitsrechtlichen Aufhebungsvertrag, S. 73

1059 Siehe oben 7. Kapitel B. III. 3. b) bb).

1060 *Derleder*, AuR 2004, 361 (366).

1061 *Derleder*, AuR 2004, 361 (366).

1062 BAG v. 27.11.2003, DB 2004, 1208 (1211).

Überrumpelungs- und Risikolage. Fraglich ist nur, welche Konsequenzen daraus für die Anwendung des § 312 Abs. 1 Nr. 1 BGB im Arbeitsrecht zu ziehen sind.

(c) Konsequenzen

Zunächst könnte man daran denken, bei der Auslegung des Begriffs „Arbeitsplatz" zwischen dem gewöhnlichen Verhandlungsort „Personalbüro" und dem ungewöhnlichen Verhandlungsort „übriges Betriebsgelände" zu unterscheiden und eine teleologische Reduktion des § 312 Abs. 1 Nr. 1 BGB nur dann vorzunehmen, wenn der Vertragsschluss im „Personalbüro" erfolgte[1063]. Gegen diesen Lösungsweg spricht aber, dass sich dann von Fall zu Fall die schwierige Abgrenzungsfrage stellen würde, ob nur das Büro des jeweiligen Arbeitgebers als „Personalbüro" und damit als „gewöhnlicher" Verhandlungsort anzusehen ist, oder ob bezogen auf den jeweiligen Einzelfall auch andere Räume erfasst werden, wie z.B. das Büro eines Vorgesetzen, das Zimmer eines Mitarbeiters, ein Tagungs- oder Versammlungsraum usw. Diese schwierige Abgrenzung sollte durch die Anknüpfung an den typisierenden Begriff „Arbeitsplatz" aber gerade vermieden werden.

Eine andere Möglichkeit wäre, auf die konkreten Umstände der Vertragsanbahnung abzustellen und die Anwendung der §§ 312, 355 BGB davon abhängig zu machen, ob im konkreten Fall *tatsächlich* eine Überrumpelungssituation vorliegt[1064]. Diese Lösung ist jedoch ebenfalls nicht mit der gesetzlichen Konzeption des Widerrufsrechts vereinbar. Denn der Gesetzgeber hat sich bewusst für eine generalisierende Betrachtung entschieden, für die Widerruflichkeit eines Rechtsgeschäfts kommt es daher gerade nicht darauf an, dass der Verbraucher tatsächlich überrascht wurde.

Das *BAG* hat sich deswegen dafür entschieden, am weiten Arbeitsplatzbegriff festzuhalten[1065] und am Arbeitsplatz abgeschlossene arbeitsrechtliche Verträge zwischen Arbeitnehmer und Arbeitgeber trotz der in einigen Fällen bestehenden Überrumpelungsgefahr *generell* aus dem Anwendungsbereich des § 312 Abs. 1 Nr. 1 BGB herauszunehmen[1066].

Diese „Alles-oder-Nichts"-Lösung ist allerdings schon deshalb bedenklich, weil bei strukturellen Ungleichgewichtslagen, die eine ungewöhnlich starke Belastung einer Vertragspartei zur Folge haben, eine verfassungsrechtliche Pflicht zum Ausgleich der gestörten Vertragsparität besteht[1067]. Angesichts der auch vom *BAG* bejahten

---

[1063] So die Überlegungen von *Derleder*, AuR 2004, 361 (366).

[1064] In diese Richtung geht der Vorschlag von *Reim*, DB 2002, 2434 (2438); ähnlich auch ArbG Frankfurt/Oder v. 29.5.2002, NZA-RR 2003, 412 (413).

[1065] BAG v. 27.11.2003, DB 2004, 1208 (1209).

[1066] BAG v. 27.11.2003, DB 2004, 1208 (1211).

[1067] Siehe dazu oben 1.Kapitel B. II. und 2. Kapitel A. II.

„allgemeinen Gefahr einer möglichen Überrumpelung des Arbeitnehmers" im Falle einer Vertragsanbahnung „zu ungewöhnlichen Zeiten oder an ungewöhnlichen Orten im Betrieb"[1068] und der besonderen Bedeutung des Arbeitsplatzes als wirtschaftliche Existenzgrundlage für den Arbeitnehmer[1069] kann daher auch beim Abschluss eines arbeitsrechtlichen Aufhebungsvertrages eine verfassungsrechtliche Pflicht zum Ausgleich der gestörten Vertragsparität bestehen[1070]. Dies dürfe aber nach Ansicht des *BAG* „nicht generell dazu führen, die situativ typisierenden gesetzlichen Widerrufsregelungen auf die arbeitsrechtlichen Aufhebungsverträge pauschal anzuwenden"[1071]. Das *BAG* geht vielmehr davon aus, dass der Überrumpelungsgefahr beim Abschluss eines arbeitsrechtlichen Aufhebungsvertrages „über Informationspflichten und mit dem Gebot fairen Verhandelns begegnet werden" könne[1072]. Damit räumt das *BAG* der richterrechtlichen Vertragsabschlusskontrolle anhand des Gebots fairen Verhandelns den Vorrang gegenüber der Anwendung des § 312 BGB ein. Dieses Vorrangverhältnis kann jedoch nicht überzeugen, wie die folgenden Überlegungen zeigen.

Bei dem vom *BAG* angesprochenen *Gebot fairen Verhandelns* handelt es sich um eine Nebenpflicht des Arbeitgebers aus dem bestehenden Arbeitsverhältnis (§ 241 Abs. 2 BGB) bzw., wenn noch kein Arbeitsverhältnis bestand, aus der Aufnahme von Vertragsverhandlungen (§ 311 Abs. 2 BGB)[1073]. Der schuldhafte Verstoß gegen das Gebot fairen Verhandelns hat einen Schadensersatzanspruch des Arbeitnehmers zur Folge[1074]. Das Gebot fairen Verhandelns ist allerdings kein „Allheilmittel"[1075] zur Kompensation gestörter Vertragsparität. Denn es geht dabei nicht um die Einräumung eines allgemeinen Widerrufsrechts, sondern um eine Prüfung

[1068] BAG v. 27.11.2003, DB 2004, 1208 (1211).

[1069] Vgl. BVerfG v. 24.4.1991, BVerfGE 84, 133 (146 f.); BVerfG v. 21.2.1995, BVerfGE 92, 140 (150).

[1070] Ebenso LAG Brandenburg v. 30.10.2002, DB 2003, 1446 (1447); *Reinecke*, NZA 2004, Sonderbeilage zu Heft 18, 27 (36). Kritisch *Mengel*, BB 2003, 1278 (1280).

[1071] BAG v. 27.11.2003, DB 2004, 1208 (1211).

[1072] BAG v. 27.11.2003, DB 2004, 1208 (1211). Vgl. auch BAG v. 15.3.2005, NZA 2005, 682 (686). Ebenso *Henssler*, RdA 2002, 129 (135); *Reinecke*, NZA 2004, Sonderbeilage zu Heft 18, 27 (37); Staudinger/*Thüsing*, § 312 Rn. 87.

[1073] Vgl. *Däubler* in: Däubler/Dorndorf, AGB-Kontrolle im Arbeitsrecht, Einleitung Rn. 155; *Lorenz*, JZ 1997, 277 (281 f.); *Reinecke*, NZA 2004, Sonderbeilage zu Heft 18, 27 (37).

[1074] Vgl. *Bachner* in: Kittner/Zwanziger, Arbeitsrecht, § 104 Rn. 92; *Bauer*, Arbeitsrechtliche Aufhebungsverträge, Rn. 204 ff.; *Däubler* in: Däubler/Dorndorf, AGB-Kontrolle im Arbeitsrecht, Einleitung Rn. 141; *Lorenz*, JZ 1997, 277 (280 ff.); *Weber/Ehrich/Burmester*, Handbuch der arbeitsrechtlichen Aufhebungsverträge, Teil 1 Rn. 88.

[1075] *Reinecke*, NZA 2004, Sonderbeilage zu Heft 18, 27 (37).

des jeweiligen Einzelfalls[1076]. Was den Beurteilungsmaßstab angeht, gibt es daher auch kein für alle Arten von Aufhebungsverträgen passendes griffiges Schema[1077]. Es obliegt also den Gerichten, im jeweiligen Einzelfall darüber zu entscheiden, ob sich der Arbeitgeber „fairen" Verhandlungsmethoden bedient hat. Wenn aber die Anwendung des Gebots fairen Verhandelns im Ergebnis darauf hinausläuft, dass der jeweilige Einzelfall nachträglich anhand von rechtlich schwer bestimmbaren Maßstäben gerichtlich überprüft werden kann, dann dürfte dem Arbeitgeber, der durch den Abschluss eines Aufhebungsvertrages alsbaldige Klarheit über den Fortbestand des Arbeitsverhältnisses schaffen wollte, mit einem Verweis auf das Gebot fairen Verhandelns kaum geholfen sein[1078]. Vielmehr wird man zugeben müssen, dass sich gegenüber derartigen Ansätzen der Tatbestand des § 312 Abs. 1 Nr. 1 BGB durch seine Bestimmtheit und Differenziertheit letztendlich als überlegen erweist[1079]. Denn bei einer Anwendung des § 312 BGB ist sowohl für den Arbeitgeber als auch für den Arbeitnehmer sofort ersichtlich, unter welchen Voraussetzungen ein Widerrufsrecht besteht und innerhalb welchen Zeitraums der ordnungsgemäß belehrte Arbeitnehmer von seinem Widerrufsrecht Gebrauch machen muss. Unter Rechtssicherheitserwägungen verdient daher eine Anwendung des § 312 BGB eindeutig Vorrang gegenüber einer richterrechtlichen Kompensation mit Hilfe der zivilrechtlichen Generalklauseln oder des Gebots fairen Verhandelns[1080]. Hinzu kommt, dass der Arbeitnehmer bei einer Anwendung des § 312 BGB weiterhin privatautonom über den Inhalt des Vertrages disponieren kann, da es allein seiner Initiative und Verantwortung überlassen ist, ob er das Geschäft gegen sich gelten lassen will oder nicht. Ob die Vertragsverhandlungen „fair" waren, entscheidet nicht der Richter, sondern bleibt der Beurteilung durch den Arbeitnehmer während der Widerrufsfrist überlassen. Anders als das Gebot fairen Verhandelns,

---

[1076] *Reinecke*, NZA 2004, Sonderbeilage zu Heft 18, 27 (37).

[1077] *Reinecke*, NZA 2004, Sonderbeilage zu Heft 18, 27 (37).

[1078] Der Einwand, der Arbeitgeber müsse zumindest dann nicht mit einer Klage des Arbeitnehmers rechnen, wenn er „unfaire" Verhandlungsmethoden vermeidet, überzeugt nicht. Denn wie schwer es ist, „faire" Verhandlungsmethoden klar und eindeutig zu umschreiben, zeigt sich bereits daran, dass in der Rechtsprechung noch immer nicht abschließend geklärt ist, inwieweit den Arbeitgeber beim Abschluss eines von ihm initiierten Aufhebungsvertrages Aufklärungs- und Informationspflichten treffen (vgl. nur die Darstellung bei *Weber/Ehrich/Burmester*, Handbuch der arbeitsrechtlichen Aufhebungsverträge, Teil 1 Rn. 70 ff.). Mit der Frage, was „faire" Verhandlungsmethoden sind, hat sich das *BAG* dagegen bisher überhaupt noch nicht auseinandergesetzt, so dass insofern erst noch die weitere Entwicklung der höchstrichterlichen Rechtsprechung abzuwarten ist.

[1079] So auch *Derleder*, AuR 2004, 361 (365).

[1080] Ähnlich bereits *Grunewald*, AuR 1994, 260 (261).

bei dem die Entscheidung über die Zulässigkeit des Rechtsgeschäfts dem Richter obliegt, greift § 312 BGB daher weniger intensiv in die in die privatautonome Gestaltung der Rechtsverhältnisse ein[1081]. Damit stellt § 312 BGB, der das Vertragsmodell lediglich modifiziert, ohne den Richter an die Stelle der Vertragsparteien zu setzen, im Vergleich zur Vertragsabschlusskontrolle auf der Grundlage der zivilrechtlichen Generalklauseln das mildere Mittel zur Kompensation der gestörten Vertragsparität dar[1082]. Dem Widerrufsrecht nach § 312 BGB sollte daher auch unter Verhältnismäßigkeitsgesichtspunkten der Anwendungsvorrang gebühren.

Auch wenn § 312 Abs. 1 Nr. 1 BGB zumindest im Hinblick auf die Art der Überrumpelungsgefahr aus teleologischer Sicht zugegebenermaßen nicht vollumfänglich auf arbeitsrechtliche Aufhebungsverträge passt, da § 312 Abs. 1 Nr. 1 BGB auf die Kompensation einer durch den Verhandlungsort bedingten Ungleichgewichtslage zielt, so wird man doch nicht leugnen können, dass auch bei arbeitsrechtlichen Aufhebungsverträgen eine allgemeine Überrumpelungsgefahr aufgrund der *Art und Weise* der Vertragsanbahnung besteht, wenn der Arbeitgeber den Arbeitnehmer plötzlich und ohne Vorankündigung in das Personalbüro bestellt und der Arbeitnehmer sich daher völlig unvorbereitet mit dem Aufhebungsangebot konfrontiert sieht[1083]. Angesichts dieser nicht von der Hand zu weisenden Überrumpelungsgefahr ist es daher insgesamt sicher ehrlicher und methodisch auch korrekter, eine Norm, die bereits vom Wortlaut her passt und die im Prinzip die gleiche Schutzrichtung hat, unmittelbar anzuwenden, als mit Hilfe der zivilrechtlichen Generalklauseln oder im Wege richterlicher Rechtsfortbildung unter Heranziehung des Gebots fairen Verhandelns zu versuchen, die verfassungsrechtlich geforderte Kompensation herbeizuführen. Und wenn man darüber hinaus noch bedenkt, dass zumindest bei einer Vertragsanbahnung an ungewöhnlichen Orten im Betrieb auch eine durch den *Verhandlungsort* bedingte Überrumpelungsgefahr besteht, so erscheint es wenig einleuchtend, dem Arbeitnehmer das Widerrufsrecht nach § 312 BGB zu versagen, obwohl er in dieser Situation der gleichen Überrumpelungsgefahr ausgesetzt ist wie der Verbraucher, der sich in einer „normalen" Haustürsituation des § 312 Abs. 1 Nr. 1 BGB befindet. Die Analyse der verschiedenen Faktoren, die beim Abschluss eines Aufhebungsvertrages die Gefahr einer Überrumpe-

---

[1081] Siehe dazu bereits oben 5. Kapitel F. Vgl. auch *Drexl*, JZ 1998, 1046 (1056); *Reuter* in: Eckert/Delbrück, Reform des deutschen Schuldrechts, S. 99, 104.

[1082] Ebenso für das Verhältnis zwischen Widerrufsrecht und Sittenwidrigkeitskontrolle *Drexl*, JZ 1998, 1046 (1056); *Reuter* in: Eckert/Delbrück, Reform des deutschen Schuldrechts, S. 99, 104. Ähnlich auch *Mankowski*, Beseitigungsrechte, S. 1150. Zum Verhältnis der verschiedenen Kompensationsinstrumente zueinander siehe auch oben 2. Kapitel A. III. 3. und 5. Kapitel F.

[1083] So auch das BAG v. 27.11.2003, DB 2004, 1208 (1211).

lung bewirken, spricht daher im Ergebnis eher für als gegen eine Anwendung des § 312 BGB im Arbeitsrecht.

Doch selbst wenn man mit der Gegenmeinung weiterhin davon ausgeht, dass das Widerrufsrecht nach § 312 Abs. 1 Nr. 1 BGB ausschließlich der Kompensation einer durch den Verhandlungsort bedingten Überrumpelungsgefahr dient und deshalb nicht zur Kompensation einer andersartigen Überrumpelungsgefahr herangezogen werden kann, wäre eine teleologische Reduktion des § 312 Abs. 1 Nr. 1 BGB im Arbeitsrecht nur dann gerechtfertigt, wenn die beschriebene Gefahr einer möglichen Überrumpelung aufgrund des Verhandlungsorts die *einzige* Funktionsstörung wäre, die das Widerrufsrecht des § 312 Abs. 1 Nr. 1 BGB im Visier hat. Bei genauerer Untersuchung der paritätsgefährdenden Faktoren, die durch das Widerrufsrecht nach § 312 Abs. 1 Nr. 1 BGB kompensiert werden sollen, ist jedoch festzustellen, dass es bei dem Widerrufsrecht nach § 312 Abs. 1 Nr. 1 BGB keineswegs nur um den Schutz vor Überrumpelungen geht[1084]. Denn wenn der Gesetzgeber dem Verbraucher, der an der Haustür mit einem Zeitschriftenabonnement bedrängt wird, ein Widerrufsrecht einräumt, obwohl der Einsatz von sog. „Drückerkolonnen" im Direktvertrieb weithin bekannt sein dürfte und der Verbraucher daher eigentlich auch an der Haustür mit bestimmten Vertragsangeboten rechnen muss, dann kann das nur bedeuten, dass die vom Gesetzgeber vermutete Verhandlungsschwäche in den von § 312 Abs. 1 Nr. 1 BGB erfassten Situationen nicht allein auf der durch den ungewöhnlichen Verhandlungsort bedingten Überraschungsgefahr beruht, sondern dass daneben noch *weitere* Umstände für das Ungleichgewicht verantwortlich sein müssen[1085]. Dementsprechend hat der Gesetzgeber die Einbeziehung der in § 312 Abs. 1 Nr. 1 BGB genannten Situationen u.a. auch damit begründet, dass der Verbraucher bei Vertragsabschlüssen in der Privatwohnung und am Arbeitsplatz nicht wie bei einem normalen Ladengeschäft die Möglichkeit hat, „weitgehend unbehelligt die Angebote zu prüfen" und gegebenenfalls den Verhandlungsort „auch ohne Begründung wieder zu verlassen"[1086]. Ausweislich der Gesetzesbegründung geht also auch der Gesetzgeber davon aus, dass die rechtsgeschäftliche Entscheidungsfreiheit des Verbrauchers in dieser Situation aus *mehreren* Gründen eingeschränkt ist[1087]. Zu der Überrumpelungsgefahr, die sich in erster Linie aus dem irritierenden bzw. atypischen Verhandlungsort ergibt, kommt noch die situationsbedingte Einschränkung hinzu, dass dem Verbraucher bei Vertragsabschlüssen in der Privatwohnung und am Arbeitsplatz „die für Ladengeschäfte typi-

---

[1084] Siehe dazu auch bereits oben 5. Kapitel B. I. und E. II.

[1085] Vgl. auch *Singer*, RdA 2003, 194 (196).

[1086] Vgl. die Gesetzesbegründung BT-Drucks. 10/2876, S. 6.

[1087] So auch *Fischer/Machunsky*, Haustürwiderrufsgesetz, Einführung, Rn. 11.

sche Umkehrmöglichkeit und Überlegungszeit fehlt."[1088] Die fehlende Überlegungszeit und die fehlende Umkehrmöglichkeit wirken sich demzufolge ebenfalls paritätsgefährdend aus und können dementsprechend auch eine Ursache für ein situationsbedingtes Ungleichgewicht sein. Bevor die Frage nach der Zulässigkeit einer teleologischen Reduktion des § 312 Abs. 1 Nr. 1 BGB abschließend beantwortet werden kann, ist daher zu prüfen, ob diese beiden Umstände bei typisierender Betrachtung auch beim Abschluss eines Aufhebungsvertrages dazu führen können, dass sich der Arbeitnehmer in einer situationsbedingten Unterlegenheit befindet.

bbb) Das „Informationsgefälle"

Das Widerrufsrecht nach § 312 BGB soll zunächst einmal auch ein Ausgleich dafür sein, dass der Verbraucher in den von § 312 Abs. 1 Nr. 1-3 BGB erfassten Verhandlungssituationen regelmäßig keine hinreichende Überlegungszeit besitzt, um eine sachgerechte Entscheidung treffen zu können. Denn bei dieser Art der Vertragsanbahnung stellt sich für den Verbraucher typischerweise das Problem, dass sich das Vertragsangebot auf die konkrete Situation beschränkt und ein späterer Kontakt zum Unternehmer in der Regel nicht mehr möglich ist. Aufgrund der Einmaligkeit des Angebots steht der Verbraucher daher regelmäßig unter dem zeitlichen Entscheidungsdruck, entweder das Angebot sofort anzunehmen oder sich das Geschäft entgehen zu lassen[1089]. Die Möglichkeit, zunächst Qualität und Preis des Angebots mit anderen Angeboten auf dem Markt zu vergleich und erst dann den Vertrag abzuschließen, hat der Verbraucher darum bei diesen Geschäften normalerweise nicht[1090]. Da der Verbraucher in dieser Situation keinen Zugang zu Marktinformationen hat, kann er nicht beurteilen, ob das präsentierte Angebot den marktüblichen Preisen entspricht. Zwischen dem Verbraucher und dem Unternehmer besteht deshalb ein situationsbedingtes *Informationsgefälle*, weil der Vertragsschluss unter Bedingungen stattfindet, die dem Verbraucher den Zugang zu dem vertragsrelevanten Wissen verwehren. Dieses situationsbedingte Informationsgefälle soll nachträglich durch die Einräumung eines Widerrufsrechts nach §§ 312, 355 BGB kompensiert werden[1091]. Die zweiwöchige Widerrufsfrist gibt dem Verbraucher die Möglichkeit, nachträglich vertragsrelevante Informationen einzuholen und den Vertragsschluss noch einmal in Ruhe zu überdenken, um so eine Basis für eine

---

[1088] BT-Drucks. 10/2876, S. 6.

[1089] So auch *Brors*, DB 2002, 2046 (2047); *Künzl*, ZTR 2004, 16 (19).

[1090] Vgl. die Gesetzesbegründung BT-Drucks. 10/2876, S. 6. Siehe auch *Fischer/Machunsky*, Haustürwiderrufsgesetz, Einführung Rn. 11; *Micklitz/Tonner*, Vertriebsrecht, § 312 Rn. 1; MüKo/*Ulmer*, Vorbem. zu §§ 312, 312a Rn. 1.

[1091] Siehe dazu oben 5. Kapitel E. II.

vernünftige Entscheidung über das abgeschlossene Rechtsgeschäft und dessen weiteres Aufrechterhalten zu haben. Für die Situation beim Abschluss eines arbeitsrechtlichen Aufhebungsvertrages am Arbeitsplatz bedeutet das, dass danach zu fragen ist, ob insofern auch zwischen Arbeitnehmer und Arbeitgeber ein vergleichbares Informationsgefälle besteht, das durch eine nachträgliche Überlegungsfrist zu Gunsten des Arbeitnehmers ausgeglichen werden kann.
Das *BAG*[1092] und Teile des arbeitsrechtlichen Schrifttums[1093] sind der Ansicht, dass ein Informationsgefälle zwischen Arbeitnehmer und Arbeitgeber beim Abschluss eines arbeitsrechtlichen Aufhebungsvertrages zu verneinen sei. Denn anders als der Verbraucher an der Haustür, der gerade aufgrund der Einmaligkeit des Angebots unter einem zeitlichen Entscheidungsdruck stehe und daher vor Vertragsschluss keine Vergleichsinformationen mehr einholen könne, befinde sich der Arbeitnehmer beim Abschluss eines Aufhebungsvertrages nicht in einer Situation des *„take it or leave it"*[1094]. Der Arbeitgeber, der mit dem Arbeitnehmer den Abschluss eines Aufhebungsvertrages anstrebe, sei schließlich für den Arbeitnehmer kein „fremder" Vertragspartner, der aus einem dem Arbeitnehmer nicht zugänglichen und unbekannten Geschäftsbereich kommend plötzlich an den Arbeitnehmer herantrete. Vielmehr bleibe der Arbeitgeber dem Arbeitnehmer aufgrund des weiterhin bestehenden Arbeitsverhältnisses auch in Zukunft als Verhandlungspartner erhalten. Der Arbeitnehmer müsse daher nicht befürchten, dass der Vertragsschluss nach Ablehnung des Angebots endgültig gescheitert ist und der Arbeitgeber wieder in seinem unbekannten Geschäftsbereich verschwindet[1095]. Im Gegensatz zum Verbraucher an der Haustür stehe der Arbeitnehmer bei einem Angebot des Arbeitgebers deshalb nicht unter dem zeitlichen Entscheidungsdruck, dass Angebot anzunehmen oder sich das Geschäft entgehen zu lassen[1096]. Der Arbeitnehmer habe vielmehr die Möglichkeit, den Vertragsschluss hinauszuschieben und sich die erforderlichen Informationen über die Nachteile und sozialrechtlichen Folgen des Aufhebungsvertrages vor Abschluss des Vertrages selbst zu beschaffen[1097]. Beim Abschluss eines arbeitsrechtlichen Aufhebungsvertrages befinde sich der Arbeitnehmer daher nicht in der vom Schutzzweck des § 312 BGB erfassten Situation des aus der Einmalig-

---

[1092] BAG v. 27.11.2003, DB 2004, 1208 (1210 f.); ebenso LAG Hamm v. 1.4.2003, DB 2003, 1443 (1445).

[1093] *Brors*, DB 2002, 2046 (2048); *Künzl*, ZTR 2004, 16 (19); *S.Müller*, Der Arbeitnehmer als Verbraucher iSd. § 13 BGB, S. 210.

[1094] *Brors*, DB 2002, 2046 (2048).

[1095] Vgl. LAG Hamm v. 1.4.2003, DB 2003, 1443 (1445) unter Berufung auf *Brors*, DB 2002, 2046 (2047).

[1096] *Brors*, DB 2002, 2046 (2048).

[1097] LAG Hamm v. 1.4.2003, DB 2003, 1443 (1445).

keit des Angebots folgenden Entscheidungsdrucks und des dabei vorhandenen Informationsgefälles[1098].

Ob von einem Arbeitnehmer tatsächlich erwartet werden kann, dass er sich vor Abschluss des Aufhebungsvertrages selbst um diejenigen Informationen und sozialversicherungsrechtlichen Fragen kümmert, die zur Wahrung seiner Interessen erforderlich sind, erscheint allerdings zweifelhaft. Denn wenn *Bauer/Diller*[1099] ausführen, dass die fehlende sozialrechtliche Aufklärung durch den Arbeitgeber selten am „bösen Willen" des Arbeitgebers läge, sondern darauf beruhe, dass die einschlägigen Vorschriften ein „äußerst schwer zu durchschauendes Normengestrüpp" bildeten, das „meist nur von arbeitsrechtlich geschulten ‚Personalern' großer Unternehmen beherrscht" würde, dann stellt sich schon die Frage, weshalb von einem Arbeitnehmer verlangt werden kann, sich die erforderlichen Informationen selbst zu beschaffen, wenn bereits der Inhaber eines kleinen Ladengeschäfts oder eines mittelständischen Unternehmens damit nach Aussage von *Bauer/Diller* „schlichtweg überfordert"[1100] ist. Auch das Argument, dass der Arbeitnehmer beim Abschluss eines arbeitsrechtlichen Aufhebungsvertrages keinem zeitlichen Entscheidungsdruck ausgesetzt sei, da ihm der Arbeitgeber weiterhin als Verhandlungspartner eines Aufhebungsvertrages zur Verfügung stehe, überzeugt nicht. Denn wie das *BAG*[1101] selbst eingeräumt hat, kann sich der Arbeitnehmer durchaus in einer Situation des *„take it or leave it"* befinden, in der ihm nur ein „Jetzt und Heute"[1102] anzunehmendes Aufhebungsangebot unterbreitet wird[1103]. Ob es zu diesen Drucksituationen ohne ausreichend Bedenkzeit nur „manchmal"[1104] kommt, wie das *BAG* meint, oder ob es sich dabei um eine häufiger vorkommende Vorgehensweise handelt, ist allerdings „empirisch nicht zu belegen"[1105], wie *Bengelsdorf* zu Recht einwendet. Wenn daraus aber der generelle Schluss gezogen wird, dass deshalb die situativ typisierenden gesetzlichen Widerrufsregelungen nicht pauschal auf arbeitsrechtliche Aufhebungsverträge angewendet werden könnten[1106], so wird übersehen, dass die typisierende Regelung des § 312 Abs. 1 Nr. 1 BGB gerade die Vermutung beinhaltet, dass es in den genannten Situationen zumindest häufiger zu solchen paritätsgefährdenden Drucksituationen kommen kann. Auch hier ist daher wieder

---

[1098] LAG Hamm v. 1.4.2003, DB 2003, 1443 (1444 f.).
[1099] *Bauer/Diller*, DB 1995, 1810 (1812).
[1100] *Bauer/Diller*, DB 1995, 1810 (1812).
[1101] Vgl. BAG v. 27.11.2003, DB 2004, 1208 (1211).
[1102] So wörtlich BAG v. 27.11.2003, DB 2004, 1208 (1211).
[1103] Siehe nur den Fall des LAG Hamburg v. 3.7.1991, LAGE § 611 BGB Aufhebungsvertrag Nr. 6.
[1104] BAG v. 27.11.2003, DB 2004, 1208 (1211).
[1105] *Bengelsdorf*, DB 1997, 874 (879).
[1106] So BAG v. 27.11.2003, DB 2004, 1208 (1211).

darauf hinzuweisen, dass die *abstrakte* Gefahr einer zeitlichen Drucksituation und eines damit verbundenen Informationsgefälles für die Anwendung des § 312 Abs. 1 Nr. 1 BGB genügt. Ob dem Arbeitnehmer *tatsächlich* nur ein „Jetzt und Heute" anzunehmendes Aufhebungsangebot unterbreitet wurde, ist gleichgültig. Dementsprechend fällt auch ein Geschäft an der Haustür nicht generell aus dem Anwendungsbereich heraus, nur weil manche Vertreter dem Verbraucher eine Bedenkzeit einräumen und einen weiteren Hausbesuch in Aussicht stellen. Und da die Vorschrift des § 312 Abs. 1 Nr. 1 BGB grundsätzlich auch auf arbeitsrechtliche Aufhebungsverträge sachlich direkt anwendbar ist, gilt auch hier zunächst einmal die gesetzliche Vermutung, dass die Gefahr einer Drucksituation und eines daraus folgenden Informationsgefälles besteht. Insofern ist die Argumentationslast umgekehrt: Es ist nicht etwa die Anwendbarkeit der Vorschrift auf arbeitsrechtliche Aufhebungsverträge besonders zu begründen, sondern es bedarf überzeugender und methodisch stimmiger Argumente, um arbeitsrechtliche Aufhebungsverträge aus dem Anwendungsbereich der Vorschrift auszuschließen. Eine teleologische Reduktion des § 312 Abs. 1 Nr. 1 BGB setzt daher den Nachweis voraus, dass es bei Aufhebungsangeboten am Arbeitsplatz *generell* nicht zu einer Situation des aus der Einmaligkeit des Angebotes folgenden Entscheidungsdrucks und des dadurch bedingten Informationsgefälles kommen kann. Diese Behauptung stellt das *BAG* aber wohlweißlich nicht auf, geschweige denn, dass es diese Behauptung durch entsprechende Tatsachen belegt.

Ein weiteres Argument gegen die in § 312 Abs. 1 Nr. 1 BGB enthaltene Vermutung eines situationsbedingten Informationsgefälles wird aus der Rechtsprechung des *BAG*[1107] zu den Grundsätzen über faires Verhandeln und zur Frage von Aufklärungspflichten des Arbeitgebers hergeleitet[1108]. Geht der Aufhebungsvertrag nämlich auf die Initiative des Arbeitgebers zurück, so muss der Arbeitgeber nach der Rechtsprechung des *BAG* den Arbeitnehmer auf mögliche sozialrechtliche Nachteile und Risiken des Aufhebungsvertrages hinweisen[1109]. Verletzt der Arbeitgeber diese Informationspflichten und entsteht dem Arbeitnehmer dadurch ein Schaden, so muss der Arbeitgeber dem Arbeitnehmer diesen Schaden ersetzen. Vor diesem Hintergrund geht nun das *LAG Hamm* davon aus, dass ein gegebenenfalls bestehendes Informationsgefälle zwischen Arbeitnehmer und Arbeitgeber beim Ab-

---

1107 BAG v. 10.3.1988, AP Nr. 99 zu § 611 BGB Fürsorgepflicht; BAG v. 17.10.2000, NZA 2001, 206 (207 ff.); BAG v. 25.1.2000, NZA 2000, 886 (888).

1108 So vor allem LAG Hamm v. 1.4.2003, DB 2003, 1443 (1445); *Brors*, DB 2002, 2046 (2048). Ähnlich auch BAG v. 27.11.2003, DB 2004, 1208 (1211); *Henssler*, RdA 2002, 129 (135).

1109 BAG v. 3.7.1990, NZA 1990, 971 (972); BAG v. 25.1.2000, NZA 2000, 886 (888); BAG v. 17.10.2000, NZA 2001, 206 (207).

schluss eines Aufhebungsvertrages bereits hinreichend durch die entsprechenden Informationspflichten und Schadenersatzansprüche ausgeglichen werde[1110]. Es bestehe daher insofern gar kein Informationsdefizit mehr, das durch eine nachträgliche Überlegungsfrist zu Gunsten des Arbeitnehmers ausgeglichen werden könnte. Diese Argumentation ist jedoch zirkelschlüssig. Denn die im Wege der Rechtsfortbildung entwickelten Aufklärungspflichten des Arbeitgebers beruhen ja gerade auf der Annahme, dass bei einem vom Arbeitgeber initiierten Aufhebungsvertrag grundsätzlich ein Informationsgefälle zu Lasten des Arbeitnehmers besteht, das durch die Statuierung entsprechender Informationspflichten bzw. Schadensersatzansprüche kompensiert werden soll. Es kann daher schon methodisch gesehen nicht angehen, mit Hinweis auf die richterrechtliche Statuierung von Informationspflichten eine erneute Korrektur vorzunehmen und den Anwendungsbereich einer gesetzlichen Vorschrift einzuschränken, die gerade der Kompensation eines situationsbedingten Informationsgefälles dient. Wenn man also die Rechtsprechung des *BAG* zur Frage von Aufklärungspflichten des Arbeitgebers vor Abschluss des Aufhebungsvertrages ernst nimmt und davon ausgeht, dass bei einem arbeitgeberinitiierten Aufhebungsvertrag grundsätzlich ein Informationsgefälle zu Lasten des Arbeitnehmers besteht, dann ist es nur konsequent, wenn man es in diesem Fall bei der Anwendung des § 312 Abs. 1 Nr. 1 BGB belässt und dem Arbeitnehmer eine nachträgliche Überlegungsfrist einräumt, um das Informationsgefälle auszugleichen. Ein Hinweis auf eventuelle Informationspflichten des Arbeitgebers vor Abschluss eines Aufhebungsvertrages vermag eine teleologische Reduktion des § 312 Abs. 1 Nr. 1 BGB demnach ebenfalls nicht zu rechtfertigen.

Schließlich trifft es auch nicht zu, dass hinsichtlich der in einem Aufhebungsvertrag zu vereinbarenden Modalitäten, wie z.B. Beendigungszeitpunkt, Zahlung einer Abfindung, Freistellung gegen Vergütungsfortzahlung etc., kein Schutzbedürfnis des Arbeitnehmers dafür bestehen würde, innerhalb der Widerrufsfrist vertragsrelevante Vergleichsinformationen abzufragen[1111]. Denn wenn behauptet wird, dass es für den Abschluss eines arbeitsrechtlichen Aufhebungsvertrages keinen „Markt" gebe, „auf dem die Angemessenheit eines Preis-Leistungsverhältnisses oder die Qualität anderer ‚Produkte' oder ‚Leistungen' abgefragt werden könnte"[1112], so wird übersehen, dass sich der Arbeitnehmer sehr wohl bei einer Vertrauensperson

[1110] LAG Hamm v. 1.4.2003, DB 2003, 1443 (1445); ebenso *Brors*, DB 2002, 2046 (2048).

[1111] So aber LAG Hamm v. 1.4.2003, DB 2003, 1443 (1445); zustimmend *Künzl*, ZTR 2004, 16 (19).

[1112] LAG Hamm v. 1.4.2003, DB 2003, 1443 (1445); zustimmend *S.Müller*, Der Arbeitnehmer als Verbraucher iSd. § 13 BGB, S. 210 f. Ähnlich auch *Mankowski*, SAE 2005, 70 (74): „Es gibt keine Vergleichsangebote".

oder einem Experten wie einem Betriebsratsmitglied, einem Gewerkschaftsvertreter oder einem Rechtsanwalt danach erkundigen kann, ob die vom Arbeitgeber angebotenen Konditionen angemessen sind oder nicht. Es gibt demnach durchaus einen „Markt", auf dem entsprechende Vergleichsinformationen eingeholt werden können. Als Beispiel für einen Vergleichsmaßstab sei nur die inzwischen in § 1a Abs. 2 KSchG gesetzlich normierte Regelabfindung („ein halbes Bruttomonatsgehalt pro Beschäftigungsjahr") genannt, die sich über Jahre hinweg auch bei Aufhebungsverträgen als Maßstab für eine angemessene Abfindungshöhe herausgebildet hat[1113]. Beim Abschluss eines arbeitsrechtlichen Aufhebungsvertrages besteht also zwischen Arbeitnehmer und Arbeitgeber sehr wohl ein Informationsgefälle, das durch die Einholung von vertragsrelevanten Informationen während der Widerrufsfrist nachträglich ausgeglichen werden kann.

Die in der typisierenden Regelung des § 312 Abs. 1 Nr. 1 BGB zum Ausdruck kommende Vermutung, dass bei Vertragsabschlüssen am Arbeitsplatz zwischen den Vertragsparteien ein situationsbedingtes Informationsgefälle besteht, gilt somit auch bei einem arbeitsrechtlichen Aufhebungsvertrag. Denn auch in diesem Fall besteht zumindest die abstrakte Gefahr, dass dem Arbeitnehmer nur ein „Jetzt und Heute" anzunehmendes Aufhebungsangebot unterbreitet wird, dessen Inhalt und Bedeutung er ohne fachkundige Beratung nicht sachgerecht einschätzen kann. Dass sich die Situation möglicherweise anders darstellt, wenn dem Arbeitnehmer bereits *vor* Vertragsschluss eine entsprechende Bedenkzeit eingeräumt wird, ist an dieser Stelle unbeachtlich. Denn der Umstand, dass das von § 312 Abs. 1 Nr. 1 BGB vorausgesetzte Ungleichgewicht in bestimmten Konstellationen möglicherweise zu verneinen ist, kann angesichts des typisierenden Charakters der Widerrufsvorschriften nicht generell dazu führen, arbeitsrechtliche Aufhebungsverträge pauschal aus dem Anwendungsbereich der situativ typisierenden gesetzlichen Widerrufsregelungen herauszunehmen. Eine teleologische Reduktion des Verbraucherschutzrechts darf vielmehr nur diejenigen Fallgruppen erfassen, in denen es typischerweise an einer gestörten Vertragsparität fehlt und der Verbraucherschutz daher grundsätzlich nicht erforderlich ist. Der Einwand, dass das situative Ungleichgewicht beim Abschluss eins Aufhebungsvertrages durch die Einschaltung eines Rechtsanwalts oder die Einräumung einer Bedenkzeit eventuell gemildert oder vielleicht sogar vollständig ausgeglichen wird, ist daher nur für die Frage relevant, ob in *diesen* Konstellationen, in denen der Arbeitnehmer einen Rechtsanwalt einschaltet oder eine Bedenkzeit erhält, ausnahmsweise eine teleologische Reduktion des § 312 BGB gerechtfertigt erscheint[1114]. Dazu muss aber zunächst geklärt werden, ob beim

[1113] Vgl. *Appel* in: Kittner/Zwanziger, Arbeitsrecht, § 103 Rn. 34.

[1114] Siehe dazu unten 7. Kapitel B. III. 4. c) cc).

Abschluss eines arbeitsrechtlichen Aufhebungsvertrages am Arbeitsplatz nicht noch weitere Funktionsstörungen auftreten, die durch das Widerrufsrecht des § 312 Abs. 1 Nr. 1 BGB kompensiert werden sollen. An dieser Stelle bleibt es daher bei der Feststellung, dass beim Abschluss eines Aufhebungsvertrages am Arbeitsplatz grundsätzlich ein situationsbedingtes Informationsgefälle zwischen Arbeitnehmer und Arbeitgeber besteht, dass durch die Einräumung einer nachträglichen Bedenkzeit zu Gunsten des Arbeitnehmers ausgeglichen werden kann.

ccc) Die erschwerte Ausweichmöglichkeit

Ausweislich der Gesetzesbegründung hat der Gesetzgeber das Widerrufsrecht nach § 312 BGB schließlich auch deshalb eingeführt, weil dem Verbraucher bei einem Ansprechen an der Haustüre, am Arbeitsplatz oder bei einer sog. Kaffeefahrt „die für Ladengeschäfte typische Umkehrmöglichkeit" fehlt und es der Verbraucher daher „häufig nicht fertig bringt", den psychologisch geschulten Verkäufer „abzuweisen"[1115]. Das Widerrufsrecht nach § 312 BGB hat somit neben der Überrumpelungsgefahr und dem Informationsgefälle noch eine weitere Funktionsstörung im Blick, die maßgeblich durch die *erschwerte Ausweichmöglichkeit* am Ort der Vertragsverhandlungen bestimmt wird[1116]. So besteht die eigentliche Gefahr bei den von § 312 Abs. 1 Nr. 2 BGB erfassten Freizeitveranstaltungen darin, dass der Unternehmer während einer solchen Veranstaltung in zeitlicher oder räumlicher Hinsicht auf den Verbraucher einwirken kann, ohne dass sich der Verbraucher diesen Verkaufsbemühungen ohne weiteres entziehen kann[1117]. Der Verbraucher ist daher in dieser Situation den Einwirkungen der anderen Vertragspartei mehr oder weniger schutzlos ausgeliefert. Die erschwerte Ausweichmöglichkeit führt zu einer *psychologischen Drucksituation*, aus der sich ebenfalls die Gefahr einer unsachgemäßen und übereilten Vertragsentscheidung ergibt. Dementsprechend ist die erschwerte Ausweichmöglichkeit bei den in § 312 Abs. 1 *Nr. 2* BGB genannten Freizeitveranstaltungen die Hauptursache für die Paritätsstörung, die durch das Widerrufsrecht kompensiert werden soll. Die Gefahr, dass sich der Verbraucher den Vertragsverhandlungen nur schwer entziehen kann, besteht allerdings nicht bei allen von § 312 BGB erfassten Verhandlungssituationen. Wird der Verbraucher etwa in einem Verkehrsmittel oder im Bereich öffentlich zugänglicher Verkehrswege überraschend von einem Vertreter angesprochen, so dürfte es für den Verbraucher regelmäßig kein Problem sein, den Verkaufsbemühungen des anderen Vertragspartners räumlich auszuweichen. Bei den von § 312 Abs. 1 *Nr. 3* BGB erfassten Ver-

---

[1115] BT-Drucks. 10/2876, S. 6.

[1116] Vgl. *Fischer/Machunsky*, Haustürwiderrufsgesetz, Einführung Rn. 11, 12.

[1117] *Fischer/Machunsky*, Haustürwiderrufsgesetz, § 1 Rn. 112.

handlungssituationen wirken sich daher allein die durch das überraschende Ansprechen bedingte Überrumpelungsgefahr und das Informationsgefälle paritätsgefährdend aus[1118].

Wenn das *BAG* daraus allerdings den Schluss ziehen will, dass die fehlende Ausweichmöglichkeit nur im Rahmen von § 312 Abs. 1 *Nr. 2* BGB beachtlich sei und bei den von § 312 Abs. 1 *Nr. 1* BGB erfassten Verhandlungssituationen in der Privatwohnung und am Arbeitsplatz ebenso wie bei den Verhandlungssituationen des § 312 Abs. 1 *Nr. 3* BGB keine Rolle spielen würde[1119], so ist das nicht überzeugend. Denn bei einem unbestellten Vertreterbesuch in der Privatwohnung kann sich der Verbraucher den Bemühungen des Vertreters um den Abschluss eines Vertrages ebenfalls nur schwer entziehen[1120]. Hat der Verbraucher den psychologisch geschulten Vertreter erst einmal in seine Wohnung gelassen, wird sich der Vertreter in der Regel nicht mehr ohne weiteres abweisen und aus der Wohnung führen lassen, sondern so lange auf den Verbraucher einreden, bis sich dieser zum Vertragsschluss bereit erklärt. Oftmals ist der Vertragsschluss daher für den Verbraucher das einzige und vor allem das argumentativ einfachste Mittel, um den Vertreter wieder zum Gehen zu bewegen. Bei einer Vertragsanbahnung im Bereich der Privatwohnung fehlt dem Verbraucher demnach ebenfalls „die für Ladengeschäfte typische Umkehrmöglichkeit", zumal er gerade in seiner Privatwohnung der Initiative des Vertreters weder in räumlicher noch in zeitlicher Hinsicht effektiv ausweichen kann. Finden die Vertragsanbahnung am Arbeitsplatz des Verbrauchers statt, gilt insofern nichts anderes[1121]. Auch hier kann der Verbraucher seinen Arbeitsplatz nicht einfach verlassen, um sich den Verkaufsbemühungen des Vertreters zu entziehen. Ähnlich wie bei einer Freizeitveranstaltung i.S.v. § 312 Abs. 1 Nr. 2 ist der Verbraucher daher auch an seinem Arbeitsplatz den Einwirkungen des Vertreters in räumlicher und zeitlicher Hinsicht ausgeliefert. Die erschwerte Ausweichmöglichkeit wirkt sich also auch bei einer Vertragsanbahnung in der Privatwohnung oder am Arbeitsplatz des Verbrauchers paritätsgefährdend aus. Das Widerrufsrecht nach § 312 Abs. 1 Nr. 1 BGB trägt somit entgegen der Ansicht des *BAG* sehr wohl auch dem paritätsgefährdendem Umstand Rechnung, dass sich der Verbraucher den Vertragsverhandlungen im Bereich seiner Privatwohnung oder an seinem Arbeitplatz nicht bzw. nur schwer entziehen kann.

Vergleicht man nun die soeben beschriebene Situation des Verbrauchers, der am Arbeitsplatz mit den Verkaufsbemühungen eines Vertreters konfrontiert wird, mit

[1118] Vgl. *Fischer/Machunsky*, Haustürwiderrufsgesetz, § 1 Rn. 167 ff.

[1119] BAG v. 27.11.2003, DB 2004, 1208 (1210).

[1120] *Fischer/Machunsky*, Haustürwiderrufsgesetz, § 1 Rn. 71.

[1121] Vgl. *Fischer/Machunsky*, Haustürwiderrufsgesetz, § 1 Rn. 73.

der Situation des Arbeitnehmers, der von seinem Arbeitgeber an seinem Arbeitsplatz zum Abschluss eines Aufhebungsvertrages gedrängt wird, so wird man feststellen, dass sich der Arbeitnehmer einem Vertragsschluss am Arbeitsplatz ungleich schwerer entziehen kann, da er arbeitsvertraglich zur Anwesenheit verpflichtet ist und dem Direktionsrecht des Arbeitgebers unterliegt[1122]. Der Arbeitnehmer darf nämlich seinen Arbeitsplatz während der Arbeitszeit ohne Zustimmung des Arbeitgebers grundsätzlich nicht verlassen, weshalb er den Bemühungen des Arbeitgebers um den Abschluss des Vertrages praktisch kaum ausweichen kann[1123]. Zudem hat der Arbeitgeber kraft seines Direktionsrechts die Macht, die Verhandlungssituation und das Verfahren der Verhandlungen über den Aufhebungsvertrag maßgeblich zu beeinflussen, indem er den Arbeitnehmer zu sich in das Personalbüro ruft und solange auf ihn einredet, bis er den Aufhebungsvertrag abschließt[1124]. Der Arbeitgeber hat damit ähnlich wie bei einer Freizeitveranstaltung i.S.d. § 312 Abs. 1 Nr. 2 BGB den Vorteil, Zeit und Ort für seinen „Angriff" auswählen zu können[1125]; er hat alle Möglichkeiten in der Hand, es dem Arbeitnehmer so schwer wie möglich zu machen. Hinzu kommt, dass das Vertragsaufhebungsgespräch auf Seiten des Arbeitgebers regelmäßig von einem Vorgesetzten und einem Mitarbeiter der Personalabteilung geführt wird, während sich der Arbeitnehmer in der Unterzahl befindet und über keinen Beistand verfügt. Manche Aufhebungsvertragsgespräche werden sogar gezielt als „Stressgespräche" angelegt, in denen der in die Schusslinie geratene Arbeitnehmer je nach Bildungsstand und Charakterfestigkeit nur deshalb in den Vertragsschluss flieht, um dem äußeren Druck zu entgehen und (zunächst) weiterhin freundlich behandelt zu werden[1126]. Es besteht daher auch in diesem Fall grundsätzlich die Gefahr, dass sich der Arbeitnehmer aufgrund der überlegenen Autorität des Arbeitgebers in einer psychologischen Drucksituation befindet und deshalb voreilig und ohne die rechtlichen Konsequenzen zu überblicken in den Aufhebungsvertrag einwilligt[1127]. Ganz in diesem Sinne hat das *BAG* jüngst

[1122] So auch ArbG Berlin v. 6.9.2000, AuR 2002, 193 (194); *Fischer/Machunsky*, Haustürwiderrufsgesetz, § 1 Rn. 36, 90; *Schacht*, Der Übereilungsschutz beim arbeitsrechtlichen Aufhebungsvertrag, S. 82; *Schleusener*, NZA 2002, 949 (951); *Singer*, RdA 2003, 194 (196 f.); *Zwanziger*, DB 1994, 982 (984).

[1123] *Fischer/Machunsky*, Haustürwiderrufsgesetz, § 1 Rn. 90; *Schacht*, Der Übereilungsschutz beim arbeitsrechtlichen Aufhebungsvertrag, S. 82; *Schleusener*, NZA 2002, 949 (951).

[1124] *Zwanziger*, DB 1994, 982 (984).

[1125] So auch *Däubler* in: Däubler/Dorndorf, AGB-Kontrolle im Arbeitsrecht, Einleitung Rn. 133.

[1126] Siehe auch *Hümmerich*, NZA 2004, 809 (810, 815).

[1127] Vgl. auch ArbG Berlin v. 6.9.2000, AuR 2002, 193 (194); *Mankowski*, Beseitigungsrechte, S. 1161; *Schacht*, Der Übereilungsschutz beim arbeitsrechtlichen Aufhebungsvertrag, S. 82; *Singer*, RdA 2003, 194 (196).

noch einmal festgestellt, dass insbesondere dann, wenn auf Seiten des Arbeitgebers weitere Personen an dem Aufhebungsvertragsgespräch teilnehmen, aus Gründen der „Waffengleichheit" eine Verpflichtung des Arbeitgebers bestehen kann, zu dem Gespräch über den Abschluss des Aufhebungsvertrages die Hinzuziehung eines Betriebsratsmitglieds zu gestatten[1128]. Das Betriebsratsmitglied soll dem Arbeitnehmer bei dem Gespräch beratend zur Seite stehen können, wie das *BAG* anmerkt. Durch die Teilnahme soll – so dass *BAG* weiter – „ein etwa vorhandenes intellektuelles Übergewicht des Arbeitgebers ausgeglichen oder abgemildert werden"[1129]. Selbst wenn man mit *Bengelsdorf*[1130] davon ausgeht, dass der Arbeitnehmer aufgrund des Direktionsrechts nicht dazu gezwungen werden darf, zu einem vom Arbeitgeber gewünschten Gespräch über den Abschluss eines Aufhebungsvertrages zu erscheinen, so ändert das *faktisch* gesehen nichts an der Gefahr einer solchen Drucksituation. Denn der Arbeitnehmer wird sich bei einer Aufforderung des Arbeitgebers, im Personalbüro zu erscheinen, kaum mit rechtsdogmatischen Erwägungen zur Begrenzung des Direktionsrechts befassen, sondern eine normale Dienstanweisung annehmen und ihr pflichtbewusst Folge leisten[1131]. Insofern ist es für die Gefahr einer psychologischen Drucksituation letztlich nicht von Bedeutung, ob die Aufforderung des Arbeitgebers, Verhandlungen über einen Aufhebungsvertrag zu führen, rechtlich gesehen eine vom Direktionsrecht erfasste, verbindliche Anweisung ist oder eine vom Direktionsrecht nicht mehr gedeckte, unverbindliche Bitte des Arbeitgebers darstellt. Denn in beiden Fällen kann der Arbeitnehmer dem Ansinnen des Arbeitgebers nur ausweichen, wenn er sich dem Wunsch des Arbeitgebers widersetzt, was ihm jedoch aufgrund der überlegenen Autorität des Arbeitgebers mindestens so schwer fallen wird wie einem Verbraucher das „Nein" gegenüber einem drängelnden Verkäufer an der Haustür[1132].

Dass ein Arbeitnehmer in der Regel sehr viel Widerstandskraft benötigt, um dem Ansinnen des Arbeitgebers nachhaltig zu widersprechen, hat auch der *BGH* im Grundsatz anerkannt, als er in seinem Urteil vom 27.10.1967 ausdrücklich die Einschätzung des Berufungsgerichts billigte, dass der beklagte Kaufmann „als früherer Prinzipal" des Klägers „für ihn eine besondere Autorität verkörperte", weshalb es dem Kläger beim Abschluss eines formunwirksamen Grundstückskaufvertrages „nahezu unmöglich" gewesen sei, „auf der Einhaltung der gesetzlichen Form zu

---

[1128] BAG v. 16.11.2004, NZA 2005, 416 (419) unter Hinweis auf EGMR v. 27.10.1993, NJW 1995, 1413.

[1129] BAG v. 16.11.2004, NZA 2005, 416 (419).

[1130] *Bengelsdorf*, BB 1995, 978 (983 f.).

[1131] So zu Recht *Zwanziger*, BB 1996, 903.

[1132] So auch *Singer*, RdA 2003, 194 (196).

bestehen“[1133]. Es bleibt damit festzuhalten, dass sich der Arbeitnehmer bei arbeitsrechtlichen Vertragsverhandlungen am Arbeitsplatz aufgrund des besonderen, durch die überlegene Autorität des Arbeitgebers geprägten Verhältnisses zwischen Arbeitgeber und Arbeitnehmer in einer psychologischen Drucksituation befindet, der er sich wegen der vertraglichen Verpflichtung zur Anwesenheit und des Direktionsrechts des Arbeitgebers grundsätzlich nur sehr schwer entziehen kann. Es besteht daher auch beim Abschluss eines arbeitsrechtlichen Aufhebungsvertrages am Arbeitsplatz typischerweise die Gefahr, dass der Arbeitnehmer eine unsachgemäße und übereilte Vertragsentscheidung trifft, die seinen Interessen widerspricht.

ddd) Ergebnis

Nach Auswertung der verschiedenen Faktoren, die sich im Rahmen der spezifischen Verhandlungssituationen des § 312 Abs. 1 Nr. 1 BGB typischerweise paritätsgefährdend auswirken können und durch das Widerrufsrecht kompensiert werden sollen, ist im Hinblick auf die Situation des Arbeitnehmers beim Abschluss eines arbeitsrechtlichen Aufhebungsvertrages zunächst festzustellen, dass eine situationsbedingte *Überrumpelungsgefahr* aufgrund des Verhandlungs*orts* regelmäßig jedenfalls dann gegeben sein wird, wenn der Arbeitgeber den Arbeitnehmer in seiner *Privatwohnung* aufsucht. Findet die Vertragsanbahnung dagegen am *Arbeitsplatz* statt, so kann eine durch den Verhandlungsort bedingte Überrumpelungsgefahr nicht ohne weiteres bejaht werden. Denn zumindest die Räume der Personalabteilung sind der typische Ort, an dem berufsbezogene Vertragsverhandlungen zwischen Arbeitnehmer und Arbeitgeber geführt werden. Zwar besteht auch beim Abschluss eines Aufhebungsvertrages am Arbeitsplatz die Gefahr, dass der Arbeitnehmer vom Arbeitgeber überrumpelt wird, wenn er ohne Vorwarnung plötzlich und unvorbereitet mit einem Aufhebungsangebot konfrontiert wird. Diese Überrumpelungsgefahr beruht aber zumindest dann, wenn die Verhandlungen in den Räumen der Personalabteilung erfolgen, nicht auf dem *Ort* der Vertragsverhandlungen, sondern auf der *Art und Weise* der Vertragsanbahnung. Da sich das Widerrufsrecht nach § 312 Abs. 1 Nr. 1 BGB aber nur auf solche Paritätsgefahren bezieht, die sich aus dem *Ort* der Vertragsanbahnung ergeben, ist das Widerrufsrecht nach § 312 Abs. 1 Nr. 1 BGB rein methodisch gesehen eigentlich nicht das passende Instrument, um einer sich allein aus der Art und Weise der Vertragsanbahnung ergebenden Überrumpelungsgefahr entgegenzuwirken. Aufgrund der besonderen Bedeutung des Arbeitsplatzes als wirtschaftliche Existenzgrundlage für den Arbeitnehmer und seine Familie obliegt dem Staat jedoch eine aus Art. 12 Abs. 1 GG folgende Pflicht zum Schutz des Arbeitnehmers vor einem *ungewollten* Verlust

---

[1133] BGH v. 27.10.1967, BGHZ 48, 396 (397 f.).

seines Arbeitsplatzes, die es gebietet, in Fällen gestörter Vertragsparität das Interesse des Arbeitnehmers an der Erhaltung seines Arbeitsplatzes unter Abwägung mit den kollidierenden Interessen des Arbeitgebers angemessen zu berücksichtigen und für einen entsprechenden Bestandschutz zu sorgen[1134]. Daher besteht auch beim Abschluss eines arbeitsrechtlichen Aufhebungsvertrages grundsätzlich das Bedürfnis, der sich aus der Art und Weise der Vertragsanbahnung ergebenden Gefahr einer Überrumpelung des Arbeitnehmers zu begegnen. Obwohl § 312 BGB eine andersartige Überrumpelungssituation im Visier hat, ist daher die Einräumung eines Widerrufsrechts nach § 312 Abs. 1 Nr. 1 BGB gleichwohl das geeignete Mittel, um die Gerichte von einer Kontrolle arbeitsrechtlicher Aufhebungsverträge anhand der zivilrechtlichen Generalklauseln zu entlasten und mehr Rechtssicherheit zu schaffen. Schon aus diesem Grund spricht deshalb viel dafür, das Widerrufsrecht nach § 312 BGB auch im Arbeitsrecht zur Anwendung kommen zu lassen.

Das entscheidende Argument gegen eine teleologische Reduktion des § 312 Abs. 1 Nr. 1 BGB im Arbeitsrecht ist aber, dass das von § 312 Abs. 1 Nr. 1 BGB bei einer Vertragsanbahnung am Arbeitplatz vermutete Ungleichgewicht nicht nur auf der sich aus dem ungewöhnlichen Verhandlungsort ergebenden Überrumpelungsgefahr beruht, sondern dass *mehrere* Faktoren für das zu kompensierende Ungleichgewicht verantwortlich sind.

Betrachtet man zunächst die Situation des Verbrauchers, der an seinem Arbeitsplatz mit einem Vertragsangebot eines Unternehmers konfrontiert wird, so ist festzustellen, dass er bei Vertragsverhandlungen an seinem Arbeitsplatz grundsätzlich keine Möglichkeit hat, vor Abschluss des Vertrages Vergleichsangebote einzuholen. Er verfügt daher nicht über die für eine sachgerechte Vertragsentscheidung erforderlichen Informationen. Zu diesem situationsbedingten *Informationsgefälle* kommt hinzu, dass sich der Verbraucher an seinem Arbeitsplatz den Bemühungen der anderen Vertragspartei nur schwer entziehen kann und den Vertrag häufig nur deshalb abschließt, um der Verhandlungssituation zu entgehen. Das Informationsgefälle und die *erschwerte Ausweichmöglichkeit* am Ort der Vertragsverhandlungen sind demnach weitere maßgebliche Störungsfaktoren, die durch das Widerrufsrecht nach § 312 Abs. 1 Nr. 1 BGB ausgeglichen werden sollen.

Für einen Arbeitnehmer, dem an seinem Arbeitplatz der Abschluss eines Aufhebungsvertrages angeboten wird, wirken sich diese beiden Faktoren ungleich schwerer aus als für einen Verbraucher. Denn auch in der Situation eines arbeitsrechtlichen Aufhebungsvertrages besteht die abstrakte Gefahr, dass dem Arbeitnehmer ein nur „Jetzt und Heute" anzunehmendes Aufhebungsangebot unterbreitet wird

[1134] Vgl. BVerfG v. 24.4.1991, BVerfGE 84, 133 (146 f.); BVerfG v. 21.2.1995, BVerfGE 92, 140 (150); BVerfG v. 27.1.1998, BVerfGE 97, 169 (176 ff.).

und der Arbeitnehmer eine Vertragsentscheidung trifft, ohne sich über die Risiken und sozialrechtlichen Folgen des Aufhebungsvertrages im Klaren zu sein. Hinzu kommt, dass der Arbeitnehmer im Rahmen seines Arbeitsverhältnisses dem Direktionsrechts des Arbeitgebers unterliegt und den Arbeitsplatz ohne Zustimmung des Arbeitgebers während der Arbeitszeit grundsätzlich nicht verlassen darf. Der Arbeitnehmer kann sich den Bemühungen des Arbeitgebers um den Abschluss eines Aufhebungsvertrages daher praktisch kaum entziehen. Die dadurch bedingte psychologische Drucksituation wird noch durch den Umstand verstärkt, dass der Arbeitgeber für den Arbeitnehmer eine besondere Autorität verkörpert. Der Arbeitnehmer benötigt deshalb besonders viel Widerstandskraft, um sich dem Wunsch des Arbeitgebers zu widersetzen. Bei berufsbezogenen Vertragsverhandlungen am Arbeitsplatz besteht somit grundsätzlich die Gefahr, dass der Arbeitnehmer durch die überlegene Autorität des Arbeitgebers und die erschwerte Ausweichmöglichkeit am Ort der Vertragsverhandlungen psychologisch unter Druck gesetzt wird und wegen eines Informationsdefizits infolge fehlender Bedenkzeit eine übereilte und unsachgemäße Vertragsentscheidung trifft. Der Arbeitnehmer befindet sich hier deshalb im Ergebnis in einer ganz ähnlichen Situation wie ein Verbraucher, der an der Haustür mit einem Vertragsangebot eines Vertreters konfrontiert wird.
Zwar fehlt es bei einem berufsbezogenen Vertragsangebot am Arbeitsplatz häufig an der durch den Verhandlungs*ort* bedingten *Überrumpelungssituation*. Da sich aber in der Situation beim Abschluss eines arbeitsrechtlichen Aufhebungsvertrages am Arbeitsplatz die paritätsgefährdenden Faktoren des *Informationsgefälles* und der *erschwerten Ausweichmöglichkeit* aus den genannten Gründen ungleich schwerer auswirken als beim Kauf einer Ware an der Haustür, bestehen insofern auch in dieser Situation genügend Anhaltspunkte dafür, um von einem durch den Verhandlungsort bedingten Ungleichgewicht zwischen Arbeitnehmer und Arbeitgeber auszugehen.
Zusammenfassend ist somit festzustellen, dass bei typisierender Betrachtung auch beim Abschluss eines arbeitsrechtlichen Aufhebungsvertrages in der Privatwohnung oder am Arbeitsplatz ein situationsbedingtes Ungleichgewicht zwischen Arbeitnehmer und Arbeitgeber vorliegt. Dieses Ungleichgewicht beruht auf den gleichen Faktoren wie das Ungleichgewicht, das durch das Widerrufsrecht des § 312 Abs. 1 Nr. 1 BGB kompensiert werden soll. Die Einräumung eines Widerrufsrechts ist hier daher ein geeignetes Mittel, die gestörte Vertragsparität auszugleichen. Das Widerrufsrecht nach § 312 Abs. 1 Nr. 1 BGB ist somit grundsätzlich auch nach seinem Sinn und Zweck auf arbeitsrechtliche Aufhebungsverträge anwendbar.

cc) Folgen der Gewährung einer Bedenkzeit oder der Einschaltung eines Rechtsanwalts

Da das Widerrufsrecht des § 312 Abs. 1 Nr. 1 BGB nach den bisherigen Feststellungen dazu dient, dem Arbeitnehmer/Verbraucher eine nachträgliche Überlegungsfrist einzuräumen, damit er die für eine sachgerechte Vertragsentscheidung erforderlichen Informationen einholen kann, stellt sich nun die bereits oben[1135] angesprochene Frage, ob nicht zumindest dann eine teleologische Reduktion des § 312 Abs. 1 Nr. 1 BGB gerechtfertigt erscheint, wenn sich der Arbeitnehmer die erforderlichen Informationen durch die Einräumung einer Bedenkzeit bereits *vor* Vertragsschluss verschaffen kann[1136]. Zu denken ist hier insbesondere an diejenigen Fälle, in denen der Arbeitnehmer die Möglichkeit hat, zwischen dem Aufhebungsangebot des Arbeitgebers und dessen Annahme Rechtsrat bei einer fachkundigen Person (Rechtsanwalt, Gewerkschaftsvertreter, Betriebsratsmitglied etc.) einzuholen. Denn sobald der Arbeitgeber dem Arbeitnehmer durch die Einräumung einer Bedenkzeit die Gelegenheit gibt, sich vor Abschluss des Aufhebungsvertrages bei einem Rechtsanwalt oder Gewerkschaftsvertreter umfassend über die rechtlichen Konsequenzen eines Aufhebungsvertrages zu informieren, dann wird man wohl kaum mehr davon ausgehen können, dass bei einem anschließenden Vertragsschluss zwischen Arbeitnehmer und Arbeitgeber ein Informationsgefälle besteht, das die Einräumung einer nachträglichen Überlegungszeit rechtfertigt[1137]. Wenn sich aber die Störungsfaktoren, die § 312 Abs. 1 Nr. 1 BGB im Blick hat (Überrumpelungsgefahr, Informationsgefälle und psychologische Drucksituation infolge erschwerter Ausweichmöglichkeit) durch anwaltliche Vertretung oder die Einräumung einer Bedenkzeit ausgleichen lassen[1138], dann macht es keinen Sinn, dem Arbeitnehmer in dieser Situation noch ein Widerrufsrecht zu gewähren. Argumentiert man mit dem Schutzzweck des § 312 BGB, erscheint daher in diesen Fällen eine teleologische Reduktion des § 312 Abs. 1 Nr. 1 BGB nicht nur zulässig, sondern sogar geboten.

Gegen eine teleologische Reduktion des § 312 BGB im Fall der Einräumung einer Bedenkzeit oder der Einschaltung eines Rechtsanwalts durch den Arbeitnehmer spricht aber, dass eine Ausnahmelücke im Rahmen von § 312 BGB als Voraussetzung für eine teleologische Reduktion nicht gegeben ist. Denn den Ausschluss des

[1135] Vgl. 7. Kapitel B. III. 4. c) bb) bbb).

[1136] Für eine teleologische Reduktion in diesem Fall *Falke/Barthel*, BuW 2003, 255 (258); *Reim*, DB 2002, 2434 (2438); im Ergebnis ähnlich *Bauer/Kock*, DB 2002, 42 (44).

[1137] Ebenso *Bauer/Kock*, DB 2002, 42 (44), die eine „Waffengleichheit" annehmen, wenn der Arbeitnehmer einen Anwalt oder Gewerkschaftsvertreter zu seiner Beratung einschaltet.

[1138] Vgl. auch *Dieterich*, DB 1995, 1813 (1814); *Grobys*, DStR 2002, 1002 (1004).

Widerrufsrechts im Fall der Einschaltung einer fachkundigen Person hat der Gesetzgeber ausdrücklich in § 312 Abs. 3 Nr. 3 BGB geregelt. Danach scheidet ein Widerrufsrecht nur im Fall der *notariellen Beurkundung* aus, in allen anderen Fällen fachkundiger Beratung findet das Widerrufsrecht nach § 312 Abs. 1 BGB dagegen Anwendung. Angesichts des eindeutigen Wortlauts von § 312 Abs. 3 Nr. 3 BGB kann diese Ausnahmeregelung auch nicht analog auf den Fall der Beratung durch einen Rechtsanwalt oder Gewerkschaftsvertreter angewendet werden.
Eine teleologische Reduktion des § 312 Abs.1 Nr. 1 BGB ist allerdings auch nicht notwendig, um sachgerechte Ergebnisse zu erzielen. Denn die Fälle, in denen der Arbeitnehmer einen sachverständigen Vertreter einschaltet oder vor Abschluss des Vertrages Rat bei einer sachverständigen Person einholt, wird man in der Regel durch eine am Sinn und Zweck des § 312 BGB orientierte Auslegung des Tatbestandsmerkmals „Bestimmen zur Abgabe einer Willenserklärung" angemessen lösen können[1139]. Ein „Bestimmen zur Abgabe einer Willenserklärung" setzt zwar keinen engen zeitlichen Zusammenhang zwischen den Vertragsverhandlungen am Arbeitsplatz und der Abgabe der zum Vertragsabschluss führenden Willenserklärung voraus[1140]. Erforderlich ist jedoch, dass die situationsbedingte Beeinträchtigung der Entscheidungsfreiheit bis zum Zeitpunkt des Vertragsschlusses fortwirkt. Daran wird es aber regelmäßig fehlen, wenn die am Arbeitsplatz erfolgten Verhandlungen über den Abschluss eines Aufhebungsvertrages für einige Zeit unterbrochen werden und der Arbeitnehmer zunächst einen Rechtsanwalt oder einen Gewerkschaftsvertreter aufsucht, um sich von diesem ausführlich über die Nachteile und Risiken eines Aufhebungsvertrages beraten zu lassen. Schließt der Arbeitnehmer im Anschluss an dieses Beratungsgespräch oder in Begleitung der fachkundigen Person trotzdem einen Aufhebungsvertrag, so wurde der Arbeitnehmer nicht durch die Verhandlungssituation des § 312 Abs. 1 Nr. 1 BGB zur Abgabe der Willenerklärung „bestimmt", denn die durch den Verhandlungsort bedingten Störungsfaktoren des Informationsgefälles und der psychologischen Drucksituation wurden durch die anwaltliche Beratung und die Bedenkzeit ähnlich wie im Fall des § 312 Abs. 3 Nr. 3 BGB ausgeglichen. Eine durch die vorangegangene Verhandlungssituation bedingte Beeinträchtigung der Entscheidungsfreiheit besteht insofern zum Zeitpunkt des Vertragsschlusses nicht mehr. Die Einräumung einer Bedenkzeit oder die Einschaltung eines Rechtsanwalts durch den Arbeitnehmer schließt somit das Widerrufsrecht nach § 312 Abs. 1 Nr. 1 BGB aus.

[1139] Anders *Grobys*, DStR 2002, 1002 (1004), der im Falle einer anwaltlichen Beratung des Arbeitnehmers von einer Individualvereinbarung ausgehen will.

[1140] Siehe oben 7. Kapitel B. III. 3. b) aa).

C. Zusammenfassung

Der Arbeitnehmer ist auch beim Abschluss arbeitsrechtlicher Verträge „Verbraucher" i.S.d. § 13 BGB. Das hat zunächst zur Folge, dass sich die Verzugszinsen im Arbeitsverhältnis nach dem üblichen Zinssatz des § 288 Abs. 1 BGB bemessen.

Darüber hinaus ist auch die Vorschrift des § 312 Abs. 1 Nr. 1 BGB auf arbeitsrechtliche Aufhebungsverträge anwendbar. Eine generelle Korrektur dieses Ergebnisses verlangen weder der systematische Zusammenhang noch der Zweck des § 312 BGB. Eventuelle Wertungswidersprüche zwischen der Widerrufsfrist nach § 355 Abs. 3 Satz 3 BGB und der Klagefrist nach §§ 4, 7 KSchG, 17 TzBfG im Fall einer nicht ordnungsgemäßen Belehrung des Arbeitnehmers lassen sich durch eine an § 4 KSchG angelehnte Verwirkungsfrist vermeiden. Es besteht daher keine Veranlassung, arbeitsrechtliche Aufhebungsverträge generell vom Anwendungsbereich des § 312 Abs. 1 Nr. 1 BGB auszunehmen. Demzufolge gewährt § 312 Abs. 1 Nr. 1 BGB dem Arbeitnehmer ein Widerrufsrecht nach § 355 BGB, wenn er von seinem Arbeitgeber an seinem Arbeitsplatz oder in seiner Privatwohnung zum Abschluss eines Aufhebungsvertrages bestimmt worden ist. Schließt der Arbeitnehmer den Aufhebungsvertrag in unmittelbarem zeitlichen und räumlichen Zusammenhang mit der Verhandlungssituation am Arbeitsplatz oder in der Privatwohnung, so spricht bereits der Beweis des ersten Anscheins dafür, dass der Arbeitnehmer zum Abschluss des Vertrages bestimmt worden ist[1141]. Ein „Bestimmen" des Arbeitnehmers zur Abgabe der Willenserklärung ist nur dann zu verneinen, wenn dem Arbeitnehmer eine Bedenkzeit eingeräumt wird und er die Gelegenheit bekommt, vor Abschluss des Vertrages eine fachkundige Person zu konsultieren, um sich von ihr über die Risiken und sozialrechtlichen Nachteile des Aufhebungsvertrages aufklären zu lassen. Die Entgeltlichkeit des Aufhebungsvertrages ist aufgrund des Verzichts des Arbeitnehmers auf seinen zukünftigen Arbeitslohn stets gegeben. Der Arbeitnehmer kann deswegen die auf den Abschluss des Aufhebungsvertrages gerichtete Willenserklärung innerhalb einer Frist von 2 Wochen widerrufen (§ 355 Abs. 1 BGB). Wurde der Arbeitnehmer nicht entsprechend den Anforderungen des § 355 Abs. 2 BGB über sein Widerrufsrecht belehrt, kann der Arbeitnehmer in Abweichung von § 355 Abs. 3 BGB von seinem Widerrufsrecht innerhalb von 3 Wochen Gebrauch machen.

Dieses Ergebnis steht auch im Einklang mit der aus der Schutzgebotsfunktion der Grundrechte folgenden Pflicht zum Ausgleich gestörter Vertragsparität. Nach der oben dargestellten Rechtsprechung des *BVerfG* ist eine kompensierendes Eingreifen in den Vertragsmechanismus dann verfassungsrechtlich geboten, wenn

---

[1141] Vgl. *Schleusener*, NZA 2002, 949 (951 f.) m.w.N.

der Vertrag das Ergebnis einer typisierbaren Fallgestaltung „strukturellen Ungleichgewichts" ist und der Inhalt des Vertrages für eine Seite „ungewöhnlich belastend" und als Interessenausgleich „offensichtlich unangemessen" ist[1142]. Der Staat muss daher den Arbeitnehmer vor einem ungewollten, d.h. durch ein gestörtes Verhandlungsgleichgewicht bedingten Verlust seines Arbeitsplatzes bewahren[1143]. Da der Arbeitnehmer durch den Aufhebungsvertrag seinen Arbeitsplatz aufgibt, muss der Staat schützend eingreifen, wenn der Aufhebungsvertrag nicht von der freien Selbstbestimmung des Arbeitnehmers getragen sondern das Ergebnis einer strukturellen Ungleichgewichtslage ist. Das Vorliegen eines „strukturellen Ungleichgewichts" ist nach den obigen Ausführungen zum Informationsgefälle und der erschwerten Ausweichmöglichkeit bei typisierender Betrachtung gegeben, so dass die Einräumung eines Widerrufsrechts zu Gunsten des Arbeitnehmers gerechtfertigt ist. Der Arbeitgeber wird dadurch nicht übermäßig belastet. Denn wenn man davon ausgeht, dass eine Partei, welche kraft eigener Verhandlungsstärke einen ihr angemessenen Vertrag ausgehandelt hat, die eigene Vertragserklärung kaum mutwillig widerrufen wird[1144], dann braucht der Arbeitgeber, der den Arbeitnehmer nicht „über den Tisch gezogen hat", sondern ihm die völlige Entscheidungsfreiheit gelassen hat, einen Widerruf des Arbeitnehmers nicht zu fürchten. Die Anwendung des § 312 BGB auf arbeitsrechtliche Aufhebungsverträge entspricht somit auch der grundgesetzlichen Schutzpflicht zu Gunsten der schwächeren Vertragspartei, ohne gegen das verfassungsrechtliche Übermaßverbot zu verstoßen. Den berechtigten Interessen des Arbeitgebers wird schließlich dadurch Rechnung getragen, dass sich der Arbeitnehmer spätestens nach Ablauf von 3 Wochen am Aufhebungsvertrag festhalten lassen muss. Auf diese Weise werden die Interessen des Arbeitnehmers an einem wirksamen Schutz vor einem ungewollten Verlust des Arbeitsplatzes und die Interessen des Arbeitgebers an der Wirksamkeit des Aufhebungsvertrages zu einem angemessenen Ausgleich gebracht. Die praktische Konkordanz der verfassungsrechtlichen Interessen bleibt somit gewahrt.

Schließlich ist auch die Vorschrift des § 310 Abs. 3 BGB grundsätzlich auf Arbeitnehmer anwendbar. Ob es bei diesem Ergebnis bleiben kann, oder ob diesbezüglich eine Korrektur erforderlich ist, kann nicht losgelöst von den übrigen Auswirkungen einer AGB-Kontrolle im Arbeitsrecht beantwortet werden. Insofern ist auf die nun folgenden Ausführungen im 8. Kapitel zu verweisen.

[1142] Siehe oben 2. Kapitel A. II.

[1143] Vgl. auch die Parallelproblematik beim Mindestkündigungsschutz in Kleinbetrieben, BVerfG v. 27.1.1998, BVerfGE 97, 169 (176 ff.).

[1144] So auch *Mankowski*, Beseitigungsrechte, S. 1136.

8. Kapitel
Die AGB-Kontrolle im Arbeitsrecht

A. Die Rechtslage *vor* der Schuldrechtsmodernisierung, § 23 Abs. 1 AGBG

Obwohl das Arbeitsrecht vorwiegend vorformulierter Vertragsgestaltung unterliegt, hatte der Gesetzgeber zunächst sämtliche Verträge auf dem Gebiet des Arbeitsrechts gemäß § 23 Abs. 1 AGBG pauschal von der Anwendung des AGB-Rechts ausgenommen. Den Grund für diese Ausnahme sah der Gesetzgeber ausweislich der Begründung des Regierungsentwurfs zum AGB-Gesetz darin, dass auf dem Gebiet des Arbeitsrechts ein Schutz des schwächeren Vertragspartners vor unangemessenen Vertragsbedingungen bereits durch ein dichtes Netz von zwingenden Vorschriften (Bundesurlaubsgesetz, Arbeitszeitgesetz, etc.)[1145] und durch das besondere System der kollektivrechtlichen Vereinbarungen (Tarifverträge, Betriebsvereinbarungen)[1146] verwirklicht werde[1147]. Darüber hinausgehende Maßnahmen zum Schutz des Arbeitnehmers vor unangemessenen Vertragsbedingungen sollten durch Sondergesetze auf dem Gebiet des Arbeitsrechts vorgenommen werden[1148]. Angesichts des bereits durch die arbeitsrechtlichen Vorschriften bewirkten Schutzes vor unangemessenen Arbeitsvertragsbedingungen hielt der Gesetzgeber die Anwendung des AGB-Gesetzes auf arbeitsrechtliche Verträge daher für entbehrlich[1149].

Dabei berücksichtigte der Gesetzgeber aber offenbar nicht, dass die Rechtsprechung vor Inkrafttreten des AGB-Gesetzes – ebenso wie im Bürgerlichen Recht[1150] – auch auf dem Gebiet des Arbeitsrechts bereits seit langem vor allem auf der Grundlage von § 242 BGB eine sehr intensive Angemessenheitskontrolle vertraglicher Bestimmungen durchführt hatte[1151]. Die Existenz dieser umfangreichen gerichtlichen Inhaltskontrolle im Arbeitsrecht zeigt, dass die arbeitsrechtlichen Vor-

---

[1145] Siehe dazu oben 4. Kapitel C. I.

[1146] Siehe dazu oben 4. Kapitel C. II. und III.

[1147] BT-Drucks. 7/3919, S. 41.

[1148] BT-Drucks. 7/3919, S. 41.

[1149] Staudinger/*Schlosser*, § 23 AGBG Rn. 1c.

[1150] Vgl dazu oben 6. Kapitel C.

[1151] Vgl. etwa BAG v. 31.10.1969, NJW 1970, 1145 (1146); BAG v. 19.6.1970, AP Nr. 144 zu § 242 BGB Ruhegehalt; BAG v. 21.12.1970, AP Nr. 1 zu § 305 BGB Billigkeitskontrolle; BAG v. 11.1.1973, AP Nr. 30 zu § 138 BGB. Weitere Rechtsprechungsnachweise bei *Fastrich*, Richterliche Inhaltskontrolle im Privatrecht, S. 159 ff. Zur Gesamtproblematik der gerichtlichen Inhaltkontrolle von Arbeitsverträgen siehe auch *Preis*, Grundfragen der Vertragsgestaltung im Arbeitsrecht, S. 147 ff.; *v.Hoyningen-Huene*, Die Billigkeit im Arbeitsrecht, S. 127 ff.; *Westhoff*, Die Inhaltskotrolle von Arbeitsverträgen, S. 12 ff.

schriften entgegen den ursprünglichen Erwartungen des Gesetzgebers keineswegs einen ausreichenden Schutz vor unangemessenen Vertragsbedingungen boten[1152], weshalb vor Erlass des AGB-Gesetzes teilweise auch im Arbeitsrecht gesetzgeberische Maßnahmen i.S.d. AGB-Rechts gefordert wurden[1153]. Angesicht dieser offenkundigen Schutzlücke befürworteten zahlreiche Autoren in der Literatur eine analoge Anwendung von Vorschriften des AGB-Gesetzes auf arbeitsrechtliche Verträge[1154]. Die Rechtsprechung vertrat jedoch zu Recht die Ansicht, dass die Vorschriften des AGB-Rechts im Arbeitsrecht aufgrund der ausdrücklichen Bereichsausnahme des § 23 Abs. 1 AGBG weder unmittelbar noch mittelbar (analog) anwendbar waren[1155].

Die Schaffung der Bereichsausnahme für das Arbeitsrecht bedeutete allerdings nicht, dass der Arbeitnehmer unangemessen Arbeitsvertragsbedingungen völlig schutzlos ausgeliefert war. Denn die Arbeitsgerichte gingen davon aus, dass es sich bei den im AGB-Gesetz niedergelegten Grundsätzen um *allgemeine Rechtsgedanken* handelt, die bereits *vor* Inkrafttreten des AGB-Gesetzes durch die Rechtsprechung überwiegend anhand von § 242 BGB entwickelt worden waren[1156] und die deshalb auch *nach* Inkrafttreten des AGB-Gesetzes auf der Grundlage der auch im Arbeitsrecht anwendbaren allgemeinen Vorschriften des Bürgerlichen Rechts in typisierbaren Situationen strukturellen Ungleichgewichts[1157] weiterhin zu berücksichtigen seien[1158]. Unabdingbare Voraussetzung für eine richterliche Inhaltskontrolle von arbeitsrechtlichen Verträgen war somit das Vorliegen einer typischen Ungleichgewichtslage.

1152 Ausführlich dazu *Fenn*, FS Söllner, S. 333, 342 ff.

1153 Vgl. z.B. *Becker*, NJW 1973, 1913 ff.; *Gumpert*, BB 1974, 139 ff.

1154 Während eine analoge Anwendung der Einbeziehungskontrolle (§§ 2-5 AGBG) weitgehend befürwortet wurde, vgl. z.B. *Fenn*, FS Söllner, S. 333, 354 ff.; *Pauly*, NZA 1997, 1030 (1031 ff.); *Preis*, ZIP 1989, 885 (889); MünchArbR/*Richardi*, § 14 Rn. 73; Staudinger/*Schlosser*, § 23 AGBG Rn. 1c; *Ulmer/Brandner/Hensen*, AGB-Gesetz, § 23 Rn. 4a; *Wolf/Horn/Lindacher*, AGB-Gesetz, § 23 Rn. 40; a.A. nur *Przytulla*, NZA 1998, 521 ff.; *Schwarz*, BB 1996, 1434 ff., verhielt sich das Schrifttum hinsichtlich einer Analogie zur Inhaltskontrolle (§§ 9-11 AGBG) deutlich zurückhaltender bzw. ablehnend, vgl. etwa Staudinger/*Schlosser*, § 23 AGBG Rn. 1c; *Wolf/Horn/Lindacher*, AGB-Gesetz, § 23 Rn. 41.

1155 BAG v. 23.5.1984, NZA 1984, 255 f.; BAG v. 11.1.1995, ZTR 1995, 277; offen gelassen in BAG v. 29.11.1995, NZA 1996, 702 (703) und BAG v. 17.6.1997, NZA 1998, 258. Eindeutig gegen eine Analogie BAG v. 13.12.2000, RdA 2002, 38 (39).

1156 Zur Rechtslage vor Inkrafttreten des AGB-Gesetzes und zur Gesetzesgeschichte vgl. oben 6. Kapitel C.

1157 Vgl. BVerfG v. 19.10.1993, BVerfGE 89, 214 (231 ff.).

1158 BAG, v. 24.11.1993, NZA 1994, 759 (760); BAG v. 29.11.1995, NZA 1996, 702 (703); BAG v. 13.12.2000, RdA 2002, 38 (39) jeweils m.w.N.

I. Allgemeine Arbeitsbedingungen (AAB)

Weitgehend unumstritten war, dass eine typische Situation strukturell gestörter Vertragsparität jedenfalls dann vorliegt, wenn der Arbeitgeber Allgemeine Arbeitsbedingungen verwendet[1159]. Denn solche Allgemeinen Arbeitsbedingungen, die nicht im einzelnen ausgehandelt, sondern vom Arbeitgeber einseitig vorformuliert werden, sind lediglich das arbeitsrechtliche Gegenstück zu den Allgemeinen Geschäftsbedingungen des Bürgerlichen Rechts[1160]. Die Ursache für das Ungleichgewicht, nämlich die einseitige Inanspruchnahme der Vertragsfreiheit durch den Arbeitgeber, ist hier praktisch identisch mit dem Umstand, auf den das Ungleichgewicht bei der Verwendung Allgemeiner Geschäftsbedingungen zurückgeführt wird[1161]. Anstelle einer wegen § 23 Abs. 1 AGBG unzulässigen Inhaltskontrolle anhand AGB-rechtlicher Vorschriften führten die Gerichte daher auf dem Gebiet des Arbeitsrechts weiterhin die bereits vor Inkrafttreten des AGB-Gesetzes praktizierte Inhaltskontrolle von Allgemeinen Arbeitsbedingungen auf der Grundlage der allgemeinen Vorschriften des BGB durch[1162].

Die richterliche Inhaltskontrolle von Allgemeinen Arbeitsbedingungen traf allerdings im Schrifttum auf einige kritische Stimmen, die eine Inhaltskontrolle von Arbeitsverträgen wegen des eindeutigen Wortlauts von § 23 Abs. 1 AGBG als unzulässige Rechtsfortbildung *„contra legem"* ablehnten[1163]. Aus den Gesetzesmaterialien lässt sich jedoch entnehmen, dass der Gesetzgeber mit der Schaffung der Bereichsausnahme für das Arbeitsrecht keineswegs eine Angemessenheitskontrolle

---

[1159] Vgl. die Nachweise bei *Fastrich*, Richterliche Inhaltkontrolle im Privatrecht, S. 159 ff.; *Preis*, Grundfragen der Vertragsgestaltung im Arbeitsrecht, S. 274 ff.; *v. Hoyningen-Huene*, Die Billigkeit im Arbeitsrecht, S. 151 ff.

[1160] *Lieb*, Arbeitsrecht, Rn. 52.

[1161] Vgl. dazu oben 6. Kapitel E. III. 1. Siehe auch *v. Hoyningen-Huene*, Die Billigkeit im Arbeitsrecht, S. 151 ff.; *Hanau/Adomeit*, Arbeitsrecht, Rn. 63; *Hönn*, Kompensation gestörter Vertragsparität, S. 156 ff.; *Säcker*, Gruppenautonomie und Übermachtkontrolle im Arbeitsrecht, S. 201 ff.; *Söllner/Waltermann*, Arbeitsrecht, Rn. 95.

[1162] Vgl. BAG v. 24.11.1993, NZA 1994, 759 (760): „Die Bereichsausnahme des § 23 Abs. 1 AGBG läßt die arbeitsrechtliche Inhaltskontrolle unberührt. Der Arbeitgeber, der vorformulierte Arbeitsvertragstexte verwendet, hat diese Formulierung wegen seiner stärkeren Verhandlungsmacht einseitig durchsetzen können. Aus dieser einseitigen Vertragsgestaltung resultiert die Pflicht, bei der Abfassung die Interessen des Vertragspartners angemessen zu berücksichtigen." Siehe ferner BAG v. 16.3.1994, NZA 1994, 937 (943); BAG v. 13.12.2000, RdA 2002, 38 (39). Eine zusammenfassende Darstellung findet sich bei *Reinecke*, NZA 2000, Sonderbeilage zu Heft 3, 23 ff. Allgemein zur Inhaltskontrolle von Verträgen außerhalb des AGB-Gesetzes *Coester-Waltjen*, AcP 190 (1990), 1 ff.; *Tönnies*, VersR 1989, 1023 ff.

[1163] *Schwarz*, BB 1996, 1434 (1435 ff.); *Westhoff*, Die Inhaltskontrolle von Arbeitsverträgen, S. 122 ff.

von Arbeitsverträgen vollständig ausschließen wollte[1164], vielmehr sollte es für die Inhaltskontrolle vorformulierter Vertragsbedingungen in den nach § 23 Abs. 1 AGBG ausgenommenen Rechtsgebieten ausdrücklich bei den bisher geltenden Vorschriften bleiben[1165]. Trotz der Bereichsausnahme des § 23 Abs. 1 AGBG überwog daher sowohl in der arbeitsrechtlichen als auch in der zivilrechtlichen Literatur im Ergebnis die Zustimmung zu einer richterlichen Angemessenheitskontrolle Allgemeiner Arbeitsbedingungen, wenngleich die richtige Rechtsgrundlage und die einzelnen Voraussetzungen der Inhaltskontrolle nach wie vor umstritten waren[1166].

II. *Vorformulierte* Einzelarbeitsverträge

Weitaus umstrittener als die Inhaltskontrolle Allgemeiner Arbeitsbedingungen war die Frage, ob auch vorformulierte Einzelarbeitsverträge auf ihre Angemessenheit hin überprüft werden durften[1167]. Das *BAG* hatte eine Zeitlang erwogen, die Inhaltskontrolle im Arbeitsrecht auf Allgemeine Arbeitsbedingungen zu beschränken[1168], ehe es sich schließlich dazu entschloss, auch vorformulierte Einzelarbeitsverträge einer Inhaltskontrolle zu unterwerfen[1169]. Die Inhaltskontrolle vorformulierter Einzelarbeitsverträge rechtfertigte das *BAG* allerdings nicht in Parallele zu den Allgemeinen Geschäftsbedingungen allein mit der Verwendung vorformulierter Arbeitsvertragsbedingungen und der damit verbundenen *situativen* Überlegenheit[1170] des Arbeitgebers, sondern auch mit der für das Arbeitsrecht typischen, *sta-*

[1164] So aber *Schwarz*, BB 1996, 1434 (1435).

[1165] Vgl. BT-Drucks. 7/3919, S. 14 und 41.

[1166] Vgl. *Coester-Waltjen*, AcP 190 (1990), 1 (16); *Fastrich*, Richterliche Inhaltskontrolle im Privatrecht, S. 62; *Fenn*, FS Söllner, S. 333 ff.; *Hoenn*, Kompensation gestörter Vertragsparität, S. 153 ff.; *Hromadka*, FS Dieterich, S. 251 ff.; *Preis*, Grundfragen der Vertragsgestaltung im Arbeitsrecht, S. 237 ff.; *Reinecke*, NZA 2000, Sonderbeilage zu Heft 3, 23 ff.; MünchArbR/*Richardi*, § 14 Rn. 73 f.; Staudinger/*Schlosser*, § 23 AGBG Rn. 1c; Soergel/*Stein*, § 23 AGB-Gesetz Rn. 2 und 5; *Ulmer/Brandner/Hensen*, AGB-Gesetz, § 23 Rn. 4; *Wolf/Horn/Lindacher*, AGB-Gesetz, § 23 Rn. 8 f. und 39; *Zöllner/Loritz*, Arbeitsrecht, § 11 IV. Siehe auch § 20 ArbVG 92 (Gutachten D für den 59. DJT).

[1167] Vgl. näher dazu *Fastrich*, Richterliche Inhaltskontrolle im Privatrecht, S. 161 ff.; *Hromadka*, FS Dieterich, S. 251, 254 ff.; *Preis*, Grundfragen der Vertragsgestaltung im Arbeitsrecht, S. 279 ff.

[1168] Vgl. BAG v. 16.10.1991, NZA 1992, 793 (794); BAG v. 23.9.1992, NZA 1993, 936 (937).

[1169] Grundlegend BAG v. 16.3.1994, SAE 1995, 167 ff. unter Berufung auf die verfassungsrechtlichen Erkenntnisse aus der „Handelsvertreter"-Entscheidung, BVerfG v. 7.2.1990, BVerfGE 81, 242 ff., und der „Bürgschafts"-Entscheidung, BVerfG v. 19.10.1993, BVerfGE 89, 214 ff. (Siehe dazu bereits oben 1. Kapitel B. II.). Zur Inhaltskontrolle von Individualarbeitsverträgen siehe auch *Fastrich*, Richterliche Inhaltkontrolle im Privatrecht, S. 161 ff.; *Fenn*, FS Söllner, S. 333, 347; *Ulmer/Brandner/Hensen*, AGB-Gesetz, § 23 Rn. 4a.

[1170] Zum rein situativen Schutzansatz des AGB-Rechts siehe oben 6. Kapitel E. III.

tusspezifischen Ungleichgewichtslage zwischen Arbeitnehmer und Arbeitgeber[1171], die auf der existenziellen Angewiesenheit des Arbeitnehmers auf den Arbeitsplatz beruht[1172].

Diese Argumentation ist in der Literatur verschiedentlich kritisiert worden. So wurde dem *BAG* vorgeworfen, dass es mit der Anknüpfung an die Arbeitnehmereigenschaft eine zu „statusorientierte Betrachtung“ vornehmen und nicht ausreichend auf das situative Merkmal der formularmäßigen Gestaltung der jeweiligen Vertragsabreden abstellen würde[1173]. Dieser Vorwurf ist jedoch bei genauerer Betrachtung nicht ganz zutreffend, denn das *BAG* begründete die strukturelle Unterlegenheit des Arbeitnehmers nicht allein mit personen- bzw. statusbezogenen Aspekten, sondern ausdrücklich auch mit dem situationsbezogenen Hinweis, dass die unangemessenen Vertragsbedingungen „nicht frei ausgehandelt, sondern von der Beklagten vorformuliert“ worden waren[1174]. Im Übrigen wurde die an der Rechtsprechung des *BAG* geäußerte Kritik[1175] mit Einführung des § 24a AGBG (jetzt § 310 Abs. 3 BGB) jedenfalls insofern entkräftet, als der Gesetzgeber mit dieser Vorschrift grundsätzlich anerkannt hat, dass auch bei vorformulierten *Individualverträgen* eine situative Ungleichgewichtslage und damit ein Bedürfnis für eine richterliche Inhaltskontrolle bestehen kann[1176]. Auch wenn diese Vorschrift auf Arbeitsverträge gemäß § 23 Abs. 1 AGBG nicht unmittelbar anwendbar war, so ging von ihr doch eine beträchtliche Ausstrahlungswirkung aus, mit der Folge, dass zu-

---

1171 Vgl. BAG v. 16.3.1994, SAE 1995, 166 (171): Das Individualarbeitsrecht „ist – wie nicht näher erläutert werden muß – durch eine strukturelle Unterlegenheit des einzelnen Arbeitnehmers gegenüber dem einzelnen Arbeitgeber gekennzeichnet, die durch kollektivrechtliche Regelungen wie Tarifverträge und Betriebsvereinbarungen nicht beseitigt wird. Die Unterlegenheit besteht auch in Zeiten der Vollbeschäftigung.“ Daher – so das BAG weiter – spiele die richterliche Inhaltskontrolle im Arbeitsrecht „eine noch größere Rolle als im allgemeinen Zivilrecht, da das Schutzbedürfnis des schwächeren Teils, nämlich des Arbeitnehmers, besonders groß ist und der Gesetzgeber in vielen Bereichen untätig geblieben ist.“ Zur strukturellen, personen- bzw. statusbezogenen Unterlegenheit des Arbeitnehmers siehe oben 4. Kapitel A. und E.

1172 Zum arbeitsrechtlichen Schutzprinzip als Begründung für die Inhaltskontrolle von Individualarbeitsverträgen siehe auch *Fastrich*, Richterliche Inhaltskontrolle im Privatrecht, S. 184 ff.; *Hildebrandt*, Disparität und Inhaltskontrolle im Arbeitsrecht, S. 26 ff.; *Konzen/Rupp*, Gewissenskonflikte im Arbeitsverhältnis, S. 118 ff.; *Ulmer/Brandner/Hensen*, AGB-Gesetz, § 23 Rn. 4a; kritisch *Preis*, Grundfragen der Vertragsgestaltung im Arbeitsrecht, S. 283 ff.

1173 So *Preis/Stoffels*, ZHR 160 (1996), S. 442 (450 f.); *Wiedemann*, Anm. zu BAG, AP Nr. 18 zu § 611 BGB Ausbildungsbeihilfe.

1174 BAG v. 16.3.1994, SAE 1995, 166 (171).

1175 Kritisch vor allem *Preis*, Grundfragen der Vertragsgestaltung im Arbeitsrecht, S. 257 ff., 279 ff.

1176 Siehe dazu oben 6. Kapitel G. I. 2. c).

mindest seit Inkrafttreten von § 24a AGBG auch im Arbeitsrecht eine Inhaltskontrolle von vorformulierten Einzelverträgen überwiegend befürwortet wurde[1177].

III. Individuell *ausgehandelte* Arbeitsverträge

Hiervon streng zu unterscheiden ist die Frage, ob auch der zwischen Arbeitgeber und Arbeitnehmer individuell *ausgehandelte* Arbeitsvertrag einer richterlichen Angemessenheitskontrolle unterzogen werden durfte. In der Rechtsprechung des *BAG*[1178] und einem Teil der Literatur[1179] war bislang eine gewisse Tendenz erkennbar, auch diese ausgehandelten Einzelverträge auf ihre Angemessenheit hin zu kontrollieren. Da es bei ausgehandelten Arbeitsverträgen aber an der paritätsgefährdenden Vorformulierung fehlt, ließ sich die Inhaltskontrolle ausgehandelter Einzelverträge nicht mehr mit der sich aus der Verwendung von vorformulierten Vertragsbedingungen ergebenden *situationsspezifischen* Funktionsstörung rechtfertigen. Der Grund für die Kontrollbedürftigkeit von individuell ausgehandelten Arbeitsverträgen wurde daher allein in der sich aus der existentiellen Abhängigkeit ergebenden *personen-* bzw. *statusbezogenen* Unterlegenheit des Arbeitnehmers gesehen[1180].

IV. Betriebsvereinbarungen

Das *BAG* erachtete jedoch nicht nur individualvertragliche Vereinbarungen für kontrollbedürftig, sondern sah auch bei der kollektiv-rechtlichen *Betriebsvereinbarung* ein Bedürfnis für eine Inhaltskontrolle[1181]. Die Kontrollbedürftigkeit von Betriebsvereinbarungen hatte das *BAG* ursprünglich damit begründet, dass der Betriebsrat aufgrund der für ihn geltenden absoluten Friedenspflicht (§ 74 Abs. 2 Satz 1 BetrVG) im Gegensatz zu der Gewerkschaft nicht die Möglichkeit habe, die Arbeitgeberseite durch Arbeitskämpfe unter Druck zu setzen, weshalb sich der Betriebsrat gegenüber dem Arbeitgeber im Vergleich zu der Gewerkschaft in einer

---

[1177] Vgl. *Ulmer/Brandner/Hensen*, AGB-Gesetz, § 23 Rn. 4a; *Zöllner/Loritz*, Arbeitsrecht, § 11 IV.

[1178] Vgl. BAG v. 24.3.1988, NZA 1989, 101; BAG v. 6.5.1998, AP Nr. 28 zu § 611 BGB Ausbildungsbeihilfe. Siehe auch LAG Düsseldorf, v. 18.5.1995, NZA-RR 1996, 363 f.

[1179] *Dieterich*, RdA 1995, 129 (135); *Fastrich*, Richterliche Inhaltskontrolle im Privatrecht, S. 275 ff.; *ders.*, RdA 1997, 65 (77 f.); *Hromadka*, FS Dieterich, S. 251, 256; kritisch insbesondere *Preis*, Grundfragen der Vertragsgestaltung im Arbeitsrecht, S. 255 ff., 283 ff., 289 f.; *Preis/Rolfs*, DB 1994, 261 (265).

[1180] Siehe etwa *Fastrich*, RdA 1997, 65 (75 ff.).

[1181] Vgl. BAG v. 30.1.1970, NJW 1970, 1620 (1623); BAG v. 13.9.1974, AP Nr. 84 zu § 611 BGB Gratifikation; BAG v. 17.2.1981, NJW 1982, (69 f.); BAG v. 9.12.1981, NJW 1982, 1718; BAG v. 16.9.1986, NZA 1987, 168 (175); BAG v. 8.10.1991, NZA 1992, 655 (656); BAG v. 27.8.1996, NZA 1997, 535 (539); BAG v. 20.2.2001, NZA 2001, 1204 (1206).

schwächeren Position befinden würde[1182]. Im Schrifttum wurde das Vorliegen einer gestörten Vertragsparität zwischen den Parteien der Betriebsvereinbarung hingegen überwiegend bestritten[1183]. Der Betriebsrat unterliege zwar der Friedenspflicht und dürfe keine Arbeitskämpfe durchführen, die darauf gestützte Argumentation des *BAG* berücksichtige aber nicht, dass diese Friedenspflicht gemäß § 74 Abs. 2 Satz 1 BGB auch für den Arbeitgeber gelte. Bei der Durchführung einer mitbestimmungspflichtigen Maßnahme sei der Arbeitgeber daher auf die Zustimmung des Betriebsrats angewiesen, weshalb die Stellung des Betriebsrats insoweit ein durchaus beachtliches Gewicht habe[1184]. Das *BAG* rückte daraufhin von dem Gedanken der gestörten Vertragsparität als Grundlage für eine inhaltliche Kontrolle von Betriebsvereinbarungen zunehmend ab und stützte die Inhaltskontrolle in der Folgezeit hauptsächlich auf die in § 75 Abs. 1 BetrVG enthaltene Regelung, wonach Arbeitgeber und Betriebsrat verpflichtet sind, über die Wahrung von Recht und Billigkeit zu wachen[1185]. Das *BAG* bezeichnete die gerichtliche Überprüfung des Regelungsinhalts einer Betriebsvereinbarung dementsprechend auch nicht als „Inhaltskontrolle", sondern wählte für diesen Vorgang den Begriff der „Billigkeitskontrolle"[1186]. Angesichts ihrer dogmatischen Unklarheiten im Hinblick auf die Rechtsgrundlage und die anzuwendenden Prüfungsmaßstäbe sah sich diese Rechtsprechung jedoch seit jeher in der Literatur starker Kritik ausgesetzt, die eine Rückführung der gerichtlichen Überprüfbarkeit von Betriebsvereinbarungen auf eine reine Rechtskontrolle gemäß §§ 134, 138 BGB befürwortete[1187]. Denn – so die Kritiker – eine über die bloße Rechtskontrolle hinausgehende Kontrolle des von den Betriebspartnern ausgehandelten Ergebnisses auf seine inhaltliche Angemessenheit hin hätte letztlich zur Konsequenz, dass man den Betriebspartnern die Fähigkeit zum Abschluss von Betriebsvereinbarungen absprechen und damit im Grunde das gesamte Prinzip der Mitbestimmung in Frage stellen würde[1188].

[1182] Vgl. BAG v. 30.1.1970, NJW 1970, 1620 (1623).

[1183] So vor allem *v.Hoyningen-Huene*, Die Billigkeit im Arbeitsrecht, S. 163 ff; *Kreutz*, ZfA 1975, 65 (71 ff.). Siehe auch *Hanau/Adomeit*, Arbeitsrecht (11. Aufl.), D II 3 c; *Reichold*, Anm. zu BAG v. 15.11.2000, AP Nr. 84 zu § 77 BetrVG 1972; *Zöllner/Loritz*, Arbeitsrecht, § 46 II 8.

[1184] *v.Hoyningen-Huene*, Die Billigkeit im Arbeitsrecht, S. 164.

[1185] Vgl. BAG v. 9.12.1981, NJW 1982, 1718; BAG v. 20.2.2001, NZA 2001, 1204 (1206).

[1186] BAG v. 30.1.1970, NJW 1970, 1620 (1623); BAG v. 17.2.1981, NJW 1982 (69); BAG v. 27.8.1996, NZA 1997, 535 (539); BAG v. 20.2.2001, NZA 2001, 1204 (1206).

[1187] Vgl. *v.Hoyningen-Huene*, Die Billigkeit im Arbeitsrecht, S. 163 ff.; GK-BetrVG/*Kreutz*, § 77 Rn. 299 ff. m.w.N.; *Richardi*, Betriebsverfassungsgesetz, § 77 Rn. 118, 123 und 125.

[1188] So insbesondere *v.Hoyningen-Huene*, Die Billigkeit im Arbeitsrecht, S. 165; *ders.*, BetrAV 1992, 185 (187).

V. Folge der Bereichsausnahme: Wertungsdiskrepanzen zwischen Arbeits- und Zivilrecht

Obwohl sich die Arbeitsgerichte bemühten, parallel zu der allgemeinen zivilrechtlichen Entwicklung auch im Arbeitsrecht auf der Grundlage von §§ 138, 242, 315 BGB einen vergleichbaren Schutz vor unangemessenen Vertragsbedingungen zu gewährleisten, so gelang es der Rechtsprechung gleichwohl nicht, in der jeweiligen Ausgestaltung der Inhaltskontrolle Wertungsdiskrepanzen zwischen Arbeitsrecht und Zivilrecht zu vermeiden[1189]. Sowohl hinsichtlich der gesetzlichen und dogmatischen Grundlagen, als auch hinsichtlich des Schutzniveaus offenbarten sich im Arbeitsrecht Defizite, die ihren Grund vor allem darin hatten, dass aufgrund der Bereichsausnahme des § 23 Abs. 1 AGBG weiterhin unklar war, wie eng sich die arbeitsgerichtliche Rechtsprechung an das AGB-Gesetz und die dazu ergangene Rechtsprechung anlehnen durfte und unter welchen Umständen im Arbeitsrecht eine Vertragskontrolle anhand der zivilrechtlichen Generalklauseln zulässig war[1190]. Die AGB-rechtliche Bereichsausnahme für das Arbeitsrecht und das Fehlen anderweitiger arbeitsrechtlicher Beurteilungsmaßstäbe für vorformulierte Arbeitsverträge führte zu einer spürbaren Verunsicherung in der Rechtsprechung der Arbeitsgerichte. Aus dem arbeitsrechtlichen Schrifttum wurden daher zunehmend Stimmen laut, die wegen der bestehenden Rechtsunsicherheiten eine Änderung bzw. Streichung der Bereichsausnahme für das Arbeitsrecht forderten[1191]. Bezeichnend für diese Rechtsunsicherheit im Arbeitsrecht war eine Entscheidung des *BAG* vom 13.12.2000, in der das Gericht zunächst ausführte, dass sich eine entsprechende Anwendung der Bestimmungen des AGB-Gesetzes schon aufgrund der eindeutigen gesetzlichen Regelung des § 23 Abs. 1 AGBG verbieten würde – um dann anschließend zu der Feststellung zu gelangen, dass auf der Grundlage der zivilrechtlichen Generalklauseln allgemeine Rechtsgedanken, die in anderen Gesetzen, wie z.B. dem AGB-Gesetz, ihren Niederschlag gefunden hätten, auch im Arbeitsrecht zur Anwendung gelangen könnten[1192].

B. Die neue Rechtslage, § 310 Abs. 4 BGB

Die soeben angeführte Entscheidung des *BAG* vom 13.12.2000 hat vor allem dadurch besondere Bedeutung erlangt, als die darin zum Ausdruck kommende Unsicherheit in der arbeitsgerichtlichen Rechtsprechung die Bundesregierung dazu ver-

---

[1189] *Preis*, Grundfragen der Vertragsgestaltung im Arbeitsrecht, S. 225 ff.; *ders.*, AuR 1994, 139 ff.

[1190] *Reinecke*, NZA 2000, Sonderbeilage zu Heft 3, 23 ff.

[1191] Vgl. *Preis*, AuR 1994, 139 (152); *Reinecke*, NZA 2000, Sonderbeilage zu Heft 3, 23 (33); siehe auch § 20 ArbVG 92 (Gutachten D für den 59. DJT).

[1192] BAG v. 13.12.2000, RdA 2002, 38 (39 f.) mit kritischer Anmerkung von *Preis*.

anlasst hat, die Bereichsausnahme für das Arbeitsrecht im Zuge der Schuldrechtsmodernisierung (teilweise) aufzugeben[1193]. Während des Gesetzgebungsverfahrens hatte zunächst der Bundesrat die Bitte geäußert, die sachliche Rechtfertigung der Herausnahme des gesamten Arbeitsrechts aus dem Anwendungsbereich des AGB-Rechts zu prüfen[1194]. Der Gesetzgeber hat daraufhin – anders als bei der Schaffung des AGB-Gesetzes[1195] – das Bedürfnis für einen Schutz vor unangemessenen Vertragsbedingungen im Arbeitsrecht ausdrücklich anerkannt. In der Gegenäußerung der Bundesregierung heißt es dazu:

> „Trotz des Schutzes durch zwingende gesetzliche Vorschriften und kollektive Vereinbarungen besteht auch im Arbeitsrecht ein Bedürfnis nach richterlicher Kontrolle der einseitig vom Arbeitgeber festgesetzten Arbeitsbedingungen; dies ist gerade vor dem Hintergrund des existenziellen Angewiesenseins auf einen Arbeitsplatz von besonderer Bedeutung. Das Fall-Material der Rechtsprechung des BAG zu den Arbeitsvertragsmodalitäten zeigt, dass eine ‚sich selbst überlassene' Vertragsfreiheit nicht in der Lage war, insgesamt einen ausreichenden Schutz der Arbeitnehmer zu gewährleisten."[1196]

Dementsprechend hat der Gesetzgeber auch die vom *BAG* praktizierte Rechtsprechung gewürdigt, mit der das Gericht trotz der geltenden Bereichsausnahme des § 23 Abs. 1 AGBG versucht hat, auch ohne Anwendung des AGB-Gesetzes dem Schutzbedürfnis des Arbeitnehmers Rechnung zu tragen:

> „Das BAG geht deshalb derzeit so vor, wie der BGH vor Schaffung des AGB-Gesetzes. Auf der Grundlage von §§ 242 und 315 BGB werden Arbeitsvertragsbedingungen im Prinzip so überprüft, als fände jedenfalls § 9 AGBG auf sie Anwendung."[1197]

Der Gesetzgeber sah allerdings auch die Schwierigkeiten, die sich dabei für die Rechtsprechung aus der Unanwendbarkeit des AGB-Gesetzes ergaben, und zog

---

1193 Vgl. die Gegenäußerung der Bundesregierung zu Nummer 50 der Stellungnahme des Bundesrates, BT-Drucks. 14/6857, S. 54: „Während einzelne Senate arbeitsvertragliche Klauseln sehr streng nach den Maßstäben des AGB-Gesetzes kontrollieren (vgl. BAG, DB 1996, S. 989), tendieren andere Senate des Gerichts in eine andere Richtung, wie eine der jüngsten Entscheidungen zur Frage der Ausschlussfristen bzw. abgekürzten Verjährungsfristen (BAG vom 13. Dezember 2000 – 10 AZR 168/2000) zeigt. Die aus dieser uneinheitlichen Rechtsprechung entstehende Rechtsunsicherheit sollte durch die Streichung der Bereichsausnahme beseitigt werden."

1194 Vgl. die Prüfbitte in Nummer 50 der Stellungnahme des Bundesrates zum Entwurf eines Gesetzes zur Modernisierung des Schuldrechts, BR-Drucks. 338/01, S. 28.

1195 Vgl. BT-Drucks. 7/3919, S. 14, 41.

1196 BT-Drucks. 14/6857, S. 53 f.

1197 BT-Drucks. 14/6857, S. 54.

daraus schließlich die Konsequenz, die Bereichsausnahme für das Arbeitsrecht zu streichen:

> „Während einzelne Senate arbeitsvertragliche Klauseln sehr streng nach den Maßstäben des AGB-Gesetzes kontrollieren (vgl. BAG, DB 1996, S. 989), tendieren andere Senate des Gerichts in eine andere Richtung, wie eine der jüngsten Entscheidungen zur Frage der Ausschlussfristen bzw. abgekürzten Verjährungsfristen (BAG vom 13. Dezember 2000 - 10 AZR 168/2000)[1198] zeigt. Die aus dieser uneinheitlichen Rechtsprechung entstehende Rechtsunsicherheit sollte durch die Streichung der Bereichsausnahme beseitigt werden. Dadurch wird auch dafür gesorgt, dass das Schutzniveau der Vertragsinhaltskontrolle im Arbeitsrecht nicht hinter demjenigen des Zivilrechts zurückbleibt."[1199]

Gleichwohl war sich der Gesetzgeber bewusst, dass die im AGB-Recht niedergelegten, entsprechend der ursprünglichen Konzeption des AGB-Rechts in erster Linie an der typischen Interessenslage des Privatkunden ausgerichteten Kontrollmaßstäbe[1200] nicht 1:1 auf das Arbeitsrecht übertragen werden konnten. Dementsprechend sollten „vor allem die besonderen Klauselverbote ohne Wertungsmöglichkeit im Arbeitsrecht nicht zwingend uneingeschränkt zur Anwendung kommen. Vielmehr sollten hier die besonderen Bedürfnisse eines Arbeitsverhältnisses berücksichtigt werden können."[1201] Aus diesem Grund hat der Gesetzgeber die Bereichsausnahme für das Arbeitsrecht nicht vollständig abgeschafft, sondern nur eine eingeschränkte AGB-Kontrolle im Arbeitsrecht zugelassen. Für die Inhaltskontrolle von Arbeitsverträgen treten damit an die Stelle der bisherigen, von der Rechtsprechung auf der Grundlage von § 242 BGB herausgebildeten Grundsätze[1202] die Neuregelungen der §§ 305 ff. BGB. Danach ist eine Beschränkung der AGB-rechtlichen Inhaltskontrolle nur noch für arbeitsrechtliche Kollektivvereinbarungen wie Tarifverträge, Betriebsvereinbarungen und Dienstvereinbarungen vorgesehen (§ 310 Abs. 4 Satz 1 BGB). Auf individualarbeitsrechtliche Verträge finden dagegen mit Ausnahme der Einbeziehungsvorschriften des § 305 Abs. 2 und 3 BGB nunmehr grundsätzlich die in den §§ 305 ff. BGB enthaltenen Regelungen über die Allgemeinen Geschäftsbedingungen Anwendung, allerdings mit der Einschränkung, dass „die im Arbeitsrecht geltenden Besonderheiten angemessen zu berücksichtigen" sind (§ 310 Abs. 4 Satz 2 BGB) und Tarifverträge, Betriebs- und Dienstvereinbarungen mit Rechtsvorschriften im Sinne von § 307 Abs. 3 BGB

[1198] BAG v. 13.12.2000, RdA 2002, 38 ff. mit kritischer Anmerkung von *Preis.*

[1199] BT-Drucks. 14/6857, S. 54..

[1200] Zur ursprünglich verbraucherschutzorientierten Konzeption des AGB-Rechts vgl. oben 6. Kapitel E. I.

[1201] Vgl. BT-Drucks. 14/6857, S. 54.

[1202] Vgl. oben 8. Kapitel A.

gleichgestellt werden (§ 310 Abs. 4 Satz 3 BGB). Im Anbetracht dieser Änderungen stellt sich die Frage, ob und ggf. welche Änderungen sich durch diese eingeschränkte AGB-Kontrolle im Vergleich zu der bisherigen Rechtslage ergeben.

I. Gegenstand der AGB-Kontrolle

Die erste Grundfrage, die sich aus der Einbeziehung des Arbeitsrechts in den Anwendungsbereich des AGB-Rechts ergibt, ist, auf welche Art von Arbeitsverträgen die AGB-rechtlichen Vorschriften der §§ 305 ff. BGB überhaupt anzuwenden sind. Insofern muss zunächst zwischen der Kontrolle von kollektivrechtlichen und der Kontrolle von individualrechtlichen Arbeitsverträgen unterschieden werden.

1. Die Kontrolle arbeitsrechtlicher Kollektivverträge (§ 310 Abs. 4 Satz 1 BGB)

Die arbeitsrechtlichen Kollektivvereinbarungen, also Tarifverträge sowie Betriebs- und Dienstvereinbarungen, sind gemäß § 310 Abs. 4 Satz 1 BGB weiterhin ausdrücklich vom Anwendungsbereich der §§ 305 ff. BGB ausgenommen; insoweit bleibt die ehemalige Bereichsausnahme des § 23 Abs. 1 AGBG also noch bestehen. Die Beibehaltung einer eingeschränkten Bereichsausnahme für Kollektivvereinbarungen hat der Gesetzgeber wie folgt begründet:

> „Die Bereichsausnahme muss allerdings weiterhin für Tarifverträge, Betriebs- und Dienstvereinbarungen bestehen bleiben. Sie stellen nicht nur ausgehandelte Verträge zwischen den Kollektivparteien dar, sondern enthalten zugleich Rechtsnormen, die unmittelbar und zwingend für die Arbeitsverhältnisse der betriebsangehörigen bzw. tarifgebundenen Arbeitnehmer gelten (§ 77 Abs. 4 Satz 1 BetrVG, § 4 Abs. 1 TVG). In diesen gewissermaßen ‚normsetzenden' Bereich kann und darf eine AGB-Kontrolle nicht eingreifen, da anderenfalls das System der Tarifautonomie konterkariert würde."[1203]

Auf die Inhaltskontrolle von arbeitsrechtlichen Kollektivvereinbarungen hat diese Bereichsausnahme unterschiedliche Auswirkungen:

a) Tarifverträge

Tarifverträge unterlagen bereits nach bisheriger Rechtslage keiner AGB-Kontrolle[1204] und sind auch nach neuer Rechtslage keiner Inhaltskontrolle zugänglich, insofern hat die in § 310 Abs. 4 Satz 1 BGB enthaltene Regelung lediglich

---

[1203] BT-Drucks. 14/6857, S. 54.

[1204] Vgl. BAG v. 6.2.1985, AP Nr. 1 zu § 1 TVG Tarifverträge: Süßwarenindustrie; BAG v. 25.2.1987, NZA 1987, 667 (668); BAG v. 5.12.1990, 375 (376); BAG v. 6.9.1995, NZA 1996, 437 (439); BAG v. 23.10.1996, NZA 1997, 547 (549).

klarstellende Funktion[1205]. Die Kontrollfreiheit von Tarifverträgen folgt zum einen aus dem Respekt vor der grundgesetzlich garantierten Tarifautonomie (Art. 9 Abs. 3 GG) und zum anderen aus dem Umstand, dass sich beim Tarifvertrag zwei nahezu gleichgewichtige Vertragsparteien gegenüberstehen, weshalb bei der tarifvertraglichen Vereinbarung grundsätzlich davon auszugehen ist, dass der Tarifvertragsinhalt einen angemessenen Ausgleich zwischen den Interessen der Arbeitnehmer- und Arbeitgeberseite darstellt[1206]. Tarifverträge sind daher auch zukünftig nur im Wege einer *Rechtskontrolle* gemäß §§ 134, 138 BGB daraufhin überprüfbar, ob sie gegen die Verfassung, vorrangiges zwingendes Gesetzesrecht oder die guten Sitten verstoßen[1207].

b) Betriebs- und Dienstvereinbarungen

Neben Tarifverträgen werden gemäß § 310 Abs. 4 Satz 1 BGB auch Betriebs- und Dienstvereinbarungen ausdrücklich vom Anwendungsbereich der Inhaltskontrolle ausgenommen. Bislang hat das *BAG* allerdings in ständiger Rechtsprechung die Ansicht vertreten, dass der Regelungsinhalt einer Betriebsvereinbarung durchaus einer Kontrolle zu unterziehen ist, nämlich einer sog. „Billigkeitskontrolle", die im Einzelfall der durch § 310 Abs. 4 S. 1 BGB ausgeschlossenen Inhaltskontrolle recht nahe kommen konnte[1208]. Im Anbetracht der insofern eindeutigen Ausnahmeregelung in § 310 Abs. 4 Satz 1 BGB stellt sich daher für Betriebsvereinbarungen die Frage, inwieweit das *BAG* weiterhin an seiner – ohnehin hoch umstrittenen – Rechtsprechung zur „Billigkeitskontrolle" von Betriebsvereinbarungen festhalten kann.

Während einige Autoren meinen, dass die bisherige Rechtsprechung des *BAG* durch die Neuregelung des § 310 Abs. 4 BGB überhaupt nicht tangiert werde und daher auch kein Anlass für eine grundsätzliche Korrektur bestehe[1209], gehen andere davon aus, dass Betriebsvereinbarungen entgegen der bisherigen Rechtsprechung

---

[1205] *Gotthardt*, Arbeitsrecht nach der Schuldrechtsreform, Rn. 336; *Hromadka*, NJW 2002, 2523 (2525); ErfK/Preis, §§ 305-310 BGB Rn. 11; *Richardi*, NZA 2002, 1057 (1058); *Thüsing*, BB 2002, 2666 (2669).

[1206] Siehe dazu oben 4. Kapitel C. II.

[1207] Vgl. BAG v. 25.2.1987, NZA 1987, 667 (668); BAG v. 5.12.1990, 375 (376); BAG v. 6.9.1995, NZA 1996, 437 (439); BAG v. 23.10.1996, NZA 1997, 547 (549).

[1208] Siehe dazu oben 8. Kapitel A. IV.

[1209] *Däubler*, NZA 2001, 1329 (1334); *ders.* in: Däubler/Dorndorf, AGB-Kontrolle im Arbeitsrecht, § 310 Rn. 33; *Richardi*, NZA 2002, 1057 (1062); *Singer*, RdA 2003, 194 (197); *Thüsing*, BB 2002, 2666 (2669).

zukünftig keiner allgemeinen „Billigkeitskontrolle“ mehr unterzogen werden dürften[1210].

Diese auf den ersten Blick völlig konträren Ansichten sind in Wirklichkeit jedoch gar nicht so weit auseinander. Denn die gegensätzlichen Standpunkte beruhen in erster Linie auf einer terminologisch unterschiedlichen Erfassung dessen, was das *BAG* als „Billigkeitskontrolle“ bezeichnet. Insofern muss nämlich danach unterschieden werden, ob es sich bei der vom *BAG* praktizierten „Billigkeitskontrolle“ um eine *spezifische* Rechtskontrolle im Sinne einer *Angemessenheitskontrolle* handelt, deren besonderes Merkmal darin besteht, dass der Vertragsfreiheit aufgrund einer gestörten Vertragsparität *engere* Grenzen gezogen werden als im Bereich von Gleichgewichtslagen, oder ob das *BAG* lediglich eine *allgemeine Rechtskontrolle* vornimmt, die keine gestörte Vertragsparität voraussetzt und nicht auf strengen Sondermaßstäben, sondern auf den allgemeinen Grenzen der Vertragsfreiheit beruht[1211]. Wird der Inhalt der Betriebsvereinbarung etwa anhand von §§ 134, 138 BGB auf die Vereinbarkeit mit höherrangigem Recht, also Tarifverträgen, Gesetzen und gesetzesvertretendem Richterrecht überprüft, so liegt nach der hier vertretenen Unterscheidung eine *allgemeine Rechtskontrolle* vor, die nach einhelliger Meinung durch § 310 Abs. 4 Satz 1 BGB ebenso wenig ausgeschlossen wird wie eine allgemeine Rechtskontrolle von Tarifverträgen[1212].

Fraglich ist demnach allein, ob sich auch eine am – insofern strengeren – Maßstab von Treu und Glauben ausgerichtete *Inhalts*- bzw. *Angemessenheitskontrolle* von Betriebsvereinbarungen mit § 310 Abs. 4 Satz 1 BGB vereinbaren lässt. Die Beantwortung dieser Frage hängt maßgeblich davon ab, wie man das Verhältnis der AGB-rechtlichen Inhaltskontrolle zu der Inhaltskontrolle auf Grundlage anderer zivilrechtlicher Vorschriften beurteilt.

Ausgehend von der These, dass das AGB-Recht lediglich eine „Teilkodifikation“[1213] des allgemeinen Rechtsinstituts der Inhaltskontrolle darstellt, vertritt z.B. *Thüsing* die Auffassung, dass die Herausnahme von Betriebsvereinbarungen aus dem Anwendungsbereich des AGB-Rechts keineswegs zum Wegfall sämtlicher

---

1210 *Lieb*, FS Ulmer, S. 1231, 1241 f.; ErfK/Preis, §§ 305-310 BGB Rn. 12; *Stoffels*, AGB-Recht, Rn. 178.

1211 Zu den Unterschieden zwischen einer allgemeinen Rechtskontrolle nach §§ 134, 138 BGB und einer Inhalts- bzw. Angemessenheitskontrolle vgl. oben 3. Kapitel C.

1212 Vgl. *Gotthardt*, Arbeitsrecht nach der Schuldrechtsreform, Rn. 337; *Lieb*, Arbeitsrecht, Rn. 119; ErfK/Preis, §§ 305-310 BGB Rn. 12.

1213 Siehe dazu ausführlich oben 6. Kapitel D.

Kontrollmechanismen für Betriebsvereinbarungen führen würde[1214]. Eine inhaltliche Überprüfung von Betriebsvereinbarungen auf Grundlage anderer Rechtsnormen sei daher weiterhin möglich. Der Respekt vor der gesetzgeberischen Entscheidung, Betriebsvereinbarungen aus dem Anwendungsbereich des AGB-Rechts herauszunehmen, verbiete es nur, bei einer Inhaltskontrolle von Betriebsvereinbarungen außerhalb des AGB-Rechts im Ergebnis strengere Kontrollmaßstäbe anzulegen, als dies bei einer Anwendung der §§ 305 ff. BGB der Fall wäre[1215]. Eine Kontrolle von Betriebsvereinbarungen anhand der hierzu in der Vergangenheit vom *BAG* entwickelten Rechtsgrundsätze könne deshalb nicht pauschal abgelehnt werden, sondern müsse in jedem Einzelfall daraufhin überprüft werden, ob dabei nicht höhere Wirksamkeitsanforderungen an den Inhalt der Betriebsvereinbarung gestellt werden, als im Rahmen der §§ 305 ff. BGB zu stellen wären[1216].

Im Gegensatz dazu vertritt insbesondere *Lieb* die Ansicht, dass der Umstand, dass der Gesetzgeber bei der Neufassung des § 310 Abs. 4 BGB lediglich Arbeitsverträge in den Geltungsbereich der AGB-Kontrolle einbezogen hat und die Bereichsausnahme für Tarifverträge, Betriebs- und Dienstvereinbarungen weiterhin ausdrücklich aufrechterhält, nur die Schlussfolgerung zulasse, dass der Gesetzgeber insoweit alle drei kollektivrechtlichen Regelungen gleichermaßen von *jeglicher* Inhalts- oder Angemessenheitskontrolle habe freistellen wollen[1217]. Deshalb dürfe die insoweit eindeutige Entscheidung des Gesetzgebers auch nicht durch die Heranziehung „irgendwelcher kryptischer sonstiger Kontrollgrundlagen“[1218] unterlaufen werden.

Die von *Lieb* befürwortete Auslegung des § 310 Abs. 4 BGB steht zwar im Widerspruch zu der offenkundigen Absicht des Gesetzgebers, mit der Änderung der Bereichsausnahme eine *Stärkung* des Arbeitnehmerschutzes und nicht seine Minderung herbeizuführen[1219], im Hinblick auf den einheitlichen Gesetzeswortlaut ist diese weite Auslegung des § 310 Abs. 4 S. 1 BGB aber durchaus konsequent.

[1214] *Thüsing*, BB 2002, 2666 (2669). Im Ergebnis genauso, allerdings ohne nähere Begründung *Däubler*, NZA 2001, 1329 (1334); *Richardi*, NZA 2002, 1057 (1062); *Singer*, RdA 2003, 194 (197).

[1215] *Thüsing*, BB 2002, 2666 (2669); zustimmend *Däubler* in: Däubler/Dorndorf, AGB-Kontrolle im Arbeitsrecht, § 310 Rn. 33.

[1216] *Thüsing*, BB 2002, 2666 (2669).

[1217] *Lieb*, FS Ulmer, S. 1231, 1241 f. Im Ergebnis ebenso *Annuß*, BB 2002, 458 (459); *Gotthardt*, Arbeitsrecht nach der Schuldrechtsreform, Rn. 337; ErfK/Preis, §§ 305-310 BGB Rn. 12; *Stoffels*, AGB-Recht, Rn. 178.

[1218] *Lieb*, FS Ulmer, S. 1231, 1241.

[1219] So auch *Däubler* in: Däubler/Dorndorf, AGB-Kontrolle im Arbeitsrecht, § 310 Rn. 33; *Thüsing*, BB 2002, 2666 (2669).

Trotzdem kommt auch diese Gegenansicht nicht zu dem Ergebnis, dass die bisherige *BAG*-Rechtsprechung durch die Neuregelung vollständig obsolet geworden sei. Denn die Befürworter dieser Gegenansicht[1220] sind der Meinung, dass das *BAG* bei seiner als „Billigkeitskontrolle" bezeichneten Überprüfung von Betriebsvereinbarungen die strengeren, von der Bereichsausnahme des § 310 Abs. 4 BGB vermeintlich erfassten Sondermaßstäbe der Inhalts- oder Angemessenheitskontrolle in den meisten Fällen überhaupt nicht zur Anwendung gebracht habe, sondern dass es hier letztlich nur eine *allgemeine Rechtskontrolle* vorgenommen habe, deren Maßstäbe sich bereits mit den allgemeinen Grenzen der Vertragsfreiheit rechtfertigen ließen, wie etwa mit der Notwendigkeit des Schutzes erdienter Rechtspositionen oder der Beachtung des Vertrauensschutzes[1221].

Zusammenfassend lässt sich somit feststellen, dass Betriebsvereinbarungen nach richtiger Ansicht zwar nicht vollständig kontrollfrei sind, dass sie im Ergebnis aber keinesfalls einer strengeren Kontrolle unterzogen werden dürfen als solche Vereinbarungen, auf die die §§ 305 ff. BGB Anwendung finden[1222]. Eine allgemeine Inhalts- bzw. Angemessenheitskontrolle von Betriebsvereinbarungen, die auf strengen, eine gestörte Vertragsparität voraussetzenden Sondermaßstäben beruht, lässt sich deshalb mit § 310 Abs. 4 BGB jedenfalls nicht mehr vereinbaren[1223].

Ob es sich bei der danach noch zulässigen gerichtlichen Kontrolle von Betriebsvereinbarungen im einzelnen Fall um eine unterhalb des AGB-rechtlichen Kontrollmaßstabs angesiedelte, abgeschwächte *Inhaltskontrolle* handelt, oder ob diese Form der gerichtlichen Nachprüfung lediglich als *allgemeine Rechtskontrolle* anzusehen ist, kann und braucht hier nicht abschließend untersucht werden. Denn im Ergebnis besteht weitgehend Einigkeit darüber, dass sich aus der neuen Rechtslage zumindest keine grundlegenden Änderungen für die bisherige Rechtsprechung des *BAG* ergeben – sei es, weil § 310 Abs. 4 S. 1 BGB nicht zum Ausschluss jeglicher Kontrollmechanismen für kollektivrechtliche Arbeitsverträge führt – oder sei es, weil es sich bei der bisher vom *BAG* praktizierten Kontrolle von Betriebsvereinbarungen vielfach nur um eine im Hinblick auf § 310 Abs. 4 BGB ohnehin unbedenklich zulässige allgemeine Rechtskontrolle gehandelt hat. Die Neuregelung in § 310

[1220] Vgl. *Gotthardt*, Arbeitsrecht nach der Schuldrechtsreform, Rn. 337; ErfK/Preis, §§ 305-310 BGB Rn. 12; *Stoffels*, AGB-Recht, Rn. 178; ebenso *Lieb*, Arbeitsrecht, Rn. 119.

[1221] Siehe auch *Richardi*, Betriebsverfassungsrecht, § 77 Rn. 118, 123, 125. Selbst das *BAG* verwendet für die Kontrolle von Betriebsvereinbarungen vielfach nicht mehr den Begriff der „Billigkeitskontrolle", sondern bezeichnet sein Vorgehen ausdrücklich als „Rechtskontrolle", vgl. z.B. BAG v. 22.5.1990, NZA 1990, 813; BAG v. 23.10.1990, NZA 1991, 242.

[1222] *Thüsing*, BB 2002, 2666 (2669).

[1223] *Annuß*, BB 2002, 458 (459); *Gotthardt*, Arbeitsrecht nach der Schuldrechtsreform, Rn. 337; ErfK/Preis, §§ 305-310 BGB Rn. 12; *Thüsing*, BB 2002, 2666 (2669).

Abs. 4 BGB bedeutet allerdings auf jeden Fall, dass sich das *BAG* bei der Kontrolle von Betriebsvereinbarungen in Zukunft noch stärker als bisher zurückhalten muss[1224].

2. Die Kontrolle individualarbeitsrechtlicher Verträge

Für die Kontrolle von individualarbeitsrechtlichen Verträgen sind die AGB-rechtlichen Vorschriften der §§ 305 ff. BGB dagegen unmittelbar anwendbar, wie der Gesetzgeber in § 310 Abs. 4 Satz 2 BGB nunmehr eindeutig klargestellt hat. Die als Folge der arbeitsrechtlichen Bereichsausnahme des § 23 Abs. 1 AGBG zwischen Arbeits- und Zivilrecht bestehenden Wertungsdifferenzen sind damit für individualrechtliche Verträge zumindest im Grundsatz beseitigt worden. Hinsichtlich der Auswirkungen dieser Gleichstellung für die zukünftige Kontrollfähigkeit von individualarbeitsrechtlichen Verträgen ist danach zu unterscheiden, ob es sich um die Kontrolle Allgemeiner Arbeitsbedingungen, vorformulierter Einzelarbeitsverträge oder individuell ausgehandelter Arbeitsverträge handelt.

a) Allgemeine Arbeitsbedingungen (§ 305 Abs. 1 BGB)

Allgemeine Arbeitsbedingungen, die der Arbeitgeber für eine Vielzahl von Arbeitsverträgen vorformuliert hat und dem Arbeitnehmer beim Abschluss des Vertrages stellt, unterliegen nunmehr gemäß § 305 Abs. 1 BGB grundsätzlich ebenso wie Allgemeine Geschäftsbedingungen einer gerichtlichen Kontrolle anhand der §§ 305 ff. BGB. Die im Zivilrecht zur Abgrenzung des sachlichen Anwendungsbereichs von § 305 Abs. 1 BGB entwickelten Leitlinien[1225] gelten daher jetzt auch entsprechend im Arbeitsrecht[1226].

b) *Vorformulierte* Einzelarbeitsverträge (§ 310 Abs. 3 Nr. 2 BGB)

Da der Arbeitnehmer als Verbraucher i.S.d. § 13 BGB anzusehen ist, finden die wesentlichen Vorschriften des AGB-Rechts gemäß § 310 Abs. 3 Nr. 2 BGB auch auf solche vorformulierten Arbeitsverträge Anwendung, die nur zur *einmaligen* Verwendung bestimmt sind und auf deren Inhalt der Arbeitnehmer keinen Einfluss nehmen konnte. Damit unterliegen grundsätzlich auch vorformulierte Einzelarbeitsverträge einer AGB-Kontrolle[1227]. Die Einbeziehung vorformulierter Einzelarbeitsverträge in den Anwendungsbereich des AGB-Rechts wird auch von den meis-

---

[1224] So auch *Hromadka*, NJW 2002, 2523 (2525).

[1225] Vgl. MüKo/*Basedow*, § 305 Rn. 13 ff.; Palandt/*Heinrichs*, § 305 Rn. 2 ff.

[1226] *Gotthardt*; Arbeitsrecht nach der Schuldrechtsreform, Rn. 240 ff.; *Grobys*, DStR 2002, 1002 (1003 f.).

[1227] So nun auch ausdrücklich BAG v. 25.5.2005, NJW 2005. 3305 (3308 f.).

ten Autoren im Schrifttum begrüßt[1228], selbst die Gegner der Verbrauchereigenschaft des Arbeitnehmers befürworten mehrheitlich die (analoge) Anwendung des § 310 Abs. 3 Nr. 2 BGB im Arbeitsrecht[1229]. Gegen eine Inhaltskontrolle von vorformulierten Einzelverträgen haben sich dagegen nur wenige Autoren ausgesprochen[1230].

Vergleicht man die Schutzbedürftigkeit des Verbrauchers, die zur Sonderregelung des § 310 Abs. 3 Nr. 2 BGB geführt hat, mit der Schutzbedürftigkeit des Arbeitnehmers, der mit einem vorformulierten Einzelarbeitsvertrag konfrontiert wird, so ist festzustellen, dass eine Anwendung des § 310 Abs. 3 Nr. 2 BGB im Arbeitsrecht auch unter Schutzbedürftigkeitsgesichtspunkten sachgerecht und im Hinblick auf die Struktur des AGB-Rechts systemkonform ist. Denn nach den obigen Feststellungen[1231] beruht die Gefährlichkeit vorformulierter Vertragsklauseln nicht auf der Häufigkeit ihrer (geplanten) Verwendung, sondern auf dem Umstand, dass sie der Verwender unter einseitiger Inanspruchnahme der Vertragsfreiheit *vorformuliert* hat. Der Verbraucher kann daher auf einen ihm vorgegebenen, einseitig vorformulierten Vertragsinhalt typischerweise auch dann keinen effektiven Einfluss nehmen, wenn der Vertrag nur zur einmaligen Verwendung bestimmt ist[1232]. Diesem Umstand sollte durch § 310 Abs. 3 Nr. 2 BGB Rechnung getragen werden, indem die Inhaltskontrolle im Verbraucherrecht auch auf vorformulierte Einzelverträge erstreckt wurde. Überträgt man diese Überlegungen auf die Situation des Arbeitnehmers, dem von seinem Arbeitgeber ein nicht ausgehandelter, sondern einseitig vor-

---

[1228] *Benecke/Pils*, ZIP 2005, 1956 (1957); *Däubler*, NZA 2001, 1329 (1334); *Dorndorf* in: Däubler/Dorndorf, AGB-Kontrolle im Arbeitsrecht, § 310 Rn. 7 ff.; *Bratz*, Arbeitsrechtliche Besonderheiten bei der Kontrolle Allgemeiner Geschäftsbedingungen, S. 201; *Gotthardt*, Arbeitsrecht nach der Schuldrechtsreform, Rn. 243; *Hofmann*, Die Kontrolle von Arbeitsverträgen nach der Schuldrechtsreform, S. 96 f.; *Konzen*, FS Hadding, S. 145, 164; *Linnemannstöns*, Die Auswirkungen des § 310 III, IV BGB auf das Arbeitsrecht, S. 133; ErfK/*Preis*, §§ 305-310 BGB Rn. 26; *ders.*, NZA 2003, Sonderbeilage zu Heft 16, 19 (26); *Reinecke*, DB 2002, 583 (587); *Reim*, DB 2002, 2434 (2438); *Reuter* in: Eckert/Delbrück, Reform des deutschen Schuldrechts, S. 99, 111; *Riesenhuber/v.Vogel*, Jura 2006, 81 (84); *Schmalkalden/Oberrath*, NJW 2005, 3745 (3749); *Singer*, RdA 2003, 194 (197); *Thüsing*, BB 2002, 2666 (2668); *Ziemann*, in: Schimmel/Buhlmann, Frankfurter Handbuch zum neuen Schuldrecht, S. 675, 692 Rn. 50.

[1229] *Brox/Rüthers/Henssler*, Arbeitsrecht, Rn. 191; Palandt/*Heinrichs* (bis 64. Aufl.), § 310 Rn. 51; *Lieb*, FS Ulmer, S. 1231, 1237; *Reichold*, FS 50 Jahre BAG, S. 153, 175; *Schlodder*, Der Arbeitsvertrag im neuen Schuldrecht, S. 198 ff. Im Ergebnis auch *Hromadka*, NJW 2002, 2523 (2525).

[1230] *Bauer/Kock*, DB 2002, 42 (45); *Hönn*, ZfA 2003, 325 (358); *Lingemann*, NZA 2002, 181 (184); *Schnittker/Grau*, BB 2002, 2120 (2121 in Fn. 17).

[1231] Siehe oben 6. Kapitel G. I. 2. c).

[1232] Siehe oben 6. Kapitel G. I. 2. c).

gegebener Einzelarbeitsvertrag vorgelegt wird, so ist kein sachlicher Grund ersichtlich, dem Arbeitnehmer die erweiterte AGB-Kontrolle nach § 310 Abs. 3 Nr. 2 BGB vorzuenthalten[1233]. Denn der Arbeitnehmer hat in diesem Fall aufgrund der einseitigen Vorformulierung durch den Arbeitgeber ebenfalls keine Möglichkeit, effektiv auf den Inhalt des Vertrages Einfluss zu nehmen. Für die Schutzbedürftigkeit des Arbeitnehmers macht es deshalb auch keinen Unterschied, ob die vorformulierten Vertragsklauseln nur zur einmaligen Verwendung bestimmt sind oder mehrfach verwendet werden sollen[1234]. Der Umstand, dass eine Vertragspartei den Vertrag einseitig vorformuliert hat, wirkt sich im Arbeitsrecht in gleicher Weise paritätsgefährdend aus wie im allgemeinen Zivilrecht oder im unternehmerischen Geschäftsverkehr. Die sich aus der Vorformulierung ergebende Paritätsgefahr ist schließlich kein Sonderproblem des Verbraucherrechts, sondern ein allgemeines Problem des rechtsgeschäftlichen Verkehrs. Wie oben bereits dargelegt wurde, ist es deshalb eigentlich nicht gerechtfertigt, vorformulierte Einzelverträge nur dann einer AGB-Kontrolle zu unterziehen, wenn es sich um einen Verbrauchervertrag handelt[1235]. Nach der gesetzlichen Konstruktion des AGB-Rechts als ausschließlich situationsbezogenes Kompensationsinstrument wäre es vielmehr sachgerechter, wenn sämtliche vorformulierten Verträge der AGB-Kontrolle zugänglich wären, und zwar unabhängig davon, ob sie nur zur einmaligen oder zur mehrfachen Verwendung bestimmt sind. Während deshalb außerhalb des Verbraucherrechts hilfsweise über § 242 BGB eine Inhaltskontrolle von vorformulierten Einzelverträgen in Betracht zu ziehen ist, kann im Arbeitsrecht aufgrund der Verbrauchereigenschaft des Arbeitnehmers direkt auf die Regelung des § 310 Abs. 3 Satz 2 BGB zurückgegriffen werden, um der sich aus der Vorformulierung ergebenden Paritätsgefahr angemessen zu begegnen. Die Regelung des § 310 Abs. 3 Nr. 2 BGB ist deshalb auch im Arbeitsrecht anwendbar – allerdings nicht deshalb, weil der Arbeitnehmer dem Arbeitgeber grundsätzlich unterlegen wäre, sondern deshalb, weil seine privatautonom getroffene Entscheidung für den vorformulierten Arbeitsvertrag kein bewusstes „Ja" zu sämtlichen Nebenkonditionen beinhalten kann[1236]. Die Anwendung des § 310 Abs. 3 Nr. 2 BGB im Arbeitsrecht entspricht im Übrigen auch der bisherigen Rechtsprechung des *BAG*, das schon vor der Schuldrechtsmodernisierung die Kontrolle von vorformulierten Einzelarbeitsverträgen befürwortet

---

[1233] So auch BAG v. 25.5.2005, NJW 2005, 3305 (3309); *Singer*, RdA 2003, 194 (197); ähnlich *Lieb*, FS Ulmer, S. 1231, 1237.

[1234] Ebenso BAG v. 25.5.2005, NJW 2005, 3305 (3309); *Bratz*, Arbeitsrechtliche Besonderheiten bei der Kontrolle Allgemeiner Geschäftsbedingungen, S. 201.

[1235] Siehe oben 6. Kapitel G. I. 2. c) ee).

[1236] *Reichold*, FS 50 Jahre BAG, S. 153, 175.

hat[1237]. Diese Rechtsprechung kann durch die Anwendung des § 310 Abs. 3 Nr. 2 BGB entsprechend fortgeführt werden, ohne dass es dazu eines – methodisch zudem äußerst fragwürdigen – Rückgriffes auf die „Besonderheitenregel" des § 310 Abs. 4 Satz 2 BGB bedarf[1238]. Die Einbeziehung des Arbeitnehmers in den Verbraucherbegriff des § 13 BGB erweist sich damit einmal mehr als sinnvolles und angemessenes Mittel, um die unterschiedlichen Schutzstandards der Zivilrechtsordnung zu harmonisieren und dafür zu sorgen, dass das Schutzniveau im Arbeitsrecht bei vergleichbaren Ungleichgewichtslagen nicht hinter demjenigen des Zivilrechts zurückbleibt.

c) Individuell *ausgehandelte* Arbeitsverträge

Nachdem festgestellt wurde, dass *vorformulierte* Einzelarbeitsverträge gemäß § 310 Abs. 3 Nr. 2 BGB einer AGB-Kontrolle unterliegen, stellt sich schließlich noch die Frage, ob auch individuell *ausgehandelte* Arbeitsverträge kontrollierbar sind. Bislang gingen Rechtsprechung und Teile der Literatur davon aus, dass auf der Grundlage der allgemeinen zivilrechtlichen Generalklauseln eine der AGB-Kontrolle nahestehende Inhaltskontrolle von individuell ausgehandelten Arbeitsverträgen wegen der für das Arbeitsrecht typischen personenbedingten Unterlegenheit des Arbeitnehmers grundsätzlich möglich sei[1239].

Aus der Einbeziehung des Arbeitsrechts in den Anwendungsbereich des AGB-Rechts im Zuge der Schuldrechtsmodernisierung wird nun allerdings von einigen Autoren der Schluss gezogen, dass der Gesetzgeber die das AGB-Recht prägende und in § 305 Abs. 1 Satz 3 BGB niedergelegte Unterscheidung zwischen kontrollfähigen vorformulierten Verträgen und kontrollfreien individuell ausgehandelten Verträgen auch in das Arbeitsrecht übertragen habe, mit der Folge, dass individuell ausgehandelte Arbeitsverträge nunmehr von jeglicher Kontrolle durch die Rechtsprechung freigestellt und die hierzu bislang ergangenen Judikate insgesamt obsolet geworden seien[1240].

Diese Schlussfolgerung ist allerdings in ihrer Reichweite nicht völlig überzeugend. Unstreitig dürfte nach der Neuregelung jedenfalls sein, dass eine entsprechende Anwendung einzelner Vorschriften der §§ 305 ff. BGB – wie sie die Rechtspre-

---

[1237] Siehe oben 8. Kapitel A. II.

[1238] So aber Palandt/*Heinrichs* (bis 64. Aufl.), § 310 Rn. 51.

[1239] Siehe oben 8. Kapitel A. III.

[1240] So etwa *Gotthardt*, ZIP 2002, 277 (279); *ders.*, Arbeitsrecht nach der Schuldrechtsreform, Rn. 244; *Hromadka*, NJW 2002, 2523 (2525), *Lieb*, Arbeitsrecht, Rn. 117; *Lindemann*, AuR 2002, 81 (85); ErfK/*Preis*, §§ 305-310 BGB, Rn. 27; *Rolfs*, FS Schwerdtner, S. 151, 162; *Stoffels*, NZA 2004, Sonderbeilage zu Heft 1, 19 (22).

chung bisher in Erwägung gezogen hat – aufgrund der eindeutigen Regelung des § 305 Abs. 1 Satz 3 BGB nicht mehr möglich ist[1241]. Und auch eine auf § 242 BGB gestützte Billigkeitskontrolle im Sinne einer allgemeinen, nicht auf die Besonderheiten des Falles bezogene Angemessenheitsprüfung kann angesichts des Umstands, dass die §§ 305 ff. BGB eine abschließende Konkretisierung des Gebots von Treu und Glauben darstellen[1242], nicht mehr stattfinden[1243].
Dass der Gesetzgeber mit der Einbeziehung vorformulierter Arbeitsverträge in den Anwendungsbereich der §§ 305 ff. BGB aber auch eine *allgemeine* Kontrolle anhand der zivilrechtlichen Generalklauseln ausschließen und individuell ausgehandelte Arbeitsverträge *vollständig* kontrollfrei stellen wollte[1244], kann hingegen nicht ohne weiteres angenommen werden, zumal der Gesetzgeber durch diese Ausdehnung des AGB-rechtlichen Anwendungsbereichs den Arbeitnehmerschutz nicht verkürzen, sondern erweitern wollte[1245]. Es spricht daher viel dafür, auch künftig individuell ausgehandelte Arbeitsverträge einer *abgeschwächten* Kontrolle anhand der zivilrechtlichen Generalklauseln zu unterziehen[1246]. Schließlich ist der Staat aufgrund der strukturellen Unterlegenheit des Arbeitnehmers bereits von Verfassungs wegen dazu verpflichtet, Arbeitsverträge unabhängig davon, ob sie vorformuliert oder individuell ausgehandelt sind, daraufhin zu kontrollieren, ob der Inhalt des Vertrages ungewöhnlich belastend und als Interessenausgleich offensichtlich unangemessen ist[1247]. Eine vollständige Kontrollfreiheit individuell ausgehandelter

---

[1241] So auch BAG v. 25.5.2005, NJW 2005, 3305 (3309); *Gotthardt*, ZIP 2002, 277 (279); *Hofmann*, Die Kontrolle von Arbeitsverträgen nach der Schuldrechtsreform, S. 173 ff.; ErfK/*Preis*, §§ 305-310 BGB, Rn. 27; *Thüsing*, BB 2002, 2666 (2667); a.A. nur *Konzen*, FS Hadding, S. 145, 166, der weiterhin eine „analoge" Anwendung des AGB-Rechts bei ausgehandelten Einzelarbeitsverträgen für möglich hält.

[1242] Siehe oben 6. Kapitel D.

[1243] Vgl. BAG v. 25.5.2005, NJW 2005, 3305 (3309).

[1244] So aber ErfK/*Preis*, §§ 305-310 BGB, Rn. 27: Die in § 305 Abs. 1 Satz 3 BGB zum Ausdruck kommende „Grundwertung" dürfe „nicht durch die Anwendung anderer Rechtsinstitute (...) umgangen werden."

[1245] Zu den Motiven des Gesetzgebers vgl. oben 8. Kapitel B.

[1246] Wie hier *Thüsing*, NZA 2002, 2666 (2667); ähnlich auch BAG v. 25.5.2005, NJW 2005, 3305 (3309); *Hofmann*, Die Kontrolle von Arbeitsverträgen nach der Schuldrechtsreform, S. 175; *Schlodder*, Der Arbeitsvertrag im neuen Schuldrecht, S. 200 f.

[1247] Vgl. nur BVerfG v. 19.10.1993, BVerfGE 89, 214 (234) sowie oben 2. Kapitel A. II. und B. Auch das *BAG* weist in diesem Zusammenhang ausdrücklich auf den verfassungsrechtlichen Schutzauftrag des Richters hin, vgl. BAG v. 25.5.2005, 3305 (3309).

Arbeitsverträge wäre daher schon aus verfassungsrechtlicher Sicht nicht vertretbar[1248].

Auf der anderen Seite ist aber auch zu bedenken, dass die Gerichte gemäß Art. 20 Abs. 3 GG an die Vorgaben des Gesetzgebers gebunden sind und sich nicht über seinen Willen hinwegsetzen dürfen. Der Respekt vor der gesetzgeberischen Entscheidung verbietet es daher, die in § 305 Abs. 1 Satz 3 BGB zum Ausdruck kommende Grundwertung, wonach individuell ausgehandelte Verträge keiner AGB-Kontrolle unterliegen, dadurch zu unterlaufen, dass die AGB-rechtlichen Maßstäbe auf der Grundlage anderer Rechtsinstitute zu einer entsprechenden Anwendung gelangen[1249]. In Beracht kommt daher nur eine allgemeine, an den Vorgaben des *BVerfG*[1250] orientierte Kontrolle mit dem Ziel, den Arbeitsvertrag daraufhin zu überprüfen, ob der Inhalt des Vertrages den Arbeitnehmer *ungewöhnlich belastend* und als Interessenausgleich *offensichtlich ungeeignet* ist[1251].

Dieses Ergebnis wird bestätigt, wenn man sich noch einmal die Funktionsvoraussetzungen des Vertragsrechtssystems bewusst macht. Im Hinblick auf die dem Staat obliegende Kompensation gestörter Vertragsparität ist nämlich zu beachten, dass die Frage, welches Kompensationsinstrument zum Ausgleich der Ungleichgewichtslage heranzuziehen ist, nicht unabhängig von dem jeweils zu kompensierenden Funktionsdefizit gesehen werden kann. Die dem AGB-Recht zugrunde liegende Ungleichgewichtslage und die für das Arbeitsrecht typische Ungleichgewichtslage sind jedoch keineswegs identisch, sondern bereits vom Ansatz her völlig verschieden: Während die Funktionsstörung im Arbeitsrecht auf der existenziellen Abhängigkeit des Arbeitnehmers beruht und damit *status-* bzw. *personenbezogen* ist[1252], ergibt sich die für das AGB-Recht typische Funktionsstörung allein aus der besonderen *Situation* der Verwendung vorformulierter Vertragsbedingungen[1253]. Aufgrund dieser unterschiedlichen Funktionsdefizite wäre es somit auch *systemwidrig*, die Inhaltskontrolle individuell ausgehandelter Arbeitsverträge, die den Zweck hat, die für das Arbeitsrecht typische, personenbezogene Unterlegenheit des Arbeitnehmers zu kompensieren, anhand der auf eine rein situationsspezifische Ungleichgewichtslage zugeschnittenen Maßstäbe des AGB-Gesetzes vorzunehmen. Bei der Inhaltskontrolle ausgehandelter Individualverträge geht es also nicht um

1248 Zum verfassungsrechtlichen Hintergrund vgl. bereits oben 1. Kapitel B. II. und 2. Kapitel A. II. und B.

1249 Ebenso *Thüsing*, BB 2002, 2666 (2667).

1250 Siehe dazu oben 2. Kapitel A. II.

1251 So auch ausdrück BAG v. 25.5.2005, NJW 2005, 3305 (3309).

1252 Siehe dazu oben 4. Kapitel D.

1253 Siehe dazu oben 6. Kapitel E. III. und H.

die (entsprechende) Anwendung der speziell auf die AGB-typische Ungleichgewichtslage zugeschnittenen AGB-rechtlichen Kompensationsinstrumente[1254], sondern, wie in allen anderen Bereichen des Privatrechts in einer typisierenden Situation strukturellen Ungleichgewichts auch, um die Anwendung der allgemeinen zivilrechtlichen Generalklauseln, die sich nach eigenständigen, von der Rechtsprechung zu entwickelnden Maßstäben richtet[1255]. Die Vertragskontrolle anhand der zivilrechtlichen Generalklauseln darf daher im Ergebnis keinesfalls weiter gehen als die Vertragskontrolle anhand der AGB-rechtlichen Maßstäbe, sondern muss, um nicht in Konflikt mit den AGB-rechtlichen Vorschriften der §§ 305 ff. BGB zu geraten, grundsätzlich hinter diesem Schutzniveau zurück bleiben[1256]. Das bedeutet allerdings nicht, dass bei der Kontrolle von individuell ausgehandelten Klauseln die bisher von der Rechtsprechung entwickelten arbeitsrechtlichen Grundsätze völlig außer Betracht zu lassen sind. Vielmehr sind die in der Vergangenheit ergangenen Judikate in jedem Einzelfall kritisch daraufhin zu überprüfen, ob sie nicht höhere Wirksamkeitsanforderungen an den Inhalt einer Klausel stellen, als dies bei Vorformulierung der Fall wäre[1257]. Auf diese Weise kann einerseits dem verfassungsrechtlichen Auftrag zur Kompensation gestörter Vertragsparität Rechnung getragen werden, andererseits aber die in § 305 Abs. 1 Satz 3 BGB zum Ausdruck kommende Grundentscheidung des Gesetzgebers respektiert werden, individuell ausgehandelte Vertragsklauseln nicht der AGB-Kontrolle zu unterziehen.

II. Einbeziehungskontrolle

Zum Schutze des AGB-Gegners hat der Gesetzgeber die allgemeinen vertragsrechtlichen Grundsätze der §§ 145 ff. BGB modifiziert, indem er durch die Statuierung einer besonderen Einbeziehungskontrolle die Möglichkeit einer konkludenten Einbeziehung von vorformulierten Vertragsbestimmungen eingeschränkt hat[1258]. Allgemeine Geschäftsbedingungen werden daher grundsätzlich nur nach Maßgabe von § 305 Abs. 2 und 3 BGB Bestandteil des Vertrages. Nach diesen Vorschriften ist es für die wirksame Einbeziehung Allgemeiner Geschäftsbedingungen erforderlich, dass der Verwender die andere Vertragspartei bei Vertragsschluss auf die Vertragsbedingungen hinweist, die andere Vertragspartei in zumutbarer Weise vom Inhalt der Vertragsbedingungen Kenntnis nehmen kann und mit der Geltung der Ver-

---

[1254] So aber *Konzen*, FS Hadding, S. 145, 166, der die Inhaltskontrolle nach § 242 BGB weiterhin „unter Anlehnung an das AGB-Recht vornehmen“ will.

[1255] In diesem Sinne auch BAG v. 25.5.2005, NJW 2005, 3305 (3309).

[1256] Ebenso *Thüsing*, BB 2002, 2666 (2667).

[1257] *Thüsing*, BB 2002, 2666 (2667).

[1258] Ausführlich dazu oben 6. Kapitel F. I.

tragsbedingungen einverstanden ist. Diese besonderen Einbeziehungsvorschriften sollen dazu beitragen, die Einbeziehung Allgemeiner Geschäftsbedingungen transparenter zu gestalten, um dem bei der Verwendung von AGB typischerweise bestehenden Informationsgefälle zwischen dem AGB-Verwender und dem AGB-Gegner entgegenzuwirken[1259].

Auf Arbeitsverträge sind die in § 305 Abs. 2 und 3 BGB enthaltenen Einbeziehungsvorschriften jedoch gemäß § 310 Abs. 4 Satz 2 BGB ausdrücklich nicht anwendbar. Der Gesetzgeber war nämlich bei der Ausdehnung des ABG-rechtlichen Anwendungsbereichs auf das Arbeitsrecht der Ansicht, dass im Arbeitsrecht kein Bedürfnis mehr für eine Anwendung des § 305 Abs. 2 und 3 BGB bestehe, da der Arbeitgeber bereits nach der arbeitsrechtlichen Spezialvorschrift des § 2 Abs. 1 Satz 1 NachwG[1260] dazu verpflichtet ist, dem Arbeitnehmer spätestens einen Monat nach dem Beginn des Arbeitsverhältnisses die wesentlichen Arbeitsbedingungen auszuhändigen[1261].

Diese Begründung vermag allerdings einen Ausschluss der in § 305 Abs. 2 und 3 BGB normierten Einbeziehungsvorschriften nicht überzeugend zu rechtfertigen. Denn im Gegensatz zu § 305 Abs. 2 BGB beinhaltet § 2 NachwG nach bislang ganz herrschender Ansicht[1262] keine konstitutiv wirkende Nachweispflicht, deren Einhaltung Voraussetzung für die Wirksamkeit der nachzuweisenden Vertragsbedingung wäre, sondern begründet lediglich eine *nachträgliche* Hinweispflicht, deren Wirkung insofern rein deklaratorischer Natur ist. Das Nachweisgesetz ist aus diesem Grund keineswegs in der Lage, dem bereits zum Zeitpunkt des Vertragsschlusses bestehenden Informationsdefizit des Arbeitnehmers entgegenzuwirken und für einen vergleichbaren Schutz des Arbeitnehmers zu sorgen[1263]. Gleichwohl ist es angesichts der eindeutigen gesetzgeberischen Entscheidung in § 310 Abs. 4 Satz 2 BGB nicht möglich, die Einbeziehungsvorschriften des § 305 Abs. 2 und 3

[1259] Siehe oben 6. Kapitel F. I.

[1260] Gesetz über den Nachweis der für ein Arbeitsverhältnis geltenden wesentlichen Bedingungen (Nachweisgesetz) vom 20.7.1995 (BGBl. I, S. 946).

[1261] BT-Drucks. 14/6857, S. 54.

[1262] Vgl. BAG v. 21.8.1997, AP Nr. 1 zu § 4 BBiG; *Müller-Glöge*, RdA 2001, Sonderbeilage zu Heft 5, 46 (49). A.A. wohl nur *Zwanziger*, DB 1996, 2027 f..

[1263] Daher zu Recht kritisch *Annuß*, BB 2002, 458 (460); *Dorndorf* in: Däubler/Dorndorf, AGB-Kontrolle im Arbeitsrecht, § 305 Rn. 39; *Gotthardt*, Arbeitsrecht nach der Schuldrechtsreform, Rn. 245 ff.; *Joost*, FS Ulmer, S. 1199, 1200 ff.; *Linnemannstöns*, Die Auswirkungen des § 310 III, IV BGB auf das Arbeitsrecht, S. 141 ff.; *Preis*, FS Wiedemann, S. 425, 431 ff.; *Stoffels*, AGB-Recht, Rn. 307; *Thüsing*, BB 2002, 2666 (2670); *Ziemann*, in: Schimmel/Buhlmann, Frankfurter Handbuch zum neuen Schuldrecht, S. 675, 694 Rn. 61.

BGB auf Arbeitsverträge unmittelbar oder analog anzuwenden[1264]. Auch die Einhaltung des Nachweisgesetzes wird durch das Schuldrechtsmodernisierungsgesetz nicht zur Wirksamkeitsvoraussetzung für die nachzuweisenden Vertragsbedingungen[1265], weshalb sich die Einbeziehung allgemeiner Vertragsbedingungen in Arbeitsverträge auch in Zukunft nach den allgemeinen rechtsgeschäftlichen Regeln der §§ 145 ff. BGB richtet, so dass grundsätzlich auch weiterhin eine konkludente Einbeziehung von Arbeitsvertragsbedingungen möglich ist[1266].

Die Nichtanwendbarkeit der Einbeziehungsvorschriften des § 305 Abs. 2 und 3 BGB führt aber nicht dazu, dass auch die Anwendung der übrigen Vorschriften zur Einbeziehungskontrolle ausgeschlossen wäre. Die trotz der früheren Bereichsausnahme des § 23 Abs. 1 AGBG bereits bisher vom *BAG* im Arbeitsrecht sinngemäß herangezogenen[1267], nunmehr in § 305c Abs. 1 und 2 BGB enthaltenen Bestim-

---

[1264] *Annuß*, BB 2002, 458 (460); *Däubler*, NZA 2001, 1329 (1334); *Dorndorf* in: Däubler/Dorndorf, AGB-Kontrolle im Arbeitsrecht, § 305 Rn. 38 ff.; *Gotthardt*, Arbeitsrecht nach der Schuldrechtsreform, Rn. 246; *ders.*, ZIP 2002, 277 (280); *Preis*, FS Wiedemann, S. 425, 431; *Reinecke*, DB 2002, 583 (584); *Stoffels*, AGB-Recht, Rn. 307; *Thüsing*, BB 2002, 2666 (2670). Bereits vor der Schuldrechtsreform gegen eine (analoge) Anwendung der Einbeziehungsvorschriften des § 2 AGBG auf Arbeitsverträge: *Przytulla*, NZA 1998, 521 ff.; *Schwarz*, BB 1996, 1434 ff.; Wiedemann/*Oetker*, Tarifvertragsgesetz, § 3 Rn. 235.

[1265] Vgl. BAG v. 17.4.2002, NZA 2002, 1096 (1099); *Gaul*, ZfA 2003, 75 (82 f.); *Dorndorf* in: Däubler/Dorndorf, AGB-Kontrolle im Arbeitsrecht, § 305 Rn. 44; *Gotthardt*, Arbeitsrecht nach der Schuldrechtsreform, Rn. 248; *ders.*, ZIP 2002, 277 (280); *Hromadka*, NJW 2002, 2523 (2525); *Linnemannstöns*, Die Auswirkungen des § 310 III, IV BGB auf das Arbeitsrecht, S. 153; *Preis*, FS Wiedemann, S. 425, 431 f.; *Thüsing*, BB 2002, 2666 (2670).

[1266] Vgl. *Annuß*, BB 2002, 458 (460); *Dorndorf* in: Däubler/Dorndorf, AGB-Kontrolle im Arbeitsrecht, § 305 Rn. 43; *Gotthardt*, Arbeitsrecht nach der Schuldrechtsreform, Rn. 248; *ders.*, ZIP 2002, 277 (280); *Schlodder*, Der Arbeitsvertrag im neuen Schuldrecht, S. 206; *Thüsing*, BB 2002, 2666 (2670). Umstritten ist dagegen, in welcher Form der gemäß § 2 Abs. 1 Satz 1 NachwG erforderliche Nachweis der wesentlichen Arbeitsbedingungen zu erfolgen hat, wenn diesbezüglich auf einen Tarifvertrag verwiesen wird. Während das *BAG* davon ausgeht, dass ein allgemeiner Hinweis auf den Tarifvertrag nach § 2 Abs. 1 Satz 2 Nr. 10 NachwG genügt (vgl. *BAG* v. 23.1.2002, NZA 2002, 800 [801 ff.]; BAG v. 17.4.2002, NZA 2002, 1096 [1098]), wird in der neueren Literatur zunehmend die Ansicht vertreten, dass mindestens ein *qualifizierter* Hinweis auf den betreffenden Tarifvertrag erforderlich ist, um für einen effektiven Schutz des Arbeitnehmers zu sorgen (vgl. *Gotthardt*, Arbeitsrecht nach der Schuldrechtsreform, Rn. 249; *Preis*, FS Wiedemann, S. 425, 434 ff.). Ausführlich zu dieser Problematik auch *Gaul*, ZfA 2003, 75 (79 ff.).

[1267] BAG v. 29.11.1995, AP Nr. 1 zu § 3 AGB-Gesetz; BAG v. 13.12.2000, NZA 2001, 723 (724). Siehe dazu auch *Reinecke*, NZA 2000, Sonderbeilage zu Heft 3, 23 (26). Zur Rechtslage vor der Schuldrechtsreform siehe oben 8. Kapitel A.

mungen zu *überraschenden* und *mehrdeutigen* Klauseln sind daher auch weiterhin im Arbeitsrecht anwendbar[1268].

III. Maßstäbe der Inhaltskontrolle nach § 307 Abs. 1, 2 BGB

Ein entscheidendes Motiv des Gesetzgebers für die Streichung der arbeitsrechtlichen Bereichsausnahme war, dass im Arbeitsrecht bislang keine einheitlichen Maßstäbe für die gerichtliche Kontrolle vorformulierter Arbeitsverträge existierten. Durch die Einbeziehung des Arbeitsrechts in das AGB-Recht wollte der Gesetzgeber den Arbeitsgerichten daher gesetzliche Kontrollmaßstäbe an die Hand geben und erreichen, dass das Schutzniveau der Vertragskontrolle im Arbeitsrecht nicht länger hinter demjenigen des Zivilrechts zurückbleibt[1269]. Gleichwohl sind im Arbeitsrecht bei der Inhaltskontrolle nach § 307 Abs. 1 BGB auch zukünftig nicht in jedem Fall die gleichen Kontrollmaßstäbe anzulegen wie bei der Angemessenheitskontrolle im allgemeinen Zivilrecht. Im Folgenden sollen daher die wichtigsten Gemeinsamkeiten und Unterschiede in Bezug auf die jeweiligen Prüfungsmaßstäbe aufgezeigt und näher erläutert werden.

1. Richterrecht als Maßstab bei der Inhaltskontrolle

Eine unangemessene Benachteiligung i.S.v. § 307 Abs. 1 BGB ist gemäß § 307 Abs. 2 Nr. 1 BGB regelmäßig dann anzunehmen, wenn eine Klausel mit wesentlichen Grundgedanken der gesetzlichen Regelung, von der abgewichen wird, nicht zu vereinbaren ist. Der Maßstab, an dem vorformulierte Vertragsbedingungen zu messen sind, ergibt sich somit in erster Linie aus dem dispositiven Gesetzesrecht[1270]. Im Arbeitsrecht stellt sich nun jedoch das Problem, dass das Arbeitsrecht als Arbeitnehmerschutzrecht weitgehend *zwingend* ausgestaltet ist[1271] und darüber hinaus für die Mehrzahl der relevanten Fälle ohnehin keine entsprechenden Nor-

---

[1268] *Däubler*, NZA 2001, 1329 (1334); *Gaul*, ZfA 2003, 75 (86); *Gotthardt*, Arbeitsrecht nach der Schuldrechtsreform, Rn. 250, 255 ff.; *ders.*, ZIP 2002, 277 (280 f.); *Grobys*, DStR 2002, 1002 (1005 f.); *Hromadka*, NJW 2002, 2523 (2525 f.); *Lingemann*, NZA 2002, 181 (186); ErfK/*Preis*, §§ 305-310 BGB Rn. 32 ff.; *Reinecke*, DB 2002, 583 (584); *Thüsing*, BB 2002, 2666 (2670); *Thüsing/Lambrich*, NZA 2002, 1361 (1364 f.). Bereits vor der Schuldrechtsreform eine (analoge) Anwendung der §§ 3 und 5 AGBG im Arbeitsrecht befürwortend: *Fenn*, FS Söllner, S. 333, 354 ff.; *Pauly*, NZA 1997, 1030 (1031 ff.); *Preis*, ZIP 1989, 885 (889); MünchArbR/*Richardi*, § 14 Rn. 73; Staudinger/*Schlosser*, § 23 AGBG Rn. 1c; *Ulmer/Brandner/Hensen*, AGB-Gesetz, § 23 Rn. 4a; *Wolf/Horn/Lindacher*, AGB-Gesetz, § 23 Rn. 40.

[1269] Vgl. oben 8. Kapitel B.

[1270] Vgl. BGH v. 4.6.1970, NJW 1596 (1598).

[1271] Vgl. oben 4. Kapitel C. I.

men bereithält, weil der Gesetzgeber seinem Versprechen, das Arbeitsvertragsrecht möglichst bald einheitlich zu kodifizieren, bislang noch nicht nachgekommen ist[1272]. Um überhaupt über entsprechende Leitlinien für die Angemessenheitskontrolle nach § 307 Abs. 1 BGB zu verfügen, wird man daher auch im Arbeitsrecht die ungeschriebenen, von Rechtsprechung und Lehre entwickelten Rechtsgrundsätze als „gesetzliche Regelungen" i.S.v. § 307 Abs. 2 Nr. 1 BGB anzusehen haben, wie dies im allgemeinen Zivilrecht bereits seit langem anerkannt ist[1273]. Richterrecht ist also auch im Arbeitsrecht als Maßstab für die Kontrolle vorformulierter Vertragsbestimmungen heranzuziehen, soweit es an entsprechenden gesetzlichen Regelungen fehlt[1274].

2. Tarifverträge, Betriebs- und Dienstvereinbarungen als Kontrollmaßstab?

Im Arbeitsrecht gilt darüber hinaus die Besonderheit, dass durch § 310 Abs. 4 Satz 3 BGB Tarifverträge, Betriebs- und Dienstvereinbarungen Rechtsvorschriften im Sinne von § 307 Abs. 3 BGB gleichstellt werden. Nach Ansicht von *Däubler* hat diese Gleichstellung zur Folge, dass das „übliche Kontrollprogramm" im Arbeitsrecht insoweit ergänzt werde, als nun auch diese arbeitsrechtlichen Kollektivvereinbarungen als Kontrollmaßstab i.S.v. § 307 Abs. 1 und 2 BGB fungieren würden[1275]. Dementsprechend wären vorformulierte Arbeitsverträge nicht nur am dispositiven Gesetzesrecht, sondern auch an Tarifverträgen sowie Betriebs- und Dienstvereinbarungen zu messen, so dass eine unangemessene Benachteiligung

---

[1272] Vgl. nur Art. 30 Abs. 1 des Einigungsvertrages vom 31.8.1990 (BGBl. II, S. 889), wonach es Aufgabe des gesamtdeutschen Gesetzgebers ist, das Arbeitsvertragsrecht möglichst bald einheitlich zu kodifizieren. Von den zahlreichen, in den vergangenen Jahren erarbeiteten Kodifikationsvorschlägen sind aus neuerer Zeit vor allem folgende Entwürfe zu nennen: Entwurf eines Arbeitsgesetzbuches (Allgemeines Arbeitsvertragsrecht, Arbeitsgesetzbuchkommission, Bonn 1977); Diskussionsentwurf des Arbeitskreises Deutsche Rechtseinheit im Arbeitsrecht (Gutachten D zum 59. Deutschen Juristentag); Gesetzesentwürfe des Landes Brandenburg (BR-Drucks. 671/96) sowie des Freistaates Sachsen (BR-Drucks. 293/95). Ausführlich zur Kodifikationsgeschichte *Weiß*, Die Entwicklung des Arbeitsvertragsrechts und das BGB, S. 116 ff.

[1273] Vgl. BGH v. 21.12.1983, NJW 1984, 1182 f.; BGH v. 10.12.1992, NJW 1993, 721 (722); Palandt/*Heinrichs*, § 307 Rn. 26; *Ulmer/Brandner/Hensen*, AGB-Gesetz, § 9 Rn. 137; *Wolf/Horn/Lindacher*, AGB-Gesetz, § 8 Rn. 5; a.A. *Stoffels*, JZ 2001, 843 (846 f.).

[1274] *Gotthardt*, Arbeitsrecht nach der Schuldrechtsreform, Rn. 265; *Thüsing*, BB 2002, 2666 (2671).

[1275] Vgl. *Däubler*, NZA 2001 1329 (1334 f.) ; *ders.* in: Däubler/Dorndorf, AGB-Kontrolle im Arbeitsrecht, § 307 Rn. 279. Zustimmend *Kittner* in: Kittner/Zwanziger, Arbeitsrecht, § 15 Rn. 52; *Lakies*, NZA-RR 2002, 337 (344); *Graf v.Westphalen* in: Henssler/Graf v.Westphalen, Praxis der Schuldrechtsreform (1. Aufl.), § 310 Rn. 10 und 13; *Schaub*, Arbeitsrechts-Handbuch (10. Aufl.), § 31 Rn. 7d.

auch dann vorliegen würde, wenn eine Regelung in einem Arbeitsvertrag zum Nachteil des Arbeitnehmers von den genannten Kollektivvereinbarungen abweicht. Gegen die Heranziehung von Tarifverträgen und Dienstvereinbarungen als Maßstab der Inhaltskontrolle spricht jedoch bereits der Gesetzeswortlaut. Denn die Gleichstellungsanordnung in § 310 Abs. 4 Satz 3 BGB verweist gerade nicht auf § 307 Abs. *2* BGB, der den *Kontrollmaßstab* für die Inhaltskontrolle bestimmt, sondern bezieht sich explizit nur auf § 307 Abs. *3* BGB[1276]. Die Regelung in § 307 Abs. 3 BGB befasst sich jedoch ausschließlich mit den *Schranken* der Inhaltskontrolle, indem sie den Bereich der kontrollfähigen Klauseln eingrenzt. Die Gleichstellung mit „Rechtsvorschriften" i.S.v. § 307 Abs. 3 BGB bedeutet daher nur, dass individualvertraglich in Bezug genommene Regelungen eines Kollektivvertrages nicht der Inhaltskontrolle unterliegen[1277]. Sie besagt dagegen nicht, dass Tarifverträge und Betriebsvereinbarungen auch den „gesetzlichen Regelungen" i.S.v. § 307 Abs. 2 Nr. 1 BGB gleichgestellt sind, die als Maßstab für die Angemessenheitskontrolle nach § 307 Abs. 1 BGB fungieren.

Hinzu kommt, dass die am Maßstab eines arbeitsrechtlichen Kollektivvertrages orientierte Inhaltskontrolle ohnehin nur bei einer Kontrolle von Vertragsbestimmungen eines nicht unmittelbar tarifunterworfenen Arbeitsverhältnisses wirklich interessant wäre. Denn sofern es sich um eine Betriebsvereinbarung oder um ein Arbeitsverhältnis zwischen beiderseits tarifgebundenen Parteien handelt, sind die Parteien den kollektivvertraglichen Regelungen bereits aufgrund der normativen Wirkung der Kollektivvereinbarung unterworfen, so dass eine individualvertragliche Abweichung zu Ungunsten des Arbeitnehmers bereits durch § 4 TVG bzw. § 77 Abs. 4 BetrVG verhindert wird[1278]. Werden nun aber die Vertragsbestimmungen eines nicht unmittelbar tarifunterworfenen Außenseiter-Arbeitsverhältnisses am Maßstab eines Tarifvertrages kontrolliert, so würde es dadurch zu einer verfassungsrechtlich äußerst bedenklichen Erstreckung der Tarifbindung auf Außenseiter kommen. Wird nämlich eine individualvertragliche Klausel für unwirksam erklärt, weil sie von einem Tarifvertrag unangemessen abweicht, so werden die Vertragsparteien zur Beachtung einer tarifvertraglichen Regelung gezwungen, die tarifrechtlich mangels entsprechender Tarifgebundenheit für sie überhaupt keine Bin-

[1276] *Bayreuther*, RdA 2003, 81; *Henssler*, RdA 2002, 129 (136); *Lieb*, FS Ulmer, S. 1231, 1243; *Lingemann*, NZA 2002, 181 (188); ErfK/Preis, §§ 305-310 BGB Rn. 38; *Reinecke*, NZA 2004, Sonderbeilage zu Heft 18, 27 (29); *Reuter*, FS 50 Jahre BAG, S. 177, 194.

[1277] Siehe dazu unten 8. Kapitel B. IV. 2.

[1278] *Annuß*, BB 2002, 458 (460); *Hromadka*, NJW 2002, 2523 (2526); *Joost*, FS Ulmer, S. 1199, 1207; *Lieb*, FS Ulmer, S. 1231, 1244. Insofern ebenfalls zustimmend *Däubler* in: Däubler/Dorndorf, AGB-Kontrolle im Arbeitsrecht, § 307 Rn. 277.

dungswirkung hat. Eine solche zwingende „Allgemeinwirkung" des Tarifvertrages würde daher nicht nur in Widerspruch zu den strengen Anforderungen des § 5 Abs. 1 TVG an eine Allgemeinverbindlicherklärung stehen, sondern zwangsläufig auch gegen das Grundrecht der negativen Koalitionsfreiheit (Art. 9 Abs. 3 GG) verstoßen[1279]. Tarifverträge, Betriebs- und Dienstvereinbarungen können daher grundsätzlich nicht als Maßstab für die Inhaltskontrolle dienen. Im Arbeitsrecht lässt sich eine unangemessene Benachteiligung i.S.d. § 307 Abs. 1 BGB deshalb entgegen der Ansicht von *Däubler* nicht damit begründen, dass eine Regelung in einem Arbeitsvertrag zum Nachteil des Arbeitnehmers von einer arbeitsrechtlichen Kollektivvereinbarung abweicht. Tarifverträge, Betriebs- und Dienstvereinbarungen dürfen folglich nicht als Maßstab herangezogen werden, um die formularmäßigen Nebenbestimmungen des Arbeitsverhältnisses auf ihre Angemessenheit hin zu kontrollieren[1280].

Sie können allenfalls – als ein Kriterium unter vielen – dann ergänzend herangezogen werden, wenn es im Rahmen des § 307 Abs. 1 BGB darum geht, das unbestimmte Tatbestandmerkmal der „Unangemessenheit" im Wege der Auslegung näher zu konkretisieren. In diesem Fall können dann unter anderem auch die einschlägigen arbeitsrechtlichen Kollektivvereinbarungen eine Orientierungshilfe bieten und als normative Erkenntnisquellen für die Feststellung dienen, ob Allgemeine Arbeitsbedingungen *unangemessen* sind bzw. in *unangemessener Weise* vom dispositiven Gesetzesrecht abweichen[1281].

[1279] *Annuß*, BB 2002, 458 (460); *Berger-Delhey*, ZTR 2002, 66 (68); *Hromadka*, NJW 2002, 2523 (2527); *Joost*, FS Ulmer, S. 1199, 1208; *Lieb*, FS Ulmer, S. 1231, 1244; *Lingemann*, NZA 2002, 181 (189); ErfK/Preis, §§ 305-310 BGB Rn. 38; *Singer*, RdA 2003, 194 (198); *Tschöpe*, DB 2002, 1830 (1833); *Thüsing*, BB 2002, 2666 (2671).

[1280] Ganz h.M.; vgl. *Annuß*, BB 2002, 458 (460); MüKo/*Basedow*, § 310 Rn. 96; *Bayreuther*, RdA 2003, 81 ff.; *Berger-Delhey*, ZTR 2002, 66 (68); *Gotthardt*, Arbeitsrecht nach der Schuldrechtsreform, Rn. 269, 299; *Henssler*, RdA 2002, 129 (136); *ders.* in: Henssler/Graf v.Westphalen, Praxis der Schuldrechtsreform, § 310 Rn. 31; *Hromadka*, NJW 2002, 2523 (2526 ff.); *Joost*, FS Ulmer, S. 1199, 1207 f.; *Lieb*, FS Ulmer, S. 1231, 1243; *Lingemann*, NZA 2002, 181 (188); *Linnemannstöns*, Die Auswirkungen des § 310 III, IV BGB auf das Arbeitsrecht, S. 219; *Reuter*, FS 50 Jahre BAG, S. 177, 192 f.; ErfK/Preis, §§ 305-310 BGB Rn. 38; *ders.*, NZA 2003, Sonderbeilage zu Heft 16, 19 (31); *Reichold*, ZTR 2002, 202 (206); *Richardi*, NZA 2002, 1057 (1061); *Schlodder*, Der Arbeitsvertrag im neuen Schuldrecht, S. 214; *Singer*, RdA 2003, 194 (198); *Stoffels*, AGB-Recht, Rn. 180; *ders.*, NZA 2004, Sonderbeilage zu Heft 1, 19 (22); *Tschöpe*, DB 2002, 1830 (1833 f.); *Thüsing*, BB 2002, 2666 (2671).

[1281] Zu diesem „flexiblen Einsatz" von Tarifverträgen bei der Herausbildung normativer Beurteilungsmaßstäbe im Rahmen von § 307 Abs. 1 BGB vgl. *Bayreuther*, RdA 2003, 81 (85 ff.). Ähnlich inzwischen auch *Däubler* in: Däubler/Dorndorf, AGB-Kontrolle im Arbeitsrecht, § 307 Rn. 284.

3. Die Berücksichtigung der im Arbeitsrecht geltenden Besonderheiten (§ 310 Abs. 4 Satz 2 BGB)

Bei der Anwendung des AGB-Rechts auf Arbeitsverträge sind gemäß § 310 Abs. 4 Satz 2 BGB „die im Arbeitsrecht geltenden Besonderheiten angemessen zu berücksichtigen". Was genau unter den „im Arbeitsrecht geltenden Besonderheiten" zu verstehen ist und welche Folgen die „angemessene Berücksichtigung" dieser Besonderheiten haben soll, sagt das Gesetz allerdings nicht. In der Gesetzesbegründung heißt es dazu lediglich, dass „vor allem die besonderen Klauselverbote ohne Wertungsmöglichkeiten im Arbeitsrecht nicht zwingend uneingeschränkt zur Anwendung kommen" sollen, sondern „hier die besonderen Bedürfnisse eines Arbeitsverhältnisses berücksichtigt werden" können[1282]. Und der Rechtsausschuss verband mit der in § 310 Abs. 4 Satz 2 BGB vorgesehenen Regelung „die Erwartung, dass den Besonderheiten spezifischer Bereiche des Arbeitsrechts wie z.B. des kirchlichen Arbeitsrechts angemessen Rechnung getragen werden kann"[1283].

a) Der Streitstand

Vor diesem Hintergrund ist es nicht verwunderlich, dass die Ansichten in der Literatur über die Bedeutung dieser Vorschrift weit auseinander gehen. Während einige Autoren die Regelung in § 310 Abs. 4 Satz 2 BGB als „Kernstück des Schuldrechtsmodernisierungsgesetzes in arbeitsrechtlicher Hinsicht" bezeichnen[1284], sind andere der Meinung, dass die Vorschrift praktisch leer laufe, da es keine arbeitsrechtlichen Besonderheiten gebe, die sich gegenüber dem zwingenden Recht der §§ 307 ff. BGB durchsetzten könnten[1285]. Dementsprechend werden auch die Folgen dieser Vorschrift völlig unterschiedlich beurteilt. Das Meinungsspektrum reicht hier von der Ansicht, dass die „Besonderheiten des Arbeitsrechts" nicht zu Lasten des Arbeitnehmers, sondern allenfalls zu seinen Gunsten berücksichtigt werden könnten, weshalb die Inhaltskontrolle im Arbeitsrecht in Zukunft sogar noch strenger als im allgemeinen Zivilrecht vorzunehmen sei[1286], bis hin zu dem diametral entgegengesetzten Standpunkt, dass durch § 310 Abs. 4 Satz 2 BGB die Anwendbarkeit der §§ 308 und 309 BGB insgesamt ausgeschlossen werde[1287], so dass sich im Vergleich zur bisherigen Rechtsprechung des *BAG* kaum Änderungen ergeben

---

[1282] Vgl. BT-Drucks. 14/6857, S. 54.

[1283] Vgl. BT-Drucks.14/7052, S. 189.

[1284] Vgl. *Annuß*, BB 2002, 458 (460); ebenso *Thüsing*, BB 2002, 2666 (2672).

[1285] So etwa *Graf v.Westphalen* in: Henssler/Graf v.Westphalen, Praxis der Schuldrechtsreform (1. Aufl.), § 310 Rn. 7; *Ziemann*, in: Schimmel/Buhlmann, Frankfurter Handbuch zum neuen Schuldrecht, S. 675, 687 Rn. 43.

[1286] So *Klevemann*, AiB 2002, 579 (582).

[1287] *Lingemann*, NZA 2002, 181 (183, 190 ff.); *Reuter*, FS 50 Jahre BAG, S. 177, 190 f.

würden[1288]. Die meisten Autoren vertreten allerdings eine vermittelnde Position, die zunächst von der grundsätzlichen Anwendbarkeit der speziellen Klauselverbote der §§ 308, 309 BGB im Arbeitsrecht ausgeht und dann in einem zweiten Schritt jeweils von Fall zu Fall überprüft, ob die Berücksichtigung arbeitsrechtlicher Besonderheiten ausnahmsweise zu einem anderen Ergebnis führt (*Regel-Ausnahme-Prinzip*)[1289]. Dieser vermittelnden Position hat sich inzwischen auch das *BAG* angeschlossen[1290].

b) Stellungnahme

Gegen eine unveränderte Fortführung der bisherigen Rechtsprechung des *BAG* unter dem Deckmantel der „arbeitsrechtlichen Besonderheiten" spricht bereits, dass es nicht zuletzt ein Urteil des *BAG*[1291] war, das den Gesetzgeber dazu veranlasst hat, die arbeitsrechtliche Bereichsausnahme des § 23 Abs. 1 AGBG zu streichen[1292]. Er wollte damit die bisherige Rechtsprechung des *BAG* ersichtlich einer Revision unterziehen und dafür sorgen, „dass das Schutzniveau der Vertragskon-

---

1288 *Bauer/Kock*, DB 2002, 42 (45); *Berkowsky*, AuA 2002, 11 (15); *Henssler*, RdA 2003, 129 (135); *Hromadka*, NJW 2002, 2523 (2530); *Lingemann*, NZA 2002, 181 (183, 190 ff.); *Natzel*, NZA 2002, 595 (597); *Graf v.Westphalen* in: Henssler/Graf v.Westphalen, Praxis der Schuldrechtsreform (1. Aufl.), § 310 Rn. 7. Vgl. auch *Thüsing*, NZA 2002, 591 (593); *ders.*, BB 2002, 2666 (2673), der aus § 310 Abs. 4 Satz 2 BGB ein „Kontinuitätsgebot der bisherigen Rechtsprechung" ableitet.

1289 *Annuß*, BB 2002, 458 (461); *Däubler*, NZA 2001, 1329 (1335); *Dorndorf* in: Däubler/Dorndorf, AGB-Kontrolle im Arbeitsrecht, § 310 Rn. 85; *Gotthardt*, Arbeitsrecht nach der Schuldrechtsreform, Rn. 235 f.; *Hönn*, ZfA 2003, 325 (335); *Hümmerich*, AnwBl. 2002, 671 (679); *Joost*, FS Ulmer, S. 1199, 1203 f.; *Kittner* in: Kittner/Zwanziger, Arbeitsrecht, § 8 Rn. 105; *Konzen*, FS Hadding, S. 145, 161; *Lakies*, NZA 2004, 569 (575); *Linnemannstöns*, Die Auswirkungen des § 310 III, IV BGB auf das Arbeitsrecht, S. 117; *Preis*, NZA 2003, Sonderbeilage zu Heft 16, 19 (26); *Reinecke*, NZA 2004, Sonderbeilage zu Heft 18, 27 (32); *Richardi*, NZA 2002, 1057 (1061); *Schmalkalden/Oberrath*, NJW 2005, 3745; *Singer*, RdA 2003, 194 (199); *v.Steinau-Steinrück/Hurek*, NZA 2004, 965 (966); *Stoffels*, AGB-Recht, Rn. 181; *ders.*, NZA 2004, Sonderbeilage zu Heft 1, 19 (20).

1290 BAG v. 4.3.2004, NZA 2004, 727 (729 ff.).

1291 Namentlich das Urteil des BAG v. 13.12.2000, RdA 2002, 38 ff. Siehe dazu oben 8. Kapitel B.

1292 Vgl. die Gegenäußerung der Bundesregierung zu Nummer 50 der Stellungnahme des Bundesrates, BT-Drucks. 14/6857, S. 54: „Während einzelne Senate arbeitsvertragliche Klauseln sehr streng nach den Maßstäben des AGB-Gesetzes kontrollieren (vgl. BAG, DB 1996, S. 989), tendieren andere Senate des Gerichts in eine andere Richtung, wie eine der jüngsten Entscheidungen zur Frage der Ausschlussfristen bzw. abgekürzten Verjährungsfristen (BAG vom 13. Dezember 2000 – 10 AZR 168/2000) zeigt. Die aus dieser uneinheitlichen Rechtsprechung entstehende Rechtsunsicherheit sollte durch die Streichung der Bereichsausnahme beseitigt werden."

trolle im Arbeitsrecht nicht hinter demjenigen des Zivilrechts zurückbleibt“[1293]. Dieses Ziel würde verfehlt, wenn man nun aus § 310 Abs. 4 Satz 2 BGB mit dem Argument, auch Richterrecht sei Arbeits*recht* im Sinne der „im Arbeitsrecht geltenden Besonderheiten“, ein „Kontinuitätsgebot der bisherigen Rechtsprechung“ ableiten würde[1294]. Die nach § 310 Abs. 4 Satz 2 BGB gebotene Berücksichtigung der arbeitsrechtlichen Besonderheiten darf deshalb nicht dazu führen, die gesetzgeberische Grundentscheidung für die Erstreckung der AGB-Kontrolle auf Arbeitsverträge unbeachtet zu lassen und unter Ausklammerung der §§ 308, 309 BGB bei der Inhaltskontrolle im Arbeitsrecht weiterhin nach den bisherigen Rechtsprechungsgrundsätzen zu verfahren[1295]. Die gesamten bisherigen Kontrollansätze des *BAG* sind daher nunmehr daraufhin zu überprüfen, ob sie unter Geltung der §§ 305 ff. BGB fortgeführt werden können[1296]. Auch der Umstand, dass bestimmte Klauseln bereits bisher *üblich* waren, vermag eine arbeitsrechtliche Besonderheit nicht zu begründen[1297]. Denn wie soeben gezeigt, wollte der Gesetzgeber gerade eine Änderung gegenüber dem bisher Üblichen herbeiführen. Darüber hinaus nimmt § 310 Abs. 4 Satz 2 BGB für das Arbeitsrecht anders als § 310 Abs. 1 Satz 2 BGB für den Handelsverkehr keinen Bezug auf die „Gewohnheiten und Bräuche“, so dass die bisherige Üblichkeit einer Vertragsklausel bei der Prüfung der arbeitsrechtlichen Besonderheiten keine Berücksichtigung finden kann[1298].

Das bedeutet andererseits aber nicht, dass die Vorschriften des AGB-Rechts und insbesondere die besonderen Klauselverbote der §§ 308 und 309 BGB gleichsam 1:1 auf das Arbeitsrecht zu übertragen sind und die bisher vom *BAG* auf diesem Gebiet entwickelten Strukturen „vollends über Bord“[1299] geworfen werden müssten. Denn im Gesetzgebungsverfahren ist durchaus bemerkt worden, dass die ursprünglich für ganz andere Vertragsgestaltungen konzipierten Klauselverbote der §§ 308, 309 BGB für arbeitsrechtliche Vertragsbeziehungen nicht immer hundert-

---

[1293] Vgl. BT-Drucks. 14/6857, S. 54.

[1294] So aber *Thüsing*, NZA 2002, 591 (593); *ders.*, BB 2002, 2666 (2673).

[1295] Ebenso *Annuß*, BB 2002, 458 (460 f.); *Dorndorf* in: Däubler/Dorndorf, AGB-Kontrolle im Arbeitsrecht, § 310 Rn. 68, 77 ff.; *Konzen*, FS Hadding, S. 145, 160 f.; *Lakies*, NZA 2004, 569 (575); *Linnemannstöns*, Die Auswirkungen des § 310 III, IV BGB auf das Arbeitsrecht, S. 106; *Preis*, NZA 2003, Sonderbeilage zu Heft 16, 19 (26); *Reinecke*, DB 2002, 583 (585); *Singer*, RdA 2003, 194 (198); *Stoffels*, NZA 2004, Sonderbeilage zu Heft 1, 19 (20).

[1296] So auch *Stoffels*, AGB-Recht, Rn. 181 a.E.

[1297] So aber ArbG Duisburg v. 14.8.2002, NZA 2002, 1038 (1039); *Bartz*, AuA 2002, 62 (64); *Lingemann*, NZA 2002, 181 (192).

[1298] *Gotthardt*, Arbeitsrecht nach der Schuldrechtsreform, Rn. 236; *Preis*, NZA 2004, 1014 (1015); *Thüsing*, NZA 2002, 591 (593). Differenzierend *Morgenroth/Leder*, NJW 2004, 2797 (2798).

[1299] *Thüsing*, BB 2002, 2666 (2673).

prozentig passen. Der Gesetzgeber bezeichnet es daher gerade als wesentlichen Sinn des § 310 Abs. 4 Satz 2 BGB, dass „vor allem die besonderen Klauselverbote ohne Wertungsmöglichkeiten im Arbeitsrecht nicht zwingend uneingeschränkt zur Anwendung kommen"[1300]. Daraus folgt, dass die Besonderheiten des Arbeitsrechts auch und gerade bei den besonderen Klauselverboten des § 309 BGB angemessen zu berücksichtigen sind[1301]. Dadurch werden die Klauselverbote „ohne" Wertungsmöglichkeiten (§ 309 BGB) im Arbeitsrecht zu solchen „mit" Wertungsmöglichkeiten[1302]. Die amtliche Überschrift des § 309 BGB („Klauselverbote ohne Wertungsmöglichkeit") steht dem nicht entgegen[1303]. Denn die Berücksichtigung der im Arbeitsrecht geltenden Besonderheiten bezieht sich bereits nach dem Wortlaut von § 310 Abs. 4 Satz 2 i.V.m. Satz 1 BGB auf den gesamten *Abschnitt* des BGB (§§ 305 bis 310 BGB) und damit auch auf § 309 BGB[1304]. Zudem würde die Regelung des § 310 Abs. 4 Satz 2 BGB nahezu jeden eigenständigen Regelungsgehalt verlieren, wenn man sie nur dort anwenden würde, wo ohnehin eine richterliche Wertungsmöglichkeit zur Berücksichtigung der arbeitsrechtlichen Besonderheiten eröffnet ist[1305].

Eine völlige Negierung arbeitsrechtlicher Besonderheiten ist demnach ebenso wenig möglich wie eine Überhöhung etwaiger Besonderheiten dahingehend, die Inhaltskontrolle anhand der §§ 307 bis 309 BGB im Arbeitsrecht von vornherein auszuschließen[1306]. Eine „angemessene Berücksichtigung der im Arbeitsrecht geltenden Besonderheiten" i.S.d. § 310 Abs. 4 Satz 2 BGB kann vielmehr nur geschehen, wenn man mit dem *BAG* und der herrschenden Meinung im Schrifttum eine vermittelnde Position einnimmt. Danach sind die arbeitsrechtlichen Klauseln zunächst auf einer ersten Prüfungsstufe genauso wie gewöhnliche zivilrechtliche Klauseln anhand der §§ 308, 309 BGB zu messen. Anschließend ist auf einer zweiten Stufe anhand eines Interessenvergleichs zu überprüfen, ob bezogen auf die zu kontrollierende Vertragsklausel zwischen der im Zivilrecht geregelten und der im Arbeitsrecht bestehenden Interessenlage ein solcher Unterschied besteht, dass eine Abwei-

---

1300 BT-Drucks. 14/6857, S. 54.

1301 BAG v. 4.3.2004, NZA 2004, 727 (731); *Bauer/Kock*, DB 2002, 42 (45); *Berger-Delhey*, ZTR 2002, 66 (67); *Joost*, FS Ulmer, S. 1199, 1203; *Söllner*, ZfA 2003, 145 (157).

1302 *Joost*, FS Ulmer, S. 1199, 1203; *Schrader/Schubert*, NZA-RR 2005, 169 (172). Siehe auch *Annuß*, BB 2002, 458 (462), wonach die Überschrift des § 309 BGB für den Bereich es Arbeitsrechts eine „Falschbezeichnung" sei.

1303 So aber *Klevemann*, AiB 2002, 579 (581); *Schuster*, AiB 2003, 708.

1304 BAG v. 4.3.2004, NZA 2004, 727 (731).

1305 BAG v. 4.3.2004, NZA 2004, 727 (731).

1306 Vgl. auch ErfK/*Preis*, §§ 305-310 Rn. 14.

chung im Arbeitsrecht gerechtfertigt ist[1307]. Es ist daher möglich, dass arbeitsrechtliche Besonderheiten im Arbeitsrecht zur Wirksamkeit von Klauseln führen, die im allgemeinen Zivilrecht nach § 309 BGB verboten sind[1308]. Besteht dagegen zwischen der Interessenlage im allgemeinen Zivilrecht und derjenigen im Arbeitsrecht kein wesentlicher Unterschied, müssen die Gerichte die §§ 305 ff. BGB uneingeschränkt zur Anwendung bringen. Damit gewinnt der gesetzgeberische Hinweis auf die „Besonderheiten des Arbeitsrechts" eine entscheidende Bedeutung für die Beurteilung von AGB im Arbeitsrecht und es stellt sich die „Gretchenfrage"[1309], was denn die „im Arbeitsrecht geltenden Besonderheiten" sind, die eine Einschränkung der §§ 305 ff. BGB im Arbeitsrecht rechtfertigen können.

aa) Besonderheiten „im" und Besonderheiten „des" Arbeitsrechts

In der bisherigen Diskussion ist zum Teil angenommen worden, dass mit den „*im* Arbeitsrecht geltenden Besonderheiten" nicht die Besonderheiten *des* Arbeitsrechts im Ganzen gemeint seien, sondern nur die spezifischen Besonderheiten einzelner Bereiche *innerhalb* des Arbeitsrechts, wie z.B. Arbeitsverhältnisse im kirchlichen Bereich, befristete Verträge oder Tendenzunternehmen[1310]. Dieses enge Verständnis der „im Arbeitsrecht geltenden Besonderheiten" hätte zur Folge, dass von der „Besonderheitenregel" des § 310 Abs. 4 Satz 2 BGB nur solche Arbeitsverhältnisse erfasst würden, die sich durch spezielle Gegebenheiten von anderen Arbeitsverhältnissen unterscheiden.

Dieser äußerst engen Auslegung des § 310 Abs. 4 Satz 2 BGB hat das *BAG* jedoch zu Recht eine Absage erteilt[1311]. Denn ausweislich der Gesetzesbegründung wollte der Gesetzgeber mit der Schaffung des § 310 Abs. 4 Satz 2 BGB erreichen, dass vor allem bei den besonderen Klauselverboten ohne Wertungsmöglichkeit „die besonderen Bedürfnisse eines Arbeitsverhältnisses berücksichtigt werden können"[1312]. Demnach sollte § 310 Abs. 4 Satz 2 BGB seinen Regelungsgehalt in *allen* Arbeitsverhältnissen entfalten und nicht nur bei rechtlich besonders ausgestalteten Arbeitsverhältnissen. Die Bedeutung des § 310 Abs. 4 Satz 2 BGB erschöpft sich deshalb nicht nur in der vom Rechtsausschuss geäußerten Erwartung, dass „den Besonderheiten spezifischer Bereiche des Arbeitsrechts wie z.B. des kirchlichen

---

[1307] *Joost*, FS Ulmer, S. 1199, 1203 f.; *Lakies*, NZA 2004, 569 (575); *Preis*, NZA 2003, Sonderbeilage zu Heft 16, 19 (26); *Singer*, RdA 2003, 194 (199); *Stoffles*, AGB-Recht, Rn. 181.

[1308] Vgl. BAG v. 4.3.2004, NZA 2004, 727 (731 f.).

[1309] *Preis*, NZA 2004, 1014 (1015).

[1310] *Birnbaum*, NZA 2003, 944 (946); *Hümmerich/Holthausen*, NZA 2002, 173 (178).

[1311] BAG v. 4.3.2004, NZA 2004, 727 (731). Zustimmend *Joost*, ZIP 2004, 1981 (1983); *Schmalkalden/Oberrath*, NJW 2005, 3745 (3746).

[1312] Vgl. BT-Drucks. 14/6857, S. 54.

Arbeitsrechts angemessen Rechnung getragen werden kann“[1313]. Vielmehr verlangt § 310 Abs. 4 Satz 2 BGB für die Inhaltskontrolle, dass die arbeitsrechtlichen Besonderheiten in *jedem* Arbeitsverhältnis angemessen berücksichtigt werden. Eine Beschränkung des Anwendungsbereichs des § 310 Abs. 4 Satz 2 BGB auf rechtlich besonders ausgestaltete Arbeitsverhältnisse ist daher nicht zulässig[1314]. Zu berücksichtigen sind demnach die Besonderheiten des Rechtsgebietes Arbeitsrecht *im Ganzen*. Arbeitsrechtliche Besonderheiten i.S.d. § 310 Abs. 4 Satz 2 BGB sind also diejenigen Umstände, in denen sich das Arbeitsrecht als solches von anderen Rechtsgebieten unterscheidet.

bb) Rückgriff auf ausschließlich im Arbeitsrecht geltende Umstände?

Nach einer weiteren, ebenfalls sehr restriktiven Ansicht sollen aber aus der Gesamtheit der im Arbeitsrecht vorkommenden Umstände nur solche Umstände als „arbeitsrechtliche Besonderheiten“ in Betracht kommen, die *ausschließlich* bei Arbeitsverträgen vorliegen[1315]. Andere Umstände, die auch bei anderen Vertragstypen gegeben sind, hätten dagegen außer Betracht zu bleiben, da sie keine Besonderheiten gerade des *Arbeitsrechts* seien[1316].

Auch dieser Ansicht ist das *BAG* zu Recht nicht gefolgt[1317]. Zunächst dürfte es schon ein fast aussichtloses Unterfangen sein, feststellen zu wollen, ob der im Arbeitsrecht zu Tage getretene Umstand auch an irgendeiner anderen Stelle im Zivilrecht eine Rolle spielt[1318]. Die Berücksichtigung nur der exklusiven Besonderheiten des Arbeitsrechts würde außerdem dazu führen, dass das gesetzliche Gebot der Berücksichtigung von Besonderheiten weitgehend ohne praktische Relevanz bliebe[1319]. Darüber hinaus widerspricht eine derart enge Auslegung des § 310 Abs. 4 Satz 2 BGB auch Wortlaut und Zweck des Gesetzes. Das Gesetz spricht schließlich nicht von „Einzigartigkeiten“ des Arbeitsrechts, sondern verlangt (nur) die Berücksichtigung von dessen „Besonderheiten“. Eine Besonderheit kann aber auch vorliegen, wenn sie nicht einzigartig ist[1320]. Es wäre auch völlig sinnwidrig, wenn z.B. der Arbeitgeber in einem Formularvertrag von Normen abweichen dürfte, die aus-

[1313] Vgl. BT-Drucks.14/7052, S. 189.

[1314] BAG v. 4.3.2004, NZA 2004, 727 (731); *Joost*, ZIP 2004, 1981 (1983); *v.Steinau-Steinrück/Hurek*, NZA 2004, 965 (966).

[1315] LAG Hamm v. 24.1.2003, NZA 2003, 499 (500 f.); *Thüsing*, BB 2002, 2666 (2673); *Hofmann*, Die Kontrolle von Arbeitsverträgen nach der Schuldrechtsreform, S. 69 f., 127 ff.

[1316] *Thüsing*, BB 2002, 2666 (2673).

[1317] BAG v. 4.3.2004, NZA 2004, 727 (732).

[1318] *Joost*, FS 50 Jahre BAG, S. 49, 56.

[1319] BAG v. 4.3.2004, NZA 2004, 727 (732); *Joost*, ZIP 2004, 1981 (1983).

[1320] *Joost*, FS 50 Jahre BAG, S. 49, 56.

schließlich für Arbeitsverträge gelten, hieran aber gehindert wäre, wenn die Norm auch für andere Dienstverträge gilt[1321]. Ob arbeitsrechtliche Besonderheiten i.S.d. § 310 Abs. 4 Satz 2 BGB vorliegen, ist deshalb nicht daran zu messen, dass eine Norm ausschließlich auf Arbeitsverhältnisse Anwendung findet, sondern daran, ob es sich im Vergleich zu den allgemeinen Grundsätzen des Bürgerlichen Rechts um eine abweichende Regelung handelt[1322]. Es reicht daher aus, dass sich die Anwendung der Norm besonders auf dem Gebiet des Arbeitsrechts auswirkt[1323].

cc) Rechtliche und tatsächliche Besonderheiten des Arbeitsrechts

Offen geblieben[1324] ist damit nur noch die Frage, ob die zu berücksichtigenden Besonderheiten des Arbeitsrechts nur *rechtlicher* oder auch *tatsächlicher* Natur sein können. In der Literatur[1325] und von einigen Instanzgerichten[1326] wird zum Teil die Ansicht vertreten, dass § 310 Abs. 4 Satz 2 BGB nur *rechtliche* Besonderheiten umfasse, da das Gesetz von den im Arbeitsrecht „geltenden" Besonderheiten spreche und tatsächliche Umstände sprachlich gesehen nicht „gelten" könnten. Für diese restriktive Ansicht spricht zudem, dass der Wortlaut des § 310 Abs. 4 Satz 2 BGB enger gefasst ist als derjenige des § 310 Abs. 1 Satz 2 BGB, der ausdrücklich auch auf die „im Handelsverkehr geltenden Gewohnheiten und Gebräuche" Bezug nimmt und damit eindeutig auch tatsächliche Umstände in die Inhaltskontrolle einbezieht[1327].

Andererseits ist es jedoch gerade auch der Wortlaut des § 310 Abs. 1 Satz 2 BGB, der belegt, dass nicht nur rechtliche, sondern auch tatsächliche Umstände („Gewohnheiten und Gebräuche") „gelten" können[1328]. Die These, dass aus sprachlicher Sicht nur rechtliche Besonderheiten „gelten" können, wird somit bereits durch die Gesetzessprache in § 310 Abs. 1 Satz 2 BGB widerlegt. Einer Beschränkung des

---

[1321] BAG v. 4.3.2004, NZA 2004, 727 (732).

[1322] BAG v. 4.3.2004, NZA 2004, 727 (732); *Joost*, ZIP 2004, 1981 (1983); *Singer*, RdA 2003, 194 (199).

[1323] BAG v. 4.3.2004, NZA 2004, 727 (732).

[1324] Auch das *BAG* hat diese Frage zunächst bewusst unbeantwortet gelassen, vgl. BAG v. 4.3.2004, NZA 2004, 727 (731).

[1325] *Dorndorf* in: Däubler/Dorndorf, AGB-Kontrolle im Arbeitsrecht, § 310 Rn. 64; *Lakies*, NZA 2004, 569 (575); *Linnemannstöns*, Die Auswirkungen des § 310 III, IV BGB auf das Arbeitsrecht, S. 109 ff.; *Preis*, NZA 2004, 1014 (1015); *Schmalkalden/Oberrath*, NJW 2005, 3745 (3746); *Thüsing*, NZA 2002, 591 (592 f.); *ders.*, BB 2002, 2666 (2673).

[1326] ArbG Bochum v. 8.7.2002, NZA 2002, 978 (979 f.); LAG Hamm v. 24.1.2003, NZA 2003, 499 (501).

[1327] *Preis*, NZA 2004, 1014 (1015); *Thüsing*, NZA 2002, 591 (592).

[1328] *Joost*, FS 50 Jahre BAG, S. 49, 54.

§ 310 Abs. 4 Satz 2 BGB auf rechtliche Besonderheiten steht außerdem die Gesetzesbegründung entgegen, die von der Berücksichtigung der „besonderen Bedürfnisse eines Arbeitsverhältnisses“[1329] spricht und damit auch tatsächliche Momente erfasst[1330]. Vergegenwärtigt man sich noch einmal den Hintergrund der „Besonderheitenregel“ des § 310 Abs. 4 Satz 2 BGB, nämlich dass der Gesetzgeber bei der Schaffung des AGB-Rechts die rechtlichen und tatsächlichen Besonderheiten des Arbeitsrechts aufgrund der damaligen arbeitsrechtlichen Bereichsausnahme des § 23 Abs. 1 AGBG nicht näher bedacht hat, so sprechen die besseren Argumente dafür, neben den rechtlichen auch die tatsächlichen Besonderheiten des Arbeitsverhältnisses in die Beurteilung der Wirksamkeit einer AGB-Klausel mit einzubeziehen[1331]. Denn nur wenn sichergestellt ist, dass die Anwendung des ursprünglich für ganz andere Vertragstypen konzipierten AGB-Rechts mit den besonderen Bedürfnissen des Arbeitsverhältnisses sowohl in rechtlicher als auch in tatsächlicher Hinsicht vereinbar ist, kann verhindert werden, dass die nunmehrige Einbeziehung des Arbeitsrechts in den Anwendungsbereich der §§ 305 ff. BGB zu sinnwidrigen und unangemessenen Ergebnissen führt[1332]. Auch unter diesem Blickwinkel ist es daher notwendig, bei der Anwendung der §§ 305 ff. BGB im Arbeitsrecht nicht nur die rechtlichen, sondern auch die tatsächlichen Besonderheiten des Arbeitsrechts zu berücksichtigen. Dies gilt umso mehr, als sich eine sinnvolle Unterscheidung zwischen rechtlichen und tatsächlichen Umständen wegen der logischen Verknüpfung von Tatbestand und Rechtsfolge ohnehin kaum durchführen lässt[1333]. So ist der Umstand, dass im Arbeitsrecht Tarifverträge und Betriebsvereinbarungen existieren, zunächst ein tatsächlicher Umstand, der allerdings darauf beruht, dass es arbeitsrechtliche Regelungen wie das Tarifvertragsgesetz oder das Betriebsverfassungsgesetz gibt. Wenn aber tatsächliche Besonderheiten in der Regel auch rechtliche Besonderheiten sind[1334], dann macht eine Unterscheidung zwischen rechtlichen

---

[1329] Vgl. BT-Drucks. 14/6857, S. 54.

[1330] *Joost*, ZIP 2004, 1981 (1986); *v.Steinau-Steinrück/Hurek*, NZA 2004, 965 (967).

[1331] So auch *Birnbaum*, NZA 2003, 944 (946); *Henssler* in: Henssler/Graf v.Westphalen, Praxis der Schuldrechtsreform, § 310 Rn. 6; *Joost*, FS 50 Jahre BAG, S. 49, 53 ff.; *Leder/Morgenroth*, NZA 2002, 952 (956); *v.Steinau-Steinrück/Hurek*, NZA 2004, 965 (967); *Singer*, RdA 2003, 194 (199); *Stoffels*, NZA 2004, Sonderbeilage zu Heft 1, 19 (20). Im Ergebnis ebenso *Annuß*, BB 2002, 458 (461); *Hromadka*, NJW 2002, 2523 (2528). Auch das *BAG* hat sich inzwischen dieser Meinung angeschlossen, vgl. BAG v. 25.5.2005, NJW 2005, 3305 (3306).

[1332] Ähnlich *Joost*, FS 50 Jahre BAG, S. 49, 54.

[1333] Vgl. *Joost*, FS 50 Jahre BAG, S. 49, 55; *Singer*, RdA 2003, 194 (199).

[1334] So auch *v.Steinau-Steinrück/Hurek*, NZA 2004, 965 (967); *Singer*, RdA 2003, 194 (199).

und tatsächlichen Besonderheiten letztlich wenig Sinn[1335]. Dementsprechend räumt sogar die Gegenansicht ein, dass Tatsachen für den Begriff der im Arbeitsrecht geltenden Besonderheiten nicht schlechthin irrelevant sind, sondern als Ausfluss eines Rechtsprinzips oder Entscheidungsmaßstabs im Rahmen von § 310 Abs. 4 Satz 2 BGB Berücksichtigung finden können[1336]. Von der begrifflichen Einordnung eines Umstands als rechtliche oder tatsächliche Besonderheit sollte das Ergebnis der Inhaltskontrolle daher nicht abhängig gemacht werden.

Die Berücksichtigung tatsächlicher Besonderheiten des Arbeitsrecht könnte allerdings im Hinblick auf die zu kompensierende Ungleichgewichtslage dazu verleiten, das AGB-Recht im Arbeitsrecht nur sehr eingeschränkt zur Anwendung kommen zu lassen. Denn bei der Suche nach tatsächlichen Besonderheiten des Arbeitsrechts fällt auf, dass der Arbeitnehmer beim Abschluss eines Arbeitsvertrages normalerweise nicht unter einem solchen Zeitdruck steht, dass ihm eine ausreichende Prüfung des Vertragsinhalts unmöglich wäre[1337]. Vielmehr ist der Abschluss eines Arbeitsvertrages für die private Lebensführung und Existenzsicherung des Arbeitnehmers von erheblicher Bedeutung und daher in der Regel viel bedeutsamer als der Abschluss eines Vertrages zum Kauf eines Konsumguts. Für den Arbeitnehmer lohnt es sich deswegen meist in viel stärkerem Maße als für den Käufer eines Konsumgutes, die Vertragsbedingungen genau zu überprüfen und sich gegebenenfalls vor Vertragsschluss rechtlich beraten zu lassen[1338]. Die Differenz der Kosten, die sich für die Vertragsparteien aus der Verwendung von AGB ergeben, scheint daher bei den Vertragsparteien im Arbeitsrecht nicht so groß zu sein wie im allgemeinen Zivilrecht.

Dieser Umstand rechtfertigt es aber gleichwohl nicht, im Arbeitsrecht grundsätzlich nur eine abgeschwächte AGB-Kontrolle durchzuführen. Denn das AGB-spezifische Ungleichgewicht zwischen den Parteien eines vorformulierten Vertrages beruht nicht auf einem Vergleich der jeweiligen Transaktionskosten der Vertragsparteien, sondern auf dem durch die Vorformulierung erlangten Vorbereitungsvorteil des Verwenders[1339]. Deshalb findet auch bei einem nur zur einmaligen Verwendung vorformulierten Verbrauchervertrag gemäß § 310 Abs. 3 Nr. 2 BGB

[1335] Die Sinnhaftigkeit einer Grenzziehung zwischen rechtlichen und tatsächlichen Besonderheiten ebenfalls bezweifelnd *Joost*, FS 50 Jahre BAG, S. 49, 55; *Morgenroth/Leder*, NJW 2004, 2797 f.; *v.Steinau-Steinrück/Hurek*, NZA 2004, 965 (967); *Singer*, RdA 2003, 194 (199).

[1336] Vgl. *Dorndorf* in: Däubler/Dorndorf, AGB-Kontrolle im Arbeitsrecht, § 310 Rn. 66.

[1337] So etwa *Annuß*, BB 2002, 458 (461).

[1338] Vgl. *Annuß*, BB 2002, 458 (461); *Dorndorf* in: Däubler/Dorndorf, AGB-Kontrolle im Arbeitsrecht, § 307 Rn. 27.

[1339] Siehe dazu oben 6. Kapitel E. III. 1. und G. I. 2. c) bb). Ungenau *Dorndorf* in: Däubler/Dorndorf, AGB-Kontrolle im Arbeitsrecht, § 307 Rn. 22 ff.

eine Inhaltskontrolle statt, obwohl man auch hier argumentieren könnte, dass der Verbraucher in diesem Fall den gleichen Analyseaufwand wie der Verwender betreiben kann und daher bezogen auf die Transaktionskosten eigentlich „Waffengleichheit" zwischen dem AGB-Verwender und dem Verbraucher besteht[1340]. Da es aber für die Anwendung der §§ 305 ff. BGB nicht auf die Ungleichheit der Verhandlungskosten, sondern allein auf den Umstand der Vorformulierung ankommt, ist der Arbeitnehmer im Hinblick auf die sich aus der Verwendung von AGB ergebenden Gefahren grundsätzlich genauso schutzbedürftig wie der Käufer eines Konsumgutes oder irgendein anderer Marktteilnehmer[1341]. Der Grundgedanke, die Inhaltskontrolle einseitig vorformulierter Vertragsbedingungen aus dem Vorbereitungsvorteil des Verwenders und damit aus einer vertragsgegenstandsbezogenen Paritätsstörung herzuleiten, trägt damit auch im Hinblick auf Arbeitsverträge[1342]. Darüber hinaus ist zu bedenken, dass im Arbeitsrecht die weitere tatsächliche Besonderheit besteht, dass der Arbeitsvertrag für den Arbeitnehmer die Grundlage der Existenzsicherung darstellt. Selbst wenn man also davon ausgehen würde, dass der Arbeitnehmer anders als der Käufer eines Konsumgutes häufig auch das „Kleingedruckte" liest, so würde der Arbeitnehmer aufgrund seiner existenziellen Abhängigkeit vom Arbeitseinkommen noch viel weniger als der Käufer des Konsumgutes riskieren, dass der Vertragsschluss aufgrund von Verhandlungen über unredliche Nebenkonditionen scheitert. Der Arbeitnehmer verfügt daher im Ergebnis ebenfalls nicht über die Möglichkeit, effektiv auf den vorformulierten Vertragsinhalt Einfluss zu nehmen. Das Bedürfnis für eine Kontrolle vorformulierter Vertragsbedingungen ist deshalb im Arbeitsrecht nicht geringer, sondern eher noch stärker als im allgemeinen Zivilrecht[1343]. Der Umstand, dass sich für den Arbeitnehmer die genaue Durchsicht der AGB in der Regel eher lohnt als für einen Verbraucher, ist demnach nicht geeignet, die §§ 305 ff. BGB im Arbeitsrecht grundsätzlich nur eingeschränkt zur Anwendung zu bringen.

dd) Ergebnis

Arbeitsvertragliche Klauseln sind zunächst anhand der Klauselverbote der §§ 308, 309 BGB genauso auf ihre Angemessenheit hin zu überprüfen wie gewöhnliche zivilrechtliche Klauseln. Anschließend ist unter Berücksichtigung der im Arbeitsrecht geltenden Besonderheiten in einem zweiten Schritt zu prüfen, ob bezogen auf

---

[1340] Vgl. oben 6. Kapitel G. I. 2. c) bb).

[1341] So auch *Reichold*, FS 50 Jahre BAG, S. 153, 173.

[1342] *Dorndorf* in: Däubler/Dorndorf, AGB-Kontrolle im Arbeitsrecht, § 307 Rn. 27; *Reichold*, FS 50 Jahre BAG, S. 153, 173.

[1343] Vgl. auch *Dorndorf* in: Däubler/Dorndorf, AGB-Kontrolle im Arbeitsrecht, § 307 Rn. 34 ff.

die zu kontrollierende Vertragsklausel zwischen der im Zivilrecht geregelten und der im Arbeitsrecht bestehenden Interessenlage ein solcher Unterschied besteht, dass ausnahmsweise eine Abweichung gerechtfertigt ist. Die zu berücksichtigenden arbeitsrechtlichen Besonderheiten i.S.d. § 310 Abs. 4 Satz 2 BGB sind Besonderheiten des Rechtsgebietes Arbeitsrecht im Ganzen und nicht nur Besonderheiten bestimmter Arbeitsverhältnisse wie z.B. kirchlicher Arbeitsverhältnisse. Zu berücksichtigen sind nicht nur die rechtlichen, sondern auch die tatsächlichen Besonderheiten, die das Arbeitsrecht von anderen Rechtsgebieten unterscheiden. Dabei muss es sich allerdings nicht um Besonderheiten handeln, die nur im Arbeitsrecht gelten. Es genügt, wenn sich die Abweichungen insbesondere im Arbeitsrecht auswirken.

4. Die Berücksichtigung von vertragsabschlussbegleitenden Umständen (§ 310 Abs. 3 Nr. 3 BGB)

Bei der Frage, welche Umstände und Gesichtspunkte bei der Beurteilung der unangemessenen Benachteiligung im Rahmen von § 307 Abs. 1 BGB zu berücksichtigen sind, ist im allgemeinen Zivilrecht – wie oben bereits dargestellt wurde – grundsätzlich eine typisierende Betrachtungsweise vorzunehmen[1344]. Entsprechend der generalisierenden Vertragsgestaltung bei der Verwendung von AGB ist auch bei der gerichtlichen Kontrolle der AGB von den individuellen Umständen des konkreten Einzelfalles abzusehen und ein überindividuell-abstrakter Prüfungsmaßstab anzulegen.

Da der Arbeitnehmer aber nach der hier vertretenen Auffassung als Verbraucher i.S.d. § 13 BGB anzusehen ist[1345], sind bei der Beurteilung der unangemessenen Benachteiligung gemäß § 310 Abs. 3 Nr. 3 BGB zusätzlich auch die vertragsabschlussbegleitenden Umstände zu berücksichtigen[1346]. Die Inhaltskontrolle hat im

---

[1344] Siehe oben 6. Kapitel F. II. 2.

[1345] Vgl. oben 7. Kapitel A. V.

[1346] Ebenso BAG v. 31.8.2005, BB 2006, 443 (448); BAG v. 7.12.2005 – 5 AZR 535/04 – zu B III 7 a der Gründe; *Dorndorf* in: Däubler/Dorndorf, AGB-Kontrolle im Arbeitsrecht, § 310 Rn. 81 ff.; *Gotthardt*, Arbeitsrecht nach der Schuldrechtsreform, Rn. 297; *Bratz*, Arbeitsrechtliche Besonderheiten bei der Kontrolle Allgemeiner Geschäftsbedingungen, S. 201; ErfK/*Preis*, §§ 305-310 BGB Rn. 42; *ders.*, NZA 2003, Sonderbeilage zu Heft 16, 19 (27); *Linnemannstöns*, Die Auswirkungen des § 310 III, IV BGB auf das Arbeitsrecht, S. 210; *S.Müller*, Der Arbeitnehmer als Verbraucher iSd. § 13 BGB, S. 193 f.; *Riesenhuber/v.Vogel*, Jura 2006, 81 (84); *Schmalkalden/Oberrath*, NJW 2005, 3745 (3749); *Stoffels*, NZA 2004, Sonderbeilage zu Heft 1, 19 (22 f.); *Ziemann*, in: Schimmel/Buhlmann, Frankfurter Handbuch zum neuen Schuldrecht, S. 675, 706 Rn. 108.

Arbeitsrecht daher zweistufig[1347] zu erfolgen: Zunächst ist eine abstrakte Betrachtung vorzunehmen und ein genereller Prüfungsmaßstab anzulegen. Das auf diese Weise gefundene Abwägungsergebnis ist dann anschließend durch die Berücksichtigung der konkreten Umstände des Vertragsschlusses gegebenenfalls in die eine oder – nach der hier befürworteten Ansicht[1348] – auch in die andere Richtung entsprechend zu korrigieren. Die Umstände des Vertragsschlusses können demnach das Ergebnis der Angemessenheitsprüfung in *beide* Richtungen beeinflussen: sowohl zu Gunsten, als auch zu Lasten des Arbeitnehmers[1349]. Dadurch wird die Regelung in § 310 Abs. 3 Nr. 3 BGB auch im Arbeitsrecht zu einem flexiblen Instrument, um die Inhaltskontrolle einerseits – etwa im Fall einer arbeitgeberseitigen Ausnutzung einer Überrumpelungssituation – entsprechend verschärfen zu können und sie auf der anderen Seite – insbesondere bei erfahrenen Spitzenkräften oder leitenden Angestellten, die sich in der Vertragsabschlusssituation aufgrund besonderer personenbezogener Eigenschaften (wie z.B. entsprechende Berufserfahrung oder besondere Fachkenntnisse) nicht in einer unterlegenen Verhandlungsposition befinden – auch mit der gebotenen Zurückhaltung durchführen zu können[1350]. Auf diese Weise kann der anzuwendende Kontrollmaßstab an die jeweilige Verhandlungsposition des Arbeitnehmers angepasst und in beide Richtungen entsprechend verfeinert werden, so dass auch im Arbeitsrecht eine sachgerechte Differenzierung der Inhaltskontrolle ermöglicht wird. Die Einordnung des Arbeitnehmers erweist sich damit auch an dieser Stelle nicht als ungerechtfertigte Ausweitung des Verbraucherschutzes, sondern als systemkonforme Bereichung des Arbeitsrechts[1351].

[1347] Zu dieser Kombinationslösung siehe oben 6. Kapitel G. I. 2. d) bb).

[1348] Vgl. oben 6. Kapitel G. I. 2. d) bb).

[1349] So auch ausdrücklich in Bezug auf die Inhaltskontrolle im Arbeitsrecht: BAG v. 31.8.2005, BB 2006, 443 (448); *Dorndorf* in: Däubler/Dorndorf, AGB-Kontrolle im Arbeitsrecht, § 307 Rn. 92; *Preis*, NZA 2003, Sonderbeilage zu Heft 16, 19 (27); *Bratz*, Arbeitsrechtliche Besonderheiten bei der Kontrolle Allgemeiner Geschäftsbedingungen, S. 202; *Riesenhuber/v.Vogel*, Jura 2006, 81 (84).

[1350] Vgl. auch BAG v. 31.8.2005, BB 2006, 443 (448) unter Hinweis auf den 16. Erwägungsgrund zur Richtlinie 93/13/EWG des Rates vom 5.4.1993 über missbräuchliche Klauseln in Verbraucherverträgen (ABl. EG Nr. L 95 vom 21.4.1993, S. 29).

[1351] Ebenso *S.Müller*, Der Arbeitnehmer als Verbraucher iSd. § 13 BGB, S. 194; *Schmalkalden/Oberrath*, NJW 2005, 3745 (3749).

IV. Beschränkung der Inhaltskontrolle durch § 307 Abs. 3 BGB

Wie bereits oben ausgeführt wurde, hat der Gesetzgeber der Inhaltskontrolle durch § 307 Abs. 3 Satz 1 BGB zwei Schranken gesetzt[1352]. Danach unterliegen AGB-Bestimmungen nur dann einer Inhaltskontrolle anhand der §§ 307 ff. BGB, wenn sie von Rechtsvorschriften abweichen oder diese ergänzen. Daraus folgt, dass rein deklaratorische Klauseln sowie preisbestimmende und leistungsbeschreibende Klauseln grundsätzlich kontrollfrei sind.

1. Keine Kontrolle von arbeitsvertraglichen Hauptleistungspflichten und Entgeltabreden

Im allgemeinen Zivilrecht können deshalb grundsätzlich nur die Klauseln bezüglich der vertraglichen *Neben*leistungsbestimmungen Gegenstand der Inhaltskontrolle sein, während vertragliche *Haupt*leistungsbestimmungen und insbesondere Preis- bzw. Entgeltabreden mangels entsprechender rechtlicher Kontrollmaßstäbe prinzipiell nicht kontrollierbar sind[1353]. Von diesem Grundsatz ist die Rechtsprechung nur dann abgewichen, wenn ausnahmsweise doch eine gesetzliche Vergütungsregelung existierte, an der sich die Rechtsprechung bei der Kontrolle einer Entgeltabrede orientieren konnte – wie z.B. bei den gesetzlichen Gebührenordnungen für Architekten (HOAI) und Ärzte (GOÄ)[1354].

Ob Hauptleistungsbestimmungen und Entgeltabreden auch im Arbeitsrecht grundsätzlich kontrollfrei sind, ist allerdings fraglich. Gegen die Kontrollfreiheit der Hauptleistungskonditionen des Arbeitsverhältnisses könnte nämlich sprechen, dass im Arbeitsrecht zahlreiche Kollektivverträge existieren, die entsprechende Regelungen über die arbeitsvertraglichen Hauptleistungskonditionen enthalten und die gemäß § 310 Abs. 4 Satz 3 BGB „Rechtsvorschriften" im Sinne von § 307 Abs. 3 BGB gleichgestellt sind. Daher könnten im Arbeitsrecht – anders als im allgemeinen Zivilrecht – auf den ersten Blick sehr wohl „rechtliche" Bezugsgrößen bereitstehen, um die Hauptleistungskonditionen des Arbeitsverhältnisses auf ihre Angemessenheit hin zu kontrollieren[1355].

[1352] Vgl. oben 6. Kapitel F. II. 3.

[1353] Vgl. oben 6. Kapitel F. II. 3. a).

[1354] BGH v. 9.7.1981, NJW 1981, 2351 (2352); BGH v. 19.2.1998, NJW 1998, 1786 (1789 f.); BGH v. 17.9.1998, NJW 1998, 3567 (3569). Siehe dazu auch oben 6. Kapitel F. II. 3. a).

[1355] So vor allem *Däubler*, NZA 2001 1329 (1334 f.); *Kittner* in: Kittner/Zwanziger, Arbeitsrecht, § 15 Rn. 54; ähnlich *Boudon*, ArbRB 2003, 150 (151); *Lakies*, NZA-RR 2002, 337 (344); *Schaub*, Arbeitsrechts-Handbuch (10. Aufl.), § 31 Rn. 7d. Einschränkend allerdings in Bezug auf die Entlohnung *Graf v.Westphalen* in: Henssler/Graf v.Westphalen, Praxis der Schuldrechtsreform (1. Aufl.), § 310 Rn. 12.

Bei genauerem Hinsehen ist dem jedoch nicht so. Denn bereits oben wurde dargelegt, dass eine Ausrichtung der Inhaltskontrolle am Maßstab von arbeitsrechtlichen Kollektivvereinbarungen weder mit dem Wortlaut der Verweisung in § 310 Abs. 4 Satz 3 BGB, noch mit der negativen Koalitionsfreiheit aus Art. 9 Abs. 3 GG vereinbar ist[1356]. Tarifverträge, Betriebs- und Dienstvereinbarungen können daher grundsätzlich nicht als Maßstab für die Inhaltskontrolle herangezogen werden[1357]. Im Arbeitsrecht stehen daher ebenso wenig wie im allgemeinen Zivilrecht rechtlich verbindliche Maßstäbe für die Kontrolle von vertraglichen Entgeltabreden zur Verfügung. Im Übrigen wird man genauso wie im allgemeinen Zivilrecht auch im Arbeitsrecht davon auszugehen haben, dass die rein *situationsbezogene* Funktionsstörung, auf der das AGB-Recht beruht, im Hinblick auf die *Haupt*leistungskonditionen des Arbeitsverhältnisses grundsätzlich nicht gegeben sein wird. Denn allein aus dem Umstand, dass der Arbeitgeber die Entgeltabrede vorformuliert hat, ergibt sich noch nicht, dass sich der Arbeitnehmer hinsichtlich dieser Hauptleistungsbestimmung situationsbedingt[1358] in einer unterlegenen Verhandlungsposition befindet. Daraus folgt, dass auch die arbeitsvertraglichen Hauptleistungskonditionen grundsätzlich nicht der Inhaltskontrolle nach §§ 307 ff. BGB unterworfen werden dürfen. Dies hat beispielsweise für Aufhebungsverträge zur Konsequenz, dass weder die Aufhebung des Arbeitsvertrages als solche, noch die als Gegenleistung für die Aufhebung versprochene Abfindungsleistung des Arbeitgebers zum Gegenstand der Inhaltskontrolle gemacht werden darf, da es sich insoweit in beiden Fällen um die jeweiligen Hauptpflichten des Aufhebungsvertrages handelt[1359]. Dagegen kön-

---

[1356] Siehe dazu oben 8. Kapitel B. III. 2.

[1357] *Annuß*, BB 2002, 458 (460); MüKo/*Basedow*, § 310 Rn. 96; *Bayreuther*, RdA 2003, 81 ff.; *Berger-Delhey*, ZTR 2002, 66 (68); *Gotthardt*, Arbeitsrecht nach der Schuldrechtsreform, Rn. 269; *Henssler*, RdA 2002, 129 (136); *Hromadka*, NJW 2002, 2523 (2526 ff.); *Hofmann*, Die Kontrolle von Arbeitsverträgen nach der Schuldrechtsreform, S. 123; *Lieb*, FS Ulmer, S. 1231, 1243; *Lingemann*, NZA 2002, 181 (188); *Linnemannstöns*, Die Auswirkungen des § 310 III, IV BGB auf das Arbeitsrecht, S. 215; ErfK/Preis, §§ 305-310 BGB Rn. 38; *ders.*, NZA 2003, Sonderbeilage zu Heft 16, 19 (31); *Reichold*, ZTR 2002, 202 (206); *Reinecke*, NZA 2004, Sonderbeilage zu Heft 18, 27 (29); *Richardi*, NZA 2002, 1057 (1061); *Singer*, RdA 2003, 194 (198); *Stoffels*, AGB-Recht, Rn. 180 und 457 ff.; *Tschöpe*, DB 2002, 1830 (1833 f.); *Thüsing*, BB 2002, 2666 (2671).

[1358] Eine ganz andere Frage ist, ob sich der Arbeitnehmer im Hinblick auf die Entgeltabrede in einer personenbedingten Unterlegenheitsposition befindet. Diese Frage ist jedoch keine Frage des situativen AGB-Rechts, sondern eine vornehmlich arbeitsrechtliche Frage, der sich die entsprechenden Vorschriften des Arbeitsrechts widmen, wie z.B. § 5 TVG oder § 1 AEntG.

[1359] LAG Hamm v. 1.4.2003, NZA-RR 2003, 401 (402); *Bauer*, NZA 2002, 169 (172 f.); *Gotthardt*, Arbeitsrecht nach der Schuldrechtsreform, Rn. 308; *Preis*, NZA 2003, Sonderbeilage zu Heft 16, 19 (30 f.); *Schmalkalden/Oberrath*, NJW 2005, 3745 (3749).

nen sämtliche Nebenbestimmungen eines vorformulierten und damit nach §§ 305 ff. BGB kontrollfähigen Aufhebungsvertrages selbstverständlich ohne weiteres der vollen Inhaltskontrolle unterzogen werden[1360].
Die Herausnahme der Hauptleistungsbestimmungen aus dem Anwendungsbereich der Inhaltskontrolle bedeutet allerdings nicht, dass die Hauptleistungskonditionen, wie etwa arbeitsrechtliche Vergütungs- und Entgeltvereinbarungen, vollständig kontrollfrei wären. Denn auch wenn es hinsichtlich der Hauptleistungskonditionen aus den genannten Gründen regelmäßig an der AGB-typischen, *situationsbezogenen* Paritätsstörung fehlen wird, ist es vor dem Hintergrund der davon völlig unabhängigen *personen-* bzw. *statusbezogenen* Unterlegenheit des Arbeitnehmers durchaus möglich, die Höhe der Vergütung im Arbeitsrecht gegebenenfalls am Maßstab der Sittenwidrigkeit und am Wuchertatbestand des § 138 Abs. 2 BGB einer gerichtlichen Überprüfung zu unterziehen[1361].

2. Die Bedeutung der von § 310 Abs. 4 Satz 3 BGB angeordneten Gleichstellung von Kollektivverträgen mit Rechtsvorschriften i.S.v. § 307 Abs. 3 BGB

Wie oben[1362] bereits dargelegt, hat der Gesetzgeber arbeitsrechtliche Kollektivverträge gemäß § 310 Abs. 4 Satz 1 BGB ausdrücklich aus dem Anwendungsbereich der §§ 305 ff. BGB ausgenommen, da diese Kollektivvereinbarungen aufgrund der Gleichgewichtigkeit der Vertragsparteien typischerweise eine gewisse Richtigkeitsgewähr entfalten. Arbeitsrechtliche Kollektivvereinbarungen sind daher prinzipiell nur einer allgemeinen Rechtskontrolle, nicht aber einer AGB-rechtlichen Inhalts- bzw. Angemessenheitskontrolle zugänglich[1363]. Da sich jedoch in zahlreichen individualarbeitsrechtlichen Verträgen Klauseln befinden, die lediglich den Inhalt eines arbeitsrechtlichen Kollektivvertrages wiedergeben bzw. auf dessen Inhalt Bezug nehmen (sog. „Verweisungsklauseln“), besteht bei der AGB-rechtlichen Kontrolle von individualarbeitsrechtlichen Verträgen die Gefahr, dass durch die Überprüfung der jeweiligen Verweisungsklauseln mittelbar auch die dahinterstehende kollektivrechtliche Regelung zum Gegenstand der Inhaltskontrolle gemacht wird, mit der Folge, dass die kollektivarbeitsrechtliche Bereichsausnahme in § 310 Abs. 4 Satz 1 BGB insoweit leer laufen würde. Um dies zu verhindern, hat der Ge-

---

1360 *Gotthardt*, Arbeitsrecht nach der Schuldrechtsreform, Rn. 308; *Preis*, NZA 2003, Sonderbeilage zu Heft 16, 19 (30 f.); zurückhaltender *Thüsing*, BB 2002, 2666 (2669).

1361 Ausführlich zur Kontrolle von Entgeltabreden am Maßstab von § 138 BGB *Reinecke*, NZA 2000, Sonderbeilage zu Heft 3, 23 (30 ff.); *Lakies*, NJW-RR 2002, 337 (339 ff.); *Tschöpe*, DB 2002, 1830 ff.

1362 Vgl. oben 8. Kapitel B. I. 1.

1363 Vgl. oben 8. Kapitel B. I. 1.

setzgeber in § 310 Abs. 4 Satz 3 BGB arbeitsrechtliche Kollektivverträge Rechtsvorschriften im Sinne von § 307 Abs. 3 BGB gleichgestellt[1364]. Der Gesetzgeber wollte damit klarstellen, dass auch solche Klauseln, die auf einen Kollektivvertrag verweisen oder lediglich dessen Inhalt wiedergeben, ebenfalls nicht der Inhaltskontrolle unterliegen[1365].

Da die gesetzliche Gleichstellungsanordnung in § 310 Abs. 4 Satz 3 BGB allerdings nicht danach differenziert, welche kollektivvertraglichen Regelungen in den Arbeitsvertrag einbezogen werden, stellt sich die Frage, ob die zur Rechtfertigung der Kontrollfreiheit von Verweisungsklauseln angeführte Richtigkeitsgewähr bereits bei einer Verweisung auf *einzelne* Passagen *irgendeines* Kollektivvertrages gegeben ist, oder ob die Angemessenheit einer Regelung erst dann vermutet werden kann, wenn der *gesamte* Inhalt eines ganz bestimmten Kollektivvertrages in Bezug genommen wird. Diese Frage ist je nach Gegenstand und Umfang der Verweisung unterschiedlich zu beantworten.

a) Verweisung auf fachlich nicht einschlägige Kollektivvereinbarungen

Wird in einem Arbeitsvertrag auf eine kollektivvertragliche Regelung verwiesen, die für das betreffende Arbeitsverhältnis fachlich gar nicht einschlägig ist, weil es sich um einen brachenfremden Tarifvertrag handelt, so kann nicht ohne weiteres davon ausgegangen werden, dass die in Bezug genommene Kollektivvereinbarung im Hinblick auf das konkrete Arbeitsverhältnis angemessene Regelungen beinhaltet. Denn der Gesetzgeber hat den für den Abschluss von Tarifverträgen und Betriebsvereinbarungen zuständigen Partnern nur deshalb die Befugnis zur normativen Regelung der Arbeits- und Wirtschaftsbedingungen übertragen, weil diese Partner im Vergleich zum Gesetzgeber eine größere Sachnähe besitzen und deshalb viel besser als der Gesetzgeber wissen, was ihren beiderseitigen Interessen und dem gemeinsamen Interesse entspricht[1366]. Von einer solchen die Richtigkeitsgewähr indizierenden Sachnähe der tariflichen oder betrieblichen Regelung ist vor allem dann auszugehen, wenn die kollektivvertragsschließenden Parteien für die zu regelnde Materie fachlich zuständig sind. Dagegen ist das Risiko einer unangemessenen Regelung ungleich größer, wenn es sich um eine für das konkrete Arbeitsverhältnis sachlich nicht einschlägige Kollektivvereinbarung handelt, denn die Parteien dieser Kollektivvereinbarung sind möglicherweise von ganz anderen ökono-

[1364] Zur Herausnahme von mit Rechtsvorschriften übereinstimmenden Klauseln aus dem Anwendungsbereich der §§ 307 ff. BGB vgl. oben 6. Kapitel F. II. 3. b).

[1365] BT-Drucks. 14/6857, S. 54.

[1366] Vgl. BVerfG v. 27.2.1973, BVerfGE 34, 307 (317). Ausführlich zum Regelungsvorrang der Tarifvertragsparteien siehe oben 4. Kapitel C. II.

mischen und betrieblichen Bedingungen ausgegangen als in derjenigen Branche gelten, in der die individualvertragliche Inbezugnahme vorgenommen wurde[1367]. Daraus folgt, dass eine individualvertraglich in Bezug genommene Kollektivvereinbarung für das konkrete Arbeitsverhältnis überhaupt nur dann die Vermutung einer angemessenen Regelung in sich tragen und demgemäß eine Freistellung von der Inhaltskontrolle gemäß § 307 Abs. 3 BGB rechtfertigen kann, wenn die jeweilige Kollektivvereinbarung sachlich unmittelbar einschlägig ist und daher auch ohne die individualvertragliche Verweisung aufgrund normativer Geltung[1368] auf das Arbeitsverhältnis anwendbar ist bzw. auf das Arbeitsverhältnis anwendbar wäre, wenn beiderseitige Tarifgebundenheit bestünde[1369].

Bei einem Verweis auf eine *andere* als die für das konkrete Arbeitsverhältnis unmittelbar einschlägige Kollektivvereinbarung kann dagegen genauso wie im allgemeinen Zivilrecht bei einem Verweis auf eine für das konkrete Rechtsverhältnis nicht unmittelbar einschlägige *Rechtsnorm*[1370] die Angemessenheit der in Bezug genommenen Regelungen nicht mehr vermutet werden, so dass die jeweilige Verweisungsklausel mangels Richtigkeitsgewähr der in Bezug genommenen Kollektivvereinbarung einer gerichtlichen Angemessenheitskontrolle zu unterziehen ist[1371].

[1367] Siehe bereits *G.Müller*, RdA 1990, 321 (323); ebenso *Diehn*, NZA 2004, 129 (131); *Gaul*, ZfA 2003, 75 (89); *Gotthardt*, Arbeitsrecht nach der Schuldrechtsreform, Rn. 266; *ders.*, ZIP 2002, 277 (281); *Henssler*, RdA 2002, 129 (136); ErfK/Preis, §§ 305-310 BGB Rn. 17; *ders.*, FS Wiedemann, S. 425, 442; *Richardi*, NZA 2002, 1057 (1062); *Schrader/Schubert*, NZA-RR 2005, 225 (236 f.); *Singer*, RdA 2003, 194 (198); *Thüsing/Lambrich* NZA 2002, 1361 (1363).

[1368] Die normative Geltung ergibt sich für Betriebsvereinbarungen aus § 77 Abs. 4 BetrVG und für Tarifverträge aus § 4 Abs. 1 TVG.

[1369] *Annuß*, BB 2002, 458 (460); *Bayreuther*, RdA 2003, 81 (91); *Diehn*, NZA 2004, 129 (131); *Gotthardt*, Arbeitsrecht nach der Schuldrechtsreform, Rn. 266; *Hofmann*, Die Kontrolle von Arbeitsverträgen nach der Schuldrechtsreform, S. 113 ff.; *Lakies*, NZA 2004, 569 (571); *Löwisch/Rieble*, Tarifvertragsgesetz, § 3 Rn. 264; ErfK/*Preis*, §§ 305-310 BGB Rn. 17; *ders.*, FS Wiedemann, S. 425, 442; *Reinecke*, BB 2005, 378; *Richardi*, NZA 2002, 1057 (1062); *Schlodder*, Der Arbeitsvertrag im neuen Schuldrecht, S. 211; *Thüsing/Lambrich* NZA 2002, 1361 (1363), *Witt*, NZA 2004, 135 (137).

[1370] Zur teleologischen Reduktion des § 307 Abs. 3 Satz 1 BGB bei einem Verweis auf eine gesetzliche Vorschrift, die für einen anderen Vertragstyp oder eine andere Fallgestaltung gilt, siehe oben 6. Kapitel F. II. 3. b).

[1371] *Annuß*, BB 2002, 458 (460); *Däubler* in: Däubler/Dorndorf, AGB-Kontrolle im Arbeitsrecht, § 310 Rn. 50; *Diehn*, NZA 2004, 129 (131); *Gaul*, ZfA 2003, 75 (89); *Gotthardt*, Arbeitsrecht nach der Schuldrechtsreform, Rn. 266; *ders.*, ZIP 2002, 277 (281); *Henssler*, RdA 2002, 129 (136); *Lakies*, NZA 2004, 569 (571); *Linnemannstöns*, Die Auswirkungen des § 310 III, IV BGB auf das Arbeitsrecht, S. 167; ErfK/Preis, §§ 305-310 BGB Rn. 17; *ders.*, FS Wiedemann, S. 425, 442 f.; *Löwisch/Rieble*, Tarifvertragsgesetz, § 3 Rn. 264; *Reinecke*, BB 2005, 378; *Ri-*

b) Verweisung auf die einschlägige Kollektivvereinbarung

Wird dagegen auf eine Kollektivvereinbarung verwiesen, die sowohl fachlich als auch räumlich für das konkrete Arbeitsverhältnis unmittelbar einschlägig ist, so hängt die Richtigkeitsgewähr und damit die Kontrollfreiheit der in Bezug genommenen kollektivvertraglichen Regelung vom Umfang der individualvertraglichen Übernahme statt.

aa) Globalverweisungen

Soweit es sich um eine *globale* Verweisung auf den *gesamten* Inhalt der Kollektivvereinbarung handelt, wurde auch schon vor der Schuldrechtreform überwiegend die Ansicht vertreten, dass in diesen Fällen von der grundsätzlichen Richtigkeit der einbezogenen kollektivvertraglichen Regelungen auszugehen sei und hier daher kein Bedürfnis für eine gerichtliche Inhaltskontrolle bestehe[1372]. Daran hat sich durch die Schuldrechtsreform nichts geändert[1373]. Die Kontrollfreiheit von Globalverweisungen gilt nach der Gesetzesbegründung[1374] insbesondere auch dann, wenn die kollektivvertragliche Regelung lediglich aufgrund der individualvertraglichen Einbeziehungsabrede Anwendung findet, was allerdings wegen der unmittelbaren und zwingenden Wirkung von Betriebs- und Dienstvereinbarungen[1375] ohnehin nur dann der Fall sein kann, wenn individualvertraglich auf einen Tarifvertrag verwiesen wird, ohne dass eine beiderseitige Tarifbindung besteht. Dass die Kontrollfreiheit von Globalverweisungen unabhängig von der Tarifgebundenheit der Vertragsparteien gilt, ergibt sich dessen ungeachtet aber auch schon daraus, dass die Richtigkeitsgewähr der tariflichen Regelung nicht aus der zugrunde liegenden Rechtsquelle, sondern allein aus der Sachnähe und Gleichgewichtigkeit der Tarifpartner abgeleitet wird, so dass es für die Richtigkeitsgewähr völlig unerheblich ist, ob die

---

chardi, NZA 2002, 1057 (1062); *Schrader/Schubert*, NZA-RR 2005, 225 (236 f.); *Singer*, RdA 2003, 194 (198); *Thüsing/Lambrich* NZA 2002, 1361 (1363); *Witt*, NZA 2004, 135 (137); im Ergebnis ebenso *Schmalkalden/Oberrath*, NJW 2005, 3745 (3750). Ein insoweit bestehendes Kontrollbedürfnis war auch schon vor der Schuldrechtsreform weitgehend anerkannt, siehe z.B. *Löwisch/Rieble*, Tarifvertragsgesetz (1. Aufl.), § 3 Rn. 115.

1372 Vgl. BAG 6.9.1995, NZA 1996, 437 (439); BAG v. 6.11.1996, NZA 1997, 778 (779); *Gaul*, ZTR 1991, 188 (190); *Preis*, Grundfragen der Vertragsgestaltung im Arbeitsrecht, S. 318; *Reinecke*, NZA 2000, Sonderbeilage zu Heft 3, 23 (29); *Schliemann*, ZTR 2000, 198 (203 f.); a.A. *Rieble*, Arbeitsmarkt und Wettbewerb, Rn. 1726 ff.

1373 *Gotthardt*, Arbeitsrecht nach der Schuldrechtsreform, Rn. 266; *Lakies*, NZA 2004, 569 (571); *Linnemannstöns*, Die Auswirkungen des § 310 III, IV BGB auf das Arbeitsrecht, S. 165; *Oetker*, FS Wiedemann, S. 383, 399; ErfK/Preis, §§ 305-310 BGB Rn. 16; *ders.*, FS Wiedemann, S. 425, 441 f.; *Stoffels*, NZA 2004, Sonderbeilage zu Heft 1, 19 (25).

1374 BT-Drucks. 14/6857, S. 54.

1375 Vgl. § 77 Abs. 4 BetrVG.

individualvertragliche Geltung der tarifvertraglichen Regelungen auf einer normativen oder einer schuldrechtlichen Grundlage beruht[1376]. Die Kontrollfreiheit gilt folglich unabhängig von der normativen Geltung der kollektivvertraglichen Regelung sowohl für deklaratorische, als auch für konstitutive Globalverweisungen[1377].

bb) Teilverweisungen

Fraglich ist dagegen, ob die Angemessenheit der im Individualvertrag in Bezug genommenen kollektivvertraglichen Regelungen auch dann noch vermutet werden kann, wenn der Inhalt des Kollektivvertrag nicht *als Ganzes*, sondern nur in *einzelnen Teilen* übernommen wird. Denn bei der Verweisung auf nur einzelne Teile des Kollektivvertrages besteht die Gefahr, dass der Arbeitgeber lediglich die für ihn vorteilhaften Teile in Bezug nimmt, während er arbeitnehmerfreundliche Bereiche, die in dem Kollektivvertrag als Ausgleich für den arbeitgeberfreundlichen Teil dienen, von der Verweisung ausnimmt. Um zu verhindern, dass der Arbeitgeber durch geschickte Teilverweisungen im Sinne eines „Best of" nur die ihm günstigen „Rosinenausschnitte" des Kollektivvertrages übernimmt und dadurch den Arbeitsvertrag einseitig zu seinen Gunsten gestaltet, halten einige Autoren es für notwendig, bei nur teilweiser Übernahme des Kollektivvertrages eine gerichtliche Inhaltskontrolle durchzuführen[1378]. Zur Begründung wird angeführt, dass durch die Bezugnahme auf nur einzelne Teile der von den Kollektivvertragsparteien hergestellte ausgewogene Sachzusammenhang zerstört werde, weshalb den nur in einzelnen Teilen in Bezug genommenen kollektivvertraglichen Regelungen nicht die gleiche Richtigkeitsgewähr zukommen könne wie wenn die Kollektivvereinbarung insgesamt übernommen worden wäre[1379]. Diese Auffassung stehe auch im Einklang mit der Gesetzesbegründung, in der es als Folge des § 310 Abs. 4 Satz 3 BGB bezeich-

---

[1376] So auch *Preis*, FS Wiedemann, S. 425, 442. Anders allerdings *Rieble*, Arbeitsmarkt und Wettbewerb, Rn. 1727, der die Ansicht vertritt, dass die Richtigkeitsgewähr des Tarifvertrages nicht nur auf der gleichberechtigten Stellung der Tarifparteien beruhe, sondern zusätzlich noch die privatautonome Legitimation des Tarifvertrages durch den Arbeitnehmer infolge Gewerkschaftsmitgliedschaft erforderlich sei.

[1377] *Gotthardt*, Arbeitsrecht nach der Schuldrechtsreform, Rn. 266; *Oetker*, FS Wiedemann, S. 383, 399; *Preis*, FS Wiedemann, S. 425, 442; trotz Bedenken im Ergebnis ebenso *Bayreuther*, RdA 2003, 81 (91).

[1378] So etwa *Däubler*, NZA 2001, 1329 (1335); *ders.* in: Däubler/Dorndorf, AGB-Kontrolle im Arbeitsrecht, § 310 Rn. 52; *Joost*, FS Ulmer, S. 1199, 1209; *Lakies*, NZA 2004, 569 (572); *Reinecke*, NZA 2000, Sonderbeilage zu Heft 3, 23 (29); *Schlodder*, Der Arbeitsvertrag im neuen Schuldrecht, S. 211; *Thüsing/Lambrich*, NZA 2002, 1361 (1363); im Ergebnis ebenso *Hofmann*, Die Kontrolle von Arbeitsverträgen nach der Schuldrechtsreform, S. 116 f.; *Bratz*, Arbeitsrechtliche Besonderheiten bei der Kontrolle Allgemeiner Geschäftsbedingungen, S. 263.

[1379] *Lakies*, NZA 2004, 569 (572); *Reinecke*, NZA 2000, Sonderbeilage zu Heft 3, 23 (29).

net wird, dass auch Individualarbeitsverträge, die mit Kollektivverträgen übereinstimmen und deren *gesamten* Inhalt wiedergeben, nicht der Inhaltskontrolle unterliegen[1380].

Dieser Argumentation ist zwar im Ausgangspunkt zuzustimmen, im Ergebnis kann ihr jedoch nur unter Hinzufügung gewisser Konkretisierungen gefolgt werden[1381]. In der Gesetzesbegründung ist nämlich explizit nur davon die Rede, dass die Inhaltskontrolle bei einer Bezugnahme auf den *gesamten* Inhalt eines Kollektivvertrages ausgeschlossen ist. Keineswegs so eindeutig ist dagegen, ob der Gesetzgeber damit gleichzeitig auch zum Ausdruck bringen wollte, dass immer dann, wenn es sich bei der Bezugnahme *nicht* um eine Globalverweisung handelt, zwangsläufig eine Inhaltskontrolle durchzuführen ist. Denn wenn der Gesetzgeber an anderer Stelle (z.B. in § 622 Abs. 4 Satz 2 BGB, § 13 Abs. 1 Satz 2 BUrlG[1382], § 7 Abs. 3 Satz 1 ArbZG[1383], § 4 Abs. 4 Satz 2 EFZG[1384]) bestimmte individualvertragliche Verweisungen auf einzelne Teilbereiche eines Tarifvertrages ausdrücklich für zulässig erklärt, so lässt sich daraus der Schluss ziehen, dass der Gesetzgeber zumindest in diesen Konstellationen sehr wohl davon ausgeht, dass auch die in Bezug genommenen tarifvertraglichen Teilbereiche einen angemessenen Interessenausgleich beinhalten[1385]. Die darin zum Ausdruck kommende Angemessenheitsvermutung kann allerdings nicht ohne weiteres über die gesetzlich geregelten Fälle hinaus auf sämtliche Teilverweisungen erstreckt werden[1386]. So verlangt der Gesetzgeber z.B. sowohl in § 308 Nr. 5 BGB als auch in § 309 Nr. 8 b) ff) BGB für die Freistellung einer werkvertraglichen Klausel von der Inhaltskontrolle, dass die grundsätzlich als ausgewogen erachtete VOB/B[1387] nicht nur in Teilen, sondern *insgesamt* in den Vertrag einbezogen worden ist. Dementsprechend hält der *BGH* bei der Einbe-

---

[1380] BT-Drucks. 14/6857, S. 54.

[1381] So auch *Bayreuther*, RdA 2003, 81 (91); *Diehn*, NZA 2004, 129 (131); *Gaul*, ZfA 2003, 75 (88 f.); *Henssler*, RdA 2002, 129 (136); *Preis*, FS Wiedemann, S. 425, 445 f.; *Stoffels*, AGB-Recht, Rn. 179; *Witt*, NZA 2004, 135 (138).

[1382] Mindesturlaubsgesetz für Arbeitnehmer (Bundesurlaubsgesetz) v. 8.1.1963 (BGBl. I S. 2).

[1383] Arbeitszeitgesetz v. 6.6.1994 (BGBl. I S. 1170).

[1384] Gesetz über die Zahlung des Arbeitsentgelts an Feiertagen und im Krankheitsfall (Entgeltfortzahlungsgesetz) v. 26.5.1994 (BGBl. I S. 1014).

[1385] *Gotthardt*, Arbeitsrecht nach der Schuldrechtsreform, Rn. 268; *Preis*, FS Wiedemann, S. 425, 445; *Richardi*, NZA 2002, 1057 (1062).

[1386] So auch *Gotthardt*, Arbeitsrecht nach der Schuldrechtsreform, Rn. 268.

[1387] Teil B der Verdingungsordnung für das Bauleistungen (VOB/B). Da es sich auch bei der VOB um ein kollektiv ausgehandeltes Regelwerk handelt, wird für sie ebenfalls vermutet, dass sie einen einigermaßen ausgewogenen Ausgleich der besonderen Interessen der Beteiligten beinhaltet, vgl. BGH v. 16.12.1982, NJW 1983, 816 (818); siehe auch Palandt/*Heinrichs*, § 307 Rn. 160.

ziehung der VOB/B eine Inhaltskontrolle immer dann für erforderlich, wenn die VOB/B nicht als Ganzes übernommen wurde, sondern ihre Ausgewogenheit durch die Ausklammerung einzelner Teile verändert wurde[1388].
Diese Überlegungen gelten grundsätzlich auch für arbeitsrechtliche Kollektivverträge. Denn auch bei Tarifverträgen und Betriebsvereinbarungen lässt sich die Angemessenheit einer Regelung nicht isoliert beurteilen, sondern nur mit Blick auf den jeweiligen Sachzusammenhang. Anders als im Spezialfall der VOB/B ist es aber bei einer Verweisung auf einzelne Teilbereiche eines Tarifvertrages oder einer Betriebsvereinbarung grundsätzlich möglich, dass der in Bezug genommene Teilbereich einen inhaltlich und sachlich abgrenzbaren, in sich geschlossenen Regelungskomplex darstellt, der für beide Seiten gleichermaßen Vor- und Nachteile enthält und daher bezogen auf den jeweiligen Regelungsgegenstand auch für sich allein genommen einen angemessenen Interessenausgleich enthält. Denn die Richtigkeitsgewähr dieses Regelungskomplexes wird nicht schon dadurch zerstört, dass bestimmte Teile, die mit dem in Bezug genommenen Teil in keinem inhaltlichen und sachlichen Zusammenhang stehen, von der Verweisung ausgenommen sind. Vielmehr kann bei einer Verweisung auf einen eigenständigen Sachbereich, der sowohl systematisch als auch im Hinblick auf die Verhandlungen zwischen den Kollektivparteien aus dem Kollektivvertrag herausgelöst werden könnte, ohne dass es zu einem Funktionsverlust der Regelungen kommen würde, immer noch vermutet werden, dass der in Bezug genommene Regelungskomplex einen in sich ausgewogenen Interessenausgleich enthält, der im Sinne von § 307 Abs. 3 BGB kontrollfrei in den Individualarbeitsvertrag übernommen werden kann[1389]. Von der Gleichstellungsanordnung in § 310 Abs. 4 Satz 3 BGB sind daher auch solche Fälle erfasst, in denen durch eine individualvertragliche Teilverweisung einzelne, inhaltlich und sachlich zusammenhängende Regelungskomplexe eines Kollektivvertrages einbezogen werden.

[1388] Vgl. BGH v. 22.1.2004, NJW 1597. Siehe auch BGH v. 17.9.1987, NJW 1988, 55 (56 f.); BGH v. 20.12.1990, NJW-RR 1991, 534 (535); BGH v. 17.11.1994, NJW 1995, 526 f.; BGH v. 25.1.1996, NJW 1996, 1346 (1347); Palandt/*Heinrichs*, § 307 Rn. 160 ff. Auf die Bedeutung dieser Rechtsprechung für die Inhaltskontrolle von arbeitsvertraglichen Bezugnahmeklauseln hinweisend *Diehn*, NZA 2004, 129 (131); *Gotthardt*, Arbeitsrecht nach der Schuldrechtsreform, Rn. 268; *Henssler*, RdA 2002, 129 (136); *Reinecke*, BB 2005, 378; *Thüsing/Lambrich*, NZA 20021361 (1363).

[1389] *Bayreuther*, RdA 2003, 81 (91); *Diehn*, NZA 2004, 129 (131); *Gaul*, ZfA 2003, 75 (88 f.); ErfK/Preis, §§ 305-310 BGB Rn. 20 ff.; *ders.*, FS Wiedemann, S. 425, 445 f.; *Stoffels*, AGB-Recht, Rn. 179; *Witt*, NZA 2004, 135 (138); wohl auch *Hönn*, ZfA 2003, 325 (335). Nach *Henssler*, RdA 2002, 129 (136) ist die Selbständigkeit und Ausgewogenheit von solchen kollektivvertraglichen Regelungskomplexen allerdings im Einzelfall besonders zu prüfen.

cc) Einzelverweisungen

Wird dagegen nicht auf einen in sich geschlossenen Regelungskomplex, sondern nur auf einzelne, aus dem jeweiligen Regelungszusammenhang gerissene kollektivvertragliche Bestimmungen verwiesen, so kommt die Vermutung der materiellen Ausgewogenheit der einbezogenen Regelungen nicht mehr zum Tragen. Hier besteht die soeben beschriebene Gefahr, dass sich der Arbeitgeber durch entsprechende Einzelverweisungen die für ihn günstigen Regelungen heraussucht und den Individualvertrag einseitig zu seinen Gunsten gestaltet. Insofern macht es für den Arbeitnehmer keinen Unterschied, ob der Arbeitgeber die einzelne Regelung aus einem ausgewogenen Kollektivvertrag oder einem arbeitgeberfreundlichen Vertragshandbuch übernommen hat. Mangels Richtigkeitsgewähr der einbezogenen Regelung verliert daher die Ausnahmeregelung des § 310 Abs. 4 Satz 3 BGB bei einer Einzelverweisung ihre Rechtfertigung[1390]. Eine Benachteiligung des Arbeitnehmers lässt sich deshalb in diesen Fällen nur durch eine volle gerichtliche Inhaltskontrolle des Individualvertrages und der einbezogenen Klauseln anhand der §§ 307 ff. BGB vermeiden.

c) Ergebnis

Zusammenfassend ist somit festzustellen, dass individualvertragliche Verweisungsklauseln aufgrund der Gleichstellungsanordnung in § 310 Abs. 4 Satz 3 BGB grundsätzlich kontrollfrei sind, es sei denn, die individualvertragliche Verweisungs- oder Bezugnahmeklausel bezieht sich auf einen fachlich oder räumlich nicht einschlägigen Kollektivvertrag oder auf nur einzelne Bestimmungen einer sachlich zwar einschlägigen, jedoch nicht normativ geltenden Kollektivvereinbarung.

V. Rechtsfolgen unwirksamer Vertragsbestimmungen

Schließlich stellt sich auch im Arbeitsrecht die Frage nach den Rechtsfolgen, wenn eine arbeitsvertragliche Klausel gemäß §§ 307 ff. BGB unwirksam ist. Während der *BGH* im allgemeinen Zivilrecht nach der hier vertretenen Ansicht zu Recht davon ausgeht, dass unzulässige Vertragsklauseln *insgesamt* nichtig sind und sich der

---

1390 *Annuß*, BB 2002, 458 (460); *Bayreuther*, RdA 2003, 81 (91); *Bratz*, Arbeitsrechtliche Besonderheiten bei der Kontrolle Allgemeiner Geschäftsbedingungen, S. 260; *Däubler*, NZA 2001, 1329 (1335); *ders.* in: Däubler/Dorndorf, AGB-Kontrolle im Arbeitsrecht, § 310 Rn. 51; *Diehn*, NZA 2004, 129 (131); *Gaul*, ZfA 2003, 75 (88 f.); *Gotthardt*, Arbeitsrecht nach der Schuldrechtsreform, Rn. 267; *Hönn*, ZfA 2003, 325 (335); *Lakies*, NZA 2004, 569 (572); *Linnemannstöns*, Die Auswirkungen des § 310 III, IV BGB auf das Arbeitsrecht, S. 168; ErfK/Preis, §§ 305-310 BGB Rn. 19; *ders.*, FS Wiedemann, S. 425, 443 f.; *Reinecke*, NZA 2000, Sonderbeilage zu Heft 3, 23 (29); *Thüsing/Lambrich*, NZA 2002, 1361 (1363); im Ergebnis ebenso *Schmalkalden/Oberrath*, NJW 2005, 3745 (3750).

Inhalt des Vertrages dann insoweit gemäß § 306 Abs. 2 BGB nach den gesetzlichen Vorschriften richtet[1391], hat sich das *BAG* vor der Schuldrechtsmodernisierung auf den Standpunkt gestellt, dass unzulässige arbeitsvertragliche Regelungen auf ein angemessenes Maß zurückzuführen und in diesem reduzierten Umfang *aufrechtzuerhalten* sind[1392]. Diese Rechtsprechung, mit der das *BAG* im Ergebnis eine *geltungserhaltende Reduktion* praktiziert hat, ist im Schrifttum bereits früher nicht nur auf Zustimmung[1393], sondern teilweise auch, unter anderem mit Hinweis auf die entgegengesetzte Rechtsprechung des *BGH*, auf deutliche Ablehnung gestoßen[1394]. Zwar bestand für das *BAG* vor der Aufhebung der arbeitsrechtlichen Bereichsausnahme kein zwingender Anlass, sich mit der abweichenden Rechtsprechung des *BGH* näher auseinander zusetzen, schließlich hat das *BAG* die Inhaltskontrolle im Arbeitsrecht nicht auf die Vorschriften des AGB-Rechts, sondern vorwiegend auf § 242 BGB gestützt[1395]. Vor dem Hintergrund der im Zuge der Schuldrechtsreform erfolgten Einbeziehung des Arbeitsrechts in das AGB-Recht musste das *BAG* nun aber zwangsläufig Farbe bekennen und entscheiden, ob unzulässige Klauseln in vorformulierten Arbeitsverträgen in Fortführung der bisherigen *BAG*-Rechtsprechung auch weiterhin auf ein zulässiges Maß zurückgeführt werden können, oder ob genauso wie im allgemeinen Zivilrecht zukünftig auch im Arbeitsrecht das grundsätzlich aus § 306 Abs. 2 BGB folgende Verbot der geltungserhaltenden Reduktion zu beachten ist. Am 4.3.2004 hat das *BAG* erstmals zu dieser Frage Stellung genommen und – unter Bezugnahme auf die einschlägige Rechtsprechung des *BGH*[1396] – mit der herrschenden Meinung im Schrifttum[1397] die gel-

---

[1391] Zum Verbot der geltungserhaltenden Reduktion im allgemeinen Zivilrecht vgl. oben 6. Kapitel F. III. 1.

[1392] Vgl. BAG v. 11.4.1984, NZA 1984, 288 (289); BAG v. 16.3.1994, NZA 1994, 937 (943); BAG v. 6.9.1995, NZA 1996, 314 (317).

[1393] *Fastrich*, Richterliche Inhaltskontrolle im Privatrecht, S. 336; MünchArbR/*Hanau*, § 69 Rn. 52; *Hromadka*, FS Dieterich, S. 251, 276 ff.; *Zöllner*, RdA 1989, 152 (160 ff.).

[1394] *Fenn*, FS Söllner, S. 333, 362 ff.; *v.Hoyningen-Huene*, Anm. zu BAG v. 6.9.1995, AP Nr. 23 zu § 611 BGB Ausbildungsbeihilfe; *Preis*, Grundfragen der Vertragsgestaltung im Arbeitsrecht, S. 343 ff.; *Stoffels*, SAE 1995, 176 (180); *M.Wolf*, RdA 1988, 270 (276).

[1395] Siehe dazu oben 8. Kapitel A.

[1396] Vgl. die Nachweise oben im 6. Kapitel F. III. 1.

[1397] *Annuß*, BB 2002, 458 (461 f.); *Bratz*, Arbeitsrechtliche Besonderheiten bei der Kontrolle Allgemeiner Geschäftsbedingungen, S. 421; *Dorndorf* in: Däubler/Dorndorf, AGB-Kontrolle im Arbeitsrecht, § 307 Rn. 133; *Gotthardt*, Arbeitsrecht nach der Schuldrechtsreform, Rn. 331; *Hönn*, ZfA 2003, 325 (342); *Hofmann*, Die Kontrolle von Arbeitsverträgen nach der Schuldrechtsreform, S. 109; *Joost*, ZIP 2004, 1981 (1985); *Lakies*, NZA 2004, 569 (576); ErfK/*Preis*, §§ 305-310 BGB Rn. 99; *ders.*, NZA 2003, Sonderbeilage zu Heft 16, 19 (28); *Reinecke*, DB 2002, 583 (586); *Rolfs*, FS Schwerdtner, S. 151, 165 f.; Erman/*Roloff*, § 310 Rn. 35; *Schmal-*

tungserhaltende Reduktion einer unangemessenen Klausel abgelehnt[1398]. Das *BAG* ist der Ansicht, dass eine Aufrechterhaltung der beanstandeten Klausel mit eingeschränktem Inhalt nicht mit dem Zweck der §§ 305 ff. BGB vereinbar sei. Das *BAG* begründet dies wie folgt:

> „Es ist Ziel des Gesetzes, auf einen angemessenen Inhalt der in der Praxis verwendeten Allgemeinen Geschäftsbedingungen hinzuwirken. Dem Verwendungsgegner soll die Möglichkeit sachgerechter Information über die ihm aus dem vorformulierten Vertrag erwachsenen Rechte und Pflichten verschafft werden. Dieses Ziel ließe sich nicht erreichen, wenn jeder Verwender von Allgemeinen Geschäftsbedingungen zunächst einmal ungefährdet bis zur Grenze dessen gehen könnte, was zu seinen Gunsten in gerade noch vertretbarer Weise angeführt werden kann. Damit würde nicht verhindert, dass der Vertragspartner des Verwenders in der Vertragsabwicklungspraxis mit überzogenen Klauseln konfrontiert wird. Erst in einem Prozess würde er vielmehr den Umfang seiner Rechte und Pflichten zuverlässig erfahren. Wer die Möglichkeit nutzen kann, die ihm der Grundsatz der Vertragsfreiheit für die Aufstellung von Allgemeinen Geschäftsbedingungen eröffnet, muss auch das vollständige Risiko einer Klauselunwirksamkeit tragen."[1399]

Das *BAG* orientiert sich damit eng an der Argumentation des *BGH* und sorgt dafür, „dass das Schutzniveau der Vertragsinhaltskontrolle im Arbeitsrecht nicht hinter demjenigen des Zivilrechts zurückbleibt."[1400] Ausdrücklich offengelassen hat das *BAG* allerdings, ob es in Abweichung von den aufgezeigten Grundsätzen einzelne Fälle geben kann, in denen das „Alles-oder-Nichts-Prinzip" dem Charakter des Arbeitsverhältnisses als einem auf Dauer angelegten Schuldverhältnis mit für den Verwender der AGB eingeschränkter Kündigungsmöglichkeit nicht gerecht wird, so dass ausnahmsweise doch eine geltungserhaltende Reduktion vorzunehmen ist[1401]. Betrachtet man zudem, dass es im Schrifttum eine ganze Reihe von Autoren gibt, die für eine Aufhebung oder zumindest für eine Abschwächung des Redukti-

---

kalden/Oberrath, NJW 2005, 3745 (3746); *Schrader/Schubert*, NZA-RR 2005, 169 (173); *Singer*, RdA 2003, 194 (203 f.); *v.Steinau-Steinrück/Hurek*, NZA 2004, 965 (966); *Stoffels*, AGB-Recht, Rn. 607.

[1398] BAG v. 4.3.2004, NZA 2004, 727 (734); bestätigt durch BAG v. 12.1.2005, DB 2005, 669 (671); BAG v. 15.3.2005, NZA 2005, 682 (686); BAG v. 25.5.2005, NJW 2005, 3305 (3307); BAG v. 28.9.2005, NZA 2006, 149 (153).

[1399] BAG v. 4.3.2004, NZA 2004, 727 (734). Zustimmend *Diekmann/Bieder*, DB 2005, 722 (726); *Joost*, ZIP 2004, 1981 (1985); *Lakies*, NZA 2004, 569 (576); *Preis*, NZA 2004, 1014 (1016); *v.Steinau-Steinrück/Hurek*, NZA 2004, 965 (966).

[1400] So auch der ausdrückliche Wunsch des Gesetzgebers, vgl. BT-Drucks. 14/6857, S. 54.

[1401] BAG v. 4.3.2004, NZA 2004, 727 (734).

onsverbots im Arbeitsrecht plädieren[1402], ist auf die Frage, ob das Verbot der geltungserhaltenden Reduktion auch im Arbeitsrecht uneingeschränkt zur Anwendung kommen soll, an dieser Stelle noch einmal näher einzugehen.
Vorweg ist zu bemerken, dass sich mit der Streichung der arbeitsrechtlichen Bereichsausnahme die Begründungslast bezüglich des Reduktionsverbots umgekehrt hat[1403]. Es ist nicht mehr notwendig, die *Anwendung* des Verbots der geltungserhaltenden Reduktion im Arbeitsrecht besonders zu begründen, sondern es ist zu fragen, ob „arbeitsrechtliche Besonderheiten" i.S.v. § 310 Abs. 4 S. 2 BGB eine auf das Arbeitsrecht bezogene *Ausnahme* vom Verbot der geltungserhaltenden Reduktion rechtfertigen können. Dementsprechend werden zur Rechtfertigung einer arbeitsrechtsbezogenen Ausnahme vom Verbot der geltungserhaltenden Reduktion verschiedene Argumentationslinien verfolgt.
So vertritt zunächst *Thüsing* die Ansicht, dass die bisherige Rechtsprechung des *BAG*, die bei unwirksamen Klauseln in Abweichung von der Rechtsprechung des *BGH* eine Reduzierung auf das gerade noch zulässige Maß vornimmt, eine „Besonderheit des Arbeitsrechts" darstelle, die gemäß § 310 Abs. 4 Satz 2 BGB angemessen zu berücksichtigen sei und daher eine Modifizierung der allgemeinen AGB-Regeln erfordere[1404]. Diese Begründung kann jedoch nicht überzeugen. Denn wenn man aus § 310 Abs. 4 Satz 2 BGB mit dem Argument, die bisherige Rechtsprechung des *BAG* sei eine „arbeitsrechtliche Besonderheit", ein Kontinuitätsgebot zu Gunsten dieser Rechtsprechung ableiten wollte, so würde man sich über den eindeutigen Willen des Gesetzgebers hinwegsetzen, der mit der Streichung der Bereichsausnahme gerade erreichen wollte, „dass das Schutzniveau der Vertragsinhaltskontrolle im Arbeitsrecht nicht hinter demjenigen des Zivilrechts zurückbleibt"[1405]. Zudem sollte die bisherige Rechtsprechung des *BAG* ersichtlich einer Revision unterzogen werden, weshalb der Argumentation, dass die bisherige *BAG*-Rechtsprechung als tradierte „Besonderheit" fortbestehen müsse, nicht gefolgt werden kann. Hinzu kommt, dass das Verbot der geltungserhaltenden Reduktion im Arbeitsrecht bislang nur deshalb nicht zur Anwendung gebracht werden musste,

---

[1402] MüKo/*Basedow*, § 310 Rn. 92; *Bayreuther*, NZA 2004, 953 (954 ff.); *Hromadka*, NJW 2002, 2523 (2529); *Konzen*, FS Hadding, S. 145, 162; *Lingemann*, NZA 2002, 181 (187); *Reuter*, FS 50 Jahre BAG, S. 177, 192; *Schnitker/Grau*, BB 2002, 2120 (2126); *Söllner*, ZfA 2003, 145 (158 f.); *Thüsing*, BB 2002, 2666 (2674); *ders.*, NZA 2002, 591 (594); *Willemsen/Grau*, RdA 2003, 321 (326 ff.).

[1403] Ebenso *Gotthardt*, Arbeitsrecht nach der Schuldrechtsreform, Rn. 329; *Preis*, NZA 2003, Sonderbeilage zu Heft 16, 19 (28); *Willemsen/Grau*, RdA 2003, 321 (326).

[1404] *Thüsing*, NZA 2002, 591 (594); ähnlich auch *Bayreuther*, NZA 2004, 953 (955); *Lingemann*, NZA 2002, 181 (187).

[1405] BT-Drucks. 14/6857, S. 54.

weil die Vorschrift, aus der das Verbot der geltungserhaltenen Reduktion abgeleitet wird (§ 6 Abs. 2 AGBG bzw. § 306 Abs. 2 BGB), aufgrund der bisherigen Bereichsausnahme in § 23 AGBG im Arbeitsrecht nicht anwendbar war. Die geltungserhaltende Reduktion von überschießenden Regelungen in Arbeitsverträgen ist somit keine spezifische Besonderheit der *BAG*-Rechtsprechung, sondern Folge der bisherigen Herausnahme des Arbeitsrechts aus dem AGB-Recht[1406]. Wäre das Arbeitsrecht bereits früher vom AGB-Recht erfasst worden, hätte es daher vermutlich auch im Arbeitsrecht schon lange ein Verbot der geltungserhaltenden Reduktion geben[1407].

Andere Autoren verweisen dagegen zur Rechtfertigung einer arbeitsrechtsbezogenen Ausnahme vom Verbot der geltungserhaltenden Reduktion auf ganz andere arbeitsrechtliche Besonderheiten. So wird geltend gemacht, dass das Arbeitsverhältnis ein *Dauerschuldverhältnis* sei, welches in der Regel in einem deutlich längeren Zeitraum abgewickelt werde als z.B. ein Kaufvertrag[1408]. Hinzu komme, dass das Arbeitsrecht in weiten Teilen gar nicht bzw. nur äußerst lückenhaft kodifiziert ist, weshalb der Arbeitgeber bei der Vertragsgestaltung oftmals nur schwer voraussehen und erkennen könne, wie sich die rechtlichen und tatsächlichen Umstände entwickeln werden und wo die Grenzen für die zulässige Gestaltung der Vertragsbedingungen liegen[1409]. Aufgrund dieser „arbeitsrechtlichen Besonderheiten" sei der Verwender vorformulierter Vertragsbedingungen im Arbeitsrecht viel eher als im allgemeinen Zivilrecht der Gefahr ausgesetzt, dass die von ihm gewählte Vertragsgestaltung der AGB-rechtlichen Inhaltskontrolle nicht standhält. Eine uneingeschränkte Anwendung des Grundsatzes der Totalnichtigkeit sei daher im Arbeitsrecht – anders als im allgemeinen Zivilrecht – nicht sachgerecht[1410]. Doch auch diese Einwände vermögen eine auf das Arbeitsrecht begrenzte Ausnahme vom Verbot der geltungserhaltenden Reduktion letztlich nicht zu rechtfertigen. Denn das Problem, dass der Verwender seine AGB bei einem Dauerschuldverhältnis anhand der geltenden Rechtslage überprüfen und gegebenenfalls an eine veränderte Rechtsprechung oder Gesetzeslage anpassen muss, stellt sich nicht nur bei Arbeits-

---

[1406] *Birnbaum*, NZA 2003, 944 (948).

[1407] *Birnbaum*, NZA 2003, 944 (948).

[1408] So vor allem *Hromadka*, NJW 2002, 2523 (2529) und *Söllner*, ZfA 2003, 145 (158 f.).

[1409] *Hromadka*, NJW 2002, 2523 (2529); *Konzen*, FS Hadding, S. 145, 162; *Söllner*, ZfA 2003, 145 (158).

[1410] *Hromadka*, NJW 2002, 2523 (2529 f.); *Konzen*, FS Hadding, S. 145, 162; *Lingemann*, NZA 2002, 181 (187); *Schnitker/Grau*, BB 2002, 2120 (2126); *Söllner*, ZfA 2003, 145 (158 f.); *Thüsing*, BB 2002, 2666 (2674); *ders.*, NZA 2002, 591 (594); *Willemsen/Grau*, RdA 2003, 321 (326 ff.).

verhältnissen, sondern bei allen Dauerschuldverhältnissen[1411]. Gleichwohl sicht sich der *BGH* im allgemeinen Zivilrecht nicht daran gehindert, das Verbot der geltungserhaltenden Reduktion auch bei Dauerschuldverhältnissen anzuwenden[1412]. Mit Blick auf die besondere Situation im Arbeitsrecht gilt es außerdem zu bedenken, dass durch die Anwendbarkeit der speziellen Klauselverbote der §§ 308, 309 BGB mittlerweile auch im Arbeitsrecht relativ präzise gesetzliche Vorgaben an die Zulässigkeit von Vertragsbedingungen vorhanden sind, angesichts derer der Vorwurf der Unvorhersehbarkeit zumindest deutlich abgeschwächt wird[1413]. Auch das ebenfalls aus der Lückenhaftigkeit des Arbeitsrechts resultierende Problem, dass es häufig an entsprechenden dispositiven Normen fehlen wird, die gemäß § 306 Abs. 2 BGB an die Stelle der nichtigen Vertragsbestimmungen treten könnten, ist nicht mit Hilfe der geltungserhaltenden Reduktion zu lösen. Vielmehr ist in diesem Fall zunächst auf die ungeschriebenen Rechtsgrundsätze zurückzugreifen, die im Wege der richterlichen Rechtsfortbildung entwickelt worden sind, denn auch das Richterrecht zählt zu den „gesetzlichen Vorschriften" i.S.v. § 306 Abs. 2 BGB[1414]. Und wenn es auch daran fehlen sollte, so ist die Lücke, die im Vertrag aufgrund der Unwirksamkeit einzelner Klauseln entstanden ist, im Wege der ergänzenden Vertragsauslegung zu schließen[1415]. Auf diese Weise lässt sich schließlich auch in denjenigen Konstellationen, in denen die vollständige Streichung einer Klausel zu unangemessenen Ergebnissen führen würde, ohne Rückgriff auf das Institut der geltungserhaltenden Reduktion eine sachgerechte Lösung herbeiführen, die sowohl den Interessen des Arbeitnehmers, als auch denjenigen des Arbeitgebers hinreichend Rechnung trägt[1416]. Über den Umweg der ergänzenden Vertragsauslegung wird man daher vielfach zu den gleichen differenzierenden Ergebnissen kommen, die das *BAG* bislang im Wege der geltungserhaltenden Reduktion erzielt hat[1417].

[1411] *Gotthardt*, Arbeitsrecht nach der Schuldrechtsreform, Rn. 331; *Morgenroth/Leder*, NJW 2004, 2797 (2798); *Rolfs*, FS Schwerdtner, S. 151, 160; *Stoffels*, NZA 2004, Sonderbeilage zu Heft 1, 19 (27).

[1412] Vgl. BGH v. 7.6.1989, NJW 1989, 2247 ff. für ; BGH v. 3.11.1999, NJW 2000, 1110 (1113 f.).

[1413] *Gotthardt*, Arbeitsrecht nach der Schuldrechtsreform, Rn. 330.

[1414] Vgl. oben 6. Kapitel F. III. 2.

[1415] So auch ausdrücklich das BAG v. 12.1.2005, DB 2005, 669 (671). Kritisch *Diekmann/Bieder*, DB 2005, 722 (726). Zur Lückenfüllung durch ergänzende Vertragsauslegung siehe bereits oben 6. Kapitel F. III. 2.

[1416] *Dorndorf* in: Däubler/Dorndorf, AGB-Kontrolle im Arbeitsrecht, § 307 Rn. 136; *Hönn*, ZfA 2003, 325 (342); *Kittner* in: Kittner/Zwanziger, Arbeitsrecht, § 8 Rn. 109; *Preis*, NZA 2004, 1014 (1016); *Stoffels*, AGB-Recht, Rn. 607; *Willemsen/Grau*, RdA 2003, 321 (325).

[1417] So auch *Annuß*, BB 2002, 458 (462); *Grobys*, DStR 2002, 1002 (1009); *Henssler*, RdA 2002, 129 (137); *Preis*, NZA 2003, Sonderbeilage zu Heft 16, 19 (28); *Willemsen/Grau*, RdA 2003, 321 (325).

Es ist deshalb letztlich kein Grund ersichtlich, weshalb der Arbeitgeber, der vorformulierte Vertragsbedingungen verwendet und insoweit die Gestaltungsmacht einseitig für sich in Anspruch nimmt, gegenüber anderen Verwendern privilegiert und von seiner Formulierungsverantwortung befreit werden sollte. Das *BAG* hat daher die Streichung der arbeitsrechtlichen Bereichsausnahme ganz zu Recht zum Anlass genommen, seine bisherige Rechtsprechung bezüglich der Rechtsfolgen unwirksamer Klauseln zu korrigieren und das Verbot der geltungserhaltenden Reduktion in Anlehnung an die Rechtsprechung des *BGH* auch im Arbeitsrecht zur Anwendung zu bringen[1418]. Denn auch im Arbeitsrecht kann das AGB-Recht nur dann eine schützende Präventivfunktion entfalten und auf die Verwendung angemessener Vertragsklauseln hinwirken, wenn der Arbeitgeber als Folge seiner einseitigen Inanspruchnahme der Vertragsgestaltungsfreiheit auch das Risiko der Gesamtunwirksamkeit der Klauseln zu tragen hat.

VI. Sonderfall: AGB-Kontrolle von Aufhebungsverträgen

Arbeitsrechtliche Aufhebungsverträge werden nicht nur im Hinblick auf das Widerrufsrecht nach § 312 BGB[1419], sondern auch im Hinblick auf die AGB-rechtliche Inhaltskontrolle besonders kontrovers diskutiert[1420]. Hierbei sind zwei Problemkreise zu unterscheiden, nämlich einerseits die Frage nach der prinzipiellen Anwendbarkeit der §§ 305 ff. BGB auf Aufhebungsverträge und andererseits die Frage nach dem anzulegenden Prüfungsmaßstab.

[1418] Ebenso *Annuß*, BB 2002, 458 (461 f.); *Dorndorf* in: Däubler/Dorndorf, AGB-Kontrolle im Arbeitsrecht, § 307 Rn. 133 ff.; *Gotthardt*, Arbeitsrecht nach der Schuldrechtsreform, Rn. 331; *Joost*, ZIP 2004, 1981 (1985); *Kittner* in: Kittner/Zwanziger, Arbeitsrecht, § 8 Rn. 108; *Lakies*, NZA 2004, 569 (576); *Linnemannstöns*, Die Auswirkungen des § 310 III, IV BGB auf das Arbeitsrecht, S. 226; ErfK/*Preis*, §§ 305-310 BGB Rn. 99; *ders.*, NZA 2003, Sonderbeilage zu Heft 16, 19 (28); *Reinecke*, DB 2002, 583 (586); *Rolfs*, FS Schwerdtner, S. 151, 165 f.; Erman/*Roloff*, § 310 Rn. 35; *Schmalkalden/Oberrath*, NJW 2005, 3745 (3746); *Singer*, RdA 2003, 194 (203 f.); *Stoffels*, AGB-Recht, Rn. 607; *ders.*, *Stoffels*, NZA 2004, Sonderbeilage zu Heft 1, 19 (27); Palandt/*Weidenkaff*, Vor § 611 Rn. 75c.

[1419] Vgl. oben 7. Kapitel B. III.

[1420] Vgl. BAG v. 27.11.2003, DB 2004, 1208 (1211 f.); LAG Hamm v. 1.4.2003, DB 2003, 1443; LAG Rostok v. 29.1.2003 – 2 Sa 492/02; *Bauer*, NZA 2002, 169 (172 f.); *Birnbaum*, NZA 2003, 944 (949 f.); *Gotthardt*, Arbeitsrecht nach der Schuldrechtsreform, Rn. 308; *Hümmerich*, AnwBl. 2002, 671 (680); *Lingemann*, NZA 2002, 181 (185); *Preis*, NZA 2003, Sonderbeilage zu Heft 16, 19 (30 f.); *Stoffels*, NZA 2004, Sonderbeilage zu Heft 1, 19 (23); *Thüsing*, BB 2002, 2666 (2669); *Thüsing/Leder*, BB 2004, 42 (43 f.).

1. Anwendbarkeit der §§ 305 ff. BGB

Voraussetzung für die Anwendbarkeit der §§ 305 ff. BGB auf arbeitsrechtliche Aufhebungsverträge ist zunächst, dass es sich bei dem Aufhebungsvertrag um einen vom Arbeitgeber gestellten Formularvertrag i.S.d. § 305 Abs. 1 Satz 1 BGB handelt. Da Aufhebungsverträge aber in der Regel zumindest im Hinblick auf die wesentlichen Modalitäten wie Beendigungszeitpunkt und Höhe der eventuellen Abfindung speziell für den Einzelfall erarbeitet werden, stellen Aufhebungsverträge meistens schon begrifflich keine AGB i.S.d. § 305 Abs. 1 Satz 1 BGB dar. Nach der hier vertretenen Ansicht ist der Arbeitnehmer jedoch als Verbraucher anzusehen[1421], weshalb die wesentlichen Vorschriften des AGB-Rechts auf vorformulierte Vertragsbedingungen gemäß § 310 Abs. 3 Nr. 2 BGB auch dann Anwendung finden, wenn diese nur zur einmaligen Verwendung bestimmt sind und der Arbeitnehmer aufgrund der Vorformulierung auf ihren Inhalt keinen Einfluss nehmen konnte. Außerdem gelten die Vertragsbedingungen gemäß § 310 Abs. 3 Nr. 1 BGB als vom Arbeitgeber gestellt, sofern nicht der Arbeitnehmer selbst die Aufhebung des Vertrages verlangt. In vielen Fällen werden die Voraussetzungen für die Anwendbarkeit des AGB-Rechts daher gegeben sein.

Nach § 307 bs. 3 BGB unterliegen dann all diejenigen Klauseln des Aufhebungsvertrages einer Inhaltskontrolle, durch die von Rechtsvorschriften abweichende oder diese ergänzende Regelungen geschaffen werden. Lediglich deklaratorische Klauseln sowie Abreden über den unmittelbaren Gegenstand der Hauptleistung bleiben kontrollfrei[1422]. Wenn das *LAG Hamm* daraus allerdings folgert, dass ein Aufhebungsvertrag nicht der Inhaltskontrolle nach § 307 BGB unterliegen würde, da das „Risiko, infolge des Aufhebungsvertrags ggf. mit einer Sperre durch das Arbeitsamt belegt zu werden, (...) keine in Allgemeinen Geschäftsbedingungen getroffene Bestimmung, sondern allenfalls eine Folge des Aufhebungsvertrages" sei[1423], so kann dem nicht gefolgt werden. Denn wenn es sich um einen vom Arbeitgeber vorformulierten Aufhebungsvertrag handelt, so unterliegen natürlich nicht die Folgen des Vertrages, sondern allein die in ihm enthaltenen Bestimmungen der AGB-Kontrolle. Stellt sich dabei aber heraus, dass die Vertragsbestimmungen die sozialrechtlichen Risiken und Folgen des Aufhebungsvertrages verschleiern, so kann dies auf einer unklaren oder intransparenten Vertragsgestaltung beruhen, aus der sich gemäß § 307 Abs. 1 Satz 2 BGB eine unangemessene Benachteiligung des Arbeitnehmers ergeben kann[1424]. Eine Anwendung des § 307

[1421] Vgl. oben 7. Kapitel A. V.

[1422] Vgl. 6. Kapitel F. II. 3.

[1423] LAG Hamm v. 1.4.2003, DB 2003, 1443.

[1424] So auch *Thüsing/Leder*, BB 2004, 42 (44)

Abs. 1 BGB ist daher in diesem Fall keineswegs ausgeschlossen. Zutreffend weist das Gericht allerdings darauf hin, dass weder die Beendigung des Arbeitsverhältnisses selbst bzw. der Verzicht auf zukünftige Ansprüche noch die Höhe der vom Arbeitgeber versprochenen Abfindung kontrollierbar ist[1425]. Denn bei der Aufhebung des Arbeitsverhältnisses und der dafür versprochenen Abfindung handelt es sich um die jeweiligen Hauptleistungspflichten des Aufhebungsvertrages, die als solche keiner vertraglichen Inhaltskontrolle und einer entsprechenden Angemessenheitskontrolle unterzogen werden können[1426]. Abgesehen davon bleibt es aber dabei, dass alle Nebenbestimmungen des Aufhebungsvertrages der vollen Inhaltskontrolle nach § 307 ff. BGB unterliegen[1427].

2. Anzuwendender Prüfungsmaßstab

Die Beurteilung der Angemessenheit einer Nebenbestimmung hängt auch beim Aufhebungsvertrag maßgeblich vom anzuwendenden Prüfungsmaßstab ab. Welche Umstände hierbei zu berücksichtigen sind, richtet sich im Arbeitsrecht vor allem nach der „Besonderheitenregelung" des § 310 Abs. 4 Satz 2 BGB und – da der Arbeitnehmer Verbraucher ist – nach der Verbraucherschutzvorschrift des § 310 Abs. 3 Nr. 3 BGB.

a) Arbeitsrechtliche Besonderheiten und Aufhebungsverträge, § 310 Abs. 4 Satz 2 BGB

Für die „Besonderheitenregelung" des § 310 Abs. 4 Satz 2 BGB stellt sich zunächst die Frage, ob diese Vorschrift überhaupt auf Aufhebungsverträge anwendbar ist. Gegen eine Anwendbarkeit des § 310 Abs. 4 Satz 2 BGB auf Aufhebungsverträge wird angeführt, dass die „Besonderheiten des Arbeitsrechts" nach dem Wortlaut des § 310 Abs. 4 Satz 2 BGB nur bei „Arbeitsverträgen" zu berücksichtigen sind[1428]. Aufhebungsverträge seinen aber keine „Arbeitsverträge"[1429]. Die Berücksichtigung der „im Arbeitsrecht geltenden Besonderheiten" nach § 310 abs. 4 Satz 2 BGB führe daher bei Aufhebungsverträgen nicht zu einer Modifizierung des Prüfungsmaßstabs[1430]. Diese sehr enge Auslegung des Begriffs „Arbeitsvertrag" hätte

[1425] LAG Hamm v. 1.4.2003, DB 2003, 1443.

[1426] Vgl. auch BAG v. 27.11.2003, DB 2004, 1208 (1211 f.); *Gotthardt*, Arbeitsrecht nach der Schuldrechtsreform, Rn. 308; *S.Müller*, Der Arbeitnehmer als Verbraucher iSd. § 13 BGB, S. 196; *Preis*, NZA 2003, Sonderbeilage zu Heft 16, 19 (31); *Stoffels*, NZA 2004, Sonderbeilage zu Heft 1, 19 (23); *Thüsing/Leder*, BB 2004, 42 (44).

[1427] *Stoffels*, NZA 2004, Sonderbeilage zu Heft 1, 19 (23).

[1428] *Hümmerich*, AnwBl. 2002, 671 (680); *Thüsing*, BB 2002, 2666 (2669).

[1429] *Thüsing/Leder*, BB 2004, 42 (44).

[1430] *Hümmerich*, AnwBl. 2002, 671 (680); *Thüsing/Leder*, BB 2004, 42 (44).

allerdings zur Konsequenz, dass cinc durch die Besonderheiten des Arbeitsrechts modifizierte Inhaltskontrolle nur bei Verträgen zur Begründung des Arbeitsverhältnisses möglich wäre, während jeder andere arbeitsrechtliche Vertrag, wie z.B. ein Änderungs- oder Aufhebungsvertrag, einer uneingeschränkten Inhaltskontrolle anhand der §§ 308, 309 BGB unterliegen würde. Wenn man aber bedenkt, dass der Gesetzgeber bei der Schuldrechtsmodernisierung die Auswirkungen der Einbeziehung des Arbeitsrechts in das AGB-Recht nicht in jedem Detail voraussehen konnte und deshalb als Korrektiv die „Besonderheitenregel" des § 310 Abs. 4 Satz 2 BGB geschaffen hat, dann ist nicht davon auszugehen, dass er dieses Korrektiv nur auf originäre Arbeitsverträge beschränken und alle anderen Verträge auf dem Gebiet des Arbeitsrechts einer ungefilterten Inhaltskontrolle unterwerfen wollte. Vielmehr wollte er mit der Einführung des § 310 Abs. 4 Satz 2 BGB erreichen, dass vor allem die besonderen Klauselverbote ohne Wertungsmöglichkeit „im Arbeitsrecht" nicht zwingend uneingeschränkt zur Anwendung kommen[1431]. Dieses Ziel würde aber verfehlt, wenn man den Anwendungsbereich des § 310 Abs. 4 Satz 2 BGB auf „Arbeitsverträge" im technischen Sinne beschränken und sämtliche anderen Verträge mit arbeitsrechtlichem Inhalt vom Anwendungsbereich des § 310 Abs. 4 Satz 2 BGB ausklammern würde. Unter dem Begriff „Arbeitsverträge" sind daher im Rahmen von § 310 Abs. 4 Satz 2 BGB alle Verträge zu verstehen, die einen arbeitsrechtlichen Inhalt haben, also auch Änderungs-, Aufhebungs- und Abwicklungsverträge[1432].

Damit stellt sich nun die Frage, welche Auswirkungen § 310 Abs. 4 Satz 2 BGB für die Inhaltskontrolle von Aufhebungsverträgen hat. Einige Autoren sind der Ansicht, dass bei der AGB-Kontrolle von Aufhebungsverträgen besondere Zurückhaltung geboten sei, da sich der Arbeitnehmer beim Aushandeln eines Aufhebungsvertrages in einer viel stärkeren Position befinde als beim Aushandeln des Anstellungsvertrages[1433]. Beim Aushandeln eines Aufhebungsvertrages besitze der Arbeitnehmer nämlich eine durch das Kündigungsschutzgesetz besonders geschützte Position, die es ihm ermögliche, das Ansinnen des Arbeitgebers mit einem schlichten „Nein" zu kontern[1434]. Anders als beim Abschluss des Arbeitsvertrages bestehe daher beim Abschluss des Aufhebungsvertrages kein strukturelles Ungleichgewicht

---

[1431] BT-Drucks. 14/6857, S. 54.

[1432] So auch *Bauer*, NZA 2002, 169 (172); *Birnbaum*, NZA 2003, 944 (949); *Henssler*, RdA 2002, 129 (139); *ders.* in: Henssler/Graf v.Westphalen, Praxis der Schuldrechtsreform, § 310 Rn. 29; *Lingemann*, NZA 2002, 181 (185).

[1433] *Bauer*, NZA 2002, 169 (172); *Lingemann*, NZA 2002, 181 (185).

[1434] Vgl. *Bauer*, NZA 2002, 169 (172); *Lingemann*, NZA 2002, 181 (185), jeweils unter Berufung auf dic Ausführungen des *BAG* in seinem Urteil v. 14.2.1996, NZA 1996, 811 (812).

zwischen Arbeitnehmer und Arbeitgeber. Die besondere Verhandlungsposition des Arbeitnehmers beim Abschluss des Aufhebungsvertrages sei vielmehr als „Besonderheit des Arbeitsrechts" anzusehen, mit der Folge, dass das AGB-Recht, wenn überhaupt, nur sehr eingeschränkt auf Aufhebungsverträge Anwendung finden könne[1435].

Dass sich der Arbeitnehmer beim Abschluss eines Aufhebungsvertrages nicht in einer statusbezogenen bzw. personenbedingten Unterlegenheit befindet, da er – anders als beim Abschluss des Arbeitsvertrages – nicht auf den Vertragsschluss angewiesen ist, wurde oben bereits ausführlich erörtert[1436]. Die insoweit unterschiedliche Verhandlungsposition des Arbeitnehmers beim Abschluss des Aufhebungsvertrages stellt aber keine arbeitsrechtliche Besonderheit dar, die es rechtfertigt, arbeitsrechtliche Aufhebungsverträge nur einer eingeschränkten bzw. überhaupt keiner Inhaltskontrolle zu unterziehen. Denn das AGB-Recht bezweckt nicht die Kompensation einer *personenbedingten* Unterlegenheit aufgrund wirtschaftlicher Abhängigkeit, sondern allein die Kompensation einer situations- bzw. *vertragsgegenstandsbezogene* Unterlegenheit, die sich daraus ergibt, dass eine Vertragspartei aufgrund der einseitigen Vorformulierung der Vertragsbedingungen durch die andere Vertragspartei keine Möglichkeit hat, effektiv auf den Vertragsinhalt Einfluss zu nehmen. Dementsprechend finden die §§ 305 ff. BGB bei ganz normalen Kaufverträgen Anwendung, obwohl der Käufer nicht auf den Vertragsschluss angewiesen ist und sich daher nicht in einer personenbezogenen Unterlegenheitsposition befindet. Entscheidend für die Anwendung des AGB-Rechts ist nämlich allein die sich aus der *Vorformulierung* ergebende Paritätsgefahr[1437]. Die Anwendung des AGB-Rechts auf vorformulierte Aufhebungsverträge ist daher uneingeschränkt gerechtfertigt – aber nicht deshalb, weil sich der Arbeitnehmer grundsätzlich in einer wirtschaftlichen Unterlegenheitsposition befindet, sondern deshalb, weil seine Zustimmung zu dem vorformulierten Aufhebungsvertrag aufgrund der einseitigen Inanspruchnahme der Vertragsfreiheit durch den Arbeitgeber kein bewusstes „Ja" zu sämtlichen Nebenkonditionen beinhalten kann[1438]. Die „Besonderheitenregelung" des § 310 Abs. 4 Satz 2 BGB darf daher nicht dazu führen, dass die AGB-Kontrolle bei Aufhebungsverträgen grundsätzlich nur eingeschränkt zur Anwendung kommt. Es bleibt vielmehr auch bei Aufhebungsverträgen bei der ganz normalen Anwendung der §§ 305 ff. BGB, eine besondere Zurückhaltung ist hier insofern nicht geboten.

1435 *Bauer*, NZA 2002, 169 (172); *Lingemann*, NZA 2002, 181 (185).

1436 Vgl. oben 7. Kapitel B. III. 4. c) aa).

1437 Siehe oben 6. Kapitel H.

1438 Vgl. auch *Reichold*, FS 50 Jahre BAG, S. 153, 175; *Wacherbarth*, AcP 200 (2000), 45, 78 f.

b) Die den Vertragsschluss begleitenden Umstände, § 310 Abs. 3 Nr. 3 BGB

Bei der Beurteilung der unangemessenen Benachteiligung sind zudem gemäß § 310 Abs. 3 Nr. 3 BGB die den Vertragsschluss begleitenden Umstände zu berücksichtigen. Nach Ansicht von *Lingemann* scheitert die AGB-Kontrolle von Aufhebungsverträgen daher spätestens daran, dass die durch das Kündigungsschutzgesetz besonders geschützte Verhandlungsposition des Arbeitnehmers beim Aufhebungsvertrag als zentraler Umstand bei der Beurteilung der unangemessenen Benachteiligung gemäß § 310 Abs. 3 Nr. 3 BGB berücksichtigt werden müsse[1439]. Doch auch diese Sicht verkennt die Struktur des AGB-Rechts. Selbst wenn sich der Arbeitnehmer wirtschaftlich betrachtet beim Abschluss eines Aufhebungsvertrages in einer starken Verhandlungsposition befindet, spielt das für die AGB-Kontrolle grundsätzlich keine Rolle. Denn für das sich aus der Vorformulierung ergebende Paritätsdefizit ist das wirtschaftliche Ungleichgewicht unbeachtlich. Vielmehr findet das AGB-Recht grundsätzlich auch zu Gunsten eines Großunternehmers Anwendung, der zu den von einem Kleinunternehmer gestellten Vertragsbedingungen kontrahiert. Daran zeigt sich ganz deutlich, dass es beim AGB-Recht nicht um den Ausgleich einer wirtschaftlichen Machtposition geht, sondern allein um die Kompensation einer situationsbedingten Ungleichgewichtslage. Der Arbeitnehmer, der sich einem vorformulierten Aufhebungsvertrag gegenübersieht, befindet sich daher in der gleichen situationsbedingten Unterlegenheitsposition, wie der Verbraucher oder der Unternehmer, der mit einem vorbereiteten Formularvertrag konfrontiert wird. Bei den nach § 310 Abs. 3 Nr. 3 BGB zu berücksichtigenden Umständen kann es sich daher ebenfalls nur um solche Umstände handeln, die im Einzelfall Einfluss auf das sich aus der *Vorformulierung* ergebende Paritätsdefizit haben können. Bezogen auf den Fall eines Aufhebungsvertrages kann die Berücksichtigung der den Vertragsschluss begleitenden Umstände nach § 310 Abs. 3 Nr. 3 BGB beispielsweise dann Bedeutung erlangen, wenn der Arbeitgeber im Zuge der Vertragsverhandlungen bewusst drohende sozialrechtliche Nachteile verschleiert oder besondere Druckmittel einsetzt, um den Arbeitnehmer zum Abschluss des Vertrages zu bewegen[1440]. Zu berücksichtigen sind aber nicht nur Umstände, die die Abwägung zu Gunsten des Arbeitnehmers beeinflussen. Wenn etwa der Arbeitgeber den Arbeitnehmer ausgiebig über die Vor- und Nachteile des Aufhebungsvertrages belehrt und ihm eine entsprechende Bedenkzeit einräumt, so kann dies ebenfalls im Rahmen von § 310 Abs. 3 Nr. 3 BGB Berücksichtigung finden und die Abwägung zu Gunsten des Arbeitgebers ausfallen lassen. Auf diese Weise ermöglicht § 310 Abs. 3 Nr. 3 BGB eine differenzierte, den Umständen des Einzelfalls angemessene

---

[1439] *Lingemann*, NZA 2002, 181 (185) in Fn. 54. Ähnlich *Thüsing*, BB 2002, 2666 (2669).

[1440] Siehe auch *Thüsing/Leder*, BB 2004, 42 (44).

Modifizierung der Inhaltskontrolle von arbeitsrechtlichen Aufhebungsverträgen. Am Beispiel des Aufhebungsvertrages zeigt sich somit auch für das AGB-Recht, dass eine Anwendung verbraucherschutzrechtlicher Regelungen im Arbeitsrecht eine sinnvolle und systemkonforme Ergänzung darstellen.

C. Zusammenfassung

Die AGB-rechtlichen Vorschriften der § 305 ff. BGB finden nunmehr auch im Arbeitsrecht Anwendung. Die im allgemeinen Zivilrecht zur AGB-Kontrolle entwickelten Grundsätze gelten – vorbehaltlich der Besonderheitenregelung in § 310 Abs. 4 S. 2 BGB – damit auch bei der Kontrolle von arbeitsrechtlichen Verträgen. Von der AGB-Kontrolle grundsätzlich ausgenommen sind allerdings die arbeitsrechtlichen Kollektivvereinbarungen (Tarifverträge, Betriebs- und Dienstvereinbarungen), da sie zwischen zwei gleichgewichtigen Partnern ausgehandelt wurden und insofern eine nicht kontrollierbare Richtigkeitsgewähr entfalten. Die vom *BAG* praktizierte Kontrolle von Betriebsvereinbarungen anhand der zivilrechtlichen Generalklauseln wird dadurch zwar nicht völlig ausgeschlossen, sie ist aber nur noch im Sinne einer allgemeinen Rechtskontrolle möglich. Auf individualarbeitsrechtliche Verträge sind die §§ 305 ff. BGB dagegen nunmehr direkt anwendbar. Auch nur zur einmaligen Verwendung vorformulierte Arbeitsverträge unterliegen nach § 310 Abs. 3 Nr. 2 BGB der Inhaltskontrolle, da das durch die Vorformulierung bedingte Paritätsdefizit auch im Arbeitsrecht völlig unabhängig davon besteht, ob der Vertrag nur zur einmaligen oder zur mehrfachen Verwendung vorformuliert wurde. Die im allgemeinen Zivilrecht zur Rechtfertigung des § 310 Abs. 3 Nr. 2 BGB angeführten Gründe gelten daher genauso auch im Arbeitsrecht. Individuell ausgehandelte Arbeitsverträge unterliegen dagegen keiner Inhaltskontrolle anhand der §§ 307 ff. BGB, da es insofern an dem paritätsgefährdenden Umstand der Vorformulierung fehlt. Allein der Umstand, dass sich der Arbeitnehmer in einer personenbedingten Unterlegenheit befindet, rechtfertigt es nicht, die zum Zwecke der Kompensation einer vorformulierungsbedingten Ungleichgewichtslage geschaffenen Regelungen des AGB-Rechts auf ausgehandelte Arbeitsverträge anzuwenden. Davon unberührt bleibt jedoch eine „abgeschwächte" Inhaltskontrolle auf der Grundlage der zivilrechtlichen Generalklauseln, die der personenbedingten Unterlegenheit des Arbeitnehmers Rechnung trägt. Das auf der Grundlage von §§ 138, 242 BGB gewährte Schutzniveau muss jedoch hinter demjenigen der §§ 307 ff. BGB zurückbleiben, um nicht die in § 305 Abs. 1 Satz 3 BGB enthaltene Ausnahme für ausgehandelte Verträge zu unterlaufen.

Nicht kontrollierbar sind lediglich die vertraglichen Hauptleistungspflichten sowie individualvertragliche Verweisungsklauseln auf einschlägige Kollektivvereinbarungen, soweit die Kollektivvereinbarung insgesamt oder ein in sich geschlossener Regelungskomplex in Bezug genommen wurde. Andere Verweisungsklauseln unterliegen dagegen grundsätzlich der vollen AGB-Kontrolle.

Der im Rahmen der Inhaltskontrolle von §§ 307 ff. BGB heranzuziehende Kontrollmaßstab ist grundsätzlich identisch mit demjenigen im allgemeinen Zivilrecht. Insbesondere ist es nicht zulässig, Tarifverträge, Betriebs- oder Dienstvereinbarungen als Kontrollmaßstäbe heranzuziehen. Arbeitsvertragliche Klauseln sind daher zunächst genauso auf ihre Angemessenheit hin zu überprüfen wie gewöhnliche zivilrechtliche Klauseln. Die Berücksichtigung der im Arbeitsrecht geltenden Besonderheiten kann aber in einem zweiten Schritt dazu führen, dass aufgrund der abweichenden Interessenlage im Arbeitsrecht ausnahmsweise eine Abweichung von den allgemeinen Standards des Zivilrechts erforderlich ist. Damit ist aber weder ein Kontinuitätsgebot zu Gunsten der bisherigen Rechtsprechungspraxis verbunden, noch eine Beschränkung auf *tatsächliche* oder *exklusive* arbeitsrechtliche Besonderheiten. Als arbeitsrechtliche Besonderheiten i.S.d. § 310 Abs. 4 Satz 2 BGB kommen vielmehr sämtliche rechtlichen und tatsächlichen Besonderheiten des Rechtsgebietes Arbeitsrecht in Betracht, in denen sich das Arbeitsrecht vom allgemeinen Zivilrecht unterscheidet. Ungeachtet des missverständlichen Wortlauts des § 310 Abs. 4 Satz 2 BGB sind diese Besonderheiten auch bei der Inhaltskontrolle von vorformulierten Aufhebungsverträge zu berücksichtigen.

Die Unangemessenheit einer Klausel nach §§ 307 ff. BGB führt zur Totalnichtigkeit der Klausel. Eine geltungserhaltende Reduktion in dem Sinne, dass die Klausel auf das gerade noch zulässige Maß zurückgeführt wird, ist nicht mehr möglich. Hinsichtlich der Rechtsfolgen unwirksamer Klauseln gelten nun insofern auch im Arbeitsrecht die bereits im allgemeinen Zivilrecht entwickelten Grundsätze.

Fazit

Sowohl arbeitsrechtliche als auch verbraucherrechtliche Regelungen dienen der Kompensation von Ungleichgewichtslagen zum Schutze der schwächeren Vertragspartei. Beide Rechtsgebiete verwirklichen damit den verfassungsrechtlichen Auftrag zum Ausgleich gestörter Vertragsparität. Gleichwohl lässt sich eine Anwendung verbraucherschutzrechtlicher Instrumente im Arbeitsrecht nicht einfach mit dem Argument rechtfertigen, der Arbeitnehmer als der „klassisch unselbständig Handelnde" sei eher noch schutzwürdiger als der „Nur-Verbraucher"[1441]. Richtig ist zwar, dass der Verbraucher auch auf den Vertragsschluss verzichten könnte, wohingegen der Arbeitnehmer als unselbständig Handelnder auf den Vertragsschluss geradezu angewiesen ist. Eine gesteigerte Schutzbedürftigkeit des Arbeitnehmers ergibt sich dadurch aus verbraucherrechtlicher Sicht aber nicht. Denn dem Verbraucherschutzrecht liegt ein völlig anderer Schutzansatz zugrunde als dem Arbeitsrecht. Während das Arbeitsrecht darauf abstellt, dass der Arbeitnehmer auf den Abschluss des Arbeitsvertrages existentiell angewiesen ist, und deshalb eine Reaktion auf die *personenbedingte* Unterlegenheit des Arbeitnehmers darstellt, dient das Verbraucherschutzrecht der Kompensation von ausschließlich *situations-* oder *vertragsgegenstandsbedingten* Ungleichgewichtslagen. Anders als dem Arbeitnehmerbegriff liegt dem Verbraucherbegriff des § 13 BGB gerade nicht das Bild einer „generell unterlegenen" und daher grundsätzlich schutzbedürftigen Vertragspartei zugrunde. Als negatives Ausschlusskriterium dient der Verbraucherbegriff vielmehr nur dazu, solche Personenkreise aus dem Verbraucherschutz herauszunehmen, denen aufgrund persönlicher Eigenschaften regelmäßig zugetraut werden kann, in den verbraucherschutzrelevanten Situationen nicht in eine unterlegene Verhandlungsposition zu geraten. In diesem Sinne grundsätzlich nicht schutzbedürftig sind nach § 13 BGB nur solche Personen, die das Geschäft zu einem gewerblichen oder selbstständigen beruflichen Zweck abschließen. Alle anderen natürlichen Personen – und damit auch Arbeitnehmer – können deshalb aus verbraucherrechtlicher Sicht (zumindest theoretisch) schutzbedürftig sein. Demgemäß ist die besondere Schutzbedürftigkeit des Verbrauchers auch nicht allein an die personenbezogene Verbrauchereigenschaft als solche geknüpft, sondern an eine Kombination von personen- und situationsbezogenen Merkmalen, die sich in persönlicher Hinsicht aus einem Zusammenspiel von § 13 BGB und § 14 BGB und in sachlicher bzw. situativer Hinsicht aus den situations- und vertragsgegenstandsbezogenen Voraussetzungen der einzelnen Verbraucherschutzvorschriften ergeben. Die

[1441] So aber ErfK/*Preis*, § 611 BGB Rn. 208 unter Bezugnahme auf eine frühere Festlegung in ZHR 158 (1994), 567 (608).

Schutzbedürftigkeit des Arbeitnehmers kann daher aus verbraucherrechtlicher Sicht nicht mit einem pauschalen Hinweis auf die generelle Ungleichgewichtslage zwischen Arbeitnehmer und Arbeitgeber gerechtfertigt werden, sondern muss in der jeweiligen Situation allein mit besonderen situations- bzw. vertragsgegenstandbezogenen Umständen begründet werden. Der Umstand, dass arbeits- und verbraucherrechtliche Kompensationsinstrumente ein unterschiedliches Schutzanliegen verfolgen, bedeutet somit nicht, dass sich die beiden Schutzkonzepte gegenseitig ausschließen, sondern dass sie insoweit miteinander kompatibel sind und sich ergänzen, als sich auch der Arbeitnehmer in einer situationsbedingten Unterlegenheitsposition befinden kann, in der die Anwendung verbraucherschutzrechtlicher Kompensationsinstrumente zum Ausgleich der gestörten Vertragsparität geboten ist.

Eine verbraucherrechtsspezifische Schutzbedürftigkeit des Arbeitnehmers, die eine Anwendung verbraucherrechtlicher Kompensationsinstrumente im konkreten Fall rechtfertigen kann, ist dann gegeben, wenn sich die paritätsgefährdenden Faktoren, die den Verbraucher in einer bestimmten Situation schutzbedürftig werden lassen, in derselben Situation auch beim Arbeitnehmer paritätsgefährdend auswirken. Vor einer Anwendung verbraucherschützender Regelungen im Arbeitsrecht ist deshalb für jede Verbraucherschutznorm selbstständig zu prüfen, ob sich das Funktionsdefizit, das durch die betreffende Norm kompensiert werden soll, auf Verträge zwischen Unternehmern und „Nur-Verbrauchern" beschränkt, oder ob in der fraglichen Situation auch Arbeitsverträge an einer gleichartigen Funktionsstörung leiden können. Bezogen auf die konkret in Frage kommenden Verbraucherschutzinstrumente ergibt sich damit in der Gesamtschau folgendes Bild:

1. Der Arbeitnehmer ist auch beim Abschluss von rein arbeitsrechtlichen Verträgen mit seinem Arbeitgeber „Verbraucher" i.S.d. § 13 BGB. Ob der Arbeitnehmer hierbei in den Genuss des Verbraucherschutzes kommt, hängt allerdings nicht allein von einer Einordnung des Arbeitnehmers unter § 13 BGB ab, sondern von der Analyse der jeweiligen Interessenlage, die Gegenstand der konkret in Frage kommenden Verbraucherschutznorm ist.

2. Daraus folgt zunächst, dass bei arbeitsvertraglichen Geldforderungen der erhöhte Zinssatz des § 288 Abs. 2 BGB keine Anwendung findet.

3. Eine Anwendung des § 312 BGB ist dagegen auch im Arbeitsrecht zu befürworten. Der Arbeitnehmer besitzt daher ein Widerrufsrecht, wenn er an seinem Arbeitsplatz zum Abschluss eines arbeitsrechtlichen Vertrages, ins-

besondere zu einem Aufhebungsvertrag, bestimmt worden ist. An einem „Bestimmen" i.S.d. § 312 Abs. 1 BGB fehlt es aufgrund der gebotenen teleologischen Auslegung des § 312 BGB nur dann, wenn dem Arbeitnehmer eine ausreichende Bedenkzeit eingeräumt wurde und er die Gelegenheit hatte, sich von einer fachkundigen Person beraten zu lassen. Zwar befindet sich der Arbeitnehmer beim Abschluss eines arbeitgeberinitiierten Aufhebungsvertrages am Arbeitsplatz nicht in der für das Arbeitsrecht typischen, personenbedingten Unterlegenheitsposition, da er, anders als beim erstmaligen Abschluss des Arbeitsvertrages, nicht auf den Vertragsschluss angewiesen ist und dem Arbeitgeber daher ein schlichtes „Nein" entgegenhalten kann, wenn er die Vertragskonditionen nicht für angemessen hält. Gleichwohl kann die Verhandlungsposition des Arbeitnehmers auch beim Abschluss eines Aufhebungsvertrages situationsbedingt beeinträchtigt sein. Denn die paritätsgefährdenden Faktoren, die zur Schaffung des § 312 BGB geführt haben, können sich auch beim Aufhebungsvertrag paritätsgefährdend auswirken. Eine Kompensation der situationsbedingten Ungleichgewichtslage ist in diesem Fall sogar verfassungsrechtlich geboten. Denn aufgrund der existentiellen Bedeutung des Arbeitsplatzes für die Existenzgrundlage des Arbeitnehmers ist der Staat verfassungsrechtlich dazu verpflichtet, den Arbeitnehmer in Fällen gestörter Vertragsparität vor einem ungewollten Verlust seines Arbeitsplatzes zu schützen. Der Staat hat daher nicht nur für einen Mindestkündigungsschutz im Kleinbetrieb zu sorgen, sondern muss auch beim Aufhebungsvertrag für einen entsprechenden Bestandschutz sorgen, sofern der Aufhebungsvertrag aufgrund einer gestörten Vertragsparität nicht von der freien Selbstbestimmung des Arbeitnehmers getragen ist. Im Vergleich zu einer Kompensation mit Hilfe der zivilrechtlichen Generalklauseln ist das Widerrufsrecht nach § 312 BGB daher sowohl unter Rechtsicherheitsaspekten als auch unter Schutzbedürftigkeitsgesichtspunkten ein geeignetes und im Hinblick auf die Interessenlage von Arbeitnehmer und Arbeitgeber angemessenes Instrument zum Ausgleich der in bestimmten Situationen gestörten Vertragsparität im Arbeitsrecht.

4. Arbeitsrechtliche Formularverträge unterliegen seit der Schuldrechtsreform gemäß § 310 Abs. 4 Satz 2 BGB der AGB-Kontrolle. Auch solche Verträge, die nur zur einmaligen Verwendung vorformuliert wurden, sind gemäß § 310 Abs. 3 Nr. 2 BGB der Inhaltskontrolle zugänglich. Das ist gerechtfertigt, weil die entscheidenden Funktionsstörungen, die der Richtigkeitsgewähr eines vorformulierten Vertrages entgegenstehen, auch beim vorformu-

lierten Einzelarbeitsvertrag bestehen. Individuell ausgehandelte Arbeitsverträge unterliegen dagegen keiner Inhaltskontrolle anhand der §§ 307 ff. BGB, da es insofern an dem paritätsgefährdenden Umstand der Vorformulierung fehlt. Aufgrund der *personenbedingten* Unterlegenheit des Arbeitnehmers beim Abschluss des Arbeitsvertrages ist es aber weiterhin möglich, individuell ausgehandelte Arbeitsverträge einer „abgeschwächten" Inhaltskontrolle auf der Grundlage der zivilrechtlichen Generalklauseln zu unterziehen. Grundsätzlich kontrollfrei sind lediglich die arbeitsrechtlichen Kollektivvereinbarungen (Tarifverträge, Betriebs- und Dienstvereinbarungen), da diese zwischen zwei gleichgewichtigen Kollektivvertragsparteien ausgehandelt wurden und damit eine entsprechende „Richtigkeitsgewähr" beinhalten. Eine Kontrolle von Betriebsvereinbarungen anhand der zivilrechtlichen Generalklauseln ist nur noch im Sinne einer allgemeinen Rechtskontrolle möglich. Der im Rahmen der Inhaltskontrolle von §§ 307 ff. BGB heranzuziehende Kontrollmaßstab ist grundsätzlich identisch mit demjenigen im allgemeinen Zivilrecht. Aufgrund der nach § 310 Abs. 4 Satz 2 BGB gebotenen angemessenen Berücksichtigung der im Arbeitsrecht geltenden Besonderheiten ist jedoch zu prüfen, ob die Interessenlage im Arbeitsrecht ausnahmsweise eine Abweichung von den im allgemeinen Zivilrecht angemessenen Vertragsstandards erfordert. Als arbeitsrechtliche Besonderheiten i.S.d. § 310 Abs. 4 Satz 2 BGB kommen grundsätzlich alle rechtlichen und tatsächlichen Besonderheiten des Arbeitsrechts als solchem in Betracht. Hinsichtlich der Rechtsfolgen unwirksamer Klauseln gelten die im allgemeinen Zivilrecht entwickelten Grundsätze, wonach es insbesondere nicht zulässig ist, eine unwirksame Klausel im Wege der geltungserhaltenden Reduktion auf das gerade noch zulässige Maß zurückzuführen.

Die (spätestens) durch das Schuldrechtsmodernisierungsgesetz vollzogene „Heimkehr"[1442] des Arbeitsrechts in das allgemeine Zivilrecht und die ebenfalls im Zuge der Schuldrechtsreform erfolgte Integration der verbraucherschutzrechtlichen Normen in das Bürgerliche Recht hat auch für das Arbeitsrecht zahlreiche Veränderungen mit sich gebracht. Die Zusammenführung von Arbeits- und Verbraucherrecht im BGB ist zu begrüßen, denn sie ermöglicht – dem Primat der Einheit der Rechtsordnung folgend – eine Harmonisierung der unterschiedlichen Schutzansätze des Arbeits- und Verbraucherrechts in einem wertungseinheitlichen System. Die Anwendung verbraucherrechtlicher Schutzinstrumente im Arbeitsrecht sollte daher nicht mit vordergründigen Interessen bekämpft, sondern zur Herstellung der

[1442] So *Henssler*, RdA 2002, 129 (139).

Rechtseinheit verständig gestaltet werden. Dass die begrüßenswerte Heimkehr des Arbeitsrecht in das Zivilrecht heute nicht mehr „Renaissance der Privatautonomie im Arbeitsrecht" bedeutet, sondern „Umklammerung durch ein BGB, das den Paradigmenwechsel zu einem Verbraucherschutzgesetzbuch vollzogen hat"[1443], ist kein Grund zur Beunruhigung. Denn wenn im BGB inzwischen ein paar Tropfen „sozialen Öls" durchgesickert sind, die *Otto von Gierke* 1889 noch so schmerzlich vermisste[1444], so ist das eine begrüßenswerte Folge der in den letzten 100 Jahren begonnenen und nicht zuletzt auch vom *BVerfG* geforderten Wandlung des Privatrechts weg von einer bloß „formal" verstandenen Privatautonomie hin zu einem stärker „material" geprägten Verständnis der Vertragsfreiheit. Die Anwendung verbraucherrechtlicher Kompensationsinstrumente bedeutet daher keine weitere Einschränkung der Vertragsfreiheit im Arbeitsrecht, sondern dient ganz im Gegenteil ihrer Verteidigung gegen einseitige Fremdbestimmung. Insofern ist die Zusammenführung von Arbeits- und Verbraucherrecht im BGB auch ein sinnvoller Beitrag zur weiteren „Materialisierung" des Privatrechts.

[1443] *Henssler*, RdA 2002, 129 (139).

[1444] *v.Gierke*, Deutsches Rechtsdenken, Heft 12 (1948), S. 1, 10.

Literaturverzeichnis

Adams, Michael: „Ökonomische Begründung des AGB-Gesetzes", BB 1989, S. 781

Adomeit, Klaus: „Das Arbeitsrecht im Öffentlichen Dienst", ZRP 1987, S. 75

- „Die gestörte Vertragsparität – ein Trugbild", NJW 1994, S. 2467

Annuß, Georg: „§ 242 BGB als Fundament eines allgemeinen Kündigungsschutzes?", BB 2001, S. 1898

- „AGB-Kontrolle im Arbeitsrecht: Wo geht die Reise hin?", BB 2002, S. 458
- „Der Arbeitnehmer als solcher ist kein Verbraucher!", NJW 2002, S. 2844

Ascheid, Reiner; Preis, Ulrich; Schmidt, Ingrid: Kündigungsrecht, Großkommentar zum gesamten Recht der Beendigung von Arbeitsverhältnissen, 2. Auflage, München 2004

Badura, Peter: „Arbeit als Beruf (Art. 12 Abs. 1 GG)", in: FS Herschel, München 1982, S. 21

Bamberger, Heinz Georg; Roth, Herbert: Kommentar zum Bürgerlichen Gesetzbuch, Band 1, §§ 1-610, München 2004

Bartz, Alexander: „„AGB'-Kontrolle nun auch im Arbeitsrecht", AuA 2002, S. 62

Bastian, Günther; Böhm, Klaus: „Schutz der Kaufleute vor Allgemeinen Geschäftsbedingungen", BB 1974, S. 110

Bauer, Jobst-Hubertus: „Beseitigung von Aufhebungsverträgen", NZA 1992, S. 1015

- Arbeitsrechtliche Aufhebungsverträge, 7. Auflage, München 2004
- „Neue Spielregeln für Aufhebungs- und Abwicklungsverträge durch das geänderte BGB?", NZA 2002, S. 169

Bauer, Jobst-Hubertus; Diller, Martin: „Zur Inhaltskontrolle von Aufhebungsverträgen", DB 1995, S. 1810

Bauer, Jobst-Hubertus; Haußmann, Katrin: „Der Rücktritt vom Aufhebungsvertrag", BB 1996, S. 901

Bauer, Jobst-Hubertus; Kock, Martin: „Arbeitsrechtliche Auswirkungen des neuen Verbraucherschutzrechts", DB 2002, S. 42

Baumbach, Adolf; Hopt, Klaus J.: Handelsgesetzbuch, 32. Auflage, München 2006

Bayreuther, Frank: „Die Rolle des Tarifvertrags bei der AGB-Kontrolle von Arbeitsverträgen", RdA 2003, S. 81

- „Das Verbot der geltungserhaltenden Reduktion im Arbeitsrecht", NZA 2004, S. 953

Becker, Friedrich: „Zur Inhaltskontrolle von Allgemeinen Arbeitsbedingungen", NJW 1973, S. 1913

Bender, Wolfgang; Schmidt, Jan: „Neuer Schwellenwert und einheitliche Klagefrist", NZA 2004, S. 358

Benecke, Martina; Pils, Michael Johannes: „Der Arbeitsvertrag als Verbrauchervertrag", ZIP 2005, S. 1956

Bengelsdorf, Peter: „Der gesetzes- und verfassungswidrige Zugriff auf die arbeitsrechtliche Beendigungsfreiheit", NZA 1994, S. 193

„Arbeitsrechtlicher Aufhebungsvertrag und gestörte Vertragsparität", BB 1995, S. 978

„Privatautonomie und Aufhebungsvertrag", DB 1997, S. 874

Berger-Delhey, Ulf: „Arbeitsrecht und Schuldrechtsreform", ZTR 2002, S. 66

Berkowsky, Wilfried: „Was ändert die Reform im Arbeitsrecht?", AuA 2002, S. 11

von Bernuth, Wolf H.: „Die Bindung des AGB-Verwenders an unwirksame Klauseln – Grund und Grenzen", BB 1999, S. 1284
Boemke, Burkhard: „Privatautonomie im Arbeitsvertragsrecht", NZA 1993, S. 532
- Schuldverhältnis und Arbeitsvertrag, München 1999
- „Höhe der Verzugszinsen für Entgeltforderungen des Arbeitnehmers", BB 2002, S. 96

Boemke, Burkhard; Gründel, Mirko: „Grundrechte im Arbeitsverhältnis", ZfA 2001, S. 245
Bork, Reinhard: Allgemeiner Teil des Bürgerlichen Gesetzbuchs, Tübingen 2001
Börner, Andreas: „Die ‚Heilung' von AGB durch die Berücksichtigung vertragsabschlussbegleitender Umstände nach § 24a Nr. 3 AGBG", JZ 1997, S. 595
Boudon, Ulrich: „AGB-Kontrolle – neue Regeln für den Entwurf von Arbeitsverträgen", ArbRB 2003, S. 150
Brambring, Günter: Anmerkung zu BGH v. 20.2.1986, DNotZ 1986, S. 613
Brandner, Hans Ehrich: „Wege und Zielvorstellungen auf dem Gebiet der Allgemeinen Geschäftsbedingungen", JZ 1973, S. 613
- „Maßstab und Schranken der Inhaltskontrolle bei Verbraucherverträgen", MDR 1997, S. 312

Bratz, Marko: Arbeitsrechtliche Besonderheiten bei der Kontrolle Allgemeiner Geschäftsbedingungen, Hamburg 2005
Brors, Christiane: „Das Widerrufsrecht des Arbeitnehmers", DB 2002, S. 2046
Brox, Hans; Rüthers, Bernd; Henssler, Martin: Arbeitsrecht, 16. Auflage, Stuttgart, Berlin, Köln 2004
Bülow, Peter; Artz, Markus: Verbraucherprivatrecht, Heidelberg 2003
Bunte, Hermann-Josef: „Inhaltskontrolle notariell beurkundeter Verträge", ZIP 1984, S. 1313
- „Die EG-Richtlinie über mißbräuchliche Klauseln in Verbraucherverträgen und ihre Umsetzung durch das Gesetz zur Änderung des AGB-Gesetzes", DB 1996, S. 1389
- „Das Transparenzgebot in der Rechtsprechung des XI. Zivilsenats", in: FS Schimansky, Köln 1999, S. 19

Burkardt, Nicole: Der arbeitsrechtliche Aufhebungsvertrag, Ravensburg 2003
Busche, Jan: Privatautonomie und Kontrahierungszwang, Tübingen 1999
Bydlinski, Franz: Privatautonomie und objektive Grundlagen des verpflichtenden Rechtsgeschäfts, Wien, New York 1967
- Juristische Methodenlehre und Rechtsbegriff, 2. Auflage, Wien, New York 1991

Canaris, Claus-Wilhelm: „Verstöße gegen das verfassungsrechtliche Übermaßverbot im Recht der Geschäftsfähigkeit und im Schadensersatzrecht", JZ 1987, S. 993
- „Grundrechtswirkungen und Verhältnismäßigkeitsprinzip in der richterlichen Anwendung und Fortbildung des Privatrechts", JuS 1989, S. 161
- „Gesamtunwirksamkeit und Teilgültigkeit rechtsgeschäftlicher Regelungen", in: FS Steindorff, Berlin, New York 1990, S. 519
- „Die Problematik der Sicherheitsfreigabeklauseln im Hinblick auf § 9 AGBG und § 138 BGB", ZIP 1996, S. 1109
- Grundrechte und Privatrecht, Berlin, New York 1999
- „Wandlungen des Schuldvertragsrechts – Tendenzen zu seiner ‚Materialisierung'", AcP 200 (2000), S. 273

Classen, Claus Dieter: „Die Drittwirkung der Grundrechte in der Rechtsprechung des Bundesverfassungsgerichts", AöR 122 (1997), S. 65

Coester-Waltjen, Dagmar: „Inhaltskontrolle von AGB – geltungserhaltende Reduktion – ergänzende Vertragsauslegung", Jura 1988, S. 113
- „Die Inhaltskontrolle von Verträgen außerhalb des AGBG", AcP 190 (1990) S. 1
- „Verbraucherschutz und Abschlußkontrolle", Jura 1994, S. 534
- „Verbraucherschutz und Inhaltskontrolle", Jura 1995, S. 26
- „Änderungen im Recht der Allgemeinen Geschäftsbedingungen", Jura 1997, S. 272
- „Die Inhaltskontrolle von ‚einfachen Geschäftsbedingungen' in Verbraucherverträgen", in: FS Medicus, Köln, Berlin, Bonn, München 1999, S. 63

Damm, Reinhard: „Europäisches Verbrauchervertragsrecht und AGB-Recht", JZ 1994, S. 161
- „Privatautonomie und Verbraucherschutz", VersR 1999, S. 129

Däubler, Wolfgang: „Individuum und Kollektiv im Arbeitsrecht", NZA 1988, S. 857
- „Die Auswirkungen der Schuldrechtsmodernisierung auf das Arbeitsrecht", NZA 2001, S. 1329
- Kommentar zum Tarifvertragsgesetz, Baden-Baden 2003
- „Die Eigenständigkeit des Arbeitsrechts", in: FS 50 Jahre Bundesarbeitsgericht, München 2004, S. 3

Däubler, Wolfgang; Dorndorf, Eberhard: AGB-Kontrolle im Arbeitsrecht, München 2004

Dauner-Lieb, Barbara: Verbraucherschutz durch Ausbildung eines Sonderprivatrechts für Verbraucher, Berlin 1983

Dauner-Lieb, Barbara; Dötsch, Wolfgang: „Ein ‚Kaufmann' als ‚Verbraucher'? – Zur Verbrauchereigenschaft des Personengesellschafters", DB 2003, S. 1666

Dauner-Lieb, Barbara; Heidel, Thomas; Lepa, Manfred; Ring, Gerhard: Anwaltkommentar Schuldrecht, Bonn, 2002

Dauner-Lieb, Barbara; Heidel, Thomas; Ring, Gerhard: Anwaltkommentar BGB, Band 1: Allgemeiner Teil mit EGBGB, Bonn 2005

Derleder, Peter: „Der Konsument seines Arbeitsplatzes – Zum Verhältnis von Verbraucherrecht und Arbeitsrecht – ", AuR 2004, S. 361

Dick, Hans: Das Verbraucherleitbild der Rechtsprechung, München 1995

Diederichsen, Uwe: „Die Selbstbehauptung des Privatrechts gegenüber dem Grundgesetz", Jura 1997, S. 57

ders.: „Das Bundesverfassungsgericht als oberstes Zivilgericht – ein Lehrstück der juristischen Methodenlehre", AcP 198 (1998), S. 171

Diehn, Thomas: „AGB-Kontrolle von arbeitsrechtlichen Verweisungsklauseln", NZA 2004, S. 129

Diekmann, Sabine; Bieder, Marcus A.: „Wirksamkeit von Widerrufsvorbehalten in Formulararbeitsverträgen bei der Gewährung freiwilliger Leistungen", DB 2005. S. 722

Dieterich, Thomas: „Grundgesetz und Privatautonomie im Arbeitsrecht", RdA 1995, S. 129
- „Erwiderung", DB 1995, S. 1813

Dieterich, Thomas; Müller-Glöge, Rudi; Preis, Ulrich; Schaub, Günther: Erfurter Kommentar zum Arbeitsrecht, 5. Auflage, München 2005

Dreher, Meinrad: „Der Verbraucher – Das Phantom in der opera des europäischen und deutschen Rechts?", JZ 1997, S. 167

Drexl, Josef: „Der Bürge als deutscher und europäischer Verbraucher", JZ 1998, S. 1046
- Die wirtschaftliche Selbstbestimmung des Verbrauchers, Tübingen 1998

Drygala, Tim: „Wohnungsmietverträge als Haustürgeschäft?", NJW 1994, S. 3260

Eckert, Hans-Werner: „Die EG-Richtlinie über mißbräuchliche Klauseln in Verbraucherverträgen und ihre Auswirkungen auf das deutsche Recht", WM 1993, S. 1070

- „Regierungsentwurf zur Änderung des AGB-Gesetzes", ZIP 1995, S. 1460

Eckert, Jörn; Delbrück, Jost: Reform des deutschen Schuldrechts, Baden-Baden 2003

Ehrich, Christian: „Recht des Arbeitnehmers zum Widerruf eines Aufhebungsvertrags wegen ‚Überrumpelung' durch den Arbeitgeber?", DB 1992, S. 2239

- „Unwirksamkeit eines Aufhebungsvertrages wegen ‚Überrumpelung' durch den Arbeitgeber", NZA 1994, S. 438

Eith, Wolfgang: „Zum Schutzbedürfnis gegenüber Allgemeinen Geschäftsbedingungen", NJW 1974, S. 16

Engisch, Karl: Einführung in das juristische Denken, 10. Auflage, Stuttgart 2005

Erichsen, Hans-Uwe: „Grundrechtliche Schutzpflichten in der Rechtsprechung des Bundesverfassungsgerichts", Jura 1997, S. 85

Erman, Walter: Bürgerliches Gesetzbuch, Band 1, §§ 1-811, UklaG, 11. Auflage, Münster 2004

Ernst, Falk: Aufhebungsverträge zur Beendigung von Arbeitsverhältnissen, Köln, Berlin, Bonn, München 1993

Falke, Martin H.; Barthel, Thomas: „Aufhebungsvertrag und Verbraucherschutz", BuW 2003, S. 255

Falkenberg, Rolf-Dieter: „Der Aufhebungsvertrag – eine Betrachtung aus Sicht eines Arbeitnehmers", ZTR 1994, S. 410

Fastrich, Lorenz: Richterliche Inhaltskontrolle im Privatrecht, München 1992

- „Inhaltskontrolle im Arbeitsrecht nach der Bürgschaftsentscheidung des Bundesverfassungsgerichts vom 19.10.1993", RdA 1997, S. 65

Fenn, Herbert: „Formulararbeitsverträge, gesamteinheitliche Arbeitsbedingungen und das AGBG", in: FS Söllner, München 2000, S. 333

Fiebig, Andreas: „Der Arbeitnehmer als Verbraucher", DB 2002, S. 1608

Fikentscher, Wolfgang: Schuldrecht, 9. Auflage, Berlin, New York 1997

Fischer, Ansgar; Machunsky, Jürgen: Haustürwiderrufsgesetz, 2. Auflage, Neuwied, Kriftel, Berlin 1995

Flume, Werner: Allgemeiner Teil des Bürgerlichen Rechts, Zweiter Band, Das Rechtsgeschäft, 3. Auflage, Berlin, Heidelberg, New York 1979

- „Vom Beruf unserer Zeit für Gesetzgebung", ZIP 2000, S. 1427

Freiherr von Puttkamer, Bogislav: „Rücktritt vom Aufhebungsvertrag", BB 1996, S. 1440

Frey, Kaspar: „Wie ändert sich das AGB-Gesetz?", ZIP 1993, S. 572

Gamillscheg, Franz: „Mutterschutz und Sozialstaat", in: FS Molitor, München und Berlin 1962, S. 57

- „Zivilrechtliche Denkformen und die Entwicklung des Individualarbeitsrechts", AcP 176 (1976), S. 197
- Die Grundrechte im Arbeitsrecht, Berlin 1989
- Kollektives Arbeitsrecht, München 1997

Gamillscheg, Katharina: Die Beendigung des Arbeitsverhältnisses, Berlin 2001

Garrn, Heino: „Zur richterlichen Inhaltskontrolle notarieller Verträge", NJW 1980, S. 2782

Gärtner, Rudolf: „ Zivilrechtlicher Verbraucherschutz und Handelsrecht", BB 1995, S. 1753

Gaul, Björn: „Bezugnahmeklauseln – zwischen Inhaltskontrolle und Nachweisgesetz“, ZfA 2003, S. 75

Gaul, Björn; Otto, Björn: „Das Widerrufsrecht bei Aufhebungsverträgen“, DB 2002, S. 2049

Gaul, Dieter: „Erstreckungsinhalt und Umfang einer tariflichen Bezugnahmeklausel auf den BAT“, ZTR 1991, S. 188

Germelmann, Claas-Hinrich: „Grenzen der einvernehmlichen Beendigung von Arbeitsverhältnissen“, NZA 1997, S. 236

von Gierke, Otto: „Die soziale Aufgabe des Privatrechts“, Deutsches Rechtsdenken, Heft 12 (1948), S. 1

Giesen, Richard: Tarifvertragliche Rechtsgestaltung für den Betrieb, Tübingen 2002

Gilles, Peter: „Zur neueren Verbraucherschutzgesetzgebung in ihrem Verhältnis zum klassischen Privatrecht“, JA 1980, S. 1

- Das Recht des Direktmarketing, Heidelberg 1981
- „Das Gesetz über den Widerruf von Haustürgeschäften und ähnlichen Geschäften“, NJW 1986, S. 1130

Gotthardt, Michael:„Der Arbeitsvertrag auf dem AGB-rechtlichen Prüfstand“, ZIP 2002, S. 277

- Arbeitsrecht nach der Schuldrechtsreform, 2. Auflage, München 2003

Graf von Westphalen, Friedrich: „AGB-Richtlinie und AGB-Gesetz“, EWS 1993, S. 161

- „Die Novelle zum AGB-Gesetz“, BB 1996, S. 2101

Gramlich, Ludwig; Zerres, Thomas: „Umgehungsverbote im Verbraucherschutz – zur Auslegung des § 5 Abs. 1 HWiG“, ZIP 1998, S. 1299

Grobys, Marcel: „AGB-Kontrolle von Arbeits- und Dienstverträgen nach dem Schuldrechtsmodernisierungsgesetz“, DStR 2002, S. 1002

Großmann-Doerth, Hans: Selbstgeschaffenes Recht der Wirtschaft und staatliches Recht, Freiburg 1933

Grundstein, Walther: „Widerrufsrecht des Arbeitnehmers bei Abschluß eines Aufhebungsvertrages“, FA 2003, S. 41

Grunewald, Benno: „Der arbeitsrechtliche Aufhebungsvertrag und Arbeitnehmerschutz de lege lata und de lege ferenda“, AuR 1994, S. 260

Grunsky, Wolfgang: Vertragsfreiheit und Kräftegleichgewicht, Berlin, New York 1995

Gumpert, Jobst: „Inhaltskontrolle von Formulararbeitsverträgen und ‚Allgemeinen Geschäftsbedingungen‘“, BB 1974, S. 139

Habersack, Mathias: „Richtigkeitsgewähr notariell beurkundeter Verträge“, AcP 189 (1989), S. 403

Habersack, Mathias; Kleindiek, Detlef; Wiedenmann, Kai-Udo: „Die EG-Richtlinie über mißbräuchliche Klauseln in Verbraucherverträgen und das künftige AGB-Gesetz“, ZIP 1993, S. 1670

Hager, Johannes: „Der lange Abschied vom Verbot der geltungserhaltenden Reduktion“, JZ 1996, S. 175

Hain, Karl-Eberhard: „Der Gesetzgeber in der Klemme zwischen Übermaß- und Untermaßverbot?“, DVBl. 1993, S. 982

Haller, Robert: „Widerruf von arbeitsrechtlichen Aufhebungsverträgen“, BB 1994, S. 787

Hanau, Peter: Anmerkung zu BAG v. 7.3.2001, AP Nr. 4 zu § 288 BGB

Hanau, Peter; Adomeit, Klaus: Arbeitsrecht, 11. Auflage, Neuwied, Kriftel, Berlin 1994; 13. Auflage, München 2005

Hansen, Ralf: „Widerrufsrecht bei arbeitsvertraglichen Aufhebungsverträgen nach §§ 312, 355 BGB?“, ZGS 2003, S. 373

Hart, Dieter: „Verbraucherrechtliche Grundlagen des AGBG“, Jura 2001, S. 649

Haubold, Kai-Ole; Marko, Achim: „Die rechtliche Regelung des Widerrufs von Haustürgeschäften und die Sicherung des Verbraucherschutzes“, NJ 1990, S. 335.

Heinrich, Christian: Formale Freiheit und materiale Gerechtigkeit, Tübingen 2000

Heinrichs, Helmut: „Der Begriff der Allgemeinen Geschäftsbedingungen“, NJW 1977, S. 1505

- „Die EG-Richtlinie über mißbräuchliche Klauseln in Verbraucherverträgen“, NJW 1993, S. 1817
- „Umsetzung der EG-Richtlinie über mißbräuchliche Klauseln in Verbraucherverträgen durch Auslegung“, NJW 1995, S. 153
- „Das Gesetz zur Änderung des AGB-Gesetzes“, NJW 1996, S. 2190

Heinze, Meinhard: „Gibt es eine Alternative zur Tarifautonomie?“, DB 1996, S. 729

Henssler, Martin: „Arbeitsrecht und Schuldrechtsreform“, RdA 2002, S. 129

Henssler, Martin; Graf von Westphalen, Friedrich: Praxis der Schuldrechtsreform, 1. Auflage, Köln 2002, 2. Auflage, Köln 2003

Herberger, Maximilian; Martinek, Michael; Rüßmann, Helmut, Weth, Stephan: juris Praxiskommentar BGB, 2. Auflage, Saarbrücken 2004

Hergenröder, Curt Wolfgang: „Kündigung und Kündigungsschutz im Lichte der Verfassung“, ZfA 2002, S. 355

Herkner, Heinrich: Die Arbeiterfrage, Band 1, 8. Auflage, Berlin, Leipzig 1922

Hildebrandt, Reinhard: Disparität und Inhaltskontrolle im Arbeitsrecht, Göttingen 1987

von Hippel, Eike: Der Schutz des Schwächeren, Tübingen 1982

von Hippel, Fritz: Das Problem der rechtsgeschäftlichen Privatautonomie, Tübingen 1936

Höfling, Wolfram: Vertragsfreiheit, Heidelberg 1991

Hofmann, Roland: Die Kontrolle von Arbeitsverträgen nach der Schuldrechtsreform, Aachen 2005

Holtkamp, Werner: „Der Arbeitnehmer als Verbraucher?“, AuA 2002, S. 25

Hommelhoff, Peter: „Zivilrecht unter dem Einfluss europäischer Rechtsangleichung“, AcP 192 (1992), S. 71

- Verbraucherschutz im System des deutschen und europäischen Privatrechts, Heidelberg 1996

Hommelhoff, Peter; Jayme, Erik; Mangold, Werner: Europäischer Binnenmarkt: Internationales Privatrecht und Rechtsangleichung, Heidelberg 1995

Hommelhoff, Peter; Wiedenmann, Kai-Udo: „Allgemeine Geschäftsbedingungen gegenüber Kaufleuten und unausgehandelte Klauseln in Verbraucherverträgen“, ZIP 1993, S. 562

Hönn, Günther: Kompensation gestörter Vertragsparität, München 1982

- „Zum persönlichen Anwendungsbereich von Verbraucherschutznormen“, in: FS Schultz, Köln, Berlin, Bonn, München 1987, S. 79
- „Zu den ‚Besonderheiten' des Arbeitsrechts“, ZfA 2003, S. 325

Hoß, Axel: „Widerrufsrecht beim Abschluss von Aufhebungsverträgen“, ArbRB 2002, S. 181

von Hoyningen-Huene, Gerrick: Die Billigkeit im Arbeitsrecht, München 1978

- Die Inhaltskontrolle nach § 9 AGB-Gesetz, Heidelberg 1991
- Anmerkung zu BAG v. 6.9.1995, AP Nr. 23 zu § 611 BGB Ausbildungsbeihilfe

Hromadka, Wolfgang: „Anfechtung von Aufhebungsverträgen und Verwirkung“, in: FS Zöllner, Köln, Berlin, Bonn, München 1998, S. 785
- „Inhaltskontrolle von Arbeitsverträgen“, in: FS Dieterich, München 1999, S. 251
- „Schuldrechtsmodernisierung und Vertragskontrolle im Arbeitsrecht“, NJW 2002, S. 2523

Hübner, Heinz: Allgemeiner Teil des Bürgerlichen Gesetzbuches, 2. Auflage, Berlin, NewYork, 1996

Hübner, Ulrich; Matusche-Beckmann, Annemarie: „Auswirkungen des Gemeinschaftsrechts auf das Versicherungsrecht“, EuZW 1995, S. 263

Hümmerich, Klaus: „Erweiterte Arbeitnehmerrechte durch Verbraucherschutz“, AnwBl. 2002, S. 671
- „Alea iacta est – Aufhebungsvertrag kein Haustürgeschäft“, NZA 2004, S. 809

Hümmerich, Klaus; Holthausen, Joachim: „Der Arbeitnehmer als Verbraucher“, NZA 2002, S. 173

Isensee, Josef: „Vertragsfreiheit im Griff der Grundrechte“, in: FS Großfeld, Heidelberg 1999, S. 485

Isensee, Josef; Kirchhof, Paul: Handbuch des Staatsrechts, Band V, 2. Auflage, Heidelber 2000

Jauernig, Othmar: Bürgerliches Gesetzbuch, 11. Auflage, München 2004

Joerges, Christian: „Die Europäisierung des Privatrechts als Rationalisierungsprozeß und als Streit der Disziplinen“, ZEuP 1995, S. 181

Joost, Detlev: „Allgemeine Geschäftsbedingungen und Arbeitsvertrag“, in: FS Ulmer, Berlin 2003, S. 1199
- „Vertragsstrafen im Arbeitsrecht – Zur Inhaltskontrolle von Formularverträgen im Arbeitsrecht“, ZIP 2004, S. 1981
- „Betrachtungen zur Inhaltskontrolle vorformulierter Arbeitsverträge“, in: FS 50 Jahre Bundesarbeitsgericht, München 2004, S. 49

Joussen, Jacob: „Arbeitsrecht und Schuldrechtsreform“, NZA 2001, S. 745

Junker, Abbo: „Der Flächentarifvertrag im Spannungsverhältnis von Tarifautonomie und betrieblicher Regelung“ ZfA 1996, S. 383
- Grundkurs Arbeitsrecht, 4. Auflage, München 2004; 5. Auflage, München 2006

Kanzleiter, Rainer: „§ 24a AGBG und Ausschluss der Gewährleistung beim Verkauf neu errichteter Häuser und Eigentumswohnungen“, DNotZ 1996, S. 867

Kellermann, Markus: „Der deutsche Verbraucherbegriff – eine Würdigung der streitigen Einzelfälle“, JA 2005, S. 546

Kemper, Rainer: Verbraucherschutzinstrumente, Baden-Baden 1994

Kempff, Gilbert: Grundrechte im Arbeitsverhältnis, Köln 1988

Kienast, Rainer; Schmiedl, Wolfgang: „Rechtsprechung zum Widerrufsrecht bei arbeitsrechtlichen Aufhebungsverträgen nach §§ 312, 355 BGB“, DB 2003, S. 1440

Kittner, Michael: „Neues Kündigungsschutzrecht außerhalb des Kündigungsschutzgesetzes“, NZA 1998, S. 731
- Schuldrecht, 3. Auflage, München 2003

Kittner, Michael; Däubler, Wolfgang; Zwanziger, Bertram: Kündigungsschutzrecht, 5. Auflage, Frankfurt/Main 2001; 6. Auflage Frankfurt/Main 2004

Kittner, Michael; Zwanziger, Bertram: Arbeitsrecht, Handbuch für die Praxis, 3. Auflage, Frankfurt/Main 2005

Klauss, Herbert; Ose, Ludwig: Verbraucherkreditgeschäfte, 2. Auflage, Herne, Berlin 1988

Klevemann, Joachim: Anmerkung zu ArbG Bochum v. 8.7.2002, AiB 2002, S. 579

Knobel, Ulrike: Wandlungen im Verständnis der Vertragsfreiheit, Berlin 2000

Köhler, Helmut: BGB Allgemeiner Teil, 29. Auflage, München 2005

Koller, Ingo: „Das Transparenzgebot als Kontrollmaßstab Allgemeiner Geschäftsbedingungen“, in: FS Steindorff, Berlin, New York 1990, S. 667

Konzen, Horst: „Die AGB-Kontrolle im Arbeitsvertragsrecht“, in: FS Hadding, Berlin 2004, S. 145

Konzen, Horst; Rupp, Hans Heinrich: Gewissenskonflikte im Arbeitsverhältnis, Köln, Berlin, Bonn, München 1990

Kraft, Alfons; Wiese, Günther; Kreutz, Peter; Oetker, Hartmut; Raab, Thomas; Weber, Christoph; Franzen, Martin: Gemeinschaftskommentar zum Betriebsverfassungsgesetz, Band I, 8. Auflage, München, Neuwied 2005; Band II, 8. Auflage, München, Neuwied, 2005

Kramer, Ernst A.: „Nichtausgehandelter Individualvertrag, notariell beurkundeter Vertrag und AGBG“, ZHR 146 (1982), S. 105

Krebs, Peter: „Verbraucher, Unternehmer oder Zivilpersonen“, DB 2002, S. 517

Kreutz, Peter: „Kritische Gedanken zur gerichtlichen Billigkeitskontrolle von Betriebsvereinbarungen“, ZfA 1975, S. 65

Küttner, Wolfdieter: Personalbuch 2005, 12. Auflage, München 2005

Lakies, Thomas: „Änderung des Kündigungsschutzgesetzes und allgemeiner Kündigungsschutz nach § 242 BGB – Verfassungsrechtliche Fragen“, DB 1997, S. 1078

- „Inhaltskontrolle von Vergütungsvereinbarungen im Arbeitsrecht“, NZA-RR 2002, S. 337
- „AGB-Kontrolle: Ausschlussfristen vor dem Aus?“, NZA 2004, S. 569

Larenz, Karl: Methodenlehre der Rechtswissenschaft, 6. Auflage, Berlin, Heidelberg, New York 1991

Larenz, Karl; Wolf, Manfred: Allgemeiner Teil des Bürgerlichen Rechts, 9. Auflage, München 2004

Leder, Tobias; Morgenroth, Sascha: „Die Vertragsstrafe im Formulararbeitsvertrag“, NZA 2002, S. 952

Leibholz, Gerhard; Rinck, Hans-Justus; Hesselberger, Dieter: Kommentar zum Grundgesetz, Köln, Stand: 42. Lieferung, November 2005

Lembke, Mark: „Das ‚Aus‘ für das Widerrufsrecht des Arbeitnehmers bei arbeitsrechtlichen Aufhebungs- und Abwicklungsverträgen“, NJW 2004, S. 2941

Lieb, Manfred: „Sonderprivatrecht für Ungleichgewichtslagen? Überlegungen zum Anwendungsbereich der sogenannten Inhaltskontrolle privatrechtlicher Verträge“, AcP 178 (1978), S. 196

- „Schutzbedürftigkeit oder Eigenverantwortlichkeit?“, DNotZ 1989, S. 274
- „AGB-Recht und Arbeitsrecht nach der Schuldrechtsmodernisierung“, in: FS Ulmer, Berlin 2003, S. 1231
- Arbeitsrecht, 8. Auflage, Heidelberg 2003

Lindacher, Walter: „Richterliche Inhaltskontrolle Allgemeiner Geschäftsbedingungen und Schutzbedürftigkeit des Kunden“, BB 1972, S. 296

Lindemann, Viola: „Neuerungen im Arbeitsrecht durch die Schuldrechtsreform“, AuR 2002, S. 81

Lingemann, Stefan: „Allgemeine Geschäftsbedingungen und Arbeitsvertrag“, NZA 2002, S. 181

Linnemannstöns, Heike: Die Auswirkungen des § 310 III, IV BGB auf das Arbeitsrecht, Berlin 2005
Locher, Horst: „Begriffsbestimmung und Schutzzweck nach dem AGB-Gesetz", JuS 1997, S. 389
Looschelders, Dirk; Roth, Wolfgang: Juristische Methodik im Prozeß der Rechtsanwendung, Berlin 1996
Lorenz, Egon: Karlsruher Forum 2002: Schuldrechtsmodernisierung, Karlsruhe 2003
Lorenz, Stephan: „Arbeitsrechtlicher Aufhebungsvertrag, Haustürwiderrufsgesetz und ‚undue influence'", JZ 1997, S. 277
- Der Schutz vor dem unerwünschten Vertrag, München 1997
Lorenz, Stephan; Riehm, Thomas: Lehrbuch zum neuen Schuldrecht, München 2002
Löwe, Walter: „Folgerungen aus der Verwerfung der Tagespreisklausel in den Neuwagen-Verkaufsbedingungen durch den Bundesgerichtshof", BB 1982, S. 152
- Anmerkung zu BGH v. 1.2.1984, BB 1984, S. 492
- „Schutz gegen Überrumpelung beim Vertragsschluß", BB 1986, S. 821
Löwisch, Manfred: „Schutz der Selbstbestimmung durch Selbstbestimmung", ZfA 1996, S. 293
- „Grenzen der ordentlichen Kündigung in kündigungsschutzfreien Betrieben", BB 1997, S. 782
- „Zweifelhafte Folgen des geplanten Leistungsstörungsrechts für das Arbeitsvertragsrecht", NZA 2001, S. 465
Löwisch, Manfred; Rieble, Volker: Tarifvertragsgesetz, 1. Auflage, München 1992; 2. Auflage, München 2004
von Mangoldt, Hermann; Klein, Friedrich; Starck, Christian: Kommentar zum Grundgesetz, Band 1: Präambel, Artikel 1 bis 19; 5. Auflage, München 2005
Mankowski, Peter: Kurzkommentar zu ArbG Frankfurt/O., Urt. v. 29.5.2002 – 6 Ca 500/02, EWiR 01/2003, S. 15
- Beseitigungsrechte, Tübingen 2003
- Anmerkung zu BGH v. 27.11.2003, SAE 2005, S. 70
Martis, Rüdiger: Verbraucherschutz, München 1998
Maunz, Theodor; Dürig, Günter: Grundgesetz, München, Stand: 45. Lieferung, August 2005
Medicus, Dieter: „Verschulden bei Vertragsverhandlungen", in: Gutachten und Vorschläge zur Überarbeitung des Schuldrechts, Band I, Köln 1981, S. 479
- „Rechtsfolgen für den Vertrag bei Unwirksamkeit von Allgemeinen Geschäftsbedingungen", in: Zehn Jahre AGB-Gesetz, Köln 1987, S. 83
- Zur gerichtlichen Inhaltskontrolle notarieller Verträge, München 1989
- „Der Grundsatz der Verhältnismäßigkeit im Privatrecht", AcP 192 (1992), S. 35
- „Wer ist ein Verbraucher?", in: FS Kitagawa, Berlin 1992, S. 471
- Abschied von der Privatautonomie im Schuldrecht?, Köln 1994
- „Schutzbedürfnisse (insbesondere der Verbraucherschutz) und das Privatrecht", JuS 1996, S. 761
- Allgemeiner Teil des BGB, 8. Auflage, Heidelberg 2002
- Schuldrecht I, Allgemeiner Teil, 16. Auflage, München 2005
Meinhof, Alexander: „Neuerungen im modernisierten Verbrauchervertragsrecht durch das OLG-Vertretungsänderungsgesetz", NJW 2002, S. 2273.
Mengel, Anja: „Kein Widerrufsrecht bei Aufhebungsverträgen!", BB 2003, S. 1278

Michalski, Lutz: „Änderung des AGB-Gesetzes durch die EG-Richtlinie über mißbräuchliche Klauseln in Verbraucherverträgen", DB 1994, S. 665

- „Die Berücksichtigung von vertragsabschlußbegleitenden Umständen nach § 24a Nr. 3 AGB-Gesetz", BB 1999, S. 677

Michalski, Lutz; Römermann, Volker: „Inhaltskontrolle von Einzelvereinbarungen anhand des AGB-Gesetzes", ZIP 1993, S. 1434

Micklitz, Hans-W.; Tonner, Klaus: Vertriebsrecht, Baden-Baden 2002

Mohr, Jochen: „Der Begriff des Verbrauchers und seine Auswirkungen auf das neugeschaffene Kaufrecht und das Arbeitsrecht", AcP 204 (2004), S. 660

Morgenroth, Sascha; Leder, Tobias: „Die Besonderheiten des Arbeitsrechts im allgemeinen Zivilrecht", NJW 2004, S. 2797

Müller, Christopher: „Arbeitsrechtliche Aufhebungsverträge", Baden-Baden 1991

Müller, Gerhard: „Die Tragweite der tariflichen Bezugnahmeklauseln", RdA 1990, S. 321

Müller, Jens; Straßburger, Joo: „Anwendbarkeit des Widerrufsrechts nach §§ 312, 355 BGB auf Entgeltumwandlungsvereinbarungen", BetrAV 2004, S. 239

Müller, Sandra: Der Arbeitnehmer als Verbraucher im Sinne des § 13 BGB, Berlin 2005

Müller-Glöge, Rudi: „Zur Umsetzung der Nachweisrichtlinie in nationales Recht", RdA 2001, Sonderbeilage zu Heft 5, S. 46

Müller-Graff, Peter-Christian: „AGB-Einbeziehung bei kaufmännischer Geschäftsübung und AGB-Gesetz", in: FS Pleyer, Köln, Berlin, Bonn, München 1986, S. 401

von Münch, Ingo; Kunig, Philip: Grundgesetz-Kommentar, Band 1, 5. Auflage, München 2000.

Nägele, Stefan: „Aufklärungs- und Hinweispflichten des Arbeitgebers bei Abschluss eines Aufhebungsvertrags", BB 1992, S. 1274

Natzel, Ivo: „Schutz des Arbeitnehmers als Verbraucher?", NZA 2002, S. 595

Nicklisch, Fritz: „Zum Anwendungsbereich der Inhaltskontrolle Allgemeiner Geschäftsbedingungen", BB 1974, S. 941

Niebling, Jürgen: „Die Schranken der Inhaltskontrolle nach § 8 AGB-Gesetz", BB 1984, S. 1713

Oeter, Stefan: „ ‚Drittwirkung' der Grundrechte und die Autonomie des Privatrechts", AöR 119 (1994), S. 529

Oetker, Hartmut: „Arbeitsvertragliche Bezugnahme auf Tarifverträge und AGB-Kontrolle", in: FS Wiedemann, München 2002, S. 383

Osterloh, Lerke: Gesetzesbindung und Typisierungsspielräume bei der Anwendung der Steuergesetze, Baden-Baden 1992

Otto, Hansjörg: Arbeitsrecht, 3. Auflage, Berlin 2003

Palandt, Otto: Bürgerliches Gesetzbuch, 65. Auflage, München 2006

Paulus, Christoph G.; Zenker, Wolfgang: „Grenzen der Privatautonomie", JuS 2001, S. 1

Pauly, Holger: „Widerrufsrecht bei arbeitsrechtlichen Aufhebungsverträgen", MDR 1995, S. 1081

- „Analoge Anwendung des AGB-Gesetzes auf Formulararbeitsverträge?", NZA 1997, S. 1030
- „Widerrufsrecht beim arbeitsrechtlichen Aufhebungsvertrag auf Grund neuer Gesetzeslage?", ZTR 2003, S. 541

Pawlowski, Hans-Martin: Methodenlehre für Juristen, 3. Auflage, Heidelberg 1999

Pfeiffer, Thomas: „Vom kaufmännischen Verkehr zum Unternehmensverkehr", NJW 1999, S. 169

Pfeiffer, Thomas; Dauck, Andreas: „BGH-Rechtsprechung aktuell: Haustürgeschäftewiderrufsgesetz", NJW 1996, S. 2077

Pflug, Hans-Joachim: Kontrakt und Status im Recht der Allgemeinen Geschäftsbedingungen, München 1986
Preis, Ulrich: „Auslegung und Inhaltskontrolle von Ausschlussfristen in Arbeitsverträgen“, ZIP 1989, S. 885
- Grundfragen der Vertragsgestaltung im Arbeitsrecht, Neuwied, Kriftel, Berlin 1993
- „Kompensation von Ungleichgewichtslagen in der Rechtsprechung der Arbeitsgerichte und Zivilgerichte – ein Vergleich“, AuR 1994, S. 139
- „Der persönliche Anwendungsbereich der Sonderprivatrechte“, ZHR 158 (1994), S. 567
- „Verhältnismäßigkeit und Privatrechtsordnung“, in: FS Dieterich, München 1999, S. 429
- „Arbeitsvertragliche Verweisung auf Tarifverträge“, in: FS Wiedemann, München 2002, S. 423
- „Arbeitsrecht, Verbraucherschutz und Inhaltskontrolle“, NZA 2003, Sonderbeilage zu Heft 16, S. 19
- Arbeitsrecht, Praxis-Lehrbuch zum Individualarbeitsrecht, 2. Auflage, Köln 2003
- „Widerrufsvorbehalte auf dem höchstrichterlichen Prüfstand“, NZA 2004, S. 1014
- „Das erneuerte BGB und das Bundesarbeitsgericht“, in: FS 50 Jahre Bundesarbeitsgericht, München 2004, S. 123

Preis, Ulrich; Gotthardt, Michael: „Schriftformerfordernis für Kündigungen, Aufhebungsverträge und Befristungen nach § 623 BGB“, NZA 2000, S. 348
Preis, Ulrich; Rolfs, Christian: „Gestörte Vertragsparität und richterliche Inhaltskontrolle“, DB 1994, S. 261
Preis, Ulrich; Stoffels, Markus: „Die Inhaltskontrolle der Verträge selbständiger und unselbständiger Handelsvertreter“, ZHR 160 (1996), S. 442
Przytulla, F.-M.: „Formulararbeitsverträge, AGB-Gesetz und das Rechtsstaatsgebot“, NZA 1998, S. 521
Raiser, Ludwig: Das Recht der allgemeinen Geschäftsbedingungen, Hamburg 1935
- Die Aufgabe des Privatrechts, Kronenberg/Ts. 1977

Ramm, Thilo: Entwürfe zu einem Deutschen Arbeitsvertragsgesetz, Frankfurt am Main 1992
Rebmann, Kurt; Säcker, Franz Jürgen; Rixecker, Roland: Münchener Kommentar zum Bürgerlichen Gesetzbuch
- Band 1. Allgemeiner Teil: §§ 1-240, AGB-Gesetz, 4. Auflage, München 2001
- Band 2a. Schuldrecht Allgemeiner Teil: §§ 241-432, 4. Auflage, München 2003
- Band 3. Schuldrecht, Besonderer Teil: §§ 433-606, VerbrKrG, HausTWG, MHG, 3. Auflage, München 1995
- Band 3. Schuldrecht, Besonderer Teil: §§ 433-610, CISG, 4. Auflage, München 2004

Reich, Norbert: „Zivilrechtstheorie, Sozialwissenschaften und Verbraucherschutz“, ZRP 1974, S. 187
- „Abzahlungsrecht und Verbraucherrecht“, JZ 1975, S. 550
- Markt und Recht, Neuwied, Darmstadt 1977
- „Reform des Rechts des Konsumentenkredites“, JZ 1980, S. 329

Reichold, Hermann: Anmerkung zu BAG v. 15.11.2000, AP Nr. 84 zu § 77 BetrVG 1972
- „Anmerkungen zum Arbeitsrecht im neuen BGB“, ZTR 2002, S. 202
- „Arbeitnehmerschutz und/oder Verbraucherschutz bei der Inhaltskontrolle des Arbeitsvertrags?“, in: 50 Jahre Bundesarbeitsgericht“, München 2004, S. 153

Reim, Uwe: „Arbeitnehmer und/oder Verbraucher?“, DB 2002, S. 2434

Reinecke, Gerhard: „Vertragskontrolle im Arbeitsverhältnis“, NZA 2000, Sonderbeilage zu Heft 3, S. 23

- „Kontrolle Allgemeiner Arbeitsbedingungen nach dem Schuldrechtsmodernisierungsgesetz“, DB 2002, S. 583
- „Vertragskontrolle im Arbeitsrecht nach der Schuldrechtsreform“, NZA 2004, Sonderbeilage zu Heft 18, S. 27
- „Die gerichtliche Kontrolle von Ausschlussfristen nach dem Schuldrechtsmodernisierungsgesetz“, BB 2005, S. 378

Remien, Oliver: „AGB-Gesetz und Richtlinie über missbräuchliche Verbrauchervertragsklauseln in ihrem europäischen Umfeld“, ZEuP 1994, S. 34

Reuter, Dieter: „Das Verhältnis von Individualautonomie, Betriebsautonomie und Tarifautonomie“, RdA 1991, S. 193

- „Möglichkeiten und Grenzen einer Deregulierung des Arbeitsrechts“, in: FS Wiedemann, München 2002, S. 449
- „Inhaltskontrolle im Arbeitsrecht (§ 310 Abs. 4 BGB)“, in: FS 50 Jahre Bundesarbeitsgericht, München 2004, S. 177

Richardi, Reinhard: „Leistungsstörungen und Haftung im Arbeitsverhältnis nach dem Schuldrechts-modernisierungsgesetz“, NZA 2002, S. 1004

- „Gestaltung der Arbeitsverträge durch Allgemeine Geschäftsbedingungen nach dem Schuldrechts-modernisierungsgesetz“, NZA 2002, S. 1057
- „Leistungsstörung und Haftung im Arbeitsverhältnis“, NZA 2003, Sonderbeilage zu Heft 16, S. 14
- Betriebsverfassungsgesetz, 10. Auflage, München 2006

Richardi, Reinhard; Kortstock, Ulf: Anmerkung zu BAG v. 21.2.2001, AP Nr. 12 zu § 242 BGB Kündigung

Richardi, Reinhard; Wlotzke, Otfried: Münchener Handbuch zum Arbeitsrecht, Band 1-3, 2. Auflage, München 2000

Rieble, Volker: Arbeitsmarkt und Wettbewerb, Berlin, Heidelberg, New York 1996

Rieble, Volker; Klumpp, Steffen: „Widerrufsrecht des Arbeitnehmer-Verbrauchers?“, ZIP 2002, S. 2153

Riesenhuber, Karl; v.Vogel, Alexander: „Sind Arbeitnehmer Verbraucher i.S.v. § 13 BGB?“, Jura 2006, S. 81

Rolfs, Christian: „Das Verbot geltungserhaltender Reduktion im Arbeitsvertragsrecht“, in: FS Schwerdtner, München 2003, S. 151

- Arbeitsrecht, Studienkommentar, München 2005

Roth, Herbert: „Geltungserhaltende Reduktion im Privatrecht“, JZ 1989, S. 411

- „Die Inhaltskontrolle nichtausgehandelter Individualverträge im Privatrechtssystem“, BB 1987, S. 977

Roussos, Kleanthis: „Die Anwendungsgrenzen der Inhaltskontrolle und die Auslegung von § 9 AGBG“, JZ 1988, S. 977

Ruffert, Matthias: Vorrang der Verfassung und Eigenständigkeit des Privatrechts, Tübingen 2001

Rüßmann, Helmut: „Die ‚ergänzende Auslegung‘ Allgemeiner Geschäftsbedingungen“, BB 1987, S. 843

Sachs, Michael: Grundgesetz Kommentar, 3. Auflage, München 2003
Säcker, Franz-Jürgen: Gruppenautonomie und Übermachtkontrolle im Arbeitsrecht, Berlin 1972
Schacht, Thorsten: Der Übereilungsschutz beim arbeitsrechtlichen Aufhebungsvertrag, Frankfurt/Main 2000
Schaub, Günter: Arbeitsrechts-Handbuch, 10. Auflage, München 2002; 11. Auflage, München 2005
- „AGB-Kontrolle in der betrieblichen Altersversorgung", in: FS Blomeyer, München 2003, S. 335
Schimansky, Herbert: „Bankvertragsrecht und Privatautonomie", WM 1995, S. 461
Schimmel, Roland; Buhlmann, Dirk: Frankfurter Handbuch zum neuen Schuldrecht, Neuwied, Kriftel 2002
Schleusener, Aino: „Zur Widerrufsmöglichkeit von arbeitsrechtlichen Aufhebungsverträgen nach § 312 BGB", NZA 2002, S. 949
Schliemann, Harald: „Arbeitsgerichtliche Kontrolle von Tarifverträgen", ZTR 2000, S. 198
Schlodder, Antje: Der Arbeitsvertrag im neuen Schuldrecht, Heidelberg 2004
Schmalkalden, Herbert; Oberrath, Jörg-Dieter: „Arbeitsrecht nach der Schuldrechtsreform – eine Zwischenbilanz", NJW 2005, S. 3745
Schmalz, Dieter: Methodenlehre, 4. Auflage, Baden-Baden 1998
Schmidt, Eike: „Grundlagen und Grundzüge der Inzidentkontrolle allgemeiner Geschäftsbedingungen nach dem AGB-Gesetz", JuS 1987, S. 929
Schmidt, Karsten: Handelsrecht, 5. Auflage, Köln, Berlin, Bonn, München 1999
- „Verbraucherbegriff und Verbrauchervertrag – Grundlagen des § 13 BGB", JuS 2006, S. 1
Schmidt, Thomas B.: „Der ‚Arbeitnehmer-Verbraucher' – Zwischenbilanz eines Paradigmenwechsels", in: FS Ehmann, Berlin 2005, S. 153
Schmidt-Rimpler, Walter: „Grundfragen einer Erneuerung des Vertragsrechts", AcP 147 (1941), S. 130
- „Zum Vertragsproblem", in: FS Raiser, Tübingen 1974, S. 3
Schmidt-Salzer; Joachim: „Transformation der EG-Richtlinie über mißbräuchliche Klauseln in Verbraucherverträgen in deutsches Recht und AGB-Gesetz", BB 1995, S. 733
- „Recht der AGB und der mißbräuchlichen Klauseln: Grundfragen", JZ 1995, S. 223
Schmude, Jürgen: „Verbraucherschutz und Vertragsfreiheit", in: FS Ballerstedt, Berlin 1975, S. 481
Schnitker, Elmar; Grau, Timon: „Klauselkontrolle im Arbeitsvertrag", BB 2002, S. 2120
Schrader, Peter; Schubert, Jens M.: „AGB-Kontrolle von Arbeitsverträgen – (Teil 1): Tätigkeit, Arbeitszeit und Vergütung", NZA-RR 2005, S. 169
- „AGB-Kontrolle von Arbeitsverträgen – Grundsätze der Inhaltskontrolle arbeitsvertraglicher Vereinbarungen (Teil 2): Gestaltung des Arbeitsverhältnisses, Vertragsstrafe und Ausschlussfristen", NZA-RR 2005, S. 225
Schulte, Wienhold: „Probleme bei der Gestaltung von Aufhebungs- und Abwicklungsverträgen nach dem 1.1.2002", ArbRB 2002, S. 246
Schulte-Nölke, Hans; Schulze, Reiner: Europäische Rechtsangleichung und nationale Privatrechte, Baden-Baden 1999
Schuster, Norbert: „Arbeits- und Aufhebungsverträge auf dem Prüfstand", AiB 2002, S. 274
- Anmerkung zu LAG Köln v. 16.11.2001, AiB 2003, S. 708

Schwab, Dieter: Einführung in das Zivilrecht, 16. Auflage, Heidelberg 2005
Schwarz, Eckard: „Überraschungskontrolle nach § 3 AGBG im Arbeitsrecht?", BB 1996, S. 1434
Schwerdtner, Peter: „Widerrufsrecht und arbeitsrechtlicher Aufhebungsvertrag", in: FS Honsell, Zürich, Basel, Genf 2002, S. 371
Singer, Reinhard: Selbstbestimmung und Verkehrsschutz im Recht der Willenserklärungen, München 1995
- „Arbeitsvertragsgestaltung nach der Reform des BGB", RdA 2003, S. 194

Soergel, Hans Thomas: Bürgerliches Gesetzbuch
- Band 1, Allgemeiner Teil: §§ 1-240, HWiG, 12. Auflage, Stuttgart, Berlin, Köln, Mainz 1987
- Band 2, Allgemeiner Teil 2: §§ 104-240, 13. Auflage, Stuttgart, Berlin, Köln, Mainz 1999
- Band 2a, Allgemeiner Teil 3: §§ 13, 14, 126a-127, 194-225, 13. Auflage, Stuttgart 2002
- Band 3, Schuldrecht II: §§ 433-515, AGB-Gesetz, AbzG, EAG, EKG, UN-Kaufrecht, 12. Auflage, Stuttgart, Berlin, Köln 1991

Söllner, Alfred: „Der verfassungsrechtliche Rahmen für Privatautonomie im Arbeitsrecht", RdA 1989, S. 144
- Arbeitsrecht in der Verfassungsordnung des Grundgesetzes, Goldbach 1994
- „Zur Anwendung der gesetzlichen Vorschriften über Allgemeine Geschäftsbedingungen im Arbeitsrecht", ZfA 2003, S. 145

Söllner, Alfred; Waltermann, Raimund: Grundriss des Arbeitsrechts, 13. Auflage, München 2003
Starck, Christian: „Der verfassungsrechtliche Schutz des ungeborenen Menschlichen Lebens", JZ 1993, S. 816
von Staudinger, Julius: Kommentar zum Bürgerlichen Gesetzbuch mit Einführungsgesetz und Nebengesetzen
- Einleitung zum BGB; Buch 1. Allgemeiner Teil; §§ 1-14; VerschG (Einleitung zum BGB und Allgemeiner Teil 1), Berlin, Neubearbeitung 2004
- Erstes Buch. Allgemeiner Teil; §§ 134-163 (Allgemeiner Teil 4), Berlin, Neubearbeitung 2003
- Zweites Buch. Recht der Schuldverhältnisse; Einleitung zu §§ 241 ff; §§ 241-243, Berlin, Neubearbeitung 2005
- Zweites Buch. Recht der Schuldverhältnisse; §§ 311, 311a, 312, 312a-f (Vertragsschluss), Berlin, Neubearbeitung 2005
- Zweites Buch. Recht der Schuldverhältnisse; §§ 611-615 (Dienstvertragsrecht 1), Berlin, Neubearbeitung 2005
- Zweites Buch. Recht der Schuldverhältnisse; §§ 616-630, Berlin, Neubearbeitung 2002
- Gesetz zur Regelung des Rechts der Allgemeinen Geschäftsbedingungen (AGBG), Berlin, 13. Bearbeitung 1998
- Verbraucherkreditgesetz; Haustürwiderrufsgesetz; § 13a UWG; Teilzeit-Wohnrechtegesetz, Berlin, Neubearbeitung 2001

von Stebut, Dietrich: Der soziale Schutz als Regelungsproblem des Vertragsrechts, Berlin 1982
Stein, Peter: „Grundrechte im Arbeitsverhältnis", AR-Blattei SD 830 (2001)
von Steinau-Steinrück, Robert; Hurek, Christoph R.: „Die im Arbeitsrecht geltenden Besonderheiten – Der Nebel lichtet sich!", NZA 2004, S. 965
Stern, Klaus: „Probleme der Ausstrahlungswirkung der Grundrechte auf das Privatrecht", in: FS Wiedemann, München 2002, S. 133

Stern, Klaus: Das Staatsrecht der Bundesrepublik Deutschland, Band III/1, München 1988
Stoffels, Markus: Anmerkung zu BAG vom 16.3.1994, SAE 1995, S. 176
- „Schranken der Inhaltskontrolle", JZ 2001, S. 843
- AGB-Recht, München 2003
- „Vertragsgestaltung nach der Schuldrechtsreform – eine Zwischenbilanz", NZA 2004, Sonderbeilage zu Heft 1, S. 19

Stürner, Rolf: „Der Notar – unabhängiges Organ der Rechtspflege?", JZ 1974, S. 154
- Anmerkung zu BGH v. 5.4.1979, JZ 1979, S. 766
- Anmerkung zu BGH v. 5.4.1984, DNotZ 1984, S. 763

Thüsing, Gregor: „Was sind die Besonderheiten des Arbeitsrechts?", NZA 2002, S. 591
- „Gedanken zur Vertragautonomie im Arbeitsrecht", in: FS Wiedemann, München 2002, S. 559
- „Inhaltskontrolle von Formulararbeitsverträgen nach neuem Recht", BB 2002, S. 2666

Thüsing, Gregor; Lambrich, Thomas: „AGB-Kontrolle arbeitsvertraglicher Bezugnahmeklauseln", NZA 2002, S. 1361
Thüsing, Gregor; Leder, Tobias: „Neues zur Inhaltskontrolle von Formulararbeitsverträgen", BB 2004, S. 42
Tonner, Klaus: „Die Rolle des Verbraucherrechts bei der Entwicklung eines europäischen Zivilrechts", JZ 1996, S. 533
Tönnies, Ralf: „Inhaltskontrolle nach AGBG und Richterrecht", VersR 1989, S. 1023
Trinkner, Reinhold: Anmerkung zu BGH v. 18.5.1983, BB 1983, S. 924
- Anmerkung zu BGH v. 19.9.1983, BB 1983, S. 1874
- Anmerkung zu BGH v. 1.2.1984, BB 1984, S. 490

Tschöpe, Ulrich: „Sind Entgeltabreden der Inhaltskontrolle nach §§ 305 ff. BGB unterworfen?", DB 2002, S. 1830
Tschöpe, Ulrich; Pirscher, Andrea: „Der Arbeitnehmer als Verbraucher im Sinne des § 13 BGB? – Eine immer noch offene Frage", RdA 2004, S. 358
Ulmer, Peter: „Notarielle Vertragsmuster und AGB-Kontrolle", DNotZ 1981, S. 84
- „Zur Anpassung des AGB-Gesetzes an die EG-Richtlinie über mißbräuchliche Klauseln in Verbraucherverträgen", EuZW 1993, S. 337

Ulmer, Peter; Brandner, Hans Erich; Hensen, Horst-Diether: AGB-Gesetz, 3. Auflage, Köln 1978; 8. Auflage, Köln 1997; 9. Auflage, Köln 2001
Urban, Sandra: Der Kündigungsschutz außerhalb des Kündigungsschutzgesetzes, Berlin 2001
Wackerbarth, Ulrich: „Unternehmer, Verbraucher und die Rechtfertigung der Inhaltskontrolle vorformulierter Verträge", AcP 200 (2000), S. 45
Walchshöfer, Alfred: „Grenzen des Anwendungsbereichs des AGB-Gesetzes – Individualverträge, Ausnahmebereiche", in: Zehn Jahre AGB-Gesetz, Köln 1987, S. 155
Walter, Torsten: „Verzugszinsen aus Bruttolohn", AiB 2002, S. 380
Waltermann, Raimund: Rechtsetzung durch Betriebsvereinbarung zwischen Privatautonomie und Tarifautonomie, Tübingen 1996
Wank, Rolf: Arbeitnehmer und Selbständige, München 1988
- „Die Kündigung außerhalb des Kündigungsschutzgesetzes", in: FS Hanau, Köln 1999, S. 295

Weber, Ulrich; Ehrich, Christian: „Anfechtung eines Aufhebungsvertrages – der verständig denkende Arbeitgeber", NZA 1997, S. 414

Weber, Ulrich; Ehrich, Christian; Burmester, Antje: Handbuch der arbeitsrechtlichen Aufhebungsverträge, 4. Auflage, Köln 2004
Wedde, Peter: „Schuldrechtsmodernisierungsgesetz – Auswirkungen auf das Arbeitsrecht", AiB 2002, S. 267
Weiß, Thomas: Die Entwicklung des Arbeitsvertragsrechts und das BGB, Baden-Baden 1991
Wellenhofer-Klein, Marina: „Strukturell ungleiche Verhandlungsmacht und Inhaltskontrolle von Verträgen", ZIP 1997, S. 774
Westhoff, Stefan: Die Inhaltskontrolle von Arbeitsverträgen, Düsseldorf 1975
Weyreuther, Felix: „Gleichbehandlung und Typisierung", DÖV 1997, S. 521
Wiedemann, Herbert: „Inhaltskontrolle vorformulierter Verträge", in: FS Kummer, Bern 1980, S. 175
- Anmerkung zu BAG v. 16.3.1994, AP Nr. 18 zu § 611 BGB Ausbildungsbeihilfe
- Tarifvertragsgesetz, 6. Auflage, München 1999

Willemsen, Heinz Josef; Grau, Timon: „Geltungserhaltende Reduktion und ‚Besonderheiten des Arbeitsrechts'", RdA 2003, S. 321
Wisskirchen, Alfred; Worzalla, Michael: „Aktuelle Fragen zu arbeitsrechtlichen Aufhebungsverträgen", DB 1994, S. 577
Witt, Alexander: „Keine AGB-Kontrolle tariflicher Regelungen?", NZA 2004, S. 135
Wolf, Alfred: „Die Überarbeitung des Schuldrechts"; AcP 182 (1982), S. 80
Wolf, Manfred: Rechtsgeschäftliche Entscheidungsfreiheit und vertraglicher Interessensausgleich, Tübingen 1970
- „Gesetz und Richterrecht bei Allgemeinen Geschäftsbedingungen", JZ 1974, S. 465
- „Inhaltskontrolle von Arbeitsverträgen", RdA 1988, S. 270

Wolf, Manfred; Horn, Norbert; Lindacher, Walter F.: AGB-Gesetz, 3. Auflage, München 1994; 4. Auflage, München 1999
Wolff, Alexander: „Aufhebungs- und Abwicklungsverträge – Neue Spielregeln?", AuA 2003, S. 15
Wollenschläger, Michael: Arbeitsrecht, 2. Auflage, Köln, Berlin, München, 2004
Zippelius, Reinhold: Juristische Methodenlehre, 9. Auflage, München 2005
Zoller, Edgar: „Voraussetzungen und Rechtsnatur deklaratorischer AGB im Sinne des § 8 AGBG", BB 1987, S. 421
Zöllner, Wolfgang: „Privatautonomie und Arbeitsverhältnis", AcP 176 (1976), S. 221
- „Die politische Rolle des Privatrechts", JuS 1988, S. 329
- „Immanente Grenzen arbeitsvertraglicher Regelungen", RdA 1989, S. 152
- „Regelungsspielräume im Schuldvertragsrecht", AcP 196 (1996), S. 1

Zöllner, Wolfgang; Loritz, Karl-Georg: Arbeitsrecht, 5. Auflage, München 1998
Zwanziger, Bertram: „Arbeitsrechtliche Aufhebungsverträge und Vertragsfreiheit", DB 1994, S. 982
- „Aufhebungsverträge und Vertragsfreiheit", BB 1996, S. 903
- „Ausgewählte Einzelprobleme des Nachweisgesetzes", DB 1996, S. 2027

▪ FORUM ARBEITS- UND SOZIALRECHT ▪

▪ Sievers, Jochen: **Die mittelbare Diskriminierung im Arbeitsrecht**
Bd. 15, 1997, 192 S., ISBN 978-3-8255-0136-5, 35,28 €

▪ Trefz, Ulrich: **Der Rechtsschutz gegen die Entscheidung der Schiedsstellen nach § 18 a KHG**
Bd. 16, 2002, 386 S., ISBN 978-3-8255-0385-7, 34,80 €

▪ Schneider, Monika: **Die Koordinierung der Leistungen der sozialen Pflegeversicherung in der Europäischen Union**
Bd. 17, 2003, 202 S., ISBN 978-3-8255-0423-6, 26,90 €

▪ Kowalski, Nina: **Vom passiven zum aktiven Sozialplan.** Vergleich zwischen dem gesetzlichen Förderungsinstrument der §§ 254 ff. und dem Transfer-Sozialplan-Konzept des BAVC e.V.
Bd. 18, 2004, ca. 240 S., ISBN 978-3-8255-0472-4, ca. 28,– €

▪ Schumacher-Mohr, Marion: **Die vorzeitige Beendbarkeit des Anstellungsverhältnisses eines AG-Vorstandmitglieds gegen seinen Willen**
Bd. 19, 2004, 206 S., ISBN 978-3-8255-0473-1, 26,50 €

▪ Seeger, Silke: **Organisationskonflikte und Tarifvertrag.** Dargestellt am Beispiel der Tarifzuständigkeit der DGB-Gewerkschaften im industriellen Dienstleistungsbereich
Bd. 20, 2005, 218 S., ISBN 978-3-8255-0474-8, 26,50 €

▪ Fandel, Stefan: **Die Angabepflicht nach § 5 Abs. 1 Nr. 9 UmwG**
Bd. 21, 2004, 242 S., ISBN 978-3-8255-0483-0, 25,90 €

▪ Trautmann, Arnim: **Der Vertrag der ärztlichen Gemeinschaftspraxis.** Vertragsarzt-, berufs- und gesellschaftliche Anforderungen unter besonderer Berücksichtigung von Junior-/Seniorpartnerschaften
Bd. 22, 2005, 398 S., ISBN 978-3-8255-0526-4, 29,90 €

▪ Rönsberg, Ute: **Die gemeinschaftsrechtliche Koordinierung von Leistungen bei Arbeitslosigkeit.** Die Verordnung (EWG) Nr. 1408/71 und ihre Reformbedürftigkeit
Bd. 23, 2005, ca. 270 S., ISBN 978-3-8255-0604-9, ca. 27,– €

▪ Wahlers, Ulrich: **Die Umsetzung der Richtlinie über die Arbeitnehmerbeteiligung in Spanien**
Bd. 24, 2006, 378 S., ISBN 978-3-8255-0608-7, 30,90 €

▪ Meißner, Matthias: **Familienarbeit in der Alterssicherung nach europäischem Sozialrecht**
Bd. 25, 2005, 264 S., ISBN 978-3-8255-0613-1, 27,50 €

▪ Dunker, Daniela: **Unternehmensbezogene Tarifverträge.** Rechtsfragen einer unternehmensnahen Tarifpolitik
Bd. 27, 2006, ca. 350 S., ISBN 978-3-8255-0635-3, ca. 30,– €

Besuchen Sie unsere Internetseite

FSC
www.fsc.org
MIX
Papier | Fördert gute Waldnutzung
FSC® C083411

Kolibri 360 GmbH
Ferdinand-Jühlke-Straße 7
99095 Erfurt, Deutschland
produktsicherheit@kolibri360.de